U0146841

文
景
———
Horizon

第三卷

西方古典学术史

18 世纪的日耳曼与
19 世纪的欧美

[英] 约翰·埃德温·桑兹———— 著

张治———— 译

上海人民出版社

John Edwin Sandys

A HISTORY OF
CLASSICAL SCHOLARSHIP

The Eighteenth Century in Germany,
and the Nineteenth Century in Europe
and the United States of America

Vol.

III

西方古典学术史

约翰·埃德温·桑兹

John Edwin Sandys，1844—1922

查尔斯·埃德蒙·布洛克（Charles Edmund Brock）绘

目　录

中译本说明

1. 第三卷翻译的底本来自 1908 年剑桥大学出版社本卷第三版。

2. 译名、符号等处理方式参照第一卷中译本说明。译名已出现的，大多不再附原文。注释中出现同代或后代人姓名，一般不予译出，唯有在同一章或相邻章之正文中占有篇幅时才译出。

3. 地名有德语拼法或历史名称者，或名从习惯，如 Wien 直译作维也纳，或沿用历史地名，如 Breslau 译作布雷斯劳而不改为今名弗罗茨瓦夫，均不另加说明。

4. 原文有 dissertation 者，或指学位论文，或指长篇专论，未能考实明确者，一律译作专论。

5. 书题颇多以英译而加引号者，中译本择其要者附本来书题之全名，译题使用书名号，其他则服从原书引述形态。

6. 本卷成书时多有研究对象尚在人世，故而生卒年不完整，中译本一切保持原样，以体现此书本来之时代面貌。

7. 本卷"前言"及"参考书目"同第二卷。

图 41 J. A. 法布理齐乌斯

出自 Schröck《著名学者像传》*Abbildungen und Lebensbeschreibungen berühmter Gelehrten*（莱比锡，1766），i，pl. 30 的一幅版画

这条道路足够宽广，可以使众多追求回报的竞争者各得其所；因此，我们不仅宽怀并包，还可以和异国同侪们怀着感念的敬意并肩合作。【译按，原系德文】

布尔西安，《德国古典语文学史》, p. 1248，1883

吾国出现了一次古典研究的复兴运动。其独特之处在于结合了法兰西人的明快风格与方法特色，以及在学识上的坚实和对异国著作的认知。【译按，原系法文】

S. 雷纳克，《古典语文学手册》*Mannuel de Philologie Classique*，i 13，1883

自从学术复兴以来，在这个世纪里，人文主义传统的捍卫者们首次面临一系列挑战。但我认为，可以预见的是，人文主义在本世纪的地位，到世纪末时将比起初牢固得多。

耶博，《教育中的人文主义》*Humanism in Education*，p. 30，牛津，1899

欧洲的学者们……发现他们必须考虑到一个新事实，必须认识到在我们的语文学著作中具有一个国族的标记。

格德斯利夫，《语文学研究的谐振与章动》*Oscillations and Nutations of Philological Studies*，p. 11，费城，1900

主要内容概略

ix

斯塔尔鲍姆；奥雷利、拜特尔和 A. W. 温克尔曼；K. F. 赫尔曼、克龙与多伊施勒。韦斯特曼、邵佩、梅茨纳、K. C. 席勒、沙伊贝、布雷米、劳亨斯坦、弗罗贝格尔、舍曼、迈耶、本泽勒、弗梅尔、丰克海内尔、E. W. 韦伯、雷丹茨、弗朗科、舒尔茨、阿诺德·谢弗、伯内克、F. G. 基斯林以及 F. 布拉斯。布兰迪斯、策勒尔、里特尔与普雷勒尔、特伦德伦堡、比泽、施维格勒尔、魏茨、博尼茨、贝尔奈斯、泰希穆勒、施彭格尔、普兰特尔、祖瑟弥尔、奥恩肯、托尔思特里克、海茨、罗斯与于贝韦格。瓦尔茨与舒伯特。沃克曼。乌泽纳。胡尔奇。莱曼、雅各比茨、F. V. 弗里切、索默布罗特。赫尔歇。罗德。屈恩。蒂茨与 J. L. 伊德勒。

第三十二章：拉丁经典著作的编订者们。（诗歌），里贝克、卢奇安·穆勒。贝伦斯。翁普芬巴赫。希勒。P. 瓦格纳、拉德维希与戈斯劳。凯勒与霍尔德、迈内克、列尔斯。默克尔。瓦勒理乌斯·弗拉库斯、卢坎、斯塔提乌斯、珀息乌斯、玉万纳尔、马提阿尔与克劳狄安的编订者。伯金、佩珀。特罗贝。（散文），R. 克洛茨、诺贝、哈尔姆、特奥多尔·蒙森、R. 舍尔、门德尔松。赫尔兹。约尔丹。埃森哈特。尼佩代、克拉纳、道贝伦兹。阿尔斯科夫斯基、克赖西希、魏森博恩、屈恩阿斯特。里特尔、德雷格尔、黑罗伊斯、施韦泽－西德勒。K. L. 乌尔里希。凯尔。格奥尔格斯、波克、伦施。

第三十三章：比较语文学家。波普、本费、利奥·迈耶、格奥尔格·科耳修斯、施泰因达尔、施莱歇。新语法学家。菲克。路德维希·朗格。贝纳里、科尔森。

第三十四章：考古学家：K. O. 穆勒、韦尔克、格哈德、潘诺夫卡、布劳恩、奥托·雅恩、布鲁恩、黑尔比希、克勒。维泽勒、斯特凡尼。建筑学家：申克尔、冯·克伦策、森佩尔、伯蒂歇尔、施特拉克、博恩。谢里曼。施塔克、弗里德里希斯、奥韦尔贝克。布尔西安。本多夫、马茨。

地理学家：福希哈摩尔、H. 乌尔里希斯、基佩特。希腊史学家：厄恩斯特·科耳修斯、库尔特·瓦克斯穆特。（G. 希施菲尔德与卡尔·胡曼。）东克尔、德罗伊森、赫茨贝格、霍尔姆。威廉·瓦克斯穆特、菲利皮、吉尔伯特。罗马史学家：施维格勒尔、卡尔·彼得、德鲁曼、赫克、伊内、特奥多尔·蒙森。许布纳。格雷戈罗维乌斯。神话学家：普雷勒尔、库恩、曼哈特。

第三十五章：19 世纪的意大利。马伊与佩龙。瓦劳里。佩齐与阿斯科利。邦吉。德－维特、科拉迪尼、甘迪诺。孔帕雷蒂。考古学家：卡尼纳、博尔盖西、卡韦多尼、阿韦利诺、加鲁齐、法布雷蒂、塞拉迪法尔科公爵、卡瓦拉里、菲奥雷利。布鲁扎及德罗西。西班牙与葡萄牙。

第三十六章：19 世纪的法国。加伊、沙尔东·德拉罗谢特、布瓦松纳德、库理耶、J. L. 比尔努夫、库赞、帕坦。基什拉、亚历山大、利特雷。德西雷·尼扎尔与查理·尼扎尔。埃马纽埃尔·米勒、古斯塔夫·戴希塔尔、厄戈尔。马丁、塔内里。达朗贝。蒂罗。图尼耶、威尔、库阿。伯努瓦、里曼、格劳。巴特莱缪·圣伊莱尔。C. 沃丁顿。

地理学家和历史学家：巴龙·瓦尔肯纳尔、德雅尔丹、蒂索、雷尼耶、梅里美、A. 蒂埃里、德普雷斯勒、德·库朗日。考古学家：米林、卡特勒梅尔·德坎西、德克拉克伯爵、拉乌尔·罗谢特、勒特罗纳、勒巴、特谢尔、吕讷公爵、查理与弗朗索瓦·勒诺尔芒、隆培里耶、伯莱、拉博德。雅典学院。W. H. 沃丁顿、米昂内、柯亨与德索西。拉耶。维耶曼、瓦隆、迪吕伊。K. B. 哈泽与蒂布纳。库尼。狄多。维克多·亨利。贝唐。

x

第三十七章：19 世纪的尼德兰。（i）荷兰。威滕巴赫的学生们：马内、D. J. 范·伦内普，以及 P. W. 范·霍伊斯德。皮尔坎普与赫尤夫。巴克、林克与苏林加尔。海尔。罗伊文斯与扬森。林堡－布劳威尔。卡斯滕与弗兰肯。博特。科贝特。普吕格尔斯。纳贝尔、哈尔伯茨马与杜里厄。科内利森。范德·弗列特。荷兰的大学。

（ii）比利时。比利时的大学。德维特男爵。根特：鲁莱、冈特赖勒与瓦格纳。列日：勒尔施；富斯。鲁汶：G. J. 贝刻耳、巴盖、内夫、特尼森、威廉斯。

第三十八章：斯堪的纳维亚。丹麦：哥本哈根的大学。17 世纪：邦、劳伦贝格、奥卢夫·博克。18 世纪：格拉姆、法尔斯特、雅各布与托克尔·巴登、尼鲁布、绍、明特尔。19 世纪：索尔拉修斯、布洛克、克拉鲁布。冰岛：马格努松与奥德内森。考古学家：索伊加、布伦斯泰兹、F. C. 彼得森、谢勒曼。马兹维。亨里克森、埃尔伯林、博耶森、韦森贝格、特累哲、伦德。乌辛。努茨霍恩。比较语文学家：拉斯科与维尔纳。

挪威：克里斯蒂安尼亚大学。索弗斯·布格。

瑞典：15 世纪，康刺德·罗格。16 世纪，约翰内斯与奥劳斯·芒努斯。乌普萨拉，多帕特和奥博。希腊语在瑞典：古斯塔夫·特罗勒、劳伦提乌斯·安德里亚、奥劳斯与劳伦提乌斯·彼得里、劳伦提乌斯·彼得里·戈图斯、奥劳斯·马丁尼、雅各布·埃里克。17 世纪，J. 鲁德贝克、斯托勒努斯、奥修斯。拉丁语诗歌：16 世纪，亨里克斯·莫勒鲁斯·赫苏斯、劳伦提乌斯·彼得里·戈图斯。17 世纪，佛涅琉斯。布莱乌斯与谢恩耶尔姆。洛肯。克里斯蒂娜女王对学术的赞助：格劳秀斯、伊萨克·沃斯、N. 海因修斯；笛卡尔与撒耳马修斯；马可·麦博姆与诺代；博沙尔与于埃；康林、夸美纽斯、弗莱恩海姆、贝克勒、舍费尔；施潘海姆。隆德大学；古学研究院。维勒琉斯、费格勒琉斯、约翰·科伦布、拉格勒夫、乌普马克、诺尔曼、斯帕温福德。18世纪，本瑟琉斯。瑞典的希腊史学家。弗洛德鲁斯。隆德：努尔贝里、伦德布拉德。19世纪，林德福什、泰格奈尔、林德、瓦尔贝里与卡瓦林。乌普萨拉：斯庞贝里、奥林、勒夫斯泰特、克内斯；科尔莫丁、特尔纳罗斯、彼得松、黑格斯特伦、弗里格尔、拉格尔格伦、桑德斯特伦。乌普萨拉大学与奥斯卡二世。《北欧语文学杂志》，与"北欧语文学会议"。

第三十九章：(i)希腊：16与17世纪。克里特岛、伊奥尼亚诸岛以及开俄斯的希腊学者们；希腊人在英格兰。希腊的学术地位。各地的学校，君士坦丁堡、特里波利、约安尼纳、阿陀斯山、墨索隆尼、迪米查纳；帕特摩斯岛、开俄斯和士麦那；特拉比宗和辛诺珀；布加勒斯特与雅西。法那尔或谓希腊区希腊裔居民，亚历山德罗与尼克拉斯·马孚罗柯尔达托斯。18与19世纪：欧根尼奥·布尔嘉里斯。科剌厄斯。科德里喀斯。库马斯。佛提阿德斯。都卡斯、巴尔达拉科斯、高尔吉奥·根纳迪奥斯及其弟子们。伊奥尼亚诸岛与科孚大学；亚索皮厄斯、菲勒塔斯、皮柯罗斯；慕斯托克绪德斯；俄柯诺米德斯；忒雷亚诺斯。雅典的大学；罗斯与乌尔里希；拉丁学术；关于荷马、索福克勒斯及欧里庇得斯的著作：塞米特洛斯与帕帕高尔吉奥；关于伊索克拉底等人：屈普里安诺斯；普鲁塔克《道德论丛》：G. N. 柏耳纳达刻斯；D. 柏耳纳达刻斯的希腊语法学；帕帕耳里戈普洛斯的希腊史；康斯坦提尼德斯的希腊语辞书。A. R. 兰嘉维斯的翻译。琉奇亚斯和腓力珀斯·约安努效仿古希腊韵体的作品。关于语言和发音的争论。君士坦丁堡、塞浦路斯、耶路撒冷、帕特摩斯岛、麦迦斯佩莱翁、雅典、阿陀斯山的希腊文钞本。米诺伊德·梅纳斯与康斯坦丁·西门尼德斯。

考古学家：皮塔基斯、A. R. 兰嘉维斯、库玛努德斯。君士坦丁堡与士麦那。

（ii）俄罗斯：17 世纪，基辅的教会科学院，以及莫斯科的希腊—拉丁科学院。莫斯科（1755 年）、基辅（1833 年）、圣彼得堡（1819 年）、喀山（1804 年）、敖德萨（1865 年）以及哈尔科夫（1804 年）的大学。多帕特（1632 年）；奥博（1640 年），以及赫尔辛弗什（1827 年）。日耳曼人在俄罗斯。考古学家。

（iii）匈牙利：泰尔菲与阿拜尔。

第四十章：19 世纪的英国。劳思；莫尔特比与基德；埃尔姆斯利与盖斯佛德。

剑桥的希腊语学者：萨缪尔·巴特勒；多布里、蒙克、C. J. 布鲁姆菲尔德与 E. V. 布鲁姆菲尔德、E. H. 巴克尔、瓦尔比家族、伯吉斯、斯科菲尔德、B. H. 肯尼迪与 C. R. 肯尼迪、T. W. 皮尔、Chr. 华兹华斯、布莱斯利、勒辛顿、希莱托、汤普森、巴德姆、科普、丹瑙逊、佩利、T. S. 埃文斯、W. G. 克拉克、巴宾顿、H. A. 霍尔登、霍尔姆斯、耶博、沙克伯勒。沃尔、尼尔、亚当与斯特拉坎。牛津的希腊语学者：利德尔与斯科特、周厄提、乔治·罗林逊、格林希尔。（比较语文学家：马克斯·穆勒与科威尔。）钱德勒、格兰特、W. E. 杰尔夫；伊顿与康格里夫；里德尔；林伍德、柯宁顿；沃斯利、德比伯爵、格拉斯顿、蒙罗、西姆考克斯、黑格。苏格兰的希腊学术：亚当斯、邓巴、桑福德、维奇、布莱奇、格迪斯；拉丁语学者：皮兰斯、卡尔森、W. 兰塞。

英格兰的拉丁语学者：剑桥等地，塔特、凯特利、基、朗；W. 史密斯、里奇；希尔德亚德、门罗、A. S. 威尔金斯；牛津，柯宁顿、塞勒、弗诺、亨利·纳特勒史普。都柏林：亨利、艾伦、帕尔默。

历史学家：瑟尔沃尔、格罗特、缪尔、费纳·克灵顿；阿诺德、G. C. 刘易斯、朗、梅里维尔；梅恩；弗里曼、伊夫林·阿伯特；佩勒姆。地形学家：利克、克莱默、拉奥、埃利斯。考古学家：费洛斯、斯普拉特、默多克·史密斯、波切尔、丹尼斯、莱亚德、纽顿、彭罗斯、A. 默里、伯恩、帕克尔、米德尔顿。希腊研究促进会与雅典及罗马学院。文献上的发现。

第四十一章：美利坚合众国。奥维德《变形记》在弗吉尼亚的翻译（1623年）。早期经典著作的编订本。学院与大学。E. 罗宾逊。哈佛：蒂克纳、埃弗雷特、班克罗夫特、费尔顿、E. A. 索福克勒斯、贝克、莱恩、（布朗：林肯、哈克尼斯、弗里兹、）格里诺、J. H. 与 W. F. 艾伦；F. D. 艾伦、明顿·沃伦、黑利。耶鲁：金斯利、撒切尔、泰勒、伍尔西、哈德利、帕卡德、W. D. 惠特尼、西摩尔。纽约：安东、德里斯勒、泰勒·刘易斯、查尔顿·托马斯·刘易斯、梅里安、厄尔。古典学期刊。在雅典和罗马的学院。

回顾

补录：策勒尔、基尔霍夫、蒂滕伯格、冯哈特尔、富特文格勒、布彻勒、范·施威布；波瓦歇、奥韦特；瓦尔特·黑德勒姆。

History of Scholarship in the Eighteenth Century.

Italy	France	Netherlands	England	Germany
Ficoroni 1664—1747	Montfaucon 1655—1741	Le Clerc 1657—1736	Bentley 1662—1742	Leibnitz 1646—1716
Muratori 1672—1750	Burette 1665—1747	P. Burman I 1668—1741	Maittaire 1668—1747	J. A. Fabricius 1668—1736
Maffei 1675—1755	Banduri 1671—1743	Küster 1670—1716	Wasse 1672—1738	
	C. Capperonnier 1671—1744	Bos 1670—1717	Ruddiman 1674—1757	
	Bonnier 1673—1746	Duker 1670—1752	S. Clarke 1675—1729	
	Sanadon 1676—1733		Davies 1679—1732	Hederich 1675—1748
Facciolati 1682—1769			Middleton 1683—1750	C. G. Schwarz 1675—1751
Forcellini 1688—1768	Olivetus 1682—1768	Havercamp 1684—1742	Pearce 1690—1774	Bergler 1680—1746
Gori 1691—1757	Pellerin 1684—1782	Drakenborch 1684—1748	Markland 1693—1776	Heinecke 1681—1741
Lami 1697—1770	Fréret 1688—1749	Hemsterhuys 1685—1766	Spence. Martyn 1699—1768	Heumann 1681—1794
Lagomarsini 1698—1773	Fourmont 1690—1745	Wesseling 1692—1764	J. Taylor 1704—1766	Hensinger 1690—1751
Corsini 1702—1765	De Caylus 1692—1765	J. F. Reitz 1695—1778	Heath 1704—1766	J. M. Gesner 1691—1761
Piranesi	Mariette	D'Orville	Dawes	Walch

1710—1785	1716—1775	1698—1762	1713—1788	1696—1770
Foggini 1713—1783	Barthélemy 1716—1795	Abresch 1699—1782	R. Wood 1717—1771	Kortte 1698—1731
Mingarelli 1722—1793	Brotier 1723—1789	P. Burman II 1714—1778	Revett 1720—1804	Damm 1699—1778
Bandini 1726—1803	Larcher 1726—1812	Valckenaer 1715—1785	Tyrwhitt 1730—1786	J. F. Christ 1700—1756
Ignarra 1728—1808	Brunck* 1729—1803	Schrader 1722—1783	W. Hamilton 1730—1803	J. A. Ernesti 1707—1781
Lanzi 1732—1810	D'Agincourt 1730—1814	Ruhnken 1723—1798	Musgrave 1732—1780	Reiske 1716—1774
	Oberlin* 1735—1806	Pierson 1731—1759	Twining 1735—1804	Winckelmann 1717—1768
	Levesque 1736—1812	Koen 1736—1767	Horne Tooke 1736—1812	Lessing 1729—1781
Morcelli 1737—1821			Gibbon 1737—1794	Heyne 1729—1812
			Townley 1737—1805	F. W. Reiz 1733—1790
	Schweighäuser* 1742—1830		R. Chandler 1738—1810	Rasche 1733—1805
Amaduzzi 1742—1792	J. A. Capperonnier 1745—1820		Adam 1741—1809	Wieland 1733—1813
Marini 1742—1815	Sainte-Croix 1745—1820	Santen 1746—1798	Mitford 1744—1827	Scheller 1735—1803
Garatoni 1743—1817	Sainte-Croix 1746—1806	Luzac 1746—1807	W. Jones 1746—1794	Eckhel 1737—1798
Morelli 1745—1819	Choiseul-Gouffier 1752—1817	Sluiter 1782—1815	Parr 1747—1825	Herder 1737—1798
E. Q. Visconti 1751—1818	Villoison 1753—1805	Wyttenbach 1746—1820	Payne Knight 1750—1824	W. Heinse 1744—1803
Fea 1753—1836	Gail 1755—1829		H. Homer 1753—1791	Schütz 1746—1803
	Millin 1759—1818		Wakefield 1756—1801	J. G. Schneider 1747—1832
	Bast* 1771—1811		T. Burgess 1756—1837	1750—1822
			Porson 1759—1808	F. A. Wolf 1759—1824

* Alsace.

第二十六章

18 世纪的日耳曼（上）

（i）法布理齐乌斯、格斯纳尔、埃内斯蒂、赖斯克

1700 年，日耳曼地区第一家科学院在柏林成立。精明聪慧的创建人是那位在很多领域都富有天才的人物戈特弗里德·威廉·莱布尼茨 莱布尼茨 Gottfried Wilhelm Leibnitz（1646—1716 年），其学术品位，表现于他的拉丁诗作[1]，表现于他对语言起源的思索[2]，也表现于他敦请俄国凯瑟琳女皇收集诸国词汇的行为上[3]。他在 8 岁时，曾借助李维著作的一部插图本以及

---

1 Roenickius，《晚近日耳曼诗家拉丁文作品选》*Recentiorum Poetarum Germanorum Carmina Latina Selectiora*（1748），3 以下。

2 Benfey，《德国语言学与东方语文学史》，243 以下；Haupt，《杂著集》，III i 215–222（Bursian，i 358 注释）。

3 Max Müller 的《讲录》，i 144，注释 28[5]。

加尔维修的《史事系年》*Opus Chronologicum*（1605 年）自学拉丁文。12 岁之前，他已经在写作拉丁诗歌，并开始学习希腊文。1663 年他在耶拿抨击利普修斯粗疏含混之拉丁文的那些摹仿者[1]，并发表了一部论著，打算证明"法剌芮斯书信集"为伪作，依据的是它们以阿提卡方言写成而采用了琉善的文体[2]。1670 年，他写作了一篇关于哲学文体的论著，用于引介尼佐琉斯《斥蛮书》的一个编订本[3]；三年后在巴黎，他与于埃在通信中讨论筹备一部马提安·卡帕剌的编订本，对自然科学界的某些学者不屑于柏拉图与亚里士多德之风气表示异议[4]。至其临终时，他还能背诵得出维吉尔的大段诗篇。

2

奥格斯堡有一位著名的神学家布鲁克 J. J. Brucker（1696—1770 年），著作了那部《哲学史考证》*Historia Critica Philosophiae*，他在 1731 年被选为柏林科学院成员。但在 18 世纪前半叶，科学院对于古典学识兴趣的推动远不及日耳曼中学里的教师们，后者出于对文学通史的兴趣而研究经典著作。

约翰·阿尔伯特·法布理齐乌斯

其中最著名的一位人物，是约翰·阿尔伯特·法布理齐乌斯 Johann Albert Fabricius（1668—1736 年），他就读于故乡莱比锡的大学，自 1699 至 1711 年间先后在汉堡出任助理校长和校长职务。这时他已完成了三卷小开本《拉丁群书治要》*Bibliotheca Latina*，这是一部关于古典时期拉丁

---

1 Julian Schmidt，《日耳曼精神生活史：自莱布尼兹至莱辛去世，1681—1781》*Geschichte des geistigen Lebens in Deutschland: von Leibnitz bis Lessings Tod, 1681-1781*，i 101。

2 Haupt，《杂著集》，III i 219。

3 Sorley 论莱布尼兹，见《大英百科全书》；上文第二卷，第 146 页注释 2。（本书中提及的页码若未加说明，均为英文版页码，即本卷或第一、第二卷页边码。——中译本编者注）

4 Haupt，同上，221 页以下；参看 Pattison，《文选》，i 278。

文学的综合性传记与书目学著作（1697 年）[1]。在他开始着手写作范围更广的《希腊群书集要》时，还维持着学校的职务，这部著作多达 14 卷四开本，纵横于整个希腊文学范围，直至君士坦丁堡陷落为止（1705—1728 年）[2]。此书尽可能地以对每部引述文献之版本的第一手知识为基础，提供了关于希腊文献各阶段历史的门径。仅关乎荷马一人就占去了350 页四开纸张，包括了《会注》及尤斯塔修斯注疏中所有著作家的索引。较早的那部关于拉丁文学的著作，后来又有五卷本的《拉丁群书治要：中古及近世编》*Bibliotheca Latina mediae et infimae aetatis*（1734 年）作为续篇[3]，而对古典时期文物的近代文献调查，则收入《古物学书目》*Bibliotheca Antiquaria*（1713—1716 年）中，钱币学的部分，则被其置于班杜里《泉学书目》*Bibliotheca Nummaria* 一部新的编订本（1719 年）中。上这四部 20卷著作，体现出了广博的学识和无畏的勤奋，或足以让此著作者被称为近世之狄都慕斯。不过已刊著作的清单，还不止于此。他还编订过塞克斯都·恩披理克的著作、玛理努斯的《普洛刻卢斯传》、卡尔齐丢斯的《蒂迈欧篇》注疏[4]，另外还有一部重要的狄奥·卡西乌斯著作编订本，具有完整的注疏，是在他身后由其女婿及传记作者赖马尔 Reimar 完成的[5]。

3

　　法布理齐乌斯与当时的杰出学人们保持通信。他在编纂《拉丁群书

1　最终修订版问世于 1721 年；又有两卷四开本，威尼斯，1728（较 Ernesti 在 1773 年及以后的编订本为佳），还有六卷本，佛罗伦萨，1858。

2　Harles 编订本，12 卷，1790—1809（未全）；索引卷，1838。

3　Schöttgen 所作《增补卷》，1746；又有 Mansi 编订本，帕多瓦，1754。

4　随同希波吕托斯的编订本一同刊印。

5　H. S. Reimar，《法布理齐乌斯生平与著述评注》*De Vita et Scriptis J. A. F. Commentarius*，汉堡，1737；Bursian，i 360-362；肖像见本卷扉页。

治要》时得到了丹麦学者克里斯蒂安·法尔斯特 Christian Falster 的协助[1]；编纂《希腊群书集要》时得到了柯斯特尔的帮助[2]。在后一书中，他还得到了斯蒂芬·贝尔格勒 Stephan Bergler（约 1680 —约 1746 年）的大力援助，后者凭借其希腊文的知识，或许可跻身当时最为出色的学者行列，但由于酗酒成性，只得屈身做个雇佣文人。在 18 世纪之初，贝尔格勒曾在莱比锡出任印刷校对；1705 年，他动身去往阿姆斯特丹，为始于勒德兰而由赫姆斯特赫斯延续的波鲁克斯著作编订本制作了索引，他本人则完成了勒德兰编订的荷马（1707 年）。他随后又在汉堡等地为法布理齐乌斯的工作提供帮助。他第二次在莱比锡逗留期间，完成了一部精妙的阿耳基弗伦编订本（1715 年）；他编订的阿里斯托芬在身后由小布尔曼予以刊布（1760 年）；他还有关于希罗多德的研究，只体现于雅各布·格罗诺维乌斯编订本（1715 年）中的某些考据性注释中；而他有关希洛狄安的拉丁译文，直到 1789 年才得以问世。他译出了一部关于道德约束的近代希腊文著作[3]，因而受邀指导该作者在布加勒斯特的诸子，由于他那缺乏节制的恶习，使他尤其不能胜任这个工作。然而，他却从中得到机会，在东主的藏书中寻到些希腊文钞本，为法布理齐乌斯贡献了几则注释。在此之后，贝尔格勒便销声匿迹了。1730 年其东主去世后，据说曾去往君士坦丁堡，并信奉了伊斯兰教。假若如此，他可能戒酒成功而乐享晚年了[4]。

贝尔格勒

1　见第三十八章开首。

2　上文第二卷第 445 页。

3　Nic. Mavrokordatos，《论义务》περὶ τῶν καθηκόντων，1722。

4　参看布尔曼的阿里斯托芬，i 2–14；Reimar，《法布理齐乌斯生平与著述评注》，169 以下，222 以下；Saxe，《学术专名表》，vi 78–81；Bursian，i 362–364。

古物学与法制知识，乃是法布理齐乌斯同代人克里斯蒂安·戈特利布·施瓦茨 Christian Gottlieb Schwarz（1675—1751年）的擅场，此人以广博丰富的学问，提升了奥特多夫大学的声誉。他大部分的学问深藏于为数可观的研究计划中，也可见于为一部小普林尼《颂辞》编订本（1746年）所作的训诂与考据注释中[1]。

施瓦茨

约翰·戈特利布·海内克 Johann Gottlieb Heinecke，即海内丘斯 Heineccius（1681—1741年），堪称罗马法研究的代表人物，他是哈雷的教授，在那里完成了一部著名的《古罗马律法论说例释》*Antiquitatum Romanarum Jurisprudentiam Illustrantium Syntagma*，因美妙的拉丁文风而广受欢迎[2]。他本人论文体的著作也一再得到重刊[3]。

海内克

4

有位撒克逊族的中学教师，本雅明·黑德里希 Benjamin Hederich（1675—1748年），其编修的多种辞书，尤其是一部被反复刊印的神话学辞典，提高了古典研究领域的知识水准。他的拉丁文—德文辞典长期得到使用，他的希腊拉丁辞典（1722年）获得了在一个世纪后推出一部崭新编订本的荣耀[4]。

黑德里希

在这个世纪里出现了为数繁多的经典著作初级编订本，其中在1712—1715年，由迈宁根的约翰·格奥尔格·瓦尔希 Johann Georg Walch（1693—1775年）完成的几部尤其占有一席光荣的位置，他还著有享有

瓦尔希

---

1 Bursian, i 371 以下。

2 《古罗马律法论说例释：查士丁尼法学汇编之第二教学阶段》*Antiquitatum Romanarum Jurispru-dentiam Illustrantium Syntagma secundum ordinem institutionum Justiniani digestum*（1719）；重刊于1841年。

3 Gesner 编订本，1748，以及 Niclas，1766。参看 Bursian，i 372 以下。

4 Bursian, i 374.

美誉的《拉丁语言史考究》*Historia Critica Latinae Linguae*[1]。在这部著作中，他追溯该语言的历史，从最古时代直至文艺复兴，并对各时期的主要著作加以考察[2]。约翰·尼克劳斯·丰克 Johann Nicolaus Funck，或作丰克丘斯 Funccius（1693—1777 年），他在拉丁语言史上做了更为细致的研究，著作了一组 10 篇有关拉丁文命运的精彩论述，标题都取自前后相继的不同人生阶段[3]。最后两篇一直未能刊布。这些论文的地位，被雅各布·布尔夏德 Jacob Burckhard（1681—1753 年）有关拉丁语言在日耳曼之命运的著作（1713—1721 年）所取代，但这并不合适[4]。

〔丰克〕

图林根地区土生的学者中，可以提及克里斯托弗·奥古斯特·霍伊曼 Christoph August Heumann（1681—1764 年），他在哥廷根做了多年教授。他不仅完成了许多关于古典主题的杂体文献，还编订了不少西塞罗的演说词，以及"论演说术衰落原因的对话篇"，他将此篇著者判为昆体良而非塔西佗（1719 年）[5]。他的同乡，约翰·米夏埃尔·霍伊辛格 Johann Michael Heusinger（1690—1751 年），在爱森纳赫 Eisenach 以人文高中校长一职终老，最为人所知的是他编订了西塞罗的《论义务》，身后至 1783 年出版[6]。戈特利布·科特 Gottlieb Kortte，或作科尔提乌斯 Cortius（1698—1731 年），研究拉丁文的运用，并精心核录拉丁文钞本，他在短暂的一生中以善校萨鲁斯特而闻名（1724 年）。他编订的小普林尼书信集，由

〔霍伊曼〕

〔霍伊辛格〕

〔科特〕

1　1716；第三版，1761。

2　Bursian, i 377 以下。

3　《论拉丁语言的起源》*De origine Latinae linguae*、《童年期》*pueritia*、《成长期》*adolescentia* 等（1720—1750）。

4　Bursian, i 380–382.

5　Bursian, i 393–396.

6　Bursian, i 396 以下。

学生保罗·丹尼尔·隆戈琉斯 Paul Daniel Longolius 完成并刊布（1744 年）。他关于卢坎的著作，则由韦伯 K. F. Weber 最先公布于世（1828 年）[1]。

18 世纪最伟大的学者中，有约翰·马蒂亚斯·格斯纳尔 Johann Matthias Gesner（1691—1761 年），他出版的著作以及作为教师而产生的影响，对提高日耳曼中、北部地区的古典研究水准大有贡献。他还在耶拿读书时，即完成了一部令人惊异的论著，涉及琉善名下的那部《爱父者》。他还写了一部关于教育的著作，展示出广博的学识和沉稳老练的见解[2]。此后 20 年间，他在魏玛、安斯巴格 Ansbach 和莱比锡担任中学教师，在他的影响下，托马斯中学 Thomas-Schule 在莱比锡兴盛起来。1734 年，他被召至哥廷根大学，那正是乔治二世此草创该校之时；在余生的 27 年中，他在那里一直担任诗歌与演说教授，以及古典和教育研讨班的主持人、大学图书馆馆长、汉诺威王国诸学校的总督导，他还是 1751 年成立的当地科学院中一名活跃的成员，该院乃是日耳曼第二所学术团体[3]。

作为一名希腊研究的学者，他根据赫姆斯特赫斯与赖茨整理的那部伟大的琉善著作集，贡献了令人折服的拉丁译文及诸多精彩的注释和勘校意见（1743 年以后）；在去世前，他正着手编订一部"俄耳甫斯派"诗集（1764 年）[4]。在莱比锡担任中学校长时，他出版了一部《希腊文授读》 Chrestomathia Graeca（1731 年），推进了最优秀的希腊文经典被引入日

---

1 Bursian, i 397 以下。
2 《议学校制度》Institutiones rei scholasticae，1715。参看 Paulsen, ii 16[2] 注释。
3 Societas Regia Scientiarum Gottingensis【哥廷根皇家科学学会】。
4 上述年代为身后出版的时间。

蒂亚斯·格

斯纳尔

耳曼中学。在拉丁文学方面，他做了一些同样的工作，编选了自西塞罗至老普林尼的选集，并著有一篇重要的序言，论及阅读经典作家的正当方法，起初附于李维编订本（1735年）的书前[1]。同年他还编订了《论农事诸家》，此后不久又有昆体良的《演说术原理》、小普林尼的《书信集》和《颂辞》，以及贺拉斯和克劳狄安的编订本问世（1759年）。在后者的前言中，他坦率地声称自己过去一直以来的目标，不是为了卖弄学识，而仅是为了解释著作者；他明确地注明任何未能理解之处；为了培养学生们的品位，他还要求大家不仅留意那些优美、富有诗意的段落，也要留意那些与天性及最美好的文学典范格格不入之处。由此可见，格斯纳尔预见到海涅在阐释经典时所引入的趣味原则[2]。在所有这些著作中，文本考据是不够充分的，但阐释性质的注脚可算是这一类型的楷模。除了贺拉斯外（以巴克斯特 Baxter 的编订本为基础），所有刊本都配有一部精妙的索引。他最伟大的著作，《新罗马语言与学识宝库》*Novus Linguae et Eruditionis Romanae Thesaurus*（1749年），以四卷对开本印成，涉及经典拉丁文学的整个范围。

他在 1726—1735 年间已经完成了法贝尔《辞海》（1571年）的两部修订本，这是最好的一个版本，与他自己的《宝库》同年问世。格斯纳尔的著作以法贝尔为基础，并依据了晚近问世的罗贝·斯第潘努斯《宝库》之伦敦重印本，以十年不懈之努力而完成。我们在其中注意到了显著的进步，体现在对诸多讹误的更正上；与古典拉丁文无关的词汇和专

---

1 《杂著集》*Opuscula Minora*，vii 289 以下。

2 J. Schmidt, i 480.

名都被移除；成语得到了比此前更为充分的整理；艰涩的段落也得到了解释。而从另一方面看，对散文作家的采用不及诗人多，具体执行上有某种不均衡，而个别语句用法的历史演化遭到了忽略。然而，此书代表着斯第潘努斯时代以来拉丁辞书学上最重要的进步[1]。

尽管格斯纳尔在许多著作中都有开辟新局面的成就，就其语文学、历史与哲学研究的百科全书式外观而言，他代表的却是 17 世纪典型的"硕学之士"的传统，他亦将之作为应哥廷根大学校方要求而开展的一系列课程之纲领。这些讲录，包含了纲领中几近 1543 个条款的全部内容，后来由其学生之一予以刊布[2]。

格斯纳尔乃是所谓新人文主义运动的杰出领袖之一。旧的人文主义旨在从文体上对拉丁经典进行字句上的效法，并人为地在近世社会中延续古代拉丁文学的命数。这个宗旨逐渐显现出不切实际的方面，约在 1650 年遭到了摒弃。拉丁文依旧在中学里教授，它也作为大学授课的媒介和学术世界的语言而存活着。但是古代文学越来越被看成是奢侈品；在中学遭到忽视，仅被视作一个荒废而空洞的领域，学者可以埋首其中，想方设法地从事百科全书式学识的构造。哈雷学派实际上便持有这种看法。

以格斯纳尔为代表的哥廷根学派，则发现了旧文学的新用途。人

7

1　参看 J. E. B. Mayor 在《古典与圣教语文学学刊》，ii 279（1855），"借由对百科全书式条目和鄙俗文法的拒斥，借由许多嵌入语段，尤其是借由对疑难段落的解释，《格斯纳尔的〈宝库〉》在对科学知识的简化与放大上着力甚多，事实上，由于内容丰富，编排简洁，阐发精准而无学究式的琐细，此书真可谓无出其右者"。

2　《综合教育初级概论》*Primae Lineae Isagoges in Eruditionem Universalem*，J. N. Niclas 编订本，1774。

们很快以新的兴趣投入到对这类文学的研究中。从此之后，学习希腊文（以及拉丁文）的目的，并不在于效仿文体，而是要吸收实质的内容，来形成思想、培养品位，并准备产生一种近代文学，它并不是往昔时代单纯的回响，而是无论在哲思、学识或诗意上都具有自己的声音。温克尔曼、莱辛和歌德的时代即将到来，格斯纳尔乃是这个时代的先知与前驱[1]。

在格斯纳尔看来，拉丁文的学习不应该依靠语法学的规则来要求记忆，那样做使得语言在学习者那里变得可憎，而是首先要通过阅读《新约》的拉丁译文，也就是要靠实践来学习。教师应该与学生们用拉丁语对话，翻来覆去地重复最简短的语句；学生应该有勇气去讲拉丁语，即使起初会犯错误。格斯纳尔坦诚地记录了自己最初的尝试，当他在黄昏于街头遇到老师时，愉快地上前以不合语法的句子问候：*Domine praeceptor, precor te bona nox*【译按，大意是"主啊，老师，我祝愿你一夜安好"】[2]。在后来的阶段，他推荐了大批的优秀拉丁文用以粗浅阅读，以求能对拉丁经典进行文学上的鉴赏[3]。

作为莱比锡的一名中学教师，格斯纳尔废除使用旧的拉丁文 *compendium*【概略】，适如其分地引介拉丁文经典，并带领学生们在几个月内通读泰伦斯的全部作品，坚持对特定作家持续研读的文学与教育价值。在哥廷根的研讨班上，他于 25 年间不断培训一个精挑细选的群体，

---

1 参看 Paulsen（1896—1897 年版），ii 15, 21。

2 《概论》，§106, p. 111。

3 李维著作编订本前言。

作为未来日耳曼的教师队伍，他的目的在于培养富有智慧的教师，而非博闻多识的学者。他对希腊文学的研究做出高度评价：（他主张）若无希腊文，拉丁文本身不可能得到充分的理解。学校中的男童，（他又言）不该获准放弃希腊文学习。他们在学习了语法原理之后，应该继而做些简单的阅读，诸如伊索、琉善以及希腊文的《圣经》，随后则要读些荷马。当他开课讲授荷马时（在 1739 年及其后），总是受到欢迎[1]。

对荷马的兴趣乃是新人文主义的一个特色。至此为止，《奥德赛》与《伊利亚特》用德语都仅仅被翻译过一次，时间分别在 1537 和 1610 年。但 18 世纪中期，出现了《伊利亚特》前部数卷的两个译本，随后在 1754 年有一部译注本，使歌德首次接触荷马。文本经由埃内斯蒂在 1759—1764 年间加以整理。此后便出现了五个新译本，以沃斯 Voss 在 1793 年完成的最为成功，随即出现了沃尔夫的编订本，以及那部珍贵的《荷马史诗绪论》（1794—1795 年），还出现了海涅的编订本（1802 年以后）[2]。

埃内斯蒂继承了格斯纳尔在莱比锡的校长职务，他以拉丁散文体将其生平、著作描述得很清楚[3]。他提及剑桥学人艾斯丘 Askew 博士来访莱比锡时，曾谈到此前刚在哥廷根辞别的格斯纳尔，谓 *talem virum nunquam vidi*【我从未见过如此人物】[4]。这位传记家还记录了格斯纳尔的学术

---

1 《概论》，§154，p. 171。

2 Paulsen, ii 7[2] 以下。

3 《从格斯纳尔到鲁恩肯：生平著作记录》*Narratio de Jo. Matthia Gesnero ad Davidem Ruhnkenium V.C.*，在《演说著作集》*Opuscula Oratoria*，307-342，重刊于《哥廷根科学院传记丛刊》*Biographia Academica Gottingensis*，i 309 以下。

4 《演说著作集》，p. 308。

及其社交才能，他的优雅与谦恭的风度，他作为教育改革家的贡献，他在自己富有贡献的希腊与拉丁文经典编订本中排斥对"猜断法"的使用[1]，他作为一位拉丁文辞书家的价值，他在东方与欧洲语言上的兴趣[2]，以及他在以文词描述人物形象上的才能。埃内斯蒂还说，格斯纳尔的精彩肖像中的讽刺笔触乃是唯一的瑕疵，这幅画构成了拉丁文《宝库》的扉页[3]。

与格斯纳尔相关的人物，在此可以提及同世纪的其他几位辞书学家。克里斯蒂安·托比亚斯·达姆 Christian Tobias Damm（1699—1778年）是柏林最古老的人文中学之校长，不仅完成了一部关于希腊文初阶的著作，一部《蛙鼠战纪》的校注本（1732—1735年），还在30年后以其荷马与品达的辞典巨著而闻名[4]。在同一年中，他还将圣约翰福音书的文本译成德文，次年由于神学问题被要求辞去校长职务。但是他一直对这两位真心热爱的希腊作家保持着忠诚。他对此二人的散文体译本在1771年完成。在翻译荷马时，他苦于竭力要表现原始时代的质朴，遂不

（左侧边注：9，达姆）

---

1 p. 331, *Conjecturas ingeniosas laudabat magis quam probabat; et nihil magis quam dulces illas ingenii illecebras in judicando cavendum monebat.*【对于聪明的推测式勘校，称赞者比印证者多；而在裁断中，则主要注意避免心性受到那些令人愉悦的诱惑。】

2 p. 325, *nec ita admirabatur veteres, ut contemneret recentiores*【人不敬畏往昔，便会厌弃当下】。

3 p. 341. 其他的传记记载，见 J. D. Michaelis 在《哥廷根科学院传记丛刊》，i 245-276，及 Niclas，同上，iii 1-180, 287-496。参看格斯纳尔的《书信集》（1768 以后），Sauppe 的《讲演录》Vortrag（1856）以及"哥廷根诸教授"在哥廷根科学院的《论文集》（1872），p. 59 以下；Julian Schmidt, i 475-481；以及 Eckstein 的《来自伊利诺斯州的贵客伊萨克·纽顿·阿诺德讲演录》*Rede des ehrbaren Isaac N. Arnold, von Illinois*（1869）；Jahn，《古物学通俗论文集》*Aus der Alterthumswissenschaft populäre Aufsätze*，25；又见 Bursian, i 387-393，以及 Paulsen, ii 15-28[2]。

4 1765；第二版，1774。编排上采用了词源学的方法，所有词汇都被置于 300 个词根之下。其内容后来被 J. M. Duncan 以字母表顺序重新刊布（1821），这个版本得到了 V. C. F. Rost 的改进（1831—1833）。

断求助于下层阶级的语言，但是译文推动了这两位诗人在日耳曼人民中名声更广。他的著作整体上体现其信念，即以为希腊的语言与文学胜过拉丁。他主张效法希腊典范对提升日耳曼文化水平而言是必要的，而在推动对希腊文学的兴趣时，他看到了一种新文艺复兴的迹象[1]。没过几年，艺术界的"效法希腊典范"将是他著名的学生温克尔曼首部著作中的主题。温克尔曼是一位对荷马怀有热情的学者，他在达姆的教导下学习了一整年（1735—1736 年），正是《蛙鼠战纪》编订本问世的年代，但是这位教师对荷马的赏鉴并未能免使温克尔曼把他列入冬烘学究之列[2]。事实上达姆看来更感兴趣的是荷马的词汇表而非诗才。更懂欣赏荷马之诗才的，是摩西·门德尔松 Moses Mendelssohn，此人与弗雷德里希·尼柯莱 Friedrich Nicolai 一起，时常拜访达姆，请求语言上的指导，这门学问现在已经在日耳曼激起了一股新的趣尚。尼柯莱抱怨说，这位教师传授的内容单调乏味，但又言他对异常悦耳的诗行怀有一份敬意，曾经咂唇以表现短语 πολυφλοίσβοιο θαλάσσης【海水呼啸】的美妙发音[3]。他的爱好不止于希腊文学。他完成过一部纳马提安的编订本，翻译过普林尼的《颂辞》，以及西塞罗的两篇演说词和全部的书信。他有关希腊与罗马神话学的小型手册长期以来都是一部权威著作[4]。

作为拉丁文辞书学家，格斯纳尔在下一世代中遇到了一位可贵的继

---

1 "Videor jam saeculum renascentis apud nos Graecitatis cernere animo: illustres viri, imo et foeminae, adamare incipiunt has literas et in pretio habere"【我认为我们现在处于一个希腊文化重生的复兴时代：杰出的男性，甚至还有女性，都开始爱好这种文学并对之赞扬有加】，1752年的计划（Justi 的《温克尔曼及其同时代人》Winckelmann und seine Zeitgenossen，i 34 注释）。

2 "praecep'ores ἀμούσους"【缺乏艺术品位的教师】（Justi, i 34）。

3 Justi, i 36。

4 Bursian, i 385—387；参看 Justi 的《温克尔曼及其同时代人》，i 30—36。

承人，即伊曼纽尔·约翰·格哈德·舍勒 Immanuel Johann Gerhard Scheller（1735—1803 年），他先后在柏林东南的吕本 Lübben 和布雷斯劳东南的布热格 Brieg 担任中学校长。他的拉丁文—德文辞典[1]建立在对作者们的独立研究的基础之上，并审慎机敏地参考了最出色的注疏和辞书。在后来的两版中得以扩充和改进，继而由辞书家本人加以缩略，他在 1792 年又增加了一部德文—拉丁文辞典。舍勒曾不提姓名地援用福尔切利尼（1771年），这一点受到诟病[2]。还曾有人断言，谓"即使他研究一下更科学的计划安排，即使他展现出足够多的阅读，并且即使他从不忽视考据学上的新见，他的计划仍然是有欠缺的，他的考证仍然是缺少判断力的，他的阅读也还是主要局限于恺撒、西塞罗和其他经典作者"[3]。但他的独立态度还是得到了充分的印证，他对白银时期作家重要性的赏识，以及其他的优长之处，得到了梅耶 Mayor 教授的充分阐扬[4]。

与舍勒相抗衡的希腊文辞书学家，是约翰·戈特洛布·施奈德 Johann Gottlob Schneider（1750—1822 年），他出生于撒克逊地区，临终时是布雷斯劳的教授及大学图书馆馆长。他的希腊文辞书[5]，就材料的丰

舍勒

11

约翰·戈特洛布·施奈德

---

1 《详尽完备的拉丁文—德文辞书或字典，以解释古事与训练拉丁文语词为宗旨》*Ausführliches und möglichst vollständiges lateinisch-deutsches Lexicon oder Wörterbuch zum Behufe der Erklärung der Alten und Übung in der lateinischen Sprache*，两卷本，1783；第二版，三卷本，1788；第三版，五卷本，1804—1805。

2 "Censor Germanus"【日耳曼审查官】，见引于 Furnaletto 编订本福尔切利尼。

3 Otto 关于拉丁辞书学的论述，见《科学与文学综合月刊》*Allgemeine Monatschrift für Wissenschaft und Litteratur*，布伦瑞克，1853，p. 990 以下。

4 《古典与圣教语文学学刊》，ii 283-290（1855）。——舍勒还曾完成过两卷本的《拉丁文体佳篇津梁》*Praecepta stili bene Latini*（1779），篇幅一长一短的两部拉丁语法学（1779 以后及 1780以后），一部阐释拉丁经典以及恰当摹仿西塞罗的导读（1770），还有对西塞罗和李维前 6 卷的考察（1785）。参看 Bursian，i 507–509。

5 《希腊文考据辞典》*Kritisches griechisches Wörterbuch*，两卷本，1797 以后；第二版，1805—1806；第三版，1819；增补卷，1821；F. W. Riemer 缩略本，1802—1804。

富性以及考据才能和方法看，标志着在舍莱维琉斯、黑德里希等人之小型工具书基础上的一次伟大进步。此书也是自 H. 斯第潘努斯的辞书（1572 年）以来该领域出现的第一部综合性独立著作[1]。施奈德在收集和解释技术类与科学类术语方面着力甚多。他有关自然科学的知识，结合起古典文献，体现于他的《物理小咏》*Eclogae Physicae* 和他编订的埃利安与亚里士多德的动物学著作中。他还编订了《政治学》和《家政学》第二卷，以及全部的泰奥弗剌斯特、尼坎德尔、奥庇安著作，还有《论农事诸家》和维特鲁威。

格斯纳尔作为教育改革家的功业得到了约翰·奥古斯特·埃内斯蒂 Johann August Ernesti（1707—1781 年）的得力倡导。此人出生于图灵根，受学于普福尔塔学校 Schulpforta[2]，继而在维滕贝格和莱比锡深造，他在最后这一学术重镇生活了半个世纪。他与格斯纳尔共事三年，之后接替其职位，在那所优秀的当地中学担任了四分之一世纪的校长。其中后 17 年间，还担任了莱比锡大学的演说术教授，1759 年他在这两个位置上都辞去了工作，又出任了神学教授，延续了其生平最后的 22 年。他作为学者的声名，主要依赖于整部西塞罗著作集的编订本，共六卷，完成于 1739 年，至第三版增补了历史背景的介绍和考据学的注释（1777 年）。而原创著作中最有恒久之价值的，是《西塞罗语辞诠要》*Clavis Ciceroniana*[3]，这是一部精彩的西塞罗用语与措辞辞典，附有该演说家篇章中提及的罗

约翰·奥古斯特·埃内斯蒂

12

13

1　此书为 Passow 的几部辞书（1819—1824 等）提供了根基，而 Passow 的辞书则是 Rost 与 Palm 之辞典（1841—1857）以及 Liddel 与 Scott 之辞典（1843 及其后）的基础。

2　远在他那些同学接触希腊文知识之前，他早已在班上自行阅读了希洛狄安著作的最后一卷，而教师方才缓慢地在阐释第一卷的内容。参看《演说著作集》，311 以下。

3　Rein 编订本，1831。

图 42　J. A. 埃内斯蒂

Vir clarissimus, saeculi huius Cicero, qui et docendo et scribendo rebus diuinis humanisque plurimum luminis attulit.

【J. A. 埃内斯蒂，这个时代最显赫的人物，"当代的西塞罗"，他在教育及著述的圣教与世俗事业上都有辉煌成就。】

出自 J. Elias Haid 的一幅版画（奥格斯堡，1776），源自 Anton Graff 所作的肖像

马诸律法的一篇概要。有些阐释性和考据性的注释在合理的范围内得到了保留，相互冲突的异文之取舍，主要根据对西塞罗用词的精妙体会而加以判决。但是西塞罗文体的标准，被他轻率地运用于对苏维托尼乌斯（1748 年）和塔西佗（1752 年）著作的编订上。埃内斯蒂还在担任中学教师时，曾编订了色诺芬的《回忆苏格拉底》和阿里斯托芬的《云》。离开此职务后，他完成了一部荷马的编订本（1759—1764 年），以萨

缪尔·克拉克的版本为基础；还编订过卡利马库斯（1761 年），并（在
1764 年）重新整理了卡索邦的波里比乌斯。收入其《杂著集》中的演
说词和专题论文[1]，以及他为整理拉丁文本而作的序，都是以精彩的文体
写成的，那部小型的数学、哲学与修辞学百科全书式教材，《实学津逮》
Initia Doctrinae Solidioris 也是如此。

　　肤浅如文人作家，才智则类如阐解注疏之士，埃内斯蒂长期以来
被评估得过高了。甚至他的阐解性的注释都有些贫乏无力。荷兰的注疏
家们曾表现得过于繁冗，他则走向相反的极端。作为一名西塞罗的编订
者，他对于推测式考证不切实际的恐慌，未能使他免于接受自己的臆度
之见，只是拒绝前辈学人提出的校勘意见。但是值得信任的是，他为日
耳曼古典教育的广泛传播做出了很大的贡献[2]。

　　还有三位学者都具有同样的姓氏，最为著名的是他钟爱的侄子，
约翰·克里斯蒂安·戈特利布·埃内斯蒂 Johann Christian Gottlieb Ernesti
（1756—1802 年），他在伯父去世后接任莱比锡的演说术教授长达 20 年
之久，完成的著作中有一部希腊与拉丁文的"技艺辞典"。还有一位较
为年长的侄子，奥古斯特·威廉 August Wilhelm（1733—1801 年），是他
兄长之子，在 1769 年前后编订了李维的著作。对于埃内斯蒂其他门生，
在此用最简略的方式提及就足够了。其中有约翰·托比亚斯·克雷布斯

1　《演说著作集》*Opuscula Oratoria*（1762）及《语文学著作集》*Opuscula Philologica*（1764），俱
　　出版于莱顿；前者又有一部《新编》*Novum Volumen*（1791），以及《杂论著作集》*Opuscula*
　　Varii Argumenti（1794），俱出版于莱比锡。
2　Urlichs，105[2]. 参看 Bursian，i 400–404。埃内斯蒂有关古典文学教育的观点，或许可在他
　　修辞学讲演录中找到线索（见《杂论著作集》），尤其是 1736 和 1738 年的那些篇目，还见于
　　1773 年他为撒克逊地区的学校制定的官方计划中（这得到 Paulsen，ii 29–32[2] 的有力分析）。

Johann Tobias Krebs（1718—1782 年），他是格里马的校长，编订过赫西俄德（1746 年）；J. F. 费舍尔（1726—1799 年），在其生平最后 32 年间，接替埃内斯蒂在莱比锡的中学校长职务，除了完成维勒 Weller 本"希腊文法"的数卷评议外，还编订了阿纳克里翁与帕莱法图斯 Palaephatus 的著作，柏拉图的多篇对话录，另外发表了不少于 14 篇关于《克拉底鲁篇》的研究论文；最后还有鲍尔 K. L. Bauer（1730—1790 年），他完成了戈特勒贝尔 Gottleber 关于修昔底德的编订本，以及一部德文—拉丁文辞典。这些人都属于"勤学而迂腐的学究"[1]。此外，还有克洛茨 C. A. Klotz（1738—1771 年），哥廷根与哈雷的教授，以其与布尔曼和莱辛的争论最为出名[2]。莫鲁斯 S. F. N. Morus（1736—1792 年）是莱比锡的教授，编订过伊索克拉底的《颂词》、"朗吉努斯"和色诺芬《居鲁士的教育》《长征记》与《希腊志》。莫鲁斯的一个学生贝克 C. D. Beck（1757—1832 年），参与了他对马斯格雷夫版欧里庇得斯的扩充编订（1778—1788 年），贡献了一部出色的《词汇索引》*Index Verborum*。他完成的众多编订本，包括了一部繁冗的德摩斯提尼《议和平》注疏集（1799 年）。他还写过《托勒密王朝时期的语文学》*De Philologia Saeculi Ptolemaeorum*（1818 年），并评述了截止于 1829 年前的 50 年来语文学与历史研究之进程[3]。

当格斯纳尔于 1761 年在哥廷根去世，他的空位首先提供给了埃内斯蒂，此人在 27 年前已经承继了格斯纳尔在莱比锡的校长职务。埃内斯蒂拒绝了这个机会，并建议由鲁恩肯来充任，此人 18 年前曾受到埃

1　Urlichs，105[2].

2　Harless，《当代著名语文学家列传》，i 168–211；下文第 28 页。

3　参看 Bursian，i 417–426。

内斯蒂的建议而学习希腊文，并不是在哥廷根跟随格斯纳尔，而是在莱顿追随赫姆斯特赫斯。鲁恩肯也拒绝了这个机会，又转而推荐埃内斯蒂从前的学生海涅，此人在哥廷根的辉煌事业将在下文述及[1]。埃内斯蒂似乎是故意忽视赖斯克的请求，后者近 15 年一直在莱比锡生活，并展示出跻身当代最著名希腊研究学者之列的才能。

赖斯克

约翰·雅各布·赖斯克 Johann Jacob Reiske（1716—1774 年），在哈雷打下了坚实的拉丁文基础，1732 年进入莱比锡大学。他没有参加过任何讲座课程；事实上希腊文在当时也没有人要参与。他自行钻研了几位希腊著作家，却发现德摩斯提尼和提奥克里忒在他的阅读水平看来过于艰涩。他还在 1738 年之前学习过阿拉伯语，此后尽管穷困潦倒，却前往莱顿去旁听舒尔滕 Schultens 的讲座，最终在这门语言的知识上超越了主讲人[2]。在莱顿，他通过帮助道尔维耶编订卡里同及校对阿尔伯蒂的《赫叙基乌斯》清样来养活自己[3]。在贫困的压力下，他被迫学医，在 1746 年获得医学博士学位，尽管他从未出诊。在他返回日耳曼不久，再度定居莱比锡，12 年间从事于乏味的工作以谋求生计，而埃内斯蒂及其他富有影响的人士，动用他们的权力来帮助他，却对其坦率独立的性格持有疑虑[4]。埃内斯蒂甚至于警告莱比锡的来客们，"勿要叨扰那位怪僻人士"[5]。然而需要公正客观地指出，在赖斯克最黯淡的

15

1　下文第 36 页。

2　关于赖斯克的阿拉伯文之研究，参看《大英百科全书》。

3　《自传叙述中的约翰·雅各布·赖斯克博士》*D. Johann Jacob Reiskens von ihm selbst aufgesetzte Lebensbeschreibung*，22，37 以下。

4　同上，67。

5　同上，147。

岁月里，正是埃内斯蒂每日邀请他去吃晚餐[1]。尽管遭遇种种困厄，他却从未失去勇气，在学术事业上的热情从未消减。1748年，他获得了意义不大的荣誉，被任命为"阿拉伯语特别教授"，得到了微不足道的津贴，甚至这样还不能按时发放。但是在1756年初，他关于这门语言的知识使他受邀去往德累斯顿，对选帝侯藏室中的阿拉伯钱币加以分类。经历了六个月的诸多艰辛，藏室主人带给他一块玉石，无人识得上面所雕刻的细密文字。赖斯克解决这个谜团，并获准将玉石带到莱比锡，在那里他撰述并刊印了一部说明，呈交给物主，那位格拉夫·冯·瓦克巴特 Graf von Wackerbart 立即赠送了赖斯克100塔勒银币，在两年后，当赖斯克事业进入关键时刻，正要申请莱比锡的尼柯莱中学 Nicolai-Schule 校长职务，又插手予以支持，担保下这份工作，将这位受贫穷折磨的学者置于地位尊贵、薪酬优渥的职位，使之安度其余生的16年（1758年）[2]。他因此获得些许闲暇，这对于要完成多种希腊著作家的重要编订本来说是有必要的。1764年，他娶了一位思想高尚、气质出众的女士，为了夫君的缘故，她也学习了希腊文和拉丁文，还将自己的珠宝抵押，确保他能支付得起刊印德摩斯提尼著作的费用[3]，又帮助他核录钞本[4]，并为他完成及刊布了那些生前未竟之著作。

最早展现赖斯克对希腊文的深湛知识的，是君士坦丁·波弗洛根尼图斯关于拜占庭宫廷礼仪的著作之首刊版（1751—1754年）。他整理

---

1 《自传叙述中的约翰·雅各布·赖斯克博士》，77。
2 同上，74-79。
3 同上，94注释。
4 同上，93。

图 43　赖斯克

出自 Sysangin 家的 J. D. Philippin 所作之肖像，见于《希腊演说家》*Oratores Graeci*（1770）扉页

的三卷《帕拉廷文苑英华集》内容丰富，在考据、训诂和文学史方面都
有价值（1754 年）。在此期间，他还自费刊印了关于索福克勒斯、欧里
庇得斯和阿里斯托芬的"评断"，收入了一些精彩的校勘意见（1753—
1754 年）。他进而完成了五卷本的希腊作家之"评断"（1757—1766 年），
涉及泰奥弗剌斯特《角色丛谈》、狄奥多鲁斯、"金嘴"狄翁、以及狄
奥·卡西乌斯的著作，还有普鲁塔克的《道德论集》，及修昔底德、希
罗多德、阿理斯泰德、波里比乌斯、理班纽斯、阿耳忒密多儒与卡利马

17

库斯，对这些文本提出了许多校改意见。他非常看重此书[1]。作为一名学校教师，他在西塞罗研究上下了几年功夫。他编订了《图斯库兰论辩集》，附有对前两卷的注释和各种异文，但他很快丢弃了西塞罗，转而研究德摩斯提尼及其他希腊文演说家。研究的最初成果，是一部生动的德摩斯提尼和埃斯奇纳斯演说集德文译本，附有阐解性注释（1764年）。他在普鲁士人撤离莱比锡那天（1763年2月15日），开始着手于这一译本[2]。他编订的这部演说家著作，包含了十年的艰辛劳动。对于德摩斯提尼的文本，他采用了一部慕尼黑的钞本，还有来自奥格斯堡的四部钞本；埃斯奇纳斯的文本，则使用了赫尔姆施塔特的一部钞本，乃是得益于莱辛的协助；而他在1746年于莱顿遇见的艾斯丘，曾将约翰·泰勒收集的资料寄给他[3]。他关于这些演说家们的著作，扩充至八卷篇幅（1770—1773年），又有"Apparatus Criticus"【校记】及德摩斯提尼的"索引"，共四卷。其中最后三卷是其遗孀所整理的。

在翻译德摩斯提尼前，他曾准备了一部修昔底德所有演说词的译文，但一年之间便大方地放弃了，为的是他的朋友哥廷根教授海尔曼 J. D. Heilmann（1727—1764年），其在1760年发愿要译出修昔底德的完整著作。应一位出版家的要求，他随后在短短三个月间匆忙地完成了一部修昔底德的编订本，其中对于文本的改进有许多敏锐的见解（1765—1766年）。在他去世前不久，他还在修订马克西姆·提留斯的文本。他

1 《自传叙述中的约翰·雅各布·赖斯克博士》，70, Sie sind *flos ingenii mei*, wenn man anders meinem *ingenio* nicht *omnem florem abspricht*【若他人赞同吾之内心也是某种花朵的话，此书便是吾心灵之花】。

2 同上，87。

3 参看 Nichols，《18世纪文坛掌故》，iv 664。

在有生之年见到了自己所整理的六卷本哈利卡那苏斯的第欧尼修中的前两卷，以及 12 卷本普鲁塔克的第一卷问世。他还有对理班纽斯的重要编订本，由其遗孀出版，她还完成了他的"金嘴"狄奥著作之刊印。

有关其生平事迹，披露于所撰自传的那些悲戚的文字中。他将自己所有的苦难奋斗与意志消沉的日子都讲述给我们，还对那些后来帮助他获得进一步事业所需之闲暇的人们表示谢意。他这样谈到自己：

> 上帝已经赐我诸多禀赋，虽非最佳（或许如此），却也不是最糟；他也予我使用这些禀赋的热情与愿望，从而实现他的荣耀与公共利益……毫无疑问的是，我乐于勉力为之，假如岁月惠我更多闲暇，使我从容进行研究，假如我能从同辈中得到更多帮助和鼓励；可我的工作较乎其他同样地位之人，毕竟已经多了上千倍。因为善于利用我的"一项禀赋"，我就能怀着喜乐的勇气去见主，向他呈递我管理他所赋予之物的报告了。

他那忠诚的太太为这部自传添加了一篇简短的记述，描写此人的性格，详述其直率诚实之表现，以及他对学问的热情，对那些曾有负于他之人的宽容大度。只有那些无法（或不愿）了解他的人，才会称他是厌世者。除了广泛地阅读希腊文、拉丁文和阿拉伯文，他对德、法、意、英的杰出诗人也毫不陌生，在他所喜爱的著作中，还有提罗斯顿 Tillotson 和巴罗 Barrow 的布道文集[1]。

1　pp. 146–149. 此书收入了 Abresch，Askew，Gesner，Heilmann，Klotz，D'Orville，Reimar 与 Wesseling 写给他的书信，其中还有一封来自温克尔曼。参看 Morus，《赖斯克生平论述》*De vita Reiskii*，1777；S. G. Eck，在 Frotscher 的《修辞诸家述记》（1826），i 3–77；Wyttenbach，《书林评议》，iii（1）34，以及《杂著集》，i 413 以下；《记忆女神》，i 57 及 viii 297–351；Mommsen，《瑞士联邦拉丁铭文集》*Inscriptiones Confoederationis Helveticae Latinae*（1854），p. xii；Haupt，《杂著集》，iii 137 以下；Jahn，《古物学通俗论文集》，26；L. Müller，（转下页）

在赖斯克之暮岁直至他身后数年，自 1768 至 1782 年间，莱比锡的希腊文与拉丁文教授职位由莫鲁斯 Morus 担任 [1]，这是埃内斯蒂最出色的学生之一。莫鲁斯之后，继任者是弗里德里希·沃尔夫冈·赖茨 Friedrich Wolfgang Reiz（1733—1790 年）。赖茨作为一名教师，因为培养了赫尔曼这样著名的弟子而享有声誉 [2]。他倾注心血于语法学、诗律和文本考据之有限领域的全面探索中。他的著作有关于希腊语与拉丁语语气及时态的论述（1786 年），还有谈重读法的书（1791 年）。在诗律方面，他是第一位向日耳曼人引介本特利观点的人，对于后者他习惯称之为"考据家之最为完美的典范"。这些观点被他以一篇短论提出 [3]，并将之应用于《绳索》Rudens 的一部编订本中 [4]。他对亚里士多德尤其感兴趣，曾不具名地参与《修辞学》及《政治学》第七、八卷的考证，这两部分内容刊布于一个《诗学》的整理本（1786 年）中。他还编订过希罗多德的前四卷。最后，他曾打算对维埃纳的德法朗士之古物陈列室进行一番完整的记录，这与一系列关于罗马古物的讲录，俱在其身后公之于世。他最伟大的成就在于，他是赫尔曼的导师，他得到了沃尔夫的高度赞誉 [5]。

（接上页）《尼德兰古典语文学史》Geschichte der klassischen Philologie in den Niederlanden，76 注释；Bursian，i 407–416；以及 Förster 在《德意志传记大全》；《书信集》，Förster 编订本，1897；Kämmel，《新年刊》，1908，200 以下。

1　上文第 14 页。

2　《杂著集》，viii 453 以下。他还得到了 F. A. Wolf 的高度赞誉，见《短著集》，ii 1155。

3　"Burmannum de Bentleii doctrina metrorum Terentianorum judicare non potuisse"【布尔曼与本特利关于泰伦提安之诗律的观点尚未得以验证】（1787）。

4　一位评论者称之为"对普劳图斯进行真正之考证的开端"。

5　Bursian，i 419–422.

第二十七章

18 世纪的日耳曼（下）

（ii）温克尔曼、莱辛、赫尔德、海涅、埃克赫尔

在18世纪，古典时期考古学的研究，受到了约翰·弗里德里希·克里斯特 Johann Friedrich Christ（1700—1756 年）的极大推动。他出生于科堡 Coburg 一个优秀的家庭，具备了作为艺术家、语言学家和诗人的许多才华；他在耶拿学习法律，随后在莱比锡出任历史与诗歌教授（1734年）。作为拉丁文学方面的专家，他不断研读普劳图斯，对贺拉斯也是了然于心，极为推崇玉万纳尔，每年通读一遍塔西佗，还激赏奥卢斯·葛琉斯且时常效法其文。在意大利的旅行，使他成为一位古代与近世艺术的内行；他收集了大量的藏书，和颇具规模的版画、钱币和玉石。在一次令人难忘的讲座上，他敦促听众不仅要熟悉古人的文献、铭文和钱币，还要熟悉他们的建筑与雕塑，他们的珠玉与陶器。这些讲录很久

以后才刊行于世，标志着日耳曼考古学教育的开端[1]。从艺术与美学的角度出发而不是仅从古物学家的角度，去研究古代之陈迹，这与同时代法国的凯吕斯伯爵英雄所见略同，而克里斯特偏爱希腊雕塑的独特风格，他成为温克尔曼的前驱人物。他对宝石有一番专门研究，出版过一部莱比锡的里希特 Richter 藏品目录，还有一套修订过的拉丁文凸版图解，用于利珀特 Lippert《珍玩类目》*Dactyliotheca* 中的前 2000 件样品，这部著作后来由海涅完成。他广泛多变的兴趣，展现于 32 篇关于罗马法律和古物、文本考据以及文学史与学术史的论文中，收入他的《科学院之夜》*Noctes Academicae*（1727—1729 年）中。他还讨论了艺术家们的签押，古人的 vasa myrrhina【萤石器皿】，以及缪斯女神们的不同造型。为了支持自己空想出来的见解，谓斐德卢斯的寓言集是意大利人文主义者佩罗蒂写成的[2]，他本人将两部伊索的书都译成了拉丁文诗体。1756 年克里斯特去世，埃内斯蒂发表了一篇纪念他的拉丁文演说词[3]，此人得到了其前辈演说的手稿副本，从而继续发扬其教学的传统。但是原本那些讲录所发生的持久影响，还有一个更好的印证，即莱辛与海涅正是从这个源头中获得了他们对于古代艺术的最初兴趣[4]。

---

1 Zeune 编订，《文学艺术论集，以古代为主》*Abhandlungen über die Litteratur und Kunstwerke, vornehmlich des Alterthums*，1776。

2 上文第二卷，第 71 页。

3 《演说著作集》，171–182。

4 参看 Justi 的《温克尔曼及其同时代人》，i 374–381；Stark, 159 以下；Dörffel，《克里斯特的生平及其著述》*J. F. Christ, sein Leben u. seine Schriften*（1878）；以及 Bursian, i 404–406。——他去世那年也是克里斯特和埃内斯蒂的弟子 Johann August Bach（1721–1756）的卒年，此人论证了厄琉息斯秘仪的特点（1745），讨论过特洛伊人的法规，编订过色诺芬的《家政学》（1747），还写过一部关于罗马法学研究的历史（1754），得到反复重印。参看 Bursian, i 406 以下。

尽管 J. F. 克里斯特从此唤醒了从艺术角度研究古代生活的兴趣，但是对这一研究之重要意义的持久认知，则取决于约翰·约阿希姆·温克尔曼 Johann Joachim Winckelmann（1717—1768 年）。这位施滕温克尔曼达尔 Stendal（柏林西去约 60 英里）的鞋匠之子，在当地学校修习拉丁文获得优秀成绩，并在其教师的藏书中汲取了一定知识，当时附近的史前陵墓激发了他对古迹的兴趣，他甚而梦见去金字塔朝圣。1735 年，他去往柏林，在达姆的指导下学习了一年希腊文，这位教师无疑精通荷马的词汇[1]。三年后，他离开施滕达尔，到西方更远的萨尔茨韦德尔 Salzwedel 去完成学业。同年，法布理齐乌斯去世，两年后，其所藏书籍

在汉堡拍卖，这位青年学子奔波了 80 多英里的行程，只为买到希腊与拉丁文经典的少数副本[2]。不久后，他就读于哈雷大学，在那里参加了钱币收藏家舒尔策 J. H Schulze 的讲座，后者谈论到希腊与罗马的古物[3]，还谈到鲍姆嘉登 A. G. Baumgarten，此人在几年后最先将"美学"这一术语用于研究美的科学[4]。温克尔曼继续在耶拿读书，想要在医学专业上深造，便刻苦钻研比较解剖学。不过他起初具有的博杂之学术兴趣，很快即变成对希腊文学的热烈推崇。他在家乡北方的塞豪森 Seehausen 辛辛苦苦地担任了五年校长，夜间大多时间都用以研究荷马与索福克勒斯、修昔底德、色诺芬与柏拉图[5]。此后，他在德累斯顿附近冯·比瑙伯爵 Count von Bünau 的图书馆中逗留了六年，扩大了自己在历史和政治学

1　上文第 10 页。
2　Justi, i 42.
3　同上，i 54-56。
4　同上，i 75-80。
5　1743-1748；同上，i 136-160。

上的兴趣，并对法、英、意文学开始留心（1748—1754 年）。在那时，整个日耳曼地区最精美的雕塑与绘画作品，即将被发现于德累斯顿；人们很快就可以看到，艺术研究从此成为温克尔曼终身的主要志业。同样清楚的是，假如不曾在意大利生活，他便不可能真正地延续该研究，于是单纯为了实施这个计划，他最后决定加入罗马教会[1]。不到一年之后，他就获得来自撒克逊选帝侯提供的年金，得以南下。他抽暇研究珠宝及其他古代艺术范例，并完成了第一部著作，《对绘画与雕塑中摹仿希腊作品的思考》（1755 年）。此书中有些很快就深入人心的言词，他将希腊艺术描述为具有"高贵的单纯与静穆的伟大"之特点[2]。他居住在罗马的头两年，被用以研究大批的雕塑，描述梵蒂冈博物馆中某些最为精美的古代艺术品。此后他在那不勒斯逗留了三个月，考察了赫库兰尼姆及庞贝的新近挖掘成果。他还参观了帕埃斯图姆 Paestum 和阿格里真托 Girgenti 的希腊大庙。1760 年，他完成了佛罗伦萨的施托施 Stosch 珠宝藏品分目说明，将这部著作题献给枢机主教阿尔巴尼，此公早先将他请入自家宅邸，担任图书管理员，并管护所藏古代雕塑艺术品。与此同时，他还在研究波桑尼阿斯著作中对希腊艺术品的描述，以及柏拉图著作中希腊人对美的理解。所有这些研究在他两卷四开本的经典著作《古代艺术史》（1764 年）到达了巅峰，这是最早将埃及、腓尼基、波斯、伊特鲁里亚以及希腊、罗马的艺术发展、政治生活与文明的普遍发展结合起来进行阐述的书籍。此书大受欢迎，1776 年即有第二版问世。同时，在 1767—1768 年，他还完成了两卷本的《古物

1　1754 年 7 月 11 日。

2　p. 21（J. Lessing 编订"著作选"的 p. 314），*eine edle Einfalt und eine stille Grösse*，此语可能受启发于 Oeser（Justi, i 349, 410）。

拾遗》*Monumenti Antichi Inediti*，描述了 200 多件古代艺术品，主要是罗马石棺上的浮雕，在阐释这些图像时，他首次提出这些图案并非出自日常生活场景，而是来自希腊神话中的故事。次年 4 月，他离开罗马回到北方。蒂罗尔 Tirol 的群峦，曾在他去往意大利的途中激起敬畏之心，如今则唤醒其心中最深沉的忧郁感受。他计划去往柏林，打算在那里监察他那伟大史著之法文版的印制。在居停于奥格斯堡、慕尼黑与维也纳期间，他竭力想要脱卸不断搅扰内心的强烈忧愁之感；他从维也纳形影孤零地返回的理雅斯特，并筹划走水路去往威尼斯。当准备行程之时，他隐姓埋名地在一家旅馆躲了许多天，其间误与一名意大利危险人物结交，轻率地向对方展示了一些刚从维也纳得到的金制大徽章，于是在 1768 年 6 月 8 日，他被这个不义之徒杀害。他生日是 12 月 9 日，从此被反复纪念，人们在罗马、柏林以及日耳曼许多其他的学术家园刊布他有关古典艺术和考古学的论文。有关他的肖像，最好的一幅出自安杰利卡·考夫曼 Angelica Kauffmann[1]。有座半身像，曾被枢机主教阿尔巴尼放在万神殿中拉斐尔墓旁，现已迁移至卡庇托山博物馆；还有一尊塑像，树立在温克尔曼出生的村庄以表纪念，在他去世的城镇，也有一家教堂安置了纪念碑。他全然沉醉于古代世界艺术之美中，这个形象被一位长于文词的传记作家描述得不可磨灭，其中以令人难忘的言语向传主告别："他如今居于神性，那是美的源泉，是他渴慕休憩的

24

---

1 Justi, ii（2）440；《对绘画与雕塑中摹仿希腊作品的思考》，扉页，以及 Könnecke 的《德意志民族文学史图志》*Bilderatlas zur Geschichte der Deutschen Nationallitteratur*，第二版（1905），230。

第二十七章　18 世纪的日耳曼（下）　　　　　　　　　　　　43

精神归宿"【译按，原系德文】[1]。

莱辛 通过温克尔曼的贡献，古老的希腊世界与现代生活联系了起来，这在更大程度上由戈特霍尔德·埃弗赖姆·莱辛 Gotthold Ephraim Lessing（1729—1781 年）予以进一步的体现。此人父亲乃是德累斯顿东北小镇卡门茨 Kamenz 的教区牧师。他在 5 岁时，有人要为他描绘一幅依偎在鸟笼旁的肖像，这位未来的学者激烈地抗议道："你该把我画在一堆非常非常多的书籍旁边，否则我不会愿意被画。"[2]13 岁时，他被送到位于德累斯顿西北的迈森，去圣阿弗拉 St Afra 的著名学校就读。那儿的教育以古典著作为主，这位少年私下阅读的书籍，包括了阿纳克里翁及泰奥弗剌斯特的《角色丛谈》，还有普劳图斯和泰伦斯。他入莱比锡大学读书时才 17 岁，J. F. 克里斯特已经开始在那里讲授古代艺术，以及有关普劳图斯与贺拉斯的课程[3]，埃内斯蒂则是"演说术方面的非凡教授"，而克斯特纳 Kästner 这位年轻的数学教授，很快便展露出他对于文学的特别兴趣，以及对莱辛的特别兴趣。在莱比锡，这位青年学子开始信服于"书本有

25

---

1 其著作全编凡 12 卷，刊于多瑙埃兴根 Donaueschingen（1825—1829）与普拉托（1830—1834）。《古代艺术史》*Die Geschichte der Kunst des Alterthums*（1764），与《对绘画与雕塑中摹仿希腊作品的思考》*Gedanken über die Nachahmung der griechischen Werke*（1755），以及某些短篇杂著，由 Julius Lessing 重刊，附生平与导论（第二版，海德堡，1882）。参看 Heyne 的《温克尔曼颂词》*Lobschrift auf Winkelmann*，以及 Herder 的《纪念约翰·温克尔曼》*Denkmal Johann Winckelmann's*（1778，vol. iii 437 以下，Suphan 编订本）；Goethe 的《温克尔曼及其世纪》*Winckelmann und sein Jahrhundert*，1805（30 卷本中的 vol. xxiv）；F. A. Wolf，《短著集》，ii 730–743；O. Jahn，《传记文编》*Biographische Aufsätze*，1–88；Julian Schmidt，ii 123–132；Justi，《温克尔曼及其同时代人》，三卷本，1866—1872；Stark，193–206；以及 Bursian，i 426–436。

2 这幅图像被重制于 Düntzer 的《莱辛传》*Lessings Leben*，17，以及 Könnecke 的《德意志国家文学史图志》，231。

3 Julian Schmidt, i 618.

助于博学，却从来不能使他成为一个人"的说法[1]，他写出了第一部剧作，一部针对青年学者自鸣得意之态的讽刺剧[2]。作者刚好已意识到他自己的学究气，他的眼界变得宽广，现代"启蒙"之精神早已在学术的枯骨中注入生气[3]。1749 年初，他去往柏林，不仅以戏剧批评家的名号崭露头角，还完成了三部剧作，其一以《仨钱儿银币》为蓝本[4]。1751 年岁末，他动身奔赴维滕贝格，在那里居留不足一年，主要时间都在大学图书馆中度过，翻阅了（他后来宣称）每一卷册。在维滕贝格，莱辛研究罗马诗人，尤其是贺拉斯与马提阿尔，他自己文字中洗练隽永的风格，尤其是那些拉丁文和德文的隽语诗，便是揣摩此二人手法的体现[5]。在他的书信中，以及在一篇独立刊行的论文中，他语带讥讽地攻击过一部不佳的贺拉斯译本，并对诗人的特色加以维护[6]。在返回柏林后，他赢得了尼柯莱和摩西·门德尔松的友谊，这两位与他一样，都对英国文学怀有兴趣；他还选择英国作为第一部重要悲剧作品的背景，那是一部"家庭戏剧"，在一定程度上体现了他反对当时法国流行的泥古不化之摹仿的态度[7]。他对戏剧的爱好，令他著作了一部关于普劳图斯生平与作品的论文，

1　致其母亲的书信，Julian Schmidt，i 620。

2　《小学究》*Der junge Gelehrte*。

3　Sherer，ii 49，英译本。

4　《珍宝》*Der Schatz*。

5　i 27–67，Göring 编订本。

6　书札第 24 函，写于 1753 年（vi 300，Göring 编订本）；《罗布林根的牧师萨缪尔·戈特霍尔德·朗格先生的随身手册》*Ein Vade mecum für den Hrn. Sam Gotthl. Lange. Pastor in Laublingen*，以及《捍卫贺拉斯》*Rettungen des Horaz*，1754（xv 11–72）。参看 Sime 的《莱辛生平素写》*G.E. Lessing, ein Lebensbild*，i 123。

7　《萨拉·桑普森小姐》*Miss Sara Sampson*。

一部《俘虏》的翻译与研究[1]，以及一篇关于塞内加悲剧的文章[2]。对他的批评家事业产生更重要影响的，或许可追溯到他对亚里士多德《伦理学》《政治学》《修辞学》及《诗学》的研究[3]，还有在希腊悲剧杰作尤其是索福克勒斯之剧作上下的功夫[4]。在莱比锡居住了将近三年之后，他在柏林出版了他的"散文体寓言集"，以及他的"论寓言"，后者乃是他所作最出色的批评论文之一（1759年）[5]。他在布雷斯劳度过了五年时光（1760—1765年），其间开始着手那部最为著名的批评著作《拉奥孔》，或名"论诗歌与绘画的界限"，1766年完成并刊布于柏林[6]。

西蒙尼德斯曾生动提出"诗为有声画，画乃无声诗"，但是普鲁塔克本人在引述这句隽语诗时，却注意到诗歌与绘画"差别在于其题材以及摹仿方式"[7]。然而，这两门技艺的界限却一向不甚分明，路易吉·多尔切 Luigi Dolce 在他关于绘画的对话录（1557年）中，就曾经主张一位优

---

1 vi 21–144.

2 vii 162–236. 参看 Dietsch 在《语文学家会议丛刊》*Philologen-Versammlung*, xxii（迈森），18 以下。

3 致尼柯莱书，1757 年 4 月 2 日；致门德尔松书，1768 年 11 月 5 日；《汉堡剧评》，nos. 37–39，75，81–83，89，90，101–104；参看 Gotschlich，《莱辛的亚里士多德研究及在其著作中的影响》*Lessing's aristotelische Studien und der Einfluss derselben auf seine Werke*（柏林，1876）。

4 《索福克勒斯传》*Leben des Sophocles*（1760），xi 13–96。

5 i 194–292.

6 x 1–167；《残篇集》，168–224，Göring 编订本；Blümner 编订本，1876；Hamann，1878；R. J. Philimore 爵士英译本（1875），E. C. Beasley 英译本（1879 及以后）；参看 Sherer，ii 65 以下；Justi 的《温克尔曼及其同时代人》，i 450–477；Sime，i 247–308；Zimmern，175–194；E. A. Gardner，《希腊雕塑手册》*A Handbook of Greek Sculpture*，ii 468–472；p. 1 的摹本见于 Düntzer 的《莱辛传》，323。

7 普鲁塔克，《论雅典人之荣耀》，3，p. 346 F（及 347 A），附和的是《致赫伦尼乌斯》，iv 39，"poëma loquens pictura, pictura tacitum poëma debet esse"【诗当是能言的画，画当是静默的诗】，以及贺拉斯，《诗艺》，361，"ut pictura poësis"【诗如画】，其中的关联只（转下页）

秀的诗人必须是一位优秀的画家[1]。阿狄生也在他的《徽章谈议录》(1702年)中，展示了依据拉丁诗人的作品片段设计的罗马钱币，以及相反的例证；斯宾士，在他的《智多星》(1747年)中，借助古代艺术的遗物来阐释希腊与罗马的诗家；还有，在法国，凯吕斯伯爵曾敦促艺术家们从荷马史诗中寻求灵感(1757年)。汤姆森的《四季诗》同时令日耳曼与瑞士的诗人们产生"以言词作画"word-painting的热情。温克尔曼本人"未明何故绘画不得如诗歌般疆域宽阔"，并由此推断"必然存在画家效仿诗人的可能"[2]。他此前还谈到过"诗一般的画"，并称鲁本斯为一名"崇高的诗人"[3]。他还以拉奥孔塑像对痛苦有所驯服的表达为例，阐释希腊艺术中"高贵的单纯与静穆的伟大"[4]，相比之下，维吉尔笔下的拉奥孔英勇地忍耐苦痛，"仿佛索福克勒斯的菲罗克忒忒斯"。

然而，莱辛在他论著的开篇，则指出戏剧中菲罗克忒忒斯非但没有压抑自己的哀吟，反而是以高声的悲哭响彻剧场，并且这不能与维吉尔的拉奥孔形成一种对照，实际上是与之相似。温克尔曼（他继而说）忽视了雕塑与诗歌的本质区别。诗人与艺术家同样是正确的，两者都遵从着他们各自技艺的法则。雕塑家并不会"让自己的拉奥孔像压抑住痛苦的哀哭，来追求表达一种更高级的道德人性；他只是遵从古代艺术的最高法则，——美的法则"。艺术家拘囿于一个时刻之中，而诗人则不会。

（接上页）在于两种技艺的外在部分而已（Orelli）；参看 Dryden 的《诗歌与绘画的比较》 *Parallel of Poetry and Painting*（1695）。

1 《拉奥孔》，xx, p. 237，Blümner 编订本。

2 《绘画与雕塑中的摹仿思想阐述》*Erläuterung der Gedanken von der Nachahmung in der Malerei und Bildhauerkunst*（1756），p. 347，1882 年版。

3 《绘画与雕塑中的摹仿思想阐述》，p. 325。

4 上文第 22 页注释 6。

"艺术家表现的是**空间的共时性**，而诗人表现的是**时间的延续性**。"这个观点可通过荷马史诗证明，尤其见于他生动记述的阿基琉斯之盾的制作故事，其栩栩如生的程度以及所具备的真正之诗性，远远胜过维吉尔对埃涅阿斯之盾的死板描述。在荷马那里，伟大作品就在我们眼前发展成熟；一幕又一幕的场景令人触动；而维吉尔徒劳无功地以乏味之文词吸引我们注意，去观看那一系列同时存在的图景。于是莱辛斥责了诗歌中的死板描述，将之与生动的行动与动作进行对照……他最后还批评了温克尔曼《艺术史》的几个小问题，那时此书刚好出版。

尽管温克尔曼具有对古代雕塑品的第一手认知，并且非常精通古代文学，而莱辛接触这个主题几乎全来自文献方面，但是他已经把与该论题有关的内容全部读过了。事实上，他的主张在一定程度上已有法国的杜波 Dubos 神父[1]和英国的詹姆士·哈里斯 James Harris[2]早着先鞭，但这并不减损他这论著作为令人信服的明晰精妙之批评篇章所具有的价值。此书乃是他简要透彻之文体的最佳代表，其明澈特色多少要归因于对题外话的回避。它受到了各方热烈的欢呼。赫尔德接连通读三过，自午间直至午夜。歌德那时还是莱比锡的一名学生，后来说："要是青年人，必然意识得到莱辛《拉奥孔》在我们身上产生的影响……*ut pictura poësis*【诗如画】一语曾令人误解了那么久，那时便立刻遭到了摒弃；而艺术与诗歌间的区别顿时变得分明。"【译按，参考刘思慕译文】[3]这部著作传到在罗马的温克尔曼手中，他首先浮现的念头促使他说出这样的话："莱辛写出了任

---

1 《对于诗歌与绘画的批判反思》*Réflexions critiques sur la poésie et la peinture*（1719）。

2 《论音乐绘画与诗歌》*On Music, Painting, and Poetry*，c. v §2（1744）。参看 Blümner 关于《拉奥孔》，173 以下。

3 《诗与真》*Dichtung und Wahrheit*，I, c. viii；参看 Sime, i 304。

谁都希望写成的著作……受到才具优长之人物的赞美固然是一种荣耀，而获得他们的批评也同样是一种荣耀。"[1] 很久以后，麦考莱读到《拉奥孔》，"或有不赞同之处，但总是令人崇敬，值得学习"；将之作为令他"充满惊异与绝望"的书籍之一[2]。不过，莱辛的观点得到后来著作家们的纠正或是扩充。如今达成一致意见的是，拉奥孔群像不属于提图斯的时代，而是属于奥古斯都登基之初[3]。再者，在讨论**绘画**与诗歌之区别时，莱辛最先检验的却是**雕塑**中的一件杰作，并且，"无论何时他谈及**绘画**，他都是兼指**雕塑**"，——在这个问题上他受到了赫尔德的批评[4]。莱辛所持之信念，以为"博尔盖塞角斗士"乃是卡布里亚斯 Chabrias 的一尊塑像，后来在海涅的提示下遭到否决[5]；希腊雕塑中的题签，采用不定过去时而非未完成过去时，也不再被当成是较晚年代的一个标志了[6]。

《拉奥孔》未能写完。作者倒不想去结束它，离开柏林去往汉堡，在那里充任"戏剧与演员的批评家"，他完成了多于 100 章精彩的戏剧批评（1767—1769 年）[7]。批评主要是建立在亚里士多德论诗学著作的基础上的，该书有一部德文译本（带有注解和论述），他本人在 1753 年曾

1　Justi, ii（2）234-246；Zimmern，165.

2　《传记》，ii 8（1878 年版）。

3　三位雕塑家中有两位乃是西元前 22—前 21 年林多斯雅典娜庙的祭司（Blinkenberg 与 Kinch，在《丹麦科学院会刊》*Danske Videnskabernes Selskabs Forhandlinger*，1905，29；参看 Michaelis，《19 世纪的考古学发现》*Die archäologischen Entdeckungen des neunzehnten Jahrhunderts*，169；以及 E. A. Gardner，在《年度工作报告》*The Year's Work*，1907，34 以下）。

4　下文第 35 页。

5　《古物研究书札集》*Antiquarische Briefe*，no. 37（xiii 98，Göring）。

6　c. xxvii，p. 307，Blümner 本；参看 Stark，210。

7　《汉堡剧评》*Hamburgische Dramaturgie*，vol. xii，Göring；英译本收入《散文著作集》（1879）。

评论过[1]。他反复谈及亚里士多德的观点[2]，在其著作中找到对于悲剧的定义，或者不如说是他本人对于该定义的解释，引之为戏剧的真正本质[3]。

莱辛在这时还卷入了与 C. A. 克洛茨的一场论争，对手是哈雷的修辞学教授，三家文学刊物的编辑。莱辛曾表示遗憾地说，"某位本来可以具有公正和优雅之品位的学者"，不赞成荷马史诗中关于特尔西特斯 Thersites 的插曲【译按，见《伊利亚特》，II 211 以下。特尔西特斯乃相貌丑陋、躯体残疾、言语粗暴之人，故而克洛茨以为不合入英雄史诗之中】[4]。莱辛本人宣称，古代艺术家们没有很多绘画作品是从荷马史诗处得到灵感的[5]，还拒斥蒲伯提出的荷马"于空中透视法并不陌生"一说[6]，并且留意到，尽管近世艺术家们将死神表现为一具髑髅[7]，古代人却将其描述成睡神的孪生兄弟。所有这些观点都被克洛茨在一篇《论珠玉》(1768 年)的文章加以攻讦，莱辛在他的《古物学书札集》(1768—1769 年)中加以辩护，他那受人推崇，"论古人对死神的表现"的论文[8]，展示出古代死神的人格化形象，并非如同一具可怕的枯骨，而是一位美貌的"神灵"，持有一支倒

29

1　xix 31, Göring.

2　上文第 26 页注释 1。

3　莱辛赋予悲剧以"一种直接的道德目的"，并主张"恐惧总是悲悯中的一份子"，英译本，435 以下(见 Berney 在布雷斯劳出版的《亚里士多德佚事关于悲剧效果的主要观点》*Grundzüge der verlorenen Abhandlung des Aristoteles über Wirkung der Tragödie*［1857］开篇，以及 Butcher 编订的亚里士多德《诗学》所附索引)。

4　《拉奥孔》, c. xxiv 结尾。

5　c. xxii.

6　c. xix.

7　c. xi 注释 1。

8　Vol. xiii, Göring 本(此文被 Zimmern 女士译出，见《散文著作选》，1879；参看她的《莱辛传》*Life of Lessing*, 234–251)。

置的火炬。此文令在莱比锡的青年歌德读得欣喜若狂[1]，这番欢喜在席勒的《希腊的群神》中得到回响[2]。同样在这篇文章中，我们看到了单纯的"古物学家"与"考古学家"的重要区别。"前者继承了古代的**残片**，后者继承了古代的**精神**；前者只不过是用**眼睛**思考，后者则是以**思想**去观察；在前者可以说'便是如此'之前，后者早已知道究竟它是否**可能**如此了。"[3]克洛茨现存的肖像，让我们觉得他是个笨拙自负的人[4]。他不幸于33岁即匆匆辞世了，要不是被置于他伟大对手笔端的半透明琥珀中得到了永久的防腐保护，如今难保有人会记得他。

莱辛暮岁最后11年间在沃尔夫比特尔担任图书馆馆长，又发表了几篇关于隽语诗的短论文，并论及某些主要的隽语诗人[5]，谈到了"静穆司"保罗，《希腊文苑英华集》的算术问题[6]，不过他在古典研究上持久不变的兴趣仍体现在他的《古代著作札记》[7]，以及他的"Collectanea"【缀锦集】中[8]。就在这个时期的1775年，他在意大利与布伦瑞克的一位贵族相处了九个月。这位爵爷的侍从们有天在罗马四处寻莱辛不得，最后发

1　《诗与真》，I, c. viii。

2　第二版中的第九节，"一位守护神放下了他的火炬"【译按，原系德文】。

3　英译本，p. 209。

4　Düntzer 的《莱辛传》，337；Könnecke 的《德意志民族文学史图志》，233。鲁恩肯致信海涅（《致论敌诸书》*Epistolae ad Diversos*，p. 25），称他作 *hominem vanissimum et vix mediocriter eruditum*【极为浮夸之人，几乎从无学识可言】。参看 Heeren 的《克里斯蒂安·戈特洛布·海涅》*Christian Gottlob Heyne*，73, 82 以下；Sime 的《莱辛生平素写》，ii 63-81；Bursian, i 444-451。

5　xv 73-154, Göring 本。

6　xv 199 以下，236 以下。

7　xv 256-278.

8　xx.

现他在梵蒂冈博物馆中，全神贯注地凝视着拉奥孔群像。

莱辛是最多才多艺的人物，在神学和美学方面皆有著述，又是一位诗人、一位批评家，还是一位学者。作为神学上的好辩人士，以及《智者纳旦》*Nathan der Weise* 的作者，他乃是宗教信仰自由的支持者，但是我们在此只关注他作为学者和批评家的身份。从他对同时代人的影响上看，他无疑开启了一个推崇荷马与索福克勒斯的新时代；他还推动了对亚里士多德诗学论著的精彩研究，并将普劳图斯与泰伦斯的主旨以及贺拉斯与马提阿尔的价值阐述得更为明晰。他的著作具有经久不衰的魅力，这主要是得益于其明澈与精确的特色，以及文体上的古雅纯正。

在莱辛这里，行动不仅是诗歌的最高主题，也是人的真正目的。他对于谈话怀有热烈的乐趣，十分爱好辩论。他喜爱无休无止不知疲劳地探求真理，想要立即掌握和实现[1]。他是一个热情的爱国主义者，一个坚定的暴君痛恨者；出身于贫寒的世系，保持着脾性上的真率独立，以及对于学术生活满心愉悦的虔诚。他曾是批评家中最为犀利的一位；是不肯沦为迂腐学究的才华洋溢的文人学者。

冯·格布勒 Von Gebler 在致信尼柯莱时，称莱辛为"既真正高深又和蔼可亲的学者，可谓罕见的结合体"[2]。据闻，他的衣着一贯整洁，在当时与那种典型的文士截然有别。他从无倨傲无礼之态；各种不同的情绪，无论是欢喜欣悦，或是坦率不讳，或是愤慨激昂，都能在他深邃的碧眼中找到表达。他所有的肖像中最好的一幅[3]，描绘的是 37 岁的样

30

1　《答辩》*Duplik*, c. 1 结尾（xviii 42, Göring 本）。

2　Zimmern,《莱辛传》，321。

3　Könnecke,《德意志民族文学史图志》, p. 232 以下。

子，——那是他写作《拉奥孔》的年纪[1]。

与莱辛一起在日耳曼地区推动希腊文学研究之兴趣并参与反对克
洛茨及其同党之论战的盟友中，最重要的一位人物，是约翰·戈特弗里
德·赫尔德 Johann Gottfried Herder（1744—1803 年）。他出生于哥尼斯堡 赫尔德
附近的沼泽区中莫龙根 Mohrungen 的寒门，拉丁文的基础来自一位名叫格
林 Grimm 的严厉教师。他将多纳图斯的语法学视为"殉难之书"，将科尔
奈利乌斯·奈波斯视为"虐待人的作家"；但他乐于独自徘徊在当地的
湖畔，围绕着"林间乐土"散步，秋日里的一天，他曾在那里对着荷马
将人生代谢比作林木枯陨之树叶的诗句潸然泪下[2]。有个俄国官员帮助他
进入了哥尼斯堡大学，他听了康德的讲座，从此受到激励，追求有判断
力的调查，而不是成为教师观点的附议者。他就学时尤其对希伯来诗歌
及品达与荷马感兴趣。就其成年后的时光而言，我们可以注意到三个主
要阶段：第一阶段是里加 Riga 时期（1765—1769 年）；第二阶段，包括
了在法国的旅行（1769 年），对斯特拉斯堡的访问（他在那里对青年歌
德产生深刻的印象[3]），还有在比克堡担任法院牧师的几年（1771—1776
年）；最后一个阶段，他居住在魏玛，出任相同的职位（1776—1803 年）。

1　13 卷《杂著集》，Lachmann 编订本（1838 以后），及 Maltzahn 编订本（1853 以后）；又有
　　20 卷本（Hempel，1868 以后）；8 卷插图本（Grote，1875 以后）；以及 Göring 的 20 卷编订
　　本（Cotta，1882 以后）。《传记》，德语本，有 K. G. Lessing 撰作，1793；Danzel-Guhrauer,
　　1850—1854；Stahr，1859；Düntzer，1882；以及 Göring；英语本，有 J. Sime，1877（并见于《大
　　英百科全书》），以及 H. Zimmern，1878。参看 Julian Schmidt，《从莱布尼兹到莱辛去世》
　　Von Leibnitz bis auf Lessings Tod，各处，尤其是 i 617—626，ii 6，294—306；Justi 的《温克尔曼
　　及其同时代人》；Stark，208—212；Bursian，i 436—454；又见 Sherer，ii 47—82，英译本，还
　　有其他流行的日耳曼文学史著作，最后还有 Kont 的《莱辛与古代艺术品》*Lessing et l'antiquité*，
　　1894—1899。

2　《伊利亚特》，vi 146 以下；Nevinson，《赫尔德及其时代》*Herder and his Times*，10 以下。

3　《诗与真》，Part ii，book 10。

在里加，他出版了三部关于近世日耳曼文学的《断片集》（1766—1767年）。其中第一部以语言发展为主；第二部收入了一篇关于日耳曼地区希腊文学研究的谈话，强调每个人民的品位与时代更替中的物质环境之间的关联。在答复"我们对希腊人理解多少？"这个问题时，他描述了未来的希腊诗歌与哲学之历史研究的轮廓；又加以进一步的考察，"我们效法希腊人到什么程度？"，他描述了希腊诗歌的诸多分支，将希腊主要诗人分门列举，并以同样的方式处理了罗马诗歌，对卢克莱修以及奥维德的《女杰书简》尤加赞赏。第三部《断片集》，略微谈及日耳曼对拉丁诗人的效仿，谈及拉丁精神在近世德日耳曼族的恶劣影响，并涉及近代诗中对古代神话学的恰当运用。下文便是部分片段的要点：

32

> 语言的历史乃是人类从童年牙牙学语、经过青年时期的热情与韵律直到老年宁静的智慧的历史……我们见到了荷马诗作中人类之童年的残迹。各民族最初的作家都是诗人，而这些诗人都是无法效仿的……随着写作的引入，政治生活的发展，散文成为可能，歌吟的生涯结束了，诗歌变成了一种技艺；替代荷马的，是推尔塔尤斯及伟大的悲剧家们，随后紧跟着历史家们；因为散文乃是鲜活的语言，直到最后在柏拉图笔下达到完美[1]。

> 日耳曼人可以在何等程度上被评价为真正理解了他们所**模仿**的希腊人呢？……我们的效仿都只是失败的。同时提到博德默尔 Bodmer 与荷马是荒唐无聊的……克洛卜施托克 Klopstock 也不例外，实际上他与维吉尔

---

1 《关于晚近德语文学的断片集》*Fragmente über die neuere deutsche Literatur*,i（1768[2]）151–224（《著作集》*Werke*, i 151–155＋60–88, Suphan 编订本）; Nevinson, 106。

的亲近程度胜过荷马。我们尚且不能太指望去效仿酒神颂体诗人……我们的阿纳克里翁也没有多少成功之处。格斯纳尔和他的《田园诗集》远远落后于提奥克里忒……在萨福与安娜·卡尔施 Anna Karschin 之间进行比较，则是更为荒谬的。我们或许可以像萨福对其女伴所言的那样对她说：在缪斯与美惠女神们徜徉的所在，"卿无缘身列皮埃里亚 Pieria 的玫瑰丛中"[1]。

拉丁文自一开始便是德文的仇敌，假如查理大帝和那些僧侣没有放任拉丁文学、拉丁宗教以及拉丁思维侵扰我们，我们可能会对他们进行抵抗。喔，我们好像是英格兰一样的岛国！……拉丁文，既然被认为是以自身为目的【译按，意即排斥对于地方近代语言发展的推动作用】，便是在侵蚀我们的教育……贺拉斯在这个现实中会怎么表达呢，假如他被迫去阅读克洛茨这样的诗人，或是我们的拉丁学究们当中某个人的著作？我们牺牲了一切，去献给那个可恶的字眼，"古典的"。我们必须开始改革，先要放弃拉丁文，——不是作为一种博学的语言，而是作为一种技艺性的表达方式，作为一种文化的检验[2]。在第二部《断片集》中，他呼吁荷马应该得到翻译[3]，荷马是天然诞生的真正诗人，他的诗歌具有与维吉尔及近代的那些矫揉造作之诗人截然不同的声调[4]。

在他第二部巨著中，赫尔德想象自己漫步于"批评的林地"[5]。他对

---

1 《断片集》, ii（i 285–352 S）；Nevinson，108。

2 《断片集》, iii（i 362–414 S）；Nevinson，108 以下。

3 i 289 S.

4 参看 Julian Schmidt, ii 325。

5 《批评的丛林》*Kritische Wälder*，1769。

于莱辛的《拉奥孔》极为欣赏，但他仍更多倾向于温克尔曼[1]。

他不赞成莱辛关于希腊人感情表达的理论，主张菲罗克忒忒斯并非毫无节制地喊叫[2]，他也反对所谓一切诗歌必须表现**行动**的教条，这个教条将诗歌限制在史诗和戏剧的领域，排斥了抒情诗与歌谣的发展[3]。就后一点而言，他批评了克洛茨的《荷马研究书札集》*Epistolae Homericae* 等著作，对史诗中的喜剧因素加以辩护，讨论了研究贺拉斯的适当方法，并坚持认为艺术或诗歌的每部作品，都必须在依照其民族及所问世的时代的情况下得到解释。他尤其反对荷马诗章被拿来用现代口味的标准加以批评[4]。

在他从里加出发的航程中，正是在夜间的甲板上，他首次形成了自己关于原初诗歌的起源以及人性的逐渐进化的理论。在法国，他起草了一份教育改革计划，一上来便抛弃了自己老对头拉丁语法学的显赫地位，并主张在教育中的多样化才是绝对本质性的东西。

就语言来说，母语必须得到彻底的练习，法语必须在对话中教授，拉丁语应该为掌握其文学而得到学习，但是即使是拉丁语也要放在对话中教得最好。希腊文和希伯来文排在这些语言之后，这个课程便是完

1　参看赫尔德致 Scheffner 书，1766 年 10 月 4 日；Julian Schmidt，ii 324，352。

2　《批评的丛林》，i §2（iii 12 以下 S）。

3　同上，i §16（iii 133 以下 S）；参看 Nevinson，113—115。

4　同上，ii caps. i 及 iii（vol. iii 133 以下，320 以下，S）。

整的了[1]。

1770 年，他在斯特拉斯堡撰成关于语言起源的论文，得到了柏林科学院的嘉奖[2]。科学院曾提出了以下问题："假如人类离开自身的资源，他是否能够发明语言，假如可以，他可能通过何种方式进行发明？"赫尔德以肯定的态度回答了这个问题的第一部分；在回答第二部分时，建立了决定语言的发明与发展的四条"自然法则"，并将之区分为若干不同的语种。这篇论文不到一个月便写成，但这个主题是他思想中长期酝酿的产物，（也许）对他来说，幸运的是手边无书册成为羁绊。这一成果历来被视作比较语文学最早之奠基的重要部分[3]。

他在比克堡时即出版了"新历史哲学"[4]，开篇描述人类自东方开始 34
的童年时代，经过埃及与腓尼基的少年时代、希腊的青年时代，直至罗马到达了成年，而在中古与现代收获了更为成熟的年岁。

书中一如既往地涉及希腊的起源问题："希腊从其他某些地区获得了文明的种子，包括语言、艺术和科学，这在我看来是不可否认的，而

---

1 《1769 年游记》*Journal meiner Reise im Jahr 1769*（vol. iv 结尾，Suphan 编订本）；Nevinson，128 以下；参看 Paulsen，ii 42–44，193–198。

2 《论语言的起源》*Ueber den Ursprung der Sprache*，1771；第二版，1789；《著作集》，1805 年以后的版本，《哲学与历史》*Philosophie und Geschichte*，ii 1–183（vol. v 开篇，Suphan 版）；参看 Goethe，前揭。

3 Benfey 的《19 世纪初期以来德国语言学与东方比较语文学史》*Geschichte der Sprachwissenschaft und orientalischen Philologie in Deutschland, seit dem Anfange des 19. Jahrhunderts*，293 以下；参看 Julian Schmidt，ii 493；以及 Nevinson，162 以下。

4 《人类历史的又一种哲学》*Auch eine Philosophie der Geschichte zur Bildung der Menschheit*，1774（v 475 S）。

它能够在某些方面得到证实——雕塑、建筑、神话以及文学。但是希腊人其实并**不是**攫取一切；相反，他们赋予了文明全新的性质，在每一种形式之下，都有美的因素，体现其本质的意义，这当然就是他们的劳作；——这一点，我认为，是显而易见的。"[1]

同样的观点再次出现于他的《人类历史哲学思想录》(1784—1791年)中，他暮年在魏玛只完成了这部巨著的一部分内容。全书接近中间处，他详述了"人类的教育"[2]，而在后半部分，他调查了文明在古代和中古时期的发展，用最有意义的两编内容来讨论希腊与意大利[3]。"希腊文明处于破晓时刻"，——这是关于希腊生活与历史的那段慷慨文字之起首，受到了海涅与歌德的特别推崇[4]。在其他涉及古典文化的著作中[5]，他显示出对以历史学方法研究希腊文明之发展尤其是希腊诗歌与艺术的兴趣，并称此两者都是"人性的学校"。

赫尔德尤其对荷马感兴趣。事实上他是最早阐明荷马诗歌整体特色的人物之一。他在其中发现了对于民族诗歌之个性最为全面的证明[6]。

1　v 498 以下 S；参看 Nevinson，212–215。

2　《人类历史哲学思想录》*Ideen zur Philosophie der Geschichte der Menschheit*，books viii-ix（vol. xiii S）。

3　xiii 与 xiv（Bursian，i 461 以下），收录于 vol. xiv S。

4　《人类历史哲学思想录》，book xiii 开篇；Nevinson，366。

5　《卑弱格调成因论》*Ursachen des gesunkenen Geschmacks*，1775（v 595 S）；《关于诗歌之效用》*Ueber die Wirkung der Dichtkunst*，1781（viii 334 以下）；《人性演化论书札集》*Briefen zur Beförderung der Humanität*，series 3–8，1794–1796（vols. xvii，xviii）；参看 Bursian，i 463。

6　《论莪相与古人的歌谣》*Ueber Ossian und die Lieder alter Völker*，1773（v 322）。他最后的著作，包括了《时代之宠儿荷马》*Homer ein Günstling der Zeit*，1795（xviii 420），以及《荷马与史诗》*Homer und das Epos*，1803（xxiv 229，cp. 233）；参看 Bursian，i 464 以下。

荷马是独一无二的。当荷马歌唱时，我们不要指望再有具备他这般独特诗风的第二个荷马了；他采撷到史诗王冠上的鲜花，后起之辈们欣然满足于仅仅分享剩余的那些枝叶。在此悲剧诗人展开了另外一条线索；如埃斯库罗斯所云，他们实际上从荷马的餐桌上分食，但他们也为自己身处的时代准备了新的盛宴[1]。

在这一语境下，赫尔德比较了史诗体诗歌与历史以及悲剧[2]，而在别处，他展开了对亚里士多德关于悲剧定义的详尽讨论[3]。他完成了品达的《奥利匹亚颂》中九首作品的诗体译文[4]，将其作为诗人的特点写成一篇热情洋溢的描述文章[5]。他还在关于"阿尔凯乌斯与萨福"的文章中清晰地分辨了希腊抒情诗的若干时期和类别[6]。他对贺拉斯的兴趣尤其浓厚[7]。在他论及上个世纪的批评成果时，他对本特利的重要性做出了正确认识[8]，甚而还注意到了某些次要人物，比如威廉·巴克斯特和托马斯·克里奇[9]。

赫尔德对古代艺术的兴趣特别展现于两部论著中。在他关于雕塑的著作中[10]，他以惊异的心情观察到，莱辛居然不打算区别雕塑与绘画。于是赫尔德试图要建立这种区别的法则。他有篇短论，"论古人对死神的

---

1 xxiv 244 Suphan.
2 xxiv 241 以下，244 以下 S。
3 《论戏剧》*Das Drama*，xxiii 346–369 S。
4 xxvi 188 以下 S。
5 《神使品达》*Pindar, ein Bote der Götter*，xxiv 335 S。
6 xxvii 182–198 S.
7 xxvi 213 以下 S。
8 xxiv 183 以下 S。
9 xxiv 198 以下，223 以下，S；又见 Samuel Clarke，前揭，225 以下。
10 《论雕塑》*Plastik*，1778（vol. viii Suphan）；Nevinson，310–314。

表现"[1]，提出希腊坟墓上"倒持火炬的神灵"并非（如莱辛所言）睡神的兄弟死神，而是死神的弟兄睡神，也可能是一位哀伤的丘比特。这最末一种想法，在赫尔德为莱辛逝世所作的哀悼诗篇中寻到一声回响[2]。最后，他主张古代艺术研究对于古典文学具有重要意义，同时实际上也是必要的基础[3]。

36
维兰德

在漫长文学生涯的后期，克里斯蒂安·马丁·维兰德 Christian Martin Wieland（1733—1813 年）为传播对旧的古典世界的兴趣做出了许多贡献，尽管法国文学在他的古典传奇作品中具有明显的影响，其中最著名的是《阿伽通传奇》Geschichte des Agathon，而在他的诗作《穆萨理翁》Musarion 中，现代因素也醒目可见。他对欧里庇得斯的激赏高于阿里斯托芬，所喜爱的作家还包括了色诺芬。他以相当随意的方式完成了几乎全部琉善著作的翻译，附有对于文本、历史或美学批评各种问题的注解（1788—1789

---

1 《散记》Zerstreuten Blätter，1786（iv 656 以下 S），1796[2]。

2 《死神，在莱辛墓旁的对话》Der Tod, ein Gespräch an Lessings Grabe，收入《散记》，i（1785，1791[2]），xxviii 135 S。

3 xx 283 Suphan。——赫尔德《著作集》的初版，共 45 卷，凡 3 编，图宾根，1805—1820；最好的版本是 32 卷本，Suphan 编订，1877—1899。参看 Julian Schmidt，ii 316-326，352-355，415-423，446-450，463-468，490-494，596-601，686-690；H. Nevinson 的《赫尔德与他的时代》Herder and his Times，1884，以及其中所引较早之文献；后来则有德语《传记》，作者分别为 Haym（1880-1885），Kuehnemann（1895）以及 Buerkner（1904 年），又见 Suphan 在 Goedeke 的《德意志诗歌史文献考大纲》Grundrisz zur Geschichte der deutschen Dichtung aus den Quellen，IV i 274-282，附有书目，同上，282-299（1891[2]）；参看赫尔德的《对于古典之见解》Ansichten des klassischen Alterthums，Danz 编订本，1805—1806；G. A. Schöll，《赫尔德在认知古代文物及视觉艺术上的贡献》Herder's Verdienst um Würdigung der Antike und der bildenden Kunst，以及 A. G. Gernhard，《作为人文主义者的赫尔德》Herder als Humanist，在《魏玛纪念赫尔德专辑》Weimarisches Herder-Album（耶拿，1845）的 pp. 193 以下及 255 以下；L. Keller，《赫尔德与人文主义社团》Herder und die Kultgesellschaften des Humanismus（柏林，1904[2]）；以及 Bursian，i 454-469。肖像见 Nevinson，又有数幅见于 Könnecke，248 以下。

图 44　海涅

出自 C. G. Geyser 的版刻，依据的是 Tischbein 早先所作的一幅肖像

年）。他早已翻译了贺拉斯《书简集》与《闲谈集》（1782—1786 年），并在 75 岁时开始按年序翻译西塞罗的书信集，这部著作由格莱特 Gräter 完成（1808—1821 年）。《阿提卡博物馆》*Attisches Museum*，由他创立，并在 1796—1811 年间担任编辑，收入了伯利克里及亚历山大时代的阿提卡作家之译文[1]。在维兰德在埃尔富特的学生中，有威廉·海因泽 Wilhelm Heinse（1746—1803 年），他翻译过佩特洛尼乌斯，著作过题为《阿尔丁赫洛》*Ardinghello* 的传奇小说（1787 年），背景设置于 16 世纪的意大利。如同他的《书信集》一般，这部小说提供了丰富的证据，表现出作者对于古今艺术的熟稔，那些艺术品都是他在那片古典气息的土地上所居住的三年间获取的[2]。

海因泽

海涅　　在专业学者中，克里斯蒂安·戈特洛布·海涅 Christian Gottlob Heyne（1729—1812 年）在前文已因他在古代文学与古代艺术上营造的新兴趣而受到颂扬，他是通过自己的教学和出版的著作对两者发生影响的。海涅是上萨克森地区一位贫穷织造工匠的长子，在学童时期，首次听闻一名弑君者的事迹，他渴望成为一位布鲁图斯，为施加于他父母身上的那些恶行而去向揹客们的苛政复仇。由于他自己没有教科书，他被迫要向同学借用，并不得不将每一课所要求的部分誊抄出来。他时常抱怨的是，（像当时的其他人那样）他在阅读任何作家或是多少积累些词藻之

38

1　Bursian，i 470-475. 肖像见 Könnecke，242 以下。参看歌德的轻喜剧作品《神祇、英雄与维兰德》*Götter, Helden und Wieland*。

2　Bursian，i 475 以下；肖像见 Könnecke，256；Ziegler 在 Baumeister 的《高等院校教育与指导理论手册》*Handbuch der Erziehungs- und Unterrichtslehre für höhere Schulen*，i（1）257.

前就必须写作拉丁文的诗句。他的教师本身才仅有"一本欧文"Owen[1]，"一本法布理齐乌斯"[2]，两三部"隽语诗集"，还有几家圣歌诗人的作品，他将这些篇章口授于学生们，略释大意[3]。为了学习希腊文，他不得不借览维勒的语法书，以及他教父所藏的"帕索尔"Pasor[4]。在学校的最后一年，换了一位新教师，介绍了索福克勒斯的《埃阿斯》，使海涅感到快乐。19 岁那年，他去往莱比锡，在那里忍受着一名穷学生的所有悲惨境况。但是他获准参加埃内斯蒂的讲座，于是得以第一次明白了经典著作之"解释"是什么意思[5]。克里斯特教授的讲座是"长篇大套的信口开河"，却也多少吸引了他，教授向这位几乎无书的穷小子建议，要他追摹斯卡利杰尔的楷范，按照年序读完所有经典。海涅不得不把那些必需的书籍借来，有半年时间每周只有两个晚上睡觉，并因此生病发烧。在四年后将要毕业之际，以及接下来的一年中，他写的某些拉丁诗歌引起了布吕尔 Brühl 伯爵的注意，此人请他担任其在德累斯顿之藏书楼的助理管理员。海涅在那里与一位年轻的牧师共住顶楼，怡然自得地睡在地板上，堆几本书为枕头。在这个藏书楼，他结识了当时正准备意大利之旅的温克尔曼[6]。在此期间，海涅完成了提布卢斯和爱比克泰德著作的编订本（1755—1756 年）。就在 1756 年，腓特烈大帝攻占了德累斯顿，布吕

---

1 John Owen,《隽语诗汇》*Epigrammata*，1624 年等版。

2 （克姆尼茨 Chemnitz 的）Georg von Goldschmied,《诗林雅正集》*Elegantiae Poeticae*，1554；《圣诗集》*Poemata Sacra*，1560；《学诗须知》*De re poëtica*，1565 年等版。

3 Heeren,《克里斯蒂安·戈特洛布·海涅》，13。

4 Georg Pasor,《新约希腊语手册》*Manuale graecarum vocum N. T.*，1640（莱比锡，1735）；《新约希腊文语法》*Grammatica Græca sacra Novi Testamenti*，1655。

5 Heeren, 30.

6 Heeren, 44.

尔的藏书楼遭遇灭顶之灾[1]。海涅因此而迅速得到了勋伯格 Schönberg 家族的塾师工作，在那里他遇到了未来的妻子；他陪同小勋伯格去往维滕贝格，随即在当地继续从事自己的研究，直到被普鲁士炮兵们驱逐出境；然后他返回德累斯顿，结果只有被另一场炮轰所逼走，他的全部书籍和著作文章都遭受燹火之灾（1760 年）[2]。他未来的妻子已先领受了同样的命运，但他们在次年快乐地结为连理。当格斯纳尔在哥廷根去世后，埃内斯蒂（如我们上文所见）[3]便建议鲁恩肯接任，而鲁恩肯又举荐了海涅，海涅这时刚以提布卢斯编订本展示出自己对于拉丁文学如何了若指掌，而希腊文学方面还有他的爱比克泰德。鲁恩肯又说，赫姆斯特赫斯赞成海涅是能替代格斯纳尔的唯一人选，最后还宣称海涅确实具有这样的才能和学识，不久之后整个欧洲都会响起对他的赞誉之声[4]。1763 年 6 月，海涅定居哥廷根，从此在那里生活了 49 年，忠于职守地担任演说术教授，担任语文学研讨班主任，担任大学图书馆馆员，担任当地科学院的秘书，担任当地评论刊物的编辑，还担任了一名活跃的行政官员，管理着与大学以及整个教育相关的商业事务。

他语声孱弱，相貌平庸，不讲究形式与方法，但是他的讲座广受欢迎。魅力主要在于讲授者无可置疑的博学，以及他对所涉及论题的强烈兴趣。这些讲座的范围涉及广阔的领域，包括了对于希腊和拉丁作家们的阐释，尤其在于诗歌、希腊与拉丁文学及古物的历史，以及古代艺术的技能。他在去往汉诺威的短途旅程中，仔细阅读了莱辛的《拉奥孔》

---

1 Heeren, 62.

2 Heeren, 61, 87.

3 上文第 14 页。

4 《书信集》，1762 年 10 月 18 日（Heeren, 74）。

（那时此书刚出版），推崇作者的见识，以为甚至比温克尔曼都高明，并赞成莱辛在与荷马进行比照时对维吉尔的贬损[1]。温克尔曼与莱辛的直接影响体现于以下的事实，即差不多一年之后，海涅首次宣布开设有关考古学的课程（1767年）[2]。他的名声大多依赖于他在甄选参加者的小规模研讨班上培养日耳曼未来教师时所形成的精彩方式。

海涅并不是一个具有创造力的人才。他是多面精通的学者，研究与阐述所有不同阶段的古代生活，奠定古典教学的科目，这涉及的是 *Realien*【译按，德文，"实物"】之研究，乃关于"物"的科学，与关于"词"的科学相对，乃（最广意义上的）考古学，与语言与文学相对[3]。他是"最先决绝果断地尝试"……"读解古人著作时，不仅从他们的语言出发，甚或不仅是从他们零散的观点和记载出发，而是兼顾他们的精神与品性，兼顾他们生活及思想的方式"[4]的人。

对于古代诗歌的考辨与阐解，我们可以从他编订的提布卢斯[5]、维吉尔[6]、品达[7]以及《伊利亚特》[8]中一窥端倪。同格斯纳尔一样，他在文本考证上相对薄弱；在不同的文本释读上的取舍，更多受到了个人偏好的左右，而不是基于证据做出不带偏见的估衡。在他阐释性的注解文字中，

---

1 1766年7月21日的书信（Heeren，154以下）。

2 Heeren，91.海涅后来出版了一部这门课程的提纲（《古物研究入门》*Einleitung in das Studium der Antike*，1772），由 J. P. Siebenkees 扩充（1758—1796），1799及以后版。海涅1792年的后一批讲录，刊布于1822年（Bursian，i 478 注释）。

3 Herbst，《沃斯传》*Voss' Leben*，i 70 ; Paulsen，ii 35²。

4 Carlyle，《海涅传》，见《杂著文集》，ii 111（1869年版）。参看 Ziegler 在 Baumeister 的《高等院校教育与指导理论手册》，i（1），255以下；Paulsen，i 602–505²，ii 35–42²。

5 1755；第三版，1798。

6 1767—1775.最好的版本是1800年德语的精装本【译按，原系德文】。

7 五卷本，1798；参看 Heeren，163–166。

8 八卷本，1802。

他将语法与诗律的问题放在次要位置。他关于品达诗律部分的编辑准备，完全信赖于当时年方 25 岁的赫尔曼。海涅本人的兴趣不在诗律，而在《颂歌》的主题上。他的注疏提供了一切与理解文本直接相关的必备内容，其他任何问题都存于附记之中。在他的阐解中（一如在他的文本考证中）存在着一定程度上的摇摆不决。然而，他也自有其价值，在对所研究之作家的美学阐释上具有意义。在上述的编订本中，整体来说最为重要的是维吉尔那部，其中最大的败笔是对《农事诗》主题的讨论。他编订的《伊利亚特》耗费了 15 年功夫，颇无传世之价值。他对这个题目的兴趣，主要由罗伯特·伍德 Robert Wood 的《论荷马的原初才能与著作》（1769 年）出版而引起[1]。语法问题的讨论，全见于 53 篇附录之中，缺乏足够的详尽与准确。这部著作，整体看来实际上是一部编纂的成果，问世的年代（1802 年）不可避免地引起大家将之与沃尔夫的《荷马史诗绪论》（1795 年）进行比较，这就益发暴露出海涅的不足来了。

海涅未能认识到威尼斯钞本 A 的重要性，此本连同**会注**，由维卢瓦松在 1788 年出版。他根本不能摆脱萨缪尔·克拉克与埃内斯蒂之文本的束缚。作为荷马诗章起源的问题，这在沃尔夫那里早已得到精妙而富有章法的研究，却被海涅以暧昧不明且迟疑未决的方式进行讨论，最初的论文在同年年底交给哥廷根科学院[2]，继而又在《伊利亚特》最后一卷

1　Heeren，210 以下；参看上文第二卷第 432 页。

2　1795 年 8 月 1 日，《论疑难未决的古代荷马文本》*De antiqua Homeri lectione indaganda, dijudicanda et restituenda*，见《哥廷根皇家学会评论》*Commentationes Societatis Regiae Scientiarum Gottingensis*，xiii 159–182。

的两篇附记中得到体现¹。海涅强调的事实是，无论是关于荷马的个人身份，还是荷马诗章的起源及其早期经历，我们没有可信的历史传统。因此我们必须以猜测来决定内容，这种猜测只能在一个单纯的可能性的范围之内。可以提出这样的假设，荷马并非历史人物，他的名字应该出自这些诗章的收集过程中，《伊利亚特》某些部分的内容是在不同时期由不同诗人完成的，这些内容经过漫长的时期，分别由不同的游吟歌手进行诵读，而在一个比较晚的时间，被收集为全面的完整作品（可能是庇西特拉图父子），并由于落实为文字而变得广为人知。这些假设实际上就是沃尔夫的假设，看起来无法查证得出海涅是在何等程度上独立获得了这些一致的想法。不过有些方面是清楚的。在 1777 年海涅对荷马的历史真实性尚无质疑²。1790 年他写信给索伊加 Zoëga 道："就荷马诗章的时代而论，我怎么想到要走出现有的资料呢？留下来的都是一场梦。我看，似乎**可能**是这样：起初有各自分散的歌谣，这些作品后来组合到一起了。然而，这只是一种**可能性**……"³ 但是，在沃夫《荷马史诗绪论》发表之**后**，海涅对存在争议的这些问题的表述才变得**更全面和更明确**。自从 1769 年伍德的论著出版，有些问题便无疑成为难以判定的了。沃尔夫对所有这些问题的表述具有更大的精准性，将之建立于科学基础之上。他

42

---

1 《伊利亚特通论，并论其诵读》*De Iliade universe et de eius partibus rhapsodiarumque compage*，及《论伊利亚特作者荷马》*De Homero Iliadis auctore*。

2 《论荷马史诗的起源和成因》*De origine et caussis fabularum Homericarum*，在《新版哥廷根皇家学会评论》*Novi Commentarii Societatis Regiae Scientiarum Gottingensis*，viii 34–58。

3 Welcker，《索伊加传》*Zoëga's Leben*，ii 60 以下（Bursian，i 482 注释）。海涅声称自己持有这些见解长达 30 年，以口头或书面形式不断表述，这引起的争议，参看沃尔夫，《致海涅书札集》*Briefe an Heyne*，1797，以及（支持海涅的）《语言与形象艺术丛刊》*Bibliothek der redenden und bildenden Künste*，vol. iv, v，以及 Heeren 的《海涅》，210–219。

关于荷马的著作开启了一个新时代，这将留在下一章做进一步的讨论。

海涅编订的希腊散文体作家，只有爱比克泰德和阿波罗多儒斯。对后者的编订本乃是古代神话文学的一个储仓，附有系谱与所有引述之作家的索引。

海涅是希腊神话学的科学研究之奠基人。他将古老的希腊神话视为书写出现之前的原初人民故事和观念的汇总，强调产生于早期和流行于后世的宗教观念之异同[1]。他还写过不少古代史的论著。在为数众多的历史专题论文中，最为重要的几篇，论及卡斯托耳关于历代海上霸权的编年史、希腊的殖民地、斯巴达的制度、罗马与迦太基的条约、托勒密朝文明，以及狄奥多鲁斯著作所遵从的权威文献。

在艺术研究领域，他沿承了温克尔曼留传下来的路线。他既没有温克尔曼的热情与艺术洞察力，也缺乏莱辛在批评和理论上的敏锐感觉，但是他在全面精准的古文物细节认知以及训练有素的系统史学研究手段上都超越了这两位。在时代系年和历史学问上，他都足以矫正温克尔曼的错误[2]。他讨论过许多古代的杰作，从库普塞鲁斯 Cypselus 的藏身柜[3]直到拉奥孔群像[4]，还有关于斐洛斯特拉图斯家族及卡利斯特剌忒的论述，关于希腊神明理想类型的论述。他编订了老普林尼关于古代艺术的摘录[5]。他还显示出自己在钱币学上的知识，并鼓励新人参与他

1　Bursian, i 484-490.

2　《杂著集》，v 338-391。

3　《演讲录》Vorlesung，1770。

4　《古物研究文集》Antiquarische Aufsätze，1778—1789，ii 1。

5　1790, 1811；参看《古物研究文集》，i 3, ii 3-5。

终身从事的研究[1]。

他是伊尔菲尔德 Ilfeld 学校的督学，在 1770 年动用自己的影响支持人文教育的复苏。该校曾陷入衰败之中，但他确信假如引入一点希腊语教学，一切都会变好；他在那时并不会觉得拉丁语或是其他任何被称作 humaniora【人文学】的学科有什么必要，然而，只要忽视了希腊文，其他一切都只会变得"混杂粗劣"[2]。他在 1780 年的报告，也证明他是一位新人文主义运动觉醒的提倡者[3]。

43

1803 年法兰西战争时期，他同拿破仑的调停通说，使得哥廷根大学免于灾祸，周边地区皆未受侵害。1809 年，他 80 岁寿辰，受到了教授与学生们的游行庆祝，获赠花冠为敬礼。他喜好玫瑰花，总是在案头置一束于水瓶中。他的住宅也包围着玫瑰花丛，他乐于露天席地小憩，躺在草地上连续几个小时读书[4]。他的女婿及传记作者提供了从早晨 5 点到晚上 11 或 12 点之间他充实生活的时刻表[5]。他视力不佳，有时会同远处打招呼致敬的陌生人发生莫名其妙的误会。这也使得他难以对更为繁杂的古代雕塑得出正确的判断。在 1798 年，他非常愉快地帮助了提希拜因 Tischbein 酝酿荷马史诗的插图集，此人为他画像多幅[6]。海涅的名望早已

1　Bursian，i 493–496.

2　Nur Stückwerk und ewig Stümperei.

3　Paulsen，ii 38² 以下。

4　Heeren，412 以下；Carlyle，109，113。

5　Heeren，325–328.

6　Heeren，扉页，及 p. 412。更早的肖像有 C. G. Geyser 所作版画（上文第 37 页）；后来又有 Riepenhausen 的作品。还有 F. Müller 的一幅版画。

传播异国，有一次他惊讶地发现，一家英国报纸上有"哥廷根某绅士向其剑桥友人致函内容的摘录"："上次我介绍过的那位海涅先生，应该被称为哥廷根第一号天才人物"[1]。在他 80 岁到来前夜，他第二任妻子给他看吉本所写的一段话，称赞海涅的"一以贯之的卓见"[2]。

44 "从整体看"（卡莱尔说），"日耳曼人有理由以海涅为骄傲：谁会否认呢，他们自己人中又出现了一位钻研古董的学者；一位就学术与人生而论可以与斯卡利杰尔、本特利等那些从前的大人物同样荣耀的人，他为了正义的理由……像巨人一样战斗？"提及这位"克姆尼茨织工之子"的楷模事迹，他又言："莫要再让孤立无援的天才孩子失去希望了！"[3]

尽管海涅也曾在众多学术科目中留心过钱币研究，但这是他同时代的约瑟夫·埃克赫尔 Joseph Echhel（1737—1798 年）终身的工作，后者
埃克赫尔

---

1 《晨邮报》*Morning Post*，1775 年 4 月 20 日（Heeren，331 以下）。

2 Heeren, 333. 在 iv 419, 509, Bury 编订本, 吉本称海涅是"维吉尔的杰出编订者"，是"编订此人著作最优秀的一位"。1770 年，海涅这位"维吉尔最终的、最出色的编订者"，曾将吉本匿名发表对《埃涅阿斯纪》卷 6 的短评称许为 *"doctus ... et eloquentissimus Britannus"*【博学的……不列颠人中最善辞令者】（《吉本自传》，85）。

3 《杂著文集》，ii 113. 关于海涅，见 Heeren 的"传记写真"（共 522 页，哥廷根，1813），以及 Carlyle 的"小型写照"，见《杂著文集》*Miscellaneous Essays*，ii 34–42[2]，1869 年编订本。参看 Paulsen, i 602–605, ii 34–42[2]；Stark, 212–215；尤其是 Bursian, ii 75–114，附有所引之文献，447 注释，以及 Stark, 215 处所引，认为 Hettner（《18 世纪文学史》*Literaturgeschichte des xviii Jahrhunderts*，iii 3，2，p. 339 以下）对海涅比 Justi 更为公允，后者称其为典型的日耳曼族"大学之俗人"Universitäts-philister（温克尔曼，ii [2] 230–232）。又见 F. Leo 在《哥廷根皇家科学学会 150 周年纪念文集》*Festschrift zur Feier der 150 jährigen Bestehens der Königlichen Gesellschaft der Wissenschaften zu Göttingen*（柏林，1901），155–234。

成为钱币学科学化研究的奠基人。他早年在维也纳各种学校教书之时即开始了这项研究。为了扩充知识，他在 1772 年动身去往意大利，在那里受邀重新排定玛利亚·特蕾莉亚女皇之次子、托斯卡纳大公莱奥波多所藏的钱币。在他回国后，女皇指派他出任维也纳大学的古物学教授，以及皇家钱币与谷物收藏室主任（1775—1776 年）。他根据自己的知识系统编排钱币顺序，并刊布了两卷对开本的一部全目，这是该类分目的典范之作（1779 年）。在他的系统（其中只有一部分是法国钱币学家约瑟夫·佩尔兰 Joseph Pellerin 早先提出过的见解）中，古代钱币被分成两大类。第一类主要是有城邦、人物及君主的**希腊钱币**，以及殖民地及帝国时期的钱币，全以地理顺序编排，从欧洲由西至东，再穿过亚洲，由埃及与北非折回西方。第二类只是罗马钱币，从执政官与异教徒钱币开始，先以 *gentes*【族裔】的首字母为序排列，然后是罗马帝国时期的钱币，则以年序排列。这个系统被他运用于现存全部古币的编排上，成就了他八卷本的经典著作《古泉学》*Doctrina Numorum Veterum*[1]。其总述部分梳理了希腊钱币的历史、造币的技术、衡重、等价与尺寸，铸币权，铸币厂的官制，钱币的镌文与铸型，等等。第四卷结束了全面考察。剩余四卷同样以总述开始，最后是对罗马钱币的全面考察[2]。有位近代专家曾将自己的著作题献给埃克赫尔，将这部《古泉学》【译按，*此处及下文与注释中作者将埃克赫尔的《古泉学》与他人的《钱志》二书标题之简称混淆，译文径改而不再说明*】称为"一部不可思议的总目，涉猎广博，学识精深，不可能再有与之比肩的著作了"。但他也指出作者对于希腊艺术史和度量衡不尽

45

1　维也纳，1792—1798；又有补编及肖像，见年 1826 年版；第四版，1841。
2　F. Kenner，《演讲录》*Vortrag*（维也纳，1871）；Stark，222 以下；Bursian，i 496-499。

熟稔，这两个研究领域在后世才得到充分的探索，他还指出因为缺乏某些造币的存世样本（比如居齐库斯的镍银斯塔特尔 staters，现在多达 150 个变种），他对其存在的文献证据表示质疑[1]。还可以提到一部全面的古代

拉舍造币辞典，作者是 J. C. 拉舍 Racshe（1733—1805 年），他出生于埃森纳赫 Eisenach 附近，乃是迈宁根附近一处地方的牧师。他的辞典长达 14 卷（1785—1805 年）。在埃克赫尔的《古泉学》编纂之前即已着手，前者完成之后尚未结束[2]。

许茨 我们对 18 世纪日耳曼地区的考察以克里斯蒂安·戈特弗里德·许茨 Christian Gottfried Schütz 之名收尾，此人享寿长久，一直活到了 19 世纪（1747—1832 年）。他在耶拿担任了 25 年教授，这第一份终身教职终止 6 年后，他又得到哈雷的第二个终身教职，在那里工作了 28 年，以 85 岁高龄辞世。这是一位成就广泛的人物，具有引人瞩目的生气及精神魅力，他以编订埃斯库罗斯著作而闻名[3]。在那部文本中，许多段落受到专断的更改，但我们发现其中不乏考证精准的证据与体现其诗学见识的

46 地方[4]。他已经编校过了《腓尼基妇女》和《云》；他后来又开始准备一个更大篇幅的阿里斯托芬著作编订本，但是只出版了头三部剧作。他最有名的工作可能还是西塞罗的编校。在注疏了修辞学著作[5]，以及全部的

---

1 B. V. Head，《钱志》*Historia Numorum*，1887，前言。

2 Bursian，i 499 以下。

3 1782—1794；第二版，1799—1807；第三版，1809—1822。

4 例如在《欧墨尼得斯》，268 以下（Wecklein 本），ἀντιποίνους τείνης 被改正为 ἀντιποιν᾽ ώς τίνης【你要（因此）付出代价】，ὄψει δ᾽ ἐκεῖ, τίς 改成 ὄψει δὲ κεῖ τις【你们会看到无论是谁】。

5 1804—1808.

72 西方古典学术史（第三卷）

书信系年之后[1]，他完成了一部20卷的全集，以一部辞典和各种索引附于其末[2]。他在耶拿费时24年的研究项目【译按，此处于原文未明何意，参考了许茨该著作的拉丁文前言，当是桑兹将24年误作24个研究计划，遂在此改动并说明】，其主要内容出版于1830年；他为世人所牢记的，还有作为《文学广讯报》*Allgemeine Litteraturzeitung* 的创办人及接近50年的编辑，这份报纸在问世头20年间乃是日耳曼地区最著名的批评性评论刊物，接下来的40年里，遇到了1804年在歌德影响下始于耶拿的一个评论界对手[3]，歌德与古典学术的关系，将会在下一章中引起我们一些简略的讨论。

18世纪初，整个希腊与拉丁文学领域中有博学的法布理齐乌斯纵横驰骋。拉丁文研究学者，格斯纳尔（1731年）与埃内斯蒂（1773年），提升了日耳曼地区的学校中希腊经典学习的地位。赖斯克在哈雷自学了希腊文（1732年），而在1743和1770年，鲁恩肯与威滕巴赫在莱顿学习希腊文。但是在那些年代之间，这片被他们荒弃的地区由温克尔曼唤醒，意识到了希腊艺术之美的新意义（1755年），自莱辛处学习到了文学与艺术批评的原理（1766年）。温克尔曼与莱辛对于海涅在哥廷根的学说具有直接的影响（1767年）。日耳曼接下来受到赫尔德的敦促，开始激赏荷马为原初之民人的民族诗人（1773年）；大众的耳朵被沃斯的诗体译本之荷马所征服（1781—1793年）；此世纪之末，出现了新人文主义的胜利，荷马成为其中的英豪。在1790年及其后的时间里，我们发现魏玛与耶拿文人圈子中的几位杰出代表，有赫尔德，有歌德与席

1　1809—1813.

2　1814—1821.

3　Bursian, i 514—516.

勒，还有威廉·冯·洪堡。最后这位人物乃是那个圈子与 F. A. 沃尔夫之间最早的联系人。沃尔夫在 18、19 世纪之交，由他刊布的著作及其在哈雷教授的学说来看，已经注定了要成就两件伟业：提出荷马问题，这来自他的《荷马史诗绪论》的出版（1795 年），还将要规划出庞大的古典学之学术领域，并从对于古代希腊与罗马人丰富生活的精深认知中寻找到古代世界之现代研究的最终目标。

以往所有之见解，现在仿佛汇聚于一个重要的目标。这个目标不是别的，正是对古代人的认知，这种认知是在限定于古代遗物的研究范围内对一种有机发展、富有意义的国民教育的观察。要建立对古代的一般研究与科学研究，这是最起码的目标。【译按，原系德文】

F. A. 沃尔夫，《古代学阐述》*Darstellung der Alterthums-Wissenschaft*，

p. 124，1807

Excolere animum et mentem doctrina, rerum utilium observatione et cognitione ingenii dotes omnes acuere, intelligendi facultatem in dies augere, vetera nosse et cognita emendare et amplificare, nova excogitando reperire, inquirere in rerum causas, perscrutari rerum originem et progressum, ex veteribus praesentia explicare, obscura et intricata expedire, ubique vera a falsis discernere, prava et vitiosa corrigere, futilia et absurda confutare, labefactare, tollere, et, ut uno verbo absolvam, verum videre, hoc demum est humano ingenio ac ratione dignum, hoc pabulum est animi, hoc demum est vivere.

【经由学问而教养灵魂与意志，通过对有益事物的观察和思考而磨砺心智，增强我们日常认知的能力，知晓古史进而明白如何修正和发展它们，通过思考而发现新事物，追查事物的起因，查验事物的起源和发展，通过过去而解释当下，将含混复杂的事情变得清楚简明，从虚假中分离出真实，驳斥、击垮并排除那些细琐和荒谬的事物，并且，一言以蔽之：看见真相，——这就是人类智慧和理性的价值所在，这就是心灵的食粮，这就是活着的目的。】

C. G. 科贝特，《对于人文学术研究的督促》，

p. 6，1854

人文主义的研究，在本世纪越发宽阔和切实。它们逐渐脱离了书斋的孤立，越来越被汇入思想和著述事业的主流中去。非但未因拒绝两三个世代之前它们所占据的更为独有的地位而失去意志和效力，它们反而是获得了一种鲜活的生气，一片更为广阔的真实活动的空间，以及一种具有更高等也是更稳固地位的教育之所在，原因在于后者所倚仗的宽容态度是更具智性的。

R. C. 耶博，《教育中的人文主义》*Humanism in Education*，

p. 34，1899

History of Scholarship in the Nineteenth Century.
Germany, Austria*, and German Switzerland†.

Latin	Greek	Greek contd.	History and Antiquities	Geography etc.
Spalding 1762—1811	F. A. Wolf l 1759—1824	L. Spengel l 1803—1880	Heeren 1760—1842	Ross 1806—1859
Heinrich 1774—1838	Ilgen 1763—1834	Benseler 1806—1868		H. N. Ulrichs 1807—1843
Haud 1786—1851	Buttmann 1764—1829	Westermann 1806—1869	**Roman**	Kiepert 1818—1899
†Orelli g 1787—1849	G. H. Schaefer l 1764—1840	Classen 1806—1891	Niebuhr l 1776—1831	Bursian l 1830—1883
Doederlein 1791—1863	F. Jacobs 1764—1847	Ahrens 1809—1881	Drumann 1786—1861	Jordan l 1833—1886
K. G. Zumpt 1792—1849	Schleiermacher 1768—1834	Sauppe 1809—1893	W. A. Becker 1796—1846	
Lachmann 1793—1851	A. H. Matthiae 1769—1835	Schneidewin l 1810—1856	K. L. Peter 1808—1893	**Mythology etc.**
†Baiter g 1801—1873	G. Hermann l 1772—1848	Bergk l 1812—81	Marquardt 1812—1882	Creuzer g l 1771—1858
Weissenborn 1803—1878	Heindorf l 1774—1816	Bonitz 1814—68	Henzen 1816—1887	Forchhammer 1801—1894
Naegelsbach g 1806—1859	Ast 1778—1841	Koechly 1815—1876	Mommsen l e 1817—1903	Preller g 1809—1861
Ritschl g 1806—1876	Lobeck 1781—1860	O. Schneider 1815—1880	K. W. Nitzsch 1818—1880	A. Kuhn 1812—1881
Georges 1806—1895	Dissen l 1784—1837	A.T H.Fritzsche l 1818—1878	Schwegler 1819—1857	Mannhardt 1831—1880
R. Klotz g	F. W. Thiersch	Tycho Mommsen 1819—1900	Gregorovius 1821—1891	Rohde g
		Prantl 1820—88		

1808—1874	M. Seyffert 1809—1872
Halm g	1809—1882
Merkel g	1811—1885
Hertz	1818—1895
Teuffel g	1820—1878
Fleckeisen	1820 1899
Nipperdey	1821—1875
H. Keil	1822—1894
O. Ribbeck	1827—1898
Umpfenbach	1835—1885
Reifferscheid	1835—1887
L. Müller	1836—1898
A. Kiessling g	1837—1893
O. Seyffert	1841—1906
Studemund	1843 1889
Hiller	1844 1891
Baehrens	1848—1888
Mendelssohn g	1852—1896
Traube	1861 1907

1790—1801
V. C. F. Rost 1790—1862
C. A. Brandis 1790—1867
Meineke l 1790—1870
Voemel 1791—1868
Reisig l 1792—1829
Stallbaum 1793—1861
Goettling 1793—1869
Zell l e 1793—1873
Poppo 1794—1866
Krueger 1796—1874
Baehr 1798—1873
† Rauchenstein 1798—1879
Wunder l 1800—1869
Bernhardy l 1800—1875
Hartung 1802—1867
Trendelenburg 1802—1872
Kuehner l 1802—1878
Lehrs l 1802—1878
K. W. Dindorf 1802—1883

Rossbach 1823—1898
Bernays 1824—1881
Westphal 1826—1892
Susemihl 1826—1901
* K. Schenkl 1827—1900
W. Christ 1831—1906
Usener 1834—1905
Blass 1843—1907
Kaibel 1849—1901
† Meisterhans 1858—1894

Science of Language

W. v. Humboldt 1767—1835
Bopp 1791—1867
Pott 1802—1887
Benfey 1809—1881
Corssen 1820—1875
G. Curtius 1820—1885
Schleicher 1821—1868
Steinthal 1823 1899

G. Wilmanns e 1845—1878

Greek

W. Wachsmuth 1784—1866
Dahlmann 1785—1860
Boeckh g e 1785—1867
Schoemann g l 1793—1879
M. H. E. Meier 1796—1855
Franz e 1804—1851
K. F. Hermann g l 1804—1855
J. G. Droysen 1808—1884
Duncker 1811—1886
E. Curtius 1814—1896
A. Schaefer 1819—1883
Holm 1830—1900
† Hug 1832—95
Koehler e 1838—1903
G. Gilbert 1843—1899
R. Schoell 1844—1893
G. Hirschfeld e 1847—1895

1759—1837
K. A. Boettiger 1760—1835
Welcker g 1784—1868
Gerhard 1795—1867
K. O. Mueller g l 1797—1840
Panofka 1801—1858
K. Boetticher 1806—1889
Braun 1809—1856
Wieseler 1811—1892
Jahn g l 1813—1869
K. L. Urlichs l 1813—1889
Stephani 1816—1887
Schliemann 1822 1890
Brunn 1822—94
Stark 1824—79
Overbeck 1826—1895
Friederichs 1831—1871
* Benndorf 1838—1907
Humann 1839—1896
Heydemann 1842—1889
Matz 1843—74
Bohn 1849—98

g also Greek   l also Latin   e epigraphy

History of Scholarship in the Nineteenth Century *contd.*

Italy	France *contd.*	Holland	England	England *ctd.*
Borghesi 1781—1860	Cousin 1792—1867	Peerlkamp 1786—1865	Elmsley 1773—1825	Babington 1821—1889
Mai 1782—1854	J. G. Patin 1792—1876	Bake 1787—1864	S. Butler 1774—1839	Maine 1822—1888
V. A. Peyron 1785—1870	Le Bas 1794—1860	Geel 1789—1862	Leake 1777—1860	H. A. Holden 1822—1896
Avellino 1788—1850	Alexandre 1797—1870	Karsten 1802—1864	Gaisford 1779—1855	Riddell 1823—1866
Canina 1795—1856	Thierry 1797—1873	Boot 1811—1901	Fynes Clinton 1781—1852	Conington 1825—1869
Cavedoni 1795—1865	Quicherat 1799—1884	Cobet 1813—89	Dobree 1782—1825	Sellar 1825—1890
Vallauri 1805—1897	Littré 1801—1881	**Belgium**	Monk 1784–1856	Grant 1826—84
Cavallari 1809—1898	Texier 1802—1871	Roulez 1806—1878	C. J. Blomfield 1786—1857	Chandler 1828—1889
De-Vit 1810—1892	(Dübner) 1802—1867	De Witte 1808—1889	Grote 1794—1871	Geddes 1828—1900
Bruzza 1812—1883	Duc de Luynes 1803—1867	Thonissen 1816—1891	Veitch 1794—1885	Burn 1829-1904
Garucci 1812—1885	Mérimée 1803—1870	Roersch 1831—1891	Arnold 1795—1842	Monro 1836—1905
A. Fabretti 1816—1894	B. St Hilaire 1805—1895	Willems 1840—1898	Key 1795—1875	Nettleship 1839—1893
Corradini 1820—1888	D. Nisard 1806—1888	**Scandinavia**	Henry 1796—1876	A. Palmer 1841—1897
			Thirlwall 1797—1875	Jebb 1841—1905

Bonghi 1828—1895
Ascoli 1829—1907
Pezzi 1844—1906

France

Gail 1755—1829
Quatremère de Quincy 1755—1849
Millin 1759—1818
Mionnet 1770—1842
Walckenaer 1771—1852
Boissonade 1774—1857
J. L. Burnouf 1775—1844
Clarac 1777—1847
(K. B. Hase) 1780—1864
Raoul Rochette 1783—1854
Naudet 1786—1878
Letronne 1787—1848
Villemain 1790—1870
Didot 1790—1876

Duruy 1811—1894
Miller 1812—1886
Wallon 1812—1905
Martin 1813—1884
Egger 1813—85
C. Lenormant 1816—1881
Longpérier 1816—1881
Daremberg 1817—1872
Cougny 1818—1889
Thurot 1823—1882
Desjardins 1823—1886
Beulé 1826—1875
W. H. Waddington 1826—94
Tissot 1828—1884
De Coulanges 1830—1889
Benoist 1831—1887
F. Lenormant 1837—1883
Rayet 1847—1887
V. Henry 1850—1907
Graux 1852—82
Riemann 1853—1891

1044—...
Ussing 1820—1905
Linder 1825—1882
Bugge 1833—1907

Greece

Koraës 1748—1833
Mustoxydes 1785—1860
Rangabes 1810—1892
Oeconomides 1812—1884
Kumanudes 1818—1899
Semitelos 1828—1898

Russia

Graefe 1780—1851
Kroneberg 1788—1838
Lugebil 1830—1888
Iernstedt 1854—1902

Hungary

Telfy 1816—98
Abel 1858—1889

1806—1865
T. W. Peile 1806—1882
C. Wordsworth 1807—1885
H. E. Allen 1808—1874
Merivale 1808—1894
Shilleto 1809—1876
Blackie 1809—1895
Thompson 1810—1886
Donaldson 1811—1861
Scott 1811—87
Lushington 1811—1893
Liddell 1811—98
Badham 1813—1884
G. Rawlinson 1815—1902
Paley 1816—1888
Newton 1816—1894
Linwood 1817—1878
Jowett 1817—1894
Cope 1818—69
Munro 1819—1885
Gifford 1820—1905
W. G. Clark 1821—1878

J. Adam 1860—1907

United States of America

Woolsey 1801—1889
Felton 1807—1862
(E.A.Sophocles) 1807—1883
Frieze 1817—89
Drisler 1818—97
Hadley 1821—72
A. Harkness 1822—1907
Lane 1823—97
W. D. Whitney 1827—1894
Kellogg 1828—1903
Greenough 1833—1901
C. T. Lewis 1834—1904
Packard 1836—1884
Merriam 1843—1895
F. D. Allen 1844—1897
Seymour 1848—1907
M. Warren 1850—1907
Earle 1864—1905

图 45 F. A. 沃尔夫

出自 Wagner 的版画，依据的是 Jo. Wolff 所作肖像（1823）。为 S. F. W. Hoffmann 编订本沃尔夫《古代学阐述》之扉页，1833

第二十八章

沃尔夫及其同时代人

弗雷德里希·奥古斯特·沃尔夫 Friedrich August Wolf（1759—1824年）这个名字开启了一个新时代。他父亲是一名中学教师，也是一位风琴演奏家，住在哈茨山 Harz 南麓诺德豪森 Nordhausen 附近哈因罗德 Hainrode 的一个小村庄，正是他母亲开启了他的精神生活。他还不到 2 岁时，便认识了大量拉丁文词汇，8 岁前已掌握了希腊文与法文的基础知识，并能阅读简易的拉丁文读物了。他的记忆力如同与他同年诞生的珀尔森一般出色。没过多久，他父母搬到诺德豪森，这时 12 岁的他已经学会了教师们所有能够传授给他的内容了。在他的新家，他遇到三位教师中的第一位，即约翰·安德里亚·法布理齐乌斯 Johann Andreas Fabricius（1696—1769 年），一部学术史著作的作者[1]。在中学生涯行将结束时，他成为自

---

1 《学术通史大纲》*Abriss einer allgemeinen Historie der Gelehrsamkeit*，三卷本，1752—1754。

己的老师。重新从词形变化开始，他"以新的眼光阅读拉丁与希腊文经典，有时细心，有时略粗疏；潜心修习荷马史诗若干卷，以及大部分的悲剧家和西塞罗著作，并通读了斯卡普拉的辞典和法贝尔的《辞海》"。在这段奋发苦读时期，"他终夜枯坐于没有火炉的陋室，双足浸在一锅冷水中，轮换着包起一目作为休息"[1]。令人庆幸的是，这般严峻的考验在他去往哥廷根大学时便结束了。

1777 年 4 月 8 日，他在入学登记簿上将自己的名字注册为 *Studiosus Philologiae*【语文学学生】。副校长是一位医学教授，对此声明："语文学并不是四大科系之一；如果他想成为一名学校的教师，他应该注册为'**神学学生**'。"沃尔夫坚持说，他计划研究的不是神学，而是语文学。他的观点得到认可，于是成为以如此方式注册这所大学的第一位学生[2]。他的入学登记日从此被视为日耳曼教育史上的一个新纪元，这也是学术史上的一个新纪元。接下来，沃尔夫拜访了时任校长的海涅，一年之前他带去过一封介绍信。当时匆匆对信瞥了一眼，海涅就向他提问，什么人会愚蠢到建议他来学习"所谓的语文学"。沃尔夫答复道，他喜爱这门研究所具有的"更为广大的精神自由"。海涅向他保证，"自由"是无处可寻的，古典著作的研究乃是"败家毁业之路"，并且全日耳曼地区也不过只有六个舒适的语文学教席。沃尔夫谦恭地表示，他渴望出任这六个教席之一；海涅只得大笑，跟这位未来的"语文学教授"道别，并且说，等他在哥廷根注册入学后，欢迎他来出席海涅的免费讲座。现在他确实入学了，海涅事务繁忙，以生疏冷淡的态度接待了他。然而，沃尔夫申

---

1 W. Körte, i 21 以下；Pattison 的《文集》，i 342 以下。

2 在 1749—1774 年间，埃尔兰根 Erlangen 曾经有过 *philologiae studiosi*【语文学学生】这种单独的注册条目（Gudeman 的《古典语文学史纲》，193）。

请参加了海涅关于《伊利亚特》的非公开课程，在开场介绍的讲座中记下了所引述的全部书籍，将这些书全部汇集起来，并认真地准备每次讲座的论题，但是他对讨论中含糊与肤浅的程度感到失望，等教授结束了第一卷，他就不再参加了。在下一个学期，他发现自己被逐出了品达的课程之外。尽管如此，他仍继续自修；为了节省时间，他只用三分钟来穿衣装饰，削减了各项消遣。在第一年岁末，他几乎毁掉了自己，在稍做调适之后，决意不再用功迟过午夜。及第二年岁末，他已经开始就自己的研究来举办讲座了，半年之后，在海涅的举荐之下，被指派为伊尔菲尔德的教师。在那里他工作了两年半时间，便结婚成家，又过了一年稍多点儿的光景，成为奥斯特罗德 Osterode 的校长。在这两处他都有所成就。在伊尔菲尔德，他开始思考荷马问题，并研究柏拉图著作。1782年，他完成了《会饮篇》的编订本，其中遵从了一项新近的变革风气，以德文书写注释。他贯穿此书的宗旨，在于引起青年学子研究柏拉图的兴趣。在前言中，他机敏地向"权座上的哲人"腓特烈大帝及其"开明的大臣"冯·策德利茨 von Zedlitz 致意，就在三年前，皇帝曾写给这位大臣一封讨论教育的著名信件[1]；他还对葛迪克 Gedike 呈献了赞美之言，这位人物当时与策德利茨一同发生着伟大的影响[2]。这篇前言，以及他作为中学教师的成功事迹，使他受到那位大臣的邀请，充任哈雷大学"语文学与教育学"【译按，原系德文】的教席。年薪仅有 45 英镑，不配住宅，但这份职位被接受了。于是沃尔夫在 24 岁之年便为自己寻到了充满大好机遇的位置。他接到委托，要洗脱哈雷所蒙受的一个专门指责，即言此

53

1　Paulsen，ii 72[2].
2　《短著集》，i 131–157，其中这段文字重刊于 pp. 133 以下；《会饮篇》的摘录，前揭，ii 593。

处绝非一所"语文学的学校"。几年之后，他完全改变了这所大学的精神，并且"改变了整个日耳曼高等教育的精神，从这里唤醒了中学与大学对于古代文学的热情，其盛况仅次于 16 世纪的文艺复兴"[1]。他借以提升古典研究水准的手段之一，是在 1768 年设置一个语文学的 *Seminarium*【研讨班】，用以培养古典研究的教师[2]。其他方面，还包括了他作为公共演讲人的工作。他在哈雷的 23 年中，讲座平均达到了每天两小时以上，至少开设了 50 门关于古典著作家的课程。

沃尔夫关于《伊利亚特》的讲座，开始于 1785 年，此后隔年延续；他讲过三遍《奥德赛》，其他课程还涉及荷马风颂歌、赫西俄德、品达、忒俄革尼、戏剧诸家，以及卡利马库斯，在散文著作家中，还有希罗多德、德摩斯提尼、埃斯奇纳斯、柏拉图、色诺芬、琉善、亚里士多德的诗学论著，以及"朗吉努斯"，再就是通常熟知的拉丁作家，包括了老普林尼的古代艺术史概述。他还开设了 15 门原创讲座，有荷马与柏拉图导读、拉丁文写作、希腊与拉丁文学史、希腊与罗马古物、古代地理学、历史原理与古代史研究、古代绘画与钱币学、语文学史，还有一门课作为普及性介绍，谈的是"语文学的百科全书"[3]。最后这门课程第一次预报于 1785 年，最终所呈现的形式，是 1807 年柏林出版的一部书，调查了整个古典学术领域以及所有相关组成部分的大纲[4]。

54

1　Pattison, i 359 以下。

2　详见 Pattision, i 367–369。

3　参看 Körte, ii 214–218；Arnoldt, i 119 以下；Bursian, i 521。

4　《短著集》，ii 808–895，《古典研究阐述》。

他的讲座事先有充足准备，但在发言过程中仅以少数笔记作为辅助。在 1805 年时，歌德不止一次说服了这位教授的某位女儿将他藏在讲堂的帘幕之后，他说那语言对他产生震动，仿佛"全心全意的自然吐露，从精湛学识中喷涌而出的一次展现，将其自身散布给听者"[1]。他的目的不是要交流知识，而是要促进与倡导。批评性的研究精神，贯穿于他的所有课程中，有一个具有象征意味的事实，即他的讲堂中唯一的装饰物，就是莱辛的半身像。

当沃尔夫去往哈雷之时，"慈善家们"打着德绍中学巴斯多 Basedow 的旗号[2]，自文艺复兴以来首次成功地在北日耳曼地区败坏了古代语言研究的名声。沃尔夫"向这种新唯实派发出了反击"[3]，他与近世重实用知识之学校的冲突明显妨害了他以希腊传统为基础的文化理想。在 1807 年，他界定这种理想为"纯粹的人类教育"，是一种"对思想与灵魂的所有能力的提升，使之到达人类内在与外在之美的和谐境界"[4]。

他的每部著述都诞生于他的公共教学。他在早期生涯中编订过一部赫西俄德《神谱》（1783 年），一部荷马体诗歌集（1784—1785 年），还有四部希腊戏剧（1787 年）[5]。他联系阿提卡法律对德摩斯提尼的释读，催生出他编订的《反勒普提涅斯》（1789 年），此书专为高程度的学人而备，并不用于中学教育。它受到了学者们的好评，其中也包括了海涅。

55

1　《日与年之书》*Tag- und Jahres- Hefte*，1805，xxx 155，Cotta 的周年纪念版（xxiv 195，Düntzer 编订本）；Pattison，i 371。

2　Paulsen，ii 51[2].

3　Pattison，i 373.

4　Pattison，i 374.

5　埃斯库罗斯《阿伽门农》、索福克勒斯《俄狄浦斯王》、欧里庇得斯《腓尼基妇女》、阿里斯托芬《公民大会妇女》。

而《荷马史诗绪论》一书中处理希腊古物的方式，激发了沃尔夫最伟大的弟子之一柏克的灵感，用以计划写作他的"雅典之公共经济"。在《荷马史诗绪论》问世 27 年后，曾预报要刊印修订版，但是从未出现；他的"琉善对话选"也只有一卷出版（1786 年）；他的希洛狄安（1792年）一直没有修订。沃尔夫喜欢开班讲授《图斯库兰论辩集》，并刊印了一个文本供班级使用；此文本据说"充满关于词语与短句之表现力度的敏锐评议"，但我们想要获得其中的要点，只能参看奥雷利 1829 年的编订本之末尾了[1]。

甚至他的名著《荷马史诗绪论》（1795 年）都有一个纯属偶然的缘起。他在 1784—1785 年编订的文本已经绝版，他被要求准备一个新的编订本，并且由于原本无任何注释，他打算写一篇前言解释一下他处理文本的原则。他做的远不止这些，因为他就此重新引发了作为荷马问题的大争论。这场争论早期阶段的有些观点，可在此稍加述及。

约瑟夫在完成于大约西元90年的著作中[2]，曾主张写作之技艺"不可能为特洛伊战争中的希腊人所知晓"，因此"据说"（在他表述中）"即使荷马也未曾将自己的诗章行诸文字，而是以记忆传递，后来才从零散的歌谣中汇集起来；因此才有如此之多的自相矛盾之处"。这段话在 1583 年引起卡索邦的注意[3]，评议说"我们几乎无法指望有一个可靠的荷马著作文本，不管我们的钞本可以多么古老"。本特利在 1713 年曾表示，大约西元前 1050 年有个名叫荷马的诗人，"**书写**了连续的歌谣与吟诵叙

1　Pattison, i 377.

2　《反阿庇翁》，i 2。

3　注疏第欧根尼·拉尔修，ix 12。

事诗……这些松散的诗歌并未汇集于一部史诗体诗歌的形式之下，直到500多年后庇西特拉图的时代才发生变化"[1]。1730年，意大利学者维柯主张，"荷马"乃是众多相继出现的诗人被汇总为一部著作后的名号；但是维柯的观点在这时不为沃尔夫所知闻。然而他却熟悉罗伯特·伍德的《论荷马的原初才能与著作》（1769年）[2]。当时只印刷了七部副本，其中之一就寄到了哥廷根，得到了海涅的评价[3]。此书很快便被译成了德文[4]。伍德在讨论荷马学识的段落中，曾声称写作技艺是不为这位诗人所知晓的。沃尔夫参考了这段文字，并从这里建立了他的理论[5]。威尼斯钞本《伊利亚特》的集注由维卢瓦松于1788年刊布，提供了古代文本间即存在差异的证据。沃尔夫主张这些差异的原因是荷马诗章曾有很长时间是以记忆来传递的。他坚持认为，不可能恢复到原始文本，一个编订者所能抱持的目标，只能是重建一个亚历山大里亚时期的文本。

56

《荷马史诗绪论》成书过程颇为仓促，刊印为一部280页狭小的八开本。作者开篇讨论了现存诸校订本的瑕疵，这归因于尤斯塔修斯与**集注本**的使用不足。他继而评论了西元前约950—前550年间的诗歌史，努力证明以下四点：

"（1）荷马诗章是在毫无书写手段辅助下完成的，书写在西元前950年要么对于希腊人来说是完全陌生的，要么尚未被他们用于文学表达的目的。诗章以口头诵读的方式传承下来，在这个过程中遭受了吟咏

1　上文第二卷第408页。
2　上文第二卷第432页。
3　《哥廷根学术通报》*Göttingische gelehrte Anzeigen*，1770，32。
4　由哥廷根的 J. D. Michaelis 翻译（1773；1778[2]）；英文版第二版，1775。
5　《绪论》，c. 12，注释8。

歌手们许多蓄意或是偶发的更改。（2）在大约西元前550年这些诗章被书写记录下来后，它们仍然遭到了进一步的更改。这些更改出自'修订者'（διασκευασταί）之手，或是来自博学的考证家们，后者试图修饰这部著作，并使之与某种形式的成语或艺术规则达成和谐关系。（3）《伊利亚特》具有艺术技巧的统一性，而《奥德赛》具有更高程度的统一性。但是这种统一性，主要并不源自原初的诗章；它更多是在后世经由艺术加工添补而成的。（4）我们手中《伊利亚特》与《奥德赛》所汇集起来的那些原初诗章，并非全由同一个作者完成。"[1]

在《荷马史诗绪论》中，沃尔夫提出，荷马"开启了这个网络的编织"，"将之在某个位置上传了下来"[2]，又认为荷马完成了这些歌谣**最伟大的部分**，后来被统一留在了《伊利亚特》与《奥德赛》中。在1795年3月为荷马文本所作的前言中，他又加以补充道："可以确定的是，在《伊利亚特》与《奥德赛》中都是如此体现的，自最初采用这个主题的诗人那里，网络就开始编制了，各种线索被安置于某个点上……或许从未有可能，也不会实现，展示出文本组织中新的细节或附属信息露出端倪的确切位置：但是……我们认定是出自荷马之手的，必须**只是**那些歌谣中**比较伟大的部分**，其他部分留给不断贯彻荷马所描画之线索的那些传人Homeridae。"[3]

"他以亲身体会，用令人难忘的言词告诉我们，他从自己的理论转而重新细读那些诗章时的感受。当他浸淫于明澈如江河的史诗故事之流

---

1 Jebb 的《荷马》, 108 以下；参看 Volkmann 的《沃尔夫绪论的历史与批评》, 1874, 48-67；以及 Bursian, i 526 以下。

2 c. 28 结尾, 及 c. 31。

3 《伊利亚特》前言, p. xxviii (Jebb, 109),《短著集》, 211 以下。

中，他个人的见解从心中泯灭不见了；诗节间弥漫着的和谐平稳的气氛
显示出不可抗拒的力量；他对夺去他关于一个荷马之信仰的怀疑论感到
愤怒。"[1]

　　此书被题献给鲁恩肯[2]。次年，在鲁恩肯的提议下，沃尔夫受邀充任
莱顿当时正好空缺的一个教席；这个邀请遭到了拒绝，但是沃尔夫游览
了荷兰，并因此与鲁恩肯与威滕巴赫结交。短期之内，荷兰、英国、法
国各路权威的表态，并非一致支持沃尔夫的观点。《荷马史诗绪论》的
出版被维卢瓦松视为"立言而无诚意"，此公遗憾于自己编订的集注本
成了这位日耳曼批评家的帮凶[3]。有家法国刊物发表了拥护性的评论[4]，引
起圣克鲁瓦试图驳斥这种文学谬论[5]。福利埃尔 Fauriel 在法国、埃尔姆斯
利在英国，当《荷马史诗绪论》问世时都只有 22 岁。前者后来"把沃
尔夫的观点移植到了法国的土壤"[6]；后者在他为海涅关于荷马之著作的
评论中表现出对此问题无甚兴趣[7]。在日耳曼，沃尔夫的观点受到了威
廉·冯·洪堡和施莱格尔 Schlegel 兄弟的欢迎[8]，但是诗人们则表示不赞

1　《伊利亚特》前言，xxi 以下（Jebb，110）。
2　上文第二卷第 460 页；关于沃尔夫与鲁恩肯，见 S. Reiter 在《古典学新年刊》，xviii（1906），
　　1-16，83-101。
3　上文第二卷第 398 页。
4　Cailliard 在 Millin 的《百科全书杂志》，iii 10。
5　《驳沃尔夫先生文学谬说》*Réfutation d'un paradoxe littéraire de M. Wolf*（1798）；Volkmann，106
　　以下。
6　Pattison，i 383.
7　《爱丁堡评论》，1803 年 7 月。1804 年，Flaxman 以艺术家身份著文说："《荷马史诗绪论》
　　强烈印证了"一个真理，"即人类在艺术与科学中的杰出表现，乃是各个时代的劳动积累而成"
　　（Körte，ii 224 以下）。
8　Volkmann，74，77 以下。

同，包括克洛卜施托克与席勒、维兰德，还有荷马的译者沃斯[1]。歌德起初支持沃尔夫[2]，但他在 1798 年写给席勒的信中，一改初衷地对于《荷马史诗伊利亚特》的统一性表示信服[3]。与此同时，赫尔德发表了一篇匿名论文，标题是"时代之宠儿荷马"[4]，其中不经意地评论道，荷马诗章的吟诵起源长期以来就为他所熟悉；当他年幼时便发现了《伊利亚特》与《奥德赛》具有明显不同的作者特色，而这些少年时的猜想得到新近出版的威尼斯集注本的支持，此部文献在他上次游访意大利时便已经眼[5]。沃尔夫将赫尔德的文章视为一种剽窃，致信海涅抱怨赫尔德的行为，并乞请海涅为之评议《荷马史诗绪论》一书。海涅已经写过一篇评论，将此书视为"维卢瓦松空前之功业的最初成果"，并言他本人也一向持有相同的观点，甚至暗示沃尔夫原本即从自己的讲座中窃取了这些观点[6]。沃尔夫提醒海涅，有关荷马的论文，乃是他在 1779 年寄给他的；海涅答复说，他已经忘记了论文，但是记得与赫尔德早在 1770 年便对于荷马有过交谈。海涅没有重复有关剽窃的指控，但是这个罪名也没有得到撤除[7]。1797 年，沃尔夫以小册子的方式出版了他的《致海涅书札集》[8]。海涅的《荷马》问世于 1802 年，遭到了沃斯与艾希施泰特

1　Bursian, i 529.

2　Körte, i 277 以下。

3　Körte, i 280；Volkmann, 75 以下。

4　《时序女神》*Horen*，1795 年 9 月；xviii 420–446，Suphan 编订本。

5　Pattison, i 386 以下；Volkmann, 79–82；Bursian, i 464 以下。

6　《哥廷根学术通报》，1795 年 11 月 21 日（及 12 月 19 日）。

7　海涅 1796 年 2 月 28 日信。

8　重刊于 Peppmüller 编订本《绪论》（1884）末尾。

Eichstädt 在沃尔夫协助下带有极端恶意的评论[1]。直到下一个世代中,《荷马史诗绪论》才在荷马问题的持续研究中产生出结果。与此同时,作者在荷马研究方面仅有的后续出版物,乃是一部外貌精美、校勘出色的编订本,由戈申 Göschen 刊布于莱比锡,附有弗拉克斯曼 Flaxman 的插图(1804—1807 年)。

沃尔夫在编订西塞罗四篇 *post reditum*【归国后】演说词(1801 年)时还在哈雷。这些文本被马克兰疑为伪造(1745 年)[2],而格斯纳尔则支持其来源可靠(1753年)[3]。马克兰的伪造说得到了沃尔夫的赞同[4],他次年甚至否认了《为马赛卢斯辩》的可信性[5]。沃尔夫考证出来的谬误之处不在少数,从此借由较佳的钞本予以更改。他的观点在当时得到了法国的布瓦松纳德的支持,但是马兹维称这样的调查研究"肤浅且具有误导性"[6]。沃尔夫在 1802 年完成了一部全面的苏维托尼乌斯著作编订本,而他对最优秀的现代拉丁文也怀有兴趣,遂重刊了鲁恩肯的赫姆斯特赫斯赞词以及埃内斯蒂关于格斯纳尔的演说词[7]。

沃尔夫在哈雷的 23 年辉煌事业,因 1806 年耶拿发生的浩劫而戛然终止。这年 10 月 17 日,法国军队占据了哈雷,三天后,法国将军关闭

1 《耶拿文学报》*Jenaer Literaturzeitung*,1803 年 5 月,在第 123-141 号的第 16 期; Bursian, i 531; Volkmann, 116–119。
2 上文第二卷第 413 页。
3 《哥廷根皇家学会评论》iii 223-284, *Cicero restitutus*【《被改造的西塞罗》】。
4 《短著集》,i 369-389; Körte, i 321-328。
5 《短著集》,i 389-409; Körte, i 328 以下。
6 Madvig 为 Nutzhorn 编订本(1869)所作的序言;《学术杂著集》*Opuscula Academica*(1841),ii 339,以及《希腊拉丁作家考证校雠集》*Adversaria critica ad scriptores Graecos et Latinos*(1873),ii 211。
7 1788; 参看《耶拿文学报》,1791。

59

了大学，并遣送学生回家。在歌德的建议下，沃尔夫将被迫得来的闲暇时光部分用以修订他对于古典学识领域的考察，这成为沃尔夫与其弟子布特曼在 1807 年创办的《古代学博物馆》*Museum der Alterthums-Wissenschaft* 的卷首文章。自是年春起，他居住于柏林，从此度过了余生的 17 年光阴，但是对于国家而言，竟不可能于教育委员会或新成立的大学（1810 年）之中重用其才干。此后他成功不多，仅有的那些也并非水平最出色的。在 1816 年他出版了自己的《文选》，其中表现出对于英国领军学者之事业的关注[1]。

在哈雷时，沃尔夫曾邀请他的学生海因多夫 Heindorf 参与合作，准备一部柏拉图全集编订本。由于沃尔夫的计划没有进展，海因多夫那时去往柏林，在 1802 年完成了四卷本 12 篇对话录选集（1802—1810 年）的第一卷。此书被题献给了沃尔夫，但是沃尔夫并不满意，后来在贝刻耳 Bekker 的协助下，于 1812 年完成了一部包含三篇对话的文本[2]，前言中预报自己打算出版全集。1816 年 4 月，沃尔夫在《文选》的序言中以襟怀狭隘的辞令提及海因多夫[3]，这引发了当时一些著名学者对合作署名问题的抗议[4]。海因多夫两个月后去世，此后不久，沃尔夫的健康也开始恶化。他在 1820 年之后再无成果问世。1822 年他生过一场大病，两年后被遣往尼斯；在途中，他于马赛去世，其坟墓附近有一拉丁文题铭为标识。有一座半身像，由海德尔 Heidel 据蒂克 Tieck 的原作复制而成，置于哈雷大学的 *aula*【礼堂】中，纪念他作为一名教师所取得的至高成就。还

60

---

1 《短著集》，ii 1030–1116。
2 《欧绪弗洛篇》《申辩篇》《克里托篇》；前言收入《短著集》，i 418 以下。
3 《短著集》，ii 1022。
4 Buttmann, Schleiermacher, Schneider, Niebuhr, Boeckh（Körte，ii 106 以下）。

有一幅肖像，画家与他本人姓氏相同，表现的是他去世前一年的模样[1]。"从个人相貌上看，沃尔夫具有威严高贵、时而倨傲的气质。他略高于中等身材，宽肩厚胸；手足匀称。有个阔大的前额，突起的眉骨，锐利的碧眼，汇聚一处，表达出内心的敏锐与强悍。"[2] 他最伟大的著作尚有待于发现，这并不存在于他本人完成的书籍中，而是在他学生们的著作里，他激励他们成为未来在 19 世纪上半叶日耳曼地区古典学术的领袖人物。他自己声称，更愿意做一名教师而不是一位著作家，他出版的著作只不过是 *parerga*【副产品】而已[3]。但是对整个古典学术进行的广泛调查，虽然只是形成了他教学的一部分，却使他成为第一位系统描述这个庞大构造的人物，他冠以"古代学"Alterthums-Wissenschaft【译按，原德文名系"古代"与"科学"两词连缀而成，若译作"古代科学"易发生误解，故而采纳日人习用的译名】之名，排列并评价其各个组成部分，他还将关于古代希腊人与罗马人生活之各个方面的完备知识，作为古代世界之近代研究的最终目的。他将这项研究提升等级到一门综合及独立的单独学科，由此值得被后人敬仰，奉为后世学人所属的漫长谱系中开宗立派的大人物[4]。他怀着敬仰之情对才具相当的本特利深有同情相惜之意，两人都在古代文学的历史考证上创建了一种正确的方法。他同赫尔德的相似之处，则在于将《伊利亚特》及《奥德赛》作为原初时代民间诗歌的一部分，但是直到

1　重印于第 50 页。
2　Pattison, i 412.
3　《短著集》，ii 1019。
4　参看 Niebuhr，《短著集》，ii 227（转见 Bursian, i 548）。

下一世代，他关于那些诗歌之起源的理论才得到学者们广泛的讨论[1]。

　　沃尔夫在关于组成荷马史诗的歌谣属于不同作者的主张上只是对学者们有吸引力，并且即便是在他同时代的学者中也不过才获得些微的认可，而日耳曼人民乐于听取一位诗人介绍荷马的消息。这位诗人无疑寻找到一个新的理由，用来抵抗沃尔夫的理论，正是基于以下的事实，即他本人成功地以德文译本保留下了"一以贯之的纯朴自然之音调，是荷马的诗章与一切带有斧凿痕迹的著作截然两立"[2]。这位著名的荷马译者，

沃斯　约翰·海因里希·沃斯 Johann Heinrich Voss（1751—1826 年），出生于北德梅克伦堡 Mecklenburg 地区的索梅尔斯多夫 Sommersdorf。他于 1772 年进入哥廷根大学，起初参加了海涅关于荷马的讲座，但他很快就冷淡下

1　《荷马史诗绪论》，1795（1859[2]；*cum Bekkeri notis*【附贝刻耳注释】，1872）；《致海涅书札集》，1797；俱由 Peppmüller 重刊于 1884 年。《短著集》，1200，Berhardy 编订本，两卷，1869，收入沃尔夫的《古代学阐述》。《语文学百科全书》*Encyclopaedie der Philologie*，Stockmann，1831，1845；《古代学百科全书讲录》*Vorlesungen über die Encyclopädie der Altherthumswissenschaft*，Gürtler 与 Hoffmann 编订本，五卷，1831—1835；《伊利亚特前四卷讲录》*Vorlesungen über die ersten vier Gesänge der Ilias*，Usteri 编订本，1830—1831。Goedeke 的《德意志诗歌史文献考大纲》中有书目，见 vii[2] 807–811。

　　传记有他女婿 W. Körte 所作之两卷本（1833），又见 Arnoldt 在《沃尔夫在教育界的影响》*F. A. W. in seinem Verhältnisse zum Schulwesen*（1861—1862）的 part i；参看 A. Baumstark，《沃尔夫与研究型学校》*F. A. W. und die Gelehrtenschule*（1864）。Pattison 的《文集》，i 337–414；Bursian，i 517–548；Paulsen，ii 208–227[2]；Schrader，《哈雷的腓特烈大学史》*Geschichte der Friedrichs-Universität zu Halle*，i（1894）434–462；A. Harnack，《柏林皇家普鲁士科学院史》*Geschichte der königlich preussischen Akademie der Wissensc-fhatenzu Berlin*，ii 565 以下，660 以下；M. Bernays，《歌德致沃尔夫书札集》*Goethes Briefe an W.*，1868；S. Reiter，《沃尔夫致歌德书札集》*Wolfs Briefe an Goethe*，收入《歌德年刊》*Goethe-Jahrbuch*，xxvii（1906），3–96；关于沃尔夫，同上作者，在《古典学新年刊》，xiii（1904），89–111，关于沃尔夫与鲁恩肯，同上作者，见上文第 57 页注释 2。

2　Pattison，i 384 以下。

来，这是受到当日某些青年诗人的影响 [1]。他主要是靠自修。荷马乃是他早年研究的核心，在离开哥廷根时，他已经以德文六音步体翻译了一部分荷马诗章。他在 1776 年发表了这些译文的第一批样本，收入他翻译的布莱克威尔 Blackwell《荷马生平与著述考》*Enquiries into the life and writing of Homer* 一书之中。他后来很快产生了翻译整部《奥德赛》的计划。他先受到了波吕斐摩斯之插曲和涉及西叙福斯之八行诗的打击 [2]，对于后者，他用了两周时间，孑然踯躅，苦思冥想。沃斯对这个段落最早的译文，被克洛卜施托克证明说出现在 1777 年，此后相继又变化出不下四个修订版。在最后的译文中，推石上山的艰辛努力得到了有效的表现: *Eines Marmors Schwere mit grosser Gewalt fortheben*【译按，"岩石之沉重被以更巨大的力气推举上去"，《奥德赛》, xi 594。比较王焕生译文: "正用双手推动一块硕大的巨石"】；而立即弹回谷底的状况也毫无逊色之感: *Hurtig mit Donnergepolter entrollte der tückische Marmor*【译按，"随着轰然巨响，那狡诈的岩石立即滚了下去"，同上, 598。比较王焕生译文: "骗人的巨石向回滚落到山下平地"】[3]。在此期间，沃斯定居汉堡附近（1775—1782 年），后四年在易北河畔的港湾城市奥滕多夫担任中学教师。他的《奥德赛》（1781 年）超越了以前所有想把以德文诗体翻译原文的尝试 [4]。就在这一年，他将《荷马风得墨忒耳颂歌》译成了拉丁文 [5]，他对此首诗作具有持久的兴趣，1826 年，在其身后出版了

62

1　Herbst, i 67. 沃斯关于海涅讲座的笔记，显然是从一位同学那里抄来的，显示出海涅特别关注 Blackwell（1736）与 Robert Wood（1769）的著作，而且他认为《伊利亚特》《奥德赛》都不能够被归类为书面著作，不过他对于两部诗作各自的作者或是统一性都未表示怀疑。

2　xi 593 以下。

3　Herbst, i 30，303.

4　Herbst, ii（1）78 以下。

5　同上，238。

一个改进了的文本，他又以德文诗体翻译出来，并附有详尽的注释。他的《奥德赛》问世12年后，又翻译了《伊利亚特》（1793年），还完成了一部更贴近原文的《奥德赛》译本，这在有足够资格的批评家看来，却算不上是早期译本的改进[1]。他将同样的这种严格的字面直翻原则运用于后来的译文中，包括了维吉尔的全部作品、奥维德的《变形记》，以及提布卢斯、普罗珀提乌斯与阿里斯托芬的作品。但是他的方式在当时显得过于机械，因此他既不能表现出阿里斯托芬的多变，也不能传达出奥维德的魅力。他在霍尔斯泰因湖区城市奥伊廷 Eutin 担任中学教师时（1782—1802年），开始研究维吉尔，最初是一部《农事诗》的编订本，包括了一部德文诗体译文，以及主要解释主题思想的德文注疏（1789年）。此书出版导致与海涅结仇，后者在自己的编订本中曾经忽视了注疏家的那部分责任[2]。八年之后，沃斯刊布了《牧歌集》的一部同类型编

63 订本（1797年）[3]。他从教师职位退休后，在耶拿居住了三年（1802—1805年），此后在他余生21年中，享受了海德堡教授的地位与薪俸（1805—1826年）。在那里，他完成了提布卢斯的翻译，前言中称，依照编年的时序证据，可知诉歌集的第三卷乃是别位诗人的作品。他又添加了一部考证性质的编订本。他还翻译并注释了阿剌图斯（1824年）。在如上文所述对于海涅《伊利亚特》的重要评论中[4]，他显然贡献的分量最

---

1 维兰德、A. W. 施莱格尔、歌德、赫尔德、席勒、W. v. 洪堡以及赫尔曼皆持此说。（同上，ii[1]207，315）参看 M. Bernays 为《奥德赛》初版重印本（1881）所作导言。

2 Bursian, i 553 注释。

3 《牧歌集》与《农事诗》在1800年重刊为四卷本，附有图版在 iii 100，包括了17幅维吉尔的"耕犁"之插图，1、2、3出自 Knapton 与 Sandby 出版的维吉尔（伦敦，1750）。

4 上文第58页注释5。

大[1]。他自己对《伊利亚特》第一、二卷之部分的注疏，是身后才出版的[2]。他对《奥德赛》的冗长阐解，只有两个片段得以刊行，一篇随笔论古人之海洋[3]，一篇论文涉及奥尔图基亚之地望[4]。尽管他作为文本考证家显得轻率莽撞，却抱持着非常谨慎保守的态度，遂不能赏识沃尔夫《荷马史诗绪论》的价值[5]，也不重视穆勒 K. O. Müller 对古希腊传说的调查。除了荷马的翻译，他最好的著作是在古代地理学领域[6]，一部由其学生武柯尔特 F. A. Ukert（1780—1851年）续成的著作[7]。他的神话学研究分成两个阶段，以其反对的对象标为：（1）海涅及其学派；（2）克罗伊策 Creuzer。前者的证据见于他的《神话学书札集》*Mythologische Briefe*（1794年）；后者的证据则在《反象征论》*Antisymbolik*（1824—1826年）中[8]。

　　《荷马风颂歌集》与《蛙鼠战纪》及其后世之仿作，在1796年得到了卡尔·伊尔根 Karl Ilgen（1763—1834年）的编订，他激励了私家门　　伊尔根
生赫尔曼，使之开始对古典著作发生兴趣（1784—1786年），当普福尔
塔中学 Schulpforta 的校长要职遭到赫尔曼的谢绝时，伊尔根被指派代替　　64
赫尔曼来出任此职，他在这里工作了很久，获得了至高的荣誉（1802—
1831年）[9]。

1　重刊于他的《地理学论述散叶集》*Kritische Blätter nebst geografischen Abhandlungen*，i 1–168。
2　同上，i 169–254。
3　《反象征论》，ii 145–155。
4　Boie 的《德意志博物馆》*Deutsches Museum*（1780），302 以下。
5　Volkmann，关于沃尔夫，71 以下；以及 Voss《书札集》，ii 213–254（Bursian，i 529 注释）。
6　《地理论述散叶集》，ii 127–451。
7　《希腊与罗马的地理学》*Geographie der Greichen und Römer*，1816–1846。
8　Bursian，i 559–562. 关于沃斯的综合研究，参看 W. Herbst 令人敬重的著作，1872–1876；以及 Bursian，i 548–562；583 以下。
9　Köchly 的《赫尔曼百年诞辰纪念》，4，18，114，128；Bursian，ii 666。

　　与《希腊文苑英华集》一样名垂千古的是克里斯蒂安·弗雷德里希·威廉·雅各布 Christian Friedrich Wilhelm Jacobs（1764—1847 年），他出生并成长于哥达，就学于耶拿及哥廷根，除了在慕尼黑居住了几年（1807—1810 年）外，余生皆生活于家乡，起初是当地中学的教师，后来出任图书馆馆长、钱币收藏室以及艺术博物馆的主任。他与《希腊文苑英华集》相关的著作有：（1）一部 13 卷编订本（1794—1814 年），其中收入布伦克《文选》的隽语诗文本被附以博学而高明的注疏[1]；（2）一部三卷文本（1813—1817 年），根据梵蒂冈图书馆的文书斯帕莱蒂 Spaletti 所制作的帕拉廷钞本誊件刊印；（3）一部用于学校的选集（1826 年）；（4）一部译本，收入 700 首以德文翻译的隽语诗（1803—1823 年）[2]。他刊印了第一部柴泽斯《荷马史诗前志》*Antehomerica*、《荷马史诗志》*Homerica* 以及《荷马史诗后志》*Posthomerica* 的完整编订本（1793 年）。他还编订了阿喀勒斯·塔修斯（1821 年），斐洛斯特拉图斯家族及卡利斯特刺式，附有韦尔克 Welcker 的注释（1825 年），以及阿里安的《动物志》（1832 年），还完成了对阿特纳奥斯（1809 年）与斯托拜乌斯著作的评注[3]。他对欧里庇得斯[4]和田园诗人的文本校勘有所贡献[5]，完成了德摩斯提尼《反腓力》诸讲及《议金冠》的一部令人崇敬的译本，并讨论了

1　卷 1–4（文本），5（索引），6–13（评注）。
2　雅各布的友人，I. G. Huschke（1761–1828），写过《〈希腊文苑英华集〉批评文汇》*Analecta Critica in Anthologiam Graecam* 以及《文学选萃》*Analecta Litteraria*，关于他，参看 Bursian, i 641 以下。
3　《斯托拜乌斯选读》*Lectiones Stobenses*，1827。
4　《欧里庇得斯悲剧作品评注》*Animadversiones In Evripidis Tragoedias*，1790。
5　《古代作家考辨》*Exercitationes Criticae in Scriptores Veteres*，1796。

贺拉斯的文本[1]以及瓦勒理乌斯·加图的《复仇女神》*Dirae*[2]。他还写了多篇关于希腊文学史与希腊文明史的论文[3]，并通过他的希腊文与拉丁文选读（1805—1809年）推动了基础教科书的改进。他展示出一种独特的推测式考证之才智，并有健全的判断力和对古典文学的广博知识，在个人脾性上，他是一位最有魅力的和蔼可亲的人士。他的学术兴趣点还包括女性的高等教育问题。他的肖像描绘他头顶一个吸烟护发帽，正在伏案忙于著述，左手靠在一卷打开的大书上[4]。

65

　　哥达的学者圈子中还有几位人物。F. 威廉·德林 Wilhelm Döring（1756—1837年），他在当地中学做了47年校长。他编订的拉丁文经典，包括卡图卢斯（1788—1792年）与贺拉斯（1803—1824年），还有他为施特罗特 Stroth 的李维（1780—1784年）所作的续编（1816—1824年），皆颇似海涅的风格，文本考证上含混不清，义理阐解上闪烁其词[5]。又有一位瓦伦丁·克里斯蒂安·弗里德里希·罗斯特 Valentin Christian Friedrich Rost（1790—1862年），最为著名的成就是他的希腊文语法书（1816、1867年第七版），还有德希及希德辞典（1818—1820年），还有对达姆的荷马与品达辞典的修订本，以及在帕索 Passow 之希腊文辞典中的贡献[6]。厄恩斯特·弗里德里希·韦斯特曼 Ernst Friedrich Wüstemann（1799—

德林

罗斯特

厄恩斯特·弗里德里希·韦斯特曼

1　《著述杂刊》*Vermischte Schriften*（共九卷，1823—1862），v 1–404。

2　同上，637 以下。

3　同上，iii 1 以下，375 以下，415 以下；iv 157–554；v 517 以下；viii 72 以下。

4　《履历》*Personalien* 的扉页，1840 年版。关于其生平及著作，见上文所引《著述杂刊》，vii；E. F. Wuestemann 的《弗里德里希·雅各布赞》*Friderici Jacobsii Laudatio*（1848 年）；及 Bursian，i 634–640。

5　雅各布，同上，vii 591 以下；Eckstein 在《德意志传记大全》；Bursian，i 640 以下。

6　Bursian，i 636 以下。

1856 年）也在哥达，他编订了提奥克里式，修订了海因多夫的贺拉斯《闲谈集》与蒙克 Monk 的《阿尔刻提斯》，另外还有关于古代花园的著作，并以高雅之趣味出版了一部编排精妙的拉丁经典佳句选集 [1]。

克罗伊策　　神话学与新柏拉图主义是格奥尔格·弗里德里希·克罗伊策 Georg Friedrich Creuzer（1771—1858 年）的主要研究兴趣，他在自己的家乡马尔堡以及耶拿就学，在前者大学担任了 4 年教授职务后，在海德堡度过了余生 54 年，其间曾在莱顿逗留过一个完整的学期。他最早的著作研究的是希罗多德与修昔底德，将之与琉善关于著史的正确手法联系起来；他还讨论了色诺芬的历史著作，以及希腊人著史技艺的起源与发展。此种对于历史的早期兴趣延续到海德堡，他在那里产生一个计划，要收集希腊史家的所有残篇——这个计划只得到了部分执行。他开始编订希罗多德，但将之留给了一位勤奋的学生克里斯蒂安·费利克斯·贝尔 Christian Felix Bähr（1798—1872 年）完成，后者出版了一部四卷本的博学著作 [2]。当克罗伊策还在马尔堡时，他曾得到后来在柏林成为著名法学家的同事萨维尼 Savigny（1779—1861 年）之激励去研究古代法律。克罗伊策维持下来的研究兴趣，体现在一部罗马古物概观上，他还有一部关于古罗马奴隶制的论著，以及西塞罗《论法律》《论共和国》与第二篇《反维勒斯》的编订本 [3]。他还编订了《论神性》《论预言》和《论命运》，这是他与学生格奥尔格·海因里希·莫泽 Georg Heinrich Moser（1780—1858 年）

66

---

1 《古罗马著作家佳句宝库》 *Promptuarium Sententiarum ex Veterum Scriptorum Romanorum Libris*（1856, 1864）; Bursian, i 640。

2 1830—1835；新版，1855—1857。贝尔还编订了一部分普鲁塔克的《名人传》，并著作了不少有用的参考资料书，——有一部罗马文学史（1828 及其后），还有增补卷，论及基督教诗人、历史家（1836）与神学家，还有查理大帝时代的拉丁文学（1840）。

3 第 ii 轮，《演说词》，2。在这些编订中他都得到了莫泽的协助。

合作的成果，后者单独编订了《图斯库兰论辩集》《斯多葛悖论》，以及六卷诺恩努斯的著作。

克罗伊策主要的兴趣终究还是神话学。在他的自传中曾坦言生来怀有神秘主义的情性[1]，通过参与1801—1808年由约瑟夫·戈勒斯 Joseph Görres 在海德堡举行的极富想象力的哲学与神话学讲座，这一情性得到了进一步发展。他尤其着迷于研究埃及与东方对希腊狄奥尼索斯传说的影响之线索[2]。这项研究在他四卷本的《象征论》*Symbolik* 中体现得淋漓尽致[3]。

他在书中旨在表现古代世界的宗教生活，不仅关注其外在部分，包括各种不同的仪轨，以及神话学的诸多诗歌版本，也留意于内在本质，从宗教思想的起源、观念的起源到异教信仰的覆灭。这部著作事实上是一部异教徒尤其是希腊与意大利世界之宗教的自然史[4]。其中为厄琉息斯秘仪留下了一大片空间。

克罗伊策关于希腊神话学的神秘论观点遭到了攻讦，罗贝克 Lobeck，是以俏皮话[5]和学识[6]表示的；赫尔曼，是以优雅的礼貌与友善的情绪表示

1　《德文著作集》*Deutsche Schriften*，v（i）12。

2　《研究集》*Studien*，ii 224-324（1806）；《狄奥尼索斯》*Dionysus*（1808）。

3　1810—1812；新版，1819—1821；第三版，1837—1843；Guigniaut 的十卷法文译本，1825—1841。

4　Bursian，i 570-572；参看 Otto Gruppe，《在与东方宗教关联中的希腊仪式与神话》*Die griechischen Culte und Mythen in ihren Beziehungen zu den orientalischen Religionen*，i（1887），34-43。

5　《耶拿文学报》，1810，137 以下。

6　《光耀集，或论希腊神秘神学之成因》*Aglaophamus, sive de theologiae mysticae Graecorum causis*，两卷本，1829。

的 [1]；而沃斯，则摆出来暴戾及争斗的态度 [2]。

那位坚持不松口的批评家之逝世，方便了克罗伊策将他夜间的时光用于不受打扰的新柏拉图主义和考古学之研究上。他已经出版了一部富于考证及阐解的普罗提诺编订本《普罗提诺论美文编》*Plotini Liber de Pulchritudine*（1814 年），这得益于威滕巴赫的贡献。在后者的建议下，克罗伊策收到克拉伦登出版社的请求，准备制作一部完整的编订本，这于1835 年以三卷四开本的形式出版 [3]。克罗伊策在古典考古学上的兴趣，体现于研究卡尔斯鲁厄 Carlsruhe 收藏的希腊陶瓶（1839 年），以及关于瓦罗论形象描述之书（1843 年）的论文中。他最后著作中有一部乃是对古典语文学史的概述（1854 年）[4]。

沃斯在他与克罗伊策的争论中有一位盟友，即威廉·阿道夫·贝克尔 Wilhelm Adolf Becker [5]（1796—1846 年），当时已完成了一部包含了亚里士多德某些次要著作的编订本 [6]，此后又在他的《高卢人》*Gallus* 与《喀理克勒斯》*Charicles* 中以通俗的形式表现罗马人与希腊人的生活，著作有关

---

1 《论荷马与赫西俄德书札集》*Briefe über Homer und Hesiodus*，1818；参看《短著集》，ii 167-216；又见其 1819 年的书信。

2 《耶拿文学报》，1821 年 5 月，以及《反象征论》，1824—1826。

3 莫泽对这部著作以及新版的《九章集》（Didot，1855）皆有贡献。

4 《德语著作集》，V vol. ii，《论古典语文学史》*Zur Geschichte der classischen Philologie*，共 238 页。自传见《德语著作集》，V vol. i（1848），附肖像，以及 iii（1858）；参看 L. Preller 在《哈雷德意志科学与艺术年刊》*Hallischen Jahrbücher für deutsche Wissenschaft und Kunst*，i（1838），n. 101-106，以及 B. Stark 在《考古学与艺术史领域的讲演与论文集》*Vorträge und Aufsätze aus dem Gebiete der Archäologie und Kunstgeschichte*（1880），390-408，480-507，以及在《艺术考古学手册》*Handbuch der Archäologie der Kunst*，262 以下；又见 Bursian，i 562-587。

5 《象征论的胜利》*Der Symbolik Triumph*，采尔布斯特 Zerbst，1825。

6 《论睡眠》等篇，1823。

罗马地形学的书，并（在 1843 年）开始出版一部非常著名的罗马古物手册，此书由马夸特 Marquardt 以及蒙森继续完成。

在沃尔夫同代人中出过不少高卓之士，他们并非职业的学者，却在不同程度上与当时的学术有着亲密的关联。沃尔夫有位忠诚的友人，威廉·冯·洪堡（1767—1835 年），那时是普鲁士的重要政治家，他的弟弟亚历山大是著名的博物学家及旅行家。19 岁时，威廉便著作了一篇关于苏格拉底与柏拉图论神性及论天意与不朽的文章[1]。1788 年在哥廷根追随海涅读书，他以诗体翻译了若干首品达颂歌（1792 年以后），并于同年与身在哈雷的沃尔夫缔结友谊，这使他将希腊经典作为整个人文教育中的本质因素进行研究。他与沃尔夫的通信，在该学者研究古典学问的路程中留下了一些有意义的影响[2]。洪堡曾在一年半的时间（1809—1810 年）里担任着普鲁士内政部教育机构的首脑，柏林大学就此成立（1810 年），总体的教育制度获得了发展方向，从此（仅有些微的例外情况）延续了整个世纪[3]。1816 年，他完成了一部极为精妙的《阿伽门农》译本。1799 年以后，他曾在巴黎定居了四年，其间游览了西班牙，这使他对于语言的一般历史发生了兴趣。他因此学习了巴斯克语，以及北美、马六甲及波利尼西亚的语言，还学习了梵文与汉语。这些研究成果不时出现在柏林科学院的《学报》上。他在这个领域中最伟大的著作，讨论的是爪哇的卡维语 Kawi，是身后于 1836—1839 年出版的，从此开启关于"语言之异质性，及其对人类智力发展之影响"研究的非凡序幕。最后的这

---

1 《著作集》*Gesammelte Schriften*，i（1903），1-44。
2 见于《短著集》，ii 884-886，888-890 中的注释。
3 Paulsen，ii² 200 以下，248 以下，280 以下。

部著作，得到了施泰因达尔 Steinthal 的考订，并由波特 Pott 编订并加以卫护（1876 年），一直被称作"语言哲学的教科书"。或许可以提及一点，在他本人的所有语言学研究之后，他得出的结论是，希腊语言与古希腊文化依然是人类智慧最精美的产物[1]。

歌德（1749—1832 年）还在莱比锡读书时，便对莱辛的《拉奥孔》及温克尔曼的著作留下了深刻印象；在斯特拉斯堡，他受到赫尔德的鼓励去研究荷马[2]。1772 年他翻译了品达的《奥林匹亚第五歌》[3]，在 1780 年完成了一部对阿里斯托芬《鸟》第一部分的自由效仿之作[4]。在他的"第一阶段"，他还写过《普罗米修斯》。旅居意大利期间（1786—1789 年），他欣悦地被古老的古典世界之记忆所包围；在那不勒斯港和西西里，他第一次意识到了《奥德赛》的风景之优美。在巴勒莫，他翻译了对阿尔喀提诺俄斯 Alcinoüs 之花园的描述，但不肯将相关译文算在自己的著述中，直到多年之后（约 1795 年）[5]。在沃斯的荷马译文影响下，他构思了一部《阿基琉斯》*Achilleis* 的创作；在威廉·冯·洪堡的建议下，他研究

1　致韦尔克信，Haym 编订本，102，134。关于 W. v. 洪堡，综合参看 12 卷《著作集》，1903—1904；Benfey，《德国语言学与东方语文学史》*Geschichte der Sprachwissenschaft und orientalische Philologie in Deutschland*，515 以下；他为 Pott 编订本《论人类语言结构的异质性》*Ueber die Verschiedenheit des menschlichen Sprachbaus* 所作导言，1876；《论古典古代未刊稿六篇》*Sechs ungedruckte Aufsätze über das klassische Altertum*，Leitzmann 编订，1896；Delbrück 的《语言研究导论》*Einleitung in das Sprachstudium*，c. ii p. 26 以下，1893 年版；Bursian，i 587—592；以及 Sayce 在《大英百科全书》。

2　赫尔德等人，《致约翰·海因里希·默克书札集》*Briefe an Johann Heinrich Merck*，43 以下，K. Wagner 编订。

3　《致沃尔夫书札集》*Biefe an F. A. Wolf*，M. Bernays 编订（柏林，1868），122 以下。

4　《著作集》，vii 279 以下（Cotta 的纪念版）。

5　由 Suphan 发表于《歌德年刊》，1901。

了沃尔夫《荷马史诗绪论》，并再次阅读《伊利亚特》[1]。"**集成之荷马**的理论"，（他记述道）"对于我目前的计划是非常有益的，这如同向一位近代诗人冠以封号，称他本人在**荷马传人**中也占得了一席之地"[2]。1796 年春天，他就这个理论向沃尔夫致谢[3]；12 月里，他又向这位学者"举杯祝福"，"他终于大胆将我们从荷马这个名号中解脱出来，邀请我们走上一条更为宽阔的道路"[4]；他还在寄给沃尔夫一套《威廉·迈斯特》时题赠过同样意思的话[5]。但在放弃了他计划的《阿基琉斯》之后，他回到从前的信仰，吟唱出幡然悔悟的诗歌，题为"荷马依然是荷马"*Homer wieder Homer*[6]。他那时已经翻译了德洛斯的阿波罗之颂歌[7]，此后试图借助赫尔曼出版的残篇集，来恢复欧里庇得斯《法厄同》的情节[8]。埃斯库罗斯的《欧墨尼得斯》在《浮士德》第二部分留下了影响[9]，在有些精彩段落中也可以找到《在陶里斯的伊菲革涅亚》的痕迹[10]。

70

歌德对于古人的科学文献之熟稔，明显体现在其《颜色论》*Farbenlehre*

1　G. Lotholz，《沃尔夫及洪堡同歌德、席勒的交谊》*Das Verhältnis Wolfs und W. v. Humboldts zu Goethe und Schiller*，1863。

2　Pattison，i 385．

3　《书信及其他》，26 以下。

4　《诉歌，赫尔曼与窦绿台》*Elegie, Hermann und Dorothea*，第 27 行以下。

5　1796 年 12 月 26 日（Körte，i 278）。

6　ii 181，329，约 1821；参看致席勒信，1798 年 5 月 16 日，no. 463，"我更信服此诗（指《伊利亚特》）具有统一性与独立性"云云【译按，原系德文】（Körte，i 280；Volkmann，75；参看《书信集》，82 以下；xxix 557 以下，Hempel 编订本；Pattison，i 385）；F. Thalmayr，《歌德与古典古代》*Goethe und das classische Alterthum*，128-137。

7　席勒的《时序女神》（1795），ix 30。

8　xxix 500-516，Hempel 编订本。

9　ii 3，8647-8696．

10　1052-1070；1129-1138；1341-1364（Breul 在《剑桥评论》，1906 年 12 月 6 日）。参看 Otto Jahn，《古物学会论著名篇集》，353-402；F. Thümen，《古今外衣下的伊菲革涅亚故事》*Die Iphigeniensage in antikem und modernem Gewande*，1895²。

的第一部分中。他晚年曾受到赫尔曼一个计划的鼓舞，要去调查希腊人的四联剧[1]；他探讨亚里士多德论诗学著作中 *katharsis*【宣泄/净化】的含义[2]；他评论《伊利亚特》的比喻[3]，并创作了一节经典的"瓦卜吉司之夜"，置于《浮士德》的第二部。

　　他在古代艺术上的兴趣，起初产生于1771年曼海姆的画廊中，在意大利旅行及定居罗马期间得到了加强。正是在罗马，他初次结识瑞士画家海因里希·迈耶 Heinrich Meyer（1760—1832年），对方正勤奋地研究温克尔曼的著作，对罗马所藏古代雕塑及现代绘画的杰作推崇有加。在歌德的建议下，迈耶被委任为魏玛艺术科学院的讲师，后来升至院长。迈耶是歌德与席勒发生交集的头一个关联人。在温克尔曼的启发下，歌德为席勒的《时序女神》提供了多篇关于古代艺术的论文[4]，涉及拉奥孔群像[5]，及其他古代艺术主题，在短命的《殿门》*Propyläen* 这一刊物中，还讨论了存于德尔斐议事厅 Lesche 中的波吕格诺托斯之绘画[6]。在"温克尔曼与他的世纪"中，尽管沃尔夫评论了这位未来的古代艺术史家的早期研究，歌德却还要亲自描述这个人物和这个著作家，并促成其著作刊行一套完整编订本。歌德的朋友迈耶，与波提格尔 Böttiger 合作完成了一部关于梵蒂冈被称作"阿尔多布朗狄尼婚礼"之名画的专著（1810年），他本人还完成了一部希腊艺术史，乃是他最晚及最成熟的著作（1824—

1　xxix 493 以下，Hempel。

2　xxix 490 以下，Hempel；"均衡" *Ausgleichung* "得以和谐的周全" *aussöhnende Abrundung*；参看致席勒书，1797 年 4 月 28 日，no. 304。

3　《艺术与古物》*Ueber Kunst und Alterthum*，iii（2）1 以下以及（3）1 以下。

4　i（2）29–50，1795.

5　《论艺术》*Aufsätze zur Kunst*，（1798）xxxiii 124 以下，Cotta 编订本。

6　同上，231 以下，862 以下，Hempel。

1826 年）。

歌德还受到多才多艺的建筑师阿洛伊斯·希尔特 Aloys Hirt（1759—1837 年）的影响，据此人的观点，最出色的希腊雕塑之真正宗旨，在于"独特性"与"个人性"，而不是（温克尔曼所说的）"美"。希尔特在他的《神话学、考古学与艺术图集》*Bilderbuch für Mythologie, Archäologie und Kunst*（1805—1816 年）中，在他关于古代建筑的重要著作中[1]，以及在他的古代艺术史（1833 年）中，都阐明了这些看法，然而最后这部著作的分量无法与 K. O. 穆勒 Müller 同期才出版的那部精彩的手册（1830 年）相提并论。1816 年，歌德创办了一份评论刊物，其中他发表了自己有关"米隆 Myron 之牛像"的论文[2]，而他还尝试以艺术再生产的方式重构斐拉斯特拉图斯家族所描述的那些图像原型[3]。

71

席勒（1759—1805 年）在拉丁文上打下了很好的基础，但在研究希腊的佳作上，他不得不依赖于翻译；甚至他本人以诗体翻译的《在奥利斯的伊菲革涅亚》及《腓尼基妇女》依据的是约书亚·巴恩斯 Joshua Barnes 的拉丁文译本。他的诗作在第一阶段以"赫克托耳的告别"开始；在第二阶段有"特洛伊""狄多"两篇，以及两个版本的"希腊的诸神"，读来令人印象深刻；第三阶段，还有"刻勒斯的哀悼""厄息琉

席勒

---

1 《符合古代法式之建筑》*Die Baukunst nach den Grundsätzen der Alten*（1809）；《古代建筑史》*Die Geschichte der Baukunst bei den Alten*（1821—1827）。

2 《论艺术》，xxxv 145，Cotta 编订本。

3 同上，69-139。论歌德与古典研究，参看 J. Classen，《语文学会议》*Philologen-Versammlung*，xx（法兰克福，13-26（1863）；Urlichs，《歌德与古代文化》*Goethe und die Antike*，在"歌德年刊"，ii（1882），3-26；Bursian，i 592-607；Carl Olbrich，《歌德谈话录与古代文化》*Goethe's Sprache und die Antike*（1891）；F. Thalmayr，《歌德与古典古代》，1891；以及 Otto Kern，《歌德、毕克林、蒙森》*Goethe, Böcklin, Mommsen*，29-52（1906）。关于歌德与古代艺术，参看 Stark 的《手册》，223-230。

斯的祭典""波吕克拉底的指环""茜罗与利安得尔""卡珊德拉"及其
"伊比库斯的鹤"。这最后一篇是在它得到波提格尔的检查与核证后才发
表的[1]。其中有复仇神歌谣的松散译文，这是席勒通过研究《欧墨尼得斯》
的威廉·冯·洪堡之精彩译本而成，这部剧作的影响也呈现于他的《墨
西拿的新娘》中[2]，这部作品的直接灵感出自《俄狄浦斯王》，前言是一篇
启发性的论文，以希腊悲剧中的合歌队为主题。他对希腊文学的兴趣，
更多展露于他关于悲剧艺术的论文中[3]。他有关古典世界以及古今精神之
别的看法，对于其同胞产生了很大影响。在文章《论天真的诗与感伤的
诗》中，他以尤其恰当的辞令比较了多位古代诗人的价值[4]。

奥古斯特·
威廉·冯·
施莱格尔

正是在席勒的影响下，奥古斯特·威廉·冯·施莱格尔 August
Wilhelm von Schlegel（1767—1845 年）对古典戏剧之特性研究得富有成
效，他参加过海涅在哥廷根的讲座，在 1796 年被委任为耶拿的教授，
在那里他结识了歌德与席勒，并开始准备那部出色的莎士比亚著作译
本，这在他调任柏林之教授（1801 年）后才续译完毕。1805 年，他陪

72

同未来的《柯丽娜》Corinne 一书之作者斯塔尔夫人 Madame de Staël 周游
意大利、法国、日耳曼与瑞典；1813 年，他成为未来的瑞典国君贝尔纳
多特 Bernadotte 的文书，并在巴黎钻研梵文，起初追随来自印度的亚历山

1　K. A. Böttiger，《波提格尔博士的生平简述》*Eine biographische Skizze von Dr. K. W. Böttiger*（1837），
　　136。

2　1986 以下。

3　iv 527 以下，1874 年版; p. 1019，1869 年版。

4　iv 653 以下; p. 1070。参看 L. Hirzel，《论席勒与古代文物的因缘》*Ueber Schiller's Beziehungen
　　zum Alterthume*（阿劳，1872；1906[2]），以及 Bursian, i 607–611；又见 E. Wilisch, 在《新古
　　典学年刊》，xiii（1904），39–51。

大·汉密尔顿 Alexander Hamilton（1762—1824 年）[1]，继而师从波普 Bopp，在 1818 年成为波恩大学的教授，在此职位上度过了余生 27 年。

施莱格尔梵文研究之成果，包括了他在波恩出版的《印度丛刊》*Indische Bibliothek*（1820—1826 年），并建立一家出版社刊印了《罗摩衍那》（1825 年）和《薄伽梵歌》（1829 年）。

施莱格尔在翻译希腊诗家作品方面具有独特的才华，他写作了一部戏剧，使用了与《伊翁》相同的主题（1803 年），他最著名的作品，是"论戏剧艺术与文学的讲演"，是在 1808 年于维也纳面对一群优秀的听众发表的[2]。这 30 次演讲，有近乎半数是讨论古代戏剧，有一篇比较了埃斯库罗斯、索福克勒斯及欧里庇得斯在处理厄勒克特拉题材时的表现，恐怕绝少有如此精熟于心的了。施莱格尔在此指责了欧里庇得斯的《厄勒克特拉》，他自己对《伊翁》的改进并不成功，但他与歌德一起荣登了最先赞赏《酒神的伴侣》之现代批评家的行列[3]。

A. W. 冯·施莱格尔以一种批评精神对希腊戏剧加以评论，而希腊的史诗体诗歌则引起他的弟弟弗里德里希（1772—1829 年）的注意。此人在哥廷根与莱比锡学习法律，后来居住于德累斯顿、耶拿、柏林、巴黎和维也纳，被指派为日耳曼结盟会议期间（1814—1818 年）奥地利的使节顾问。他后来返回维也纳，继续自己的文学著述，于 1829 年在

弗里德里希·施莱格尔

1　Helmina von Chezy，《未忘录》*Unvergessenes*，i 250，268（Benfey，《德国语言学与东方语文学史》，358，379–382）。

2　第二版（1817），K. W. F. Solger（1780–1819）对之有所评论，他曾完成了一部精彩的索福克勒斯译本（1808）。这篇评论重刊于 Solger 的著作集，ii 493–628，并被 Süvern 视为最具深意之作，盖以其内容涉及悲剧的主题，将反讽表现为戏剧艺术的真正核心，还讨论了命运的观念，以及合歌队的重要性（Bursian，i 614 以下）。

3　p. lxxxvi，Sandys 编订本。

德累斯顿去世。早年间，在 1797 年，他完成了自己对希腊与罗马历史与批评研究的第一卷【译按，原文"批评"一词即 critical，其相关词根之概念在本书此前大多数场合下都译作"考证""考据"一类意思，但在施莱格尔兄弟这里的 criticism，都属于文学批评的范围，故而译作"批评"，可参看韦勒克《近代文学批评史》第二卷】，包括了一篇内容丰富的希腊诗歌研究论文。他没有完成这部著作，便开始着手下一部希腊与罗马诗歌史的写作了[1]。在他后期著作中，最为著名的是一篇短论《论印度人的语言及智慧》（1808 年）[2]，是在亚历山大·汉密尔顿影响下的研究成果[3]。这对欧洲语言比较研究产生了重要的推动作用。兄长在维也纳演讲的典范，得到弗里德里希在 1812 年的巧妙效仿，他也开设了一门系列讲座，谈论的是古今文学之历史（1815 年）[4]。

绥弗恩　　希腊戏剧得到约翰·威廉·绥弗恩 Johann Wilhelm Süvern（1775—1829 年）的批评研究，此人在耶拿及哈雷生活过，后来为自己谋得柏林一份教职，他在托伦 Thorn 和埃尔宾 Elbing 的几所学校担任了七年的主管，又在柯尼斯堡的终身制教授席位上工作了两年，此后生涯则一直在柏林的教育部身处显赫的官位[5]。他还在哈雷的时候，曾受到 C. G. 许茨的鼓励，开始研究希腊悲剧诗人，尤其是埃斯库罗斯。他的第一部著作是《七雄攻忒拜》的德文译本（1799 年），此后是一部关于席勒《瓦伦斯坦》与希腊悲剧之关系的论著（1800 年）。他晚年论述过塔西佗史著中

1　卷一，part i，1798。
2　由 Millington 译出（1849），收入《美学与杂篇著作》*Aesthetic and Miscellaneous Works*（Bohn 本），425-465；Max Müller 的《讲演录》，i 182[5]；Benfey，357-369。
3　1802—1807。参看上文第 72 页。
4　译文见 Bohn 的"标准丛书"；讲录 i-iv，关于希腊与罗马文学。
5　Paulsen，ii 281[2]。

的悲剧因素[1]，还论述过希腊戏剧的历史学特色[2]。他还讨论了《在刻洛奴斯的俄狄浦斯》的创作年代及宗旨[3]，以及阿里斯托芬《云》《鸟》二剧的历史意义[4]。

同样的研究领域还体现在罗彻 H. T. Rötscher（1803—1871 年）的早期著作中，他写了一部《阿里斯托芬及其时代》（1827 年），为该诗人对于苏格拉底的看法加以卫护，并将那位哲人形容得如同当时整个希腊世界的敌仇一般。后来的福希哈摩尔 Forchhammer 持有相同的观点（1837 年），但是这两位著作家都受到策勒尔的评议和驳斥[5]。

74

罗彻

魏玛与耶拿的文学艺术圈子，还包括了卡尔·奥古斯特·波提格尔 Karl August Böttiger（1760—1835 年）。他在普福尔塔中学和莱比锡受学，在赫尔德的影响下，在魏玛担任了 13 年的中学校长（1790—1804 年）。在余生的 31 年间，他居住在德累斯顿，成为古物博物馆主管，并极为活跃地充任记者与公共演说家的工作。当他还是中学校长时，曾发表过数目可观的教育学与语文学课程计划[6]。他的考古学著作，主要问世于德累斯顿，可分成三组：（1）私家古物；（2）希腊剧场；（3）古代艺术与神话学。（1）中的最佳代表作是他的"萨宾娜，或一位罗马贵妇人更衣室的晨间风光"，当时立即被译成法文，也是贝克尔《高卢人》与《喀理

波提格尔

---

1 《论塔西佗的艺术特色》*Ueber den Kunstcharacter des Tacitus*，柏林科学院，1822—1823（1825），73 以下。
2 同上，1825（1828），75 以下
3 同上，1828（1831），1 以下。
4 1826—1827. 由 W. R. Hamilton 译出（1835—1836）。关于绥弗恩，参看 Passow（托伦，1860），以及 Bursian，i 617—623。
5 英译本《苏格拉底与苏格拉底学派》的 c. x.。——Bursian，i 623 以下。
6 《杂著集》，Sillig 编订本，1837；Sillig 编订《短著集》*Kleine Schriften* 中的书目，1837 以后，I xiii–cxviii。

克勒斯》效仿的典范。继而还有一个片段的续篇，题为"萨宾娜在那不勒斯湾"[1]。（2）其在剧场的兴趣源自他在魏玛担任戏剧评论家的时期；他对 A. W. 冯·施莱格尔之《伊翁》的恶评，在歌德的要求下被撤去了。主要是在魏玛中学执教期间，他写作了关于角色分配、面具与服饰以及古代舞台布局的论文[2]，还完成了一篇关于复仇女神们所佩面具的专题论著（1801 年）[3]。（3）他在古代艺术[4]与神话学方面的著作[5]，是通俗而肤浅的。或许可以指出的是，他在提希拜因翻绘威廉·汉密尔顿爵士希腊陶瓶第二辑的德文版（1797 年以后）中贡献了描述文字，这便将希腊瓶画的研究引入了日耳曼。他还发表了关于古代雕塑史（1806 年）和绘画史（1811 年）的讲座，编纂了三卷的考古学期刊，题为《阿玛尔忒娅》*Amalthea*【译按，宙斯保姆之名】（1820—1825 年），收录了当日最出色的古典时期考古学家之文稿[6]。

西利希　　波提格尔成为他弟子卡尔·尤利乌斯·西利希 Karl Julius Sillig（1801—1855 年）追摹的典范，后者编订过其师的多部著作。西利希出生于德累斯顿，在莱比锡与哥廷根就学，平生后 30 年一直在德累斯顿担任中学教师。他的《艺概类目》*Catalogus Artificum*（1827 年）乃是当时一部很有用的著作。他编订的卡图卢斯，就远不及他编订的老普林尼重

1　《短著集》，iii 243 以下。

2　《杂著集》，220–234，285–398。

3　《短著集》，i 189–276。

4　《短著集》，ii 3–341。

5　《短著集》，i 3–180，以及（他最后一部独立完成的著作）《艺术神话学思想录》*Ideen zur Kunst-Mythologie*（由波提格尔发明的一个术语）。

6　K. A. Böttiger，《波提格尔博士的生平简述》（1837）；Eichstaedt，《演说杂著集》*Opuscula Oratoria*，665–672；Stark，52，71；Bursian，i 628–634。

图 46　尼布尔

出自 Sichling 的版画，原肖像为 F. Schnorr von Garosfeld 所作

要 [1]。作为编订家，他过多投入于细节的累积上，显得判断及考辨之方式上有些不足 [2]。

　　海涅在哥廷根的学生中，有一位奥古斯特·马提埃 August Matthiae

奥古斯特·
马提埃

1　1831—1836，为五卷本；扩充版为六卷本，附两卷索引，由 Otto Schneider 完成。
2　Bursian, i 634.

（1769—1835 年），其父是大学图书馆的管理员，用拉丁化的马提埃一名代替了德文原名马蒂森 Matthiesen。在离开这所大学后，他在阿姆斯特丹当了 4 年的私家教师，生平后 33 年则在阿尔滕堡 Altenburg 担任人文中学的主管。他最重要的著作是他的扩充版希腊文语法[1]。他还出版过一套大部头欧里庇得斯编订本，共九卷，附有残篇集与集注（1813—1829 年）；还有一册第十卷，收入坎普曼 Kampmann 所作的集注之补遗，以及索引（1837 年）。最后，他还收集了阿尔凯乌斯的残篇，出版了关于荷马风颂歌的评注，以及关于希腊与罗马文学和拉丁散文写作的学术专著[2]。

77

希伦

哥廷根的历史研究，当以海涅之门生兼女婿及传记作者阿诺德·赫尔曼·路德维希·希伦 Arnold Hermann Ludwig Heeren（1760—1842 年）为代表。在完成了有关希腊悲剧中的合歌队之著作，及修辞学家米南达《论颂赞》的编订本后，他在国外旅居了接近两年时光，用以核录斯托拜乌斯《文选》，他出版这一成果跨越了一个相当长的时期（1792—1801 年）。与此同时，他已经着手于那些大多与他人合作的历史研究了。1793 年，他完成了那部有关古代世界原初各民族之政治与贸易的名著的第一卷[3]；1799 年，又完成了他的古代邦国史手册，附有对各种宪法、商贸和殖民地的调查记述[4]。他还就帕尔密拉与印度的商业贸易写作了许多专论。对于古代史书作者身份的考证，乃是海涅首先开辟的研究领域，现在成

1　1807；第三版，1835。

2　传记由其子 Konstantin（1845）完成，收入了对奥古斯特兄长 Friedrich Christian（1763–1822）的记述，此人编订过阿剌图斯等人的著作（1817）；Bursian, i 642 以下。

3　第四版全六卷；"历史研究著作集"的卷 10–15，1824—1826；英译本，1833。

4　第五版，1828；英译本，1829。

为他的弟子多篇论文的主题[1]。1797—1801 年间，希伦出版了一部文艺复兴以来的古典文学研究史，附有一部引论，谈的是中世纪古典作家之著作的历史【译按，这篇引论长达 300 多页，占据全书一半篇幅】。在 1822 年的第二版，这部著作被冠以中世纪古典文学史的名目，第一部分到 14 世纪末，第二部分包括了 15 世纪的人文主义者[2]。

还有一位历史家，遭逢了人寿相较不永的命数，即研究古代罗马史的巴托尔德·格奥尔格·尼布尔 Barthold Georg Niebuhr（1776—1831 年）。他的父亲是在阿拉伯和波斯地区非常著名的旅行家。他出生于哥本哈根，受学于梅尔多夫 Meldorf 及汉堡，继而在基尔与爱丁堡从事研究。他在哥本哈根从事了一段时间公务后，又去普鲁士供职，在 1810 年，被新成立的柏林大学委任为教授。他有关罗马史的讲座，获得了一批杰出的听众，从此将罗马史作为自己平生主要的志趣。1812 年，他完成了其史著的头两卷。1816—1823 年，他在罗马担任普鲁士大使，但对于罗马及意大利均感不满，著述上遂无甚进展。在生平最后几年中，他定居波恩，在那里发表了有关古代历史、人种学及地理学的讲座，还曾讲过法国大革命。1830 年 7 月的革命，使他对欧洲的未来充满了忧虑。这年冬天，他在一家报刊阅览室热情地饱览审判查理十世大臣们的细节，在回家的路上受了寒，至 1831 年初便逝世了。

翻译荷马史诗的沃斯，是尼布尔童年故家的常客，德文版的《奥

尼布尔

78

1　庞倍·特罗戈斯、普鲁塔克《名人传》、斯特拉波及托勒密皆被论及，见哥廷根皇家学会的《评论》，卷 i、iii、iv、v、xv 中。

2　被 Bursian（p. 5）称为 "肤浅粗率" 之作，然而此书就编排之畅达、视野之宽阔而言尚值得称道。有关希伦之生平，参看他的 "历史研究著作集"，I xi 以下；Karl Hoeck 的《纪念讲话》 Gedächtnissrede，收入《德意志讣闻近报》 "Neuer Nekrolog der Deutschen"，xx 217 以下；以及 Bursian，i 645-647。

德赛》给这位未来历史家之早年带来了欢乐[1]。14 岁时，尼布尔对研究瓦罗的一部钞本产生了兴趣，那是他父亲从哥本哈根图书馆借来的。这个少年发现对于自己而言，许多段落的费解之处其实是缘于 *lacunae*【阙文】，这在有些刊行本中并未指示分明[2]。在游览苏格兰期间，他对自然之美产生了一种新鲜的鉴赏，后来曾承认自己"早年旅居英伦"的经历让其得到了"治罗马史之要领"："想要理解这等存有古风的国家，有必要通过个人之观察来了解公民生活；若未曾见过英国，我永远不可能理解罗马史中的若干事物"[3]。在柏林，他的朋友包括了斯波尔丁、萨维尼、布特曼以及海因多夫。他与沃尔夫并不熟稔[4]。在他的《罗马史》中，他提及"那些作为来源的诗歌"，（在他看来）"罗马古代诸王的历史据此而被转写为散文故事"[5]，乃是"全然不知**体现着希腊诗歌之最美处的谐调统一特色**"[6]，显然是将沃尔夫《荷马史诗绪论》中的成果置若罔闻。不过，激发沃尔夫灵感的批评精神已经流传开来，这种影响也对尼布尔产生了作用。他有关罗马早期传说以诗谣方式世代传播的理论并无新意。荷兰学者佩里佐纽斯早就如此预断[7]，但是尼布尔直到后来才注意到这个事实[8]。同样还有一位法国学者，路易·德·伯福 Louis de Beaufort，在荷兰期间（1738—1750 年）出版过一部著作，专论罗

79

---

1 Herbst，《沃斯传》，i 227。

2 《沃斯传》，ii 136。

3 《大英百科全书》。

4 Eyssenhardt，47–53.

5 《罗马史》初版前言之末尾。

6 i 258 以下，英译本，1837 年版。

7 《历史反思录》*Animadversiones Historicae*（1685），c. 6；上文第二卷，第 331 页。

8 i 254，英译本，及前言，vii。他的发现使他准备以佩里佐纽斯为题写一篇礼赞，结果即 Gustav Kramer 的《语录》（1828）。

马史前五个世纪的未明之处，不过其结论无甚可取之处。尼布尔的著作标志着这个论题之研究的新时代。他主要的结论，"诸如关于罗马古代人口、*plebs*【平民】的起源、贵族与平民之关系、*ager publicus*【公有土地】之实际本质等问题的见解，以及其他许多有意义的论点，皆为继起之后学所认可"[1]。他是以批评及科学的精神研究罗马史的第一人[2]。他的《罗马史》脱胎于在柏林的讲座。同样的主题，在波恩发表的某次系列讲座中表现得最为精彩，这在他身后才得以出版[3]。

尼布尔作为学者的著作，绝非局限于历史之一域。他的"历史与语文学次要著作集"（1828—1843 年）收入了许多与古典文学史及古典文本考据有关的内容。1816 年，得到布特曼及海因多夫的帮助，他在柏林刊印了一部弗隆托存世著作的改进编订本（此前一年，安哲罗·马伊 Angelo Mai 在米兰首度刊印了根据柏比约钞本的整理本）。1816 年夏末，他去往罗马，途中在维罗纳的牧师会图书室一部小册子中发现了罗马法学家盖乌斯的"法学概要"；他立即告知萨维尼，因此才有柏林科学院刊布的一个编订本[4]。在罗马，他发现了梵蒂冈一部钞本中存有西塞

80

1　Schmitz，见引于《大英百科全书》。

2　《罗马史》*Römische Geschichte*，vol. i, 1811（第二版，1827，第三版，1828）；vol. ii, 1812（第二版，1830）；vol. iii, Classen 版，1832。完整版一卷本，1853；新版，1873—1874。英译本，1828—1842，由 Thirlwall 与 Julius Hare 完成；最近一版，1847—1851。

3　论人种学之讲录，1851；论古代史，1847—1851；论罗马史，自最早时期至西方帝国覆灭，1846—1848（英译本，1853）；论罗马古物，1858（＝《波恩大学所发表的历史与语文学讲录》*Historische und philologische Vorträge an der Universität zu Bonn gehalten*，Isler 与 M. Niebuhr 编订，柏林，1846—1858）。

4　Göschen 与 Bethmann-Hollweg 编订本，1821；第二版，1824；参看 K. G. Jacob 的《论尼布尔的语文学影响及补记》*Abhandlung über Niebuhrs philologische Wirksamkeit und einigen Excursen*，61 以下。

罗《为封提乌斯辩》与《为剌比理乌斯辩》演说词的残篇[1]。在他编订弗隆托的过程中，曾批评过马伊对西塞罗《为斯高儒斯辩》之残篇的整理，而他自己的编排已得到佩隆在米兰所见一部钞本之肯定[2]。马伊当时被委任为梵蒂冈图书馆馆长，有些嫉妒尼布尔作为文献编订家的敏锐，于是尼布尔便不打算作为普鲁士的代表去要求梵蒂冈给予照顾，宁可以一个普通学者的身份进行查访。尽管如此，他慷慨地向马伊编订的梵蒂冈重写本西塞罗《论共和国》贡献了许多博学之注释，还有一篇历史的和一篇文词的索引（1822 年）。尼布尔最先采用了拉哥马西尼保存于罗马学院的大量异文释读资料；他还鉴定了被那位学者核录的那些钞本[3]。

1822 年，他向一位青年友人寄去一封重要的信函，其中他提出作为学者生涯的一个高尚理想。特别推荐阅读的作家，是荷马、埃斯库罗斯、索福克勒斯及品达，还有希罗多德、修昔底德、德摩斯提尼和普鲁塔克，以及西塞罗、李维、恺撒、萨鲁斯特和塔西佗[4]。所有这些人物都应带着敬畏之心去阅读，不要指望将他们作为美学批评的主题，而是要去理解其精神。能健全灵魂，（他声称）这才是真正的"语文学"，而学识上的考察（由此来领会这些作家）属于一个较低的层次[5]。

81　　　尼布尔还写过一部历史纲要，还有若干篇地形学论文，皆为《罗马

1　1820 年版，附有一则见于李维，xvi 之残篇，及见于塞内加著作中的数则残篇。

2　K. G. Jacob，82 以下。

3　K. G. Jacob，89.

4　贺拉斯的《闲谈集》得到了推荐（不及其《颂歌集》重要），玉万纳尔则仅有少数篇幅可观。其他诗人便都未提及。维吉尔与贺拉斯俱曾遭其贬损，见《罗马史讲录》Lectures on Roman History，no. 107，iii 135–142，英译本。

5　《致一位青年语文学家》Brief an einen jungen Philologen，刊印于《生平资料集》Lebensnachrichten，ii 200 以下；以及 K. G. Jacob，p. 142；有 Julius Hare 之译文，《论青年之研究》On a Young Man's Studies，收入《教育杂志》Educational Magazine，1840。

城市描述》而作，此书的负责人是自 1800 年即居罗马的艺术家厄恩斯特·普拉特纳 Ernst Platner，以及 1818 年来到罗马担任尼布尔随使文书的本森 Bunsen。在那不勒斯，尼布尔核录了一部《论演说家对话录》的钞本，还有一部嘉理修斯著作的钞本（此前存于柏比约），后来又将这些核录资料交给了贝刻耳和林德曼 Lindemann。在他 1823 年回日耳曼的途中，他注意到圣高尔图书馆中有一部重写本，其中有为数可观的诗歌残篇，还有一篇赞颂演说词，他认定是西班牙诗人兼修辞学家墨罗鲍德斯 Merobaudes 的著作。他立即在圣高尔完成了一部编订本，等他到达波恩后又完成了一个改进的编订本。

在波恩他制定了一个计划，打算出版一系列有关拜占庭史家著作的考辨性文本，附有拉丁文的导言、译文和注释。他对《拜占庭史书集成》的主要贡献，是一部阿珈提雅斯的编订本（1829 年）。在他身后，这套丛书在柏林科学院赞助下得以延续下来，至 1855 年底，已经出版了48 册。尼布尔必然也被纪念为《莱茵博物馆》的创办人（在 1827 年），在这个刊物中他的助手是柏兰蒂斯和柏克。

他早先与丹麦的渊源并未妨碍他对普鲁士的效忠，但是无论在英国还是意大利他都未能将自己融入环境之中。据说他脾性中有某种神经敏感的问题，无论公私场合都难以感到惬意，但他无疑受到了最为高尚之情操的感召，具有热情的心肠和宽和庄重的态度。在他那部最伟大的著作《罗马史》中，其主要的兴趣在于"新鲜感，乐于真实或是假想的发现，给人的印象是此书实际关系到大量新见及未被人知的真相"[1]。他或许可以得到这样的判语："没有什么古代史家的发现能够像

---

1 Garnett 在《大英百科全书》。

我的著作那样教给世界这么丰富的内容。"但是他的预估，以为新发现将"只能倾向于印证或是发展"他的原理，却并未完全得以实现。他有关自民间谣曲推演古代罗马史的理论，遭到了乔治·康沃尔·刘易斯 George Cornewall Lewis 在《早期罗马史考信录》*An Inquiry into the Credibility of Early Roman History* 一书中的驳斥，考古学的发现则修正了他对于早期传统整体所持有的怀疑主义态度[1]。不过，"他这部巨著的主要框架尚且是颠扑不破的"[2]。

斯波尔丁

尼布尔在柏林的友人中有一位格奥尔格·路德维希·斯波尔丁 Georg Ludwig Spalding（1762—1811 年），他是出生于波美拉尼亚的学者，受学于柏林，继而在哥廷根与哈雷深造，1787 年成为柏林一所人文高中的教授。除了写作关于麦加拉派哲人的论著，编订德摩斯提尼斥梅第亚斯的演说词，他还在 1798 年以后完成了精彩的昆体良《演说术原理》编订

---

1 尼布尔本人"反复重申其坚信万变不离其宗，学识发展的各种异同皆处于笼罩一切之先验天意的操控之中：他还不止一次谈及近来的发现，有这么多古迹遗址得以重见天日，乃是天命的安排，来加深我们对于上帝之事业及其造物的认知"。Julius Hare，在《真谛臆说》*Guesses at Truth*，61 以下，1866 年版。

2 Schmitz 博士，为 Mommsen《罗马史》英译本初版所作前言，见引于 R. Garnett 在第九版《大英百科全书》。有关其生平的主要文献，是《尼布尔生平资料辑录》*Lebensnachrichten über Barthold Georg Niebuhr*，收入了大量书信，由其友人 Frau Hensler 所作简略传叙连缀起来（三卷本，1838 年以后）。这些书信在 Winkworth 小姐编订本（1852[2]）中遭到了删减，而传记部分得以扩充（附有《短著集》中摘录的片段）。参看 Julius Hare 的《为尼布尔罗马史辩护》*A Vindication of Niebuhr's History of Rome*，1829；Francis Lieber 的《忆旧录》*Reminiscences of an intercourse with George Berthold Niebuhr*（1835）；K. G. Jacob 重刊本《致一位青年语文学家》（1839）引言；Classen 的《约翰人文中学纪念论文集》*Gedächtnisschrift der Gelehrtenschule des Johanneums*（1876）；Eyssenhardt 的《尼布尔传稿》*Barthold Georg Niebuhr: ein biographischer Versuch*（1886）；Bursian, i 647—654；以及 R. Garnett 在《大英百科全书》；又见 A. Harnack，《柏林皇家普鲁士科学院史》，i 624 以下，670 以下，ii 379—409。

82（左栏边码）

本之头三卷[1]。他游访罗马为其昆体良寻觅资料，这使他给威廉·冯·洪堡造成了游手好闲、迂腐冬烘的糟糕印象[2]。

柏拉图的普及，是施莱尔马赫 Schleiermacher（1768—1834 年）之事 施莱尔马赫
业的一个重要部分。他的译本（1804—1810 年）收入了除却《法律篇》
《伊庇诺米篇》《蒂迈欧篇》及《克里底亚篇》的全部对话录。在他出任
教授及 1804 年在哈雷担任大学牧师期间，他已经与沃尔夫结识，并受 83
到那位学者在柏拉图研究上的激励。当哈雷归属威斯特伐利亚的新拿破
仑王国之附庸后，他们两人都逃往柏林，其友谊在那里一时未得减损。
施莱尔马赫的翻译乃是以优美典雅的风格用德文传述希腊散文之巨匠的
首度成功尝试。他的引言体现出对柏拉图各篇著作互相关联的完整考
察。对话录在此被分成三组：（1）初步或基本的对话录；（2）以曲折间
接的方式讨论问题的对话录；（3）论述或建设性的对话录。——这样划
分对于年序排列的考虑不够充分[3]。施莱尔马赫还在对某些柏拉图之前驱
人物的研究中开辟了新局面。其中最为重要的是他关于赫拉克利特的论
著[4]，以及有关苏格拉底的论文[5]。

朱利叶斯·黑尔 Julius Hare 称他"具有最为敏锐之才智"，且"自柏

1　卷 iv 由 Buttmann 刊印；对于文本考证的新资料，是在卷 v 由 K. G. Zumpt 提供的（1829）。
　　卷 vi 收入了 Bonnel 所作令人钦佩的《昆体良辞典》*Lexicon Quintilianeum*（1834）。
2　Varnhagen，《追思录与杂著集》*Denkwürdigkeiten und vermischte Schriften*，ii 242[8]，见于 Eyssen-
　　hardt 的《尼布尔传稿》，48。
3　Zeller 的《柏拉图与旧学园》，英译本，100；Grote 的《柏拉图》，i 172。
4　《著作全集》*Sämtliche Werke*，III ii 1 以下。
5　同上，ii 147 以下。综合参看施莱尔马赫的《信札所见生平事迹录》*Leben in Briefen*，1858-
　　1863；Zeller 的《讲演录与论文集》*Vorträge und Abhandlungen*，1865；传记有 Dilthey（1867）
　　及 Schenkl（1868）所作；Bursian，i 663 以下。

拉图以来最擅长反讽之大师"。"其性格的根基，也是他整个人的重要特点……还是欣然热爱倾吐其无尽丰富的思想，以熏染教诲走近其身边的人士，并携着不知疲倦的激情努力与他们分享自己所拥有的一切。因此他的心灵经由其生命奔涌不休的活力而保持新鲜，以至于其心智中的诡诈无法对之予以侵蚀；而当他谢世之时，如一位友人所言，他依旧是'一名六十五岁的少年郎'。"【译按，原引文为德文】[1]

海因多夫　　柏林的学术圈中还有一位路德维希·弗里德里希·海因多夫 Ludwig Friedrich Heindorf（1774—1816 年）。他生于柏林，是沃尔夫在哈雷的一名求知若渴的热情门徒。在家乡城市短期执教后，被委任为布雷斯劳的教授（1811—1816 年），在他接受了一份哈雷的任职聘书后不久便匆匆辞世。海因多夫被他导师沃尔夫不光彩地逐出门墙，以编订柏拉图的 12 篇对话录而闻名（1802—1810 年），这部著作（如上文所述）导致了他们师徒间的反目[2]。他还编订了西塞罗的《论神性》，以及贺拉斯的《闲谈集》，两者俱出版于 1815 年，其中的阐解性注释尤其有用[3]。

84

布特曼　　柏林乃是杰出的语法学家菲利普·卡尔·布特曼 Philipp Karl Buttmann（1764—1829 年）所活跃的舞台。此人出身于法国新教徒的难民家庭，其本名当作布德蒙 Boudemont。他生于法兰克福，受学于当地中学，在哥廷根师从海涅，又在斯特拉斯堡与施维格豪瑟尔共处 8 个月，后来在柏林的人文高中执教 8 年（1800—1808 年）。1806 年，他被选为科学院成员，1811 年成为皇家图书馆的监管人。他身处那所新

1　《真谛臆说》，254，1866 年版。
2　上文第 59 页。
3　Bursian, i 544, 654.

立大学的体制之外，但参与了"语文学研讨班"的监管工作。他最出色的著作是希腊文语法，1792 年初版时乃是一部简短的纲目，此后在诸多修订版中得以不断扩充、重新整理及改进。在扩充版中，此书成为著名的"中等程度语法"[1]，以别于 1812 年的新版中学语法书和 1819—1827 年的"语法大全"，后者的增补部分由罗贝克完成。这部"中等语法"的成功，取决于其非凡的明晰特点。从对语法学事实之观测推演出的规律，在此书中以浅显易懂的方式胪列开来，但从未试图去追踪这些规律所依赖的语言学法则。此语法书的引言，引发了日耳曼各学校希腊学术的重要发展[2]。

在他的《辞解》*Lexilogus* 中[3]，显示出他作为荷马史诗用词之含义的严谨研究者，对于语言的历史发展具有敏锐的感觉，但看来他对于比较语文学的基本法则懵然无知[4]。然而要是我们想起即便是赫尔曼与罗贝克也曾以怀疑的态度看待新起之学科，就几乎不会感到讶异，布特曼忽视了波普关于动词变位的论著（1816 年）及雅各布·格林的日耳曼语法学（1819 年以后）。他编订的希腊文经典著作，并未宣称要刻意成为独立之著作。他编订的四部柏拉图对话录，皆以比斯特 Biester 的著作为蓝本；编订《美狄亚》则参考了斯波尔丁；《菲罗克忒忒斯》参考了葛迪克，而《奥德赛》的集注援用的是马伊的成果。他还编订过阿剌图斯。他对拉丁文学的研究，以数篇关于贺拉斯的论文为代表，其中有一篇领先于后

---

1 英译本，1840；第三版，1848。
2 Bursian，i 655 以下；Eckstein，《拉丁文与希腊文课程》*Lateinischer und griechischer Unterricht*，394 以下；Wilamowitz 在《普鲁士高等教育改革》*Die Reform des hoeheren Schulwesens in Preussen*，Lexis 主编，1902 年版，164。
3 1818—1825；第四版，1865；又见英译本。
4 G. Curtius，《希腊文词源学原理》*Principles of Greek Etymology*，i 17，英译本。

来许多不太审慎的尝试，打算在此诗人之篇章中发现窜入的文字 [1]。但是他主要的功夫都用在希腊文语法及荷马辞书学上了。他对荷马的热忱，甚至于表现为将自己的孩子起了荷马史诗人物们的名字，分别是海伦、赫克托耳、阿基琉斯与亚历山大 [2]。

贝刻耳

希腊经典的文本考证学，乃是伊曼纽尔·贝刻耳 Immanuel Bekker（1785—1871 年）的擅场，他出生与去世皆在柏林。在斯波尔丁处受学，继而在哈雷师从沃尔夫，后者将这位学生培养成为他"语文学研讨班"的督察员。他早年即在对海涅之《伊利亚特》与沃尔夫之《荷马研究绪论》的评议中展示出对于荷马诗章的熟稔 [3]。在柏林大学成立之际，他被指派为特职教授，次年恢复为常职教授，——他占据这个职位长达 61 年，而并未以学院教师的身份成就任何显赫的名声。他宣布要开设的少数课程，打算讲授修昔底德的演说词，或是伊索克拉底及埃斯奇纳斯的作品选，要么根本就没有发表，要么就是仅有极少数的听众，他在那些人面前撒播了一些自己金屑般的学问，每每带有某种不情愿舍弃自己宝藏的态度。从另一方面看，他以自己在钞本异文核录及准备重要作家的善本上展现出的勤奋与才智，为所有后代学人树立了一个辉煌的典范。他经手的钞本数量，要么是整体核录或是部分核录，超过了 400 种以上。在 1810—1812 年间，他被柏林科学院派遣至巴黎图书馆工作。他在法国的最初劳动成果，体现在阿波罗尼乌斯·狄斯古卢斯《论代词》的首刊版（1811 年）中。1815 年，他（为了在将来《拜占

86

1　《贺拉斯与非贺拉斯》*Horaz und Nicht-Horaz*，其《神话学论集》*Mythologus*（1828—1829）之附录。

2　D. Boileau 在英译本《希腊语法学》，p. xiii。综合参看 Bursian, i 655–658。

3　《荷马拾零录》*Homerische Blätter*，29 以下。

庭史书集成》中的讨论）誊录出福尔曼牧师在 1728—1730 年间收集的希腊碑铭[1]。在 1817—1819 年，他在意大利的数家图书馆中核录了亚里士多德的钞本。此后他重返巴黎。1820 年中有些时候是在牛津度过的，此后又多次访问英国，1839 年又回到意大利。除了抒情诗人和悲剧诗人，几乎所有级别的希腊作家之文本都经由他的努力而得到明显改善。他完成了荷马的两部编订本：第一部问世于 1843 年的柏林，以沃尔夫的学理为根基，并旨在（尽一切可能）恢复阿里斯塔库斯的校订本；第二部，1858 年出版于波恩，试图要实现亚历山大里亚考据家们所订正之文本以前的面貌。这部编订本所依据的学理，主要是在一组论文中提出的，这些论文呈交给柏林科学院，后来以论文集形式出版[2]。他还完成了《伊利亚特》集注的一部编订本（1825—1827 年），这部著作未能在全部细节上做到详尽或完善，其优胜处在于以正确的顺序和可信的形式呈现出威尼斯藏本之集注的面目[3]。就后世史诗诗人而言，他编订了阿剌图斯、柯卢图斯和柴泽斯，以及德米特理乌斯·摩斯库斯的"海伦与亚历山大"。还有两卷本的阿里斯托芬之文本，1828 年刊布于伦敦，附有古代的集注，他为此重新核录了威尼斯的钞本，以及拉文纳的钞本，后者的重要性被忽视了 250 年，由罗马律师因韦尔尼奇 Invernizi 使之重见天日（1794 年）。在对钞本精心核录的基础上，贝刻耳还编订了附有集注的修昔底德著作，以及波桑尼阿斯和希洛狄安。他还准备了希罗多德、波里比乌斯、狄奥·卡西乌斯、狄奥多鲁斯、阿庇安、约瑟夫、普

1 　参看 R. C. Christie 的《文选》，86 ；下文第 99 页。
2 　《荷马拾零录》，1863—1872。
3 　参看 La Roche，《伊利亚特之著名威尼斯钞本的文本、特色以及会注》 *Text, Zeichen und Scholien des berühmten Codex Venetus zur Ilias*（1862），17 以下。

鲁塔克《名人传》与阿波罗多儒斯《群书集成》，以及赫列都儒斯与琉善的新编订本。他的著述中较少原创性的，是他为拜占庭史家所编《集成》贡献的 25 卷。而在他编订的柏拉图全集（附有集注及完整的考证性注疏）[1]和亚里士多德全集中[2]，显示出重要的进步。他还着手完成了塞克斯都·恩披理克的一部新校订本。他编订的全部阿提卡演说家总集初刊于牛津（1822 年），次年又刊于柏林。他的三卷本《希腊遗书》为希腊语法学与修辞学历史贡献了新资料，他编订的阿波罗尼乌斯《论句法》、佛提乌斯《群书集缀》、哈波克剌提翁、墨埃里斯和苏伊达斯的辞书，还有阿波罗尼乌斯的荷马辞典以及波鲁克斯《专名汇释》，提供了语法学著作的新文本。他在希腊辞书学上也有所贡献，完成了尼茨 Niz 希腊文小辞典的一部新编订本，其中词语依据其词源排序。他编订的拉丁文本（除却在拜占庭诸家中的一些条目外）只有李维著作，附有拉席希 Raschig 的短注，还有塔西佗的著作，附有早期学者的注疏。他作为编订家所具有的非凡活力，似乎使他无暇分神于其他任何事务；他受到学者们的最高崇敬，但他在日常谈话中毫无光彩之处。有人说，这位编订了 60 多卷希腊文本、核录了 400 多种钞本的学者，能够以七种语言保持沉默[3]。

1　八卷本，1816—1823。

2　四卷本，1831—1836。

3　E. J. Bekker，《纪念吾父》*Zur Erinnerung an meinen Vater*，见《普鲁士年鉴》*Preussische Jahrbücher*（1872），xxix 553 以下，641 以下；H. Sauppe，哥廷根，1872；Haupt，《杂著集》，iii 228 以下；Halm，在《德意志传记大全》；以及 Bursian，i 658—663；又见 M. Hertz，在《德意志评论》*Deutsche Rundschau*，1885 年 11 月（论及柏克与贝刻耳）；Leutsch，在《语文学通讯》*Philologische Anzeiger*，xvi 224 以下；Harnack，《柏林皇家普鲁士科学院史》，i 857 以下；以及 Gildersleeve，在《美国语文学杂志》，xxviii（1907），113。

图 47 戈特弗里德·赫尔曼

出自 Weger 的版画，原为 C. Vogel 所作肖像（1841）；Köchly 的《赫尔曼百年诞辰纪念》（1874）
之扉页

第二十九章

赫尔曼与柏克

在沃尔夫身后的世代，有两位伟大学者，即戈特弗里德·赫尔曼 Gottfried Hermann 与奥古斯特·柏克 August Boeckh，被标榜为两个对立的古典学术流派之首领。前一派是语法与考据学派，怀着语法学及格律与文体之问题，将古典著作的文本作为研究的主要对象。后一派（已有尼布尔为代表）乃是历史与古物学派，考察的是古代古典世界之精神的一切现象。前一学派的前驱，主要见于英国与荷兰的学人之中；开后一派之风气者，则主要是法国学人。前者关心的是文词，后者则重事物；前者研究语言与文学，后者研究制度以及艺术与考古学。追随前派之人被对手们嘲笑为以狭隘之用心注释古典文本；后派的附和者们则受到浅薄 *dilettanti* 之讥。无论如何，如今普遍统一的看法是，尽管理论上说，柏克构建的古典学术之广阔领域所具有的综合概念毫无疑问是正确的，但是从实践中看，对于语言的娴熟知识乃是这上层结构不可缺少的根基。那种语言知识，事实上是（改换其隐喻）一把万能钥匙，能够开启古代古典世界之精神生活的所有领域[1]。

赫尔曼（1772—1848 年）出生于莱比锡，他父亲是当地治安法庭的高级人员；母亲是一位非常活泼有趣的人，为法国后裔，至 90 岁高龄依然记忆力惊人。少年赫尔曼体型羸弱，神采飘逸，并具有放纵不羁的脾气，他在 12 岁时，有幸受到后来成为普福尔塔学校校长的伊尔根的严格规训及富有启发意义的教育[2]。他在 14 岁之初即被莱比锡录取，曾听过 F. W. 赖茨的讲座，此公提出格律研究的重要性，并向赫尔曼提出以本特利为榜样。赖茨始终受到赫尔曼的尊敬，后者从其身上学习到三件特别之事:（1）永远不要同时研究一个以上的作家或论题;（2）永远不要轻言信赖;（3）一直要能够为坚持自己认可的观点列出合适的理由[3]。他参加了耶拿大学一个专门的研讨班，为的是可以听到莱因霍尔德关于康德的讲座（1793—1794 年），这对于后来他本人有关格律与语法之学说所具有的逻辑精确性不无影响[4]。在莱比锡迅速地通过了那些预备步骤后，他在 1803 年成为演说术教授，至 1809 年出任诗歌教授。他对拉丁散文的掌握，显现于他为大学而写作的全部演说词和书函中，还有一长队的热情学生是从他富于辞令的唇齿间首度了解到古代希腊诗人的真意。作为教师，他具有独特的魅力及迷人的个性，还有淳朴自然的性情及对真理坚定不懈的热爱。他的讲座，通常以拉丁语发表，具有简明的风格、自

90

1　Bursian，ii 665 以下。

2　Otto Jahn，《传记文编》，92 以下；上文第 63 页。

3　《杂著集》，viii 453 以下；Jahn，96 以下；Köchly 的《赫尔曼百年诞辰纪念》*Gottfried Hermann: Zu seinem hundertjährigen Geburtstage*，5 以下，115 以下。

4　Jahn，99. 参看下文第 91 页注释 8。

然的修辞效果，但是这些言辞是随着对古代古典世界的高度热情而产生的。他作为教师的才能尤其突出体现于对希腊悲剧诗人及品达与荷马的讲授中，而他还讲过赫西俄德与提奥克里忒，讲过修昔底德，讲过亚里士多德的诗学论著，还有普劳图斯和泰伦斯。他的其他课程中，最重要的是有关格律与语法、考证与解经学的讲授，不过他偶尔也讲授希腊文学，也涉及希腊的庆典，还有希腊剧场的古迹[1]。但他的主要兴趣在于古代语言研究[2]，并总是坚持对古人著述第一手资料的熟稔为无上重要之务[3]。在早期的一部著作中，他极力主张希腊语法学研究应该采用逻辑严密并富有理性的方法（1801 年）[4]，次年他在自己为维吉耶关于希腊文成语之著作德文版的增补中讨论了许多句法学的问题[5]。他后来关于句法学的讨论，最为著名的是关于"省语与赘词"的论文[6]，论 αὐτός 【自己】的专著[7]，及其"论虚词 ἄν【可能会】之四卷书"[8]。他与当日的比较语文学家处于对立的局面[9]。

　　在他关于古代格律的著作中，除了本特利与珀尔森外，再无其他重

1　参看 Thiersch，《论研究型学校》*Ueber gelehrte Schulen*，ii 115（Bursian，ii 669 注释）。

2　Jahn，104，108 以下。

3　《杂著集》，vii 98 以下。

4　《论希腊语法诸家的校勘方法》*De emendanda ratione Graecae Grammaticae*，pars prima【第一部分】

5　《希腊成语择要》*De praecipuis Graecae dictionis idiotismis*（1627），1802 年及其后诸版，最终有 1834 年版。参看 Jahn，106 以下。

6　《杂著集》，i 148–244。

7　同上，i 308–342。

8　同上，iv 1–204。参看 Koechly，30 以下。对于赫尔曼等人就句法学所采取的形而上处理方式的抗议，参看 Gildersleeve，在《美国语文学杂志》，ii 480；还有 W. G. Hale，在《康奈尔古典语文学研究》*Cornell Studies in Classical Philology*，i（句法结构专号，1887—1889），7，98，247，以及在《形而上派句法学的一个世纪》*A Century of Metaphysical Syntax*（《圣路易市展览会议纪录》*Proceedings of the Congress of the St. Louis Exposition*，1904，卷 iii）。

9　《希腊学会纪录》之前言，xii，见引于上文第一卷，第 12 页注释 5。

要的近代先驱。本特利只有一篇单独的专论涉及此题，是他那节简短的《即兴议论》Schediasma，讨论了泰伦斯的格律，而珀尔森曾因一番细致的事实观察而产生构想，建立希腊戏剧中通常所用短长格与长短格之法则。布伦克与赖西希也曾于此题有所留意。赫尔曼的著作则更为系统，他先是研究古典的权威论述，尤其是赫法斯提翁，以自己对希腊诗人的研究来对这些论者进行修正[1]。他借助从这些诗人篇章中摘引的合适例证来阐明希腊诗歌的节奏，为此目的他抛弃了通常习惯的罗伊希林发音法则，采用了近乎伊拉斯谟的读音方案[2]。

92

在文本考据上，他的推测依赖于希腊习见成语上的良好感觉。当文本明显有讹误时，他主要靠的是本人对于原始作者应当所写之内容的感觉。但他并不总是为了推测式考据而反复为之；他的目的严格地规定为要使他的作家说出其真心打算讲的内容[3]。他主张，文本考据必须与诠释相互关联起来齐头并进。经典著作的诠释者必须解释得清单个字词，阐明历史参考依据，胪陈作者的意图、其著作的整体纲目，及其价值和不足之处[4]。但他必须一直记得我们关于古代世界所知的局限性：*est quaedam etiam nesciendi ars et scientia*【那也算是一种有所不知的技艺与学问】[5]。

在他已出版的著作中，最重要的是他编订的希腊悲剧诗人著作集。

---

1 他最早的论文，《希腊与罗马诗歌格律》*De Metris Poëtarum Graecorum et Romanorum*（1791），在他德文著作"格律学手册"（1799）中得到扩充，继而发展为《格律要理》*Elementa Doctrinae Metricae*（1816），及相应的《节录》Epitome（1818）。歌德对其"手册"怀有浓厚兴趣（Koechly，27）。

2 Koechly，24.

3 Jahn，116.

4 《论诠释之义务》*De officio interpretis*，见《杂著集》，vii 97 以下。

5 《杂著集》，ii 288。参看上文第二卷，第 319 页注释 5【译按，此处原文有误】。

作为研究埃斯库罗斯的样本，他在 1799 年刊布了《欧墨尼得斯》，但待到身后出版全部剧作的编订本，已经是 50 多年之后了（1852 年）[1]。他关于索福克勒斯的著作与其弟子埃尔富特 Erfurdt（1780—1813 年）的研究有关，后者在 1802—1811 年间完成了一部考据学的编订本，至 1825 年由黑勒 Heller 和德德莱因 Doederlein 出版《在刻洛奴斯的俄狄浦斯》而补为全帙，埃尔富特计划的辞典，最终由艾伦特 Ellendt 完成（1834 年）。埃尔富特还开始着手一部供学生使用的小规模编订本；他的《安提戈涅》问世于 1809 年，这个系列由赫尔曼在 1811—1825 年间完成。在 1810—1841 年间，赫尔曼完成了欧里庇得斯 13 部剧作的单行编订本[2]。《美狄亚》那部剧作并非编订本，我们所见的是他在埃尔姆斯利的编订本上加以注释[3]。他唯一编订的阿里斯托芬剧作是《云》。

存在于《荷马风颂歌集》及赫西俄德《神谱》中的各种窜改文字，在赫尔曼早期对于前者的编订本（1806 年）所附的致伊尔根书札中得到了辨识。他对于荷马问题怀有成熟的见解，体现于 1831—1832 年的论文中[4]。

他在其中捍卫了沃尔夫的设想，反对其论敌尼茨 Nitzsch 极为重要且

1　Jahn，117.

2　《赫拉克勒斯的愤怒》，1810；《请愿的妇女》，1811；《酒神伴侣》（主要为埃尔姆斯利的增补），1823；《伊翁》及《阿尔刻提斯》（附有 Monk 的注释），1827；《赫卡柏》《在奥利斯的伊菲革涅亚》《在陶里斯的伊菲革涅亚》《海伦》《安德洛玛刻》《圆目巨人》《腓尼基妇女》《俄瑞斯忒斯》（1831—1841）。

3　《杂著集》，iii 143—261。

4　《杂著集》，v 52—77（1832），vi（1）70 以下（1831），以及 viii 11 以下（1840）。1825 年，他还刊印了一部陶赫尼茨 Tauchnitz【译按，出版商姓氏】版的荷马史诗（前言见《杂著集》，iii 74—82）。

极具学术性的观点，后者主张荷马是借由较古老之诗歌的援助而创作了《伊利亚特》，他可能还创作了《奥德赛》，其中个人的原创更多，较少受惠于前辈。沃尔夫曾认为，荷马诗章之网的编织，是由该诗作最初及主要的创造者**留传下来到某个节点**，再由他人续成。赫尔曼改进了这个观点，主张我们今天的《伊利亚特》与我们今天的《奥德赛》的原始框架，是由最先的诗人完成的，后世诸诗人并未**继续增加文本结构**，而是在已经设定的框架**之中**完成计划[1]。

赫尔曼对于赫西俄德的考证和阐解也做出了许多重要的贡献[2]。他编订的《俄耳甫斯教遗献》*Orphica*（1805 年）提供了一部改良甚多的文本，其附录部分依据格律与语言学的证据，表明这些诗作的年代在士麦那的昆图斯与诺恩努斯之间[3]。就是因为这个附录，使赫尔曼被列尔斯评论为近代以来唯一可与本特利之才智相媲美者[4]。

品达是他终生研究的主题。早在 1798 年，他便为海涅的《品达》提供了一篇关于诗人格律的专论。在后来的一篇论文中，他提出不同颂歌的语言具有埃奥利斯或多利斯方言色彩，这随着作品的节奏而发生变

---

1 《杂著集》，vi（1）86 以下；Jahn，109；Koechly，36–40；Jebb 的《荷马》，119 以下。与梭伦所分享的荷马诗章诵读方法有关，赫尔曼反对柏克在两篇关于 *ὑποβολή*【掩藏；提示】之义的论文中提出的观点（《杂著集》，v 300，vii 65）；参看上文第一卷，第 19 页注释。
2 对于 1831 年所刊 Goettling 编订本的书评，见《杂著集》，vi（1）142 以下。在 vii 47，他主张《神谱》原本包含了 156 个诗节，每节五行。
3 参看《杂著集》，ii 1–17（1811）。
4 Lehrs，《史诗质疑》*Quaestiones Epicae*，255；Koechly，37，169。

化 [1]。他整理的彼翁与摩斯库斯的文本，出版于 1849 年。

赫尔曼的著作主要局限于希腊诸诗人，他编订的唯一一部希腊散文文本 [2]，是亚里士多德的《诗学》（1802 年），附有关于悲剧与史诗诗歌的专论 [3]。早期对于普劳图斯的兴趣得益于赖西希，产生出《仨钱儿银币》[4]与《巴克基斯姊妹》 *Bacchides* 编订本的成果，其中前者得到了理茨尔的高度赞扬 [5]。他因克罗伊策而对希腊神话学发生兴趣，并在 1819 年精心检验其人之观点。在他关于希腊碑铭（主要是韵体文字部分）的多篇论文中，他严格地批评了柏克、韦尔克等考古学家使用的研究路数 [6]。

他的讲座，相较于其专著也毫不逊色地展示出他对于精妙的拉丁散文体之驾驭。有 23 年的时间，他几乎总是在新年夜里寄给友人卡尔·艾纳特 Carl Einert 一组拉丁诗歌，以庆贺其生日 [7]，在 1817 年，他以 120 行拉丁文诉歌庆贺宗教改革 300 周年。他举例说明希腊悲剧之庄严风格与近代戏剧间歇反复之运动的不同之处，使用了出自席勒《华伦斯坦》中的部分通顺流畅的译文【译按，指译成希腊文】，他曾将此剧作为消遣搬演于自家客厅之中 [8]。他毕生习练骑驭，这对他写作短篇论文

---

1 《杂著集》，i 245 以下；又见 iii 22 以下（论《尼米亚颂》，vii），v 182 以下（θρῆνος【哀悼；惋叹】），vi（1）3 以下（对 Dissen 著作的书评）；又有勘误等内容，见 vii 129 以下，viii 68–128；参看 Jahn，111 以下。

2 除了他整理的佛提乌斯之文本（1808）。

3 Koechly，32，152.

4 1800；第二版，1853。

5 《语文学短论集》 *Kleine Philologische Schriften*，ii 190。参看 Jahn，116 以下；Koechly，46 以下，185–191。

6 《关于尊敬的柏克教授对希腊铭文的处理方式》 *Ueber Herrn Professor Boeckh's Behandlung der griechischen Inschriften*（1826）；又见《杂著集》，iv 303–332，v 164–181，vii 174–189。

7 Koechly，61 以下，265–286。

8 《杂著集》，v 355–361；Koechly，197 以下。

探讨希腊文中形容马匹不同步态的各种措词发生了独特作用 [1]。一位龙骑兵团的官员惊讶于他精湛的马术知识，遂问教授是否曾服役于骑兵部队；还有一位学者曾从他的某篇评论文章获益匪浅，以贺拉斯的诗句称他作 *grammaticorum equitum doctissimus*【最博学的骑士与学人，译按，见《闲谈集》，I x 之开篇】[2]。甚至在他的专业讲座课堂上，他也习惯穿着蓝色的骑手服，配有高筒皮靴和马刺 [3]，对于他双目矍铄、高眉宽厚的相貌，爽朗非凡的性格以及质朴健谈的语言，弟子们留有生动鲜明的印象。他在莱比锡创办的希腊学会，存在的半个世纪间成员接近 200 人。就是这些成员组成了具有特别意义的赫尔曼学派，其中的著名学者有帕索、蒂尔施 Thiersch、迈内克 Meineke、K. F. 赫尔曼、特伦德伦堡 Trendelenburg、施彭格尔、克拉森、理茨尔、邵佩、豪普特 Haupt、贝克 Bergk、克希利 Koechly、博尼茨 Bonitz 与阿诺德·谢弗 Arnold Schaefer [4]。

赫尔曼作为纯粹之学术的代表人物，全心研究古希腊经典著作的语言尤其是诗歌，而与他同时代的伟大人物奥古斯特·柏克（1785—1867 年），则是历史研究领域的翘楚。在他出生地卡尔斯鲁厄的学校中，他在数学方面取得精湛造诣，这令他后来的大量著作富有独特之个性。在哈雷他研究的是神学、哲学与语文学，打算从事牧师或经院学究的职

柏克

---

1 关于色诺芬的《论驭马术》，c. 7 的讨论，见《杂著集》，i 63 以下。
2 Göttling 的《赫西俄德》前言，xxxii；Koechly，223；下文第 117 页注释 2。
3 Koechly，7，70，223 以下；Jahn，101；Donaldson，《学术与学识》*Scholarship and Learning*，156–159。
4 Koechly，89，257. 综合参看 Otto Jahn 的《纪念讲话》（1849），重刊于《传记文编》，91–132, 1866 年版；K. F. Ameis，《赫尔曼的教育影响》*G. Hermann's pädagogischer Einfluss*（1850）；H. Köchly，《赫尔曼百年诞辰纪念》（1874），共 330 页；Paulsen，ii 404–408[2]；Paulsen，ii 404–408[2]；Urlichs，125–128[2]；Bursian, ii 666–687，以及《德意志传记大全》，*Wilamowitz*，《欧里庇得斯的赫拉克勒斯》，i 235–239[1]。《杂著集》凡八卷，i–vii（1827—1839），viii（1876）。

Γηράσκω αιεὶ πολλὰ διδασκόμενος.

Αυτός.

Aug. Böckh.

图 48　柏克

出自 Max Hoffmann 的《奥古斯特·柏克》(1901) 之扉页

业，但沃尔夫的影响使他关注希腊经典，施莱尔马赫的讲座引导他从事柏拉图的专门研究。他最早的著作，讨论托柏拉图之名而作的《米诺斯篇》（1806 年）。此后他用一年时间在柏林参加贝乐曼 Bellermann 的研讨班，在那里与海因多夫及布特曼结交。1807 年，他返回故乡巴登，不过两年之后便成为海德堡的正教授。他在该大学的讲座涉及范围宽广的作家和主题[1]。他对柏拉图的兴趣不减，有四篇论文讨论《蒂迈欧篇》[2]，还编订了六篇伪托柏拉图的对话录（1810 年）[3]。与此同时，他对埃斯库罗斯、索福克勒斯及欧里庇得斯的研究，产生了一部专论，其中文辞考据完全从属于更为广泛的文学兴趣上的问题，比如早先被演员引入原始文本中的更改到达了何种程度，等等[4]。这部专论以赞颂的语调题赠给他未来的批评者赫尔曼，那时他们还不相识。在海德堡，柏克还在三篇论文中显示出他早期对品达有所研究，其中最长的一篇探讨的是诗人的格律，提出语词必然从未在诗行之末被剖分为二[5]。他编订的品达，其比较重要的部分，一定是他还在海德堡时即完成了的，其间他一度对于古典学术之文学方面的兴趣超过了历史和古物方面。第一卷问世于 1811 年，至 1821 年在友人卢多尔夫·迪森 Ludolph Dissen 的协助下得以完成，后

---

1 Bursian, ii 688 注释 2。

2 《短著集》，iii 109 以下，181 以下，229 以下，266 以下。

3 Bratuscheck，《作为柏拉图主义者的柏克》*A. Boeckh als Platoniker*，见 Bergmann 的《哲学月刊》*Philosophischen Monatsheften*，i 272 以下。

4 《希腊悲剧大家埃斯库罗斯、索福克勒斯、欧里庇得斯，对其传世可信之全部作品及原初形式的考察》*Graecae tragoediae principum, Aeschyli, Sophoclis, Euripidis, num ea quae supersunt et genuine omnia sint et forma primitive servata*（1808）。

5 这之前 C. W. Ahlwardt（1760–1830）（并未提出证据）曾断言此说，时在 1798 年以后，也曾得到了 J. H. 沃斯的注意，将之作为一条几乎不可更易的规律，见其《德意志语言年代测定》*Zeitmessung der deutschen Sprache*，243。参看 Herbst, ii（2）164，320 以下。

者撰写了尼米亚和地峡之颂歌的注疏。在这部编订本中，文本建立于对为数众多之钞本的异文核录的基础之上，注解则刊于第二卷的第一部分。此书至今依然具有重要意义，因其阐明了诗人的格律，并彰显出创作的法则。

1811 年春，柏克离开海德堡，就任柏林新成立之大学的演说术与古典文学教授职位，之后的 56 年，他一直是此学术席位上的头面人物之一。他早期的讲座涉猎的范围广泛，继而渐渐变得狭窄，成为一门横亘两年的课程，涉及对于古典学识的综合研究，另外还有些专门课程，讨论的是格律学、希腊古物以及希腊文学，还有关于品达、关于欧里庇得斯或索福克勒斯的某部剧作（通常是《安提戈涅》）、关于柏拉图某篇对话（通常是《理想国》）及关于德摩斯提尼某篇演说词的讲座。他的讲演不如沃尔夫或赫尔曼那般富于生气，但其弟子门生更为成熟，不至于看不到老师在研究论题上之成就和精湛知识的深刻与充实。在柏林，他的品达因拿破仑战争而拖延了数年才得以问世，但是有些关于此诗人的重要论文已提交给了柏林科学院[1]。他关于《安提戈涅》的几篇论文（1824 年）刊印在他编订的这部文本中，并附有一部意译，在 1843 年出版，这是因柏林在 1841 年配合门德尔松的音乐首次上演此剧而促成的[2]。有关《在刻洛奴斯的俄狄浦斯》的年代问题，在 1825—1826 年得到讨论[3]，1843 年又讨论了第一首合唱队颂歌在合唱人员中的分配问题[4]。有篇论文涉及欧里庇得斯某个出现讹误的片段，为他在推测式考据学上的成

98

---

1 《短著集》，v 248，vii 369。
2 参看 Jebb 的编订本，xli；Max Hoffmann 的《奥古斯特·柏克》，96 以下。
3 《短著集》，iv 228。
4 同上，527。

就提供了杰出的典范[1]。此外，他对柏拉图所持有的兴趣延续下去，这使他撰写了有关斐洛劳斯 Philolaus 的一篇重要论文（1819 年）。

在古典学术的历史学与古物学领域，柏克有两部重要的代表作，这为后世相关学科中的所有研究奠定了根基。其一是《雅典的城邦经济》 *The Public Economy of Athens*，起初出版时是两卷本[2]，并有一部有关雅典船队之铭文集的附录（1840 年）。其二是《希腊碑铭集》。前者在一定程度上受到了沃尔夫为"反勒普提涅斯演说词"所作序言的启发，并题献给了尼布尔。此书向我们提供了从雅典政体的经济角度对其实际运行情况的丰富系统的论述。柏克对这个论题又生发出一篇关于拉夫里翁 Laurium 之银矿的专论，被收入 1828 年的英译本中[3]。

德文第二、三版收入一部关于雅典财政的铭文集附录。在准备这部原创著作的过程中，作者产生了完成一部这类文献之全集的计划。这个想法得到了布特曼与尼布尔的支持，也为柏林科学院所赞成。《希腊碑铭集》对开本的头两卷（1825—1843 年）由柏克编订，第三卷（1845—1853 年）由弗兰茨编订，第四卷的编订者开始是厄恩斯特·科耳修斯，由基希霍夫 Kirchhoff 续成，全书待勒尔 Roehl 的《索引》在 1877 年问世后才完工，自柏克开始着手这部著作至此已经 50 多年过去了。第一卷的第一部分，遭到赫尔曼在 1825 年严厉的评议[4]，其中大部分指摘都是合理的。柏克对于检验或复制 *in situ*【在原本位置】之铭文的工作毫无

99

---

1 《在奥利斯的伊菲革涅亚》，188，*οὐδὲ κατατενῶ λίαν*（取代 *καταινῶ λίαν σ'*）*ἐγώ*【我也不想逼你太甚，译按，第 336 页，用周作人译文。校前文本大意是"我不想向你承诺太多"】。

2 1817（英译本，1828 及 1842）；第二版，1851（英译本，波士顿，1857）；第三版，1886。

3 第二版，1842。

4 上文第 94 页。关于赫尔曼与柏克间之长久论战及最终和解的精彩论述，见于 Max Hoffmann 的柏克传（1901），48–62。

经验，他并未认识到的事实是，一件精确的摹本乃是文本得以成功复原的必要前提。他此前一向信赖转录的抄件，他的文本复原工作往往曲解那些抄件的证据或是误用希腊语言的规律。从另一方面说，他在有关这些抄件之真假的问题上，则显示出伟大的判断力。法国旅行家米歇尔·福尔曼宣称在阿姆克莱 Amyclae 废墟中寻见的 26 件铭文，早已为英国的佩恩·奈特和法国的布瓦松纳德所质疑，最终被柏克证明是伪造 [1]。在以科学方式研究碑铭这方面，在他以前并无值得一提的前辈，除了科尔西尼和钱德勒。以因此而论，他实为这个学术分支的奠基人。此题下的首部系统的著作，由弗兰茨撰写 [2]，全然以柏克之成果为基础 [3]。在编订《希腊碑铭集》时，柏克运用了自己的数学与天文学知识，来考察历史系年的重要节点 [4]，其中他得到了伊德勒 Ideler（1766—1846 年）的帮助 [5]。他的数学能力，也展现于他对古人权衡、币值和度量的考验上（1838 年），其成就形成了后续所有研究的最初推动力。他对古典学识的许多分支具有广阔且综合的见识，这体现于他在柏林一再开设的那些讲

1 《希腊碑铭集》，i p. 61 以下。尽管全部已刊或待刊的铭文都是福尔曼伪造的，但是他本人誊录过数百件真正的碑铭，却从未刊布。参看 R. C. Christie 的《文选》，86–89；上文第 86 页。

2 《希腊碑铭学原理》*Elementa Epigraphices Graecae*，1840。参看 Chabert，《欧洲希腊碑铭学研究简史》*Histoire sommaire des études d'épigraphie grecque en Europe*，1907。

3 阿提卡的铭文此后得以重新编订，附有庞大的增补，见四卷本之《阿提卡碑铭集》*Corpus Inscriptionum Atticarum*（1873—1895），此后又有最早期的希腊铭文集（1882），以及西西里及意大利的铭文集（1890），北部希腊铭文集（1892），与希腊诸岛铭文集（1895）。

4 关于希腊人计算的月相周期，见《短著集》，vi 329 以下；关于曼涅托与天狼星周期，同上，iii 343。

5 此人有关历史系年的著作，有《数学与技术手段编年史手册》*Handbuch der mathematischen und technischen Chronologie*（1825 以后）及《编年史教科书》*Lehrbuch der Chronologie*（1831），还有若干篇以古代天文学史为题的论文。

座课程中，后被一位弟子予以刊布[1]。他对这个学问领域作为一个整体的系统论述，实际是建立在沃尔夫见解的基础之上的，但对后者体系的细节多少有些非议。无论如何，柏克的体系显然要优于沃尔夫的体系；还有些其他的体系，也得到过柏克本人的评述[2]。在后续的诸多方案中，就有埃米尔·许布纳 Emil Hübner 和马丁·赫尔兹 Martin Hertz 的[3]。

柏克门生中不乏杰出的人物。他热心地关怀着 K. O. 穆勒在哥廷根、爱德华·迈耶 Edward Meier 在格赖夫斯瓦尔德 Greifswald 和哈雷的后起事业，以及随后格哈德 Gerhard 在柏林的工作。其他学生中还有戈特林 Göttling 与德德莱因、特伦德伦堡与施彭格尔、德罗伊森 Droysen 与普雷勒尔、莱普修斯 Lepsius 与敦克尔 Dünker、奥托·雅恩 Otto Jahn 与博尼茨，以及格奥尔格·科耳修斯与厄恩斯特·科耳修斯[4]。有些人，如特伦德伦堡与施彭格尔，此前曾是赫尔曼的学生，而赫尔曼门下不少重要人物，如理茨尔、克希利与阿诺德·谢弗，则都对柏克心怀极为强烈的崇敬之情[5]。赫尔曼与柏克，分别是纯粹之学术与应用之学术的伟大代表，一切

1　《语文学科百科与方法论》，Bratuscheck（1877），凡824页；第二版（1886）。参看 Bursian，ii 703–705，以及 Max Hoffmann 的《柏克》，147–152。

2　《语文学科百科与方法论》，p. 64 以下。

3　分别有 Bursian 在《年刊》，vii（1876）145 及 xi（1877）36 的评论。

4　Max Hoffmann，79 以下。参看《古典语文学年刊》，lxxv 238 以下。

5　同上，128 以下。——柏克有不少专著，被收入他的《短著集》*Kleine Schriften*，凡七卷（1858—1874）。关于其生平及著作，参看 R. H. Klausen，见 S. F. Hoffmann 的《著名人文主义者生平写照集》*Lebensbilder berühmter Humanisten*，i（1837）29 以下；B. Stark，《论柏克的教育背景》*Ueber Boeckh's Bildungsgang*，在《考古学与艺术史领域讲演录及随笔集》*Vorträge und Aufsätze aus dem Gebiete der Archäologie und Kunstgeschichte*（1880），409 以下，以及在《德意志传记大全》；Bursian，ii 687–705；Urlichs，128[2] 以下；《柏克与 K. O. 穆勒往来书信集》*Briefwechsel zwischen August Boeckh und Karl Otfried Mueller*（1883）；Ernst Curtius，《古与今》*Altertum und Gegenwart*，iii 115–155（1885）；还有 Max Hoffman，《奥古斯特·柏克，其人之传记及其学术通信集》*August Boeckh, Lebensbeschreibung und Auswahl aus seinem wissenschaftlichen Briefwechsel*（转下页）

古典学识的信徒都为他们两位而深感自豪。稍后我们还会回到柏克那位
忠实的弟子与友人 K. O. 穆勒那里 [1]。同时，我们必须简略描述一下某些
从属于赫尔曼学派之学者的事业。

（接上页）（他与 Welcker、Niebuhr、Thiersch、Schömann、Gerhard、A. Schaefer、Ritschl、
A. v. Humboldt 的通信；此后是他 1829 年的品达颂歌集），凡 483 页（1901）；Leutsch，
在《语文学通讯》，1886，232 以下；S. Reiter 在《古典学新年刊》，xiii（1902），436-
458；还有 Gildersleeve 在《语文学研究的谐振与章动》，2-7，及《美国语文学杂志》，
xxxviii 232。

1　第三十四章开篇。

第三十章

从罗贝克到理茨尔的语法家与文本考据家

　　语文学的语法与考据学派，其代表人物包括了两位赫尔曼的同时代人，不过他们并不全然赞成他的观点。这两位的著作在目标与方法上都有些瑕疵；他们或许可以被称为学者议会中的无党派独立成员。

　　戈特弗里德·海因里希·谢弗 Gottfried Heinrich Schaefer（1764—1840年），在 1818—1833 年间任莱比锡图书馆馆员，他实际上是一名学者而非教师。在维吉耶著作的连续三版中，赫尔曼都声称他只能采用一部分谢弗随意所记的页边旁注。这个声明冒犯了后者，其人在自己关于德摩斯提尼的注疏中通过攻讦赖西希及其他赫尔曼弟子来进行报复[1]。他是一位学识广博的人，尤其在希腊散文领域，其在关于其他各家的著作中倾

戈特弗里德·海因里希·谢弗

1　Koechly 的《赫尔曼百年诞辰纪念》，215 以下。

注了大量的这类学识[1]。他本人著作最为重要的是对德摩斯提尼的《校勘记》*Apparatus Criticus*，包括了对所有早期注疏家的摘要，附有他本人颇有价值的增补[2]。他编订的文献（通常包含以旧荷兰字型印刷的冗长注疏）中，有哈利卡那苏斯的第欧尼修《论文章作法》。他编订的科林斯的格雷高利乌斯，及其他论希腊方言之作家，配有巴斯特的重要著作《古文书学研究》及摹本图影[3]。他还编订了陶赫尼茨版经典丛书中的多部，具有本人的校勘成果，但是明显缺乏任何明确的考据原则或文本的系统校订[4]。

博特　　　　另外一位更具才华的考据家是弗雷德里希·海因里希·博特 Friedrich Heinrich Bothe（1770—1855 年），他的成果中明显具有相同的缺点。此人并无教职，终生投入于经典书籍的机械式生产。他最好的著作涉及希腊与罗马的戏剧。他反复编订希腊戏剧各家全集及残篇作品，曾化名霍提比乌斯 Hotibius（是博提乌斯 Bothius 一名大概的换音转读）对阿里斯托芬进行考证（1808 年）。他关于希腊喜剧残篇的考证是以本人实名刊布的，收入狄多 Didot 丛书（1855 年）。普劳图斯、泰伦斯及塞内加，他都分别加以编订，又将之合为一集（1834 年）。在这些著作中，缺少考据的方法，但是也有许多精彩的校勘意见。他编订的荷马风诗集、贺拉斯及斐德若著作，也有相同的情形[5]。

103

1　例如在伦敦版（1815 以后）亨利·艾蒂安的希腊文《宝库》。
2　五卷本（伦敦，1824—1827）；卷 vi，索引由 E. C. Seiler 完成（1833）。
3　上文第二卷第 397 页。
4　Bursian, ii 707–709.
5　Bursian, ii 709–711.

赫尔曼的门墙之下，最早也是最为杰出的人物中，有一位克里斯蒂安·奥古斯特·罗贝克 Christian August Lobeck（1781—1860 年），他于1802—1814 年间在维滕贝格执教，余生 46 年则都是柯尼斯堡的教授。赫尔曼本人[1]曾盛赞其门生编订的《埃阿斯》满篇浸透着深厚的学养[2]。同样精深的学问，结合以在语言之一般法则下汇聚大量事实材料的杰出能力，构成了他的第二部伟大著作，即对阿提卡派学者弗里尼库斯著作的编订本（1820 年）。希洛狄安的一个残篇，被列入此书之后，最后 300页主要讨论希腊文的造字法。同样的主题还见于他的《希腊语法学家著作异文辑录》*Paralipomena Grammaticae Graecae*（1837 年）和《辞释》*Rhematikon*（1846 年）中。希腊文名词的词尾，乃是 11 篇专论的主题，这都见于为《希腊语言之症候》*Pathologia Sermonis Graeci*（1843 年）所写的《绪论》中，这部书后来又增加了两个部分的《症候》（1843—1862 年）。他对布特曼的希腊语法书所做的重要增补，上文已经提及[3]。所有这些著作，对于整个希腊文献领域都具有卓绝的综合认知，对于真实如此或貌似如此的类比法都具有敏锐的感知能力，对于希腊语言的生命也有着一种良好的体会。他有清晰的洞察力和广博的学问，这使他能够从泛滥成灾的细节中推演出准确的运用法则与规律。他避开了当日比较语文学的方法与结果，但有位杰出的比较语文学家声称，由罗贝克态度审慎地提出的各种建议，"总是富有广阔的学识、精妙的语文学见解以及对传统的认真

104

1　为索福克勒斯之《埃阿斯》第四版所作序，p. vi，"cuius in editione nulla pagina est qua perlecta non doctiorem se factum sentiat qui discere didicerit"【展读这部编订本，无一页不令人感到其学有过人之处】。

2　1809；第 3 版，1866。

3　上文第 84 页。

态度，这些对于理解希腊词源学的原则大有助益，即便其成果未能被接受，其研究之过程也是极有价值的"[1]。

他在希腊宗教史方面的兴趣，体现在对克罗伊策《狄奥尼索斯》的匿名评述上，其中他消遣了克罗伊策在古代宅第与庙宇的炊事器具中所见之神秘意涵[2]；还有他对《象征论》的简评，指摘作者热衷于"在每块石头下寻找象征"[3]；此外还有他的《光耀集》[4]，那是一部具有惊世骇俗之学识的巨著，其中关于希腊神秘宗的全部真知，都是通过与象征论者们虚幻猜想富有启发意义的对照提出来的。

罗贝克的才智与机趣，以及对于古希腊文本的热衷，在写给迈内克的一封短函中得到了充分体现：

> 我听闻到的是什么呢，我亲爱的朋友？我几乎不能相信我的耳朵。你莫非**真的**想要去游览意大利？世界那么多所在，为何选意大利呢？只是想要见识一下掉了鼻子的那几座雕塑么？不！假如我不能游览尼亚加拉，或是密西西比，或是赫克拉火山，我宁可坐在这儿围着我自己的暖炉，读一读希腊注疏家们，——毕竟这才是人生的真正目标啊[5]。

20 年后，赫尔曼年届 70 岁，他试图促使这位年迈门生到莱比锡来拜访自己，于是写了下面的话：

---

1 G. Curtius，《希腊文词源学原理》，i 14，英译本。

2 《耶拿文学报》（1810），no. 18–20，p. 137 以下。

3 同上，1811，no. 96 以下；参看 1812，no. 71–73。

4 《或论希腊神秘神学之成因》，两卷本，凡 1392 页（1829）。参看 Koechly 的《赫尔曼百年诞辰纪念》，45，183。

5 《罗贝克往来书信集》 *Mitteilungen aus Lobecks Briefwechsel*，Friedländer 编订本，67（1821）。

你谈到你那"胸内的固疾"。唉！**我呢**，事实上也有反复的咳嗽，日夜不休，接连持续了四个礼拜，只要我能用我所具有的肺部呼吸，就不停要询问到底我有**一个**肺还是**两个**。你也谈到了"人生的落日"。呀！那句"朗吉努斯"的话[1]，是要许诺我们一个与你《光耀集》之《伊利亚特》相匹配的新《奥德赛》啊[2]。

罗贝克在维滕贝格岁月中最早期的学生中，有好几位都在希腊史诗诗人研究方面非常杰出。弗兰茨·厄恩斯特·海因里希·施皮茨纳 Franz Ernst Heinrich Spitzner（1787—1841 年）完成了一部《伊利亚特》的编订本，附有校注，以及数种附论，体现出对于荷马诗章之语言与作诗法的审慎见解。他的《评议集》*Observationes*，收入了许多对于士麦那的昆图斯文本的精妙校勘意见[3]。

罗贝克的另一位学生，格雷戈尔·威廉·尼茨 Gregor Wilhelm Nitzsch（1790—1861 年），在基尔任教授达 25 年，平生最后 9 年在莱比锡执教。除了有些论文研究希腊宗教史和柏拉图，有一部《伊翁篇》的编订本外，他的学术工作大多都致力于荷马研究。在他为《奥德赛》前 12 卷所作的阐义注解（1826—1840 年）中，语法学上的诠释尤其出色，但是他最为著名的事迹，乃是作为沃尔夫在荷马问题上早期的一位劲敌。

---

1 c. 9【译按，朗吉努斯将《奥德赛》比作落日，以《伊利亚特》为旭日】。
2 《书信集》，p. 121（1842）；《罗贝克与列尔斯往来书信选》，Ludwich 编订本，p. 317 以下。关于罗贝克，参看 Lehrs，《回忆录》*Erinnerungen*，收入《古代研究通俗论文集》*Populäre Aufsätze aus dem Altertum*（1875[2]），479 以下；Friedländer 的《罗贝克往来书信集》（1861）；以及《哥尼斯堡大学项目》*Programmen der Königsberger Universität*（1864），i, iii–v；Lehnerdt 的《罗贝克学术演说选》*Auswahl aus Lobeck's akademischen Reden*（1865）；《罗贝克与列尔斯往来书信选》*Ausgewählte Briefe von und an Chr. A. Lobeck und K. Lehrs*，Ludwich 编订本，凡 1049 页（1894）；Bursian，ii 572–575，711–714。
3 Bursian，ii 713 以下。

沃尔夫将荷马视为一个上古的游吟诗人，以为他最先编织荷马诗章的网络，且只是在一定篇幅上将之留传下来，尼茨则以为荷马乃是"伟大的诗歌艺术家，在短歌时代之后，以更为宏伟的计划构思一部史诗"[1]。因此沃尔夫将荷马置于诗章发展的**初始**，尼茨则以为更近**尾端**。尼茨认为《伊利亚特》主要是荷马的作品，但这个观点并不排斥后世引入小规模窜入与更改之文字的可能。对于《奥德赛》，他认为可能是同一位诗人所作，这（据他所言）比《伊利亚特》更富原创性。在论争中，尼茨发现，有些西元前7、8世纪史诗"系列"的篇章，在某些内容上预示了我们今天所见的《伊利亚特》和《奥德赛》，进一步说，希腊人对于书写的运用，可能要比沃尔夫所设想的要古老[2]。

尼茨有意追求文风的某种含混性，这阻碍了他的观点得到广泛认知，但是他始终以自己钟爱的研究主题为志业，直至最后时刻。在他去世之日，即7月里酷热的一天，他正打算在午间讲授《奥德赛》，匆忙地赶回家去取一本忘记带的书，在返回讲堂途中因中暑倒地身亡[3]。奥韦尔贝克 Overbeck 的葬礼演说，称他的名字会与沃尔夫、拉赫曼和韦尔克并肩，为学术史所永久记忆。性格上的精诚正直，在他传记前所附的肖像

---

1 Jebb 的《荷马》，121。
2 （1）《论荷马之历史，以构思时期的歌谣作品为主》*De historia Homeri, maximeque de scriptorum carminum aetate meletemata*（汉诺威，1830—1837），另有基尔 1834—1839 年项目中的增补卷；（2）《自然演化过程中的希腊英雄传奇》*Die Heldensage der Griechen nach ihrer natürlichen Geltung*（基尔，1841）；（3）《希腊传奇叙事诗考》*Die Sagenpoesie der Griechen kritisch dargestellt*（布伦瑞克，1852）；（4）《希腊史诗史思考》*Betrachtung zur Geschichte der epischen Poesie der Griechen*（莱比锡，1862）。
3 F. Lübker, 87.

呈现的宽阔方正之脸庞上乃是其令人震动的主要特点 [1]。

在尼茨的通信对象中，可能再找不出像卡尔·弗里德里希·内格尔 内格尔斯
斯巴赫 Karl Friedrich Nägelsbach（1806—1859 年）那样完全赞同其观点的 巴赫
人，此人在纽伦堡的人文中学执教 15 年后，在生平最后 13 年间出任埃
尔兰根的教授。尼茨与内格尔斯巴赫还对于荷马诗章的神学怀有共同的
兴趣 [2]。内格尔斯巴赫所刊的著作中，有对《伊利亚特》前三卷的注解，
忽略了船名表（1834 年），还有两卷重要著作，以荷马与后荷马之神学
为论题（1840—1857 年），此外便是关于埃斯库罗斯的数篇论文，和一
部身后刊布的《阿伽门农》编订本（1863 年）。最广受好评的著作，是
那部对于"拉丁文体"的论述，其中特别关注的是拉丁语与德语散文之
间的习用语分别 [3]。

在罗贝克的学生中，弗里德里希·奥古斯特·威廉·施波恩 Friedrich 施波恩
August Wilhelm Spohn（1792—1824 年）的才华甚而超过了施皮茨纳与尼
茨，此人在其短暂一生的最后九年中，在莱比锡大学任教。他追随沃尔
夫的思路，写出了一篇短论，关于《伊利亚特》中表现的特洛伊平原在
地形学上的的自相矛盾之处（1814 年），还完成了一部注疏，以支持拜

---

1 F. Lübker，《生平与著述中的尼茨》G. W. Nitzsch in seinem Leben und Wirken（1864），尤其见
 24 以下、84 以下、89 以下、105 以下、108—110、119—123，以及在 188-193 的书目；又见
 Volkmann，《沃尔夫荷马研究绪论之历史与考证》Geschichte und Kritik der Wolfschen Prolegomena
 zu Homer，184—190、204、216；Bursian，ii 714—716。
2 Lübker 的《生平与著述中的尼茨》，105—107、185—187。
3 《德意志的拉丁文体学》Lateinische Stilistik für Deutsche，1846；第九版（Iwan Müller，附
 有完整索引），1905。综合参看 Döderlein 的《演说与随笔集》Reden und Aufsätze，
 1860，239 以下，以及 Lübker 的《最近之世纪德意志的科学与文学》Lebensbilder aus dem
 letztverflossenen Jahrhundert deutscher Wissenschaft und Literatur，1862；又见 Bursian，ii 715 以下。

占庭的阿里斯托芬及阿里斯塔库斯的观点，结论以为《奥德赛》乃后起所出之作（1816 年）。他以附增之注解的方式，出版了莫鲁斯编订的伊索克拉底《颂词》，还有赫西俄德《农作与时日》的中学版，附有亚历山大里亚的语法学家们所发明的考证学符号，以及一部关于提布卢斯的专著，与提奥克里忒的文本考证。他是最早的试图对于古埃及人的僧侣与通俗文字书写进行破译的日耳曼学者[1]。他计划要完成的论著，涉及古代地理学家、东方与北方民族的神话学以及奥古斯都时代的文学，而此

时其人寿已过早地临近终点[2]。

列尔斯　　罗贝克在柯尼斯堡的门生中，最杰出的是卡尔·列尔斯 Karl Lehrs（1802—1878 年），他是其师生平最后 29 年间的合作者之一，他本人在此后的 18 年中成为哥尼斯堡学派的领军人物。在罗贝克和列尔斯的率领之下，这个学派尤其关注:（1）自亚历山大里亚时代之初至拜占庭时代终止，希腊人的语法学研究史;（2）自荷马以降至诺恩努斯及其仿效者的希腊史诗之语言、格律与创作手法的研究;（3）对于希腊宗教观念的考察，尤其注重神话的伦理学内容，排除任何以自然之现象解释这些神话的尝试。列尔斯在这三条研究线索上皆有建树。

1　致罗贝克书，收入 Friedländer 编订《罗贝克往来书信集》，74 以下，以及 Ludwich 编订的《罗贝克与列尔斯往来书信选》，7 以下。

2　G. Seyffarth 所作传记，附于施波恩《古埃及人的语言与文学》De lingua et litteris veterum Aegyptiorum（1825）书前; Bursian, ii 716–718。

就（1）而言，他的主要著作涉及"阿里斯塔库斯的荷马研究"[1]。在最早版的《史诗质疑》*Quaestiones Epicae*（1837 年）中，他提出沃尔夫夸大了语法学家阿庇翁对荷马文本所做贡献的价值。他关于 *philologus*、*grammaticus* 和 *criticus* 几个词汇之希腊语源历史的论文[2]，还有关于语法学家米耳累亚的阿斯刻勒庇亚德的论文，都作为附录重刊于希洛狄安三部次要著作的一个重要编订本中[3]，这为后来由罗贝克与列尔斯之门生奥古斯特·伦茨 August Lentz（1820—1868 年）完成该语法学家全集的伟大编订本铺平了道路[4]。最后，在他关于品达之**集注**的著作（1873年）中，他梳理了庞杂繁多的现存**集注**，加以分类，并努力判定各自之年代。

（2）在他的《史诗质疑》中[5]，他翻检了赫西俄德的《农作与时日》，随后得出结论，谓此诗篇之原始内核当见于第 383—694 行中。在这同一部著作中，他还研究了诺恩努斯的语言学与格律学特色，调查了确系出自奥庇安之手的《渔人清话》及被误判为该作家所作的《田猎诗丛》之间的显著区别。

（3）在他的"通俗论文集"中[6]，他主张希腊神话学乃是建立在**伦理学**的基础上，而非建立在**自然**现象的基础上，于是，在希腊民族的童年

108

1　《论阿里斯塔库斯的荷马研究》*De Aristarchi Studiis Homericis*，1833，1865[2]，1882[3]（506 页）。在第二、三版的 Epimetra【补订】中，他讨论了荷马诗歌相关的辞书学、语法学和格律研究，并质疑诗中单行或较大部分文字的可信性。他在为自己学生 Eduard Kammer 关于《奥德赛》统一性之著作（1873）的附录中持有相同的质疑。

2　参看上文第一卷第 6—11 页。

3　《论生僻词》περὶ μονήρους λέξεως，《论特洛伊人之语音》Περὶ Ἰλιακῆς προσῳδίας，《论双音长》περὶ διχρόνων，1848。

4　"妙手"希洛狄安之遗篇》*Herodiani technici reliquiae*（1867—1870），附有 Arthur Ludwich 所作《索引》。

5　179 以下。

6　《古代研究通俗论文集》，1856，1875[2]。

期形成的这种心志，在其更为成熟的时代被保存得较多。然而，在同一论文集中，他对希腊人最高发展阶段中的道德与宗教观念，展现出了一种精妙的体会。

他还考证过奥维德的《女杰书简》，以及贺拉斯，对后者《颂歌集》中的大多数作品均否认其可信（1869 年），相形之下，他对希腊语法学家的研究赢得更为广泛的赞誉[1]。

对于希腊史诗诗人与语法学家们的兴趣，乃是柯尼斯堡的传统，至今在世之学者很好地保持了这一传统。

塞德勒　从罗贝克的衣钵系谱返回赫尔曼的嫡传弟子，我们注意到罗贝克的同学及友人，约翰·弗里德里希·奥古斯特·塞德勒 Johann Friedrich August Seidler（1779—1851 年）。此人在赫尔曼的直接影响下，以一部论"掌宽格"【译按，Dochmiac，或译作短长长短长格】之恒久价值的著作开了一个很好的头，后又以埃尔富特的索福克勒斯编订本为楷模，整理了欧里庇得斯的三部戏剧[2]。赫尔曼对塞德勒的才华极为敬重，于是在自己的《伊翁》前言中将这位往昔弟子提供的注解刊印了约 16 页篇幅。

赖西希　赫尔曼的另一位弟子，卡尔·克里斯蒂安·赖西希 Carl Christian

1　参看 E. Kammer 在 1878 年的《古代研究传记年刊》*Das Biographisches Jahrbuch für Altertumskunde*，14–28；《卡尔·列尔斯致某友人书信集》*Briefe von Carl Lehrs an einen Freund*，Farenheid 编订本（1878）；《致豪普特书信集》*Briefe an M. Haupt*（1892）；《罗贝克与列尔斯往来书信选》，Ludwich 编订本（1894）；Bursian, ii 718–724；《短著集》*Kleine Schriften*，附肖像，Ludwich 编订本（1902），凡 582 页，以及 Ludwich 的《讲演录》，1902，同上，554 以下。

2　《特洛伊妇女》，1812；《厄勒克特拉》《在陶里斯的伊菲革涅亚》，1813。参看 Bursian, ii 725 以下。

Reisig（1792—1829年），从莱比锡奔赴哥廷根，作为士官在萨克森部队中服役，并参与了1813—1815年对拿破仑的作战，此后在耶拿从事学习两年，1820年成为哈雷的教授，九年后，去世于前往威尼斯的途中，年方37岁。他是一位才华与精力出众的人物，具有特别强健的识断力。他的性格大体类如沃尔夫。在沃尔夫的哈雷大学，他主要讲授的是希腊戏剧，以及贺拉斯与提布卢斯，德摩斯提尼和西塞罗，还有希腊与罗马的古物，和希腊与拉丁语法学。他关于最末主题的讲座所具有的重要意义，或许可从其弟子弗里德里希·哈阿策后来附以宝贵之增补所出版的编订本中得到印证[1]。此书涉及三个论题，即词源学、语义符号学及句法学，其中第二门缘起于赖西希。他本人刊布的著作，主要涉及阿里斯托芬与索福克勒斯。在他参加对法战争期间，一册琼塔本第二版的阿里斯托芬便是他随身不离的伴侣，次年，他向赫尔曼题献了一组对于文本的推测式考据，主要是由格律的思考而提出的建议（1816年）。他的考证学编订本《云》问世于1820年，而他对索福克勒斯的兴趣，见于内容极丰富的注疏本《在刻洛奴斯的俄狄浦斯》中[2]。最后，他对埃斯库罗斯的《被缚的普罗米修斯》所做之校勘，由理茨尔刊布，此人是他在哈雷最诚挚的学生之一[3]。

109

此外，爱德华·文德尔 Eduard Wunder（1800—1869年）对于索福克勒斯的分析诠释做出了颇多贡献，他在生平最后43年间任教于萨克森的语法学校。在其早期的索福克勒斯研究与1831—1850年的笺释本

文德尔

1　《论拉丁语言学讲录》*Vorlesungen über Lateinische Sprachwissenschaft*（1839）。

2　三卷本（1820—1823）。

3　Ritschl，《杂著集》，i 378-393；参看《语文学短著集》，v 95 以下；Ribbeck 的理茨尔之传记，i 34-52；哈阿策的《讲演录》前言，v 以下；以及 Bursian，ii 726。

之间，他完成了一部西塞罗《为普兰齐乌斯而辩》详尽的注疏本（1830年），此外还刊印了对于某部埃尔富特旧藏、今存于柏林的西塞罗重要钞本之释读[1]。文德尔编订的索福克勒斯收入雅各布和罗斯特在哥达编订的丛书。在同一丛书中，还有欧里庇得斯的七部戏剧[2]，是奥古斯特·尤利乌斯·埃德蒙·普夫卢克 August Julius Edmund Pflugk（1803—1839年）编订的。普氏早逝于但泽之时，又有四部剧作[3]，由赖因霍尔德·克洛茨 Reinhold Klotz 完成，添入这部丛书之中[4]。

内克　　赫尔曼的弟子，奥古斯特·费迪南德·内克 August Ferdinand Naeke（1788—1838年），在波恩以才华洋溢的讲座著称，其主题是某些主要的希腊与拉丁诗人，还有希腊诗歌史。其人之品位极为挑剔，只完成过一部重要的著作，一部史诗诗人刻厄芮卢斯的残篇集。他编订过《诅詈篇》Dirae 与《吕蒂娅》Lydia，他（如斯卡利杰尔一样）将作者判为瓦勒理乌斯·加图，这是 1846 年其身后刊布的。他的次要著作，收入两卷本《杂著集》，第二卷有卡利马库斯残篇集。他关于拉丁文头韵的论文，仅见于《莱茵语文学博物馆》Rheinisches Museum für Philologie[5]，这是他出任数年编辑的刊物。他的讲座之纲要，依然保存于波恩的图书馆中，理茨尔称，如同其少数已刊著作一般，该纲要同样有探寻真理的虔诚态度及平

1　《埃尔富特西塞罗钞本摘选数卷异文释读》Variae Lectiones librorum aliquot M. T. Ciceronis ex Codice Erfurtensi enotatae（1827）。

2　《美狄亚》《赫卡柏》《安德洛玛刻》《赫拉克勒斯的儿女们》《海伦》《阿尔刻提斯》《赫拉克勒斯的愤怒》。

3　《腓尼基妇女》《俄瑞斯忒斯》《在陶里斯的伊菲革涅亚》《在奥利斯的伊菲革涅亚》。

4　下文第 125 页。

5　iii（1829），324 以下。

和的判断力 [1]。

内克在波恩的一位同事，卡尔·弗里德里希·海因里希 Karl Friedrich Heinrich（1774—1838 年），受学于哥达与哥廷根，先在布雷斯劳获得教职，自 1804 至 1818 年间在基尔出任教授，余生最后 20 年则在波恩执教。在波恩，他关于罗马讽刺诗人的讲座获得显著成功，更为出色的是他所执掌的古典学**研讨班**。当他还在哥廷根从海涅就读时，即完成了一部穆赛乌斯的编订本，及三卷《埃涅阿斯纪》的笺注。在后一著作中，他得到了格奥尔格·海因里希·内登 Georg Heinrich Noehden（1770—1826 年）的协助，后者出版过波弗利的荷马集注，附录有唐利和伊顿的钞本 [2]，还在余生的最后 15 年中受命主持大英博物馆的图书馆。在布雷斯劳执教时，海因里希不仅完成了关于埃庇米尼德 Epimenides 的一部论著，还编订了奈波斯著作及赫西俄德的《阿基琉斯之盾》。这些早期成果，都是在海涅影响下完成的，后来的著作则追随了沃尔夫的足迹。1816 年在基尔，他与安德里亚·威廉·克莱默 Andreas Wilhelm Cramer（1760—1833 年）联手，刊布了西塞罗《为斯高儒斯而辩》、《为图利乌斯而辩》*pro Tullio*、《为弗拉库斯而辩》的残篇集，它们是马伊在安布罗斯图书馆新近发现的；在波恩，他编订了莱克格斯驳斥列奥刻拉忒的演说词（1821 年），以及西塞罗的《共和国篇》（1823—1828 年）。他编订的玉万纳尔及珀息乌斯都是身后刊行的。他为弗隆提努斯论罗马水渠的著作撰写了校注，收入德德里希 Dederich 的编订本（1841 年）中。海因里希一度想要与那位古怪学者克里斯托弗·路德维希·弗里德里希·舒尔茨 Christoph Ludwig

110

---

1 《莱茵语文学博物馆》，新续编，xxvii 193 以下。Bursian，ii 729 以下。
2 哥廷根，1797。

Friedrich Schultz（1780—1834 年）协力编订这部著作，后者曾发奇思妙想，认为维特鲁威和庞彭纽斯·梅拉都是中世纪伪造之产物[1]。

在赫尔曼最早及最重要的门生中，有一位弗里德里希·威廉·蒂尔

蒂尔施施 Friedrich Wilhelm Thiersch（1784—1860 年）。他曾就读于普福尔塔学校，师从赫尔曼昔日的导师伊尔根，又在莱比锡跟随赫尔曼学习了希腊的诸诗人，获得了对希腊韵文异常出众的精熟本事。1807 年，他转学去往哥廷根师从海涅；两年后又去往慕尼黑，在那里成为一名中学教师，这使他被委任为一个语文学研讨班的主持人，该研讨班是后来在 1826 年从兰茨胡特 Landshut 转移至慕尼黑时，被并入这所巴伐利亚大学的[2]。他还在卢浮宫与大英博物馆研究雕塑后（1813—1815 年），开始讲授希腊艺术。在慕尼黑，这些研究因王储路德维希殿下建立的雕塑艺术博物馆而延续下来，更因在意大利的半年经历（1822—1823 年）而得以进一步延伸。慕尼黑的古典研究在阿斯特 Ast 的晚年曾经衰落下来，这时在蒂尔施的

111　　活力之下得以复苏，有 15 年的时间，他还得到了施彭格尔的大力支持。1858 年举办了他获得博士学位的 50 周年庆典；次年他从活跃的工作中退休，去世于 1860 年。

蒂尔施在巴伐利亚的中学与大学之组织工作中起到了重要作用，他成为古典教育与精神自由的领袖[3]。1837 年，在哥廷根的百年庆典上，他创立了一个日耳曼地区学者与中学教师的年度大会。他还热衷于希腊独

1　Bursian, ii 731–733.

2　这位主持人及其友人（包括 Döderlein、Spengel 及 Halm）完成的论文，均刊于《慕尼黑语文学学报》*Acta Philologorum Monacensium*，1812—1829。

3　蒂尔施，《论研究型学校》（1826—1831）；参看 Paulsen, ii 418–430[2]。

立事业，参与了巴伐利亚的奥托 Otho of Bavaria 领导下的希腊王国的组建活动[1]。他是一位多产的作家，主题涉及政治与教育问题，及一般之文学。他在古典学术上的贡献可列三端：（1）希腊语法学；（2）希腊诗歌的考证与解释；（3）考古学，包括地形学与碑铭学。

（1）他的"希腊语法，尤关注于荷马之方言"（1812年），一直出到第三版（1829年）；有部较短篇的语法学（1815年）至其第四版（1855年）被扩充至相当规模[2]。1812年的那部语法书，导致他与赫尔曼就荷马的语气问题发生争论[3]。他终身对于语法学的兴趣，还可见于数篇关于希腊语构词和希腊语虚词的论文[4]，系为计划中的一部《阿伽门农》编订本做准备工作。他对近代希腊语也精通，但其关于东北拉哥尼亚现在居民所用语言的论文[5]，后来被更为精准的考察所取代[6]。

（2）他对赫西俄德及早期诉歌诗人以及品达与埃斯库罗斯也有兴趣。初期有一篇论文，主张被冠以赫西俄德之名的诗作，乃是不同时代各种诗章的残零片段，乃是古老的波欧提亚史诗派作家之遗作[7]。他将《农作与时日》视为出自多位诗人之手，并将之与希腊的格言诗联系起

---

1 其人对于近代希腊的关注，体现于他的著作《希腊当今政体及其实现复辟的方式》*De l'état actuel de la Grèce et des moyens d'arriver à sa restauration*，两卷本（1833）。

2 参看 Eckstein，《拉丁文与希腊文课程》，396。

3 蒂尔施，《慕尼黑语文学学报》，i 1、175、435、468，以及赫尔曼的《杂著集》，ii 18 以下。

4 慕尼黑科学院，《慕尼黑皇家科学院论丛》*Denkschriften der Königlichen Akademie der Wissenschaften zu München*，xxvii 379，xxx 307，xxxiii 1。

5 同上（1835），511 以下。

6 M. Deffner，《萨哥尼亚语法》*Zakonische Grammatik*，1881【译按，萨哥尼亚人为拉哥尼亚当地牧民自称】。

7 《慕尼黑皇家科学院论丛》，iv（1813）。

来[1]。他编订过品达，附有一篇引言及阐解的笺注，还有依照原始格律所完成的德语译文。他论述过埃斯库罗斯的阙文，以及有待校正其诗行序列的段落[2]，他去世后，还留下了准备刊布的一部《阿伽门农》的长篇注疏集。

（3）在考古学方面，他最初的著作中就有三篇关于"希腊艺术之分期"的论文[3]。这些代表了温克尔曼更合理之观点的倒退，遭到 K. O. 穆勒的驳斥[4]，然而得到了蒂尔施弟子费尔巴哈 Feuerbach（1798—1851 年）的支持。蒂尔施在意大利的游览使他计划写一部关于意大利及其居民与古今艺术宝藏的巨著，但只有几个部分看起来是他个人的旅行见闻记录，还有朔恩 Schorn 对拉文纳和洛莱托 Loretto 的描述（1826 年）。对于希腊他有计划写一部相同的著作，但终止于几篇帕罗斯和德尔斐以及厄瑞克透斯神庙 Erechtheum 的论文[5]。路德维希一世陛下收藏的希腊陶瓶，激发出他的一篇论文，显示出伊特鲁里亚陵墓中所见的陶器实际上是希腊出产的，主要来自雅典[6]，这篇论文还驳斥了将之与神秘仪轨联系起来的观点[7]。

---

1 《慕尼黑语文学学报》，iii 389，567。
2 《慕尼黑皇家科学院论丛》，xxi（1846）。
3 时代分为：（1）宗教风格，结束于西元前约 580 年；（2）艺术发展，西元前 580—前 490 年；（3）完备风格，从菲迪亚斯（西元前 500—前 430 年）到哈德良帝（卒于西元 138 年）及马可·奥勒留帝（卒于西元 180 年）。第二版，1829。
4 《德文短著集》*Kleine deutsche Schriften*，ii 315 以下。
5 《慕尼黑皇家科学院论丛》，xxi（1849），79；xxvii（1850），99，230。
6 慕尼黑科学院的《论文集》*Abhandlungen*，iv（1844），1 以下。
7 综合参看 H. W. J. Thiersch 所作传记（两卷本，1866）；J. Pözl 编的《演说集》（慕尼黑，1860）；Bursian，ii 733，738—749。

蒂尔施在这所巴伐利亚大学直接所承继的前任人物中有格奥尔格·安东·弗里德里希·阿斯特 Georg Anton Friedrich Ast（1778—1841年），他在平生最后 36 年间一直是一位古典学教授，起初在兰茨胡特，继而在慕尼黑谋得该大学的一个新设教席。除了编订泰奥弗剌斯特的《角色丛谈》，他还以阐解柏拉图著作而闻名，曾就柏拉图的生平与著述进行撰作，还编订了全部的对话录，附以拉丁文译本，并注释过《普罗泰戈拉篇》《斐德若篇》《高尔吉亚篇》与《斐多篇》，且在此之上以著名的柏拉图《索引》增色（1834—1838年）。在晚年，他在讲课上有些懈怠，正是在那时，（如我们前文所见）年轻的蒂尔施以其活力为慕尼黑的古典研究注入新的生气。蒂尔施在慕尼黑得到了莱昂哈德·施彭格尔 Leonhard Spengel 的强力支持，后者那时在旧人文中学任教，又同蒂尔施在大学中共事了 15 年[1]。自 1843 年起，蒂尔施还得到了著名的亚里士多德专家卡尔·普兰特尔 Carl Prantl（1820—1888年）的支持[2]，又自 1844 年获得厄恩斯特·冯·拉骚 Ernst von Lasaulx（1805—1861年）的支持。

巴伐利亚的古典教育，也得到了路德维希·德德莱因 Ludwig Doederlein（1791—1863年）富有才华的推助，此人生于耶拿，就学于普福尔塔学校。他的研究始于慕尼黑的蒂尔施门下，后又在海德堡、埃尔兰根和柏林得以延续。在柏林出任教授时，他于 1819 年与布雷米 Bremi 合作完成了一卷语文学论集[3]。在埃尔兰根，他自 1819 年出任教授，并于 1819—1862 年间担任当地学校的校长。作为语文学研讨班的主持人，他召集的同事，第一位是约瑟夫·科普 Joseph Kopp（1788—1842年），学

阿斯特

113

德德莱因

1　下文第 180 页。
2　同上。
3　《瑞士语文学论集》*Philologische Beiträge aus der Schweiz*（1819）。

识广博却基本上毫无建树；第二位是著名的文体学家，K. F. 内格尔斯巴赫[1]，最后还有后来的拉丁语法家著作编订者海因里希·凯尔 Heinrich Keil，此人在德德莱因 1863 年去世后接替他的工作直至 1869 年转赴哈雷之时。作为大学的讲席教授，德德莱因是令人感到有趣和振奋的人物，不过过于容易变得前言不搭后语。作为当地中学校长，他以感人的品格及强悍的言谈而闻名[2]。他作为论述拉丁文同义词及其希腊与拉丁语源学的著作家，较少喜感，他在著作中变得过于敏锐，而他那广博的学问为奇思异想的古怪观点提供了并不自然的支持[3]。在他编订的荷马及《在刻洛奴斯的俄狄浦斯》、提奥克里忒、贺拉斯之《书札集》与《闲谈集》、塔西佗中，也明显存在着好发异议、手法拙劣的问题[4]。亨利·西奇威克 Henry Sidgwick 曾于 1860 年在布伦瑞克遇到德德莱因，称他是"一位亲切的老人，生有如此令人敬慕的脸庞，同时举止极为高雅，以剑桥人的话来说，是位十足的学者"[5]。

迪森

114
蒂尔施在普福尔塔学校的其他校友中，还有卢多尔夫·迪森（1784—1837 年），此人也是他在哥廷根海涅门下的同窗。迪森实际上并不属于赫尔曼的学派，他反而是不赞成赫尔曼解释经典著作的方式，不过他还是古典学识的语法学与考据学类型的代表人物。除了在马尔堡短

---

1 上文第 106 页。

2 《讲演录》，1843，1847，1860。

3 《拉丁文的同义词与语源学》Lateinische Synonymen und Etymologien，六卷本（1826—1838）；《拉丁文同义词手册》Handbuch der lateinischen Synonymik（1839，1849²）；《拉丁文语源学手册》Handbuch der lateinischen Etymologie（1841）；《荷马字汇》Homerisches Glossarium，三卷本（1850—1858）。

4 Bursian，ii 749 以下，又见《德意志传记大全》。

5 《传记》，59。

暂居留（1812—1813 年）之外，他自 1808 年至 1837 年去世都居住在哥廷根。在哥廷根，他完成了自己最早的著作，论希腊语的语态与时态[1]；在马尔堡他刊印了一部关于色诺芬《回忆苏格拉底》的就职谈话[2]；在晚年，他还写过一篇关于柏拉图《泰阿泰德篇》的论文[3]。但是他作为古典学者，主要的兴趣在于研究诗歌与演说作品的法则。他乃是反对经典著作之艺术及审美阐解的领军人物，在他编订的品达（1830 年）[4]与提布卢斯（1835 年）[5]，及德摩斯提尼《议金冠》（1837 年）中，都说明了自家的原则。迪森在对这些著作的研究中，具有敏锐及深刻的观察，是完全值得赞美的，不过他的方法过于粗率，以致我们很难从中体会到诗人与演说家的真实才能[6]。

对诗歌与艺术中的美有良好感知，并具备对于古典语言的精熟知识，以及辞书学资料收集的方法论才能，这就是弗兰茨·帕索 Franz Passow（1786—1833 年）的主要特点。他在哥达师从雅各布，在莱比锡参加了两年赫尔曼的讲座，随后在德累斯顿研究古代艺术。他在魏玛及但泽附近从事中学教师工作时显示出独特的资质，此后去往柏林，在那里以 28 岁之年龄加入了沃尔夫的讲座。在余生的 18 年，他成为布雷斯劳的教授，这个工作使得该大学的古典研究得以复苏。他得到了

帕索

---

1 《短著集》，1 以下。

2 同上，89 以下。

3 同上，151 以下。

4 受到赫尔曼的批评，见《杂著集》，vi（1）3-69，以及柏克，《短著选集》*Gesammelte kleine Schriften*，vii 369 以下（参看《柏克与 K. O. 穆勒往来书信集》，289-291）。迪森早已为柏克 1821 年编订本页献过有关尼米亚及地峡颂歌集的注疏了。

5 受到 Lachmann 的批评，见《短著集》，ii 145 以下。

6 Bursian，ii 751-753。迪森的《拉丁语及德语短著集》*Kleine lateinische und deutsche Schriften*（1839）收入了蒂尔施、韦尔克与 K. O. 穆勒的回忆文章。

那位学问精湛的学者卡尔·厄恩斯特·克里斯托弗·施奈德 Karl Ernst Christoph Schneider（1786—1856 年）的热情支持，后者后来编订了柏拉图的《理想国》，并参与了狄多丛书版的柏拉图，另外完成了恺撒《高卢战记》的考据学修订，还将彼特拉克的"恺撒传"错误地判给了"尤里乌斯·科尔苏斯"。帕索此前尚主要关注于珀息乌斯、穆赛乌斯和朗古斯；他这时则致力于艰苦的任务，在 1819—1823 年间完成了一部比布雷斯劳前辈教授 J. G. 施奈德（1750—1822 年）的希腊文辞书大为扩充并加以修正的版本。这部著作受到巨大的改动，以至于在第四版中，只有帕索的名字出现在标题页上（1831 年）[1]。他为埃尔施 Ersch 与格鲁勃 Gruber 的《科学与艺术大百科全书》*Die Allgemeine Encyclopädie der Wissenschaften und Künste* 贡献了有关埃斯库罗斯及拉丁文集的条目，这些内容重刊于他的"杂著集"，其中还有他关于巴斯特的短评，关于赫罗尼姆斯·沃尔夫及亨利·艾蒂安的随笔，以及论老斐洛斯特拉图斯的论文。除此辞书学工作外，其次重要的著作，便是关于埃斯库罗斯《波斯人》的多方面项目，关于索福克勒斯与阿里斯托芬以及晚期希腊作家们的短论[2]。他为编订拜占庭的斯潘第努斯做了些初期的准备工作，计划与编订埃斯库罗斯及罗德斯的阿波罗尼乌斯、编纂《埃斯库罗斯辞典》*Lexicon Aeschyleum* 的奥古斯特·维劳尔 August Wellauer（1798—1830 年）联手完成此事。帕索编订的拉丁文本，只有珀息乌斯与塔西佗的《日耳曼尼亚志》。还可提

维劳尔

---

1 此书后来成为 V. C. F. Rost 所筹备的一部更大型辞书的基础，与 Friedrich Palm 及其他学者联手完成（1841—1857）。此外，Wilhelm Pape（1807-1854）给 1842 年刊印的辞书添入了一部专名辞典，这在 Benseler 于 1863—1870 年所作的修订版中，成为一部值得敬重的参考书，被恰当地称为"概括之学问的典范"（Tozer 的《希腊的地理学讲演录》*Lectures on the Geography of Greece*，335 注释）。参看下文第 168 页。

2 《学术杂著集》*Opuscula Academica*。

图 49　迈内克

简化自 Engelbach 根据 Oscar Begas 所绘肖像制作的石印本

到的是，在他要求下，莱比锡的出版商 B. G. 托伊布纳（1784—1856 年）
自 1824 年启动了著名的希腊与拉丁文本丛书，1826 年又创办了《语文学及教育学年刊》[1]。

戈特林
117

帕索最初在魏玛的弟子中，有一位成为他终生的友人，即卡尔·威廉·戈特林 Karl Wilhelm Göttling（1793—1869 年）。此人在生平后 47 年间担任耶拿的教授。他讲授古典考古学以及古典文学[2]；他编订了亚里士多德的《诗学》及《经济学》，还有赫西俄德的著作。从赫尔曼对于这最后一部著作的严苛评论中，他得了助益，在 1843 年的改进及更正版中以感激与宽和的言词对此加以致意[3]。

戈特林在耶拿的同侪中，有费迪南德·戈特黑尔夫·汉德 Ferdinand Gotthelf Hand（1786—1851 年），他是一位具有多面才华的学者，最有名声的著作未能完成，讨论拉丁文虚词，即汉德的《图尔塞利诺》[4] *Tursellinus*，还有一部是拉丁文体手册。戈特林的下一代同侪，有卡尔·路德维希·尼佩代 Karl Ludwig Nipperdey（1821—1875 年），他编订过恺撒、奈波斯、塔西佗，撰作了一篇关于罗马人 *Leges Annales*【（参选人员）年龄法令】的重要论文[5]。

汉德

---

1 帕索的《传记与书信集》*Leben und Briefe*（1839）；Bursian, ii 753–761。
2 他的《论文集》（1851；第二版，1863），及《杂著集》（1869）涵盖了广泛的论题。
3 p. xxxii, quem ego virum fortissimum lubentissime sequi soleo, habent enim eius arma hoc cum armis illius herois commune, ut etiam medeantur, dum sauciant【我万分欣喜地打算遵从一位无比强大的人物，因为这些内容经由这位豪杰之手的护佑，即便损伤之处，也会得到治愈】；参看上文第 94 页注释 9。
4 四卷本（1829—1845）；上文第二卷第 369 页。
5 《萨克逊学会论文集》，v。

耶拿的大学教授戈特林的学术成就，远不如其同时代的柏林中学教师，奥古斯特·迈内克 August Meineke（1790—1870 年）。他出生于古老的威斯特伐利亚小镇瑟斯特 Soest，跟随父亲在哈茨山麓的奥斯特罗德读书，后来又至普福尔塔学校师从伊尔根。他还在中学时，便写作了论加图及雷古卢斯 Regulus 之死的学术文章，他的毕业论文，包含了对于诸多希腊诗人的考证[1]。在莱比锡他接受了赫尔曼的直接影响。他本人的影响力在他两度出任校长时期都毫不减弱，分别是在但泽的 9 年及在柏林的 31 年，在后一处，他作为学者可与那几位领头的教授即柏克与贝刻耳、布特曼与拉赫曼相提并论[2]。1830 年他当选为柏林科学院成员，在 1852—1853 年讲授贺拉斯与埃斯库罗斯[3]。作为重要经典著作的编订家，他是自本特利以后以考证米南达及菲勒蒙而闻名的第一人（1823 年）。他的《希腊喜剧诗人史考》是作为其多达三卷以上的《喜剧诗人残篇集》（1839—1841 年）的引言公布于世的。在这个编订本中，阿里斯托芬的残篇由迈内克的助教及后来的女婿特奥多尔·贝克 Theodor Bergk 收集完成。第五卷刊布时分成两编（1857 年），收入了海因里希·雅各比 Heinrich Jacobi（1815—1866 年）一部出色的索引。与此同时，还出现了一部新版的残篇集，凡两卷（1847 年）。迈内克关于阿提卡喜剧的著作，还有他整理的阿里斯托芬文本，前附一部 *Adnotatio Critica* 【校注】（1860 年），书后还有一部题为《阿里斯托芬文本考实》*Vindiciarum Aristophanearum liber*（1865 年）的附录。

118

他的亚历山大里亚众诗人研究的最优秀代表作，是《亚历山大里亚

1　F. Ranke，《奥古斯特·迈内克生平素写》*August Meineke, ein Lebensbild*，20 以下。

2　同上，63。

3　同上，115。

时期文选》*Analecta Alexandrina*（1843 年），这是一部有关欧佛良、理亚努斯、"埃托里亚人"亚历山大及帕耳忒尼乌斯各家专著的作品集，第三版又加入了提奥克里忒、比翁、摩斯库斯（1856 年）。相较次要些的，还有他的卡利马库斯（1861 年），他从《希腊文苑英华集》摘选的作品集（1842 年），以及他编订的"开俄斯的斯居姆努斯"Scymnus of Chios 与卡利弗隆 Calliphron 之子狄奥尼修所著地理诗（1846 年）。他对地理诗人的研究，促使自己完成了一部拜占庭的斯第潘努斯的新校本（1849 年），而计划为该辞书之注疏所准备的工作，最终以刊布一个斯特拉波的新编订本为结果，其中附有《斯特拉波文本考实》*Vindiciae Strabonianae* 的小册子（1852 年）。

他还有一些著作，主要源于对阿提卡戏剧的研究，这包括对阿特纳奥斯文本的整理，其中附有一卷《考证粹辑》*Analecta Critica*，还有他编订的斯托拜乌斯和阿耳基弗伦。他编订的约翰·秦纳慕斯及尼柯弗儒斯·布律恩纽斯，收入拜占庭史家著作的《集成》中，乃是应付差事的工作，其本人对之并无兴趣。他与拉赫曼有交情，为对方的《巴布理乌斯》贡献了一部希腊拗体短长格 choliambic 诗人的残篇集，而他作为一所伟大的古典教育中学之校长的职位，促使他编订了《安提戈涅》与《在刻洛奴斯的俄狄浦斯》，这两部随之都有考据学的专论。他的职务还激发他编订了贺拉斯的《颂歌集》，其中运用了他与拉赫曼同时发现的规律，即贺拉斯的全部颂歌体诗篇都是以四行的诗节写成（1834 年）[1]。第二版（1854 年）前言包含了许多精彩的考证，唯一美中不足的是编订者太好设定有窜入之文字。

1　唯一例外是致肯瑟理努斯 Censorinus 之颂歌（iv 8）。

作为一位感觉敏锐、精力充沛的文本校勘家，绝非缺乏诗歌上的品位，他将自己的伟大楷模本特利以菲勒蒙及米南达研究所开启的事业，延伸至全部希腊喜剧诗人的范围[1]。作为一名中学教师，他具有令人瞩目的道德感染力和贯彻始终的宗教情怀。他生得体格强健，阔眉、突颧、厚唇。平日语声轻柔，凡是有机会一展为人师的本事，要以语言训斥他人，便能声如洪钟[2]。他在1856年辞去教职，当时有幅用以表示纪念的肖像画，被重制以石版印刷本，附有一行他本人所书的话：*οὐκ ἔστι κάλλος οἷον ἀληθει' ἔχει*【美并非真理之内涵】[3]。在退休之年，他以幽默的口吻推辞了自己在大学的讲座："假若有人询问为何我不再开讲座了，你只需告诉他，在教了41年书后，我最后决心要想办法让自己学点儿东西了。"[4]

迈内克在1827—1838年间有位助教，乃是著名的希腊语法学家，卡尔·威廉·克吕格尔 Karl Wilhelm Krüger（1796—1874年），此人出生于波美拉尼亚核心地区的小村庄，自1816—1820年就学于哈雷。他在42岁的时候辞去教师职务，投身于教科书的写作，由他本人在柏林等地刊布，直至在海德堡北方欧登瓦德 Odenwald 山区的韦因海姆 Weinheim 小镇去世。

克吕格尔

1　参看 Ranke，119–121。

2　Ranke，82 以下。

3　Ranke，132；上文第 116 页。

4　同上，140。关于迈内克，参看 Ferdinand Rank 所作的《奥古斯特·迈内克生平素写》，凡175 页（1871）；又见 Sauppe 的《纪念迈内克与贝刻耳》*Zur Erinnerung an Meineke und Bekker*（1872）；Haupt，《杂著集》，iii 228 以下；以及 Bursian，ii 764–769。

克吕格尔为中学所作的希腊语法书[1]，分成两编，（1）论阿提卡方言；（2）论其他方言，每编都分成词形变化及句法。这个安排适合于教育目的，但造成了关乎语法之历史发展的错误印象。不过，书中将规则阐述得清晰准确，并有精心摘选的例证用以说明。克吕格尔不肯承认在他的语法学中有任何比较语文学的成果存在，他甚至在一系列争论文章中攻讦 G. 科耳修斯的希腊语法书（1852 年）中追从的原则，用语之尖刻暴戾，只能以其作者命运多舛来作为开脱之词了[2]。

语法学角度的阐解乃是他编订色诺芬《长征记》以及希罗多德、修昔底德和阿里安著作的重要立足点。他还有更为广泛的兴趣，体现于对色诺芬生平所提出的考证质疑，编订哈利卡那苏斯的第欧尼修的历史著作，以及后来关于修昔底德生平的著作，为费纳·克灵顿所著《希腊年代记》拉丁译本所作的增补，还有他的两卷本历史与语文学研究[3]。

作为希腊语法学家和色诺芬的编订者，克吕格尔有一位劲敌，拉斐尔·屈纳 Raphael Kühner（1802—1878 年）。他出生并受学于哥达，在哥廷根深造，自 1824 至 1863 年间出任汉诺威的人文高中 Lyceum 教师，15 年后他去世当地。他著有两卷本的大型希腊语法学（1834—1835 年）[4]，乃是语法学知识之庞大宝库，现今在布拉斯 Blass 及格特 Gerth 的编订下，已刊至第三版，有四卷之多（1890—1904 年）。他还完成了一部学校用的希腊语法（1836 年），以及一部更为基础的同主题著作

---

1 《希腊语法》*Griechische Sprachlehre*，柏林，1843；第五版，1873—1879。
2 参看克吕格尔 1869 年的小册子，还有在 1871 年他的第三版语法书之第 II 编卷 ii 第 193–214 页中的结语。
3 W. Pökel，《克吕格尔简传》*K. W. Krüger's Lebensabriss*，附肖像及书目，40 页（1885）；Halm 在《德意志传记大全》；以及 Bursian, ii 769–771。
4 由 W. E. Jelf 译出，1842—1845。

（1837 年），后者至今已经历多次再版，并与拉丁语法的相关著作合并刊印（1841 年以后）。当他退休之后，他刊布了一部大型的拉丁语法学（1877—1879 年），这是一个学问与勤奋精神的里程碑。他作为编订家的工作，最出色的代表，是为西塞罗《图斯库兰论辩集》所作的注疏[1]。

希腊方言研究，在海因里希·鲁道夫·阿伦斯 Heinrich Ludolf Ahrens（1809—1881 年）的推动下得到发展，此人出生于黑尔姆斯特 Helmstedt，就学于哥廷根，后来担任过诸多学术职务，乃是 1849—1879 年汉诺威人文高中的主任，其间将屈纳列为自己的高级助手长达 14 年。阿伦斯还在伊尔菲尔德任教之时，他关于希腊方言的巨著在哥廷根刊布（1839—1843 年）[2]。他出版过一部荷马及阿提卡方言的语法书[3]。一部重要的考据学编订本，整理的是提奥克里忒、比翁及摩斯库斯，以及多篇发表在《语文学家》上的论文[4]。这个刊物是他的同乡友人弗里德里希·威廉·施耐德温 Friedrich Wilhelm Schneidewin 在哥廷根创办的，后续之编者为厄恩斯特·路德维希·冯·洛伊施 Ernst Ludwig von Leutsch。最后提到的这两位学者，还曾合作完成了一部全编本《希腊名谚集丛》*Paroemiographi Greci*（1839—1851 年）。

施耐德温（1810—1856 年）曾在哥廷根从学于 K. O. 穆勒，自 1833 至 1836 年任布伦瑞克中学教师，在那里受到了阿道夫·埃默理乌斯 Adolph Emperius（1806—1841 年）的影响，此人编订过"金嘴"狄

施耐德温

1　1829；第五版，1874。Bursian，ii 771 以下。
2　由 R. Meister 改订（1882 以后）。
3　1853；第二版，1869。
4　《短著集》*Kleine Schriften*（《语言学编》*Zur Sprachwissenschaft*），1891。

翁，还受到了赫尔曼弟子费迪南德·班贝格尔 Ferdinand Bamberger（1809—1855 年）的影响，后者特别专注于埃斯库罗斯的考据校勘。由此而论，尽管他的学术训练主要在考古学领域，但他却显露出与赫尔曼的考据学派有所亲近，编校了希腊抒情诗人集，这是他在布伦瑞克开始着手、在哥廷根继续下去的工作，在后一处大学的教授职务维持了生平最后的 20 年。在哥廷根，他完成了索福克勒斯的精彩编订本，附有引言和简短的德文注解（1849—1854 年），另外还有多篇关于这位诗人的论文[1]。他思量着完成一部埃斯库罗斯的同类编订本，但人寿不永，只完成了《阿伽门农》（1856 年）。他刊布了两个马提阿尔的编订本（1842 及 1853 年），还有叙珀芮德斯《为欧克珊尼波斯而辩》*pro Euxenippo* 与《为吕柯弗隆而辩》*pro Lycophrone* 的一部编订本，同年也出版了邱吉尔·巴宾顿 Churchill Babington 的首刊版（1853 年）[2]。

施耐德温的同事，冯·洛伊施（1808—1887 年），编订了史诗系列中的《忒拜传奇》残篇集（1830 年），还完成了一部有关希腊诗律系列讲座（附古代文献摘要）的综述（1841 年）。他的精力后来几乎都投入于《语文学家》和《语文学通报》*Philologischer Anzeiger*，他无暇旁顾，只是在 1851 年参与合作完成了那部《希腊名谚集丛》[3]。

对于句法的系统研究，出现了新的发展，这来自沃尔夫学派的最后

1　哥廷根《论文集》，v 159 以下，vi 3 以下、229 以下；《语文学家》，iv 450 以下、633 以下，vi 593 以下。

2　Bursian，ii 774 以下。

3　Bursian，ii 776；《古代研究传记年刊》，1887，41-48。

传人之一，戈特弗里德·本哈代 Gottfried Bernhardy（1800—1875 年）。他 本哈代
出生于瓦泽河畔兰茨贝格 Landsberg an der Warthe 的一个犹太家庭，受学于
柏林，16 岁时在那里受洗改宗。他在沃尔夫及柏克门下读书，此外在私
下用功时展现出超乎众人的勤勉劬劳。在从事了几个不起眼的学术职务
（他也并不胜任）后，他获得柏林的大学教职资格，这得益于所著的一
部富有学养的论文，讨论的是埃拉托色尼著作的残篇集。此后他编订了
"游方者"第欧尼修的著作。与此同时，他结识了迈内克、布特曼、聪普
特以及拉赫曼，并在柏林发行的一份黑格尔派报纸上写一些对于诸如赫
尔曼《杂著集》、罗贝克《光耀集》等著作的精彩评论。1829 年，他刊
布了一册 500 多页的著作，讨论"希腊语的科学句法"[1]。句法在这里被认
为与文学史相关联，该作者对于系统及百科全书式的研究方法所持有的
特殊倾向，最早是在此书中体现出来。同年，本哈代受命接替赖西希在
哈雷的职位，他在此任上工作了余生的 46 年，并在后 31 年中还是一位 122
富有实效的图书馆长。他担任代理校长时期，在 1841—1842 年的冬季
学期公布了关于哈雷之校史的项目，包括一篇为沃尔夫所作的精彩赞词[2]。
沃尔夫的影响在本哈代整体的古典学术观念中是非常明显的，这也体现
在他对其若干分部进行探索时的周备透彻程度上。黑格尔的影响在他研
究的深刻程度和文体的含混程度上表现得更为显著。1832 年，他发表了
他本人的古典学识体系，其中语法学被视为这门学问的工具，考据与阐
解则是其要素，而居于从属地位的，是艺术史以及钱币学和碑铭学[3]。这

---

1 增补见《希腊句法研究补遗》*Paralipomena Syntaxis Graecae*，1862。
2 Volkmann 的《戈特弗里德·本哈代》，40，131。
3 《语文学百科全书略要》，420 页（1832）。Volkmann，77–80.

部著作的出版晚于他的《罗马文学史》(1830年)[1]，早于他的《希腊文学史》(1836—1845年)[2]。在这后两部重要著作中，研究对象都被分成两个部分：(1) 以年代次序对文学之历史发展的综合论述；(2) 对于诸多分支的具体论述，每个作家都有传记和书目的细节。这样划分包含了在**综合**调查中已经提及的问题，它们会频繁在**具体**部分中重复出现；尽管希腊文学的论述已经长达三卷，却还未涉及希腊散文体文学的具体之历史。无论如何，就其首度设立具有文学史意味的一种明确的更高标准而言，这两部著作便是值得尊敬和纪念的。

本哈代编订的《苏伊达斯辞典》(直至1853年才完成)，在盖斯佛德的编订本出版之前便已交付印刷 (1834年)。辞典部分依据对巴黎钞本的一项研究，但其价值主要在于注解，在于第二卷的评述[3]。他担任古典学教授时有一位重要的同事，M. H. E. 迈耶，乃是希腊古物研究的专家，尽管他们在对古典学研讨班的管理上多有分歧，对彼此间的关系产生了严峻的压力，但本哈代在为这位同事所作的吊唁悼词中并不乏宽和之词[4]。主要靠本哈代的争取，迈耶的职位由贝克接替，不过此人很快与本哈代疏远了，后者倒是愉快地在1869年去往波恩，他在哈雷的职位由一位更为温和的同事海因里希·凯尔取代。同在这年，沃尔夫的短篇著作集得以出版，这是纪念他与哈雷之渊源的计划所促成的结果[5]，出色的编订工作由本哈代完成，他是这位大师人物亲传弟子在世的最后一人。

1　《罗马文学纲要》，第五版，1872。

2　《希腊文学纲要》，第四版，三卷本 (1876—1880)；卷 i 有第五版，844 页 (Volkmann 编订，1892)。

3　Volkmann, 65-68, 92 以下。

4　1806 年项目，"论哈波克剌提翁之时代"；Volkmann, 96。

5　F. A. 沃尔夫，《短著集》，1200 页。

本哈代体格羸弱，但他晨起甚早，饮食简朴，习惯于一直站在敞开之窗户旁的书桌前面，热爱游泳，并每天走路一或两个小时（双臂向背后甩），这些有助于他延寿至 75 岁。他的故乡很快便有一幅团花圆形肖像来纪念他，哈雷的同事代表，海因里希·凯尔，为他撰写了一篇慷慨高尚的赞词[1]。他众多学生中，无人像瑙克 Nauck 那样受益于他的指导和启发[2]。纪念他的最精彩之颂词，是他另外一位杰出的弟子理查·沃克曼 Richard Volkmann 最后撰写的本哈代职业生涯概述[3]。

　　与本哈代关于罗马文学之著作相抗敌者，出自威廉·西吉斯蒙德·托伊费尔 Wilhelm Sigismund Teuffel（1820—1878 年）之手，此人在相较不永的一生之最后 34 年间在图宾根执教。他的时间多用以续编自 1839 年由奥古斯特·鲍礼 August Pauly（1796—1845 年）在斯图加特开始的《古典学百科全书》Real-Encyclopädie der classischen Altertumswissenschaft。他关于罗马文学的著作（1870 年），第 4 版得到了 L. 施瓦贝 Schwabe 的修订和增补（1882 年），并由 G. C. W. 沃尔 Warr 译出（1900 年），尽管不具有本哈代的深刻思想和原创精神，却在文体之明晰及谋篇布局上更胜一筹[4]。

托伊费尔

124

1　Volkmann, 116，参看 158，以及理茨尔的颂词（1872 年作），109。

2　同上，150 以下。

3　《戈特弗里德·本哈代，纪念他的生平及著述》Gottfried Bernhardy, zur Erinnerung an sein Leben und Wirken，160 页，附肖像（1887）；参看 Echstein 在《德意志传记大全》，及 Bursian, ii 776–780。

4　本哈代在自己著作第五版的前言中，称此书为"一部富有博学之资料及研究的系年史传"【译按，原系德文】。托伊费尔草拟了一部柏拉图相关的文学纲目（1874），试图完成一部希腊文学史。他早期著作中有《云》及《波斯人》的编订本。他研究兴趣的变化，体现在他的"研究与描述"（1871；第二版，1889）中。参看《古代研究传记年刊》，1896，35-44。

本哈代的三卷本希腊文学，主要局限于诗人。后来柏林的鲁道
尼柯莱　夫·尼柯莱 Rudolf Nicolai 则下功夫以三卷篇幅提供一部完整的古典希腊文
学史[1]，继而又完成了一部近代希腊文学史，一部罗马文学史。他的希腊
文学史被一位称职的批评家评为完全乏善可陈[2]。贝克的同主题著作（我
们很快会再提及）长达四卷，以诗人为主。——尽管本哈代对"科学的
希腊文句法"有精湛研究，句法问题依然出现在南日耳曼地区由博伊姆
莱因 Bäumlein（1797—1865 年）撰写（1856 年以后）、在北日耳曼地区
由阿肯 Aken（1816—1870 年）撰写（1868 年）的基础希腊文语法书中。

康剌德·迈　阿提卡碑铭的语法，在康剌德·迈斯特汉斯 Konrad Meisterhans（1858—
斯特汉斯　1894 年）那里得以成功地解决，他在苏黎世从学于胡格 Hug 与布勒默
Blümmer，后在巴黎居停一载，其间他在卢浮宫研究了所有的希腊碑铭，
继而在索洛图恩 Solothurn 执教，在此职位上走完了其短暂生涯的最后 11
年。他最为人知的著作，是胡格提出的计划，被题献给了克吉 Kaegi[3]。

康剌德·利　日耳曼第一部系统的拉丁文语法的作者，是康剌德·利奥波德·施
奥波德·施　奈德 Konrad Leopold Schneider（1786—1821 年），他在短暂一生的最后三
奈德　年中完成了一部大语法书，然而只限于词形变化规则。他所经眼的有用
著作，只有 G. J. 沃修斯的《阿里斯塔库斯》（1635 年）及托马斯·鲁迪
曼的《拉丁语法原理》（1725—1731 年）。拉丁作家们在词形变化问题
上的运用，后来被克里斯蒂安·弗里德里希·诺伊 Christian Friedrich Neue
（1798—1886 年）以充分细致的分析阐述明白，此人是普福尔塔学校

1　1865—1867；第二版，1873—1878。

2　Bursian，ii 779.

3　《阿提卡碑铭之语法》*Grammatik der attischen Inschriften*，1885；第三版，1900。Schulthess 在
《古代研究传记年刊》，1896，35–44。

1820—1831 年的一位教师，1831—1861 年间在多帕特 Dorpat 担任教授，余生 25 年居住于斯图加特[1]。

句法问题被写入卡尔·戈特洛布·聪普特 Karl Gottlob Zumpt（1792—1849 年）全面的拉丁语法学中，他在海德堡及家乡柏林的大学深造，在后一处，他担任了 15 年的中学教师，又在生平最后 22 年中出任罗马文学之教授。他 1818 年问世的拉丁语法，限于古典散文，经历了诸多版本，并被译为英文。此书在日耳曼地区一直具有权威地位，直至 1844 年被马兹维的著作所取代。聪普特还完成了一部有用的古代史系年，截止于西元 476 年[2]。罗马古物是他在大学讲课的主要题目，也是他在柏林科学院所发表论文的内容。他还编订了科耳修斯著作、西塞罗的《反维勒斯演说》，以及昆体良的《演说术原理》[3]。

聪普特

125

拉丁语法学与辞书学，乃是那位多才多艺却有些肤浅的学者赖因霍尔德·克洛茨（1807—1870 年）的主要兴趣，他在莱比锡就学，生平最后 38 年一直担任教师。他有一部令人肃然起敬的《拉丁文体手册》，出色之处在于作者对西塞罗坚持不懈的研究，此书在他身后由其子嗣刊布。西塞罗此前便是他最初著作《图利疑义集》*Quaestiones Tullianae* 的主题；他还完成了《论老年》和《论友谊》的校注，对所有演说词和《图斯库

霍尔德·

克洛茨

---

1 《拉丁语言的词形变化》*Formenlehre der lateinischen Sprache*（1861—1866），第三版，Wagener，四卷本，含索引（1888—1905）。
2 《古代王国与民族编年史》*Annales veterum regnorum et populorum*，1829，1862。
3 关于他为斯波尔丁编订本所作的补遗，见上文第 82 页。参看 A. W. Zumpt，《聪普特的生平及学术述略》*De Caroli Timothei Zumptii vita et studiis narratio*（1851）；Bursian，ii 783–785。

图 50　拉赫曼

简化自 A. Teichel 根据 H. Biow 摄影作品所制作的版画

兰论辩集》的注疏，以及一部完整的文本编订本（1850—1857 年）[1]。他继而编订了泰伦斯，附有古人注疏，还将自己从事农耕的实践经验用在了《农事诗》的编订中，可惜此书未能完成。他编订的希腊文本，包括欧里庇得斯的几部剧作[2]、琉善的《浮生记梦》，以及亚历山大里亚的克莱芒著作等。作为文本考据校勘家，他极为保守；对明显有讹误的段落，他总是想要通过非常武断的解释方式进行辩护，而他自己的勘误，被他徒劳地企图借由古文书写研究的手段加以佐证，却未能取信于人。

他的中等程度拉丁文辞典（1853—1857 年），本打算从头到尾以对于拉丁经典著作的直接研究为基础，但出版商出于利益考量，强迫他向 F. 吕布克 Lübker 和 E. E. 胡德曼 Hudemann 寻求援助。这使得编写过程中着力不均，从弗洛因德 Freund[3] 的辞典（1834—1845 年）中抄来未经证实的资料，还造成了一些讹误。弗氏这部辞典，不过是一部福尔切利尼辞书的编录而已。克洛茨在自己编订的德瓦琉论希腊语虚词的著作中倒是添补了许多新材料[4]。他还计划了一部大规模的拉丁文学史，但是唯一出版的部分（1846 年），几乎还没触及主题的门限[5]。

在此，我们还要对约翰·弗里德里希·雅各布 Johann Friedrich Jacob（1792—1854 年）稍加介绍，他在吕贝克的学校担任主管[6]，编订过《埃特纳火山志》Aetna，还编订过普罗珀提乌斯，以及普劳图斯的《埃皮狄库斯》和曼尼琉斯的天学诗。他也翻译过泰伦斯，写过一部关于贺拉斯

1　还有多篇论文，发表在《语文学年刊》，他自 1831 至 1856 年在其中担任编辑。

2　《腓尼基妇女》《俄瑞斯忒斯》《在陶里斯的伊菲革涅亚》《在奥利斯的伊菲革涅亚》。

3　父母系犹太人。生于 1806 年，卒于 1894 年（在布雷斯劳），编纂了《语文学三年》等书。

4　上文第二卷第 78 页。

5　《讣闻》Nekrolog，见《语文学年刊》，civ（1871），153 以下；Bursian，ii 785–788。

6　J. Classen 所作传记（耶拿，1855）。

及其友人的著作。门罗称他编订的《埃特纳火山志》，"如其曼尼琉斯一般，在精确度和敏锐度上都乏善可陈"，而且"其冗繁絮叨的本事超过了所有人的容忍限度"[1]。

福尔比格　　　拉丁辞书学以及拉丁文体，都是阿尔伯特·福尔比格 Albert Forbiger（1798—1878 年）感兴趣的对象。其父是戈特利布·萨缪尔·福尔比格 Gottlieb Samuel Forbiger（1751—1828 年），在莱比锡的尼柯莱中学担任了 33 年校长。此子在该校执教近 40 年，自 1863 年离职去往德累斯顿，在那里他度过了余生 15 年时光。他早期写过关于卢克莱修的专论，后又编了此诗人及维吉尔的著作，这两部整理成果都以辛苦劬劳为标榜，而不见其考据上的敏锐识见。此外他还完成了一部德语拉丁语辞典，及一部关于拉丁文体的著作。他还出版了一部关于古代地理学的综合性著作[2]，一部斯特拉波的译本，在年迈垂老之岁还刊布了一部题为《希腊与罗马》*Hellas und Rom* 的通俗著作。若读过拉赫曼关于卢克莱修的注疏，福尔比格这个名字一定耳熟能详。特别是对于福尔比格，拉赫曼一贯严厉的态度甚而"近乎残暴"[3]。不过（如门罗宽厚地补

1　《埃特纳火山志》，p. 27。参看 Bursian，ii 934。

2　Bursian，ii 1128.

3　例如 p. 13，Forbigero iniuriam faciat qui eum vel minimam rem per se intellegere postulet【想要从福尔比格处弄明白什么，都只有损害，至少也是于事无补】；14，Forbiger nihil usquam laudabile gessit【福尔比格毫无值得称许的作为可言】；15，(nostri) mercennariam Forbigeri operam, in qua neque ratio ulla esset neque diligentia, contemnere debebant【人们必然会瞧不起（我们）这位福尔比格唯利是图的研究，其中既看不出下过功夫，也找不到一点儿理性】；i 280 注，Forbiger, quod absurda tam fortiter concoquere possit, laudari postulat【福尔比格如此强烈地想得到赞美，竟至于鬼迷心窍】；i 814，a Forbigero iudicium expectari non potuit【别指望在福尔比格这儿能有公正可言】；ii 734，hoc saeculum avaritia librariorum nutrit（转下页）

充说[1]），"其人之大多数讹误，那位学者若被置于同样的环境，也未必能避免得了"。

卡尔·拉赫曼 Karl Lachmann（1793—1851 年），其父乃是一位随军教士，后来被委任为布伦瑞克一所教堂的牧师，他便在此生养。卡尔在莱比锡曾短期跟随赫尔曼读书，在那里他已经对希腊文《新约》的钞本产生兴趣，又在哥廷根生活了六年，在那里拉赫曼与本森联合组建了一个语文学学会，迪森被推举为主席。与此同时，他凭借一篇关于提布卢斯的专论，在哈雷获得学位（1811 年）。1815 年，他刚完成了两部普罗珀提乌斯编订本中的第一部，尚未付梓，便加入了志愿军远征法国，尚不忘随身携带着自己钟爱的荷马之副本。拉赫曼渡过莱茵河之前，拿破仑已在滑铁卢战败。无论如何，志愿军继续前进，拉赫曼游览了两次巴黎，见到了卢浮宫的艺术宝藏，还在兰斯的城墙中发现了埋入其中的尤利乌斯·恺撒的凯旋门【译按，此年代不确】[2]。在 1818—1824 年，他在柯尼斯堡担任教授，在那里教过最好的学生是列尔斯。但是拉赫曼觉得自己在柯尼斯堡被罗贝克的声名所遮蔽，因此而未能赢得一展其各项伟大才学的机会，而 1825 年他在柏林获得了这一切，在其生平剩余的 26 年中，他是这所大学最杰出的教授之一。

作为一名拉丁学者，他除了早期编订的普罗珀提乌斯（1816 年），

拉赫曼

128

（接上页）Forbigeri sordibus【这个书籍泛滥的时代，饱受福尔比格的污染】；ii 760, Forbiger quid faceret, nisi contemneret？【对于福尔比格，除了蔑视还有何可为？】；ii 795, impudenter respondet ad haec Forbiger【无耻地回应这位福尔比格】；iii 476, Forbigeri mendacium【福尔比格的谎言】；参看 i 922, 996；ii 502；iii 361, 1088；iv 391；vi 56 以下。

1 《卢克莱修》，卷 i, p. 21[3]。

2 Hertz，22–32.

又编订了这位诗人著作的第二个版本，连同卡图卢斯及提布卢斯（1829年）[1]。他还编订了泰伦提安·茅儒斯的诗作，《论文字、音节与韵体》[2]，以及阿维安努斯的寓言集[3]。晚年的他完成了杰出的卢克莱修编订本（1850年）。他的卢基理乌斯是身后于1876年出版的。以上所有这些之中，最享盛誉的就是他的卢克莱修。他最初严肃地考虑这项事业，是在班贝格与施韦因富特 Schweinfürt 间的河船甲板上，那是1845年秋天的一次旅行，当时有豪普特作伴，后者热情地支持这项计划[4]。关于这部著作的意义，引述该诗人的另一位伟大编订者所撰写的慷慨之赞词便足够了：

　　这位在语文学的圣教、古典及条顿等如此众多领域都赫赫著名的学者，似乎是将拉丁诗歌当作他的特有擅场。他的卢克莱修之巨构，乃是1845年秋至1850年11月，其生平最后五年间的主要事业。可以庆幸的是，他在数月中充分运用了那两部莱顿钞本。他有与生俱来的睿智，得到了长年丰富之阅历的引导和磨练，立时察辨出彼此间以及与其所源出之母本的关系，于是清除了过去文本构建中通常所采用的专断方式。他的热情随着工作的进展而升温，一个接一个的真相在他面前显露出来，以至于最终他通过连续的进步获得了清晰的领悟，体会到文本在脱离作者之手后在最关键问题上的状况……尽管其拉丁文体极为清晰、生动、得体，然而他绝不轻视辞令的意图，他又有一种精神癖好，即只希望被那些他认为配得上理解他的人所理解，从这两点来看，他的文字在初读

1　Hertz，120–122.

2　同上，126。

3　同上，138。

4　同上，139。

之时往往显得含混艰涩……不过，一旦充分理解其文义，他的辞令便不会很快被忘怀。[1]

在他关于拉丁诸诗人的论文中，可以提及他对迪森《提布卢斯》的书评[2]；对《贺拉斯颂歌集》在年序、考据和格律上的考察[3]；尝试对《女杰书简》的可信作品和伪作加以甄别的文章[4]；还有他将"武拜的品达罗斯"的拉丁文版荷马判定为出自提比略帝时期的文章[5]。在拉丁散文领域，拉赫曼的大名出现在盖乌斯的两部编订本，以及罗马土地测量员们的合集编订本之中[6]。

在编订希腊散文体文本方面，他的代表著作是完成于1850年的希腊文《新约》的重要修订，以及应尼布尔要求在《拜占庭史著集成》中贡献的根尼修斯 Genesius 著作编订本。他在希腊诗人方面的兴趣，体现在他对赫尔曼编订的《埃阿斯》的精妙评述[7]；一篇关于《在刻洛奴斯的俄狄浦斯》之年代及创作意图的论文[8]；还有柯尼斯堡关于希腊悲剧的合唱颂歌及对话的两个项目，主张分配给每个合唱单元和每个对话单元的诗行总数，以及分配给每位演出者的诗行总数，都是 7 的倍数，——这个见解至今仍未得到普遍认可。

---

1 Munro，《卢克莱修》，i 20[3] 以下。
2 《短著集》*Kleinere Schriften*，ii 102。
3 同上，ii 77。
4 同上，ii 56。
5 同上，ii 161。
6 《古代土地测绘员集》*Gromatici Veteres*；Hertz，133 以下。
7 《短著集》，ii 1 以下。
8 同上，ii 18。

希腊人米纳斯 Minas 在阿陀斯山的一家修道院中发现了巴布理乌斯寓言集的一部钞本，1844 年 11 月被布瓦松纳德有些仓促地刊布出来，这引得拉赫曼以四个月时间完成了一部该文本的精良编订本，对此迈内克、贝刻耳、赫尔曼及豪普特都有所贡献，尤其是迈内克，增加了一部附录，是其他所有拗体短长格诗人的残篇集[1]。

拉赫曼对沃尔夫《荷马研究绪论》的研读，使他将该著作的原理运用于伟大的日耳曼史诗《尼伯龙根之歌》，从而指出在 13 世纪初期最终定型的这部作品，可以被拆成 20 篇原始歌谣的系列[2]。20 多年后，在呈交柏林科学院的两篇论文中，他将同样的原理运用于荷马史诗本身[3]。

拉赫曼将《伊利亚特》剖分为 18 篇独立的歌谣。他不能确定是否这些篇章要归属于 18 位不同的作家。但是他认为，至少每篇歌谣原本都或多或少地与其他所有部分不存在依赖关系。他主要的检验标准就是细节的前后矛盾。他提出，一位原初时代的诗人可以在他的构思中浮现出一幅生动的画面，因而会紧密连贯地重现其情节。他还主张，许多歌谣在总体精神上是完全不同的。[4]

拉赫曼乃是文本考证严格且具有方法论之体系的真正创立者。他在

1　Hertz，163 以下。

2　《短著集》，i 1 以下（1816）；Hertz，128 以下。

3　《荷马伊利亚特沉思录》*Betrachtungen über Homers Ilias*（1837—1841）；1847、1865、1874 年重印时有所增补。

4　Jebb 的《荷马》，118 以下；对于拉赫曼理论的批评，参看 Friedländer 的《从沃尔夫到格罗特的荷马史诗考证》*Die Homerische Kritik von Wolf bis Grote*，1853，17 以下；Bonitz，《论荷马史诗起源的讲演录》Über den Ursprung der homerischen Gedichte, Vortrag，1860，47[4] 以下。

希腊文《新约》编订本的前言中表述所制定的原则最为清晰。在此书及其他著作中，其伟大典范正是本特利[1]。

古代文献著作的恢复是两个环节的过程：(1)调查作者身份，作品的原初形态；(2)对其思想与感情的阐释，以及产生这些的背景。第一个环节即**考证**；第二个环节为**解释**。考证环节又分成三个阶段：(1)确定在诸钞本中传下来的文本（*recensere*【检查】）；(2)对讹误进行校正（*emendare*【校雠】）；(3)发现该著作的原始形态（*originem detegere*【复原】）。一部著作的原始形态，可以通过两个途径查明：(1)估衡诸钞本之证据；(2)纠正其中出现错谬的证据。因此，在开始就有必要调查清楚最可靠的证据说明了什么；其次，必须生成判断，决定作者能够写出什么内容来；再者，必须分析作者的人格，他生活的时代，以及他完成其著作的环境和采用的方式。考据家的第一要务乃是 *recensio*【清点】，清理在最佳诸钞本中传至今日的文本，这可以（而事实上必须）不借助于 *interpretatio*【解释】而得以实现。另一方面，考据过程的其他两个阶段，皆与 *interpretatio*【解释】关联极为密切；因为(1)*emendatio*【校雠】，或是推测式考据，以及(2)对任何指定文本之原貌的调查（或是所谓"高等考证"higher criticism【译按，最初指《圣经》考证中从文献的历史起源考察文本，或被称为"历史考证"】），皆设定其基础为对于著作的理解，而从另一角度说，**完整**的理解只有借助于考证调查的结果才会实现。

---

1 在他的《神学研究与考据》*Theologische Studien und Kritiken*（1830），820 以下，他推崇"新时代最伟大的考据家之一"本特利的"过人手段"【译按，引语原系德文】。在他的《卢克莱修》，p. 13，他记述道：In iuvenilibus Bentleii schediasmatis permulta sunt summo et perfecto artifice dignissima【在青年本特利的即兴谈吐中便有非常多极为高明且完美的内容，堪称宗师】。

这些原则都被拉赫曼运用于他全部的拉丁文或希腊文或德文文本的编订之中。总而言之，他的宗旨，首先是在借助诸钞本或其他文献之引文所能探知的范围内，**确定**文本的**最早**形态；其次则是通过审慎勘校的方式将**原始**形态进行**恢复**[1]。

"拉赫曼对语文学研究的整体趋势的影响"，据纳特勒史普所言[2]，在19世纪里"可能超过了任何个人"。"许多从未谋面，以及那些仅识其书的学者，都因他赋予考据方法超乎寻常的推动力而受到振奋；希腊文、拉丁文及德文语文学，同样感知到这位魔术家的点拨。""几乎没有任何重要著作"（门罗有言[3]），"自拉赫曼《卢克莱修》后在日耳曼地区问世的，在拉丁文学的任何方面，不是通篇渗透着他所示范之痕迹的"……"他对多端之价值的钟爱，在他身上激发出一种热情，要秉持公心评判以往在同论题上有所建树的一切学人；而他对于浮夸无知者及卑鄙懈怠者的轻蔑与痛恨，迫使他指责那些被他认定犯有这些罪行的人物"。

"就其心智与身体的活动而论"（据丹瑙逊所云[4]），"赫尔曼与拉赫曼比 99% 的日耳曼人更接近于英伦人士；这两位比当时任何一位'饱

---

1 参看 Haupt，《论考据家拉赫曼》*De Lachmanno Critico*，见 Belger 的《作为学术导师的莫里茨·豪普特》*Moritz Haupt als akademischer Lehrer*，43；Bursian，ii 789 以下。

2 《文集》，i 9。

3 《卢克莱修》，i, p. 20[3]。

4 《古典学术与古典学识》*Classical Scholarship and Classical Learning*，157 以下。参看拉赫曼《短著集》，两卷本（1876）；《致莫里茨·豪普特书》*Briefe an Moriz Haupt*，Vahlen 编订，264 页（1892）；M. Hertz，《卡尔·拉赫曼传》*Karl Lachmann, eine Biographie*（1851）；J. Grimm，《拉赫曼讲话录》*Rede auf Lachmann*（1851），重刊于 Grimm 的《短著集》，i 145—162；Haupt，《论考据家拉赫曼》；M. Schmidt，《卡尔·拉赫曼格律研究平议》*Commentatio de Caroli Lachmanni studiis metricis recte aestimandis*，1880；以及 Bursian，ii 783—792；又见 F. Leo（哥廷根，1893），18 页；Vahlen，《柏林科学院会议报告》，1893，615 以下；Weinhold，《柏林科学院会议报告》，1894，37 页。

学之士'【译按，原系德文】在古典著作上都更为进步"……他们都是"矮小精悍的机敏男士，富有神气与精力——与通常类型的日耳曼书蠹完全不同"。

　　对于荷马问题，最早遵从拉赫曼之歌谣理论的，是赫尔曼·克希利 Hermann Köchly（1815—1876 年）。他是莱比锡出版商之子，在格里马 Grimma 从学于文德尔。在莱比锡大学，他成为赫尔曼的一位热诚弟子；1872 年他为纪念导师的百年诞辰，发表了一篇令人敬重的缅怀演说，又于 1874 年将此讲稿添加了完整的文献参考附录，予以出版。他在迈宁根附近的萨尔费尔德 Saalfeld 有三年中学教师的经验，之后又在德累斯顿执教九年，1849 年的政治事件暂时中断了他的职业，迫使他从萨克森地区流亡在外[1]。他逃到汉堡和布鲁塞尔，在那里继续研究希腊悲剧诗人，这体现于他对《被缚的普罗米修斯》之问题的考察，以及另外一部关于《阿尔刻提斯》《赫卡柏》及《海伦》的著作。他还继续从事士麦那的昆图斯著作之考据编订，并在三周时间内完成了对于最后五卷的注释，如果是在他繁忙的德累斯顿岁月中，这项工作可能要花掉三年时间。他进而为狄多丛书着手编订曼涅托，指望由此或许最终可以赢得教授职位[2]。与此同时，其实他在奥雷利去世后便被委派就任苏黎世所空缺出来的职位。他在此职位上从 1850 工作至 1864 年，那时他受邀去往海德堡，以余生的 12 年时光在该校担任教授。

1　E. Böckel，《赫尔曼·克希利：生平及其性格素写》*Hermann Köchly: ein Bild seines Lebens und seiner Persönlichkeit*，109–135；Gustav Freytag，《浮生追忆》*Erinnerungen aus meinem Leben*，1887；英译本，1890。

2　Böckel，127–132.

他在苏黎世的七篇专论（1850—1859 年）以及在一篇关于"赎回赫克托耳尸首"的论文（1859 年）中，梳理了《伊利亚特》的结构;《奥德赛》的结构问题，则见于另外三篇苏黎世期间的专论（1862—1863 年）中。他梳理《伊利亚特》的结果，以一种实践方式体现于 1861 年刊于莱比锡的一个 16 篇歌谣的编订本中[1]。

然而，克希利的"歌谣"并不等同于拉赫曼所界定的类型。"这两位研究者持有不同的剖析观点。"短篇歌谣的理论，"无论它表现为如何具体的形式，必然排斥有那么一位诗人对于各篇章的整体布局具有压倒性的影响"[2]。

133　　　除去论教育政策的著作，大多数克希利的出版物都与后荷马时期的史诗有关。他与其弟子金克尔 Kinkel 合作完成了赫西俄德的一部考据编订本，以及一部简明的文本（1870 年）。还编订了阿剌图斯、曼涅托和马克西姆，都见于狄多丛书，他曾出过一个单独的曼涅托编订本，两个士麦那的昆图斯的编订本（1850—1853 年），最后，还编订过忒律菲奥多儒和诺恩努斯。

早在 1840 年，他就举办过有关《安提戈涅》的讲座，1844 年德累斯顿上演该剧，使他首次公开演讲希腊悲剧[3]。他通过对《在陶里斯的伊菲革涅亚》的校雠（1860—1862 年）、对该剧的编订，以及通过他有关阿里斯托芬《鸟》的论文，显示出自己的考据学才智。在一个关于席勒

1　参看 Böckel，187 以下。
2　Jebb，《荷马》，119。
3　《杂著集》，ii 148 以下。

的讲座中，他追溯了日耳曼诗歌所受的希腊与拉丁经典之影响¹。在苏黎世，这位从萨克森地区出奔的流亡者，在1852年与其他同乡流亡者会合，其中包括了豪普特、雅恩和蒙森；我们注意到，在一次私人场合的《安东尼与克莉奥佩特拉》朗读会中，那位罗马共和国史研究者参与的是屋大维·恺撒的角色²。克希利乃是在海德堡类似的《阿伽门农》《安提戈涅》和《酒神伴侣》朗读会的核心与灵魂³，1876年在曼海姆举办了一次《波斯人》的精彩演出⁴。在苏黎世与海德堡，他开设过六节关于德摩斯提尼的系列演讲⁵，该作家的演说词《议金冠》由他译成德文⁶，西塞罗的《为塞斯提乌斯而辩》*pro Sestio* 与《为米洛而辩》也是如此⁷。他联合了军事专家，吕斯托 Rüstow，来翻译恺撒，还写了一篇《高卢战记》的引言（1857年）。1863年，他关于恺撒的著作受到拿破仑三世的特别青睐。

尽管他是赫尔曼的忠实弟子，却接受了瓦克斯穆特 Wachsmuth 的建议，将自己兴趣扩充到了柏克著作的研究领域，还对于 K. O. 穆勒的"希腊文学史"也着迷起来⁸。他同吕斯托合作，著作了一部"希腊战争史"（1852年），还编订了希腊众作家论谋略（1853—1855年）。作为1865年在海德堡举办的学者与中学教师大会的主席，他与巴登大公爵的影响，使得军事专家们被委任来建造原尺寸的 *ballista*【扭力投射机】和

134

1　Böckel, 44.
2　同上，172。
3　同上，322。
4　同上，350, 387。
5　同上，222。
6　同上，182；未署名，1856。
7　同上，375。
8　同上，41, 177；尤其参看273以下。

catapulta【臂力投射机】之模型[1]；而在 1868 年维尔茨堡大会上，他又亲身实践演示了古人 *hasta amentata*【抛矛】的操作[2]。

在为日耳曼中等教育改革所提出的建议中，他没有徒劳地试图强求拉丁语在会话和写作上的完备，而是更偏向于发展对于古典文本的充分理解，以及对古代世界的历史把握[3]。他提出应该先要学好近代语言，拉丁文与希腊文要在 14 岁以后开始学，而关于希腊与罗马世界在历史方面的知识，应该成为学习那些语言时的主要话题[4]。

他人生的梦想是游访希腊。在 1876 年秋天，在他弟子博恩哈德·冯·萨克森－迈宁根 Bernhard von Sachsen-Meiningen 亲王的陪同下，这个梦想得以实现。但不幸的是，他的健康早已出现问题；他在马拉松田野间从马上摔下来，去世于的里雅斯特。他安葬于海德堡，有一篇令人肃然的演说词寄托了对他的纪念[5]。

尽管克希利与拉赫曼都主张《伊利亚特》是由多篇原始歌谣组合而成的，但与拉赫曼关联更为密切的还是豪普特（1808—1874 年）。这两人都对于日耳曼语文学术怀有和古典学术同样的热情，并且他们都将主

豪普特

1　Böckel，241.

2　同上，319。

3　同上，50。

4　同上，94。参看 Paulsen，ii 469[2] 以下。

5　Bernhard Stark，《考古学与艺术史领域的演说及随笔集》*Vorträge und Aufsätze aus dem Gebiete der Archäologie und Kunstgeschichte*，427 以下；参看 A. Hug，《赫尔曼·克希利》（1878），43 页；Eckstein en Ersch & Gruber；Bursian，ii 798；以及尤其是 Ernst Böckel，《赫尔曼·克希利：生平及其性格素写》，附肖像，426 页（1904）。

要精力投入对拉丁诗人的考证之中。他们之间还有最为亲密的交谊，并相继成为柏林的教授。莫里茨·豪普特出生于萨克森地区的齐陶 Zittau。他父亲是一位具有诗人品格、性情激烈的男子，他从中继承了热情又暴躁的精神，以及对于诗歌的活跃兴趣。在莱比锡，他成为赫尔曼的学生，后来娶老师之女为妻。通过阅读赫尔曼编订的《酒神伴侣》，他首次认识到何谓"真正理解一位古代作家"。他用了七年时间在齐陶照料老父（1830—1837 年），平日钻研卡图卢斯和格拉提乌斯；1834 年，他陪父亲去游览维也纳和柏林，在后一处与终生的好友拉赫曼初次相逢[1]，同年他刊布了自己的《中古拉丁诗选》*Exempla poësis Latinae medii aevi*[2]。1837 年他以出版《卡图卢斯疑义集》*Quaestiones Catullianae* 而受任莱比锡的教授职位。1850 年，他由于政治原因被中止了教职，尽管法庭判他无罪，他却被粗暴地剥夺了工作。在余生的 21 年间，他出色地接任了拉赫曼在柏林空出的教授席位。

自 1837 至 1854 年，他作为教授怀的兴趣可谓在古日耳曼与拉丁文诗歌之间平分秋色，但是在其生平最后 20 年中，日耳曼古诗人的地位被希腊古诗人占据了。在莱比锡，他作为拉丁学会的主任获得了极大的成功，此组织大为繁荣，与赫尔曼建立的希腊学会相媲美，他在希腊与日耳曼语文学方面的双重兴趣，令他频频开设有关塔西佗《日耳曼尼亚志》的讲座。他还讲解过《伊利亚特》，埃斯库罗斯、索福克勒斯、阿里斯托芬、普劳图斯及泰伦斯的戏剧选，还讲过提奥克里忒、卡图卢斯、提布卢斯及普罗珀提乌斯。

1　Belger，《作为学术导师的莫里茨·豪普特》，17 以下。

2　同上，48。

他的《卡图卢斯疑义集》(1837年)，是一部在卡图卢斯的文本考据方面具有特别重要意义的著作，此后他还编订了奥维德《渔人清话》及格拉提乌斯与涅密西安的《狩猎篇》，以及《语法学评议集》*Observationes Grammaticae*，收入了多篇关于罗马与亚历山大里亚诗人精彩的语法学和格律学考证文章。1847年，他给拉赫曼关于《伊利亚特》的"评议"添加了一个增补卷，1849及1852年分别刊印了赫尔曼遗留的比翁与摩斯库斯的编订本，以及埃斯库罗斯的编订本。1850年，他完成了自己编订的伪奥维德作品《德鲁苏斯悼诗》*Epicedion Drusi*，1852年，又出版了印刷典雅的贺拉斯文本。

他在柏林能够获得教职，得益于他关于卡尔普尔纽斯及涅密西安之田园诗的论文。他还出版了奥维德《变形记》前七卷的中学用本，以及卡图卢斯、提布卢斯和普罗珀提乌斯还有维吉尔的优美编订本。他首次编订维吉尔时不曾具名；第二版在伪维吉尔作品中收入了一部经过改善的《埃特纳》文本。在拉丁散文方面，他只编订过《日耳曼尼亚志》，加了些简短的校注。在他发表的论文中，在莱比锡与柏林的科学院举行的讲座和演说中，还有在为1854—1874年这21年间所有相应之学期连续不断设立的42门拉丁研究课题中，涵盖了他广泛的研究兴趣。他为《莱茵博物馆》及《语文学家》频繁供稿，最后还在1866年他创办的《赫尔墨斯》上不断刊文。

豪普特如拉赫曼一般，发扬了其导师赫尔曼君子必辩的精神，弥久不去[1]。在他的主要特点中，人们可以看到作为考据学家精妙的严谨态度，以及将对于德法早期诗歌的熟稔运用于深入探知希腊罗马诗歌尤其

1　Belger, 19.

是史诗之上的才能。他富有活力，有着骄傲的自我意识，他在学问与人生中体现出了学人的高尚理想，他在谴责所有低俗平庸，甚至不过是薄弱或稚嫩之事时表现得锐利无情，事实上没有任何事物能达到他本人的理想，这些表现被他在莱比锡的一位学生布尔西安记载下来[1]。他在柏林举办有关贺拉斯《书札集》的讲座，开始先阐述了在组建文本时所遵从的各条原则，于是包含了针对奥雷利进行批判的一连串质问，纳特勒史普参与其中，首次学会了欣赏本特利真正的伟大之处。豪普特有一位终生的好友，古斯塔夫·弗雷塔格 Gustav Freytag。在《失落的钞本》*Die verlorene Handschrift* 中，费利克斯·维纳 Felix Werner 这个角色在某种程度上取材于豪普特，部分情节来自他本人的建议[2]。弗雷塔格向我们描述了豪普特这个人，在友人面前滔滔不绝，在适宜的听众面前能够起身雄辩（正如他对柏克发表著名颂词时那样[3]），却在构思某些能满足他个人之作家标准的文字时遇到了莫大的困难。无论如何，他传世的一切文字，都是极为扼要与清澈的[4]。

137

豪普特的同代人，弗里德里希·哈阿策（1808—1867 年），出生及成长于马格德堡，在哈雷师从赖西希，在夏洛登堡与普福尔塔学校任教，因为是日耳曼学生政治协会【译按，指"青年社"Burschenschaften 这一组织】成员，这一事实使他在 1835 年受审，被判在埃尔富特拘禁六年。一

哈阿策

1　ii 800 以下。

2　Belger, 19, 34 以下。

3　Belger, 63 以下。

4　A. Kirchhoff,《为莫里茨·豪普特的纪念演说》*Gedächtnissrede auf Moriz Haupt*（1875）；Gustav Freytag,《在新帝国中》*Im Neuen Reich*（1874），347 以下；豪普特,《杂著集》，两卷本，1875—1876（附肖像）；C. Belger,《作为学术导师的莫里茨·豪普特》，340 页（1879）；Nettleship,《文集》，i 1–22；Bursian, ii 800–805。

图 51　理茨尔

出自 A. Hohneck 所绘图的石印本（1844），由 Henry 与 Cohen 出版，波恩，附自传与格言，*nil tam difficilest quin quaerendo investigari possiet*【只要肯钻研，便不会太难】（泰伦斯《自责者》，675）

年后获得释放，又前往哈雷。此后他访问了巴黎、斯特拉斯堡、慕尼黑和维也纳的图书馆，在余生 27 年中，在布雷斯劳成为一名杰出的教授。

他头一部独立完成的著作，是关于色诺芬论斯巴达政制的注疏（1833 年）。他在军事战略上的兴趣，体现于对该著作的阐释中，也可以见于他旅居国外期间对希腊罗马谋略家著作钞本的研究 [1]。他给狄多丛书

1　《希腊罗马作家军事论述全编》*De militarium scriptorum Graecorum et Latinorum omnium editione instituenda narratio*（1847）。

贡献了一部修昔底德的编订本，附有精彩的拉丁译文，后来又发表了几篇关于这位作家文本考据问题的论文[1]。在拉丁学术方面，他的精熟程度，可见于他在编订导师赖西希讲演录时的注释中[2]，也见于他本人关于语义符号学的讲座，其中有一篇关于拉丁语法学史的介绍[3]。作为文本考据家，他最为著名的成果是所编订的维勒育斯·帕忒库卢斯、塔西佗和塞内加著作。他的《语文学杂篇集》*Miscellanea Philologica*，是以辞书学和文学史的疑问，讨论希腊拉丁作家们的零落片段，以及希腊铭文，他还对于古典学问的历史尤加留意[4]。他本人对这个主题的贡献，包括了一篇关于拉丁诸钞本中 Subscriptiones【落款题署】的论文[5]，以及一篇关于中世纪语文学研究的重要讨论[6]。哈阿策具有坦诚直率的性格，在公共生活及学术研究上都是满怀热情地积极追求高尚理想，他对所有受其关怀的人都产生了一种健康持久的影响。在他的肖像中，最令人震动的地方，是他望向高处时坚毅的目光[7]。

　　比哈阿策与豪普特早生两年的弗里德里希·理茨尔（1806—1876年），是一位更为伟大的学者。他是图林根的乡村牧师之子，受学于埃

理茨尔

1　《修昔底德秉烛谈》*Lucubrationes Thucydidiae*（1841，1857）。他还发表过一篇重要论文，《论雅典城邦政制》*Die athenische Stammverfassung*（布雷斯劳论文集，1857），以及在 Ersch 与 Gruber《大百科全书》中的几篇关于 *Palaestra*【角力学校】、*Phalanx*【方阵】、*Phrygia*【弗里基】的条目。

2　上文第 108 页。

3　《拉丁语言学讲演录》*Vorlesungen über lateinische Sprachwissenschaft*，Eckstein 与 Peter 编订本（1874—1880）。

4　F. Salgo（化名），《与德意志民族建构相关的语文学之过去及未来》*Vergangenheit und Zukunft der Philologie in ihrem Verhältnis zur Bildung des deutschen Volkes*（1835）；Bursian，ii 810–812。

5　布雷斯劳项目，1860。

6　布雷斯劳项目，1856。

7　C. Fickert，布雷斯劳人文教育项目，1868；Bursian，ii 805–813。

尔富特和维滕贝格，师从施皮茨纳，又在莱比锡短期跟随赫尔曼，继而在哈雷跟随赖西希数年。在赖西希影响之下，他早年的关注兴趣指向了希腊诸诗人。这样的兴趣在他关于阿伽通之时代的专题论文（1829年）中收获成果，又见于他在"埃尔施与格鲁勃大百科"中的几篇条目，关于希腊颂歌，关于 *aulêtês*【吹笛手】奥林波斯 Olympus，关于诗人渥努玛克里特。大约同时，他还完成了一部"宗师"托马士的编订本（1832年），讨论希腊语法学家奥儒斯和奥理翁，并带有若干附录地刊布了他关于亚历山大里亚图书馆的论文（1838年）。这个时期，他在哈雷的四年大学教学时光（1829—1833年）终止，继而受到布雷斯劳的聘任。他的余生分成三个阶段，他先后在布雷斯劳（1833—1839年）、在波恩（1839—1865年），最终在莱比锡（1865—1876年）担任教授。

他对普劳图斯的关注最初体现在布雷斯劳时期。1834年，他在那里撰写了对于林德曼著作的评论，其中他许诺自己要完成一部考据学编订本。1835年，他编订了《巴克基斯姊妹》，大约同时，还提供《莱茵博物馆》一篇普劳图斯考证学研究的书目调查报告[1]。1836—1837年，他游访意大利，在凄冷的严冬数月中辨读米兰的安布罗斯馆藏重写本普劳图斯著作。他致信赫尔曼时概括介绍了这些成果，其中该学者有关普劳图斯诗章法则的观点得到了充分印证[2]。理茨尔关于这部重写本释读报告的准确性，受到卡尔·爱德华·格佩特 Karl Eduard Geppert（1811—1881年）的徒劳攻讦，此人先后在莱比锡师从赫尔曼及在柏林师从柏克，擅长音乐和背诵莎士比亚，对于希腊罗马剧场怀有兴趣，曾在柏林重新搬演了

140

---

1 《杂著集》，ii 1–165。

2 ii 166–201.

多部普劳图斯戏剧，并编订过其中的九部 [1]。那部重写本后来又得到了古斯塔夫·勒韦 Gustav Löwe 和威廉·施图德蒙德 Wilhelm Studemund 的（尽可能的）辨读。而在 1841 年，理茨尔动手撰写了新的一系列关于普劳图斯的论文，在有所增补后，于 1845 年结集出版，题为《附论》*Parerga*【译按，原德文书题全名《普劳图斯及泰伦斯附论》*Parerga zu Plautus und Terenz*】，从而赢得 *sospitator Plauti*【普劳图斯救星】的名号。1848 年，他开始编订普劳图斯，至 1854 年底，已经出版了九部戏剧 [2]。他完成了这九部的新版编订本，并将其余部分的筹备工作委派给了三位得力的学生：古斯塔夫·勒韦、格奥尔格·葛兹 Georg Götz 及弗里德里希·舍尔 Friedrich Schöll。理茨尔关于普劳图斯的论文，以及他编订的文本，标志着该作家之研究的新纪元。这个领域中此前的几位编订家如魏泽 Weise、林德曼和博特皆经营不善，如今引起了新世代勤奋热情、训练有素之学人们的瞩目。理茨尔本人研究过古代拉丁语言的法则，借助的是最古老的罗马碑铭资料，并将这些成果运用在对他《引论》*Prolegomena* 所提之观点的延伸或修正中。许多细节问题由他的友人及弟子着手处理，而其他人还在试图信从传统的文本。

理茨尔的普劳图斯研究促使他去研究拉丁语言的历史。他为数众多的论文以此为题，收入他著作集的第四卷中。但是他在此领域耕耘过程中的最为重要之杰作，还是他所编纂的伟大的古代拉丁碑铭集 [3]。此书

---

1 《古代研究传记年刊》，1884，134–136。
2 《仨钱儿银币》《吹牛军士》《巴克基斯姊妹》（1849）；《斯提科斯》*Stichus*、《普修多卢斯》（1850）；《墨涅赫穆斯兄弟》（1851）；《凶宅》（1852）；《波斯人》*Persa*、《商贾》（1854）。
3 《古代拉丁碑铭集》*Priscae latinitatis monumenta epigraphica*（1862）；《补遗》见《短著集》，iv 494–571。

揭示了许多早期拉丁语法的问题，不仅体现于描述性的正文之中，也可见于精心制作的索引部分。此后他撰写了一篇关于拉丁文字母之历史的重要论文[1]。在考察萨图尔努斯体诗歌格律时，理茨尔主张，我们不应该按照语法学家们记述的那样先从李维乌斯·安德洛尼库斯和奈维乌斯入手，而是要从碑铭开始研究；于是他发现加图《道德歌谣》*Carmen de moribus* 的残篇乃是用萨图尔努斯体写成[2]。他对普劳图斯剧作早期命运的梳理，使他开始考察瓦罗的文学活动，阐明其研究的宽阔范围，并判定其《教育九书》《图像集》与《拟对话》*Logistorici Libri* 的特点[3]。他还写过一篇关于奥古斯都帝时期罗马帝国的研究论文[4]。他有些次要的论文，关注拉丁语的近代读音[5]，古典语文学的近期历史[6]，法伊特·韦勒尔 Veit Werler（活跃于 1507—1515 年）[7]与卡摩刺理乌斯[8]的普劳图斯研究，还有帕索和赖西希的简略传记[9]。

　　1864 年，为庆祝他在波恩连续执教满 25 周年，不仅有当时 8 位学生的论文汇编问世[10]，还出版了一部论文集，由从前的 43 位以上的学生提交而成[11]。

1　《短著集》，iv 691–726。

2　同上，82 以下。

3　同上，iii 352–592。

4　iii 743 以下。

5　同上，iv 766 以下。

6　同上，v 1–18。

7　同上，v 40–92。

8　iii 67–119.

9　v 92–98。

10　《纪念理茨尔杂编》*Liber Miscellaneus: Festschrift fuer Friedrich Ritschl*。

11　《波恩语文学之代表：纪念理茨尔文集》*Symbola Philologorum Bonnensium in honorem Friderici Ritschelii collecta*（1864—1867），Fleckeisen 编订。

尽管理茨尔主要关注的是拉丁学术，但不可忘记他早期作为学院教师时几乎所有的工作都与希腊文相关[1]。令人遗憾的是，他未能在更早时候开始普劳图斯的研究，而偶然由普劳图斯研究生发出来的许多问题，又使他分神不能继续完成他的编订本。在波恩，他 26 年间一直是最为成功的教师。在他的建议之下，奥托·雅恩受邀在该校执教，也是由于雅恩与他本人之间存在着不幸的差异，于是他辞退了教职，完全撤离普鲁士，在莱比锡的萨克森大学度过了余生[2]。

支持理茨尔观点的重要人物，有阿尔弗雷德·弗莱凯森 Alfred Fleckeisen（1820—1899 年），他家乡在沃尔芬彼特，受学于黑尔姆斯特，继而在哥廷根跟随施耐德温深造。他最早的独立著作，是《普劳图斯研究探讨集》 Exercitationes Plautinae（1842 年），其中他受到了本特利、赖茨、赫尔曼与理茨尔的榜样的启发。从那时起，他与理茨尔保持亲密的合作，在普劳图斯编订本第一卷问世时，他表示欢迎，因为它在所有的重要问题上提供了一个坚实的基础，以便于该文本的未来研究[3]。在这种精神之下，他编订了托伊布纳本的十部剧作，以及一部完整的致理茨尔之《考据学书简》 Epistola Critica（1850—1851 年）。他还出版了泰伦斯的一部

142

弗莱凯森

1　他编订了埃斯库罗斯的《七雄攻忒拜》，在 1853 年。

2　Curt Wachsmuth 在理茨尔的《短著集》，iii, pp. x–xviii；L. Müller，《弗里德里希·理茨尔学术传略》 *Friedrich Ritschl, eine wissenschaftliche Biographie*（1877；第二版，1878）；尤参看 O. Ribbeck，《理茨尔：为语文学史的贡献》 *F. W. Ritschl, ein Beitrag zur Geschichte der Philologie*，两卷本，384+591 页，1879—1881（附两幅肖像）；参看 Bursian, ii 812–840；Rohde，《短著集》，ii 452–462；Gildersleeve，在《美国语文学杂志》，v 339–355。书目见理茨尔的《短著集》，v 725–756。

3　《语文学年刊》，lx 234 以下；lxi 17 以下。

文本（1857 年），这标志着本特利时代以来首个重要的进步。弗莱凯森多年担任德累斯顿一所中学的代理校长，还做了《语文学年刊》43 年的编辑[1]。

施图德蒙德　　威廉·施图德蒙德（1843—1889 年），除了在 1874 年誊抄并出版了尼布尔在维罗纳发现的盖乌斯之重写本[2]，还以最积极的勤奋态度致力于辨读普劳图斯的安布罗斯馆藏重写本[3]。他还以普劳图斯为题完成了为数众多的论文，并在斯特拉斯堡指导他的学生们就早期拉丁语法学与作诗法的问题撰写了专著[4]。在普劳图斯的编订家们中，保守派的代表，是格佩特[5]与莫里茨·克莱因 Moritz Crain，还有丹麦学者，约翰·路德维希·乌辛 Johann Ludwig Ussing。理茨尔的普劳图斯研究受到贝克在一组评论和课题[6]，以及在一篇关于拉丁语以 D 结尾现象的特别著作（1870年）中的尖锐批评。理茨尔关于普劳图斯的诗体重读与词语重读之关系

科尔森的看法，遭到了研究早期拉丁语言史有显赫名声的威廉·科尔森 Wilhelm Corssen（1820—1875 年）的反对，见于其人关于拉丁语读音、发声和重

143读的著作（1858—1859 年）。科尔森还写过早期罗马诗歌史（1846 年），讨论过沃尔西人 Volsci（1858 年）以及伊特鲁里亚人（1874—1875 年）的语言，此外还写过拉丁语词形变化的论文（1863—1866 年），还在库

1　《古代研究传记年刊》，1900，125–147；肖像见《弗莱凯森论集》*Commentationes Fleckei-senianae*（1890）。

2　上文第 80 页。

3　《安布罗斯馆藏遗献叙录，重写本钞本手稿》，身后于 1890 年出版。

4　《古拉丁语研究》*Studien auf dem Gebiete des archaischen Lateins*，1873。参看《古代研究传记年刊》，1889，82–103。

5　上文第 140 页。

6　《普劳图斯研究》*Plautina*，收入《语文学短著集》，i 3–208。

恩 Kuhn 的《比较语言学杂志》*Zeitschrift für vergleichende Sprachforschung*[1] 及《金石学杂志》*Ephemeris Epigraphica*（1874 年）上发文章。科尔森与理茨尔之间的论战，激发了理茨尔一位学生弗里德里希·舍尔去收集筛选一切古语法学家关于拉丁重读的资料，以调查重读的本质，以及拉丁诗歌中词语重读的重要性（1876 年）。古语法学家们的证据在 1857 年已经在波恩讨论过了，那是理茨尔的另外一位学生彼得·朗根 Peter Langen（1835—1897 年）所写的一部重要专论，此人还写过《普劳图斯考证与阐解论集》*Beiträge zur Kritik und Erklärung des Plautus*（1880 年）和《普劳图斯研究》*Plautinische Studien*（1886 年），他在平生最后 27 年担任明斯特的教授[2]。

朗根

那些受到激励开始对普劳图斯研究产生新兴趣的学者中，有一位来自汉堡的威廉·瓦格纳 Wilhelm Wagner（1843—1880 年），他编订了《一坛金子》《仨钱儿银币》和《墨涅赫穆斯兄弟》，还有全部泰伦斯剧作，附有英语注释。尤利乌斯·布里克斯 Julius Brix（1815—1887 年），生长于格尔利茨 Görlitz，在布雷斯劳师从理茨尔，1838 年因一篇讨论本特利《泰伦斯》中所遵从之原则的文章而获得奖金，在 1841 年完成了一篇关于普劳图斯与泰伦斯作诗法则的专论。在担任了几个卑微的学术职务后，他于 1854—1882 年间在里格尼茨 Liegnitz 担任代理校长。在里格尼茨，他完成了《仨钱儿银币》《俘虏》《墨涅赫穆斯兄弟》与《吹牛军士》的多部编订本[3]。奥古斯特·洛伦茨 August Lorenz（生于 1836 年），受学于哥本哈根，最终成为柏林的一名中学教师，编订过《凶宅》《吹牛军士》和《普修多卢斯》（1866—1876 年），还写过多篇与普劳图斯研究

威廉·瓦格纳

布里克斯

洛伦茨

1　卷 x，xvi，xviii。
2　编订过维琉斯·弗拉库斯（下文第 194 页）；《考古研究传记丛刊》，1898，1–13。
3　《考古研究传记丛刊》，1887，63–68。

相关的论文和评论。最后，还有奥斯卡·赛费特（1841—1906年），他受学于柏林，老师是与他同姓的莫里茨·赛费特 Moritz Seyffert（1809—1872年，编订过西塞罗的《论友谊》），于柏林的圣索菲亚人文高中就职40年，主要精力用于研究普劳图斯[1]。他通过出版物看到了施图德蒙德所制安布罗斯馆藏重写本的誊本，以一部重要的《正字索引》*Index Orthograhicus*（1889年）为之增色；他还曾准备将自己琐细驳杂多的学问用以服务他所喜爱的这位作家的其他研究者[2]。

1　他的著作包括《普劳图斯研究》*Studia Plautina*（1874），以及关于普劳图斯文献的梳理（1883—1894），见 Bursian 之《年刊》。
2　他扩充并改进了 E. Munk 的《拉丁文学史》；他还完成了一部古典古物学辞典（1882），英文版由 H. Nettleship 和 J. E. Sandys 修订并扩充（1891）。尤参看 E. A. Sonnenschein，在《雅典娜圣殿》，1906年8月4日，p. 130 以下。

第三十一章

希腊经典著作的编订者们

在讨论理茨尔的其他同代人及后起之辈时，我们可以方便地根据主要的研究对象对他们进行分类，首先是希腊文经典著作的编订者们。

卡尔·威廉·丁道夫 Karl Wilhelm Dindorf（1802—1883 年），是莱比 锡一位希伯来文教授的长子，10 岁失怙。由此主要靠自己谋生，从而具备了异乎寻常的独立性格，以及坚持不懈的勤奋习惯，然而不乏道德操守的某种缺失，以及对于社交礼俗的漠然无视。15 岁时他在莱比锡跟随 C. D. 拜克 Beck 与赫尔曼学习，靠为出版社校对样本谋生。他作为编订家的职业，是从完成七卷本（1819—1826 年）阿里斯托芬的收尾工作开始的，这部作品集先由因韦尔尼奇完成两卷（1797 年），继而由拜克完成又四卷（1809—1819 年）。他还制作了不同戏剧的考据学编订本，重刊了赫尔曼、蒙克和埃尔姆斯利的注释，以及一部完整的残篇集（1829 年）。与此同时，他出版了波鲁克斯和哈波克剌提翁的编订本，并首度刊布了语法学家希洛狄安和"勤奋者"约翰的某些著作，以及一部拜占庭的斯第潘努斯的新编订本。就 1824 年启动的托伊布纳丛书的希腊文本校注而言，他编订了荷马、埃斯库罗斯、索福克勒斯、阿里斯托芬，以及埃斯奇纳斯、伊索克拉底、德摩斯提尼，以及色诺芬的《回忆苏格拉底》。他的弟弟路德维希（1805—1871 年）编订了色诺芬的其他著作，以及赫西俄德、欧里庇得斯与修昔底德。在 1849 年启动的新版丛书之文本中，威廉重新编订了荷马、埃斯库罗斯、索福克勒斯与德摩斯提尼，路德维希负责的是色诺芬。前者进而还为克拉伦登出版社编订了全部的希腊戏剧家作品，附有注释和集注（1832—1863 年）。这套全集的文本，1830 年初版时以单独一卷印行，即著名的《希腊戏剧诗人集》*Poëtae Scenici Graeci*，至 1869 年出至第五版。1871 年的《索福克勒斯辞典》*Lexicon Sophocleum* 被停止销售，因为未经许可使用了艾伦特的辞书（1834 年以后），该书的新版由根特 Genthe 在 1869—1872 年间刊布[1]。丁道夫的《埃斯库罗斯辞典》*Lexicon Aeschyleum*，以维劳尔的那部（1830 年）为基础，完成于 1876 年。他关于戏剧家们的格律研究，附有一篇 *chronologica scenica*【剧场史事系年】，是一部严谨有益的著作（1842 年）。他编订的埃斯库罗斯和索福克勒斯，依据的基础是蒂布纳 Dübner 对洛伦佐馆藏钞本之异文的精心核录。他为狄多丛书编订过索福克勒斯与阿里斯托芬，还有希罗多德、琉善及约瑟夫的部分著作；为克拉伦登出版社（除了上述剧作诸家）编订过荷马与德摩斯提尼，附有集注；还有埃斯奇纳斯与伊索克拉底的集注，哈波克剌提翁的辞书，以及亚历山大里亚的克莱芒的

1　参看丁道夫在《古典语文学年刊》，xcix 103，105；以及 Genthe 在《人文中学教育杂志》*Zeitschrift für das Gymnasialwesen*，xxvi。

著作。为新版的陶赫尼茨丛书，他贡献了一部琉善的著作文本。他为其他出版商准备的文本，还有阿特纳奥斯、阿理斯泰德、忒米斯修、厄庇法尼乌斯、阿塔纳修的《训诫安提阿库斯》*praecepta ad Antiochum*，以及赫尔马斯 Hermas 的"牧者书"。参与完成这部毋庸置疑之可信著作所带来的名誉，不幸因为他刊布了"重写本乌拉纽斯"而遭到损害，那部钞本的内容是关于埃及诸王的编年史的，其实是真实的赫尔马斯著作之发现者、臭名昭著的君士坦丁·西蒙尼德 Constantine Simonides 所编造的。

早年的丁道夫被提名为柏林与莱比锡的"特任"教授职位。1833 年他未能受命继任拜克的教席，遂接替了 K. B. 哈泽 Hase 的任务，成为狄多出版社的巴黎版斯蒂芬《希腊语文宝库》的编订者，这部著作的主要部分完工于 1864 年，出自丁道夫兄弟之手，他们是在 1831 年初开始出手相助的。弟弟路德维希，与其兄长相形见绌，他从不在公众场合露面，有传闻曾谓此人并不存在，而是威廉发明出来以遮蔽丁道夫名下编订本为数过多的情形。路德维希（在上述已经提及的文本之外[1]），还编订过"金嘴"狄翁和色诺芬、狄奥多鲁斯、狄奥·卡西乌斯、波里比乌斯等希腊史家，还有《希腊二流史家集》*Historici Graeci Minores* 以及佐纳剌斯，再就是狄多版的波桑尼阿斯。

威廉·丁道夫的勤奋与节俭使他在其生涯初期变得生活富足，1837 年他成为莱比锡与德累斯顿铁路的一名主管。但他的人生以黯淡萧条的方式落幕。1871 年，弟弟的过世使他哀悼。几个月后，在 70 岁之龄，他因投机于证券交易而倾家荡产，甚至被迫出让自己的部分藏书。但是他仍继续工作，（1873—1876 年）完成了关于埃斯库罗斯的辞书，又

146

1　上文第 144 页以下。

（在 1875—1880 年）完成了《伊利亚特》集注的全编。他的手书字迹到晚近还清晰可辨，唯其体力略有不支。在他去世后，对他的纪念出现了最大的不幸，就是即便从前的友人们都忘记了他，并否认与他的联系[1]。

哈通　　　希腊诸诗家是丁道夫同辈约翰·亚当·哈通 Johann Adam Hartung（1802—1867 年）的主要研究题目，他在埃尔兰根和慕尼黑受学，在平生最后三年担任过埃尔富特人文中学的主任。对于推测式考证过于沉迷，乃是他校订希腊诉歌体、歌吟体、短长格、悲剧及牧歌诗人之文本的主要特色，他刊布的这些文本都附有诗体译文，以及考据和阐解的注释。他还翻译过亚里士多德的《诗学》，附有注释和附论。他的《欧里庇得斯复原》*Euripides Restitutus*（1843—1845 年），乃是因对题名之诗人的无限崇拜而受到启发，其中分析了全部现存之剧作，甚而讨论了那些仅有残篇传世的情节。他最早的著作论及希腊语虚词，以及罗马的宗教。其中第二部远比他关于希腊人的宗教与神话学的最后一部著作具有更高的价值。

贝克　　　希腊的抒情诗人诸家与特奥多尔·贝克（1812—1881 年）有关。他
147　在家乡莱比锡于 1830—1835 年师从赫尔曼；四年后，在柏林，他成为未来岳父迈内克的助教；后来在马尔堡和弗莱堡担任教授；继而又在哈雷执教两年（1857—1859 年）；平生最后 12 年在波恩执教（1869—1881 年）。

　　　贝克因一切都得益于赫尔曼的帮助而怀有感激，但他并非不知道其导师学说的片面性，遂试图通过学习柏克、韦尔克及 K. O. 穆勒来开拓

---

1 《古代研究传记年刊》，1883，112–121；Bursian, ii 861–870。

自己的研究兴趣。当他还是学生时，他刊布了关于索福克勒斯残篇集的一部注疏。他的公共职业，最初是编订阿纳克里翁可信的残篇集，以及旧阿提卡戏剧的注疏，这部著作得到韦尔克的热烈欢迎。贝克为迈内克的《喜剧残篇集》贡献了一部阿里斯托芬残篇集的编订本，此后又有对这些剧作的多个编订本。与此同时，他在 1843 年于马尔堡完成了《希腊抒情诗人集》*Poëtae Lyrici Graeci* 的初版，这部著作的价值较少依靠现存钞本的系统运用，更多靠的是编订者校勘的妥洽手法。仅仅在《奥林匹亚颂歌集》中，就有 11 处校勘后来得到了钞本的印证。这部著作的瑕疵，受到施耐德温在 1844 年的尖锐批评，改订本于 1853、1866、1878—1882 年问世。贝克关于巴布理乌斯时代的论文，初刊于 1845 年的《古典学杂志》*The Classical Journal* 中[1]。在 1858 年，他完成了索福克勒斯的文本，继之又有一部《文多博纳辞书》*Lexicon Vindobonense*（1859—1862 年）。他对希腊史诗的熟稔不仅体现于他的《希腊文学史》第一卷，也可见证于许多部次要著作中[2]。他的论文还涉及希腊、拉丁与塞浦路斯碑铭研究，拉丁语法学及普劳图斯的文本考证，古代作诗法，希腊神话学与考古学，还有对希腊哲学家和亚历山大里亚诸诗家文本的研究，都不太为人所知。

他的研究一度因政治任务而中断。1848 年，他代表马尔堡大学进入黑森州议会，成为法兰克福邦联会议的议员之一。贝克唯一曾被付诸油彩的肖像便属于这个时期[3]。1852 年，他接受召请，前往布赖斯高 *Breisgau*

---

1 《杂著集》，ii 547–569。

2 《杂著集》，ii 415–444（有关《伊利亚特》卷 i 一节），409–414（Tabula Iliaca【《伊利亚特》石板】），以及在 1859 与 1861 哈雷项目中的校勘。

3 《杂著集》，卷 I 之扉页。

的弗莱堡，在那里度过了五年田园生活，被友善的同事围绕，忙于阿里斯托芬与索福克勒斯的文本。他在哈雷的后来时光里，一直健康状况不佳，这在部分程度上应归咎于过劳。1869 年定居波恩，是被奥托·雅安吸引进入该大学的，此时健康有所改善，他便继续开设讲座，直到 1876 年。在波恩，他开始撰写《希腊文学史》，并以十年功夫完成了四卷本的手稿。他还写了关于罗马时期莱茵地区的历史与地形志，偶尔显露出自己作为一名杰出战略家的本事 [1]。尽管他有能力准备其《希腊抒情诗人集》的第四版，并足以在鉴定两部亚里士多德《雅典政制》的柏林藏残卷方面展示过人的敏锐 [2]，然而却在平生最后五年间处于糟糕的健康状态。在瑞士拉加兹 Ragaz 的沐浴，在前些年证明是有效的，至 1881 年变得再无帮助，这时他的体力最终垮下来，于 7 月 20 日与世长辞。

　　作为一名古典学教师，他对罗马以及希腊的语言、文学、古迹都熟稔透彻。他具有极为广博的学识，又有超常程度的敏锐感觉。他对自己的著作是一位严苛的批评家，有许多很下功夫的论文未能完成。他从学术角度审定为不可靠的观点，就习惯用一种犀利的态度进行攻击，这种态度在身体欠安的时期接近于十足粗鲁无礼的极限。但是在每次争论中，他坚持的目标乃是获致真理；在他所言或所书的一切内容中，能够推动古典学术研究的进步，便是他人生中的快乐与荣耀 [3]。

阿道夫·	希腊戏剧乃是阿道夫·舍尔 Adolf Schöll（1805—1882 年）的主要研
舍尔	

1　Peppmüller 在贝克的《杂著集》，I lxxxix 以下。

2　《杂著集》，II 505–553。

3　Arnold Schaefer，在《古代研究传记年刊》，1881，105–110；又见 Peppmüller 在贝克的《杂著集》，此书凡 718+813 页（1884—1886），II xiii–xcv；Bursian, ii 829, 872–875。

究兴趣之一，他先后就读于图宾根、哥廷根和柏林，以一篇论戏剧起源的专论开启了他的学术生涯（1828 年）。他后来蒙受 K. O. 穆勒的影响甚多，在那趟悲惨的希腊之旅中曾随同身边【译按，1840 年穆勒在雅典去世】。这时期他还完成了关于悲剧四连剧的重要论文[1]，并以极高明的文学才能翻译了索福克勒斯与希罗多德，又撰写了一部关于"索福克勒斯的生平与著作"的专著（1842 年）[2]。同年他被任命为哈雷的考古学教授，次年又前往魏玛成为艺术博物馆的主任，在那里生活了近 40 年后去世[3]。

荷马的论题乃是爱德华·布赫霍尔茨 Eduard Buchholz（1825—1887 布赫霍尔茨
年）古典研究的首要方向，他在奥斯纳布吕克师从 B. R. 阿贝肯 Abeken，又在哥廷根随 K. F. 赫尔曼与施耐德温深造，最后的学术生涯是在柏林的约阿希姆斯塔尔 Joachimsthal 人文中学度过的（1872—1881 年）。他以古典主题创作的德语戏剧知名度不及他那部通俗易懂且有教育意义的著作：《荷马史诗中的现实世界》*Die Homerischen Realien*[4]。

希腊悲剧诗人之文本乃是奥古斯特·瑙克 August Nauck（1822—1892 瑙克
年）的擅场。他是图林根东北地区一位乡村牧师之子，受学于普福尔塔学校，1841—1846 年在哈雷（主要师从本哈代）读书，此后在柏林获得学术职位，1859 年被选为圣彼得堡科学院成员，1869—1883 年间他还在那里担任希腊文学教授。他的第一部重要著作，是拜占庭的阿里斯托

1　《阿提卡悲剧家们的四连剧》*Die Tetralogieen der Attischen Tragiker*（1839），i。
2　又论述过莎士比亚与索福克勒斯，见《德意志莎士比亚学会年刊》*Jahrbuch der deutschen Shakespeare-Gesellschaft*（1865）。
3　《考古研究传记丛刊》，1882，63-99。
4　三卷本（1871—1885）。《传记丛刊》，1887，48 以下。

芬残篇集的编订本（1848 年），这是本哈代提议的工作。他的欧里庇得斯文本（1854 年）之后，是一部杰出的希腊悲剧诗人残篇集（1856 年），编纂计划是他在整理拜占庭的阿里斯托芬时研究相关的集注而偶然产生的。他忙于这部残篇集时，还是迈内克的助教，或许可以假设，"喜剧残篇集"的编纂者对于其助手在类似领域中的工作是怀有兴趣的。这项事业使他必须横跨希腊文学的全部范围。他由此发现了埃斯库罗斯关于"困斗鹰隼"之譬喻的踪迹[1]，不仅出现在阿里斯托芬中，也见于斐洛、哈利卡那苏斯的第欧尼修、阿特纳奥斯、阿理斯泰德、盖伦与尤斯塔修斯。有一行诗句，引自"伊翁"或"约翰"Ioannes 的《短长格教令歌》*Canones Iambici*，违背了珀尔森关于结尾长短长韵格的法则[2]。海涅将之判定为伊翁所作，但瑙克认为作者是大马士革的约翰，这更为明智，后来便见于该语法学家的著作之中[3]。迈内克还有一位助教是阿道夫·基希霍夫。基希霍夫与瑙克同时着手准备编订欧里庇得斯的文本。瑙克将自己收集的欧里庇得斯引文交给基希霍夫自由支配，而基希霍夫在 1853 年寻访意大利各图书馆前后，也向瑙克通报作为编订家可能会感兴趣的问题。瑙克的第二版欧里庇得斯，就包含了论及该诗人生平、文体与才能的《引言》，论述得简要精当，而原始文献出处便添加在注释之中。如同他极为推崇的珀尔森与埃尔姆斯利两人一样[4]，他也是在格律知识上尤其见长。

　　1859 年，因为斯特凡尼的提议，瑙克被选为圣彼得堡科学院成员，在当年以及在 1862 年，他向科学院两次分期报告他的"欧里庇得斯研

150

1　残篇第 139。

2　σειραῖς ἀφύκτοις ὂν διαρθρῖ δακτύλοις【不可脱身的绳索，连接着上帝之手】。

3　《希腊悲剧残篇》，p. xiii。

4　《希腊罗马文丛》*Mélanges Gréco-Romains*，iv 61，308 以下。

究"[1]。后来他的大多数工作成果，除了在日耳曼出版的编订本，都问世于俄罗斯科学院的学报上，因而不幸地未能引起故国的足够注意[2]。

自 1856 年起，瑙克不断涉足于索福克勒斯的考据研究。每隔几年他就完成施耐德温中学版里的一部新修订本。他本人编订的文本（1867年），遭到贝克严苛的评论，而他本人在评价科克 Kock 的《喜剧残篇集》时却并不那么激烈。他对这部文本作为一个整体进行的"修订"并不及在细节上的"校勘"来得有力。在某篇论文中，他本人的推测式考证反复被诸钞本加以印证的事实令人瞩目[3]。

在他编订的《奥德赛》（1874 年）与《伊利亚特》（1877 年）中，阿里斯塔库斯的文本基本得以保留，双元音的收缩形式，只有在必要时才会引入，而文本之下添加了推测式考证的内容。为了查明他在荷马的文本考据上有何切实观点，我们不得不检阅其《考证意见集》*Kritische Bemerkungen* 一书[4]。在书中他坦诚认为，荷马史诗的考证宗旨，乃是使文本尽可能地贴近原始形态[5]，这要借助于类推法和比较语文学。

他在圣彼得堡的头十年主要投身于索福克勒斯，第二个十年则专注于荷马，第三个十年开始研究波弗利及其圈子。最初的动机依旧是来自本哈代。1846 年，瑙克以三个月时间在慕尼黑核录波弗利诸钞本之异文。等他回到哈雷，他收集了许多的残篇，不过，因为涉及几位拜占庭作家，他就把原本的任务弃之不顾了。然而，在圣彼得堡，他得到

1　《圣彼得堡皇家科学院论丛》*Mémoires de l'Académie impériale des sciences de St.-Pétersbourg*，第 VII 编，i no. 12，以及 v no. 6。

2　《希腊罗马文丛》，共六卷。

3　同上，iii 35，iv 217，233，453。

4　1861、1863、1867，尤其是 1871 年版。

5　《希腊罗马文丛》，iii 209；尤其是《古代研究传记年刊》，1893，44 以下。

同事奇沃尔松 Chwolson 的帮助，开始接触阿拉伯人关于波弗利哲学的文献。1860 年，他完成了托伊布纳本的三卷波弗利小作品，即《毕达哥拉斯传》《论节制》和《致马尔刻剌书信集》。其中（如其他著作一样）他于"校勘"着力甚于"修订"。事实上，1871 年有人发现瑙克曾遵从的慕尼黑钞本只是饱蠹楼钞本的一个寻常副本而已[1]。他在 1879 年对洛伦佐馆藏本伊安布理克"毕达哥拉斯传"的检览，产生了该著作的一个编订本（1884 年），此后又有第二版的《波弗利杂著选》Porphyrii Opuscula Selecta（1886 年）。

瑙克平生的主要成就，乃是他最后一次编订的那部希腊悲剧诗人残篇集。第一版在 1856 年问世。1862 年，《赫库兰尼姆残卷》的第二辑第一编刊行，收入了许多菲洛德慕斯引述的诸诗家片段，这促使瑙克与此书富有才华的编者、维也纳的贡珀茨 Gomperz 教授进行了长期并友善的通信。有一部维也纳钞本的借调，使他得以在 1867 年刊布《文多博纳词源学》Etymologicum Vindobonense，三年后，该辞书的一部梵蒂冈钞本泄露了作者的名字，乃是安德理亚·洛帕第奥斯[2]。悲剧残篇集的最后一版问世于 1889 年，完整索引刊布于 1892 年。年迈的编订者后来失去了一目之视力，其记忆力也开始恶化；他仍然渴望计划未来的新著作，这时其生命已告终结[3]。

1864 年问世了一部品达的考据编订本，出自那位历史学家的弟弟第

1　Val. Rose, 在《赫尔墨斯》，v 362 以下。

2　Stein 的扩充版希罗多德，I lxxv 以下；Krumbacher，§238^2（14 世纪上半叶）。

3　Iwan Müller 在《古代研究传记年刊》，1893，1–65（附有完整的书目）；参看 Bursian，ii 870–872。

谷·蒙森 Tycho Mommsen（1819—1900 年）之手。他起初于 1838—1843 第谷·蒙森
年在基尔就学，当时那里是一所丹麦的大学，此后于 1846 年游访希腊
与意大利，1846—1847 年间，他在罗马与佛罗伦萨核录品达诸钞本之异
文。1861 年又做了进一步的核录工作。结果发表于 1864 年的编订本中，
他编订了一部庞大的集注（1861—1867 年）。他在 1856 年后担任奥尔登
堡的中学校长，自 1864 年至去世担任法兰克福人文中学的主任。他暮
年最伟大的著作，是对介词 σύν【以，与】与 μετά【在之间，在之后】在希
腊文学中的使用，先讨论了诗人的用法（1874—1879 年），后讨论散文
作家的用法[1]。

　　爱德华·吕贝特 Eduard Lübbert（1830—1889 年）完成了多篇关于品 吕贝特
达的论文，他于 1863—1874 年在吉森担任教授，于 1881 年至去世在波
恩担任教授。这组论文从 1853 年的一项哈雷课题开始至其去世终止[2]。

　　弗里德里希·梅茨格尔 Friedrich Mezger（1832—1893 年）完成了一 梅茨格尔
部简短而有建设性的品达注疏，他是奥格斯堡的圣安娜人文中学校长之
子，曾就学于埃尔兰根和莱比锡，于在奥格斯堡的父亲手下执教 8 年后，
又在霍夫 Hof 从事 8 年同类工作，1871 年复返回父亲的学校，在那里执
教了 3 年直至父亲去世，随后又工作了 17 年。多年研究的成果刊布于他
1880 年出版的注疏中，这部著作面向的是那些渴望研究该诗人本身的读
者，并不离题去介绍品达阐释者们的分歧观点，梅茨格尔本人对于这些
倒是非常熟稔的，他的藏书包括了 300 多部有关这个主题的著作。或许
可以说，他在注疏之前，曾用心体会每一篇颂歌，以此经验生发出聆听

1　《希腊语介词原理论丛》*Beiträge zu der Lehre von den griechischen Präpositionen*（1886—1895），847
　页。参看《古代研究传记年刊》，1904，103–117。
2　《古代研究传记年刊》，1891，135–171，附有论文名目，见 169–171。

品达之话语的著名理论[1]。

柏克在柏林有关品达的讲座受到莫里茨·施密特 Moriz Schmidt
（1823—1888 年）的关注，后者那时已经在家乡布雷斯劳的大学跟随
哈阿策读书。他平生最后 31 年担任了耶拿的教授。他的生涯之初，有
一部关于酒神颂歌体与相关诗人遗作的论著（1845 年）。他后来编纂了
狄都慕斯的残篇集（1854 年），并完成了五卷本的赫叙基乌斯，这成为
他的 *opus magnum*【杰作】，第四卷后半部分有一篇《赫叙基乌斯疑义集》
Quaestiones Hesychianae，第五卷则是详尽的《索引》（1858—1868 年）。他后
来出版过单卷本（1864 年）的赫叙基乌斯核心片段，是以复原潘费卢斯
辞书摘要的方式编录的，施密特认为这些内容就等同于第欧根尼安努斯
的那部小辞书[2]。他还写过讨论吕西亚碑铭的论文（1867—1876 年），收
集过塞浦路斯的铭文（1876 年）；编订过希津努斯的寓言集，贺拉斯
的《诗艺》，亚里士多德的《诗学》（附译文）、《政治学》第一卷，还曾
讨论过伪色诺芬关于雅典政制的论文。在他论品达（1869、1882 年）及
贺拉斯（1872 年）的著作中，以及他编订的《俄狄浦斯王》与《安提戈
涅》（1871—1880 年）中，他显示出对于推测式考据校勘的独特态度。
他讨论品达的格律，讨论悲剧中的合歌队，都是以对亚里斯托克森的审
慎研究为基础，施密特曾允许韦斯特法尔 Westphal 使用他翻译此人论节
奏的文章。他借助近代乐理解决了品达与索福克勒斯的合唱歌格律之疑
难（1870 年），这是非常可疑的成功。他关于《埃阿斯》之合歌队与品
达之 *Strophae*【左旋合歌诗节】的论文，乃是在这个领域中更为成熟的著作。

1　《古代研究传记年刊》，1894，78-86。
2　见第一卷相关词条的索引。

他对埃斯库罗斯的文本用功甚巨，在对《俄狄浦斯王》和品达《奥林匹亚颂歌》的精彩译文中显示出富有美感与品位的文风[1]。

威廉·克里斯特

　　终生勤奋不懈的威廉·克里斯特 Wilhelm Christ（1831—1906 年）在广阔的希腊文学研究领域中以荷马与品达为主要对象。他出生在威斯巴登，在慕尼黑与柏林就学；在哈达马尔 Hadamar 与慕尼黑时的老师是卡尔·哈尔姆，在慕尼黑与柏林时的老师是蒂尔施、施彭格尔、柏克、波普及特伦德伦堡；有半个多世纪的时间他都是 *praeceptores Bavariae*【巴伐利亚导师】之一，起初是马克斯人文中学 Max-Gymnasium 的教师，此后在慕尼黑大学担任了 45 年的教授。在哈尔姆的影响下，他对西塞罗《论预言》及《论命运》的文本考据产生了兴趣。在柏克的影响下，他最终编订了一部品达的文本以及一部注疏（1896 年）。在施彭格尔与特伦德伦堡的影响下，他整理了亚里士多德《诗学》及《形而上学》的文本[2]。作为波普的昔日学生，他每隔几年便讲授比较语法学。他还不断承担一些他人不曾涉足的课题。他关于荷马的讲座促成了他整理的《伊利亚特》文本（1884 年）[3]；关于贺拉斯《颂歌集》的讲座促成了他对节奏与格律、以及诗歌之通史的研究；关于德摩斯提尼的讲座促成了他关于阿提库斯编订本的论文（1882 年）；而关于塔西佗《日耳曼尼亚志》的讲座促成了他对古代地理学的研究，这个题目在他的希腊与特洛阿德之旅中得到

154

1　《古代研究传记年刊》，1889，83-130；Bursian, ii 875-877。
2　发表于慕尼黑的《拜仁科学院会议报告》的《亚里士多德形而上学的文本考据》*Kritische Beiträge zur Metaphysik des Aristoteles*，1886【译按，系 1885 之误】，406-423。
3　又见关于《伊利亚特》中的"重复"与"矛盾"之论文；慕尼黑《会议报告》，1880—1881。就其《引论》的内容，参看 Jebb 的《荷马》，126 以下。

持续的关注。他那部希腊文学的综合手册，刊布了若干个版本 [1]。他是最富才能的学者之一。他善于考古学分析，讲授古代哲学也在行，此外还对天文学怀有兴趣。他在巴伐利亚教育委员会的工作，使他在诸多公共声誉中又获得了"巴伐利亚之星"的美称。即便在他长寿之生命的最后几月里，他开设的希腊剧场讲座还有广泛的听众。他是一位忠诚大度的同事，具有着高贵的品格以及乐观的脾性，他是一位在工作与家庭中自得其乐的人物 [2]。

奥伯狄克　　　　埃斯库罗斯的《乞援人》与《波斯人》得到了约翰内斯·奥伯狄克 Johannes Oberdick（1835—1903 年）的编订，此人就学于明斯特、波恩与布雷斯劳，他于 1874 年在第三处获得荣誉学位。他主要的学术任职，是格拉茨 Glatz 的天主教人文中学主任。他对拉丁文正字法产生兴趣 [3]，是曼图亚"维吉尔学会"的通讯成员 [4]。

凯贝尔　　　　格奥尔格·凯贝尔 Georg Kaibel（1849—1901 年）的成果中，有一部索福克勒斯的《厄勒克特拉》编订本（1896 年）。他生长于吕贝克，在哥廷根从厄恩斯特·科耳修斯与邵佩就学，又在波恩跟随过雅恩、乌泽纳 Usener 和比歇勒 Bücheler。他在 1873—1874 年至罗马考古学中心求学，在 1877—1878 年冬因健康问题而游览意大利。1878 年，他出版了《希腊隽语诗聚珍》*Epigrammata Graeca ex lapidibus conlecta*，这部著作包含了 1200

155

1　1889 年版；第四版，1905，996 页（附录 43 张肖像）。
2　E. W（ölfflin），在《汇报增刊》*Beilage zur allgemeine Zeitung*，1906 年 2 月 11 日，269 以下。
3　《拉丁正字法研究》*Studien zur lateinischen Orthographie*，共四编（1879—1894）。
4　《古代研究传记年刊》，1904，10—14。

多篇隽语诗，年代跨越了十个世纪。自 1879 至 1886 年，他先后在布雷斯劳、罗斯托克和格赖夫斯瓦尔德担任教授，然后在斯特拉斯堡执教十年，生平最后五年则是在哥廷根度过的。他的主要著作，除了编订的《厄勒克特拉》，还有阿特纳奥斯著作的校勘本（1886—1890 年），以及意大利、西西里与西欧所见希腊碑铭集（1890 年），亚里士多德《雅典政制》编订本——此书是与其终生好友维拉莫维茨合作而成（1891 年），还有他关于论述的"文体与文本"的独立专著（1893 年）。他只来得及刊布计划编订的《希腊喜剧诗人残篇集》第一编（1889 年），便结束了短暂的一生[1]。

有一部欧里庇得斯的校订本，始于鲁道夫·普林茨 Rudolf Prinz 普林茨（1847—1890 年）之手，此人主要就学于波恩，师从奥托·雅恩、阿诺德·谢弗及乌泽纳。在巴黎费时八个月以检阅福克勒斯与欧里庇得斯的诸钞本，其后便刊布了《美狄亚》与《阿尔刻提斯》（1878—1879 年）。1880 年他在梵蒂冈与洛伦佐图书馆埋头研修，形成一说，谓索福克勒斯的洛伦佐钞本相对于其他钞本而言，居于 *princeps*【始祖本】之地位，而非 *pater*【父本】或 *avus*【祖父本】；但他计划编订的索福克勒斯从未问世。在寒冷的意大利图书馆工作，对他的健康造成永久的创痛，甚至使他不能有足够的体力充分采用自己核录的异文。1882 年，他离开在布雷斯劳图书馆的职位，去明斯特负责管理那里的图书馆；次年他出版了《赫卡柏》；1888 年，他成为柯尼斯堡的图书馆馆长，饱受奇怪的精神癔症之

---

1 《古代研究传记年刊》，1904，15–71。

害，遂前去一家私人精神病院就医，在那里去世[1]。

　　除了贝刻耳、丁道夫、贝克与迈内克整理的阿里斯托芬文本全编，还有许多单独剧作的编订本[2]。有五部作品的校订本[3]，出自阿道夫·冯·韦_{韦尔森}尔森 Adolf von Velsen（1832—1900 年）之手，他在波恩就学，多年在萨尔布吕肯担任中学教师。由于健康问题，他这部集子交给了察赫尔_{科克}Zacher，期望能赓续其业。同时，有四部剧作由特奥多尔·科克 Theodor Kock（1820—1891 年）刊布了带有德文注释的编订本[4]，此人在布雷斯劳、哈雷及柏林受学，先出任过诸多学术职务，后成为柏林一所人文中学的主任（1860—1882 年），余生则在魏玛度过。他写过许多古典题材的德文戏剧；对于近代音乐与古代艺术皆怀有热情，曾九次游访意大利，两次游览希腊。他将歌德《伊菲革涅亚》全本译成希腊短长格诗体（1861 年），具有高度的美感。他最后一部著作，《喜剧残篇集》（1880—1888 年），意图成为迈内克之 *Editio minor*【小开本】的新编，但是在 1880 年人们期待着更高的标准了，已不同于 33 年前的需要。新编的整理者试图在琉善及其他晚期智者派作家的散文等处中寻觅希腊喜剧的遗篇。他甚而在某个段落中发现了一个"喜剧四音步体"的残篇，却未能鉴定出这是圣保罗雄浑之言辞的一部分[5]。

_{穆勒－斯特吕宾}　　阿里斯托芬作为历史文献的价值，在赫尔曼·穆勒－斯特吕宾

1　《古代研究传记年刊》，1891，22–32。

2　例如 F. V. Fritzsche 编订的《地母节妇女》《蛙》（1838—1845）。

3　《骑士》《地母节妇女》《蛙》《财神》《公民大会妇女》（1869—1883）。

4　《云》《骑士》《蛙》《鸟》（1852—1864）。

5　《提摩太后书》，iv 6，*ἐγὼ γὰρ ἤδη σπένδομαι κτλ*【我如今被浇奠云云】。（Kock，iii 543，残篇 768；《古典学评论》，iii 25。）关于科克的生平，参看《古代研究传记年刊》，1902，44–49（附完整书目）。

Hermann Müller-Strübing（1812—1893 年）的一番慎重明智的分析后得以提出，此人就学于柏林，由于参与日耳曼学生界的政治运动，在 1835 年被宣判死刑。其判决被减刑至监禁；获释后，余生的 41 年都居住于伦敦。他不断在大英博物馆进行考察，这使他发现了维特鲁威的一部精美钞本，与瓦伦丁·罗斯 Valentin Rose 合作，刊布了一部考订的文本，至今依然是标准编订本（1867 年）。他关于"阿里斯托芬与历史考证"的论战性著作，问世于 1873 年[1]。书中详细论述了对希腊喜剧缺乏才智并不加考辨地将之用作雅典政治史之证据的做法。在他此后刊布的著作中，他越来越注重修昔底德的历史考证，调查了其史著不同部分写作的年代，并发现有关普拉提亚之围城及克基拉岛战事的疑难之处[2]。他最出色的论文，是几篇是关于伪色诺芬论述雅典政制的（1880 年），以及关于斐狄亚斯之死传说的（1882 年）[3]。

希腊牧歌诗人的文本，得到了克里斯托弗·齐格勒 Christoph Ziegler （1814—1888 年）的编订。他在乌尔姆 Ulm 的老师是莫泽，后来在莱比锡师从赫尔曼，乃是该校首位来自符腾堡的学生，选择"语文学"为自己唯一之志业；他还曾在图宾根随瓦尔茨 Walz 学习。他在考古学上以

齐格勒

1　Bursian 之《年刊》，ii 1001–1057，1360 以下。

2　《修昔底德文本考》*Kritik des Thukydides Textes*（1879）；《修昔底德研究》*Thukydideische Forschungen*（1881）；《伯罗奔尼撒战争第一年》*Das erste Jahr des Peloponnesischen Krieges*（1883）；《普拉提亚之围》*Belagerung von Plataia*（1885）；《修昔底德笔下的克基拉岛战事》*Die korkyräischen Händel bei Thukydides*（1886）；《伯罗奔尼撒战争期间的雅典政制之研究》*Studien zur Verfassung von Athen während des peloponnesischen Krieges*（1893）。后四篇刊于《新语文学年刊》，1883—1893。

3　他对修昔底德的研究，受到 Adolf Bauer 富于才学的批评，见氏著《修昔底德与穆勒－斯特吕宾：论语文学方法的历史》*Thukydides und H. Müller-Strübing, ein Beitrag zur Geschichte der philologischen Methode*（内尔特林根，1887）。生平及书目见《古代研究传记年刊》，1897，88–105。

及在提奥克里忒诸钞本上的兴趣，使他四次访问意大利。在第一次行程（1841—1842 年）后，他出版了自己最早编订的文本（1844 年）。在 1864 年第二次访问时，他在安布罗斯图书馆发现了如今被称作 Idyll xxx【《田园诗》第 30 首】的钞本。还有两个进一步的编订本，出现在 1867—1879 年。他还编订了安布罗斯馆藏本集注，以及忒欧根尼、比翁与摩斯库斯，和四种中学用本的《在陶里斯的伊菲革涅亚》。最后，他完成了一组精美的罗马地形学插图 [1]。他在斯图加特担任了 31 年中学教师（1845—1876 年），生活得简朴快乐，离开图书馆便去往学校，剩余的财产都用以贴补斯图加特与乌尔姆的穷困学生 [2]。

阿伦斯　　那位博学的希腊方言探索家，H. L. 阿伦斯（1809—1881 年）[3]，也在 1855—1859 年间出色地编订了牧歌诗人们的文本。提奥克里忒还得

阿道夫·
特奥多尔·
赫尔曼·
弗里切
到了阿道夫·特奥多尔·赫尔曼·弗里切 Adolph Theodor Hermann Fritzsche（1818—1878 年）的全面诠释，他是赫尔曼的学生，吉森与莱比锡的教授。他有两部编订本，第一部有德文注释 [4]；第二部则用了非常详尽的拉丁文注疏 [5]。他还诠释了贺拉斯的《闲谈集》（1875 年），在其职业生涯早期编订过《尼各马可伦理学》的第八、九卷，以及《优苔谟伦理学》的全书（1847—1851 年）[6]。

　　罗德斯的阿波罗尼乌斯，在 1852—1854 年出版了两个编订本，皆出自鲁道夫·默克尔 Rudolf Merkel（1811—1885 年）之手，此人更以编

1　1873—1877；中学版，1882。

2　《古代研究传记年刊》，1888，47–52。

3　参看上文第 120 页。

4　1857；第二版，1869。

5　1865—1869.

6　《古代研究传记年刊》，1878，1。

订奥维德而闻名[1]。卡利马库斯在 1870—1873 年得到奥托·施奈德 Otto
Schneider（1815—1885 年）的精心编订，他在格赖夫斯瓦尔德师从舍
曼 Schömann，在柏林师从柏克与拉赫曼，并与默克尔及赫尔兹成为至
交。他最早的著作讨论阿里斯托芬集注的来源（1838 年），此后对该文
本提出了很多校勘意见[2]。与此同时，他还刊布了他的《尼坎德尔著作》
Nicandrea（1856 年），为西利希的普林尼所作两卷本索引（1857 年），以
及中学版的伊索克拉底选集（1859—1860 年）。自 1842 至 1869 年，他
在哥达担任中学教师，本书作者犹记得在他从学术工作退休后到那里拜
访过他。他是杰出的学者，是优秀的教师，又是一位坦诚直率之士[3]。

奥托·
施奈德

希腊文的节奏与格律理论，有鲁道夫·韦斯特法尔 Rudolph Westphal
和奥古斯特·罗斯巴赫 August Rossbach 的精彩论述。韦斯特法尔（1826—
1892 年）在马尔堡就学，成为图宾根的一名"私家讲师"，后来则是布
雷斯劳"非凡的"教授（1858—1862 年），他在哈雷与耶拿住过一段时
间后，又在俄罗斯居停六年，余生则在莱比锡和出生地比克堡度过[4]。罗
斯巴赫（1823—1898 年）在莱比锡师从赫尔曼，又在马尔堡师从贝克，
在后一处结交韦斯特法尔，并娶其妹为妻。他在图宾根教书（1852—
1856 年），生平最后 42 年在布雷斯劳担任教授。在那里树立了一座半
身像，纪念这位考古学博物馆的创办人。他独立完成的著作，包括了一

韦斯特法尔

158

罗斯巴赫

1　下文第 193 页。
2　《语文学家》，以及 Fleckeisen 的《年刊》（1876—1880）。
3　《古代研究传记年刊》，1880，8 以下。
4　《古代研究传记年刊》，1895，40—90；Bursian, ii 981 以下。其最早的独立著作，是几篇论
　　文，关于哥特语的尾音节规则（1852），以及最早拉丁诗歌的形式。他的"拉丁动词词形变化"
　　（1872），以及"比较语法学"（1873），很大程度上以他人成果为基础。

部托伊布纳本的卡图卢斯与提布卢斯，以及对于罗马婚姻的研究（1853年）【译按，《罗马婚姻研究》*Untersuchungen über die römische Ehe*】，并（在 1871 年）【译按，《罗马的婚礼与婚姻纪念物》*Römische Hochzeits- und Ehedenkmäler*】以雕塑纪念物作为说明 [1]。

在希腊格律研究方面，罗斯巴赫追溯到原初的权威，阿里斯托克森，并与韦斯特法尔联手，制定了一个合作计划，涉及如下方面：（1）节奏；（2）格律；（3）谐声、乐器 Organik 与舞蹈 Orchestik【译按，此计划总题作《希腊戏剧家与抒情诗人的格律》*Metrik der griechischen Dramatiker und Lyriker*】。罗斯巴赫《希腊人的节奏》*Griechische Rhythmik*【译按，为第一部】（1854 年），首次提出古代的节奏系统，其中不断地提到品达与希腊悲剧诸诗人。他们合作的《希腊人的格律》*Griechische Metrik*【译按，列为第三部】（1856 年），标志着一个伟大的进步，得到了柏克、贝克、列尔斯的赞许，甚至得到了赫尔曼那些最严苛之信徒的称许。此后又是韦斯特法尔的《希腊人的谐声与旋律》*Harmonik und Melopöie der Griechen*【译按，第二部第一子部】（1863年），他的《普通希腊格律》*Allgemeine griechische Metrik*【译按，第二部第二子部，1865 年】，他对罗斯巴赫《希腊人的节奏》的修订版，还有他编订的"普鲁塔克"之《乐论》（1865 年）。

经过十年的合作后，韦斯特法尔与罗斯巴赫分道扬镳。韦斯特法尔后来完成了一部托伊布纳本赫法斯提翁，附有集注（1866 年），一部阿里斯托克森编订本（1883—1893 年）。在关于希腊音乐的论著（1883年）之后，他在 1885—1887 年刊布了罗斯巴赫与韦斯特法尔合著的第三版，使用了新标题，《希腊人的音乐艺术理论》*Theorie der musischen Künste*

---

1 《古代研究传记年刊》，1900，75-85；Bursian, ii 984 以下。

der Hellenen【译按，分部方案及标题亦有所改动】。此书被广泛视为杰作，标志着该论题研究的新时代。

罗斯巴赫与韦斯特法尔的《希腊戏剧家与抒情诗人的格律》初版，形成了 J. H. 海因里希·施密特（生于 1830 年）那部《论希腊诗歌的艺术形式及其意义》*Die Kunstformen der griechischen Poesie und ihre Bedeutung* 的基础。埃斯库罗斯与品达的合唱抒情诗，被收入第一卷（1868 年）；索福克勒斯与阿里斯托芬在第二卷（1869 年）；欧里庇得斯在第三卷（1871 年），而第四卷（1872 年）则是陈述作者关于作诗法以及音乐节奏的观点，其中他忽略了古代作家的节奏与格律理论，而单纯信赖合唱抒情诗的现存遗篇之证据[1]。

J. H. 海因里希·施密特

希腊人的乐器与乐理，得到了卡尔·冯·扬 Karl von Jan（1836—1899 年）的专门考察。此人曾在埃尔兰根、哥廷根与柏林就学。在柏林，被格哈德指导去清算希腊人的弦乐器。他继而开始转向关注于文本的研究，参与了由韦斯特法尔所刊著作引发的争论。德尔斐颂歌的发现，成为最终的动力，使他刊布毕生之成果：编订本《希腊乐论作家集》*Scriptores Musici Graeci*（1895 年）[2]。

159

从主要关注希腊诗歌的学者转向专门的散文著作研究者，我们看到希罗多德的生平乃是弗里德里希·克里斯托弗·达尔曼 Friedrich Christoph

达尔曼

---

1 Bursian, ii 990 以下。他对古典语言的节奏与格律之绍介，被 J. W. White（1877–1879）教授翻译出来。看看《美国语文学杂志》，vii 406 以下。可以确定的是，他目前还健在，于耄耋之年仍矍铄地活跃于事业中，方将自己的格律原则应用于新发现的提摩太之 nomos【歌曲】与巴居理德斯的颂歌之中。关于德国晚近的希腊与罗马格律研究史，见 Radermacher 在《年刊》，cxxiv 1–11。

2 《古代研究传记年刊》，1900，104–124。

Dahlmann（1786—1860 年）一部要著的主题[1]。他在哥本哈根、哈雷与德累斯顿就学，做过基尔的教授，又在 1829—1837 年间执教于哥廷根。在晚年，达尔曼与格林兄弟以及格维努斯 Gervinus，跻身于因抗议汉诺威国王破坏宪法行为而被解雇的七教授之列[2]。他后来生活于莱比锡及耶拿，余生最后 18 年担任波恩的教授[3]。

鲍珀　　在修昔底德编订者中，应为厄恩斯特·弗里德里希·鲍珀 Ernst Friedrich Poppo（1794—1866 年）留一席荣耀之位置。此人就学于莱比锡，是 1817—1863 年在奥德河畔法兰克福的人文中学主任。他有一部比较巨大的编订本，共 11 卷，问世于 1821—1838 年；较小的一部为 4 卷本，首次刊布于 1843—1851 年。

克拉森　　约翰内斯·克拉森 Johannes Classen（1806—1891 年），出生于汉堡，就学于莱比锡和波恩，在吕贝克教了 20 年中学，又在美因河畔法兰克福的人文中学担任了 11 年主任，自 1864 年成为家乡中学的校长，至 85 岁去世。他最早的著作是《希腊语法初阶》*De Grammaticae Graecae Primordiis*（1829 年），多年后又完成了一部精妙的修昔底德编订本，附德文注释，初刊于 1862—1878 年。70 岁时，他写了一部纪念尼布尔的专著，克拉森开始自己的学术生涯前曾作为家庭教师住在其人的宅邸[4]。

申克尔　　卡尔·申克尔 Karl Schenkl（1827—1900 年）在 1869—1876 年间完成了一部色诺芬的考据编订本[5]，他在维也纳就学，去布拉格任中学教师，

---

1 《希罗多德书中所见其生平》*Herodot, aus seinem Buche sein Leben*（1824）；英译本，1845。

2 参看柏克与 K. O. 穆勒的《往来书信集》，402。

3 G. Beseler 在《当代》*Unsere Zeit*，vi 68–78；A. Springer（莱比锡，1870）。

4 生平见《德意志传记大全》，以及《古代研究传记年刊》，1905，19–33。

5 《长征记》与《苏格拉底相关诸书》*Libri Socratici*【译按，后者包括《回忆苏格拉底》《齐家篇》《会饮篇》等书】。

后来被因斯布鲁克（1858年）、格拉茨（1863年）及维也纳（1875年）聘为教授。他还著有希德双语（1858年第一版）和德希（1866年第一版）的中学用辞书，编订了瓦勒理乌斯·弗拉库斯（1871年）与奥索尼乌斯（1883年）的著作。他同本多夫等人一起参与编订了斐洛斯特拉图斯家诸氏所著的《画论》；又与 W. 冯·哈特尔 von Hartel 联手，创办了《维也纳学术》；他还是一套有用的丛书之总编，在布拉格与维也纳刊布希腊与拉丁文本；晚年（如博尼茨当日一般）收获了 *Praeceptor Austriae*【奥地利导师】的社会荣誉称号[1]。

　　《齐家篇》、《阿格西劳传》*Agesilaus*、《希耶罗篇》*Hieron*、《希腊志》、《回忆苏格拉底》、《居鲁士的教育》、《长征记》在1841—1875年间全部得到编订，这出自路德维希·布赖滕巴赫 Ludwig Breitenbach（1813—1885　布赖滕巴赫年）之手。他生于埃尔富特，受学于普福尔塔学校，在哈雷师从本哈代，自1840至1860年任中学教师，主要是在维滕贝格。他最后因严重的耳聋问题辞去职位。他喜欢的作家乃是色诺芬与歌德[2]。

　　《长征记》时常被单独编订。有一部进步的文本，是1878年阿诺德·胡格 Arnold Hug（1832—1895年）所完成的。此人在苏黎世师从克　胡格希利，又在波恩师从韦尔克与理茨尔，自1856年出任温特图尔 Winterthur 的中学教师，自1869至1886年任苏黎世的教授，此后他因瘫痪而在生

1　参看 Wurzbach，《奥地利帝国传记辞典》*Biographische Lexikon des kaiserthums Österreich*，又特别参看 Karl Ziwsa 在《奥地利中学》*Österreichischen Mittelschule* 的 15 页介绍，以及 Edmund Hauler 在《奥地利人文中学杂志》*Zeitschrift für die österreichischen Gymnasien*，1900，xii，14 页；又见《传记年刊与德意志讣闻》*Biographisches Jahrbuch und deutscher Nekrolog*，v 352–358。
2　《古代研究传记年刊》，1886，292–296。

平最后九年中放弃了工作。他在自己的《古典古代研究》*Studien aus dem classischen Alterthum*（1881 年）中收集了关于德摩斯提尼等著作家的通俗讲座；他还完成了一部"围城战术家"埃涅阿斯 Aeneas Poliorceticus【译按，即今日所谓的"谋略家"埃涅阿斯 Aeneas Tacticus】的考据学文本（1874 年），还有关于柏拉图《会饮篇》的笺注本（1876 年）[1]，在 1884 年又有第二版问世。他因病未能完成对于 K. F. 赫尔曼《希腊古代城邦教程》*Lehrbuch der griechischen Staatsalterthümer* 的精心修订[2]。

161

斯塔尔鲍姆

柏拉图的文本曾由贝刻耳在 1816—1823 年刊布出来。有一部有用的十卷编订本，附有拉丁文注释，是 1827—1860 年间由戈特弗里德·斯塔尔鲍姆 Gottfried Stallbaum（1793—1861 年）所完成，他曾就学于莱比锡，以生平后 41 年专治此学，1835 年出任托马士中学 Thomas-Schule 的校长，1840 年成为莱比锡大学的特职教授。

此外，还有一部出色的编订本，由拜特尔 Baiter、奥雷利和温克尔曼在苏黎世完成（1839—1842 年）。其中约翰·卡斯帕·奥雷利 Johann Caspar Orelli（1787—1849 年）乃是约翰·康刺德·奥雷利（1770—1820 年）的堂弟[3]，受学于苏黎世，在那里因堂兄与一位老学者约翰·雅各布·霍廷格 Johann Jacob Hottinger（1750—1819 年）的缘故，对古典著作发生兴趣。在贝加莫宗教改革区任牧师与中学教师时，奥雷利完成了一部新版的罗斯米尼 Rosmini《杰出教师之楷范：菲尔特的维托理诺的生平

1　还有 G. F. Rettig（1803—1897）在 1875—1876 年的笺释。

2　《古代研究传记年刊》，1896，95-104。

3　编纂了那部《古希腊警句与德训著作集》*Opuscula Graecorum veterum sententiosa et moralia*，1819—1821。

与学说》*Idea dell'ottimo precettore nella vita e disciplina di Vittorino da Feltre*（1812 年）；在库尔任教时，他完成了伊索克拉底《论交易》*De Permutatione*【译按，即第 15 篇演说词，或依希腊文原题拉丁化将篇名写作 *Antidosis*】，连同其堂兄康刺德所编订的伊塞乌斯《议摩涅刻勒斯之遗产》*De Meneclidis hereditate*，以及堂兄之子小康刺德所注的色诺芬《会饮篇》一起出版（1814 年）。他在苏黎世任教师及教授时，筹备了一部重要的西塞罗全集校订本（1826—1838 年），此书的第二版由拜特尔与哈尔姆完成（1846—1862 年）。他还有许多著作，其中最著名的是他校注的贺拉斯（1837—1838 年）与塔西佗（1846—1848 年）。

奥雷利编订柏拉图时的主要伙伴，也是他编订西塞罗的继任者，约翰·格奥尔格·拜特尔（1801—1877 年），出生于苏黎世，在慕尼黑、哥廷根与柯尼斯堡就学，自 1833 年成为苏黎世人文中学的首席教师，以及大学的特职教授。他不仅协助奥雷利编订西塞罗与柏拉图，还与邵佩合作编订了《阿提卡演说家集》*Oratores Attici*。 拜特尔

编订柏拉图的第三位伙伴，是奥古斯特·威廉·温克尔曼，他生于德累斯顿（1810 年），以编订柏拉图的《欧绪德谟篇》和安提斯忒涅的残篇集起家。他在 1834—1845 年间在苏黎世的中学与大学任职，后返回故乡。柏拉图的这部编订本，与他有关的内容，建立在巴黎钞本与饱蠹楼钞本的基础上，可视为自贝刻耳编订本以来的决定性进展。 奥古斯特·威廉·温克尔曼

162

后来卡尔·弗里德里希·赫尔曼（1804—1855 年）在 1851—1856 年也编订了柏拉图著作文本。此人在海德堡与莱比锡就学，1832—1842 年间是马尔堡的教授，最后 13 年则生活于哥廷根。他对柏拉图的兴趣，正体现于唯一的那部《柏拉图哲学的历史与体系》（1839 年）中，也可 卡尔·弗里德里希·赫尔曼

见于他的《论文集》（1849 年）。他率先对珀息乌斯[1]与玉万纳尔[2]之集注诸钞本提出了正确评价。赫尔曼与雅恩对于这部集注的不同看法，以及这两位学者对于寻章摘句的过度嗜好，都遭到豪普特肆意的讽刺[3]。赫尔曼有关古代公共、宗教与家庭研究的手册赢得了更为广泛的声誉【译按，题为《希腊古物研究教程》*Lehrbuch der griechischen Antiquitäten*】，起初刊于 1831—1852 年，附有简要的文本，全部出自古代资料的引文，以及近代参考文献。他还写过关于拉哥尼亚古物（1841 年）、希腊法规（1849 年）以及罚金（1855 年）的专著，还有许多关于阿提卡法律问题的项目[4]。他学问的广度与深度皆极为可观；他关于古典文明史教学的基本目的，留传于其弟子古斯塔夫·施密特所刊布的一部著作中[5]。

克龙　　柏拉图乃是克里斯蒂安·克龙 Christian Cron（1813—1892 年）在生平最后 35 年中渊博研究的核心主题。他出生于慕尼黑，在埃尔兰根（1838—1853 年）和奥格斯堡（1853—1885 年）承担学术职务。他完成了出色的柏拉图中学编订本，有《申辩篇与克里托篇》（1857 年）以及《拉凯斯篇》（1860 年）；还有一篇关于《高尔吉亚篇》的论著（1870 年）

1　《珀息乌斯辨读》*Lectiones Persianae*，1842；《珀息乌斯会注摘选》*Analecta de aetate et usu scholiorum Persianorum*，1846；文本，1854。

2　《玉万纳尔诸钞本价值丛谈》*Disputatio de codicibus Juvenalis recte existimandis*，1847；《玉万纳尔集注讹误偶拾》*Schediasma de scholiorum ad Juvenalem genere deteriore*，1849；《玉万纳尔文本考实》*Vindiciae Juvenalianae*，以及文本，1854。

3　Belger 的《作为学术导师的莫里茨·豪普特》，61 以下。

4　Bursian, ii 1162 注释。

5　《希腊罗马文化史》*Culturgeschichte der Griechen und Römer*（1857—1858）。参看 Bursian, ii 1161-1163。

和一篇关于《欧绪德谟篇》的论文（1892 年）[1]。在相较短寿许多的生涯中，尤利乌斯·多伊施勒 Julius Deuschle（1828—1861 年），他在柏林的一所人文中学任教，写过关于柏拉图《克拉底鲁篇》[2]与柏拉图所述神话[3]的高明专论，还编订过《高尔吉亚篇》与《普罗泰戈拉篇》（1859—1861 年）。

　　阿提卡的演说诸家，构成了安东·韦斯特曼 Anton Westermann（1806—1869 年）在 1833—1835 年刊布详尽的《希腊罗马演说术史》之大部分主题。此人除了在萨克森地区的弗莱堡度过了他的学生时代，终生都居住在莱比锡，自 1834 至 1865 年担任全职教授。他尽管不是一位出色的，甚至不是一位能使人振奋的教师，但讲学一直能做到清晰全面。有四篇论文，涉及德摩斯提尼的历史与考据问题[4]、《斥梅第亚斯》中引述的资料问题[5]，还有其他演说词的引文问题[6]，此后又有一部著名的演说词选集编订本[7]。他还编订了吕西亚的著作、普鲁塔克的《梭伦传》、斐洛斯特剌图斯家族及卡利斯特剌忒著作，以及希腊作家的《志异丛编》*Paradoxographi*、《神话丛编》和《传记丛编》[8]。

韦斯特曼

1　《慕尼黑科学院会议报告》。

2　《柏拉图的语言哲学》*Platons Sprachphilosophie*（马尔堡，1852）。

3　尤其见于《斐德若篇》（哈瑙，1854）。

4　《德摩斯提尼疑义集》*Quaestiones Demosthenicae*，1830—1837。

5　《德摩斯提尼斥梅第亚斯所存文献资料评述》*De litis instrumentis, quae exstant in Demosthenis oratione in Midiam, commentatio*（1844）。

6　《阿提卡演说家用事考》*Untersuchungen über die in die attischen Redner eingelegten Urkunden*（1850）。

7　《奥林提亚三讲》与《四反腓力》，《论和平》与《议色雷斯半岛》；《议金冠》《反勒普提涅斯》；《反阿理斯托刻剌忒》《反刻农》《反欧布里德》*Contra Eubulidem*（1850—1851，及其后）。

8　Bursian, ii 890–893.

拜特尔编订《阿提卡演说家集》*Oratores Attici* 时的同事，赫尔曼·邵佩 Hermann Sauppe（1809—1893 年），出生于德累斯顿，在莱比锡从学于赫尔曼（1827—1833 年）。在赫尔曼的推荐下，他获得了苏黎世的职位，在那里新办的州立中学担任了 12 年教师，另外自 1837—1838 年兼任公立图书馆馆长，以及"特职"教授。他后来主持魏玛的人文中学（1845—1856 年），又在哥廷根担任古典学教授多年（1856—1893 年）。

在苏黎世，他与拜特尔开始合作，完成了那部全面的阿提卡演说家集编订本，为两卷四开本（1839—1850 年），第一卷收入了以最佳钞本为基础的文本，第二卷则是集注，附有邵佩编订的残篇集，以及充分的专名索引。邵佩在 1841 年为祝贺赫尔曼的大寿庆典，寄去了一部 152 页的《考据学书简》打印稿，其中有许多关于诸演说家及柏拉图文本的考证[1]。他此前已经协助拜特尔编订了莱克格斯驳斥列奥刻拉忒的演说词（1834 年），以及该演说家的残篇集，在《阿提卡演说家集》第一、二卷的间隙时期，他们还刊出了一部利克 Leake 的《雅典地形学》*The Topography of Athens* 第二版译文（1844 年）。

邵佩独立完成的著作，包括一部德摩斯提尼《一反腓力》与《奥林提亚四讲》的编订本，附有拉丁文注释，还有一部德文编订的柏拉图《普罗泰戈拉篇》；一部菲洛德慕斯的编订本，περὶ κακιῶν【论恶】，还有一部对普鲁塔克《伯利克里传》文献根据的精彩讨论；再就是一大组关于希腊碑铭与古物，关于卢克莱修、西塞罗、弗罗鲁斯及其他拉丁作家的论文，还有为数众多的涉及古典学主题的节庆谈话，以及关于古典

1　重刊于《著作选》*Ausgewählte Schriften*，pp. 80–177。

学学者的葬礼演说，大多发表于哥廷根[1]。他通过严密地遵从各自最佳之钞本，首先改进了吕西亚、伊索克拉底和德摩斯提尼的文本。他最令人瞩目的特点，是文思清晰，心性简朴。不过，这种简朴结合了对于人性的深刻认知，两者在其漫长而勤奋的生命中，对所有与他来往的人都产生了强烈的影响[2]。

编订过莱克格斯斥列奥刻拉式的演说词的，有 Fr. 奥珊 Osann、G. 平茨格尔 Pinzger 以及 W. A. 布吕姆 Blume，残篇集则有古斯塔夫·基斯林 Gustav Kiessling。安提丰和狄纳库斯以及莱克格斯，在 1836—1842 年有一个编订本，附有考据与阐解的注释，这出自爱德华·梅茨纳 Eduard Maetzner 之手。他出生于罗斯托克（1805 年），后来在格赖夫斯瓦尔德与海德堡求学，在 1831—1835 年任布洛姆贝格 Bromberg 的中学教师，在 1838 年成为柏林第一所女子高中的主任。他后来的著作主要讨论英语与法语的语法。 梅茨纳

安都奇德斯在 1834 年得到了卡尔·克里斯蒂安·席勒 Karl Christian Schiller（1811—1873 年）的编订，此人（同梅茨格尔一样）生于罗斯托克；他对安都奇德斯的编订是他在莱比锡的大学生涯即将结束时完成的。 卡尔·克
里斯蒂安·
席勒

吕西亚的编订本，首先是 1852 年由卡尔·弗里德里希·沙伊贝 Karl Friedrich Scheibe（1814—1869 年）完成的，他是德累斯顿一所人文中学的校长。吕西亚、伊索克拉底、德摩斯提尼的演说词选以及埃斯奇纳斯的 沙伊贝

---

1 参看《著作选》（1896），共 862 页。
2 他的藏书如今属于纽约的哥伦比亚大学。他的肖像见《著作选》扉页。参看 Bursian, ii 849, 858-860；Wilamowitz, 在《哥廷根学术通讯》, 1894, 36-49；Lothholz 在《新年刊》, 1894, 299-304。

全部作品，在 1823—1834 年由约翰·海因里希·布雷米 Johann Heinrich Bremi（1772—1837 年）编订，他是苏黎世人，在家乡师从霍廷格读书，后来在哈雷以 F. A. 沃尔夫为师。他在 1831 年重刊了沃尔夫的编订本。在他生涯早期，曾编订过奈波斯（1796 年）和苏维托尼乌斯（1800 年），自 1829 年开始成为苏黎世的教授 [1]。

　　鲁道夫·劳亨斯坦 Rudolph Rauchenstein（1798—1879 年）为吕西亚的演说词选集完成了一部带有德文注释的精彩编订本。他在伯尔尼师从德德莱因时开始了古典学研究，继而在布雷斯劳又从帕索读书，在那里完成了一部获奖的专论，讨论《奥林提亚四讲》次序（1819 年）[2]。在 1822—1866 年间，他在阿劳的一家州立中学任教（并担任多年校长），直至以高寿而终前一直对该学校保持有积极的热情。他编订过吕西亚（1848 年及其后）与伊索克拉底（1849 年及其后）的作品选 [3]。还发表了关于品达 [4]，关于《阿伽门农》与《欧墨尼得斯》[5]，与关于《阿尔刻提斯》及《在陶里斯的伊菲革涅亚》的论著 [6]。

　　赫尔曼·弗罗贝格尔 Hermann Frohberger（1836—1874 年）随后也在 1866—1871 年也出版了吕西亚的作品选，附有长篇详尽的注释。此人在莱比锡求学，其短暂的一生后来都在中学教书。

1　Bursian, ii 749，注释 2。

2　出版时附有帕索的前言和布雷米所作的《反腓力》研究论述（1822）；此书也曾被缩减并修订，收入布雷米的《德摩斯提尼演说词选》*Demosthenis Orationes Selectae*（1820）。

3　《颂词》与《战神山演说词》*Areopagiticus*。

4　《品达胜利颂引论》*Zur Einleitung in Pindars Siegeslieder*, 1843；《品达注疏》*Commentationum Pindaricarum*, 1844—1845。

5　1855—1858.

6　1847—1860. 参看《古代研究传记年刊》，1879，1—2。

伊塞乌斯的作品，有一部出色全面的编订本，1831 年由格奥尔格·弗里德里希·舍曼 Georg Friedrich Schömann（1793—1879 年）出版。舍曼此人是一名瑞典裔学者，其父是施特拉尔松德的一名律师暨公证人。在格赖夫斯瓦尔德与耶拿受学之后，他在格赖夫斯瓦尔德担任了 7 年中学教师，在大学又执教了 58 年，在生平后 52 年中成为演说术教授。他有四次机会担任了大学的校长职务，包括 1856 年该校第四个百年庆典期间，那时他以至高无上的声誉卸去职务。在耶拿读书期间，他并未受惠于艾希施泰特的教学，后者看似典雅的拉丁文风与舍曼那种简要新警而又贯彻了古典气息的文体相比，形成醒目对照。舍曼喜好具体有形的事实，这使他关注雅典的政制体系与法律程序等艰难且几乎无人问津的领域。他早期的拉丁文论著，《雅典集体议事会》*De Comitiis Atheniensium*（1819 年），在柏克的《雅典的公共经济》问世两年后出版，题献给柏克，足见其所受之影响。与此同时，1820 年，柏克的爱徒莫里茨·赫尔曼·爱德华·迈耶 Moritz Hermann Eduard Meier，受邀来至格赖夫斯瓦尔德。舍曼在这年完成了他的论著《雅典的抽签仲裁》*De sortitione judicum apud Athenienses*，并在 1823 年被提名为特职教授。1824 年，迈耶与舍曼合作出版了关于阿提卡诉讼程序的著作[1]。1825 年迈耶去往哈雷，而舍曼留下来，自 1827 年开始成为全职教授，1844 年任图书馆馆长。他对阿提卡法律的兴趣使他完成了伊塞乌斯的译本（1830 年）及注释编订本（1831 年），而他对希腊政制同样的热情，促使他编订了普鲁塔克的《阿基斯传》*Agis*与《克利奥米尼传》*Cleomenes*（1839 年）。在此前一年，他已经用拉丁文

166

---

1 《阿提卡诉讼程序》*Der attische Process*，1824；Lipsius 编订本，1883—1887。

完成了有关希腊古代公共世界的系统著作[1]，继而在1855年完成了德文的同主题"手册"[2]。1854年，他发表了对于格罗特论述雅典政制史专著的精彩批评[3]。

在某种程度上受到《埃斯库罗斯悲剧之神学》*Theologumena Aeschyli Tragici*（1829年）作者 R. H. 克劳森 Klausen（1807—1840年）的影响，舍曼对于古代宗教产生了兴趣。他因此而完成了《被缚的普罗米修斯》的一部编订本和一部德文译本，并附以一部以《被解放的普罗米修斯》*Prometheus Solutus* 为题的原创德文戏剧（1844年）；他还翻译并诠释了《欧墨尼得斯》（1845年），为西塞罗的《论神性》做注（1850年及其后），又注释了赫西俄德的《神谱》，并编订了整个文本（1868年）。

同样，与他在1842—1847年成为同事的奥托·雅恩，对他也有影响，这可以在1843—1847年发表的古典考古学论文中找到痕迹[4]。在他的公开讲座中，他非常关注希腊与拉丁句法，于1864年写成一篇讨论古希腊语法学家们关于冠词之学说的论文[5]，一部论古人词类观念具有恒久价值的著作[6]。1827—1868年间，他完成了大量的大学项目，结为四卷本的《学术杂著集》*Opuscula Academica*（1856—1871年），收入了他具体研究科目上的论文，还有对赫西俄德《神谱》和关于"荷马之沉默"的

167

---

1 《古希腊公共法律世界》*Antiquitates juris publici Graecorum*，1838。
2 《希腊古代世界》*Griechische Alterthümer*，1855—1859（英译本，卷 i，1880）；第四版，Lipsius 编订，1897—1902。
3 Bernard Bosanquet 的英译本，1878。
4 《论希腊雕塑艺术之美》*Einige Bemerkungen über die Schönheit in den plastischen Kunstwerken der Griechen*（1843）；《温克尔曼与考古学》*Winckelmann und die Archäologie*，与《论精灵》*Ansichten über die genien*（1845）；《赫拉的典型形象》*Das Ideal der Hera*（1847）。
5 《语文学年刊增刊》，v.
6 《古代词类学说》*Die Lehre von den Redetheilen nach den Alten*。

讨论文字[1]。

在其《希腊古代世界》前言中，他声称自己从未打算使读者们对于他所明确认定的真理或只是可能的真理存有任何疑虑。他的拉丁散文一直受到注意；他的德文风格被视为具有最高水平的平实、通俗和明白的特点。他的论辩文字呈现出千变万化的姿态。他对格罗特充满敬慕，与K. J. 恺撒 Caesar 对谈亲密，同 G. W. 尼茨（他充分认识到此人的价值）谑语言笑，又在揭露巴克 Bake 之"无知"时变得苛酷严厉。

他是一位天生注定的教师，但他只乐于面向一小众完全勤奋及专注的学生授业。1864 年，他获得普鲁士的"荣誉勋章"，这是他的诸多荣耀之一。除了在耶拿三年半的求学时间，他整个学院生涯都是在日耳曼极北部一所规模小但颇有名气的大学度过的，在那里他得以专注学问，成为公认的宗师人物。他行事苛酷，这使得人们面对他时有些怯懦，但他们很快发现心折于他严苛的正义感，而且他绝非没有明显的善意可言。尽管他热爱退隐的生活，但他总是乐于面对真正相宜的友伴。在他的晚年，几乎就是那个伟大时代的唯一幸存者，见证了沃尔夫遗风之下近代学术的奠基[2]。

舍曼在《阿提卡诉讼程序》的合作者，M. H. E. 迈耶（1796—1855 迈耶年），在生平最后 20 年间是哈雷的教授，完成过许多项目，主要是关 168于安都奇德斯和泰奥弗拉斯特的，这些内容后来结集于他的《杂著集》（1861—1863 年）中。

---

1 iii 1–29. 他有关荷马问题的观点，参看他对 G. W. Nitzsch 的评论，见《语文学年刊》，lxix（1854），1 以下，129 以下。
2 F. S（usemihl），在《古代研究传记年刊》，1879，7–16。

　伊索克拉底得到古斯塔夫·爱德华·本泽勒 Gustav Eduard Benseler（1806—1868 年）的细致研究，此人生长于萨克森的小镇弗莱堡，1825—1831 年在莱比锡师从赫尔曼，学成后又返回家乡。在弗莱堡他于1831—1849 年间任中学教师，后因政治罪名被囚禁在茨维考 Zwickau 的奥斯特斯泰因城堡 Schloss Osterstein，他的公共事业被中断了五年。余生14 年则隐居在莱比锡。

　　1829 年他开始翻译伊索克拉底，未逾四卷之规模（1831 年）。其他早期著作，还有编订本《战神山演说词》与《厄瓦高剌斯》（1832—1834 年），接着出版了 557 页篇幅的精深全面之著作，论希腊散文著作中的 *Hiatus*【脱文】，包括：（1）阿提卡演说家；（2）历史家的著作（1844年）。当他还身陷囹圄之日，他对伊索克拉底的校勘本已经列入托伊布纳丛书之中出版[1]。同样是在这段隔离时期，他准备了伊索克拉底选集的文本和译文（1854—1855 年）。此后，又有分成三编的埃斯奇纳斯的文本和译本（1855—1860 年），以及德摩斯提尼分成十编的文本与译本（1856—1861 年），后者至少有五编是本泽勒完成的。他的希腊文德文中学辞典，刊布于 1859 年，他还在 1863—1870 年出色地编了帕佩 Pape的希腊文专门辞典。他还参与编订了帕索希腊文辞典的第五版[2]。

　　德摩斯提尼全集的考据编订本，由贝刻耳、丁道夫、拜特尔与邵佩
完成，该文本与拉丁译文在 1843—1845 年被约翰·特奥多尔·弗梅尔 Johann Theodor Voemel（1791—1868 年）编入狄多丛书。他后来在 1856 年刊布了公共演说词的编订本，1862 年又出版了《议金冠》和《论伪使》，

1　卷 i（1856），卷 ii（1851）。

2　参看 Bursian，ii 903，以及上文第 96 页注释 1。

附有完整详尽的 *apparatus criticus*【校勘记】。弗梅尔曾就学于海德堡。在魏玛与哈瑙出任了几个卑微的学术职务后，他在法兰克福度过了生平后 50 年，在那里他担任人文中学的校长，长达 30 多年（1822—1853 年）。他编订的两部最为精要的德摩斯提尼，问世于他在该职位退休之后。

169

卡尔·赫尔曼·丰克海内尔 Karl Hermann Funkhaenel（1808—1874 年）编订了《反安德罗提翁》（1832 年）和《奥林提亚四讲》（1834 年），他担任多年埃森纳赫 Eisenach 中学主任，撰写过多篇关于德摩斯提尼的考证文章。演说词《反阿里斯托克拉底》在 1845 年得到厄恩斯特·（克里斯蒂安·）威廉·韦伯 Ernst (Christian) Wilhelm Weber（1796—1865 年）的精心编订，此人在魏玛的人文中学任教 40 年。

丰克海内尔

韦斯特曼在 1850—1852 年编订过带有德文注释的演说词选集[1]，此后又有卡尔·雷丹茨 Carl Rehdantz（1818—1879 年）所编订的"十二篇控诉腓力演说词"（1860 年），它们后来被"九篇控诉腓力演说词"（1865 年）所取代。他出生于柏林东边瓦泽河畔的兰茨贝格，在当地最好的人文中学受学六年，又在大学深造三年。他自 1840 至 1851 年担任上述人文中学的教师，又到哈伯斯塔特 Halberstadt 执教至 1858 年。1859 年他游访意大利，寻找德摩斯提尼研究的相关资料。他相继在上西里西亚的马格德堡、鲁道尔施塔特和克卢齐堡担任中学校长；他还依据普鲁士的要求，将后两所学校改为古典教育学校。即便在他临终前的终年病痛时期，也依然继续从事最高级别的工作。他是一位可敬的教师，对于吸引学生思考并激发他们以高尚的理想具有一种独特的才赋。他最初的著作

雷丹茨

1　上文第 163 页。

讨论伊斐克拉底、喀布里亚斯 Chabrias 和提摩透斯的生平（1845 年），是面向学者而非学童的书，对于后者他此后完成了一部《长征记》的编订本（附有一部考证的附录）。他在阿提卡演说诸家研究上的通彻，不仅体现于他编订的德摩斯提尼公共演说词，也体现于他编订的莱克格斯演说词，以及《语文学年刊》所发表的大量论文中[1]。

弗朗科 舒尔茨

　　德摩斯提尼的《反腓力》以及埃斯奇纳斯的演说词，还得到了弗里德里希·弗朗科 Friedrich Franke（1805—1871 年）的编订，这人在生平最后 26 年里一直是梅森圣阿弗拉学校的校长。费迪南·舒尔茨 Ferdinand Schulz（生于 1829 年）完成了埃斯奇纳斯的一部考据精细的编订本，他后来成为夏洛登堡人文中学的主任。

谢弗

　　德摩斯提尼的生平及时代，在 1856—1858 年阿诺德·谢弗（1819—1883 年）的一部出色的历史著作中得到阐明。他受学于不来梅，选择《议金冠》作为其毕业演说的主题。在莱比锡时，主要跟随赫尔曼与豪普特以及克洛茨和瓦克斯穆特学习，与他同时在该大学就读的，还有其终生的通信友人，马克斯·穆勒与赫歇尔。在他执教德累斯顿期间，完成了一部关于伪普鲁塔克《十大演说家传》的论著。他在德累斯顿常与格奥尔格·科耳修斯及克希利来往，直到后者越来越冒险地热衷于政治活动。尽管不像他的友人那么进步，谢弗还是发表了多篇关于 1848—1849 年重要事件的文章。1847 年，他完成了后来被反复重刊的《史事年表》之初版。1851 年，他被委任以格里马中学的教席，在这个愉快宁

170

---

1 《古代研究传记年刊》，1879，2-4。

静的萨克森小镇里获得闲暇，撰述了大量的学术著作[1]。他在这里完成了关于"德摩斯提尼之时代"的头两卷著作（1856年），三、四卷完成于两年之后。他时常离开格里马远道去看望德累斯顿的朋友们，他在格里马首次遇到未来的戈申 Goschen 爵士，在其家中对于英国文学激发出新的兴趣，尤为喜好的是瑟尔沃尔 Thirlwall 和格罗特的史著。

1858年，他就任格赖夫斯瓦尔德的常任历史教授。在他发表的论文中，他讨论了斯巴达的五长官 Ephors，以及波斯战争与伯罗奔尼撒战争间隙的时期；与其讲座相关，发表了希腊史的原始资料概述，截止至波里比乌斯（1867年），其第二部分，则述及罗马帝国的史料，截止至查士丁尼 Justinian，这是 1881 年增写的著作。这部史料概述被恰当地认为是古代史研究方面最有价值的入门书籍。

1865年他出任波恩的历史教授，以大部分时间用于讲座，题目是截止至西罗马帝国灭亡的古代史，具有令人推崇的流利风格和魅力。他在 1871 年出任校长时的发言，追溯了古代世界之研究在尼布尔及其后时代里对于历史批判研究的影响。

他的七年战争史，以普鲁士的档案及大英博物馆资料为基础，由对于腓特烈大帝与威廉·皮特的热烈敬仰而受到感召，自 1867 年动笔，至 1874 年完成。当年 10 月，他开始游历希腊、小亚细亚、叙利亚与埃及的旅程，在次年春天返程中取道罗马。他对教书的爱好，使他拒绝了公共档案主管的荣誉。在 1879 年春天，他游览了西西里与罗马；1880 年，又访问了奥林匹亚与雅典；1881 年，在西班牙与阿尔及尔旅行。归程中

171

---

1 《秀美静谧的格里马》*Das anmutige stille Grimma*（《德摩斯提尼及其时代》*Demosthenes und seine Zeit* 的前言）。

受到风湿病的严重侵扰，迫使他在秋天常常去往加斯泰因 Gastein、巴登和怀特岛。1882 年 11 月，为庆祝他担任教授席位满 25 周年，由其 19 名昔日弟子刊布了一部历史研究论文集。1883 年，他在圣塞巴斯蒂安居停数周后，以焕然一新的体魄回来准备关于德摩斯提尼之历史著作的第二版。11 月 19 日，他在午前举办了讲座，夜间出席了系里的会议，在家中接待了几位学生，午夜时突然中风麻痹，次日清晨便毫无痛苦地辞世了。他的过人之处，在于才能的深厚与广博，在于清晰流利的表述天赋，在于其本性的完美和谐以及人格的高尚[1]。

关于德摩斯提尼的生平及时代，有若干编年史问题，已经得到尼布尔一位生活在柏林的学生卡尔·格奥尔格·伯内克 Karl Georg Böhnecke 细致的调查[2]，他后来批评了谢弗的研究成果[3]。他主张这位阿提卡演说家引述的所有材料都是真实可信的，并且非常乐于不断将自己不容置疑的敏锐才智与广博的阅读经验来苦心支撑那些站不住脚的观点[4]。

叙珀芮德斯是 F. 古斯塔法·基斯林（1809—1884 年）在 1837—1846 年的三篇论文所讨论的对象。驳斥德摩斯提尼之演说词的首刊版（1850 年），以及为吕柯弗隆与攸克森尼珀斯 Euxenippus 辩护之演说词的首刊版（1853 年），在英国由邱吉尔·巴宾顿刊布，为研究这位长期失踪的

伯内克

1　J. Asbach 在《古代研究传记年刊》，1883，32–40，以及《纪念阿诺德·谢弗》*Zur Erinnerung an Arnold Dietrich Schaefer*（附肖像），1895 年，80 页；参看 Bursian, ii 913。

2　《阿提卡演说家及其时代之历史研究》*Forschungen auf dem Gebiete der attischen Redner und der Geschichte ihrer Zeit*（1843）。

3　《德摩斯提尼、莱克格斯、叙珀芮德斯与他们的时代》*Demosthenes, Lykurgos, Hypereides und ihr Zeitalter*（1864）。

4　Bursian, ii 914.

演说家提供了新的动力。对于日耳曼地区问世的文献，或许提及施耐德温编订的《为吕柯弗隆辩》与《为攸克森尼珀斯辩》（1853 年）、韦斯特曼为以上三种演说词所作的"词语索引"（1859—1864 年）就足够了。

阿提卡演说术的历史，乃是弗里德里希·布拉斯（1843—1907 年）令人敬仰的历史研究之主题。他出生于奥斯纳布吕克，受教于当地的一所人文中学，导师是 B. R. 阿伯肯（《书信中的西塞罗》*Cicero in seinen Briefen* 的作者），他在哥廷根师从卲佩学习，在波恩又跟随了理茨尔与奥托·雅恩。他在日耳曼各地谋过学术职务，此后脱颖而出，在 1876—1892 年担任基尔的古典学教授，又在哈雷执教了生平的最后 15 年。

1863 年，他在波恩为自己的学位写了一篇专题论文，讨论的是哈利卡那苏斯的第欧尼修的修辞学论著，这是他最初重要之著作的雏形，那部著作涉及希腊演说史，从亚历山大时代直到奥古斯都的时代（1865 年）。这之后他刊布了自己最伟大的著作，四卷本的《阿提卡雄辩术》*Die Attische Beredsamkeit*（1868—1880 年），至 1887—1898 年有第二版问世。他为托伊布纳丛书编订了除吕西亚和伊塞乌斯之外的全部阿提卡演说家；他反复修订雷丹茨的《反腓力》，并完成了一个中学编订本的《议金冠》，以及八篇普鲁塔克《名人传》。他校订的 *Ἀθηναίων Πολιτεία*【《雅典政制》】（1892 年）以及巴居理德斯（1898 年），都经历了若干次再版。他关于古希腊语发言的论述[1]，关于《新约》希腊文语法的论述都被译成英文；他还完成了屈纳的《希腊语法》的细心修订，还完成了圣路加两

1　1870 及其后；第三版的英译本，出自 W. J. Purton（剑桥，1890）。

部著作的考据编订本，另外又以"福音书语文学"与"新约考据学"为题有所撰述。他在两部关于希腊散文之节奏的论著间隔期里[1]，出版了关于《奥德赛》之窜入文字的一部节而又高明的论著（1904 年），其中庇西特拉图对荷马诗章的编订被他直率地斥为"荒谬之谈"。他最后的著作，是对于《奠酒人》（1906 年）与《欧墨尼得斯》（1907 年）的注疏。

他主张艺术散文的节奏（在拉丁文如同在希腊文一般）依赖于子句在段落中的和谐，而并非仅仅依靠句式结尾几个音节的音值。他将这个原则运用于《雅典政制》以及德摩斯提尼的文本中。在后一文本中，他在从引述与摹仿采选的证据上，以及在文章的程式上，赋予了或许有些夸大的重要意义，德摩斯提尼在其中总是尽可能地避免三个以上的短音节并置[2]。他的已刊著作，不断使他与英伦学者结缘。在 1879 年，他成为许珀涅德斯首刊版编订者邱吉尔·巴宾顿的座上宾；同年以及多年以后，他两度参观剑桥，而在伦敦与牛津以及在都柏林（1892 年他在那里获得了一个荣誉学位），他不断展现出自己在释读与鉴定希腊纸草文献上与复原《雅典政制》与巴居理德斯之阙文上的卓越才华。他是一位极为谦和无私的人士，总是准备将自己的学养之成果服务于他人[3]。

从研究阿提卡演说诸家的学者们，我们转而讨论希腊哲学的解释

---

1 （1）《阿提卡艺术散文的节奏》*Rhythmen der attischen Kunstprosa*（1901）；（2）《亚细亚与罗马艺术散文的节奏》*Die Rhythmen der asianischen und römischen Kunstprosa*（1905），J. E. Sandys 在《古典学评论》，xxi（1907），85 以下提及。

2 参看德摩斯提尼，《一反腓力以及奥林提亚四讲》，Sandys 编订，pp. lxxii–iv。

3 J. E. Sandys 在《古典学评论》，xxi（1907），75 以下；参看 J. P. M（ahaffy）在《雅典娜圣殿》，1907 年 3 月 16 日。完整的文献目录，目前正由哈雷的 H. Reinhold 在筹备中。

者。克里斯蒂安·奥古斯特·布兰迪斯 Christian August Brandis（1790—布兰迪斯
1867 年），刊布过希腊罗马哲学史（1835—1866 年）与罗马帝国时期希腊哲学的影响（1862—1864 年），他出生于希尔德斯海姆，在基尔与哥廷根就学，1813 年成为哥本哈根的私人授课教师【译按，指收取学生费用在大学讲课之人员，非领取大学薪水讲学者】，1816 年任普鲁士驻罗马使团文书，自 1821 直至 1867 年去世一直是波恩的教授（除了 1837—1838 年在奥托国王的希腊王庭供职）。他较早期的著作，有一部论埃利亚派哲人的专著（1813 年），一部亚里士多德与泰奥弗拉斯特《形而上学》的编订本，附有古代集注（1823—1837 年）。他后来还为柏林版亚里士多德编订了集注部分[1]。

爱德华·策勒尔 Eduard Zeller，1814 年生于符腾堡，在图宾根与柏林策勒尔
就学，相继担任伯尔尼、马尔堡和海德堡的教授（1862—1872 年），此后又任柏林的教授。他那部非常著名的希腊哲学史，初版以三卷大八开本印成（1844—1852 年），始于他在图宾根任私人授课教师之时，完成时他已经是马尔堡的哲学教授了。

有一部 *ex fontium locis contexta*【以原始文献之段落编汇而成的】希腊174
罗马哲学史，在 1838 年由海因里希·里特尔 Heinrich Ritter（1791—里特尔
1869 年）和路德维希·普雷勒尔 Ludwig Preller（1809—1861 年）附以普雷勒尔
注解首次出版[2]。此书始于二人俱在基尔之时，刊布时里特尔已经是哥廷根的教授，而普雷勒尔则去往多帕特，在那里他仅逗留了一年，就

1　E. Curtius 在《哥廷根科学学会通讯》*Nachrichten von der Gesellschaft der Wissenschaften zu Göttingen*，1867，552；Trendelenburg 的《演讲录》，柏林科学院，1868。他的肖像收入科隆的腓特烈三世帝纪念碑中。

2　第七版，1888。

赴耶拿就职去了。在其人生最后 14 年中，他在邻近的魏玛宫廷担任图书馆馆长。普雷勒尔较早期的著作，有旅行家珀勒蒙的残篇集（1838 年）。他为世人所知的是著作过一部权威的希腊罗马神话学（1854—1858 年）[1]。

特伦德伦堡　　　阿道夫·特伦德伦堡 Adolf Trendelenburg（1802—1872 年），生长于欧丁 Eutin，就学于基尔、莱比锡与柏林，1837 年在柏林成为全职教授。他最早的著作讨论亚里士多德所阐述柏拉图的相、数学说（1826 年），此后又编订了《论灵魂》，以及关于《范畴篇》的论著（1833 年），还有他的《亚里士多德逻辑学原理》*Elementa logices Aristotelicae*（1836 年）[2]。他的《哲学史论丛》*Historische Beiträge zur Philosophie*，以三卷本问世于 1846—1867 年，比泽　而他的短著刊为两卷本（1871 年）[3]。弗兰茨·比泽 Franz Biese 是一位普特布斯 Putbus 的中学教师，在 1834—1842 年完成了两卷本亚里士多德施维格勒尔　哲学的综合论著；图宾根的教授，阿尔伯特·施维格勒尔 Albert Schwegler（1819—1857 年），1847—1848 年编订了《形而上学》，又以撰写罗马史（1853—1858 年）与希腊哲学史（1859 年）而闻名[4]；还有特奥多魏茨　尔·魏茨 Theodor Waitz（1821—1864 年），生于哥达，就学于莱比锡及耶拿，生平最后 20 年执教于马尔堡，完成了一部《工具论》的精妙编订本（1844—1845 年）。1820 年还有才华洋溢的卡尔·策尔 Karl Zell（1793—

1　第四版，Carl Robert，1887—1894；《论文选》*Ausgewählte Aufsätze*，1864。Stichling，《纪念演说》*Gedächtnissrede*，1863。

2　第八版，1878 年。

3　Bonitz，《纪念特伦德伦堡》*Zur erinnerung an Friedrich Adolf Trendelenburg*，柏林皇家科学院论丛，1872；Bratuschek（附照片），1872；Prantl，《纪念演说》，1873。

4　Teuffel，《希腊罗马及德国文学史的研究与特性》*Studien und Charakteristiken zur griechischen und römischen sowie zur deutschen Literaturgeschichte*（1871），no. 24。

1873 年）编订了《伦理学》，1878 年又有拉姆绍尔 G. Ramsauer 的编订本。

那位能干的亚里士多德研究者赫尔曼·博尼茨 Hermann Bonitz 博尼茨（1814—1888 年），在普福尔塔学校受学于伊尔根，又在莱比锡跟随赫尔曼与哈尔滕施泰因 Hartenstein、在柏林跟随柏克与拉赫曼读书。他在德175累斯顿、柏林与斯德丁 Stettin 担任了 13 年的中学教师；在维也纳担任了 18 年的教授（1849—1867 年），其后返回柏林，成为"格劳恩·克洛斯特"Grauen Kloster 中学的主任。

哈尔滕施泰因在莱比锡开始的头三次课堂讲座中，只出现了三名学生，幸亏有一位青年博尼茨作为第四人出现，这门课才得以完成。这一事件对该学生的未来事业产生了重要的影响，因为正是通过哈尔滕施泰因在 1842 年致信给奥地利大臣埃克斯纳 Exner，向其引见博尼茨，——他在柏林唯一熟识之人，后者才接受邀约，在维也纳就职，从而改革了奥地利的教育体系。

在博尼茨最早的著作，1837 年的"两议柏拉图"中[1]，他显示出见解的独立性，主张柏拉图的观点并非总是一致连贯的。他在 1858—1860 年的"柏拉图研究"中回到柏拉图[2]。施莱尔马赫曾试图从作为一个整体的所有对话录中推演出柏拉图学说的全景，这遭到了 K. F. 赫尔曼与博尼茨的攻击，他们强调的是这位哲人的思想是逐渐成长和发展起来的。

在日耳曼地区从事了 13 年的学术工作后，他在 1849 年受邀充任维也纳的古典语文学教席，并协助重建奥地利的中学与大学。1854 年，他的计划付诸实施，继之将**自然科学**的认知，作为一种与古典学相并列的

---

1 （1）《柏拉图的善之理念》*De Platonis idea boni*；（2）《柏拉图基本学说中的宇宙灵魂》*De animae mundanae apud Platonem elementis*。
2 第二版，1875；第 3 版，1886。

教育手段，成为古典学学者的工作。作为教授，他讲授过索福克勒斯、古希腊公共世界，以及柏拉图与亚里士多德。讲堂总是受到欢迎，学生们蜂拥来到其宅邸请求在各种论题上予以建议与指导。他关于荷马史诗起源的通俗讲座，被称为其教学风格的优良范例[1]。他关于修昔底德的意见（1854 年），几乎全部被克吕格尔采纳于他的第二版编订本中。关于索福克勒斯的意见（1856—1857 年），旨在压缩施耐德温在该诗人剧作中所见"悲剧式反讽"的范围。

与此同时，他关于柏拉图的研究也在继续展开，关于亚里士多德的研究达到了完全成熟的地步，而他那部庞大的《亚里士多德研究索引》*Index Aristotelicus*，也缓慢地将要大功告成。在 1866 年后，奥地利与普鲁士发生冲突，博尼茨离开这片成长的土地，去往出生的故乡。他接受了柏林一所重要中学的主任职务；1870 年，他在那里完成了自己的《亚里士多德研究索引》，这部著作得到了豪普特在柏林[2]、瓦伦 Vahlen 在维也纳的公允赞美[3]。这标志着博尼茨本人有关亚里士多德的大宗系列工作宣告结束。这些工作始于他对《形而上学》（1842 年）、《大伦理学》及《优苔谟伦理学》（1844 年）的考据学研究，继而有他编订的阿弗洛底西亚的亚历山大《形而上学》注疏集（1847 年），以及他本人的注疏本（1848—1849 年）。这一系列工作在他调往维也纳时暂告中断，然后产生出最为丰硕的成果，即其"亚里士多德研究"的五个部分（1862—1867 年），在此之前还有他关于《范畴论》的专著（1853 年）。他梦想完成一个亚里士多德文本的新编订本，但由于柏林官方职务的压力，一直未

1　1860；第五版，1881。

2　《杂著集》，iii 268。

3　《奥地利人文中学杂志》，1872，532。

果。他无疑是当时最伟大的学者之一。他其实是一位古典学术领域的大宗师，其治学范围包括了希腊语文学与希腊哲学[1]。

贝尔奈斯

雅各布·贝尔奈斯 Jacob Bernays（1824—1881 年），是一位犹太拉比之子，生长于汉堡，1844—1848 年在波恩师从理茨尔与布兰迪斯读书。在布雷斯劳的一个犹太研讨班担任了 13 年古典学教授，并在该大学执教（1853—1866 年），其后返回波恩，担任大学图书馆馆长及"特职"教授，度过了他人生最后 15 年。

他有两段波恩岁月。在前一段期间，他因完成了自己论赫拉克利特之要著的第一部分而获得博士学位（1848 年）[2]。他早先已写过一篇获得奖金的论文，关于卢克莱修（1846 年），在担任私人授课教师时，他讲授的也是这位诗人，以及介绍进入罗马时期的希腊哲学，后来还讲授过伊壁鸠鲁派与斯多葛派的文献。他关于修昔底德著作中的演说词的讲座，包含了对于希腊历史与希腊修辞学的考察，在他关于西塞罗书信集与亚里士多德《政治学》的讲座中也有类似的考察。1852 年，他出版了一部出色的卢克莱修文本。

177

在离开波恩去往布雷斯劳之后，他完成了自己关于斯卡利杰尔的经典著作[3]，他的一篇论文将《甫基理德之书》*Phocylidea* 的著作权判给了亚历山大里亚的一位犹太人[4]。他还有一部著名论著，涉及"亚里士多德关于

1　Gomperz 在《古代研究传记年刊》,1888,53–100（附书目,91–100）；参看 Karl Schenkl 的《演讲录》(1888)；Bellermann 的《演讲集》以及 von Hartel 的《演讲集》(1889)；Paulsen, ii 475 以下，563 以下，574 以下；Bursian, ii 923 以下。

2　参看《莱茵博物馆》,1849。

3　1855；Gomperz,《随笔与追忆集》*Essays und Erinnerungen*，117 以下。

4　1856；《论文集》*Gesammelte Abhandlungen*，i 192–261。

悲剧之效果的亡佚讨论"（1857年）[1]。在最后这部著作中，他主张亚里士多德 καθαρσις 一语，所指并非一种净化，而是一种恐惧及怜悯之情感的宣泄。他的名声由于这部论著以及随之产生的论战而大为提升[2]。

另外，在1852年，他受到本森之邀请游访英国，东主意在请求他在《圣经》研究方面给予帮助。这次访问的结果，便是一篇 *epistola critica*【考据学书札】，其中有他在赫拉克利特研究上的新进展[3]。正在此时期，他结交了马克斯·穆勒与马克·帕提逊。他将自己关于苏耳庇修·塞维尔儒斯编年史的著作题献给了马克斯·穆勒，此书问世于1861年，对于古典与圣书研究有所贡献[4]；他题献给帕提逊的是关于亚里士多德对话录与其他相关著作的重要论述（1863年）[5]。他此后关于泰奥弗拉斯特《论虔诚》的著作（1866年），被他本人称为"对宗教史的贡献"，还有对波弗利《论禁食》的考据与阐解之评论[6]。他判定波弗利著作中夹杂有泰奥弗拉斯特亡佚著作的重要残篇，除了分析这篇论说，还对关于古代哲学与关于宗教史与文学的各种问题的有益评述。这部著作被题献给了柏林科学院。

178

在他返回波恩（1866年）后，除了早先的讲座课程外，他还讲过前苏格拉底哲学，讲过苏维托尼乌斯的《奥古斯都本纪》，讲过16至

---

1 重刊于《两论亚里士多德的悲剧学说》*Zwei Abhandlungen über die aristotelische Theorie des Drama*（1880）。

2 贝尔奈斯的观点前有 Weil 之先声（1847）。施彭格尔在1858年试图支持莱辛的诠释，遭到了贝尔奈斯的反驳，又见 Gomperz，前揭，118–122。

3 Bunsen 的《前尼西亚教内作家文选》*Analecta Antenicaena*（1854）的第 iii 部分附录；参看《莱茵博物馆》，1853。

4 Gomperz，《随笔与追忆集》，115–117。

5 Gomperz，前揭，123 以下。

6 *Περι αποχης εμψυχων*【论断肉】。

19 世纪的哲学史[1]。最后这些讲座，以及关于柏拉图的讲座，乃是最受欢迎的；那些关于亚里士多德的讲座便乏人问津，因为讲授者强求高标准的作业。在同一时期，他发表了"论赫拉克利特书简"的文章，对于哲学文献与宗教史有所贡献[2]；他还翻译了亚里士多德《政治学》的前三卷，在文本校订上提出百余条意见，并有旨在面向普通大众的阐义性注疏（1872 年）。在 1876 年，他向柏林科学院提交了伪柏拉图著作"论世界不灭"的文本，通过在 1863 年对某些误置之书页的检阅恢复了次序。这之后是一部短小有趣的册子，对琉善关于犬儒派思想不公正的运用提出异议（1879 年）[3]。次年他又发表了两篇关于亚里士多德"戏剧学说"的论文；在去世前不久，他完成了一部关于"福基翁及其晚近之评判者"的著作（1881 年）[4]。此时他还完成了一大批关于赫拉克利特与亚里士多德以及关于卢克莱修、贺拉斯与西塞罗的文章。他刊布的著作显示出广泛的兴趣，以及高明考据之敏感与深刻哲学之洞见的罕有结合。临近短暂人生之终点时，他正在思考吉本的庞大著作，思考先知耶利米，思考伊拉斯谟；还在计划着自己"斯卡利杰尔"著作的新版，计划着将自己对亚里士多德全部著作的意见写成一部综合的论述。在他的要求下，柏林科学院开始出版亚里士多德的希腊注疏诸家集；他还期待出版新柏拉图派的著作，并准备写一部希腊哲学辞典。在日耳曼文学中，他钟爱的作家是莱辛与歌德。作为严守教义的犹太人，他并无什么社交活动，但

1　他发表了关于波利齐亚诺与乔尔齐奥·瓦拉、关于斯卡利杰尔，以及关于本特利《通信集》的文章（《古代研究传记年刊》，1881，80）。

2　1869；参看 Gomperz，《随笔与追忆集》，111–113。

3　同上，113–115。

4　同上，124。Gomperz 对之的批评，见《维也纳研究》，iv，《论学园及其所臆造的亲马其顿思想》*Die Akademie und ihr vermeintlicher Philomacedonismus*。

是他极懂得与人为善，并有一个广阔的学术通讯圈子。他怀着父辈的信仰去世，被葬于他在波恩的社区墓地中，此前捐赠给大学图书馆一套自己的著作全集，其中包括了他的全部《斯卡利杰尔谈片》[1]。

犹太与希腊在贝尔奈斯身上得以同一，他一度是个严格的正统犹太教徒，又是一位希腊文化的虔诚倡导者[2]。对他而言，"语文学"总是历史的婢女，而历史则是实践生活的仆役。像他的伟大楷模斯卡利杰尔一样，他从不刊印校勘表，或是发布关于琐细问题的项目，而是偏爱逐一处理自己选定的作为完整历史之全体的系列论题[3]。

泰希穆勒　　古斯塔夫·泰希穆勒 Gustav Teichmüller（1832—1888 年），出生于布伦瑞克，在柏林师从特伦德伦堡等人。在圣彼得堡从事了四年的学术工作后，成为哥廷根与巴塞尔的教授，生平最后 17 年居住于多帕特。至 40 岁前，他的著作主要局限于沿着特伦德伦堡的传统对亚里士多德哲学所做的考察。在这一思想下，他已经刊布了自己"亚里士多德研究"的前两卷[4]。他应邀去往多帕特的时间，正是第三卷所标志的新起点[5]。在他后续的"研究"中，他追溯了自泰勒斯至柏拉图与亚里士多德的哲学概念史，还讨论了希腊哲人对教父作家们以及最后对斯宾诺莎、康德与黑格

1　Schaarschmidt，在《古代研究传记年刊》，1882，65-83；参看 Bücheler，在《莱茵博物馆》，xxxvi 479 以下，Bursian，ii 845 注释，以及 Gomperz，《随笔与追忆集》，106-125。

2　Gomperz，前揭，109。

3　同上，108 以下。

4　《亚里士多德诗学阐解论集》*Beiträge zur Erklärung der Poetik des Aristoteles*（1867），《亚里士多德的艺术哲学》*Aristoteles Philosophie der Kunst*（1869）。

5　《"存在"的概念史》*Geschichte des Begriffs der Parusie*（1873）。

尔的影响[1]。此时柏拉图研究在他的兴趣中变得更加重要，他参与了同策勒尔等人的论战，转而去考察柏拉图对话录的系年问题（1879年），以及"西元前4世纪的学术冲突"（1881—1884年）。他将对话录视为一系列的声明，其年代可根据色诺芬、吕西亚与伊索克拉底，以及阿里斯托芬甚至亚里士多德本人的论争资料得到检测。这个主题分成两卷，第一卷遭到了祖瑟弥尔 Susemihl 与布拉斯的不利评价[2]。

那位杰出的亚里士多德研究者莱昂哈德·施彭格尔（1803—1880 施彭格尔
年），他在慕尼黑问学于蒂尔施，在莱比锡师从赫尔曼，又至柏林跟随柏克与贝刻耳读书，1835年前一直在慕尼黑的"旧人文中学"任职，此后成为当地大学的教授。其间有一段时期（1841—1847年）做过海德堡的教授，之后又返回慕尼黑，余生39年都占据着同一个教席。他早期编订过瓦罗《论拉丁语》（1826年），此后又调查了截止于亚里士多德时代的希腊修辞学史[3]。在他暂时离开慕尼黑那年，他发表了一篇学术演说，"论古人的修辞学研究"（1841年），及其返回时，又编订了《亚历山大修辞学》（1847年），他将此著作（如维克托里乌斯一样）判定为出自阿那克西美尼。他还出版了一部《希腊修辞学诸家集》*Rhetores Graeci* 的文本（1853—1856年），以及一部亚里士多德《修辞学》的重要编订本，附有旧拉丁译文以及全面的注疏（1867年）。在慕尼黑科学院的学报中，

---

1 《概念史研究》*Studien zur Geschichte der Begriffe*，1874；1876—1879【译按，更名为《概念史新研究》Neue Studien zur Geschichte der Begriffe，三卷本】。
2 Bursian 之《年刊》，xxx 1 及 234。《古代研究传记年刊》，1888，7-17。
3 《术艺集成，或从开端至亚里士多德论修辞学著作期间该技艺著作诸家》Συναγωγὴ Τεχνῶν, *sive artium Scriptores ab initiis usque ad editos Aristotelis de rhetorica libros*，1828，230页，——至今仍是这个主题的领先权威著作。

他追溯了德摩斯提尼公共演说词中修辞策略的表现[1]，并对亚里士多德的《诗学》《伦理学》《政治学》《家政学》及《物理学》加以考证[2]。

普兰特尔

有一位年纪稍幼的同时代人，卡尔·普兰特尔（1820—1888 年），是蒂尔施与施彭格尔在慕尼黑的学生，曾在柏林就学。他自 1843 年至去世一直在慕尼黑大学就职，自 1859 年成为语文学的全职教授，1864 年后成为哲学全职教授。他第一部出版物，是一篇关于亚里士多德《动物志》的专论（1843 年）。他早期的生涯因自己哲学观点上遭受保守派攻击而苦不堪言；33 岁时，他对一种"忏悔哲学"的反驳造成被禁止就哲学命题讲学。不能再（如此前那样）谈论逻辑学与哲学史，他只被许可研究比较安全的希腊悲剧诗人之论题（1852 年），以及"语文学百科全书"（1855 年）。不过在 1864 年，他被特意任命为哲学教授，从此不再因讲座的主题而受到攻击或是阻挠了。他有关逻辑学的主要课程以及对于哲学的综合考察，有来自所有科系的 200 多名学生听讲。

与此同时，他将争取来的空闲时间启动了其一生的主要著作：那部著名的四卷本"西方逻辑学研究史"（1855—1870 年），从亚里士多德开始，至 1534 年终结。他还出版了一部希腊罗马哲学研究[3]，并翻译了柏拉图的《斐多篇》《斐德若篇》《会饮篇》《理想国》与《申辩篇》，以及亚里士多德的《论颜色》《物理学》和《论天》等，以及这些希腊论著的文本。但他的兴趣远不止于哲学与语文学的范围。他刊布的著作，还有

1　《慕尼黑皇家科学院会议报告》，ix（1）、（2）以及 x（1）。

2　A. Spengel 在《古代研究传记年刊》，1880，35–59；W. v. Christ，《纪念演说录》*Gedächtnissrede*，慕尼黑科学院（1881）；Bursian，ii 736, 915, 924；Thurot，《语文学杂志》，v 181–190。

3　1854；新版，1863。

181

大学史、传记和一大批评论文章[1]。

弗朗茨·祖瑟弥尔（1826—1901 年）出生于梅克伦堡，就学于莱 祖瑟弥尔
比锡及柏林，1850 年定居于格赖夫斯瓦尔德，在那里自 1863 直至去世
担任古典语文学全职教授。除了写作一部关于柏拉图哲学之发展的重要
著作外[2]，他为古典学杂志贡献了多篇有关柏拉图与亚里士多德的论文。
他更为人知的是亚里士多德《诗学》的编订本与译本[3]，以及《政治学》
的三个编订本:（1）附有麦耳比克的威廉旧拉丁译文的考据学编订本
（1872 年）;（2）希腊文与德文编订本，附有阐义之注释（1879 年）[4]，以
及（3）1882 年的托伊布纳本。他的七编《亚里士多德政治学的考据问 182
题》*De politicis Aristoteleis quaestionum criticarum*（1867—1874 年）之成果被总结
于 1886 年刊布的一本 128 页小册子[5]，显示出文本中存在许多阙文，并且
句子与段落上时常有必要进行调整。他还完成了一部托伊布纳本的《伦
理学》（1887 年），其中他与其他考据家一同建议了多处调整，特别是第
五卷。最后，在他临终前，还刊布了一部完整细致的亚历山大里亚时期
希腊文学史（1891—1892 年）。

《政治学》一书的历史与政治目的，乃是威廉·奥恩肯 Wilhelm 奥恩肯
Oncken（1838—1905 年）在 1870—1875 年刊布的一部重要著作之主题[6]，

---

1 书目见慕尼黑科学院的《年鉴》*Almanach*，1888，收入 Christ 的《纪念演说录》，45-48。参
看 K. Meiser 在《古代研究传记年刊》，1889，1-14。
2 《柏拉图哲学的演化》*Die genetische Entwickelung der Platonischen Philosophie*（1855—1860）。
3 1865；第 2 版，1879。
4 卷 I–V 曾由祖瑟弥尔与 R. D. Hicks 以英语编订，附有引论、分析以及注疏（1894）。
5 摘要自《古典语文学年刊》，增刊，xv。
6 《历史政治图景中的亚里士多德城邦学说》*Die Staatslehre des Aristoteles in historisch-politischen Umrissen*，
此前还有《伊索克拉底与雅典》*Isokrates und Athen*（1862），以及《雅典与希腊》*Athen und*
Hellas（1865—1866）。

他在家乡海德堡及在哥廷根受学；在海德堡做了八年教师后，成为吉森的历史教授，直至 35 年后去世。他在 1874—1876 年是德意志帝国议会的成员，还创立了一套重要的历史学著作丛书，其中他自己贡献了三卷近代史著作。他关于意大利的希腊文学复兴的论文，成为学术史中令人兴味盎然的一页[1]。

托尔思特里克　　亚里士多德的《论灵魂》在 1862 年得到阿道夫·托尔思特里克 Adolph Torstrik 的编订，此人在柏林人文中学任教，直至 1877 年去世。亚里士多德亡佚著作的残篇，被埃米尔·海茨 Emil Heitz（1825—1890 年）认真搜集并详加讨论，他是其家乡斯特拉斯堡的教授[2]；残篇的编订者还有瓦伦丁·罗斯，他在波恩及家乡柏林就学（1825 年），自 1855 年开始在柏林皇家图书馆任职[3]。

海茨

罗斯

183
于贝韦格　　弗里德里希·于贝韦格 Friedrich Ueberweg（1826—1871 年），在哥廷根与柏林就学，在波恩开始了他的教授生涯，自 1862 年至去世担任柯尼斯堡的教授。他撰写了一篇关于柏拉图著作真实性与系年次序的获奖专论[4]，还编订并翻译了亚里士多德的《诗学》（1875 年）。古代哲学乃是他重要的《哲学史纲》*Grundriss der Geschichte der Philosophie*（1862—1866 年）第一卷之主题——此卷的第八版得到了海因策的修订（1894 年）。

瓦尔茨　　希腊修辞学诸家的著作，得到了厄恩斯特·克里斯蒂安·瓦尔茨

1　《第 23 次语文学家大会会议记录》*Verhandlungen der xxiii Philologenversammlung*，1865。
2　《亚里士多德的亡佚著作》*Die verlorenen Schriften des Aristoteles*（1865）。
3　《亚里士多德著作年序与归属》*De Aristotelis librorum ordine et auctoritate*（1854）；《亚里士多德之伪作》*Aristoteles pseudepigraphus*（1863）；《亚里士多德著作之残篇》*Aristotelis qui ferebantur librorum fragmenta*，印刷于 1867 年，刊布于柏林科学院版卷 v（1870），以及托伊布纳之文本（1886）中。
4　维也纳，1861。

Ernst Christian Walz（1802—1857 年）的编订，此人在图宾根就学，在那里分别于 1832 与 1836 年充任"特职"与"常任"教授。前一个时间，标志着九卷本《希腊修辞学诸家集》的开始，后一日期则是结束之时，这部集成收纳了许多首次付梓的著作。他还为鲍礼的百科全书写过考古学与神话学的条目，在 1838—1839 年与海因里希·克里斯蒂安·舒伯特 Heinrich Christian Schubart（1800—1885 年）合作编订了波桑尼阿斯，后 舒伯特 者还完成了 1852—1854 年刊布的托伊布纳本。舒伯特出生于马尔堡，就学于海德堡，曾在意大利与西西里游历，又在卡塞尔 Cassel 担任了 47 年图书馆馆长[1]。施彭格尔对于《希腊修辞学诸家集》的最重要数家有一个编订本，这连同他其他关于古代修辞学的著作，已在上文述及[2]。

理查·沃克曼（1832—1892 年）完成了一部希腊罗马修辞学的系统 沃克曼 纲领[3]，他在哈雷随本哈代就学，经历了一些卑微的学术职位后，成为亚沃尔 Jauer 人文中学的主任，从 1865 年直至去世。除了编订普鲁塔克论音乐的著作，还写过一部论这位著作家的趣味专著，将之作为新柏拉图主义的先行者。他的两个研究兴趣，乃是新柏拉图主义与史诗体诗歌。前者体现于他关于居勒尼的叙涅修斯的高明著作，以及他的托伊布纳版普洛提诺；后者可见于他早期关于尼坎德尔的专论，关于六音步诗体古代 184 神谕的几篇论文（1853—1858 年），他的《史诗评论》*Commentationes Epicae*，以及他对沃尔夫《荷马研究绪论》之影响的批判性分析（1874 年）[4]。

---

1 《古代研究传记年刊》，1885，89—95。

2 上文第 180 页。

3 1872—1874；第二版，1885；又有 Iwan Müller 的《古代学手册》，ii，第二版，637—676 中的一段总结。

4 《沃尔夫氏所著荷马绪论之历史与批判》*Geschichte und Kritik der Wolfschen Prolegomena zu Homer*，364 页，1874。参看《古代研究传记年刊》，1892，81—103。

在赫尔曼·乌泽纳（1834—1905 年）涉猎的广泛学术领域中，希腊人的宗教、哲学与修辞学只是其中的一部分。他曾在海德堡、慕尼黑、哥廷根与波恩就学，平生最后 39 年在波恩担任教授。他的学问之广，体现于各式各样论题的著作之中，从荷马开始[1]，甚至还包括了拜占庭天文学[2]，以及贺拉斯与卢坎的集注。他的著作有《阿那克西美尼疑义集》*Quaestiones Anaximeneae*（1856 年），以及《泰奥弗拉斯特资料辑录》*Analecta Theophrastea*（1858 年）。在 1858 年，他还与友人 F. 比歇勒以及波恩的另外五位学者联手，完成了一部格兰尼乌斯·利齐尼安努斯 Granius Licinianus《编年史》得以改善的编订本。他刊布了阿弗洛底西亚的亚历山大与叙利安努斯的亚里士多德集注编订本，还有哈利卡那苏斯的第欧尼修的修辞学著作，即（1）《论摹仿》，与（2）全部作品的校勘本，是与拉德尔马赫 Radermacher 合作完成的。他的《伊壁鸠鲁文献集》*Epicurea*，是一部关于伊壁鸠鲁全部古代资料的考据学辑录，附有详实的引言与出色的多篇《索引》[3]。他还撰述过柏拉图的文本问题[4]，希腊罗马的语法学史[5]；古希腊的格律[6]，希腊的纪年周期[7]，诸神名号[8]，古希腊史诗的神话学[9]，

---

1 《福凯亚地区的伊利亚特歌谣》*De Iliadis carmine quodam Phocaico*（1875）。

2 《史书中的天学符号》*Ad historiam astronomiae symbola*（1876）；《亚历山大里亚的斯第潘努斯》*De Stephano Alexandrino*（1880）。

3 莱比锡，1887。

4 《今日之柏拉图文本》*Unser Platontext*，《哥廷根科学学会通讯》，1892，25–50，181–215。

5 《语文学的古代体系》*Ein altes Lehrgebäude der Philologie*，见慕尼黑科学院的《会议报告》，1892，582–648。

6 《古希腊的诗律》*Altgriechischer Versbau*（1887）。

7 《史事系年丛论》*Chronologische Beiträge*，在《莱茵博物馆》，xxxiv 388 以下【译按，原引作《希腊的八年纪》*Gr. Oktaëteris*，据杂志原标题改】。

8 《诸神名号》*Götternamen*，1896。

9 《希腊史诗的题材》*Der Stoff des griechischen Epos*，在维也纳科学院的《会议报告》，1897。

宗教史[1]，以及某些圣徒的传说[2]。他的《霍尔德氏所见遗献》*Anecdoton Holderi*
（1877 年）有助于卡息奥多儒与波爱修斯的研究，所编订的 *laterculi*

imperatorum Romanorum Graeci【陶砖上有关罗马皇帝的希腊文记录】，对于罗马
编年史有所印证。日耳曼地区有些富于才干的学者都经历过他的**研讨班**
的训练，在他生命与著述中随处可见的崇高理想，被他的同事比歇勒令
人信服地予以彰显出来[3]。

波里比乌斯由弗里德里希·奥托·胡尔奇 Friedrich Otto Hultsch　胡尔奇
（1833—1906 年）在 1867—1872 年完成了编订本，此人生长于德累斯
顿，在莱比锡受业后，被委任为家乡母校的校长。他具有高超的数学
才能，体现在他精心编订的希戎与帕普斯 Pappus 著作（1876—1878 年）
中，以及他关于希腊罗马度量衡的重要著作中[4]。

哈利卡那苏斯的第欧尼修的《罗马古史》文本，在 1860—1870 年
由阿道夫·基斯林（1837—1893 年）编订完成。此人在波恩受学，成为　基斯林

1　（此外）见《致敬特奥多尔·蒙森语文学论集》*Commentationes philologae in honorem Theodori*
　　Mommseni scripservnt amici（1877），《洪水传说》*Die Sinflutsagen*（1899），《三位一体》*Dreiheit*
　　（1903），以及《圣诞节》*Das Weihnachtsfest*（1889）；并参看《宗教史资料》*Archiv für Religions-*
　　wissenschaft，1905。
2　圣帕拉吉亚、圣马利纳、圣忒奥多修。
3　《古典学新年刊》，1905，737-743（附肖像）；又见 Wendland 在《普鲁士年鉴》，1905，
　　373 以下；Dieterich，在《宗教学资料》，1906，i-xi；E. Schwartz，《演说录》（柏林，1906）；
　　Otto Kern，《演说录》（罗斯托克，1906），8-10；乌泽纳的《演说与论文集》*Vorträge und*
　　Aufsätze，1907。
4　1862；第 2 版，1882；F. Rudio 的《胡尔奇讣告》*Nachruf auf F. Hultsch*，在《德意志语文学
　　家与中学教师大会巴塞尔第 49 次会议记录》*Verhandlungen der neunundvierzigsten Versammlung*
　　deutscher Philologen und Schulmänner in Basel，1907 年 9 月。

格赖夫斯瓦尔德和斯特拉斯堡的教授。他完成了若干篇关于普劳图斯和贺拉斯的重要论文[1]，并协助鲁道夫·舍尔完成了阿斯科尼乌斯的西塞罗五篇演说词注疏的合订本（1875 年）。

莱曼　　卢考 Luckau 人文中学的主任，约翰·戈特利布·莱曼 Johann Gottlieb Lehmann（1782—1837 年），编订了琉善的文本。此后的编订本，还有雅各比茨 1836—1841 年以及 1852—1853 年由卡尔·戈特弗里德·雅各比茨 Karl F. V. 弗里切 Gottfried Jacobitz（1807—1875 年）完成，而 F. V. 弗里切 Fritzsche（1806—1887 年[2]，编订过阿里斯托芬的《地母节妇女》与《蛙》）在 1860—1882 索默布罗特年精心校订了一部三卷本，尤利乌斯·威廉·索默布罗特 Julius Wilhelm Sommerbrodt（1813—1903 年）编订的选集，附有精彩的德文注解，他又刊布了威尼斯钞本的释文，此外还撰写了关于希腊剧场古迹的重要论文[3]。他的琉善校订本完成于 1899 年。

赫尔歇　　柏林科学院的一位成员，鲁道夫·赫尔歇（1821—1878 年），编订186了希腊小说家的文本[4]，还编订了《希腊书信作家集》，以及阿里安、埃利安、"围城战术家"埃涅阿斯以及阿波罗多儒斯的小作品。赫尔歇还是《赫尔墨斯》的创办人之一[5]。

罗德　　埃尔文·罗德 Erwin Rohde（1845—1898 年）在 1876 年出色地撰写

1　Bursian, ii 848，注释 1。
2　《古代研究传记年刊》，1887，99-101。
3　1876，《剧场论集》*Scaenica Collecta*。
4　《希腊爱情小说家集》*Erotici Scriptores Graci*，1858—1859。
5　《古代研究传记年刊》，1878，9 以下。

了一部希腊小说史，他在耶拿与汉堡受学，在波恩与莱比锡成为理茨尔学说的忠诚拥护者。在莱比锡，他和友人尼采将对于骑马的热情与在古典学问上的强烈兴趣结合起来，他们身着骑手服装去参加古典学的讲座，对那些更为规矩的学生造成了冒犯。两人结成盟友，一起对抗所有形式的学究腐儒。1867 年这对友人分别时，罗德去投靠了后来为理茨尔作传的里贝克 Ribbeck，在其指导下完成了研究。

他的学术生涯始于一篇关于琉善《变驴记》的论文。继而完成了一部关于波鲁克斯论希腊剧场文献的专论，再就是他的希腊小说史[1]，这是一部精妙的著作（其增补部分，有些来自于罗斯托克同年发表讲座的内容），他还描述过后期智者派与亚细亚风的联系[2]。他在耶拿讲授古代修辞学（1876 年）、在图宾根讲希腊哲学（1878 年），都获得了极大的成功。

在希腊小说史之后，他曾指摘希腊文学古代历史之发展上的相关问题。他提出在保存于《苏伊达斯辞典》的传记中的 γέγονε【诞生，新生】必然是指一位作者活跃的时期，而不是他的出生年月[3]。他后续有关希腊文学史的系年研究[4]，乃是这门论题的楷模，产生了重要的影响。

在 1886 年作为莱比锡教授的短暂任期内，他举办了关于荷马的讲座课程，同年便受邀去往海德堡。他作为学者的三个主要关注点中，第三项就是对于希腊宗教的兴趣，最早展现于他有关厄琉息斯秘仪的讲座（1880 年）。在其《普绪克》（1891—1894 年）一书中达到巅峰[5]，这是自

---

1 《希腊小说及其先驱》*Der griechische Roman und seine Vorläufer*，1876；第二版，1900。

2 《莱茵博物馆》，xli（1886），170 以下。

3 1878—1879；《莱茵博物馆》，xxxiii 161 以下，638；xxxiv 620。

4 同上，xxxvi 380 以下，524 以下。

5 第二版，1897。

罗贝克的《光耀集》以来所出现的该主题最重要的著作，而其所采用的方法及文体都更通俗得多。他的主要命题，是灵魂祭拜乃是世界普遍存在的宗教膜拜之最为原始的阶段，毫无理由将希腊人排除于这则普遍规律之外。这种祭拜与荷马的神学存在着明显的矛盾，这个问题从对最早期史诗的分析上可以得到解答，那些作品显示出在荷马，更多是在赫西俄德那里，存在着更为古老之仪式尚未发展的遗留风俗。上古史诗之宗教，由此而生发出新意来；荷马的神学遂脱离于更早期类型之宗教的晦暗背景，受到瞩目。罗德对于海德堡前辈克罗伊策的生平发生兴趣，一定程度上是受到其本人宗教史研究的感召，使他刊布了一部对传奇故事之历史有所贡献【译按，罗德此书记述克罗伊策与浪漫派女诗人的婚外恋情，此事导致后者（被称为萨福再世）最终自杀】，而不具备学术史价值的著作[1]。他在1897 年尚能完成《普绪克》的第二版，其中以注释增补了许多内容。他去世时 53 岁。其著述生涯的三个阶段，以三个历史性问题的研究为标志，分别与（1）希腊小说、（2）希腊文学的编年史、（3）希腊宗教有关。他对这三个问题的研究，都展现出了考察的通彻以及诠释的明晰[2]。

希腊的医学文献，得到了分别来自莱比锡与柯尼斯堡的教授卡尔·戈特洛布·屈恩 Karl Gottlob Kühn（1754—1840 年）与弗里德里希·赖因霍尔德·蒂茨 Friedrich Reinhold Dietz（1804—1836 年）的考证与阐解。屈

---

1 《弗里德里希·克罗伊策与卡洛琳·冯·冈特罗德》*Friedrich Creuzer und Karoline von Günderode* （1896）。

2 W. Schmid 在《古代研究传记年刊》，1899，87–114（附书目）；还有 O. Crusius 所作的传论，共 296 页，附有肖像（1902）；又见 E. Weber 在《传记年刊与德意志讣闻》，vi（1904），450–465。《短著集》，两卷本，Fr. Schöll 编订，1901。

恩编的希腊医学诸家集，刊布于1821—1830年，多达26卷，收入了拉丁译文，附有校勘与评述性质的注疏以及多种索引。盖伦一家便占据了20卷篇幅，其他则属于希波克拉底、阿勒泰乌斯 Aretaeus 与狄奥斯柯理德，最后这家的著作是哈雷的医学教授库尔特·施普伦格尔 Kurt Sprengel（1766—1833年）编订的。蒂茨在编订"希波克拉底论癫痫"（1827年）后，在国外各家图书馆中核录了许多医学著作钞本，但他人寿未永，仅使用了这些异文核录的一小部分，这些成果目前保存于柯尼斯堡的图书馆。还有一位早逝的学者，也是一位自然科学专家，尤利乌斯·路德维希·伊德勒 Julius Ludwig Ideler（1809—1842年），写过一部关于希腊与罗马气象学　伊德勒的著作（1832年），并编订了亚里士多德的《气象学》（1834—1836年），以及《希腊内外医科诸小家集》*Physici et Medici Graeci minores*【译按，1841—1842年】[1]。

1　Bursian，ii 931 以下。

第三十二章

拉丁经典著作的编订者们

拉丁诗歌诸家的研究，早已见于拉赫曼、豪普特与理茨尔的相关章节[1]。理茨尔在莱比锡的衣钵传人，是他最早培养的弟子之一，奥托·里贝克 Otto Ribbeck（1827—1898 年）。他受学于柏林与波恩，自意大利旅行归来后，在日耳曼获得学术职务。先是在伯尔尼与巴塞尔担任教授（1856—1862 年），此后又相继执教于基尔（1862—1872 年）、海德堡（1872—1877 年）与莱比锡（1877—1898 年）。

他的著作主要限定于早期拉丁诗人的历史与考证。曾刊有一部重要的拉丁戏剧诗人残篇集[2]，以及一部《吹牛军人》，一部关于共和国时代罗

1　第三十章。

2　1852—1855；第二版，1871—1873；第三版，1897—1898。

马悲剧的的著作[1]，还有一部重要的三卷本罗马诗歌史[2]。他还出版了一部维吉尔的全校本，分成五卷[3]，以及该文本的小型编订本。有关维吉尔的著作问世前他还编订了玉万纳尔的文本[4]，此后则有他编订的贺拉斯《书札集》与《诗艺》，在这两部编订本中他流露出对于文本窜入情况毫无节制的怀疑。他有许多短篇论文，其中包括关于拉丁语分词的重要论述（1869 年）。

他对拉丁戏剧诗人的研究，使他关注这些作者的希腊渊源。因此发表了关于中期与晚期阿提卡喜剧的讲座（1857 年），并在他的《浮夸者》 *Alazon*【译按，指希腊罗马喜剧常见之定型角色，代表性文本即《吹牛军人》】中讨论希腊与罗马的喜剧，那部著作收入了他关于《吹牛军人》的德文译本（1882 年），他还撰述过阿提卡地区早期的狄奥尼索斯崇拜（1869 年）。关于他生平的事迹，可从所刊书信中获知一二，而他本人所作的理茨尔传便是一座学问、热情与雅趣的纪念碑[5]。

189

卢奇安·穆勒 Lucian Müller（1836—1898 年）曾在柏林师从迈内克、莫里茨·赛费特及吉泽布雷希特 Giesebrecht 学习，又在柏林大学跟随过柏克与豪普特，在哈雷跟随过本哈代读书。在荷兰（主要在莱顿）居住五年、在波恩居住三年后，他受聘成为圣彼得堡的拉丁文学教授，在那

卢奇安·
穆勒

1　1875。

2　1892，1894[4].

3　1859—1868，节略版，1895。

4　1859. 参看《真伪玉万纳尔考》*Der echte und der unechte Juvenal*（1865）。

5　《奥托·里贝克，由其书信所见生平考述》*Otto Ribbeck, Ein Bild seines Lebens aus seinen Briefen*（1846—1898，主要是亲友书信，包括致理茨尔的六封），352 页，附有 Paul Heyse 的两幅肖像（1901）；《演说词与讲记集》*Reden und Vorträge*，1899；参看 Bursian，ii 723，840 以下；《德意志评论》（1898 年 12 月，W. Dilthey），（1902 年 2 月，A. Hausrath）。

里他度过了余生的 27 年时光。

当他还在柏林就学时，就完成了一部专论，关于署名"忒拜的品达罗斯"的荷马拉丁文缩略本。1861 年他刊布自己的《诗律论》*De re metrica*，讨论除普劳图斯与泰伦斯外全部拉丁诗人的作诗法，这是一部具有广博学识的原创著作，唯有其好争论的激烈语调属于败笔。1878 年他还出版了一部同样主题的纲目，并带有拉丁正字法与作诗法的总结，此后又完成了一部希腊罗马格律的教科书 [1]。他在考证上的敏锐感觉，体现于他编订的卢基理乌斯（1872 年）与斐德卢斯尚，以及托伊布纳本的贺拉斯、提布卢斯及普罗珀提乌斯上。在他编订的贺拉斯著作中，他紧紧随从诸钞本，然而他也承认有些近代校勘上的最好成果，并相信窜入之文字的存在。他还编订了《颂歌集》与《长短句集》，加入了德文注释，并完成了一部纳马提安和波弗利乌斯 Porfyrius 的文本，以及数篇关于拉丁语法学家、关于塞内加悲剧及关于拉丁文选的论文。他编订路基理乌斯之后，又有对该诗人生平与著作的一篇描述，篇末附有对其《闲谈集》【译按，*书名译法参考王焕生《古罗马文学史》*】诸多片段的复原（1876年）。1884 年他撰写了一部论恩尼乌斯的著作，并刊布了恩尼乌斯的遗作以及耐维乌斯论布匿战争之史诗的残篇。次年，他编订了李维乌斯·安德洛尼库斯与耐维乌斯的戏剧残篇集，并完成了一部论"萨图尔努斯诗体"的著作。古罗马诗人的残篇使他关注诺尼乌斯，遂于 1888年完成了一部语法学家与辞书学家著作的编订本，长达 1127 页，光是索引就占据了 55 页。此书令他完成了一部关于帕库维乌斯与阿克奇乌斯的论著（1889 年以后），此后又有两部著作，关注的是罗马的艺术诗

190

1　1880；第二版，1885；有法、意、荷兰及英语译本。

歌与大众诗歌（1890年）。此后他着手完成了三部重要著作：（1）《诗律论》的扩充版（1894年）；（2）为满足学者使用需要的贺拉斯《闲谈集》与《书札集》的注释本；（3）一部较小规模的《颂歌集》与《长短句集》编订本，是身后于1900年出版的。他的《贺拉斯传》问世于1880年。

他还是孩童之时，即有一目失明，从此近视极为严重；少年时的他反复熟读聪普特的大拉丁语法学，这使他成为中学里最优秀的拉丁文学者。在他短暂的中学教师生涯中，他显得执掌纪律不够严明；他的校长指望改善蒙童们的规训，郑重其事地告诉他们，尔等"不配由如此博学的导师授业"，并不断重复对穆勒的这一评价，后者答复说："是呵！那实在便是我本人宣告于渠辈的内容呀。"他主张，作为伟大的学者必然应当做到的是，不仅要有博学与明断，还要有专注于明确的工作范围的强健能力。这是使他本人在拉丁诗歌领域获得成就的原因。但他并非忽略了希腊文，因为他也主张，若无希腊文，拉丁文研究想要富有成果是不可能的。他是一位颇有才华的拉丁诗歌作家，坚持韵体写作的实践对于鉴赏拉丁诗歌诸家具有重要的帮助。他在着手撰述《尼德兰古典语文学史》一书（1865年）时便充分使人感受到这一事实，继而他又回到对理茨尔生平传记问题的研究上（1877—1878年），其间他极力主张，对一位著名的古典学教授而言，总体上看更重要的工作是培训一流的中学教师，而不是使学生们成为古典学专家[1]。

卢奇安·穆勒在编订拉丁诗家著作上的对手之一，是从前在波恩的弟子，埃米尔·贝伦斯 Emil Baehrens（1848—1888年）。此人受益于卢奇

191

---

1 《古代研究传记年刊》，1899，63-86；参看 Bursian, ii 934-936。

第三十二章　拉丁经典著作的编订者们　　263

安·穆勒颇多，而也要感激雅恩与乌泽纳的教诲；他后来在莱比锡师从理茨尔一年。1872 年，他参观了意大利图书馆，在罗马逗留了六个月。1873 年，他一度成为耶拿的"私人授课教师"，但次年便开始在鲁汶、布鲁塞尔与巴黎的图书馆工作，1875 年，又先后在巴黎、伦敦与牛津的图书馆就职。1877 年，他就任格罗宁根的拉丁文教授，由于不熟悉荷兰文，便以拉丁文发表了一篇就职演说，谈论的是文艺复兴以来的学术史。他在生平最后 11 年一直是格罗宁根的教授。

贝伦斯的学术生涯始于耶拿的专题论文，关于苏尔庇齐娅名下的讽刺诗。此后他又创作了《卡图卢斯资料集》*Analecta Catulliana*，以及《拉丁颂词集》*Panegyrici Latini* 与瓦勒理乌斯·弗拉库斯的编订本；还有卡图卢斯的文本与注疏（1876—1885 年）；斯塔提乌斯《诗草集》以及提布卢斯的编订本。1878 年，他完成了《考据学杂篇集》*Miscellanea Critica*，这部少人问津的著作凡 200 页，收入了对于西塞罗、普罗珀提乌斯、贺拉斯《诗艺》与塔西佗《阿古利可拉传》的校勘意见。他的主要著作，是所编订的五卷本《拉丁二流诗人集》*Poëtae Latini Minores*（1879—1883 年）。他在精心准备这部著作时目验过 1000 多种钞本。此书的增补卷是他的《罗马诗家残篇集》*Fragmenta Poëtarum Romanorum*（1886 年）。与此同时，他还编订了普罗珀提乌斯，以及塔西佗的对话录，在该书 42 章中提出了多达 125 处的推测式考证意见，最后他还整理过一部他本人钟爱的文本，即密努齐乌斯·费理克斯的《奥科塔维》*Octavius*。他在生平最后 18 年间完成的著作，仅书题就可以打印满四页半的纸张。

他是最为勤劳的学者，也是一位出色的教师，尤其是面对那些比较刻苦的学生；他极力改善荷兰的拉丁文发音。但许多著作都失于仓皇。他在 3 月首次见到卡图卢斯的重要钞本，在 5 月又见到另外一部，于是在

9 月就完成了他对该文本的编订。同样，他长时间汇集注疏的材料，在不到 11 个月的功夫便准备刊布了。他还有别的过失，包括夸饰专断，以及过于爱好争辩。他与世隔绝，因此不知如何"取予"。在他的卡图卢斯注疏本中，以及在他对阿剌图斯的罗马人译本之考证中，他很少征引亚历山大里亚诸诗家，——这个疏忽应该归结于非常肤浅的希腊文知识[1]。

就对泰伦斯的文本考证而言，有 1870 年经弗兰茨·翁普芬巴赫 Franz Umpfenbach（1835—1885 年）的校勘编订本所奠定的坚实基础，此人在家乡吉森就学，又在哥廷根师从 K. F. 赫尔曼，在波恩师从理茨尔，在柏林师从柏克，以两年时间在意大利核录泰伦斯诸钞本异文（1863—1865 年）。他起初先刊布了本波之钞本的全部集注，它们是在慕尼黑的五年居停时期之中被发现的[2]。 翁普芬巴赫

192

他以 7 年功夫来准备这部编订本，免不了要在法兰克福从事 3 年的学校职务，此后他又在美因茨从事了 11 年同样的工作。他是一位教养良好、禀性纯良之士，晚年因未能获得任何大学职位且耳聋日益严重而潦倒不堪。去世前他的大脑有些混乱，语言能力也丧失了[3]。

特别与提布卢斯这位诗人结缘者，乃是爱德华·希勒 Eduard Hiller（1844—1891 年），此人在法兰克福受学于克拉森，又在波恩师从理茨尔与雅恩，在哥廷根师从邵佩与 E. 科耳修斯。他在波恩做过"私人授课教师"（1869—1874 年），至格赖夫斯瓦尔德（1874—1876 年）与哈雷（1876—1891 年）成为教授。他早期的著作与希腊语法学诸家以及埃拉 希勒

---

1 Halbertsma 在《古代研究传记年刊》，1890，7–46；参看 Bursian，ii 936–938。
2 《赫尔墨斯》，ii 337–402。
3 《古代研究传记年刊》，1886，1–10。

托色尼有关；还着手重新编订了弗里切的《提奥克里忒》与贝克的《希腊抒情诗人集》以及《抒情诗选》。他编订了托伊布纳丛书的提布卢斯之文本，这也被纳入波斯特盖特 Postgate 博士的《拉丁诗人全集》*Corpus Poëtarum Latinorum*（1890 年）中[1]。

菲利普·

瓦格纳

拉德维希

　　在维吉尔编订家的豪普特与里贝克之传人中，在此可以提及菲利普·瓦格纳 Philipp Wagner（1794—1873 年），他完成了一部海涅的维吉尔的新编订本，随之又有一部简短的注疏。特奥多尔·拉德维希 Theodor Ladewig（1812—1878 年）刊布了一部注疏集，以及一部校勘本。而戈特

戈斯劳

弗里德·威廉·戈斯劳 Gottfried Wilhelm Gossrau（1810—1888 年）最初在 1846 年完成的仅是一部精妙的《埃涅阿斯纪》拉丁文注疏，此人在普福尔塔学校就学，继而在哈雷深造，自 1835 至 1875 年担任奎德林堡的教师。他另外的著作中最出色的，是《拉丁语法学》*Lateinische Sprachlehre*[2]。

凯勒

霍尔德

193

迈内克

　　贺拉斯文本的编订家们分成三组，可界定其特点分别为:（1）保守派;（2）多少折中的自由派;（3）激进派。第一组的代表是奥托·凯勒 Otto Keller（生于 1838 年），如今是布拉格的教授，还有阿尔弗雷德·霍尔德 Alfred Holder（生于 1840 年），卡尔斯鲁厄的图书馆馆长，他们合作的编订本问世于 1864—1869 年[3]。第二组的代表是迈内克、豪普特以

---

1 《古代研究传记年刊》，1891，83–113。

2 1869；第二版，1880。《古代研究传记年刊》，1888，107–118。

3 缩略版，1878；参看凯勒，在《莱茵博物馆》，xix 211 以下，以及《贺拉斯编后述》Epilego-mena zu Horaz（1879 以后）。在这部编订本中，柯儒奎乌斯的"布兰第组钞本"被视为无甚重要者；参看 Schanz，《罗马文学史》*Geschichte der römischen Litteratur*，§263。

及卢奇安·穆勒；第三组的代表是列尔斯与奥托·里贝克，还有古斯塔夫·林克尔 Gustav Linker（1827—1881 年），此人是布拉格的教授，其编订本问世于 1856 年。贺拉斯的注疏本，可以提及以拉丁文撰述的威廉·迪伦伯格 Wilhelm Dillenburger [1]；以德文撰述的，《闲谈集》与《书札集》部分有 G. T. A. 克吕格尔（1793—1874 年），与 A. T. H. 弗里切。1854 年以后，普福尔塔学校校长卡尔·科尔赫纳 Karl Kirchner（1787—1855 年）完成了一部庞大的《闲谈集》编订本。早期对贺拉斯的引述，被马丁·赫尔兹在《贺拉斯诗章历史资料集》*Analecta ad Carminum Horatianorum historiam* 中勤加辑录 [2]。

推动奥维德文本考据进步的，不仅有亚历山大·里泽 Alexander Riese（生于 1840 年）[3]、奥托·科恩 Otto Korn（1842—1883 年）[4]，以及赫尔曼·彼得 Hermann Peter（生于 1837 年）[5]，还有鲁道夫·默克尔（1811—1885 年），他在哈雷大学就读时完成了最早的著作，《奥维德考据疑义集》*Quaestiones Ovidianae Criticae*。他曾计划在该大学从事学术职业，但是因为参与政治骚乱，他被捕囚禁于柏林。在狱中他继续艰苦研究，从莱顿与哥达借来钞本，并阅览荷兰学者的书信与 N. 海因修斯留下的资料，为的就是准备一部奥维德的编订本。等他获释后（这显然是由于缺乏对他罪责指控的足够证据），他继续留在柏林，完成了《哀歌》的编订本（1837 年）。此后他在施洛伊辛根 Schleusingen 等地担任中学教师。1841

默克尔

1　1844；第六版，1875。

2　1876—1880. Bursian, ii 943 以下。

3　1871—1874 年编订本。

4　豪普特【译按，原文误作邵佩】的《变形记》i–vii 卷编订本以及他的 viii–xiv 卷编订本【译按，至卷 xv；又，前七卷出版于 1878 年，后八卷出版于 1880 年】（1876）。

5　《岁时记》编订本（1874；第二版，1879）。

年，他刊布了《岁时记》，这可能是他最为重要的著作（收入关于历法以及罗马古代宗教世界的资料，附有瓦罗对此主题的著作残篇）；此后在1852—1854年，又完成了两部罗德斯的阿波罗尼乌斯编订本。1863年，他游访意大利，制作了洛伦佐馆藏本埃斯库罗斯的"誊录本"，这后来由克拉伦登出版社予以刊印（1871年）。与此同时他还完成了两篇关于埃斯库罗斯的论文（1867—1868年），一部《波斯人》的编订本。他在1879年前一直担任奎德林堡的中学校长，直到1879年迁至德累斯顿，在那里潜心研究埃斯库罗斯与考古学。1874年，他编订了《变形记》。他有许多精彩的推测式校勘[1]。

在模仿维吉尔的著作家中，瓦勒理乌斯·弗拉库斯的编订者，不仅有格奥尔格·蒂洛 Georg Thilo 以及埃米尔·贝伦斯，还有卡尔·申克尔（1871年）；还有一部笺释编订本，乃彼得·朗根的最后著作（1896—1897年）。卢坎的古代集注，由 H. 乌泽纳根据伯尔尼诸钞本刊行（1869年），其文本则有 C. 霍修斯 Hosius 编订本（1892年）；西利乌斯·伊塔利库斯的诸钞本得到了赫尔曼·布拉斯的审慎研讨[2]；斯塔提乌斯的《忒拜纪》与《阿基琉斯纪》，有奥托·穆勒与菲利普·科尔曼 Philipp Kohlmann 予以改善；阿尔弗雷德·克洛茨编订过《阿基琉斯纪》，《诗草集》也有克洛茨的编订本（1900年），以及福尔马尔 Fr. Vollmer 所作的注疏（1898年）。

珀息乌斯在1843及1851年有过奥托·雅恩的编订本，玉万纳尔

---

1 Georges 在《古代研究传记年刊》，1885，100–102。

2 《语文学年刊》，增刊，viii 159。

在 1851 年也有此学者的编订本问世，雅恩还将这两家（连同苏尔庇齐娅的讽刺诗）编为合订本，刊于 1868 年；编订马提阿尔的有施耐德温（1842—1853 年）及弗里德伦德尔 Friedländer（1886 年）；克劳狄安，则有路德维希·吉普 Ludwig Jeep（1876—1879 年）与特奥多尔·比尔特 Theodor Birt（1892 年）的编订本。

奥索尼乌斯的《摩泽尔河》在 1845 年有爱德华·伯金 Eduard Böcking（1802—1870 年）的编订本，此人出生于摩泽尔河畔的特拉尔巴赫 Trarbach，自 1835 至去世都是波恩的法学教授；此后又有霍修斯的编订本（1894 年）。奥索尼乌斯的全部作品文本在 1886 年得到了鲁道夫·佩珀 Rudolf Peiper 的修订，卡尔·申克尔在 1883 年于维也纳也曾修订过。佩珀（1834—1898 年）就读于布雷斯劳大学，自 1861 至去世都在当地的人文中学任教，但他真正的兴趣在于学术研究。他的雄图之一，乃是完成一部中古拉丁诗家的《全集》。他收集有关普劳图斯与泰伦斯研究的依据[1]，以及卡图卢斯的研究资料[2]，还撰写了一部关于中世纪“世俗喜剧”的论文[3]。除了奥索尼乌斯，他还编订过塞内加的悲剧以及波爱修斯和高卢诗人居普理安的前七经拉丁文译本。他编订的中古文本，包括了《瓦尔特纪》、沙提雍的瓦尔特，以及《布尔伦歌集》，不过其中第一种已被 W. 迈耶、A. 霍尔德以及 P. 温特菲尔德 Winterfeld 的诸编订本所取代。1883 年，佩珀获得布雷斯劳的荣誉学位，被称为 “de litterarum per extrema pereuntis antiquitatis saecula studiis augendis ac propagandis

右栏旁注：
伯金

佩珀

---

1 《莱茵博物馆》，xxxii 516–537。
2 《卡图卢斯诗歌考据论丛》Q. Valerius Catullus, Beiträge zur Kritik seiner Gedichte，1875。
3 《中古文学史与教会史资料》Archiv für Litteratur- und Kirchengeschichte des Mittelalters，v 493–542。

bene meritus"【凭借卓越的学识，使行将灭绝的古代世界之研究得以发扬光大】[1]。

　　在《日耳曼历史文库》中，《加洛林朝拉丁诗歌集》的第三卷[2]，在1886—1896 年得到路德维希·特罗贝 Ludwig Traube（1861—1907 年）的出色编订。他出生于柏林，整个学术生涯实际上都与慕尼黑大学相关，1902 年受邀至吉森，这使他得到特聘，成为中世纪拉丁语文学的教授。他是古典学问的这一晦暗难懂之区域中干练的急先锋，经由自己独立无依的探索，到达了对于中古文书学与拉丁经典传世历史的深湛认知[3]。在中世纪早期文献方面，他编订了卡息奥多儒的演说词[4]，并精心调查了圣本笃会教规文本的沿承变化[5]。令人深感遗憾的是，见证此人之博学的大多数文献，都只有在学术期刊出版物中见得到[6]，他未能完成曾宣称要写的中世纪拉丁文学之全史。但是他作为教师的工作得到了弟子们的延续，有些人为《中古拉丁语文学史料及研究》这部重要的丛书做出了贡

1　Traube 在《古代研究传记年刊》，1901，14–27。

2　参看《加洛林王朝诗歌经眼录》*Karolingische Dichtungen untersucht*，161 页，柏林，1888；又见《"高贵的罗马"，中世纪语文学研究》*O Roma nobilis. Philologische Untersuchungen aus dem Mittelalter*，在慕尼黑科学院的《论文集》，XIX ii，1891，299–395。

3　例如《罗马著作家文献传承史研究》*Untersuchungen zur Ueberlieferungsgeschichte römischer Schriftsteller*，慕尼黑科学院《会议报告》，1891，第三册；关于苏维托尼乌斯，在《古日耳曼史学学会新文献丛刊》，1902，266 以下；关于阿米安，在《波瓦歇先生纪念集》*Mélanges Boissier*，1903。

4　《日耳曼历史文库》，1894。

5　慕尼黑科学院《论文集》，1898。

6　例如《"爱尔兰的佩隆涅"：有关中世纪文献传承史与文书学的一个讨论》*Perrona Scottorum: ein Beitrag zur Ueberlieferungsgeschichte und zur Palaeographie des Mittelalters*，见于慕尼黑科学院《会议报告》，1900 年 11 月；又如列日的塞都琉斯，见《论文集》，1891；又见《路德维希·特罗贝所见相矛盾的校勘异文》*Varia libamenta critica confudit Lodovicus Traube*，慕尼黑，1883—1891。

献 [1]，那是他逝世前三年才设立的计划 [2]。

从诗歌转向散文。西塞罗的一部 11 卷编订本（1850—1857 年）乃赖因霍尔
是赖因霍尔德·克洛茨（1807—1870 年）的最知名著作，他自 1832 年德·克洛茨
至去世都是莱比锡的教授；还有一部广为普及的编订本，收入单独一卷
对开本中 [3]，是早在 30 多年前卡尔·弗里德里希·奥古斯特·诺贝 Karl
Friedrich August Nobbe（1791—1878 年）所完成的，此人在莱比锡师从 C.
D. 拜克与赫尔曼，他在该城市做了 50 年尼柯莱中学的校长。

卡尔·费利克斯·哈尔姆 Karl Felix Halm（1809—1882 年）作为西塞哈尔姆
罗的编订家赢得了更高得多的声名，他生长于慕尼黑，就读于家乡的大
学。经过在慕尼黑、斯派尔与哈达马尔的 15 年中学教师生涯后，他在
1849 年出任慕尼黑新成立的人文中学的校长，在 1856 年成为大学公共196
图书馆主任及教授。在年富力强的 48 年中，他致力于在学生中扩展他
们对于古典学的兴趣。他的编订工作主要限定于拉丁散文领域。

他早期的论文涉及演说家莱克格斯以及埃斯库罗斯，刊布过关于希
腊文句法的入门书，还有希腊语读物，以及《斯托拜乌斯选读》*Lectiones
Stobenses*，继而便是西塞罗著作的编订本，有《为苏拉而辩》、《为塞斯提
乌斯而辩》（1845 年）与《反瓦提尼乌斯》（1848 年）。在 1849 年奥雷

1　例如 E. K. Rand，《“爱尔兰人”约翰》*Johannes Scottus*；S. Hellmann，《“爱尔兰人”塞都琉斯》
　　Sedulius Scottus。
2　参看《纪念路德维希·特罗贝》*Ludwig Traube zum Gedächtnis*（七篇葬礼演说，慕尼黑，1907
　　年 5 月 21 日，附肖像）；P. Marc 与 W. Riezler 在《汇报增刊》，同上，5 月 22 日，p. 223；以
　　及 W. M. Lindsay 在《古典学评论》，xxi 188；有 P. Lehmann 所作书目。
3　又有十小册的陶赫尼茨本。《古代研究传记年刊》，1878，29。

利去世后，他与拜特尔完成了西塞罗全集的第二版 [1]。与此同时，他已经着手准备七篇演说词选集附德文注释的第一版了（1850—1866 年），此后又有一部 18 篇演说词的文本（1868 年）。他完成过一部《拉丁修辞学诸小家集》*Rhetores Latini Minores* 的校勘编订本，还整理过昆体良的《演说术原理》。他还编订过塔西佗与弗罗鲁斯，瓦勒留·马克西姆斯，科尔奈利乌斯·奈波斯与维勒育斯·帕忒库卢斯。为了维也纳版拉丁教父全集，他检阅了瑞士的诸钞本，并亲自编订了苏耳庇修·塞维尔儒斯、密努齐乌斯·费理克斯，以及尤里乌斯·费尔米库斯·马特尔努斯 Julius Firmicus Maternus。对于《日耳曼历史文库》，他贡献了一部撒耳维安以及维塔的维克多 Victor Vitensis 的编订本。

他此前关于希腊著作家们的研究，在他的伊索和他关于阿那克西美尼《修辞学》的论文以及论普鲁塔克的短著中得以延续。他为学术史贡献了许多篇日耳曼学者的传记 [2]。作为图书馆馆长，他组织筹备了伟大的钞本类目的编纂，并亲自参与了拉丁钞本类目部分。

他早先的生涯乃是克服艰苦困难获得成功的显赫范例。他是一名艺术商人的儿子，幼时失怙，只读过较低层次的学校，便被继父严厉地逼迫着进入一家杂货商店铺，不得不从早上 6 点工作到晚上 9 点，只能在深夜时分阅读他心爱的经典著作。他承诺自己一旦完成中学教育便会自谋生计，才得以从这种苦工中解脱出来。在哈达马尔的两年宁静时光（1847—1849 年），他有了闲暇准备西塞罗演说词与哲学著作的编订本。

197

1　演说词部分，1854—1856；哲学著作部分，1861。
2　《德意志传记大全》（1875 以后）。

直到年届 70 岁时，他才辞去了教授职务[1]。

对拉丁著作家们的考据，以及对拉丁碑铭、罗马古物与罗马历史的考据，形成了特奥多尔·蒙森（1817—1903 年）所涉足的广阔学术领域之组成部分。他出生于石勒斯维格 Schleswig 省，受学于艾尔托纳 Altona，在基尔学习了法律与语文学，于 1845—1847 年游览意大利与法国，1848 年受聘莱比锡的法学"特职"教授。他参与当时的政治运动，这使他在 1850 年被逐出萨克森地区。与雅恩及豪普特一起，他去往苏黎世，在那里做了两年过渡期的教授（1852—1854 年）。等他回到日耳曼，又在布雷斯劳担任了 4 年教授，随后受邀去往柏林，成为古代史教授及科学院成员，这些身份维持了 45 年，直至终老。

特奥多尔·
蒙森

在拉丁文学领域，蒙森在钞本证据的研究上着力甚多。他誊录了由马伊在维罗纳发现的李维部分著作的重写本，并编订了卷 III—VI，附有对其他重要钞本的释读[2]。与施图德蒙德合作，他在 1873 年的《李维资料辑录》Analecta Liviana 中贡献了第三个十年纪的文本考据成果。他编订的索理努斯也于 1864 年问世[3]。他编订的卡息奥多儒[4]、约旦涅斯[5]，以及《编年史小家集》Chronica Minora[6]，皆收入《日耳曼历史文库》。他完成了关于克鲁维乌斯·鲁福斯 Cluvius Rufus 的重要论文，将之作为塔西佗《历史》

1　Bursian, ii 949–952, 并见《古代研究传记年刊》, 1882, 1–6 ；书目见 Wölfflin 的《纪念讲话》
　　Gedächtnissrede, 1883, 33 以下。

2　柏林科学院, 1868。

3　第 2 版, 1894。

4　《编年史》, 1861 ；《杂著集》, 1894。

5　1882.

6　1891—1898.

早期部分的一个权威来源[1]，还有关于小普林尼生平（附有凯尔扩充版的史事索引）[2]、关于弗隆托书信集系年问题的论文[3]，此外他为柏林的萨克森

科学院的学刊供稿甚多[4]。他有关拉丁碑铭以及古物学与历史研究的重要著作，将在下文述及[5]。

阿道夫·基斯林[6]，在1875年编订了阿斯柯尼乌斯为西塞罗五篇演说词所作的注疏，合作者是鲁道夫·舍尔（1844—1893年，魏玛的鲁道夫·舍尔之子），曾在哥廷根与波恩就学，在格赖夫斯瓦尔德、耶拿、斯特拉斯堡与慕尼黑担任教授。他尤其关注雅典与罗马的公法。最早的著作是关于十二铜表法的专题论文。他编订的《新律》【译按，指查士丁尼在位期间所颁布的宪令之总称】，始于1880年，由克罗尔 W. Kroll 完成（1895年）。在这部纪念蒙森的书中，他提交了一篇关于雅典的某种特别行政官的论文，在他后期著作中还有其他多篇关于雅典古代公共世界的论文。他去世之际，已在着手准备大量资料，要编订一部新版的弗里尼库斯[7]。

对西塞罗"致亲友"书信集的文本考证，在1893年由路德维希·门德尔松（1852—1896年）刊布的校勘本中取得了很大进展。此人在哥廷根师从邵佩与 C. 瓦克斯穆特，在莱比锡师从理茨尔。他早年的著作涉

鲁道夫·舍尔

门德尔松

198

---

1 《赫尔墨斯》，iv 295 以下。
2 同上，iii 31–139（《历史著作集》*Historische Schriften*，i 360–468）。
3 同上，viii 198 以下。
4 Bursian, ii 952–954.
5 第235页。
6 上文第185页。
7 《古代研究传记年刊》，1897，9–40。

及了埃拉托色尼的文献系年问题，以及约瑟夫所引述的罗马法令。在莱比锡出任教师后，他游览了意大利，为的是核录西塞罗书信集以及阿庇安、亚理斯提阿诸钞本之异文。他编订的阿庇安，首次在施维格豪瑟尔编订本的基础上有了实质的进步；他还编订了希洛狄安与佐昔慕斯。他编订的亚理斯提阿书信集，由文德兰 Wendland 完成，乃是关系七十子希腊文《旧约》译本之历史的重要资料；他就西比尔神谕这一主题所采集的资料，被传交给了哈纳克 Harnack。他最成功的著作是所编订的西塞罗书信集，其中新优势在于那些与梅第奇藏本不同的钞本证据。他生平最后 20 年是在多帕特的俄罗斯大学度过的，他期待着举家移居耶拿，这时却走到了人生的终点，于 44 岁的壮年在厄姆巴赫 Embach【译按，指埃马约吉河，在爱沙尼亚】溺水而亡[1]。

马丁·赫尔兹在拉丁史家与语法学家的文本考证上很有建树，他 赫尔兹生于汉堡，受学于柏林。在波恩跟随韦尔克读书，后返回柏林，在柏克与拉赫曼手下从事研究。他在 1845 年是该大学的"私人授课教师"，曾 199出国寻查钞本，为的是编订葛琉斯、普理西安与日耳曼尼库斯著作的集注，直至 1847 年方回；自 1855 年起他出任格赖夫斯瓦尔德的教授，自 1858 年开始至 37 年后去世，一直执教于布雷斯劳。

他在 1855—1859 年完成了普理西安的权威编订本；还编订过一部葛琉斯的文本，此后又在 1883—1885 年刊布了伟大的校勘本。与此同时他还编订了李维。他也撰写了几篇论文，讨论辛纽斯·卡庇托 Sinnius Capito、尼基第乌斯·费古卢斯等语法学家，以及编年史家卢齐乌斯·琴

---

1 Goetz 在《古代研究传记年刊》，1898，49–60。

基乌斯以及同名之人物，此外他还发表了关于"罗马的著作家与公众""拉丁文学的文艺复兴与洛可可"的通俗讲座，后一题目是从他对葛琉斯的研究中得出的构想。

在完成了葛琉斯的编订本，并结集出版了《葛琉斯研究著作集》*Opuscula Gelliana*（1886 年）之后，他返回黄金时期的文学。他此前已对西塞罗《为塞斯提乌斯而辩》的考据有所贡献，在阿米安·马赛理努斯的篇章中追溯过对萨鲁斯特[1]（以及葛琉斯[2]）的效法，并且（在他的《贺拉斯诗章历史资料集》中）梳理了 6 世纪前贺拉斯研究的线索。1892 年，他编订了贺拉斯，附以简短的校注，收入了许多别处未见的内容。格奥尔格斯将自己的第 7 版拉丁文辞典题献给赫尔兹，后者对此书也有所贡献。自 1858 年，在维也纳首次提出编纂一部拉丁语言之《宝库》的建议，赫尔兹便一直挂念这个计划，但是直到他成为格尔利茨议会主席后，才公开主张这样一件工作应该由日耳曼的科学院来承担。1890 年举办了一次会议，次年赫尔兹起草了报告[3]。

他在格赖夫斯瓦尔德对考古学的兴趣，可以追溯到韦尔克的影响；他关于古典学识之大纲的讲座[4]，则是柏克的影响所致。同样，他对罗马史家的关注归功于尼布尔，对于拉丁语法学诸家的兴取则受益于拉赫曼。他的拉赫曼传乃是这类著作中的杰作（1851 年）；他还写过关于柏克的许多文章，并以一次精彩的讲座讨论了早期的人文主义者黑森的爱

200

1　1874.

2　《葛琉斯研究著作集》。

3　柏林科学院《报告》, 1891, 671–684。

4　参看他的论文,《论语文学百科全书》*Zur Encyclopädie der Philologie*, 在《致敬蒙森语文学论集》, 507–517（1877）。

奥班努斯。他的著作以细琐及审慎的精准而见长；性格上则对人颇具正义感，即便对于自己的对手也抱有典型的和善脾气。作为普理西安与葛琉斯的渊博的编订家，他将会留名青史，同样值得纪念的，是作为拉丁语言《宝库》计划不知疲倦的推动者[1]。

萨鲁斯特，在 1823—1831 年由格拉赫 F. D. Gerlach（1793—1876 年）萨鲁斯特的完成了一部繁重的编订本。编订者是巴塞尔的教授及图书馆馆长，此人编订者们还在 1842 年与同侪卡尔·L. 罗思 Roth（1811—1860 年）联手编订了诺尼乌斯。萨鲁斯特的措词，在埃尔富特中学教师克里茨 J. F. Kritz（1798—1869 年）的编订本，以及法布里 E. W. Fabri（1796—1845 年）的编订本中得到了专门研究。就弗莱堡中学校长弗罗切尔 K. H. Frotscher（1796—1845 年）完成的编订本而言，其文本取自科特，注释则来自哈弗坎普。卡尔·L. 罗思讨论过诸钞本，格里马中学校长迪奇 R. Dietsch（1814—1875 年）在 1859 年刊布了一部校勘编订本。

更具伟大意义的一部校勘本问世于 1866 年（第二版，1876 年），出自亨利·约尔丹 Henri Jordan（1833—1886 年）之手，他是柯尼斯堡约尔丹一位教授，曾是豪普特在柏林、理茨尔在波恩的学生，又是蒙森的朋友与同盟，德罗伊森的女婿。他还编订了老加图的历史与演说著作，附有109 页的《绪论》（1860 年）。他在 1861 年首次参观罗马，完成了多部有关罗马地形学（1871—1886 年）、古代罗马宗教的重要著作，并对拉丁语言史有些考证上的贡献（1879 年）。1864 年他刊布了《皇史六家》

---

1 《古代研究传记年刊》，1900，42—70；参看 Bursian, ii 955 以下；《宝库》, 1, p. iii, "causae ancipiti ac situ quodam pressae sua contentione et commendatione favorem conciliavit"【基于如此暗昧消沉的情况，其人的坚持与承担才获得了支持】。

的一部校勘本，是该文本相隔76年首次在日耳曼问世[1]。这部著作的合作编订者是弗兰茨·埃森哈特 Franz Eyssenhardt（1838—1901 年），此人（如约尔丹一般）生于柏林，师从柏克与豪普特。在 1866—1871 年，埃森哈特编订了马提安·卡帕刺、斐德卢斯、马克罗比乌斯、阿普勒乌斯、《史书杂汇》*Historia Miscella* 以及阿米安·马赛理努斯。在完成了这些编订本后，他投入了许多时间从事文明史的研究。他具有卓绝强健的文笔。有两个通俗讲座是以荷马风诗歌以及哈德良与弗罗鲁斯为内容的。他还写过一部 286 页篇幅的尼布尔传论。他能流利地讲七种语言，游历广阔，尤其喜爱在意大利的旅行，足迹还远至苏格兰，又与在圣彼得堡的卢奇安·穆勒一直保持着书信往还[2]。

卡尔·路德维希·尼佩代（1821—1875 年）出版过恺撒（1847 年）、奈波斯（1849 年）与塔西佗（1852 年）的注疏集。此人于 1855 年出任耶拿教授，是一位敏锐的考据家，对于拉丁散文具有良好的品位，关于《律法年鉴》*Leges Annales* 的论文显示出他对于罗马古代制度的熟稔[3]。恺撒的《高卢战记》与《内战记》，有几种附带德文注释的编

订本，出自莱比锡的校长弗里德里希·克拉纳 Friedrich Kraner（1812—1863 年）以及希尔德堡豪森人文中学的主任阿尔伯特·道贝伦兹 Albert Doberenz（1811—1878 年）之手。

对李维进行文本校勘的资料，在 1839—1846 年的卷 I—X、XXI—XXIII 以及 XXX 的编订本中，是由阿尔斯科夫斯基 K. F. S.Alschefski（1805—1852 年）提供的。克赖西希 J. G. Kreyssig（1779—1854 年）的完

---

1 《古代研究传记年刊》，1886，227-249（附书目）。
2 《古代研究传记年刊》，1902，100-127（附书目）。参看 Bursian, ii 958 以下。
3 萨克森科学院《论文集》，v。参看 Bursian, ii 762。

整编订本展现出更高的考证功力，他是迈森的萨克森中学的一名教师。带有德文注释的最佳注疏本，乃是由威廉·魏森博恩 Wilhelm Weissenborn（1803—1878 年）在 1850—1851 年刊行初版的那部，此人在埃森纳赫担任了 43 年以上的中学教师[1]。李维文本的句法学，在 1871 年由马林韦尔德尔 Marienwerder 的中学教师路德维希·屈恩阿斯特 Ludwig Kühnast（1813—1872 年）竭力加以阐明。

魏森博恩

屈恩阿斯特

编订塔西佗的学者，不仅有奥雷利、哈尔姆与尼佩代，在 1834—1836 年及其后还有弗兰茨·里特尔 Franz Ritter（1803—1875 年），他在波恩担任多年教授，编订过贺拉斯（1856—1857 年）以及亚里士多德《诗学》（1839 年）。《编年史》与《阿古利可拉传》在 1868—1869 年的编订本附有德文注释，这出自德雷格尔 A. A. Dräger（1820—1895 年），他在莱比锡受学，后来是奥利希人文中学的主任。他还就"塔西佗的句法与文体"问题写过一部有用的著作，此后又有一部关于"拉丁语言的历史句法学"的综合论述[2]。附有德文注释的优秀编订本，还可提及卡尔·黑罗伊斯 Karl Heraeus（1818—1891 年）的《历史》，此人在马尔堡与哥廷根受学，生平最后 34 年一直在哈姆的威斯特伐利亚人文中学担任教师[3]；还有 G. 安德烈森 Andresen 编订的《对话录》；韦克斯 F. K. Wex（1801—1865 年）、F. 克里茨以及卡尔·彼得编订的《阿古利可拉传》。《阿古利可拉传》的校勘本是还有 K. L. 乌尔里希的作品，阿道夫·米夏埃利斯 Adolf Michaelis 则完成了《对话录》的校勘本。米伦霍夫 Müllenhoff、施韦泽－西德勒、鲍姆施塔克 A. Baumstark 以及霍尔德 A.

里特尔

德雷格尔

黑罗伊斯

----

1 《古代研究传记年刊》，1878，33–38。
2 同上，1896，92–94。
3 同上，1891，114–121。

Holder 都编订了《日耳曼尼亚志》。伯蒂歇尔 W. Boetticher 的《塔西佗辞典》*Lexicon Taciteum*（1830 年）已经被格吕克斯塔特 Glückstadt 的格贝尔 A. Gerber 与哥廷根的格里夫 A. Greef 所完成的详尽无遗的著作所取代（1903 年）。——就其他史家而言，科耳修斯的编订者有黑迪克 E. Hedicke 与福格尔 Th. Vogel；查士丁的编订者有吉普；欧特罗庇乌斯的编订者有哈特尔 W. Hartel 与汉斯·德罗伊森[1]。关于西塞罗与昆体良更为重要的著作，前文已经提及[2]。

202

在上文提及塔西佗《日耳曼尼亚志》的编订家中，有一特别荣誉之席位，留给海因里希·施韦泽－西德勒 Heinrich Schweizer-Sidler（1815—1894 年），他曾就学于苏黎世与柏林。在苏黎世就职的 50 多年间，有 40 年是在当地中学与大学执教。他曾跟随波普研究梵文，不断受到缪尔 Muir 与亨利·纳特勒史普的访问。他在 1869 年出版的拉丁语法学，在 1888 年有改写本问世，受到了广泛的认可。他的日耳曼古物学研究，使他开设了关于《日耳曼尼亚志》的讲座，他本人也不断以德文注释编订此书。他还为奥雷利编订的这部论著筹备了一个详尽的修订版[3]。

1852 年对班贝格钞本老普林尼著作的发现与核录，出自路德维希·冯·扬（1807—1869 年），那时他还是施韦因富特的一名中学教师，后来成为埃尔兰根的校长。他的工作对于西利希在 1853—1855 年的编订本产生了重要的影响。对普林尼的考据与阐释，在后来得到卡尔·路德维希·冯·乌尔里希 Karl Ludwig von Urlichs（1813—1889 年）的推动，此人是奥斯纳布吕克人，受学于亚琛，在波恩师从韦尔克就学（1829—

施韦泽－
西德勒

1　Bursian, ii 964 以下。
2　第 195 页以下。
3　《古代研究传记年刊》，1898, 96—122。

1834 年）。他在罗马居停五年，担任本森家的教师，在研究罗马地形学上下了很多功夫 [1]，此后他在 1840 年返回波恩，在那里一直居住到 1847 年受聘格赖夫斯瓦尔德。同年他拜访了大英博物馆，在那里发现了涉及瓦罗学术活动的一篇重要 *anecdoton*【佚作】[2]；自 1849 至 1852 年在普鲁士议会任职，自 1855 年直至去世担任维尔茨堡的教授，长达 34 年之久。

自 1847 至 1855 年间他主要在研究普林尼与古代艺术史。成果存于他的《普林尼著作考实》*Vindiciae Plinianae*（1853—1866 年）、《普林尼学问菁华》*Chrestomathia Pliniana*（1857 年），以及关于普林尼论艺术史诸卷的权威纲目（1878 年）之中 [3]。普林尼的文本，在 1860—1873 年得到德特勒夫森 D. Detlefsen 的编订；而冯·扬在 1854—1865 年的编订本，在 1875—1906 年被迈霍夫 C. Mayhoff 重新加以整理。

小普林尼的文本，以海因里希·凯尔（1822—1894 年）在 1853 及 1870 年完成的编订本为最佳，此人在哥廷根与波恩就学，游览意大利两年（1844—1846 年），之后在哈雷（1847—1855 年）与柏林（1855—1859 年）执教，在 1859 年的埃尔兰根及 1869 年的哈雷受聘为教授，在哈雷他居住了 25 年，直至去世。他最早的著作，乃是对普罗珀提乌斯的考据（1843 年），继而先后于 1850 与 1867 年刊布了此诗人的文本。在居停意大利期间，以及在法国时（1851 年），他为友人及他自己核录了许多钞本异文；他向默克尔提供了罗德斯的阿波罗尼乌斯的集注，向

凯尔

203

1　他参与了《罗马城市览述》*Beschreibung der Stadt Rom* 的编写，并刊布了《罗马城市地形学丛钞》*Codex urbis Romae topographicus*（1871）等书。

2　理茨尔的《杂著集》，iii 421 以下。

3　Wecklein 在《古代研究传记年刊》，1892，1–15，以及 H. L. Urlichs 为 Iwan Mäller 的《古代学手册》所作前言，i（1891）。

O. 施奈德提供了尼坎德尔的集注以及他的异文核录，尽管不及贝刻耳整理的范围广大，但是更为精准。在哈雷，凯尔编订了普洛布斯的《农事诗》与《牧歌集》注疏。他编订了卷帙庞大的《拉丁语法学诸家集》*Grammatici Latini*，于 1857—1880 年出版，七卷中有五卷由他自己编订，普理西安的两卷由赫尔兹编订。他其他著作中最重要的是加图与瓦罗论农业著作的精心编订本（1884—1894 年），以及两家的托伊布纳版文本（1889 与 1895 年）[1]。

维特鲁威在 1867 年的编订本，出自瓦伦丁·罗斯以及赫尔曼·穆勒-斯特吕宾[2]，他们依据的是后一位编订者在大英博物馆核录的 9 世纪钞本异文。诺尔 Nohl 在 1876 年完成了一部索引。

格奥尔格斯　　　在近代拉丁辞书学家中，应该为卡尔·厄恩斯特·格奥尔格斯 Karl Ernst Georges（1806—1895 年）保留一个光荣的席位，此人几乎终生都居于哥达。家中原本指望他会继承父业，成为当地宫廷的玻璃业工头，甚至因此目的而使他退学。但是，在他诚挚的恳求下，被许可继续跟随德林与韦斯特曼以及语法学家与辞书学家 V. C. F. 罗斯特读书。由于体弱多病，他被送至诺德豪森换换环境，在那里他得到了辞书学家克拉夫特 Kraft 的许多鼓励。此后他在哥廷根与莱比锡就学，在后一处他协助修订舍勒辞书的一部新编订本。他的德文—拉丁文辞书完成于 1833 年[3]，在耶拿被接受为学位论文的替代品。1839—1856 年，他成为哥达的高等教师之一，但眼疾以及对更多闲暇的追求，使他以领取养老金的方式退休，从此将所有时间都用于辞书学的工作中。

1　《古代研究传记年刊》，1896，49-80。
2　上文第 156 页。
3　第七版，1882。

拉丁文—德文辞书的辉煌系列，开始于舍勒的那部著作（1783 年）。在 1830 年吕嫩曼 Luenemann 去世时，新编订本舍勒辞书的筹备工作已经由格奥尔格斯接手，其人的名谓出现在 1837 年编订本的标题页上。第七版的两卷本共有 6 088 栏，在 1879 年及其后印制了 15 000 册。这部著作声称以格斯纳尔、福尔切利尼与舍勒的辞书为基础，同时也采用了格奥尔格斯本人收集的大量素材。此书得到了《拉丁辞书学与语法学资料》*Archiv für lateinische Lexikographie und Grammatik* 编者与新《宝库》组织者韦尔弗林 Wölfflin 的热情赞扬；1888 年，格奥尔格斯的辞书学事业已届 60 年，这位百折不回的老将为此而受到英伦学者的祝贺，其词曰：

Id scilicet laudamus in Lexico tuo Latino, multo labore et adversa interdum valetudine condito, quod artem ita adhibuisti criticam, ut inter omnia huiusmodi opera linguae Latinae studiosis sit utilissimum.

【我们激赏您的拉丁辞书，您在其中运用考据学之技艺，着力甚多，时能矫正弊害，这样一部著作对于有志于拉丁语言研究者才是最为有益的。】[1]

格奥尔格斯也启动了一部《宝库》著作的编写，并由米尔曼 Mühlmann 续编至字母 K。他暮年视力开始衰退，还准备了一部有用的拉丁语构词词辞典（1890 年）。1891 年他的小型拉丁语—德语及德语—拉丁语的《袖珍辞典》*Handwörterbuch* 已经刊出了六版，相应的《中学辞典》*Schulwörterbuch* 也刊出了五版。他的德语—拉丁语辞典乃是里德尔 Riddle 与阿诺德的英语—拉丁语辞典之基础。他一向与英伦学人有书信联系，与

204

1　无疑出自 H. Nettleship 之手。

法国及日耳曼学人也是如此，总是随意将自己的学问蕴涵来为他人服务。他的小世界便是他的书斋，摆设着一整套出版商们赠送的《拉丁碑铭集》，还装裱着拉丁辞书学领域的同伴们的肖像。他纤秀整洁的圆体字迹类如 Fr. 雅各布斯。即便是身体上的病痛也从未阻止他默默坚持自己终生之事业。只有在为韦斯特曼所撰的生平记述中，在一部拉丁文的《警句集》*Gnomologia* 中，他才脱离了拉丁辞书学的范围[1]。

在拉丁辞书学方面，在此还可再提两个人名。卡尔·冯·波克 Karl von Paucker（1820—1883 年），是那部《拉丁字汇增补》*Addenda lexicis Latinis* 的作者，此书初刊于 1872 年。他先在多帕特与柏林受学，继而在 1861 年返回前一所大学担任教授。在人寿将尽之年，他开始将自己零散的辞书学论文结集为一部综合的《拉丁辞典补遗》*Supplementum Lexicorum Latinorum*，不幸未成全帙[2]。然而，他的《拉丁语言史初论》*Vorarbeiten zur lateinischen Sprachgeschichte* 在身后不久由赫尔曼·伦施 Hermann Rönsch（1821—1888 年）予以刊布，此人是《意大利语与圣书拉丁语》*Itala und Vulgata* 一书博学的作者[3]。

1　R. Ehwald 在《古代研究传记年刊》，1896，143–150；Wölfflin，《拉丁辞书学与语法学资料》，1895，623 以下；G. Schneider 在《画图新闻》*Illustrirte Zeitung*，1897，139 以下。1880 年，他充满感激之情地接受了 Mayor 教授给普林尼书信集卷 iii 编订本的献词，seni indefesso, Latinae linguae lexicographorum quotquot hodie vivunt Nestori【不知疲倦的老者，使拉丁语言辞书学在今日繁盛的涅斯托尔】。

2　Rönsch 在《古代研究传记年刊》，1883，93–96。

3　1869；第二版，1875；同上，1889，159–174。

第三十三章

比较语文学家

日耳曼地区的语言比较研究创始人，乃是弗兰茨·波普 Franz Bopp　波普（1791—1867 年）。他生于美因茨，受学于阿莎芬堡 Aschaffenburg，自1812 至 1815 年居住于巴黎，师从西尔维斯特雷·德·萨西 Silvestre de Sacy 学习阿拉伯语与波斯语，又在凯里 Carey（1806 年）与威尔金斯 Wilkins（1808 年）的语法书及后者翻译的《薄伽梵歌》、前者翻译的《罗摩衍那》之帮助下自修梵文。他在柏林的大学里，自 1821 年开始成为"特职教授"，在生平最后 42 年担任全职教授[1]。从最早刊布关于梵文、希腊文、拉丁文、波斯文与德文的动词变位体系比较的著作（1816 年）直到生涯之终点，他便置身于从不松懈的努力之中，旨在阐释印度—日耳

1　Lefmann，《弗兰茨·波普，他的生平与他的学术》*Franz Bopp, sein Leben und seine Wissenschaft*（柏林，1891—1896）。

曼系语言之语法形式的起源。这乃是他写作《梵语、古波斯语、希腊语、拉丁语、立陶宛语、哥特语与德语比较语法学》*Vergleichende Grammatik des Sanskrit, Zend, Griechischen, Lateinischen, Litthauischen, Gothischen und Deutschen*（1833年）一书的主要目的。不过，他的努力在顶尖的学者与语法学家例如赫尔曼[1]及罗贝克[2]看来，要么觉得乏味无趣，要么觉得不足为凭。比较语文学的方法与成功，还遭到了希腊考古学家路德维希·罗斯的攻讦，言辞间的机巧多于智慧[3]。如此缺乏欣赏，若要归因于当日某些学人缺乏眼光，或是以为他们过于保守，或是以为他们轻视同辈，都并不太具有说服力。主要的原因，当是早期前贤们暗昧不明、踌躇不前的方法，使他们对于所关注的语言认知不完整，还有就是他们对于古代句法学规则的冷淡态度。无论如何，这种猜忌已经得以消除。猜忌的消除得益于那些从事这门科学之人士的工作，从波普之草创，到雅各布·格林之附和[4]，再经波特 Pott[5]、库恩 Kuhn[6]与施莱歇 Schleicher[7]等人发扬光大，也要得益于那些将其方法运用于希腊语及拉丁语的人，他们由此为那些语言的词源

---

1 《希腊学会纪录》前言，见引于第一卷第 12 页注释 5。
2 《希腊语言之症候绪论》前言，p. vii；但即便是罗贝克，若是人寿足够长久，也是打算学习比较语文学的（《希腊语法家著作异文辑录》，127）。
3 《意大利语与希腊语》*Italiker und Graeken*（1858 以后）。
4 《德语语法学》*Deutsche Grammatik*，1819[1]—1822[2]。关于 Rask 与 Verner，见第三十八章。
5 《印度—日耳曼系语言领域的词源学探索》*Etymologische Forschungen auf dem Gebiete der indogermanischen Sprachen*，1833—1836。
6 关于 Adalbert Kuhn（1812-1881），参看《古代研究传记年刊》，1881，48-63。
7 下文第 209 页。综合参看 P. Giles，《古典学专业学生用比较语文学小手册》*A Short Manual of Comparative Philology for Classical Students*（1895），§§39-44。

图 52　弗兰茨·波普

出自 Lefmann 所著传记之扉页（Reimer，柏林，1891）

学之新格局打下坚实的基础 [1]。

　　这些人物中最杰出的要数特奥多尔·本费 Theodor Benfey（1809— **本费**
1881 年）。他父亲是汉诺威王国的一位犹太商人，曾教习《塔木德》，这

1　Bursian，ii 971 以下。参看 Delbrück，《语言研究导论》*Einleitung in das Sprachstudium*，cap. i；
　　Benfey，《德国语言学与东方语文学史》，370–379，470–515；以及 Thomsen 的《语言学史》
　　Sprogvidenskabens Historie（哥本哈根，1902）；有一简短的概述，见 J. M. Edmonds 的《古典学
　　专业学生用比较语文学引论》*An Introduction to Comparative Philology for Classical Students*（剑桥，
　　1906），189–200。

使他对于语言发生兴趣。他在法兰克福完成了一部泰伦斯的译本，还曾（在波莱 Poley 的影响下）发奋学习梵文。1817 年，他定居哥廷根，除了有一年去了慕尼黑（1827—1828 年）外，他在那里生活了 64 年，直至去世。1848 年，他脱离了祖先的信仰，改宗基督教，同年出任薪水少得可怜的"特职"教授；只有在生平最后 19 年间才是全职教授。

在那部首度以科学方法研究希腊词源学的"希腊语词根辞典"（1839—1842 年）之引言中，他拟订了一个以比较语文学为依据研究希腊语法的系列著作计划，但是从未付诸实施。作者后来生涯的主要精力，被用于梵文语法学的研究，以及对《吠陀》的探索。不过他还是发表了许多与希腊拉丁语法有关的论文，刊于哥廷根科学院的论文集中，以及他本人的评论季刊《东方与西方》*Orient und Occident*（1862—1866 年）中。他主要的著作是一部《娑摩吠陀》的编订本（1848 年），一部完整的梵文语法学（1852 年），《五卷书》*Pantschatantra*（1859 年），以及那部德国语言学史与东方语文学的著作（1869 年）[1]。

本费的学生利奥·迈耶 Leo Meyer（生于 1830 年），1865 年出任多帕特的比较语文学教授，那时刚完成了自己希腊与拉丁比较语法学著作的第二卷[2]，讨论的只是音调的原理与词语的构成。与此同时，他还刊布了一部简略比较希腊与拉丁词形变化的著作（1852 年）。他的语法学一直未能完成，但是曾考察过希腊语的不定过去时（1879 年），并出版了数篇关于荷马之措词的短论[3]。他近来居住于哥廷根，是那里的荣誉教授。

207

---

1 Bezzenberger 在《古代研究传记年刊》，1882，103-107；Delbrück，36；Bursian，ii 973。
2 两卷本，1861—1865；卷 i 的第 2 版，分成两编，共 1270 页，1882—1884；本费，591。
3 Bursian，ii 975 以下。

这种比较的方法在希腊与拉丁学者及中学教师间获得认可，主要归功于格奥尔格·科耳修斯 Georg Curtius（1820—1885 年），他是那位希腊史家的弟弟。他生长于吕贝克，就学于波恩及柏林，又在德累斯顿担任了 4 年的中学教师，在柏林做了 3 年的"私人授课教师"，此后他在布拉格担任了 5 年教授，在基尔任教授 8 年，生平最后 24 年执教于莱比锡。他在莱比锡大学就职演说中声称他作为教授的目的，是要引领古代语文学与语言科学彼此间具有更为紧密的关系[1]。他在将此目的付诸实施上的热情与成就，不仅可以其自家著作为证，也见于他的弟子们完成的十卷希腊与拉丁语法学之"研究"（1868—1878 年），见于 1874 年向他致敬的语言科学相关的数篇论文，还可见于五卷本的《莱比锡古典语文学研究》 *Leipziger Studien zur classischen Philologie* 中，那是他本人与其他三位教授在 1878—1882 年编选的。他自家完成的主要著作，是他的《中学希腊语法》 *Griechische Schulgrammatik*（1852 年）、《希腊词源学原理》 *Grundzüge der griechischen Etymologie*（1858—1862 年），以及他关于"希腊文动词"的论著（1873—1876 年）。其中第一种问世于布拉格，当时科耳修斯正在该大学担任教授。最初的目的是满足奥地利中学使用的需要，此后在博尼茨的指引之下加以重新编排，尽管受到了 K. W. 克吕格尔尖酸又激烈的驳斥[2]，此书还是在日耳曼中学取得了广泛的认可[3]。又有一册满足教师使用的"说明"[4]。他早期关于"比较语法学所解释的希腊与拉丁时态及

格奥尔格·
科耳修斯

208

---

1 《语文学与语言科学》 *Philologie und Sprachwissenschaft*，1861（又见《短著集》，i）；参看《与古典语文学相关的语言比较》 *Die Sprachvergleichung in ihrem Verhältniss zur classischen Philologie*（1848[2]）；英译本，牛津，1851。

2 上文第 119 页。

3 第 12 版（Gerth）；英译本，1867。

4 1863；英译本，1870。

语气"的著作（1846 年），乃是他有关"希腊语动词"之重要论著的先声[1]。他的《希腊词源学原理》在1879年已出到第五版[2]。第一卷包含了对于希腊词源学的原理以及主要问题的引介性陈述；第二卷讨论的是印度—日耳曼语发音在希腊语中的规律性表现，由一篇根据读音而排列的单词或词组总览来加以说明；第三卷梳理的是非规律性或是偶发的变化[3]。"科耳修斯并非语言学者，不曾借助于拉丁语及希腊语来解决语言学的普遍问题，但他是一位在比较语文学的引导下研究希腊与罗马语言的古典学者。"[4]

从**心理学**方面从事语言学研究的首要代表人物，是 H. 施泰因达尔（1823—1899 年），他受学于柏林（1843—1847 年）与巴黎（1852—1855 年），自 1863 年至去世一直是柏林语言科学的教授。他撰述过语言的起源问题[5]、语言的分类问题[6]、写作的发展问题；也有一部关于语法学、逻辑学及心理学的专著，涉及它们的原理及其相互间的关系（1855 年），此书在他的《心理学与语言科学引论》*Einleitung in die Psychologie und Sprachwissenschaft*（1871 年）中得到了扩展；最后，还有一部希腊人与罗马人的语言学史，附有对于逻辑学的参照[7]。

209　　　奥古斯特·施莱歇 August Schleicher（1821—1868 年），生于迈宁根，

1　Wilkins 与 England 英译本，1880。

2　Wilkins 与 England 英译本，1875—1876；第 2 版，1886。

3　Bursian, ii 975—978；参看 Angermann 在 Bezzenberger 的《印度—日耳曼系语言研究论丛》*Beiträge zur Kunde der indogermanischen Sprachen*，X；E. 科耳修斯在其弟《短著集》卷 i 所述；还有 Windisch 在《古代研究传记年刊》，1886，75—128；又见 Delbrück，39 以下。

4　Wilkins 在《古典学评论》，i 263。

5　1851；第三版，1877。

6　1850；第二版，1860；参看本费，787 以下。

7　1863；第二版，1890—1891；参看 Bursian, ii 980。

受学于科堡，在莱比锡与图宾根学习神学，又跟随理茨尔在波恩学习语 施莱歇
文学。1845 年，他在波恩成为"私人授课教师"，1850 年在布拉格担任
特职教授，1857 年在耶拿为荣誉教授，后于 1868 年去世。在他的《印
度—日耳曼系语言的比较语法学纲目》*Compendium der vergleichenden Grammatik
der indogermanischen Sprachen* 中[1]，他列数了近年在一系列"发音规则"中对音
声变化进行考察的全部成果[2]。"凭着他广博的语言学造诣"，从任何意义
上说，他都并非古典学者。"他本质上是一位达尔文主义的植物学家，
驾驭起语言来，仿佛对待的是自然科学而非历史科学的题目。"[3]

布赖特科普夫 Breitkopf 与黑特尔 Härtel 在莱比锡出版了一系列的印
度—日耳曼系语法学著作，其中有爱德华·西弗斯 Eduard Sievers 关于音
调生理学的著作（1876 年）[4]，德尔布吕克 Delbrück 的比较语言学研究历
史与方法引论（1880 年），以及古斯塔夫·迈耶（1850—1900 年）的
一部希腊语法学（1880 年）[5]。索默尔 Sommer 还完成了一部拉丁语法学
（海德堡）。

"音声的**生理学**并不足以使我们对于正在讲话的人的运作获取明晰
的概念……我们需要一种科学来认知**精神**的诸因素，这些关系到音声不
可胜数的运动与变化，也关系到所有的类推法的功能。"这便是新语法
学家们的部分计划，这个群体中最为活跃的代表，海德堡的赫尔曼·奥

1　1861；第二版，1866；有英译本。
2　Bursian, ii 978 以下；Benfey, 587 以下；Lefmann 的《奥古斯特·施莱歇印象记》*August Schleicher:
　　Skizze*（1870）；Delbrück, 41—56。
3　Wilkins，在《古典学评论》，i 263。
4　第四版，1893（《语音学原理》*Grundzüge der Phonetik*）。
5　《古代研究传记年刊》，1902，1—6。

斯特霍夫 Hermann Osthoff、莱比锡的卡尔·布鲁格曼 Karl Brugmann，他们所呈现的正是这样的计划 [1]。施泰因达尔就心理学层面讨论语音同化 assimilation 与形态同化 attraction 的文章中便已勾勒出这门科学的轮廓 [2]。这个新学派的其他代表，还有莱比锡的奥古斯特·莱斯金 August Leskien [3] 与慕尼黑的赫尔曼·保罗 Hermann Paul [4]。这个学派的原则是:(1)音声的所有变化，就其机械论角度而言，都处于法则掌控之下，**毫无例外**可言;(2)在现代语言生活中具有重要意义的类推法原则，必须无条件地被视作自上古以来便一直具有效用。

第一条原则遭到了本费的晚期追随者们的反对，尤其是在柯尼斯堡的贝岑贝格尔 A. Bezzenberger 主编的期刊上 [5]。——新学派的代表之一，奥古斯特·菲克 August Fick，从前是布雷斯劳的教授，著作过"印度—日耳曼系语言比较辞典" [6]，完成了一部关于希腊人名构词法的精彩著作（1894 年），提出原初在印度—日耳曼民人中出现的所有名字都是由两个词根构成的复合词，仅含有单独一个词根的人名是由这些复合词中两个要素中的第一或第二者构成的【译按，大概正如 Zeuxis 之于 Zeuxippus，后者见于柏拉图《普罗泰戈拉篇》，或以为即是一人】。而如此产生的人名，即 Kosennamen，或曰"昵称" [7]。新学派的原则，在 H.保罗的《语言史原理》中被

---

1 Osthoff 与 Brugmann，《印度—日耳曼系语言领域的词形学研究》 *Morphologische Untersuchungen auf dem Gebiete der indogermanischen Sprachen*（1878）之前言，i。

2 《民族心理学与语言学杂志》 *Zeitschrift für Völkerpsychologie und Sprachwissenschaft*，i 93 以下。

3 《斯拉夫—立陶宛语与日耳曼语中的音高下倾》 *Die Declination im Slavisch-Litauischen und Germanischen*（1876）。

4 《语言史原理》 *Principien der Sprachgeschichte*（1880 及其后）。

5 《印度—日耳曼系语言研究论丛》 *Beiträge zur Kunde der indogermanischen Sprachen*。

6 1870—1872；第三版，1874—1876；第四版，1891 以下。

7 Bursian, ii 999.

提出来[1]，在卡尔·布鲁格曼的《印度—日耳曼系语言比较语法学纲要》中被表述得更为充分[2]。B. 德尔布吕克在上文提及的"引论"中便已经提供了对于这番运动的估测，此人还著作过一部"印度—日耳曼系语言的比较句法学"（1893 以后）。

路德维希·朗格

此领域中的研究者中，已经过世了的，是路德维希·朗格 Ludwig Lange（1825—1885 年），他自 1871 年在莱比锡担任教授[3]。20 年前他曾在哥廷根开设过一个讲座，其中他坚持研究的历史方法之重要，并且用梵文与希腊文中介词的使用来加以说明[4]。

211

最先依据于语言的新科学，试图阐明拉丁语中语音之历史的，是阿尔伯特·阿伽通·贝纳里 Albert Agathon Benary（1807—1860 年）[5]。此后，贝纳里理茨尔、蒙森等人在对普劳图斯、早期罗马碑铭，以及古代意大利语言之残余的考察中，提供了关于拉丁语言之历史语法的丰富材料。这些材料被威廉·科尔森（1820—1875 年）以过人的敏锐独辟蹊径，运用于对科尔森拉丁语的辅音及元音之变化的梳理中，并始终与语言比较研究之成果相联系。此人生于不来梅，受学于柏林（1840—1844 年），在普福尔塔学校担任中学教师（1846—1866 年），后来居住于柏林，自 1870 年后移居罗马。他的主要著作，乃是那部《拉丁语言的读音、发声以及重音》*Über Aussprache, Vokalismus und Betonung der lateinischen Sprache*[6]，该书联系以古代意

---

1 英文改写本，出自 H. A. Strong，1888。又见 Paul 的《日耳曼语文学纲目》*Grundriss der germanischen Philologie*，i（1891 以后）。

2 1886 以后（英译本，1888 以后）；第二版，1897 以后；"小比较语法学"，1904。

3 《古代研究传记年刊》，1886，31-61。

4 Bursian，ii 1001。

5 《罗马语音学的语言比较阐解》*Die römische Lautlehre sprachvergleichend dargestellt*（柏林，1837）。

6 1858—1859；第二版，1868—1870。关于他的其他著作，见上文第 142 页以下。

大利语方言，讨论了拉丁语的正字法、读音以及作诗法，采用的是比较语文学的方法[1]。而胡戈·舒哈特 Hugo Schuchardt（生于 1842 年）刊布论世俗拉丁语之音色的著作对此书有所补充，作者从前担任过格拉茨的教授，此书问世于 1866—1868 年。

比较语文学的大体之成果，被吸收在屈纳那部大部头的拉丁语法学中，亦被海因里希·施韦泽–西德勒整合得更为系统[2]，纳入他的中学拉丁语原理及词形大纲（1869 年），还有从前在布拉格的教授阿洛伊斯·瓦尼切克 Alois Vaniček（1825—1883 年）[3]，他的基础拉丁语语法（1873年）、他的拉丁语言词源学辞典（1874 年），继而还有他的希腊与拉丁语词源学辞典（1877 年），也都是这类著作的代表。1873 年维也纳出版了塞巴斯蒂安·齐赫梅尔 Sebastian Zehetmayr 的拉丁文、希腊文、梵文及德文比较辞典，此书在 1879 年扩充为一部全部印度—日耳曼系语言的综合词源学辞典[4]。此后还有一部由普雷尔维茨 Prellwitz 刊布的希腊语词源学辞典[5]。

1　关于科尔森，参看 Ascoli 的《语言学批判研究》*Kritische Studien zur Sprachwissenschaft*，p. ix（德尔布吕克，41）。
2　上文第 202 页。
3　《古代研究传记年刊》，1884，56 以下。
4　Bursian, ii 1003–1006.
5　哥廷根，第二版，1905。

图 53　卡尔·奥特弗里德·穆勒

根据 Wildt 所制照相版的 Ternite 绘画简省而成

第三十四章

考古学家与历史学家

　　直到温克尔曼与海涅的时代，对于古人政治、社会、宗教与艺术生活的考察，相对于希腊与拉丁语言之研究而言，尚且还仅占据着次要的地位。此后产生新的动力，得益于尼布尔[1]与柏克[2]的发扬，在他们直系的衣钵传人中，最为杰出的学术通人，并且具有最广泛之影响力的，乃是卡尔·奥特弗里德·穆勒 Karl Otfried Müller（1797—1840年）[3]。他出生于西里西亚的布热格 Brieg 镇，受学于布雷斯劳，在那里因熟读尼布尔的"罗马史"而受到振奋，遂集中精力于历史研究的学科。在柏林受到柏克的影响（1816—1817年），他对希腊史产生了新的兴趣，也是因为柏

1　上文第 77 页以下。

2　上文第 95 页以下。

3　他本名仅作卡尔。为了区别自己与诸多位卡尔·穆勒，他加入了戈特弗里德这个名称，而在卜特曼的建议下，在 1817 年改作 Otfried（在首部著作出版之后）。写作 Ottfried 乃是不正确的。

克，他获得了著述与讲学生涯的最初之成功。他起初刊布了一部关于埃伊纳岛古今之历史的专著[1]。此书有部分内容讨论了1811年发现的"埃伊纳岛大理石群像"[2]，这部分文物在当时前不久（1812年）由巴伐利亚皇储路德维希殿下收购。在那时，穆勒对于这批艺术品唯一可采用的文献权威，乃是雕塑家 J. M. 瓦格纳的描述，以及 F. W. J. 谢林对其风格的考评（1817年）。在1819年夏出任哥廷根的古典"古代学"教席之后，他才得以研究德累斯顿藏某些古代艺术的真实遗物。1820年他在哥廷根开讲考古学与艺术史；两年后，他参观了巴黎与伦敦的藏品，丰富了自己的知识，到1839年夏季学期结束，他一直讲授上述学科，并持续取得越来越多的成功。是年9月，他动身去往意大利与希腊，在1840年8月的第一天，他在雅典因发烧而去世，当时他正在复制德尔斐的 *Peribolos*【神坛外墙】之铭文。他被葬于克洛诺斯的山上，有大理石碑。

在哥廷根他反复讲授神话学与宗教史，讲授希腊古物、拉丁文学，以及比较语法学，也讲授古典作家，诸如品达、埃斯库罗斯、希罗多德、修昔底德、塔西佗、珀息乌斯以及玉万纳尔。他早期关于埃伊纳岛的著作问世三年后，有一部《奥尔霍迈诺斯与米尼安族》*Orchomenos und die Minyer*[3]；1824年，有两卷本的《多里斯族》*Die Dorier*[4]；次年又有《科学宗

1　《埃吉纳志，西里西亚人卡尔·穆勒所著》*Aeginetarum liber; scripsit Carolus Mueller, Silesius*（1817）。

2　发现者是 Cockerell 与 Foster，合作者还有 Haller von Hallerstein 与 Linckh。参看 Michaelis，《19世纪的考古学发现》*Die archäologischen Entdeckungen des neunzehnten Jahrhunderts*（1906），31以下。

3　1844[2].

4　英译本，1830。

教学绪论》*Prolegomena zu einer wissenschaftlichen Mythologie* [1]；至 1828 年还出版了《伊特鲁里亚人》*Die Etrusker* [2]。

五年后他刊布了所编订的《欧墨尼得斯》，附有德语译文及两篇专论：（1）论该剧之排演情况；（2）论其创作目的与结构[3]。在该著作的前言中，他因赫尔曼攻讦迪森之品达[4]，愤而对赫尔曼加以非议，"这位杰出的学人，早许诺我们编订一部埃斯库罗斯，于是他打算指摘所有该诗人之撰述者的不是，直到证明他自己了解想法与一部戏剧、或事实上任何古代诗歌作品之方案的联系"[5]。穆勒在对当日那些专精之学人口出轻蔑之言时，还曾言另有一族人方崛起，他们面向古代世界提出了更为深刻的问题，那是任何单纯的"注疏学问"*Notengelehrsamkeit* 都无法给出答案的。赫尔曼自然提出抗议，声言穆勒之态度乃是缘于"误解"以及"狂傲"。这篇评论尽管声厉辞严，却公平地毫不讳言穆勒之《欧墨尼得斯》乃确实有益之编订本。编订者尤其看重自己的翻译，著作部分的精准度并未引起他的伟大对手加以质疑，然而那两篇专论的第一篇，倒实在是为希腊戏剧提供了新的解释，引导人们对该学科做进一步的探索。

215 　　在《欧墨尼得斯》初版之同年，穆勒刊布了一部瓦罗《论拉丁语》的校勘编订本（1833 年）。他已经脱身退出了伊特鲁里亚研究的方向。他遵从施彭格尔确立下来的若干片段，继而在文本中引入了许多校改意见，但他留给后学要做的事情也很多，施彭格尔本人返回自己年轻

1　Leitch 英译本。

2　1877, Deecke 编订。

3　英译本第二版，1853。

4　《杂著集》，vi 3–69。

5　《杂著集》，vi（2）12；穆勒与丹瑙逊的《希腊文学史》，I xxiv；Bursian, ii 675。

时的这部著作，着手于一部新编订本，后由其子予以刊布。穆勒还校勘并注释了费斯多的遗篇，以及保卢斯对同部著作的摘要（1839年，1868年第二版）。

来自伦敦的实用知识传播会的邀请，使他承担了一部"希腊文学史"的写作，此书之创作始于1836年，但因动身去往希腊而未能完成。前22章，由乔治·康沃尔·刘易斯 George Cornewall Lewis 译出，在此人的建议之下，剩余部分由丹瑙逊博士在1840年译完，当时这部著作更伟大的部分已经问世。后来该著作由丹瑙逊完成，他为1858年刊布的三卷本撰写了第38—60章[1]。原本作者的宗旨，是要"展现那些我们至今仍公正地奉为古希腊**经典**著作的名篇，如何自然地从希腊各族的品位与才能中涌现出来，而公民与家庭社会的法则如何在这些文字中建立起来"[2]。

因其教授专业的职责，穆勒自然也投身于考古学研究与艺术研究。在这个领域中，他完成了数目可观的散论，以及整个范畴的综合纲目。前一部分所包含的论文，涉及德尔斐三脚架、城邦保护神雅典娜的祭拜与庙宇，还有菲迪亚斯的生平与作品。后一部分则体现于他那著名的"艺术考古学手册"中[3]。这部著作的插图，见于穆勒《古代艺术纪念物》*Denkmäler der alten Kunst*（1832年），后由其弟子弗里德里希·维泽勒 Friedrich Wieseler 续完。穆勒的著作还涉及赫西俄德《赫拉克勒斯之盾》、卡纳库斯 Kanachos 的阿波罗像、巴赛的神庙之年代、武耳奇的陶瓶、安条克的地形学、忒修斯神庙的檐壁雕塑带，以及雅典的筑城工事[4]。他对

1　穆勒的德文本在1841年由其幼弟根据草稿刊布；第二版（E. Heitz），1882—1884。

2　i 1，丹瑙逊版（1858）。

3　1830；第三版（韦尔克），1848；第四版，1878；英译本，Leitch，1850。

4　《德文短著集》，卷 ii，1848。

雅典博物馆的思考乃是游览希腊之成果的唯一问世部分，由其旅伴阿道夫·舍尔予以刊布（1843年）。

"作为一名古典学者，（丹瑙逊如是说）我们更倾向于偏袒 K. O. 穆勒，他在整体上领先于 19 世纪全部的日耳曼语文学家。他没有尼布尔对于原始文本组合的领会力，他在某些分支的希腊古物上几乎不能匹敌其导师柏克；他在希腊文词校勘方面也比赫尔曼差；他也不像格林、波普以及 A. W. 施莱格尔那样属于比较语文学家，也不像罗贝克那样是事实论据与表现形态的收集家。但就这些杰出人物所有的特性而言，他是同辈中大多数人都更为接近它们的，而他具有的某些特点，乃是他们中无人能及的。论想象之活跃、风格之强悍、品位之华贵以及艺术之见闻，比其他所有人，或者至少大部分人都高出不止一筹。"[1]

K. O. 穆勒即便在他对古代神话学与艺术的研究中大部分遵从的都是**历史学**研究方法，而他在哥廷根的教席之前任，弗里德里希·戈特利布·**韦尔克** Friedrich Gottlieb Welcker（1784—1868 年），更为关注的则是古希腊世界**诗歌与艺术**的方面。此人生得比穆勒早 13 年，又比他晚不少于 28 年才去世[2]。韦尔克是黑森一位乡村牧师之子，他在吉森自立谋生，

---

1 《论 K. O. 穆勒的生平与著述》*On the Life and Writings of K. O. Müller*，p. xxxi，收入《古希腊文学史》，I, xv–xxxi（附肖像）；参看 K. F. Ranke，《卡尔·奥特弗里德·穆勒生平素写》*Carl Otfried Müller, ein Lebensbild*（柏林人文中学项目，1870）；由 E. Müller 与 F. Lücke 所作《追忆穆勒》*Erinnerungen an K. O. Müller*；与柏克的《往来书信集》*Briefwechsel*（托伊布纳，1883）；以及 Bursian，ii 1007–1028；又见 K. Hildebrand 在《古希腊文学史》的法文译本，1865，17 以下；E. Curtius，《古今集》*Alterthum und Gegenwart*，ii² 247 以下；Hertz，布雷斯劳，1884；K. Dilthey，哥廷根，1898。

2 关于穆勒与韦尔克，参看 Michaelis，《19 世纪的考古学发现》，253。

后来在那里讲学，最先是神学的论题，继而讲柏拉图的《会饮篇》，还有《普罗米修斯》。1806—1808 年，他游览意大利，在罗马威廉·冯·洪堡家中担任教师。他在罗马受到富有才干的丹麦考古学家索伊加之影响，后来为此人立传，并翻译出版其著作[1]。1809 年，他成为吉森的教授；1814 年，志愿加入反对拿破仑的战争；1816 年，成为哥廷根的教授，1819 年至波恩执教，同时担任图书馆馆长以及古代艺术博物馆主任，该馆乃最早成立的这类机构。在波恩，他一直生活了近 50 年，最后 7 年因失明而退休。在他于该大学漫长的任职期间，曾有两年在希腊[2]、小亚细亚、意大利及西西里旅行。

他在波恩的讲座，涵盖了广博的范围，包括了希腊与拉丁诗人、希腊神话学，以及古代艺术史。令他的听众印象深刻的，是他高贵的气质，还有其思想上的充实，而这在语言上并未有相应过人的丰富与明晰[3]。

他的大概宗旨在于从宗教、诗歌与艺术这三个方面来认知与描述古代希腊之世界。他对希腊神话学的探索，体现于三卷本《希腊神话之学》 *Griechische Götterlehre*（1857—1862 年）之中。此书以其编订的赫西俄德《神谱》为增补，后者附有对赫西俄德的综合引介性论述，以及一篇特别的《神谱》之专论。

在韦尔克早期生涯中，曾一度关注希腊的抒情诗人以及阿里斯托芬。他翻译了《云》与《蛙》，附有笺释；写过一篇关于俄彼卡穆斯的论

217

1　下文第三十八章（丹麦）。
2　《希腊游览日志》 *Tagebuch einer Griechischen Reise*（1865）。
3　Classen，见引于 Kekulé，174 以下。

文[1]，还有多篇论及品达[2]；他辑录了阿尔刻曼与希珀纳刻斯、埃里纳 Erinna 与科林纳 Corinna 的著作残篇集；并且一再捍卫萨福的声誉[3]。在一部忒欧根尼的编订本中，他依据本人的观点排定其诗作，加以校勘与阐释的注解和长篇的绪论。他还刊布了一部希腊隽语诗的《总集》，并批评了赫尔曼追求复原文本的提议。他关于悲剧诗人的著作，第一篇论著讨论的是埃斯库罗斯的普罗米修斯三联剧，这遭到了赫尔曼的攻讦，韦尔克在一篇综合论述埃斯库罗斯三联剧的论文中对此加以辩护。他论戏剧最为长篇的著作，乃是那部《史诗系列相关的希腊悲剧》*Die griechischen Tragödien mit Rücksicht auf den epischen Cyclus*[4]。在此书之前，他已经完成了一部关于系列史诗本身的著作[5]。在希腊散文作家方面，他为弗里德里希·雅各布提供了斐洛斯特拉图斯家族及卡利斯特剌忒著作的考古学注释；他还写过数篇关于普罗第库[6]以及修辞学家阿理斯泰德的论文[7]。

他作为考古学家的主要长处，并不在于艺术的**历史**，而是对艺术的**阐释**。在哥廷根，那部单卷本《古代艺术的历史与阐释杂志》*Zeitschrift für Geschichte und Auslegung der alten Kunst*（1818 年），大部分都是韦尔克一人所执笔的；在波恩，他刊布了一册当地造像博物馆的类目说明[8]。自"罗马考古通讯中心"于 1829 年成立起，他便是其中的成员，多次为其刊物

1　《短著集》，i 271–356。

2　ii 169–214，v 252 以下。

3　i 110–125，尤其是 ii 80–114；参看 iv 68，v 228–242。关于其他抒情诗人的论文，参看 i 89、126；ii 215，356。

4　三卷本，1839–1841。

5　1835；第 2 版，1865（part ii，1849，第二版，1882）。

6　《短著集》，ii 393–541。

7　iii 89–156.

8　1827；第二版，1841。

以及其他考古学杂志供稿。最为重要的论文，结集于五卷《现存古代遗迹》*Alte Denkmäler erklärt*（1849—1864 年）之中，之前还有五卷本《短著集》（1844—1867 年）的一部分已经问世[1]。

韦尔克的兴趣横跨于古希腊世界的文学以及艺术之二端，而他的友人及同侪爱德华·格哈德 Eduard Gerhard（1795—1867 年）却专注于较为狭小的领域。此人视考古学为"建立于古迹认知基础上的古代古典世界的综合科学之分科"，宣称相较于狭义的"语文学"而言，考古学具有独立的地位。他生于波森 Posen，就学于布雷斯劳与柏林，但因视力衰退而被迫放弃在布雷斯劳及其家乡的教职。他在 1819—1820 及 1822—1826 年游览意大利，在 1828—1832 及 1833 与 1836 年再度重游。1837 年，他成为柏林考古学博物馆的主任，自 1844 年至 1867 年去世一直担任全职教授。

在他首次参观意大利时，他激生了对于古代艺术的最初热忱，在该国漫长的旅居生涯中，他结交了其他国家的考古学家，包括丹麦该学科代表人物布伦斯泰兹 Bröndsted（1780—1842 年），以及正在着手关于巴赛神庙（1826 年）及希腊人之陵墓（1837 年）这两部杰作的爱沙尼亚贵族施塔克尔贝格 Stackelberg（1787—1834 年）。后者曾吃力地研读过克罗伊策的《象征论》，由于他的影响，格哈德开始相信古代陵墓中所见的艺术品与狄奥尼索斯的崇拜与秘仪有关。

1　Bursian，ii 1028-1046；参看 Kekulé 所作传记，附肖像（1880）；与柏克的往来书信，收入 Max Hoffmann 的《奥古斯特·柏克》，152-208；又见 Wilamowitz 在《欧里庇得斯的赫拉克勒斯》，i[1] 239 以下。

潘诺夫卡

1823 年，格哈德与特奥多尔·潘诺夫卡 Theodor Panofka（1801—1858 年）结为好友。后者在 1819 年入柏林大学，对于罗马与巴黎的国际考古学中心产生兴趣，此后回到柏林成为科学院院士，并在生平最后 15 年间担任"特职"教授。他学识广博而颇为混杂，过于偏好发现古代艺术作品的神话学阐释 [1]，偏好在最不重要的对象中发现寓意的线索，还偏好放任自己在词源学上的想象力，以及对艺术或工艺品的阐释 [2]。

潘诺夫卡的影响明显见于格哈德的《被描绘的维纳斯与珀瑟庇娜》*Vennus Proserpina illustrata*、《罗马古代艺术》*Roms antike Bildwerke* [3]、《神话学艺术阐释的先驱》*Prodromus mythologische Kunsterklärung*，以及《极北地区与罗马的考古学研究》*Hyperboreisch-römische Studien für Archäologie*。在他发表于柏林的论文中 [4]，或是在他两卷本《希腊神话学》*Griechische Mythologie*（1854—1855 年）中，他的观点没有什么实质上的改变。

219

格哈德在古迹分类方面有过人的天资，他对每个类别的所有已知代表物都有惊人的记忆力，并且存储了丰富的作为例证的古典学识。即便是目力不济，也未妨碍他对任何古代艺术品中突出之问题、综合之风格的迅速领会。这体现于他有关梵蒂冈博物馆的类目说明中，也见于他有关那不勒斯古代艺术品的未竟之作。除了他为柏林藏品的分目之外，他

---

1 《皇家博物馆藏文物所涉相关之神话》*Über verlegene Mythen mit Bezug auf Antiken des Königlichen Museums*（1840）；参看 Bursian, ii 1049, 注释 3。

2 他更重要的著作有《萨摩斯考实》*Res Samiorum*（1822）、《古代生活写真》*Bilder antiken Lebens*（1843）、《古代希腊男女》*Griechinnen und Griechen nach Antiken*（1844），及其对柏林与那不勒斯及其他私人所藏陶器的描述。

3 见于 Platner 及 Bunsen 的《罗马城市览述》，i 277—334。

4 《学术论文及短著集》*Gesammelte akademische Abhandlungen und kleine Schriften*（附有四开本的图册），1866—1868。

最为著名的著作乃是四卷本希腊瓶画[1]，对伊特鲁里亚镜器的描述[2]，以及关于希腊人的神话学与祭拜的多篇论文[3]。

第三度居留罗马期间（1828—1832年），格哈德与本森及克斯特纳 Kestner 联手，创办了"国际考古学通讯学会"。格哈德、克斯特纳、费亚 Fea 以及托瓦尔森 Thorwaldsen 在本森的官邸、位于卡庇托山的卡法莱利宫 Palazzo Caffarelli 中齐聚一堂，参加11月9日温克尔曼的诞辰周年庆典，他们打算为1829年成立的这个新学会在4月21日拟订一份规划书，那是罗马建城的传统日期。该学会出版物后来相继出现了每月一份的《会刊》Bulletino、每年一卷的《年鉴》，以及《论丛》，在1872年后，还有《金石学杂志》。

罗马的学会获得了成功，这在很大程度上得益于学会秘书们的才干。本森是1829—1838年间的秘书长，手下的助手首先是格哈德与潘诺夫卡，（格哈德离开后）又是安布罗施 Ambrosch，以及公使馆牧师 H. 阿贝肯，还有丹麦学者凯勒曼 O. Kellermann（1805—1838年）。最后这位，第一个提出为拉丁碑铭完成一部考据学集成的伟大计划。

当格哈德在1833年回到罗马，随同他的有一位能干的抄写员，奥古斯特·埃米尔·布劳恩 August Emil Braun（1809—1856年）。他生于哥达，在哥廷根、慕尼黑、德累斯顿以及巴黎学习古典考古学，他后来出任该学会秘书直至去世。布劳恩在考古学问题上是一位权威人物，但他晚年对于用古代文献来说明古代艺术遗物这种方式萌生出一种过度的深

布劳恩

---

1 《希腊瓶画选萃》*Auserlesene griechische Vasenbilder*（1840—1858）。

2 分四编（1843—1868）。

3 奥托·雅恩的传记，见格哈德的《论文集》，ii 1-122；参看 Urlichs 在《德意志传记大全》，以及 Bursian，ii 1046-1066。

恶痛绝[1]。

作为学会秘书，布劳恩得到了一位著名埃及学家理查·莱普修斯 Richard Lepsius 的协助，另外的助手还有撰写了关于古意大利居民之著作的威廉·阿贝肯（1813—1843 年），以及韦尔克的学生及在希腊的旅伴威廉·亨岑 Wilhelm Henzen（1816—1887 年），后者后来（在蒙森影响下）在《拉丁碑铭集》上投入了很多心血[2]。

220

雅恩

格哈德的传记作者，是博学干练的考古学家奥托·雅恩（1813—1869 年），此人就学于基尔、莱比锡与柏林；1839 年在基尔担任过"私家授课教师"，1842—1847 年在格赖夫斯瓦尔德、1847—1851 年在莱比锡担任教授，最后因政治原因被解聘，至苏黎世避难。生平最后 14 年间，他在波恩担任教授，1869 年于哥廷根去世。

他在音乐方面很在行，但主要关注的是古典学术以及古典考古学的学术研究。在基尔受到尼茨的影响，在柏林受到拉赫曼的影响，他热切地研究了希腊与拉丁的诗人们。他最初对考古学发生兴趣，缘于 1837 年在巴黎与 1838 年在罗马的访问，后一次受到了埃米尔·布劳恩的影响。希腊瓶器是他众多论文的主题，他在为慕尼黑的绘画陈列馆 Pinakothek 编的藏品说明中撰写了一篇相关研究的引论（1854 年）。他从意大利回国

1　他主要的著作，有《古代大理石作品》*Antike Marmorwerke*（1844）；《斯帕达宫藏 12 件希腊浅浮雕造像》*Zwölf Basreliefs griechischer Erfindung aus Palazzo Spada*（1845）；《希腊神话学》*Griechische Götterlehre*（1854）；《艺术神话学预备训练》*Die Vorschule der Kunstmythologie*（1854）。参看（A. Michaelis），《德意志考古学学会史，1829—1879》*Geschichte des Deutschen Archäologischen Instituts 1829-1879*，53 以下，101 以下，112 以下，125 以下。

2　《古代研究传记年刊》，1888，135–160。

后不久，开始在学院中担任教职。这中间只有几次被打断，分别在 1848 年参与基尔政治活动时，1851—1855 年的那段被迫赋闲时期，以及去世前突然袭来的患病时刻。

他为大学讲座准备了精心设置的一组教科书，包括阿普勒乌斯的丘比特与普绪克故事，波桑尼阿斯对雅典卫城的描述[1]，索福克勒斯《厄勒克特拉》，柏拉图《会饮篇》，以及那部《论崇高》[2]。除了最后这部著作之外，其余都附有古代艺术品的插图。他注释的中学用编订本，包括了西塞罗的《布鲁图斯》与《演说家》[3]。他考据学方面的校订本，有珀息乌斯（1843 年）与玉万纳尔（1851 年），此后又有一部两者合编的新编订本（1868 年）；还有弗罗鲁斯以及肯瑟理努斯，还有李维的《纪事本末》，连同尤里乌斯·奥布塞昆斯。他的论文中最出色的一篇，是关于经典著作钞本末尾的 *Subscriptiones* 【落款】的[4]。

他的考古学著作，除了已经提及的希腊瓶器之引论，还有大量精彩的专著。较早部分的主题，包括了忒勒甫斯与特洛埃卢斯，波吕格诺托斯的绘画，"彭透斯与酒神信女"，"帕里斯与奥俄涅盘"，以及关于希腊悲剧与歌德《伊菲革涅亚》、韦尔克与温克尔曼，还有希腊化艺术的讨论，再有就是一篇关于帕拉斯造像 Palladium 的文章[5]，以及题为《考古学文编》*Archäologische Aufsätze* 与《考古学论丛》*Archäologische Beiträge* 的论文集（1845—1847 年）。

1　1860；第 2 版（Michaelis），1880；第 3 版，1901。

2　1867；第 3 版（Vahlen），1905。

3　1849—1851；第 3 版，1865—1869；第四版的《布鲁图斯》，1877。

4　《莱比锡皇家萨克逊科学学会会议报告》，iii（1851），337 以下。

5　《语文学家》，i 55 以下。

在莱比锡，他在当地科学院学报上刊布了大量论文，有一篇涉及老普林尼的艺术批评[1]，还有一篇则是讨论希腊瓶画上的希腊诗人作品场景[2]。他还向慕尼黑、维也纳、苏黎世、波恩及罗马的学术团体出版物提供了文稿。

他在波恩的讲座，具有流畅质朴的风格，突出的问题被赋予明朗的轮廓，而所有细节上都得到充分的处理。他毫不吝惜将财富用以积攒丰赡的藏书，那使他得以精确地接触古代生活最为偏远的角落，所获取的精通之学，不仅体现于他对珀息乌斯的渊博注疏中，还可见于他关于古代"邪恶眼光"之迷信的详尽论述中[3]。

在波恩时，雅恩发表了两篇关于日耳曼地区古典学研究总体地位的谈话（1859—1862 年）[4]。即便在他健康恶化的时候，他还是完成了许多工作，收入他的《通俗论文集》（1868 年）中。他最后一部著作，讨论具有题铭的希腊神话与历史图像浮雕，是在去世后由他著名的外甥及弟子阿道夫·米夏埃利斯 Adolf Michaelis 编订的[5]。

布鲁恩   亨岑以及海因里希·布鲁恩 Heinrich Brunn（1822—1894 年）为考古学学会赋予了新的生命。布鲁恩是韦尔克与理茨尔在波恩的学生，他在那里为学位提交了一篇关于普林尼论艺术史章节文献来源的专论（1843

---

1 《莱比锡皇家萨克逊科学学会会议报告》，ii 105 以下。
2 《萨克逊学会论文集》，iii 697 以下。
3 《莱比锡皇家萨克逊科学学会会议报告》，vii（1855），28–110。
4 温克尔曼、赫尔曼与路德维希·罗斯，都在他的《传记文编》（第二版，1866）中得到推崇。
5 《希腊叙事画》 *Griechische Bilderchroniken*（1873）。参看 Michaelis 在《德意志传记大全》以及《19 世纪的考古学发现》，254；又见 Bursian, ii 1070–1080，尤其是 p. 1075 的引文；Vahlen, 1870, 24 页；Mommsen，在《演说与随笔集》，458 以下。

年）。他从那时到 1853 年间一直居住于罗马，离开那年刊布了著名的《希腊艺术家史》*Geschichte der griechischen Künstler* 第一卷[1]。在波恩逗留不久，他自 1856 至 1865 年再度移居罗马，此后成为慕尼黑的教授，以其卓著的才能占据此职位近 30 年。

他发表的许多论文都是一部"希腊罗马艺术史"的先期成果，这部著作的早期部分，刊印于 1893—1897 年【译按，已刊两卷均题作《希腊艺术史》*Griechische Kunstgeschichte*】。有一卷题为《希腊神祇理念》*Griechische Götterideale* 的文集由他本人出版（1893 年）；他的短篇著作，此后结集为三卷本[2]；还有一系列翻印精美的《希腊与罗马雕塑纪念物》*Denkmäler griechischer und römischer Skulptur*，在其生时便已启动，至其逝世后依然延续。他作为教师的风格以简练明晰著称，对于课题怀有热情，完全不追求文藻上的雕饰。不满足于只是得出结论，他还要指点获得结论的严谨之科学方法[3]。在其为数众多的发现中，可以提及他认为慕尼黑雕塑艺术馆藏的所谓"琉柯忒娅"Leucothea 像，乃是凯斐索多德斯的"爱莲娜与财神"[4]；又将一系列零散的雕塑作品（俱属于 1514 年罗马的一次发现）判定为阿塔卢斯一世在雅典卫城树立的四组塑像遗迹，为的是纪念帕迦马人反抗加拉提亚人、雅典人反抗波斯人与阿玛宗人以及诸神反抗巨人族

1　1853—1859；第二版，1889。
2　1898—1905 至 1906，附有肖像。
3　G. Körte 在《柏林语文学周刊》，1889，885 以下。1843 年在波恩，布鲁恩曾坚持"他宁愿遵循方法而犯错，也不愿毫无方法地偶窥真理"。
4　1867；《短著集》，ii 328—340；参看 Michaelis，《19 世纪的考古学发现》（1906），267。

的几次战争¹。希腊的文学与艺术间之关系，体现于他关于希腊田园诗中艺术灵感之表征的论文中²。近世许多古代艺术品的发现未载于普林尼或波桑尼阿斯笔下，这引起人们对希腊雕塑本身更为独立的研究，以及对**艺术风格分析**的进一步关注。而此新兴运动中的先锋人物，便是海因里希·布鲁恩³。

布鲁恩在罗马考古学会的继任秘书，乃是沃尔夫冈·黑尔比希 Wolfgang Helbig（生于1839年），他是雅恩与理茨尔的学生，最具名望的著作是两卷本庞贝壁画论，他证明几乎所有这些壁画都是希腊化作品的复制版（1868—1873年），还有一部单卷著作，以古代艺术残余品说明荷马诗章（1884年）。他为罗马诸博物馆所撰写的指南，刊布于1891年。

学会成为帝国机构后，在雅典开设了一个分支（1874年）。在雅典的第一秘书是奥托·吕德斯 Otto Lüders，他是韦尔克的学生，著作有《狄奥尼索斯像艺术家》*Die dionysischen Künstler*（1873年）⁴。他之后的继任者是
克勒 乌尔里希·克勒 Ulrich Köhler（1838—1903年），多年从事《德意志考古学学会会刊》*Mitteilungen des Deutschen Archäologischen Instituts* 与若干卷《阿提卡

1 1870；《短著集》，ii 411–430；参看 E. A. Gardner，《希腊雕塑手册》*A Handbook of Greek Sculpture*，457–460。

2 1879；《短著集》，iii 217–228。

3 参看 Michaelis，《19世纪的考古学发现》（1906），260以下。关于布鲁恩，参看 A. Emerson 在《美国考古学杂志》，ix（1894），360–371（附两幅肖像）；关于其诸弟子，参看 Bursian，ii 1088。

4 综合参看（A. Michaelis），《德意志考古学学会史，1829—1879》*Geschichte des deutschen Archä-ologischen Instituts 1829–1879*。

碑铭集》的编辑工作[1]。

"统计学"类型的考古学家，他们（如格哈德一般）关心的是收集
所有现存古代艺术之遗物，并通过文献与艺术证据来对之加以阐释，在
这类代表人物中，弗里德里希·维泽勒（1811—1892 年）当占有重要
的地位。他在哥廷根与柏林学业完成后，便在前一所大学经历了教授生
涯的所有相继之阶段，长达 53 年之久。在他最早的著作中，他讨论了
若干希腊戏剧的文本与情节[2]，还论及 *Thymele*【剧场神坛】，并出版了一部
插图对开本的《希腊与罗马的剧场建筑与舞台纪念物》*Theatergebäude und
Denkmäler des Bühnenwesens bei den Griechen und Römern*（1851 年）。他完成了数篇
考古学以及艺术中之神话学的论文[3]。最著名的事业乃是续写穆勒的《古
代艺术纪念物》[4]。

另一位同类型的考古学家，是鲁道夫·斯特凡尼 Ludolf Stephani
（1816—1887 年）。他在莱比锡跟随赫尔曼与 W. A. 拜克读书，于 1843
年刊布了他在北希腊旅行所搜集的地形学与碑铭学成果。1846 年，他
被召至多帕特大学，在那里继续研究希腊碑铭；1850 年，成为圣彼得
堡科学院的成员，以及埃尔米塔日博物馆 Hermitage 的钱币与其他古物

---

1 《传记年刊与德意志讣闻》，1905 ;《古代研究传记年刊》，1906，12-29（附书目）。关于
　Dittenberger（卒于 1906）以及 Furtwängler（卒于 1907），见本书《补编》。
2 《埃斯库罗斯〈欧墨尼得斯〉研究》（1839），《埃斯库罗斯〈被缚的普罗米修斯〉与阿里斯托
　芬〈鸟〉在语文学与考古学上的较量》*Adversaria in Aeschyli Prometheum vinctum et Aristophanis Aves
　philologica atque archaeologica*（1843）等。
3 Bursian，ii 1092 注释。
4 《古代研究传记年刊》，1900，9-41（附书目）。

保管员。他为该科学院的出版物贡献了许多煞费心血的专著[1]。他还以史无前例的宏大篇幅，准备了关于克里米亚考古学探险活动的报告[2]，以及20卷本《帝国考古学委员会会议报告》Compte-Rendu de la Commission Impériale Archéologique，还有对埃尔米塔日博物馆之陶瓶、巴甫洛夫斯克 Pawlowsk 之宫廷古物的类目说明[3]。

建筑学家　那些投身于希腊建筑研究及鉴赏的人物中，有卡尔·弗里德里希·申克尔 Karl Friedrich Schinkel（1781—1841年），他是一位有实际经验的建筑师，曾计划在雅典卫城的高地上建立一座王宫，幸好未曾付诸实施；利奥·冯·克伦策 Leo von Klenze（1784—1864年），曾撰写了一部阿格理根同之宙斯神庙的著作（1821年）；戈特弗里德·森佩尔 Gottfried Semper（1803—1879年），有一部关于建筑学风格的要著[4]；还有卡尔·伯蒂歇尔 Karl Boetticher（1806—1889年），《希腊营造结构》Tektonik der Hellenen 的作者[5]。约翰·海因里希·施特拉克 Johann Heinrich Strack（1805—1880年）写过一部关于古希腊剧场的专著（1843年），还引领了雅典的狄奥尼索斯剧场的完整发掘活动（1862年）[6]。理查·博恩 Richard Bohn（1849—1898年）则是参与奥林匹亚与珀迦摩勘探活动的建筑师之一[7]。

1　《休憩中的赫拉克勒斯》Der ausruhende Herakles（1854）；《古代艺术品中的云雾与光环》Nimbus und Strahlenkranz in den Werken der alten Kunst（1859）等。
2　《克里米亚的博斯布鲁斯地区之古物》Antiquités du Bosphore Cimmérien（1854）；又见《斯基泰之古物》Antiquités de la Scythie（1866、1873）。
3　《古代研究传记年刊》，1886，258–263；Bursian, ii 1092–1095。
4　1860—1863；第2版，1878—1879；《古代研究传记年刊》，1879，49–83；Bursian, ii 1107 以下。
5　1843—1852；第2版，1873—1881；《古代研究传记年刊》，1890，71–81。
6　《古代研究传记年刊》，1885，96–100。
7　Conze 在《德意志传记大全》，xlvii 81。

海因里希·谢里曼 Heinrich Schliemann（1822—1890 年）所开启的发掘事业，推动了许多国家的考古学探索活动。他是一名日耳曼牧师之子，过去常听其父讲述特洛伊战争的故事，8 岁时便决心发掘特洛伊遗址。14 岁时成为杂货商的学徒，听一名曾经富裕过的磨坊工人诵读了荷马的上百行诗句，于是从此祈祷自己将来有幸可以学习希腊文。25 岁时，他在圣彼得堡创立了靛蓝染料生意，至 36 岁已经取得丰厚的财产，足以使他完全投身于考古学。然后用了两年时间学习希腊文，此前未敢如此，是因为担心对荷马入迷而误了生意。在他最早的著作《伊塔卡、伯罗奔尼撒与特洛伊》 *Ithaka, der Peloponnesus und Troja*（1869 年）中，他对波桑尼阿斯著作加以推演[1]，认为迈锡尼的阿忒柔斯子嗣之陵墓必定见于城堡的围墙之**内**，还主张特洛伊之方位在希萨里克的山上。此山在 1870—1873 年被发掘，考古结果公布于 1874—1875 年。他对迈锡尼的发掘（1874—1876 年）的完整记录问世于 1877 年。谢里曼在"特洛伊"的工作延续下去（1878—1879 年），他同时公布了自己在伊利翁的成果（1880 年）。在奥科美那斯发掘"米尼亚斯 Minyas 的宝藏"（1880—1881 年）后，他返回特洛伊，刊布了《特洛伊》*Troja*（1884 年）一书。对"马拉松土丘"一次不完美的探查之后，他在梯林斯 Tiryns 的工作大获成功（1885 年）。他在基西拉 Cythera 岛发现了古代"天界的阿佛洛狄忒"神庙，在斯法克特里亚 Sphacteria 岛他找到了修昔底德提及的古代工事[2]。

他在雅典有栋宫殿般的宅邸，题有 ΙΛΙΟΥ ΜΕΛΑΘΡΟΝ【伊利翁宫】字样；装饰地板的镶嵌画表现了"特洛伊"出土的瓶瓮器具；满

1　ii 16, 4.
2　iv 31, 2.

墙悬挂着描绘史诗风光与荷马诗章引文的画毯。守门人名叫柏勒洛丰 Bellerophon，男仆名叫泰勒蒙 Telamon【译按，都系古希腊神话中的人物】，谢里曼本人时常专注于阅读某些希腊经典著作。他此前娶了一个希腊妻子，如他本人一样对于迈锡尼的发掘活动怀有热情；他给自己女儿命名为安德洛玛刻，他儿子则叫作阿伽门农。当考古学界期待他在克里特岛着手开始的发掘时，他突然卒于那不勒斯。他被葬于雅典，伊利素斯河南岸的希腊墓地。他想要自己的肉身应该在他指定土地上栖息，这由德普费尔德 Dörpfeld 予以实现，后者曾主持了梯林斯的发掘活动，后来刊布了一部总结特洛伊探宝结果的重要著作，这场特洛伊的发掘工作最终也是由德普费尔德独自完成的 [1]。

225

施塔克

　　考古学研究的所有领域——考古学史、古代艺术史及阐释，还有神话学、古物学与历史地形学，都为卡尔·伯纳德·施塔克 Karl Bernard Stark（1824—1879 年）在专业教学与著述发表中所涉足。他先前在戈特林、赫尔曼与柏克门下读书，又至意大利游历，1848 年定居耶拿，1855 年被召至海德堡，在那里做了 24 年教授直至去世。当时他刚完成了第一部重要著作，关于加沙与腓力斯海岸（1852 年），此后又有一部论尼俄柏的专著（1863 年）。他晚年专注于准备一部艺术考古学的综合手册，其第一部分收入该主题的总体调查、其研究史，是身后于 1880 年出版

---

1 《特洛伊与伊利翁》Troja und Ilion（1902）。综合参看 Schuchardt，《谢里曼的发掘活动》Schliemanns Ausgrabungen（1890），英译本（附有传记）；又见 Bursian，ii 1113–1119；Joseph（柏林，1902²）；Brunn，《短著集》，iii 279–282；以及 Michaelis，《19 世纪的考古学发现》，182 以下。

的。他关于考古学以及艺术史的讲座与文章，也是在同年刊布的[1]。

另一位短寿的考古学家，卡尔·弗里德里希斯 Karl Friederichs 弗里德里
希斯
（1831—1871年），撰写了一部柏林雕塑博物馆的完整说明（1868年；
第二版，1885年），他还有关于普剌柯西忒勒与斐洛斯特拉图斯家族的
著作。

有一部重要的古代雕塑史[2]，由约安内斯·奥韦尔贝克Joannes Overbeck 奥韦尔贝克
（1826—1895年）出版，他是安特卫普人，受学于汉堡，继而在波恩深
造，自1858年至去世一直是莱比锡的古典考古学教授。所有关于古代
艺术的希腊与拉丁文本，都被便捷地收入他的《希腊造型艺术史古代资
料集》*Die Antiken Schriftquellen zur Geschichte der bildenden Künste bei den Griechen*（1848
年）。他涉足艺术中的神话学领域，有论忒拜及特洛伊史诗之英雄相关
图像（1853年）以及希腊诸神相关图像（1871年以后）的杰作系列[3]。他
关于庞贝的权威著作（1856年），完成于拜访该城之前，后来又不断扩
充及改进。

康剌德·布尔西安（1830—1883年）在古典语文学史方面为考古学 布尔西安
增添了应有的荣誉，他早年在莱比锡师从斯塔尔鲍姆，继而又跟随豪普
特与雅恩从事研究。他还在柏林随柏克工作了短暂一段时间。自游历希
腊（1852—1855年）后，他在莱比锡、图宾根、苏黎世和耶拿从事古典 226
学与考古学的教授职务，生平最后九年则出任慕尼黑的教授。

除了关于希腊地理学与考古学的论文，他早年的著作还有一部老塞
内加的编订本（1856年）。在图宾根时，他完成了重要著作《希腊的地

---

1 《古代研究传记年刊》，1879，40-45；Bursian, ii 1100-1102。
2 1857以后；第四版，1894。
3 Bursian, ii 1105.

理学》*Geographie von Griechenland* 的第一卷（1867）【译按，当是 1862 年】，保留其第二卷至 1868—1872 年间分三编出版。此书的完成受到拖延，这缘于他为埃尔施与格鲁勃《大百科全书》撰写希腊艺术的综合专论。他对希腊地理学的兴趣，进一步体现于所编订的若干希腊地理学小家著作的文本上。1877 年他创办了一份重要刊物，对于古典学问的发展进行年度调查[1]。他花费了生平最后十年功夫，完成了平生的巅峰之作，那部《德国古典语文学史》[2]。

奥托·本多夫 Otto Benndorf（1838—1907 年），就学于埃尔兰根与波恩（师从雅恩），先后在苏黎世、布拉格与维也纳担任考古学教授，其中在维也纳时成为奥地利考古学学会在 1898 年创立之时的首脑人物。他的辉煌事业，始于 1865 年在波恩完成的一部极为著名的专论，研究《希腊文苑英华集》中与艺术品相关的隽语诗。他与舍内 R. Schoene 合作，为拉特兰博物馆的古代塑像撰写了说明（1867 年）；他还刊布了一部关于希腊与西西里陶瓶的著作（1869 年以后），以及一部论述赛利诺斯 Selinus 的专著（1873 年）。他带领康策 Conze 及豪泽 Hauser 一起，参与了奥地利对萨摩忒雷斯的第二次远征（1875 年），在彼得森 Petersen 的协助下，对吕西亚靠近米拉 Myra 的吉厄尔巴斯科 Giölbaschi 之 *heroön*【英雄塔】进行探索（1881 以后），又在黑贝尔代 Heberdey 与维尔贝格 Wilberg 协助下发掘了以弗所（1896 年）[3]。

---

1 《古典学发展年刊》*Jahresbericht über die Fortschritte der klassischen Altertumswissenschaft*。

2 1271 页（1883）；《古代研究传记年刊》，1883，1–11。

3 参看 Bursian, ii 1085, 以及 Michaelis，《19 世纪的考古学发现》，98 以下，158 以下，164 以下；《以弗所探察记》*Forschungen in Ephesos*，卷 i（维也纳，1907）。

雅恩的另一位弟子，弗里德里希·马茨 Friedrich Matz（1843—1874 马茨
年），其短暂的生涯开始于一篇论文，其中就两个斐洛斯特拉图斯论绘
画的权威地位问题，他在作为攻击者的卡尔·弗里德里希斯与作为辩护
方的海因里希·布鲁恩之间采取了折中的态度（1867年）。

最早参与希腊各地地形学勘察的日耳曼人，有弗里德里希·蒂 地理学家
尔施[1]，还有路德维希·罗斯（1806—1859年），后者在希腊各岛屿探
索（1840—1852年），写了一部关于阿提卡的自治区 Demes 的著作
（1852年）[2]。

彼得·威廉·福希哈摩尔 Peter Wilhelm Forchhammer（1801—1894
年），曾受学于吕贝克，继而在基尔深造，自 1830 至 1836 年游历意大
利、希腊与小亚细亚，生平最后 58 年一直是基尔的教授。他早年在希
腊旅行的见闻出现在他的《希腊志》Hellenika（1837年）中。在 1838—
1840 年的第二次旅程中，他与英国海军军官斯普拉特 T. A. B. Spratt 参
观了特洛阿德，后者的地图随福希哈摩尔的"特洛伊地形学勘察记"
一起出版（1843—1850年）。福希哈摩尔还写过雅典的地形学著作
（1841年），并在大约 40 年之后又论及迈锡尼的发现。在他众多篇神话
学论文中，他主张神话学自有其自然现象的根源，尤其是那些与水有
关的神话。

他最先发表的考古学成果，恰好与柏克背道而驰，主张杀人案件并

1　上文第 111 页。
2　Jahn，《传记文编》，133-164。

未因厄菲阿尔特 Ephialtes 的改革而从战神山最高法庭的司法权限范围中移出；在他关于"苏格拉底与雅典民众"的著作中，他自相矛盾地认为苏格拉底是一位革命家，而雅典民众因敬畏法令而受到激奋，遂判定其死罪[1]。在基尔被并入普鲁士后，福希哈摩尔成为国会成员。他一直活到90多岁，直到终老之时还孜孜不倦于神话学与艺术的研究。他对古代希腊世界持久不衰的兴趣，也体现在1882年关于中学改革的讨论，以及1889年他论述"心灵与物质"的文章之中[2]。

海因里希·
乌尔里希斯

另一位来自北欧的海因里希·乌尔里希斯 Heinrich Ulrichs（1807—1843年），却有着人寿不永的命运，他生于不来梅，在希腊居停期间，考察过德尔斐、忒拜以及中间地区，还有雅典的诸港口。他在1834年任雅典拉丁语教授，九年后便去世了[3]。

基佩特

对整个 Orbis Veteribus Notus【古代已知世界】的关注和研究，占据了海因里希·基佩特 Heinrich Kiepert（1818—1899年）漫长一生的时光。在家乡柏林，他曾听过柏克与卡尔·里特尔的讲座，自1841年开始在小亚细亚旅行，1845年被指派为魏玛地理学学会的主任，1852年返回柏林后，先后被选为科学院院士（1855年）、地理学"特职"教授（1859年）与"常任"教授（1874年）。他全身心地开设了许多讲座。除了许多高品质的单幅地图之外，他最为著名的出版物，是那部综合而明晰的《古代地理学教科书》*Lehrbuch der alten Geographie*（1878年），以及《古代地图集》*Atlas Antiquus*（1859年）与《希腊地图集》*Atlas von Hellas*（1872年）。

228

---

1 上文第 74 页。
2 《古代研究传记年刊》，1897，41-63（附书目）。
3 传记见他本人的《希腊旅行考察记》*Reisen und Forschungen in Griechenland*（1840—1863）之卷 ii，Passow 编订。

他的《古代地图集》达到第 12 版，而《古代坤舆图览》*Formae Orbis Antiqui* 在他去世后一直继续刊布[1]。

在希腊地形学方面，布尔西安的那部综合性的著作涵盖了一片广泛的领域[2]，厄恩斯特·科耳修斯（1814—1896 年）通过自己多种工作也不遑多让。他生长于吕贝克，父亲是古代汉撒同盟 Hanseatic 之市镇的民选市长 *Bürgermeister*，他在波恩、哥廷根与柏林的"学习时代"一宣告完毕，便开始了希腊的四年"漫游时代"（1836—1840 年）。他的旅行与探索，在《伯罗奔尼撒史地描述》*Peloponnesos; eine historisch-geographische Beschreibung der Halbinsel*（1851—1852 年）这部令人崇敬的著作中取得了成果。与此同时，他已经在哈雷取得了学位，并在柏林开始了他杰出的事业（1843 年）。他自 1856 至 1868 年担任哥廷根教授，此后返回柏林，在余生 28 年中为该大学增光添彩。

厄恩斯特·
科耳修斯

他的希腊史刊布于 1857—1867 年[3]，那时他还在哥廷根。此书一直被公正地视为辉煌之成就。作者的旅行经验使他对整个国家的地理学特点留有生动的印象。叙事流畅而引人入胜，文学与艺术在相关篇章中得到了充分的认识[4]。

---

1 自传见《地球仪》*Globus*，1899，第 19 号。
2 上文第 226 页。
3 第六版，1888；英译本出自 A. W. Ward，1868—1873。
4 他的理论，谓希腊的大陆受小亚细亚伊奥尼亚族的殖民，这远在小亚细亚被来自希腊的殖民者回潮所占据之先，首次在 1855 年的论文中提出；这篇《伊奥尼亚迁移前的伊奥尼亚族》*Die Ionier vor der ionischen Wanderung*，受到 A. von Gutschmid 在 1858 年《古代东方史论丛》*Beiträge zur Geschichte des alten Orients* 一书中的猛烈反驳。

1844 年他在普鲁士国王面前发表了关于奥林匹亚的讲座，这使他受命出任腓特烈王储的导师。他陪同这位弟子去往波恩大学，激发他产生对古今艺术的兴趣。于是他才得以在后来保护高贵的主顾参与了对奥林匹亚的数年探察活动[1]，这一事业的圆满结束很大程度上归功于他的影响。他的研究著作有一件帕奥纽斯 Paeonius 的尼克女神像复制品作为装饰【译按，见第三卷所附图册】，这是在奥林匹亚平原上丰收时最初得到的硕果。他自己有一尊大理石半身像，是其崇拜者们的馈赠，也见于书中，有一座 *replica*【摹件】被恰当地置于奥林匹亚的博物馆中。他的浅色头发、明亮双眸，以及轮廓分明的脸孔，还有其举止间的魅力，使他具有独特的动人个性。他体格强壮，享有完满的健康。80 岁时，曾整小时站立，不需提示地发表了一篇谈话，涉及奥林匹亚的世袭祭司。然而，在他年迈的岁月里，黯淡的视力迫使他经受了多次白内障手术。

除了早期关于伯罗奔尼撒的著作，以及壮年时的《希腊史》，我们还受益于他暮年完成的博通淹贯、条理分明的《雅典城邦史》*Die Stadtgeschichte von Athen*（1891 年）[2]。他谈古论今的一些零散会话，收入三卷本的《古今集》（1875—1889 年），更富学养的论文则见于 1894 年的两卷本《论文集》*Gesammelte Abhandlungen* 中。他为纪念利克上校以及柏克、K. O. 穆勒还有其幼弟格奥尔格·科耳修斯所写的文章，具有一种独特的意趣[3]。他的半身像上文已经提及；他的肖像有科内尔 Koner 为柏林国家美术

1　1875—1881；《德意志王室亲征奥林匹亚的发掘报告》*Olympia; die Ergebnisse der von dem deutschen Reich veranstalteten Ausgrabung*，1881—1897。

2　《雅典形势图览文案》*Erläuternder text der sieben karten zur topographie von Athen*（1868）之后是科耳修斯与 Kaupert 的《雅典地图集》*Atlas von Athen*（1876）以及《阿提卡图览》*Karten von Attika*（1881—1894），还有 Milchhöfer 的《阿提卡全图览要》*Uebersichtskarte von Attika*（1903）。

3　《古今集》，卷 ii、iii。

馆所作的油画，还有赖因霍尔德·利普修斯 Reinhold Lipsius 所作的一幅 [1]。

《古代雅典城邦》*Die Stadt Athen im Alterthum*（1874—1890 年）的第一卷被库尔特·瓦克斯穆特 Curt Wachsmuth（1837—1905 年）题献给了科耳修斯。他在马尔堡、哥廷根、海德堡及莱比锡做过教授，1884 年刊布了斯托拜乌斯《诸家文选》的前两卷，是一部重要的编订本，此后在 1895 年又刊布了关于古代史研究的精彩引论 [2]。

最先两季的奥林匹亚勘察活动（1875—1877 年）被委派给了古斯塔夫·希施菲尔德 Gustav Hirschfeld（1847—1895 年）。他在柏林就学时师从科耳修斯，曾陪同后者在小亚细亚旅行，另外他还在个人至意大利与希腊游历期间从事考古学研究。1877—1878 年，他对大英博物馆的希腊铭文进行研究，于 1893 年出版了相关编订本。他在几次讨论中都起到了重要作用，一次是关于波桑尼阿斯的权威问题 [3]，还涉及瑙刻拉提斯之建立与早期希腊碑铭遗迹的年代问题 [4]。

希施菲尔德最先强调了帕迦马发掘工作的重要意义，但这项事业要归功于亚历山大·康策的努力，由于他在 1877 年离开维也纳去往柏林，自 1869 年由卡尔·胡曼 Karl Humann（1839—1896 年）开始的发掘活

230

胡曼

---

1 Gurlitt，在《古代研究传记年刊》，1901，113-114；参看《书信中所见生平写照》*Ein Lebens-bild in Briefen*（1903）；又见 Bursian，ii 1129 以下，1146 以下；Broicher 在《普鲁士年鉴》，1896，582-603；Kekulé 的《演说集》，1896；Keep 在《美国语文学杂志》，xix 121-137；T. Hodgkin，在《不列颠学院学刊》，ii（1905 年 2 月），24 页；以及（A. W. Ward）《爱丁堡评论》，1904（1）403-431；A. Michaelis，在《德意志讣闻》（1897），56-88。

2 F. Marx，在《德意志讣闻》（1907），42 以下。

3 《考古学动态》*Archäologische Zeitung*，1882，97-130；《古典语文学年刊》，1883，769 以下。

4 《学园周刊》*The Academy*，1887 年 7 月 9 日，8 月 20 日；1890 年 1 月 4 日；《莱茵博物馆》，XLII（1887）209 以下；《希腊研究评论》*Revue des études grecques*，1890，221 以下。参看《古代研究传记年刊》，1898，65-90（附书目）。

动才得以在 1878 年由这位热情的考古挖掘者及其同侪顺利地继续下去。卫城及其周边的发掘完成于 1886 年，由此开启了希腊雕塑史与希腊建筑史的新篇章[1]。

东克尔　　　博学的历史学家马克斯·东克尔 Max Duncker（1811—1886 年），出生于柏林，在波恩跟随布兰迪斯学习哲学，跟随勒贝尔 Loebell 学习历史。他的学术生涯是以一部拉丁文专论为开端的，其内容是关于研究历史的不同方法的（1834 年）。他参与了波恩学生政治运动，这使他被判处六年囚禁，得王室赦免而减刑至六个月，这期间他奋发从事研究。他在哈雷生活了 18 年，从日耳曼人的早期历史转向印度—日耳曼族之历史，在 1852—1857 年刊布了四卷本初版《古代史》*Geschichte des Alterthums*。这部著作最终扩充至九卷，但所包含的希腊史部分，却并未超出伯利克里的时代。

他的政治观点使他辞去了哈雷的教职；在图宾根两年后（1857—1859 年），他去往柏林，在那里他的政治热情丝毫不减。他担任了七年的普鲁士档案"总管"（1867—1874 年），此后发表了许多关于希腊史的重要论文。他早年因作为时代的进步人士而被定罪入狱，在有生之年亲眼见证自己的泛日耳曼思想得到普鲁士的支持，在柏林的陆军军官学院成为公认的近代史阐释者，甚至于出任勃兰登堡王室的官方史书编修。他在柏林的陵墓位于尼茨与德罗伊森这两位历史学家之间[2]。

德罗伊森　　　古斯塔夫·德罗伊森（1808—1884 年）在柏林受学，在那里一直居留至 1840 年，是年成为基尔历史教授，1851 年，他的政治立场迫使

1　参看 Michaelis，《19 世纪的考古学发现》，140-148，305，以及上文第一卷第 153 页注释 3。关于胡曼，见 Conze，在《德意志讣闻》，1897，369-377。

2　《古代研究传记年刊》，1886，147-174。

他去往耶拿；1859 年被召至柏林，在那里担任教授直至去世。在其生涯早期，他对希腊诗家怀有强烈热情，刊布了一部埃斯库罗斯的译本[1]，（在1835 年）出版了阿里斯托芬的一部自由灵活的译本，此书光荣地刊至第三版。他最早的历史著作，论及亚历山大大帝（1833 年），此后还有非常著名的亚历山大大帝诸继承人之历史（1836—1842 年）。在第二版中，这些著作合为三卷本的《希腊化史》*Geschichte des Hellenismus*（1877—1878年）。除了关于近代史的重要著作外，他发表的论文还涉及雅典诸将军，雕像方柱碑被损害案的审判【译按，见修昔底德，VI 27】，以及雅典人与狄奥尼修一世的铸币等问题。他是一位天生的教师，以孜孜不倦的精神持续讲学半个多世纪[2]。

231

　　整个希腊史的范围都在古斯塔夫·赫茨贝格 Gustav Hertzberg（生于1826 年）富有成效之劳动的驾驭之下，他在1851 年任教于哈雷，开始了自己漫长的生涯。他的希腊史第一卷（1832 年），止于西西里的罗杰之入侵，而第三、四卷则讲述希腊革命事迹。他的希腊史纲以中世纪之开端为收场，出现在埃尔施与格鲁勃的百科全书中。他还写过三卷本的《罗马治下之希腊史》*Die Geschichte Griechenlands unter der Herrschaft der Römer*（1866—1875 年），四卷本的希腊史则从查士丁尼帝起叙述至当下时代（1876—1879 年）[3]。他有些工作具有的优势，被卡尔·霍普夫 Carl Hopf 所超越，后者撰写了一部重要的希腊史，从中世纪开端述至 1821 年[4]。

赫茨贝格

1　1884[4].

2　Max Duncker，在《古代研究传记年刊》，1884，110-118；Giesebrecht，《慕尼黑拜仁皇家科学院会议报告》，1885，208-219；《短著集》，1893（收录他关于《议金冠》中资料之作伪的论文）。

3　Bursian, ii 1148.

4　在埃尔施与格鲁勃，卷85，86。

　　西西里与希腊史方面的专家，阿道夫·霍尔姆 Adolf Holm（1830—1900 年），如厄恩斯特·科耳修斯一样出生于吕贝克。他在当地中学师从 Fr. 雅各布与克拉森，进莱比锡读书时不满 17 岁，在那里跟随赫尔曼、豪普特及奥托·雅恩就学。自莱比锡他去往柏林，又师从柏克、拉赫曼、科耳修斯、兰克与里特尔。他在特伦德伦堡指导下从事研究，完成了一篇获奖的专论，主题是亚里士多德《政治学》的伦理学原理。

　　他最早的职务是在吕贝克的母校任法语教师，他因此而在巴黎刻苦地学习了这门语言。不过，在他本人的《古代西西里史》*Geschichte Siciliens im Alterthum* 第一卷问世前，他带领学生们一年学完修昔底德第六卷之类的读物，这使他们留下了深刻得多的印象。1857 年，他实现了长久以来所怀抱的计划，得以游览罗马与那不勒斯。

　　1863 年，他再度访问巴黎，这次目的是要研究吕讷公爵 Duc de Luynes 所藏西西里与"大希腊"地区的钱币。1866 年时他正忙于西西里的地形学问题，从前的弟子舒布林 Schubring 此前居住于墨西拿，成为他在吕贝克的同事。到 1870 年值逢西西里史第一卷出版，这见证了 15 年辛劳的结果。在冬天，他首次到该岛观览，值得注意的是他确实知道这里的路线，比当地导游还熟悉。第二卷（1874 年）所述历史截止于第一次布匿战争之前夜。在 1876—1877 年，他在西西里岛过冬。他在佛罗伦萨的朋友阿马里 Amari 这时成为教育部部长，由此霍尔姆在 46 岁之年得到邀约，请他出任巴勒莫的历史教授。他接受了这个任职，这六年教龄（1877—1883 年）标志着他生涯的巅峰。1882 年，他游历英国，为的是翻检大英博物馆的希腊钱币，这次访问引起了他对英国历史更为亲近的研究，以及对格罗特之价值的更高评价。1883 年，他与卡瓦拉里 Cavallari 合作，完成了一部叙拉古地形学的伟大考古著作。在 1883—

1896 年间，他在那不勒斯担任教授，用去很多精力来撰写他的"希腊史"，此书最终截止于阿克兴战役[1]。他的史著整体上显示出兰克与克拉森的影响，其作为著作家的艺术才能则反映出 Fr. 雅各布的教导之功。他曾在某篇评论文章有夫子自道之言："即便学术著作也应当是文艺作品；不幸的是绝少如此者。"弗里曼曾言及作为西西里史家的"霍尔姆所具有的高明识断"，有篇关于其希腊史的英语书评公正地称道其"简明""富于学养"以及"严谨公正"。在 1897 年春，他离开意大利去往巴登的弗莱堡，在年底为"西西里史"的第三即最后一卷撰写前言，这距离第二卷问世相隔了 24 年。此卷有不少于 200 页篇幅（附图版）只用来讨论钱币，还有一番在西塞罗指控维勒斯与近代对沃伦·黑斯廷斯 Warren Hastings 进行弹劾之间的有益比较，这番比较无疑是霍尔姆访问英国而激发出来的。在南方生活临近结束时，他显露出新的想法，表示自己从未忘却在遥远北方最初的家园。一部关于吕贝克的专著，附有上百幅图版，乃是他最后的著作。他是心智最为健全的历史家之一，从无愚钝的表现[2]。

希腊的古代公共世界，是威廉·瓦克斯穆特 Wilhelm Wachsmuth （1784—1866 年）学术工作的主题。此人的四卷本著作（1820—1830 年），在第二版中为便捷而削减为两卷（1844 年）[3]。生于希尔德斯海姆，就学于哈雷，在那里开始了作为大学教师的生涯，此后在基尔（1820—1825 年）与莱比锡（1825—1866 年）担任教授[4]。涉足同一领域的（如上

---

1 四卷本，186-194；英译本（附索引），1894—1898。
2 F. von Duhn，在《古代研究传记年刊》，1901，50–112。
3 《城邦视角下的希腊考古学》*Hellenische Alterthumskunde aus dem Gesichtspunkte des Staates*。
4 自传见于《下萨克逊史》*Nieder-Sächsischen Geschichten*。

文已经提及），还有舍曼[1]，以及 K. F. 赫尔曼[2]。

菲利皮　　　在相同研究领域还有一位耕耘者，阿道夫·菲利皮 Adolf Philippi（生于 1843 年），主要在哥廷根师从科耳修斯与邵佩，应师长要求他联系阿提卡的演说家们来钻研阿提卡法律。他研究阿提卡演说家的论文（1866—1867 年）之后，还创作了如下著作：《阿提卡民法史论》*Beiträge zu einer Geschichte des attischen Bürgerrechtes*（1870 年），《阿提卡合同法与实体法学说汇释》*Symbolae ad doctrinam iuris attici de syngraphis et de ousias notione*（1871 年），以及《战神山法庭与埃菲特审判》*Der Areopag und die Epheten*【译按，Ephetae 指上古雅典对重大刑事案件的审判方式，由执政官指派 51 名贵族成员进行仲裁，后来为公民集会审判所取代】（1874 年）。此年他成为吉森的教授。他研究希腊辞书学家长达十年，用以准备计划中波鲁克斯著作的编订本。大约在 1893 年，他辞去教授职务。他在艺术与考古学的兴趣，使他定居于德累斯顿，在那里他撰写了一部自传[3]。

吉尔伯特　　　1881—1885 年间，古斯塔夫·吉尔伯特 Gustav Gilbert（1843—1899 年）刊布了一部出色的《希腊古代城邦政制手册》*Handbuch der griechischen Staatsalterthümer*[4]，他是汉诺威一位牧师之子，受学于希尔德斯海姆，继而在哥廷根、莱比锡与柏林深造。可能是通过邵佩的推荐，他在 1871 年去了马夸特执掌的哥达人文中学任教，在此工作至去世。他最早的有些著作，与斯巴达及雅典的原初政制史有关。此后他出版了《伯罗奔尼撒战争期间雅典城邦内部史论集》*Beiträge zur innern Geschichte Athens im Zeitalter des*

233

1　上文第 165 页。
2　上文第 162 页。
3　《古代研究传记年刊》，1895，156-176。
4　第二版，1893；卷 i 之英译本，1895。

peloponnesischen Krieges（1877 年）。这部著作的成功使他受到出版商（托伊布纳）邀请，来准备那部《手册》，后者成为他平生主要的学术成就。此书在每页页脚以原始文献及近代学术参考为这个主题提供了清晰的综述。关于斯巴达与雅典一卷的第二版（1893 年），收入了一篇关于《雅典政制》的精彩专论[1]。在他后来刊布的成果中，最有价值的是《希腊法律程序与希腊法律发展史论集》*Beiträge zur entwichelungsgeschichte des griechischen Gerichtsverfahrens und des griechischen Rechtes*（1896 年）。他钟爱的作家，有荷马、贺拉斯与歌德；他的性格，由一位终生的好友如此总结曰："他是一位君子，诚挚如金，具有自由而高贵的心灵。"【译按，原系德文】[2]

在尼布尔的批判精神指引下的罗马史研究，得到了图宾根教授阿尔伯特·施维格勒尔（1819—1857 年）的继承，其三卷本史著终止于利基尼乌斯法案。还有卡尔·彼得（1808—1893 年），此人在普福尔塔学校担任了多年校长，其史著延伸至马可·奥勒留帝驾崩[3]。他非常著名的成果是那部"希腊与罗马史事年表"【译按，系《希腊史事年表》*Zeittafeln der griechischen Geschichte*（1835 年）与《罗马史事年表》*Zeittafeln der römischen Geschichte*（1843 年）两书】[4]。1838 年他编订了西塞罗的《演说家》，合作者是赫尔曼的弟子克里斯蒂安·戈特洛布·维勒 Christian Gottlob Weller（1810—1884 年），曾在迈宁根担任过多年中学教师[5]：这之后还有彼得编订的《布鲁图斯》（1839 年）。在晚年，他成为耶拿的荣誉教授，完成了塔西佗《阿古利可

施维格勒尔

1　此卷被 E. J. Brooks 与 T. Nichlin 译成英文（1895，附有 J. E. Sandys 的一篇前言）。

2　R. Ehward 博士，在哥达项目，1899 年 3 月，24-27，附有他为《语文学家》与《古典语文学年刊》的供稿篇目。

3　1853—1869 等。

4　1835—1841 等。英译本有《希腊史年表》*Chronological Tables of Greek History*（剑桥，1882）。

5　《古代研究传记年刊》，1884，64。

图 54　特奥多尔·蒙森

出自 William Richmond 爵士的素描原作（1890），现归 Ulrich von Wilamowitz-Moellendorff 教授
所有

拉传》的两部编订本（1876—1877 年）[1]。

对于那些仅研究一个限定时段之历史的学者，我们在此可以提及威廉·德鲁曼 Wilhelm Drumann（1786—1861 年），他是柯尼斯堡的教授，德鲁曼在 1834—1844 年间完成了一部共和国至帝国过渡时期的历史著作，讨论的是庞贝与恺撒，并以非凡的严谨态度处理西塞罗的问题。从共和国235衰落到君士坦丁时代的罗马史，则有马尔堡教授卡尔·赫克 Karl Hoeck赫克（1799—1864 年）的三卷本（1841—1850 年）。海德堡教授威廉·伊内伊内Wilhelm Ihne（1821—1902 年），在 1868—1890 年完成了一部八卷本史著[2]，依据于对权威文献的批判研究，且公然声称此书的写作为的是一般大众，而不是专家们。这八卷本终止于阿克兴战役。

在特奥多尔·蒙森（1817—1903 年）值得纪念的生涯中，他全面涉蒙森猎了范围广阔得多的历史与古物研究，此人生平概况在上文述及其在拉丁文本领域的研究时已有介绍[3]。他起初以罗马法律研究而著名。1843 年，他在基尔完成了自己最早的两部著作：（1）是他就 *de scribis et viatoribus*【文书与报信人之】法规所写的专题论文；（2）是他关于罗马 *Collegia*【行会】与 *Sodalicia*【兄弟会】的小册子。次年他刊布了一部关于罗马具有行政关系的"部落"的论述。于是他的法律学识得以展现，继而完成了两部语言学著作，《奥斯坎语研究》*Oskische Studien*（1845—1846 年）与《下意大利地区方言》*Die unteritalischen Dialekte*（1850 年）。他不在意大利时（1845—

1　《古代研究传记年刊》，1895，110-151。

2　卷 i、ii 的第二版，1893—1896；卷 vii、viii 主要出自 A. W. Zumpt。英文版，1871—1882，五卷。

3　上文第 197 页。

1847 年），曾在博尔盖西 Borghesi 与亨岑的帮助下研究碑铭，现在他开始撰写一组关于这个主题的论文，发表于莱比锡科学院的刊物上，此外还准备着手他的《那不勒斯王国碑铭集》（1852 年）。在该著作中，他展示了将金石学研究结果运用于阐明意大利诸社团组建历史与法规的高超技艺。他还向莱比锡科学院呈交了一份关于罗马钱币的重要论著[1]，经过扩充，成为有关该主题的一部权威史著[2]。

这些预备研究，为他的《罗马史》铺平道路，这部著作写成三卷本（1854—1856 年）[3]，终止于塔普苏斯战役。这不仅是一部罗马自身的历史，也是意大利自最早的迁移至罗马共和国终结的历史。整个系列的计划不幸地妨碍了对文献来源的引述，细节上的问题受到了柏林历史教授卡尔·威廉·尼茨（1818—1880 年）[4]、卡尔·彼得[5]以及路德维希·朗格（1825—1885 年）[6]的攻击，最后这位是莱比锡的教授，他写过一部详尽论述罗马古代政制的三卷本著作（1856—1871 年）。蒙森的批评者们想要回到尼布尔时代之前所奉行的罗马史立场，他们想要肯定的传统属于罗马编年史家，以及其他不加考辨或在修辞上盲目信从前人文字的那些著作家。蒙森后来补充了此前所缺的罗马史部分内容，刊布了一部自恺撒至戴克里先的罗马治下各行省的著作[7]。他此时还完成了与罗马史相关

---

1 《萨克逊学会论文集》，ii（1850），221-427。

2 1860；法文译本，1865—1875。

3 第九版，1903—1904；英译本，1862，新版，1894—1895。

4 《古典语文学年刊》，lxxiii 716 以下，lxxvi 409 以下；《罗马的编年史学》*Die römische Annalistik*（1873）。

5 《罗马史研究》*Studien zur römischen Geschichte*（1863）；上文第 233 页。

6 《古代研究传记年刊》，1886，31-61。

7 1885（附八幅地图）；第五版，1894；英译本，1886。

的著作，讨论罗马史事系年 [1]，目的在于证实自己所持的某些观点，并不经意地反驳他弟弟奥古斯特的一些意见 [2]。这部著作引起的冲突，激发了史事编年断代研究领域的新动态。其中代表性的探索者之一是维尔茨堡的教授 G. F. 翁格尔 Unger，他的论文发表于《语文学家》及柏林科学院的学报上。

蒙森的许多论文涉及罗马史、史事编年及古代公共世界，也有关于史料文献考据的，被结为两卷本的《罗马史研究》[3]。尽管那部广受欢迎的《罗马史》有缺乏文献资料征引的特点，但是学者专家们在关于"罗马公法"的著作中领教到丰富的学问细节 [4]，此书取代了由 W. A. 贝克尔创始、由约阿希姆·马夸特 Joachim Marquardt（1812—1882 年）续写的《罗马古代研究手册》Handbuch der römischen Alterthümer 的相应部分。马夸特是哥达人文中学的主任，他曾在柏林师从柏克与施莱尔马赫，在莱比锡师从赫尔曼。这部手册的修订版，由马夸特和蒙森完成，实际上将之变为了一部新的著作 [5]。

《拉丁碑铭集》初期筹划时，有位协助者名叫奥古斯特·威廉·聪普特（1815—1877 年）。他的目标不过是选取并重新排列已刊的那些铭文而已。他关于碑铭的论文 [6]，使他与蒙森经常发生矛盾，后者在 1847 年

237

1　1858；第二版，1859。

2　生于 1821；著有《罗马的日期》Römische Daten（1856），几篇文章见于《莱茵博物馆》，xii，xiii，《语文学家》，xii，《新年刊》，增刊，1856—1859；《希腊宗教节日学》Heortologie（1864）；《希腊史事系年考》（1883）。

3　Römische Forschungen（1863–1879）.

4　《罗马公法》Römisches Staatsrecht，1871—1888；法文译本，1887—1896；《罗马公法概论》Abriss des römischen Staatsrechts（1893）。

5　卷 i-iii 由蒙森准备；iv-vi（关于罗马行政）及 vii（私人生活）由马夸特准备。

6　结集为《金石学评议》Commentationes Epigraphicae，1850—1854。

将自己的计划提交至科学院[1]。这个明确要对整个领域进行一次严格之科学调查的计划得到了批准，并且其执行也委派给了蒙森，他强大的工作能力以及组织筹备的本事，保证了该计划的顺利完成[2]。一部精彩的碑铭选集，在 1873 年由 G. H. C. 威尔曼斯 Wilmanns（1845—1878 年）刊布，此人之早逝使他未能完成在突尼斯与阿尔及尔收集之碑铭的著作（1873—1876 年）。

蒙森编订的《法学汇编》（1868—1870 年），构成了后续编订的《民法大全》*Corpus iuris civilis*（1872 年等）的大宗[3]。他还编订了《安卡拉碑文》*Monumentum Ancyranum*[4]、戴克里先法令（1893 年），以及《狄奥多修法典》（1904—1905 年）[5]。关于拉丁作家文本的编订，上文已提及[6]。他有一卷演说词与随笔集，刊布于 1905 年；他的著作集丛书，始于三卷本罗马法著作（1905—1907 年），业已收入《罗马史》的第一卷（1906 年）。

蒙森乃是柏克以来之时代最伟大的日耳曼学者。他从罗马的法学入手，将自己从罗马法研究中得到的严格思想训练运用于罗马史的调查中去。他在负面批判以及对过去的历史重建技艺上同样富有才能，并将对语言科学的独特领会施加影响到历史科学上。他将广博的学问与流畅生动的笔触结合了起来，将巨大的工作能力与科学组织活动的天赋结合

---

1 重刊于 Harnack 的《柏林皇家普鲁士科学院史》，ii（1900）522 以下。

2 卷册分工：早期拉丁文（i），东方世界（iii）以及中部与南部意大利（ix、x）的碑铭集由蒙森编订；西班牙（ii）与不列颠（vii）碑铭集的编订者是 Hübner；南部高卢碑铭集的编订者是 O. Hirschfeld；庞贝等地（iv）碑铭集编订者是 Zangemeister；北意大利（xi）与罗马（vi）碑铭集的编订者是 Bormann、Henzen & Huelsen。

3 包括了 P. Krüger 编订的《法学概要》*Institutiones*。

4 1865；第三版，1883；法文译本，1885。

5 在 P. M. Meyer 合作之下完成。

6 上文第 197 页。

了起来[1]。

　　拉丁金石学与考古学，乃是埃米尔·许布纳（1834—1901年）的独许布纳
特擅场。他是杜塞尔多夫一位造诣深湛的艺术家之子。在他结束了德累
斯顿的早期教育后，就学于柏林及波恩，还在意大利、西班牙与英国旅
行。在此期间他定居柏林（1859年），在那里于1863年被聘为"特职"
教授，后担任全职教授达31年，直至去世。他在西班牙的旅行，使他
撰写了《马德里的古代艺术作品》*Die antiken Bildwerke in Madrid*、"西班牙碑
铭集"[2]，以及《伊比利亚语言资料丛编》*Monumenta linguae Ibericae*。他在英
国旅行时则怀抱着一窥该国拉丁碑铭的目的[3]。这部著作获得了特别的认
可，他在1883年获得了剑桥的荣誉学位，直至临终时，他都对英国充
满友善的态度。他是《赫尔墨斯》（1866—1881年）以及《考古学动态》
（1868—1872年）多年的编辑。他最为有益的著作，包括了详尽而全面
的《罗马文学史讲要》*Grundriss zu Vorlesungen über die römische Litteraturgeschichte*[4]，

1　书目见 Zangemeister,《作为著作家的特奥多尔·蒙森》*Theodor Mommsen als Schriftsteller*
　　（1887），由 E. Jacobs 完成，188页（1905）。传记描述见 Bardt（1903）；K. J. Neumann 在
　　《历史学学刊》*Historische Zeitschrift*，1904，193-238；E. Schwartz 在《哥廷根科学学会通讯》，
　　1904；Gomperz,《随笔与追忆集》；Harnack,《演说集》（1903）；Huelsen, 在《德意志考古
　　学学会通讯》*Mitteilungen des deutschen archäologischen Instituts*, xviii 193-238；C. Wachsmuth,《萨
　　克逊学会论文集》，1903，153-173；L. M. Hartmann,《传记年刊与德意志讣闻》，ix（1906）
　　441-515。肖像见《著作集》*Gesammelte Schriften*, i, 还有两幅见《演说与随笔集》。Ludwig
　　Knaus 所作肖像表现的是正在从事研究的历史家，旁边有一尊尤利乌斯·恺撒的半身像；
　　William Richmond 爵士的素描在第234页有一幅简化的副本；有一幅独特的照相，由 Dew-
　　Smith 先生拍摄，由剑桥的 Heffer 诸先生发表。剑桥访谈《日耳曼的新瓦罗》*Germaniae suae
　　novo Varroni*（由 Mayor 教授执笔），刊于《文学》，1897年12月18日。
2　《拉丁碑铭集》，卷 ii。
3　同上，卷 vii。
4　1869等，Mayor 本【译按，指英文版，题为《拉丁文献目录学寻踪》*Bibliographical clue to Latin
　　literature*】，1875。

还有拉丁文[1]与希腊文语法学讲要[2]，以及《古典语文学史及百科全书讲要》 *Grundriss zu Vorlesungen über die Geschichte und Encyklopädie der klassischen Philologie*[3]，附有一部精彩的目录学著作，本书即时常以此书为常备之参考[4]。

格雷戈罗
维乌斯

  中世纪之罗马史的撰者是费迪南德·格雷戈罗维乌斯 Ferdinand Gregorovius（1821—1891 年）。他生于普鲁士的东部边界，曾言假如自己童年时未在日耳曼骑士的中古宫殿中度过，应该绝不会撰写有关中古罗马的著作。在 1855 年的一天，当他站在圣天使桥上，视线跨过台伯河而望向从前的哈德良皇陵，首次萌生了书写中世纪之罗马史的念头。他那时已经写了关于哈德良帝的著作（1851 年），多年后还会再会到这个论题上（1884 年）。八卷本《中古罗马城市史》*Geschichte der Stadt Rom im Mittelalter* 的出版，从 1859 延续到 1872 年[5]，此后又有两卷本关于中古雅典的著作（1889 年）。在 1852—1874 年间，罗马成为他的大本营，其生平最后的 17 年则是在慕尼黑度过的。在离开罗马时他写道："我援用弗拉维奥·比翁多的话，'我将早已不复存在的重赋原形；我给这黯淡了 11 个世纪的城市以光亮，给罗马人他们自己的中世纪历史'。"1876 年，意大利新首都【译按，指罗马，1871 年前首都曾有都灵和佛罗伦萨】的议院吸纳他为荣誉"罗马市民"，当他在慕尼黑公开拒绝了一切庆祝其 70 岁寿辰的活动时，他的署名没有别的头衔，只写了 *Civis Romanus*【罗马公民】[6]。上述历史著作的意义，还有他的五卷本《在意大利的漫游年代》*Wanderjahre in*

1　1876 等年编订本。

2　1883 年编订本。

3　1876；第二版，1889。

4　尤其参看 Gildersleeve 在《美国语文学杂志》，xxii 113。

5　第五版，1903；有 A. Hamilton 英译本。

6　《古代研究传记年刊》，1892，106–113。

Italien，他的《卡普里岛》*Die Insel Capri* 与《科孚》*Korfu*，他关于庞贝的诗（《欧佛良》*Euphorion*）以及《诸教皇陵墓记》*Die Grabdenkmäler der Päpste*，皆因文笔风格的优美明晰而推动了人们对其产生兴趣。

我们从中古之罗马转向史前之希腊，可以在关于希腊神话学的近代著作中留最重要的席位给路德维希·普雷勒尔[1]的古典学论著[2]。普雷勒尔同海涅与韦尔克一样，将希腊神话中最为古老与最为重要的内容，视为自然的神话，表现了"自然的基本动力和过程，阳光闪电，雨露江河，以及植被的生长与成熟"[3]。他的《罗马神话学》*Römische Mythologie* 问世于1858 年，较少为人所知。

比较神话学，与比较语文学相关联，可以阿达尔贝特·库恩 Adalbert Kuhn（1812—1881 年）为代表，他是柏林某所中学的校长[4]。比较文化人类学是 J. W. E. 曼哈特 Mannhardt（1831—1880 年）在其神话学著作中的主要兴趣所在，此人在其关于森林与田野祭拜的伟大著作中将耕种与收获的民间故事网罗齐备，为后日日耳曼民族神话学的建构奠定了基础[5]。古代神话学在这部著作的第一编中缺乏论述，至第二编占据主要位置，其中原始祭仪依据北欧的传说而得到了解释[6]。

我们在以德语为日常纽带连贯起来的土地上徘徊了甚久时间，但对

1　上文第 174 页。

2　1854；第四版，附有精彩的索引，出自 Carl Robert, 1887-1894。

3　《希腊神话学》*Griechische Mythologie*, p. 1；参看 Bursian, ii 1196-1197；Block 在《古典学发展年刊》，vol. 124，429。

4　Bursian, ii 1200-1202.

5　《森林与田野崇拜》*Wald- und Feldkulte*，1875—1877。

6　《古代研究传记年刊》，1881，1-6。

于奥地利以及瑞士德语区的考察远不及南德、北德地区。那些地方并不像新教徒的北方那么盛产古典学家。的确，柏克的生地在巴登，但他学术事业的主要舞台是柏林。古典学教育在巴伐利亚得到了蒂尔施的重新改造，在奥地利则有博尼茨，他们两人都是诞生于萨克逊地区同一条河流沿岸的北德人士。瑞士德语区的代表人物，多少可以举出拜特尔与奥雷利为例；奥地利则有卡尔·申克尔以及四海为家的奥托·本多夫。可幸的是特奥多尔·贡珀茨与威廉·冯·哈特尔尚在人世【译按，原书此卷勘误表指出，冯·哈特尔当时已经故去，又见后文】。我们对于"日耳曼"的调查使用的是此语最为宽泛的含义，我们如今调转方向，去看看学术复兴最初家园的土地上新近面对着什么样的命运。

第三十五章

19 世纪的意大利

19 世纪之初，意大利最为杰出的学者之一，乃是博学的耶稣会士，安哲罗·马伊（1782—1854 年）。此人生于贝加莫省，任安布罗斯与梵蒂冈图书馆的馆长，并在 1838 年荣升为枢机主教。

马伊

在米兰出任图书馆馆长期间（1811—1819 年），他从先前存在于柏比约的钞本中，刊布了西塞罗的六篇演说词残篇[1]，马可·奥勒留与弗隆托的往来书信，叙马库斯八篇演说词的一部分，普劳图斯《毡袋记》的残篇，还从安布罗斯馆藏泰伦斯钞本中刊布了集注与插图（1814—1815 年）。他根据希腊钞本刊布的书籍，包括了伊塞乌斯演说词《议克利奥

---

1 《为斯高儒斯而辩》、《为图利乌斯而辩》、《为弗拉库斯而辩》、《关于克洛狄乌斯与库里奥》 in Clodium et Curionem、《论米洛之外债》de aere alieno Milonis【译按，即《为米洛而辩》】，以及《论亚历山大之王治》de rege Alexandrino（1814；第二版，1817）。

尼摩斯之遗产》*De hereditate Cleonymi* 的一大节增补，哈利卡那苏斯的第欧尼修《罗马古史》一节过去无人知晓的内容（1816 年），还有《伊利亚特》的古代残篇（附有插图）以及《奥德赛》的集注（1819 年）；他还参与编订了新见优西庇乌斯编年史的亚美尼亚文本（1818 年）。在罗马，他根据一部梵蒂冈重写本刊布了西塞罗佚作《论共和国》的大部分内容（1822 年），收集了前查士丁尼民法的遗文（1823 年），他将自己的丰功伟业总结为世人闻所未闻之文本的编订家，这包括了从梵蒂冈三大组钞本中所取得的成果，各自都多达十卷，分别是《古籍新辑》*Scriptorum veterum nova collection*（1825—1838 年）、《经典著作家集》*Classici auctores*（1828—1838 年）以及《罗马遗献拾穗集》*Spicilegium Romanum*（1839—1844 年）。与《拾穗集》问世相隔八年之后，又有那部以其生平最后两年完成的《教父著作新辑》*Patrum nova collectio*（1852—1854 年）[1]。

　　枢机主教马伊卒于 72 岁。在同一领域具有才能但成果略少的维克多·阿马德奥·佩龙 Victor Amadeo Peyron（1785—1870 年），早先曾在都灵任过教授，倒是活到了 85 岁之龄。他最著名的成果，是一部新编订的演说词残篇集，包括了《为斯高儒斯而辩》《为图利乌斯而辩》以及《关于克洛狄乌斯》，还有《为米洛而辩》的遗文，出自都灵与米兰的钞本，从前俱藏于柏比约，随书还有一篇完成于 1461 年的柏比约钞本清单（1824 年）。他还刊布了恩培多克勒与巴门尼德斯的残篇集（1810 年），一部亚历山大里亚的忒奥多修论作诗法著作的注疏集（1820 年），还有关于维也纳（1824 年）与都灵（1826—1827 年）所藏希腊纸草文

佩龙

242

1　传记等资料作者有 B. Prina（贝加莫，1882）；*G. Poletto*（锡耶纳，1887）。

献的记述[1]。

在意大利之外，那位都灵的教授托马索·瓦劳里 Tommaso Vallauri （1805—1897 年）因在普劳图斯文本考证问题上反对理茨尔所主张的原则而备受瞩目。他编订了四部剧作之后[2]，又完成了全集的一个校本（1873 年）。理茨尔发现该诗人的真实名号是 T. Maccius Plautus[3]，这在 1868 年遭到瓦劳里的驳斥，他坚持采用传统名称 M. Accius Plautus。他还写作了一部富于考据的拉丁文学史（1849 年），还编订了一大批拉丁经典的中学用文本[4]。

比较语文学的杰出代表，是佩齐和阿斯科利。多梅尼科·佩齐 Domenico Pezzi 乃是都灵的古典与罗曼语比较史教授（1844—1906 年）。他的主要著作，《古代希腊语言》*La lingua greca antica*（1888 年），开篇描述了希腊文研究的历史，继而系统论述了（1）该语言的语音学与形态学，还论述了（2）希腊的方言[5]。格拉齐亚狄奥·阿斯科利 Graziadio Ascoli （1829—1907 年），在 1860 年被任命为米兰的比较语文学的教授，他还是"意大利历史语言学档案"Archivio Glottologico Italiano 的创办人（1873 年）。他关于比较语音学的讲座以及他的考证研究都已经被译成德文，他编订的安布罗斯图书馆"爱尔兰古卷"（1878 年），对于凯尔特研究产

瓦劳里

佩齐

阿斯科利

---

1 Sclopis, 在《都灵王室科学院学刊》*Atti della reale Accademia delle scienze di Torino*，1870，778-807。
2 《一坛金子》《吹牛军士》《仨钱儿银币》《墨涅赫穆斯兄弟》（1853—1859）。
3 《普劳图斯及泰伦斯附论》，9-43；Ribbeck 的《理茨尔》，ii 100。
4 自传（1878）；Bursian, ii 824 注释 1, 1239。
5 《古典学评论》，iii 209 以下。他更早的著作《最新雅利安历史语言学》*Glottologia Aria Recentissima*（1877；英译本出自 E. S. Roberts, 1879），实终止于阿斯科利对咽喉"硬腭音"的发现（1870）。

生了重要的帮助[1]。

希腊文研究的重要性，在意大利有明显理由不及拉丁文研究。然而有一位意大利政治家翻译了柏拉图，他就是鲁杰罗·邦吉 Ruggero Bonghi（1828—1895年），为人所知的著作，还有一部罗马史[2]，和一部关于罗马节庆的著作[3]。

德－维特　　在拉丁文学者中，温琴佐·德－维特 Vincenzo De-Vit（1810—1892年）据有重要地位，他受学于帕多瓦神学院，成为罗维戈 Rovigo 的教士以及当地科学院的图书馆馆员（1844—1849年），又参与了罗斯米尼在斯特雷莎 Stresa 所创立的仁济学会 Institute of Charity（1849—1861年），此后在佛罗伦萨居留一年，余生在罗马度过。他对福尔切利尼所纂辞书的修订及扩充，始于1857年之前，完成于1879年。继而以《专名词表》*Onomasticon* 作为附录，自 A 编写至 O（1869—1892年）。他最早的著作讨论瓦罗的残篇（1843年）；还收集过阿德里亚地区的铭文（1853年）；写过关于拉丁铭文的辞书学文章，此外还讨论过不列颠人与布列塔尼人[4]，以及马焦雷湖 Lago Maggiore 与奥索拉 Ossola 谷地的铭文与历史关联。在多莫多索拉 Domodossola 的罗斯米尼派学校，他度过了最后数月时光，结束了身为牧师与学者的一生[5]。

1　A. de Gubernatis，《拉丁世界各国作家辞典》*Dictionnaire international des écrivains du monde latin*，相关词条；《雅典娜圣殿》，1907年2月2日，p. 136；《语文学与古典教育杂志》*Rivista di Filologia e di Istruzione Classica*，1907，no. 2；Bursian 之《年刊》，lvi 168 以下；Giles，《古典学专业学生用比较语文学小手册》，§41。

2　Vol. 2, 1888；关于古代史的系列讲演录，1879。

3　《罗马的节庆》*Le Feste Romane*，1891；德文译本，1891。

4　《著作集》，vol. x（1889年版）。

5　Ermanno Ferrero，在《古代研究传记年刊》，1899，26–30。

福尔切利尼的辞书还于 1864—1890 年得到了弗朗切斯科·科拉迪尼（1820—1888 年）的重新编订。这部修订版很大程度上依赖于赖因霍尔德·克洛茨的著作[1]，由佩林 Perin 完成，此人（如科拉迪尼及德－维特、福尔切利尼本人一样）乃是帕多瓦神学院的校友。

其他拉丁文学者中，还可提及乔万尼·巴蒂斯塔·甘迪诺 Giovanni Battista Gandino（1827—1905 年），他是博洛尼亚的拉丁文教授，（除了若干种成功的学堂课本）发表过关于古代拉丁文的研究（1878 年），为《语文学与古典教育杂志》贡献过重要的文章[2]，还完成了一部关于拉丁文体的杰作（1895 年）[3]。

若是没有意大利议员德梅尼科·孔帕雷蒂 Demenico Comparetti 的名字，对于意大利古典学术的记述便不算完整。此人生于罗马（1835 年），是比萨与佛罗伦萨的希腊文教授。他完成了一部叙珀芮德斯《为攸克森尼珀斯辩》与《葬礼演说词》考订本（1861—1864 年）。他广为人知的成果，乃是那部关于"维吉尔在中世纪"的权威著作[4]。他此后还完成了"高尔亭 Gortyn【译按，在克里特岛的古希腊市镇，19 世纪后期曾出土了当地的法令文书】法令"的重要编订本（1893 年），校订并翻译了普洛柯比乌斯。在他为数众多的论文中，以关于赫库兰尼姆的皮索庄园所见纸草文献的诸篇最可称道[5]。他乃是"意大利古典古物博物馆"Museo Italiano d'antichità classica 的创办人（1884 年以后）。

1　参看 Georges，在 Bursian《年刊》，ii 1456，iii 170，以及《语文学通报》，iii 446 以下。

2　v 101–160（论以 -as 结尾的属格）；vi 453–473（比较级的词尾）。

3　A. de Gubernatis，《拉丁世界各国作家辞典》，相关词条。

4　1873；第二版，1896（英译本，1895）。

5　A. de Gubernatis，相关词条；尤其见于孔帕雷蒂与 De Petra 的《赫库兰尼姆的皮索庄园》 *La Villa Ercolanese dei Pisoni*，对开本（1883）。

古典考古学研究在意大利一直有不断的进步。在此世纪上半叶，古

典建筑方面的杰出权威人物之一，是路易吉·卡尼纳 Luigi Canina（1795—

1856 年），他在都灵受学，1818 年去往罗马，在那里于 1844 年完成了

他 12 卷古典学著作的第二版，题为《古代建筑》*L'architettura antica*[1]。他记

述过图斯库兰和魏伊 Veii 的探察活动，以及罗马的地形学。罗马也是瓜

塔尼 Guattani（卒于 1830 年）和费亚 Fea（卒于 1836 年）考古学工作的

探察对象，他们是 1829 年创立考古学研究院时的意大利代表。但意大

利人对于考古学的兴趣远不仅限于罗马一隅。在该世纪上半叶的欧洲，

就研究当地考古学的独立科学院的数量和种类而言，没有哪个国家可与

意大利抗衡。这类研究在那不勒斯、罗马、佛罗伦萨、都灵、摩德纳和

威尼斯具有五花八门的形式，而全意大利最为杰出的考古学家，乃是巴

尔托洛梅奥·博尔盖西 Bartolommeo Borghesi（1781—1860 年），他的考古

学通信覆盖了半岛的每个地方，在那最小规模的意大利城邦中度过生平

最后的 39 年，身份是至今依然独立的圣马力诺共和国的公民及 Podestà

【司法与军事长官】。他的事业主要投入于钱币与铭文的研究。曾完成了

《执政官年表》的两卷本新残篇集（1818—1820 年），这部辑录后增至

九卷（巴黎，1862—1884 年）[2]。《拉丁碑铭集》中多有得益于他的友好协

助之处。钱币的研究长久以来在摩德纳有一位代表人物，即唐切莱斯蒂

诺·卡韦多尼 Don Celestino Cavedoni（1795—1865 年），他写过"罗马各

---

1 "路易吉·卡尼纳富于想象的著作"【译按，原文系德文】（Michaelis 的《19 世纪的考古学发

现》，217）。

2 Noël des Vergers 论马可·奥勒留（巴黎，1860）；Henzen，在 Fleckeisen 的《年刊》，lxxxi

569–575。

氏族之钱币考"（1829—1831 年）[1]。

在那不勒斯，弗朗切斯科·马里亚·阿韦利诺 Francesco Maria Avellino（1788—1850 年）是一位希腊文教授，并（于 1839 年及以后）出任波旁博物馆 Museo Borbonico 的主任。他撰述过基歇尔博物馆 Museo Kircheriano 的 *aes grave*【重铜币】，以及庞贝的铭文，特别是为他本人所创办的《那不勒斯考古学公报》*Bullettino Archeologica Napolitano* 贡献甚巨，此刊后来由米内尔维尼 Minervini（1825—1895 年）接手主持至终（1861 年）[2]。那不勒斯是博学的耶稣会士拉法埃莱·加鲁齐 Raffaele Garrucci（1812—1885 年）的出生地，他刊布了自己的《庞贝涂鸦画》*Graffiti di Pompéi* 第一版不久之后，就定居罗马，在那里生活了 30 年。他编写了一部关于罗马共和国铭文的《总集》（1875—1877、1881 年）；他最后一部著作，以"古代意大利钱币"为题，在其去世之年刊布于罗马。阿廖丹特·法布雷蒂 Ariodante Fabretti（1816—1894 年）在伊特鲁里亚的古物研究上饶富成果，他是都灵的考古学教授、博物馆主任，著有古代意大利铭文的一部《集成》（1867—1878 年）。此外，西西里的古物在 1834—1842 年间已由塞拉迪法尔科公爵 Duca di Serradifalco 以五卷对开本的规模加以刊布，这得到了萨维里奥·卡瓦拉里 Saverio Cavallari 的帮助[3]，该考古学家与霍尔姆合作，完成了那部伟大的《叙拉古考古学地理志》*Topographia archeologica di Siracusa*[4]。

阿韦利诺

阿廖丹特·
法布雷蒂

塞拉迪法
尔科公爵

卡瓦拉里

1　《切莱斯蒂诺·卡韦多尼大司铎生平与著作述闻》*Notizie intorno alla vita ed alle opere di monsignor Celestino Cavedoni*，摩德纳，1867。

2　《古代研究传记年刊》，1900，18—20。

3　1809—1898；L. Sampolo，在巴勒莫科学院的《公报》（1899），41 以下。

4　巴勒莫，1883；B. Lupus 的德文编订本（斯特拉斯堡，1887）。

　　意大利的政治统一运动，开始于 1860 年，完成于 1870 年，对考古学探察的组织工作产生了重要影响。自 1860 年将波旁王室逐出那不勒斯的事件后，朱塞佩·菲奥雷利 Giuseppe Fiorelli（1824—1896 年）便受命担任当地那座伟大的博物馆的负责人，并监管庞贝的系统挖掘工作（1860—1875 年），直到被召至罗马，出任博物馆与考古发掘事务的总主管。罗马的市政当局在 1872 年已经创立了一个考古委员会，不久后便开始出版每月一期的《公报》。在博洛尼亚，有一座重要的博物馆建立起来，以保存史前的、伊特鲁里亚的以及其他的古物，佛罗伦萨也建成了一座伊特鲁里亚博物馆。这股在考古学方面复苏的兴趣，蔓延至意大利全境，许多地方都刊布了古物学期刊，从北方的都灵直到南方的巴勒莫[1]。但是考古学的兴趣中心依然在罗马。1890 年发现了庆祝 *ludi saeculares*【世纪赛会】的铭文，其中有这段陈述: *carmen composuit Q. Horatius Flaccus*【贺拉斯完成了诗作】[2]。从 1898 年底以来，罗马广场上的发掘活动已有之发现，包括了"科耳修斯地洞" Lacus Curtius 遗址、斯塔提乌斯《诗草集》所描述的图密善帝巨像底座、焚烧恺撒遗体的过道、传说中罗慕卢斯的陵墓，以及所有拉丁碑铭中最早的一件。

布鲁扎　　对于拉丁碑铭贡献最为卓著的是古物学家路易吉·布鲁扎 Luigi Bruzza 以及乔万尼·巴蒂斯塔·德罗西 Giovanni Basttista de Rossi。布鲁扎（1812—1883 年）是一名巴尔纳伯派僧侣，他在皮埃蒙特与那不勒斯教授拉丁文与希腊文，最初在韦尔切利成为一位著名的古物学家。1867 年他被自家教团召至罗马，随即完成了一部重要专著，讨论台伯河畔新发

1　参看 Stark，301-304。
2　《拉丁碑铭集》，vi 4（2），p. 3242。

现商行遗址中大理石板上的铭文（1870 年），还有一部韦尔切利罗马碑铭全集（1874 年），那部著作赢得了蒙森的最高赞誉[1]，而充满感激之心的韦尔切利居民将他们当地的博物馆冠以布鲁扎之名，还为他打造了金质纪念奖章。他在从事基督教考古学发展事业的罗马学会中任主席；他曾监管圣希波里图斯教堂地下室的发掘工作，其间他遭遇了一场突发事故，最终导致其去世。在他身后，他对考古学事业的贡献得到了德罗西的热烈赞美[2]。

247

乔万尼·巴蒂斯塔·德罗西（1822—1894 年）在考古学的许多分支上都成就卓著，尤其是拉丁碑铭学。其中最重要的成绩之一，便是刊布了罗马碑铭的早期全部藏品[3]。他参与收集了《拉丁碑铭集》卷 vi 的罗马铭文。他对于罗马地形学的研究也多有建树，其中包括了该城市古代各地区的清单。1849 年，他的方法论研究促成对某些碑铭断片的发现，使他得以确认圣加力多 San Callisto 的墓园[4]。德罗西被公允地评价为晚近罗马基督教考古学的奠基人[5]，但他自己却怀着特别的敬意，缅怀着墓葬壁画的"真哥伦布"，安东尼奥·博西奥 Antonio Bosio（1575—1629 年），后者博学勤奋，曾著有更早的一部《地下罗马》*Roma Sotterranea*（1632 年）。

德罗西

---

1 《拉丁碑铭集》，v 736。

2 《古代研究传记年刊》，1884，121-124；以及 F. X. Kraus，《文集》，ii（1901），31-39。

3 《基督教碑铭集》*Inscriptiones Christianae*, vol. ii, pars 1（1888）中的《埃因歇德伦总集》*Sylloge Einsidlensis* 等章，又见《拉丁碑铭集》，vi 开首（1876—1885）。

4 《基督教碑铭集》（1857—1888）；《基督徒的地下罗马》*La Roma Sotterranea Cristiana*（1864-1877）。

5 《古代研究传记年刊》，1900，1-17；Baumgarten，《德罗西》（科隆，1892）；Kraus，《文集》，i（1896）307-324。

18 世纪后期，温克尔曼与门斯的一位友人唐何塞·尼古拉斯·德阿萨拉 Don José Nicolás de Azara（1731—1804 年），从罗马返回西班牙，带走了一组珍贵的古典半身像藏品，如今存于马德里的皇家雕塑馆[1]。许布纳在 1860—1861 年的来访，使西班牙与葡萄牙兴起了一股对于拉丁碑铭以及古代艺术品的新兴趣[2]。但是希腊文的研究长期以来一直处于低潮，这方面的近代文献仅限于翻译著作[3]。

西班牙与
葡萄牙

1　Hübner，《马德里的古代雕像》*Die antiken Bildwerke in Madrid*（1862），19 以下。

2　Stark，305；Bursian，ii 1241.

3　Apraiz，《西班牙希腊研究史述要》*Apuntes para una historia de los estudios helénicos en España*，190 页（1876），篇末内容重印于《西班牙杂志》*Revista de España*，vols. xli–xlvii（参看 Ch. Graux，在《文史评论》，1876 年 8 月 12 日）。

第三十六章

19 世纪的法国

勤于学问的让·巴普蒂斯特·加伊 Jean Baptiste Gail（1755—1829 加伊
年），其书斋生涯被平均地分在了 18 与 19 世纪。在 18 世纪，他刊布
的著作涉及了琉善与提奥克里忒，阿纳克瑞翁与希腊英华集，还有被收
入 14 卷本《希腊著作家》*Scriptores Graeci* 中的诸人；在 19 世纪，他涉及荷
马、修昔底德与希罗多德。他还编订过德摩斯提尼的演说词，《为罗德
岛人之释放辩》*De Rhodiorum Libertate*，撰写了一部《著名的赫尔曼先生语
法学评议》*Observations grammaticales au célèbre M. Hermann*（1816 年）。他在 1792
年被指命为法兰西广学院的希腊文教授，1814 年出任巴黎图书馆的保护
官，在接下来的 14 年中他编辑了题为《语文学》*Le Philologue* 的古典学期
刊。他为数众多的出版物仅取得了一般水平上的成绩，主要价值在于其

沙尔东·德
拉罗谢特

中有来自巴黎诸钞本的异文核录[1]。同代人中，西蒙·沙尔东·德拉罗谢特 Simon Chardon de la Rochette（1753—1814 年），乃是巴黎图书馆的监察员，曾刊布过一部柏拉图希腊集注的概述（1801 年），以及三卷本的考据学与语文学的《杂录》Mélanges（1812 年）[2]。

布瓦松纳德

　　让·弗朗索瓦·布瓦松纳德·德房塔拉比 Jean François Boissonade de Fontarabie（1774—1857 年）的名号则附有崇高得多的声誉，此人接替了拉尔舍成为巴黎大学的希腊文教授（1813 年），又继加伊之后成为法兰西广学院的教授（1828 年）。他以斐洛斯特拉图斯的《英雄志》（1806 年）开始了自己的古典学事业。他用了九年时间，完成了 24 卷的希腊诗家注解系列。更具较大新意的，是他所刊马克西姆·普兰努德斯的奥维德《变形记》希腊文译文的首个编订本（1822 年），巴布理乌斯的首刊版（1844 年）[3]，五卷本的《希腊遗书》，以及《新遗献辑》。他大部分的编订工作都与晚期希腊散文著作家有关，例如阿理思泰涅特的书信集（1822 年），以及斐洛斯特拉图斯的书信集（1842 年）；在为这些作家所撰的序言中，他乐于谦和地声称，他们才华的平庸之处正与他本人的才能的平庸之处相合。但他还刊布过一部阿里斯托芬（1832 年），并花费了若干年功夫计划完成一部希腊英华集的注疏。他为新版希腊文《宝库》做出了许多贡献，他的海外通信联系人，有沃尔夫与威滕巴赫，以及那位希腊文辞书家埃德蒙·亨利·巴克 Edmund Henry Barker。据说他

250

1　参看 Dacier 在《铭文与美文学院论集》，ix 22；以及 Bähr，在埃尔施与格鲁勃《科学与艺术大百科全书》。

2　他是 Koraës 的朋友，后者致罗谢特的书信刊布于 1873—1837 年；参看 Thereianos，《阿扎曼蒂奥斯·科剌厄斯》，i 176 以下，以及其他各处；又见狄多版《帕拉廷文苑英华集》的前言，ix。

3　上文第 129 页。

图 55　布瓦松纳德

出自 David d'Angers 的奖章铸像

在法兰西广学院的首次讲座完全用以阐解柏拉图《伊翁篇》的开篇三个字[1]；他对细节的热爱使他以半小时的时间用在 *adamas*【坚不可摧者】一词的解释上。他的讲座中还显示出他具有流利的译笔，但仅有一次课程是以对计划阐解的著作者生平与著述进行总体介绍的方式开场的。那次例外就是在讲普鲁塔克的时候（1813 年）。他很少讲到像普鲁塔克这么晚期的作者，然而也很少编订更早的作者。他令人崇敬纪念之处，在于若不是他编订工作的助益，许多次要的希腊著作家可能至今还处于湮没无闻之中[2]。

1　τὸν Ἴωνα χαίρειν【欢迎你，伊翁】。
2　Egger，在《古代文献论集》*Mémoires de littérature ancienne*，1862，1–15；又有 Le Bas、Naudet 及 Saint-Beuve 的概述；以及与 P. L. Courier 联络的部分书信。

一部朗古斯的编订本，在 1810 年由保罗·路易·库理耶（1773—1825 年）完成，此人一是位杰出的作家与炮兵军官，曾翻译过色诺芬的《骑术》*Hipparchicus* 以及《马术》*De re equestri*（1813 年），琉善的《变驴记》（1818 年），还注解过《回忆苏格拉底》，身后由辛纳 Sinner 刊布（1842 年）。他还完成了由其内兄艾蒂安·克拉维耶 Étienne Clavier（1762—1817 年）所开始的波桑尼阿斯译本（1814—1823 年）。

我们可以简略提及让·路易·比尔努夫 Jean Louis Burnouf（1775—1844 年）[1]，他写过一部著名的希腊语法学，翻译过塔西佗；约瑟夫·诺

代 Joseph Naudet（1786—1878 年），他编订了奥贝兰 Oberlin 的塔西佗，以及卡图卢斯与普劳图斯，撰著涉及罗马人的邮政组织、罗马的 *Noblesse*【贵族】，以及自戴克里先至尤里安历朝的公共行政事务。接下来，还要

提到那位才艺多能的维克多·库赞 Victor Cousin（1792—1867 年）的显赫

名字，他在 1815—1822 年及 1828—1830 年是索邦的教授，1840 年任教育部部长。他因普洛刻卢斯的首刊版（1820—1827 年）以及为柏拉图全集所作的法文译本（1821—1840 年），遂与希腊学术结缘[2]。他对阿贝拉尔较少为世人所关注的著作加以新的阐述，并为经院哲学史的研究做出贡献。

库赞的同时代人，亨利·约瑟夫·纪尧姆·帕坦 Henri Joseph Guillaume Patin（1792—1876 年），乃是巴黎的文学系主任，法兰西学院院士，以

---

1 Eugène Burnouf（1801-1852）之父，其子曾批评过博普（1833），乃是古波斯语的最早破解人，还是法国最杰出的东方学家之一。

2 《比利时境内公共教育评论》*Revue de l'Instruction Publique en Belgique*，1867，679；Naudet 的《对维克多·库赞先生生平及著述的历史记录》*Notice historique sur la vie et les travaux de M. Victor Cousin*（巴黎，1869）；肖像见《巴黎高师》*École Normale Supérieure*。

翻译和笺注贺拉斯而闻名，还著有一组关于拉丁诗歌史的讲录，又有一系列的研究，涉及古代拉丁诗人[1]，希腊悲剧诗人[2]，——这部著作以其学识及品位上的稳妥受到公允的推崇[3]。

基什拉

拉丁辞书学的代表，是路易·马里于斯·基什拉 Louis Marius Quicherat（1799—1884年），他在1849年被委任执掌圣日内维耶夫图书馆 Bibliothèque Sainte-Geneviève 的钞本部，1864年升为该馆的"保护官"，至1882年退休。

这份差事对他的好处，在于拥有充裕的闲暇来从事学术研究。他的《拉丁语诗家宝库》*Thesaurus Poëticus Linguae Latinae*，首度刊布于1836年，其中研究了所有的拉丁诗人，在筹备期间，他顺便还编订了维吉尔、贺拉斯、珀息乌斯、斐德卢斯、奥维德《变形记》，以及泰伦斯的《安德洛斯少女》、《两兄弟》*Adelphi*（1828—1832年）。他还整理了奈波斯与科耳修斯，塔西佗的《日耳曼尼亚志》及《阿古利可拉传》，以及西塞罗的《布鲁图斯》与《西比阿之梦》（1829—1842年）。除却奈波斯，其他编订本都是以拉丁文注释的，这依照了法国至今流行的习惯。《拉丁语诗家宝库》之后，他在1844年又完成了拉丁文—法文辞典，其中得到了日后成为雅典法国学校主任的达弗吕 A. Daveluy 的帮助。他的拉丁文专名辞典（1846年）收录了19 000则词条，而《拉丁辞典补遗》*Addenda Lexicis*

1　《拉丁诗歌研究》*Études sur la Poésie latine*，两卷本，1868—1869。
2　四卷本，1841—1843；第五版，1879。
3　参看 Boissier 与 Legouvé，《在法兰西学院的演说》*Discours prononcé à l'Académie Française*，以及 Caro，《学人杂志》，1876（Reinach，《古典语文学手册》*Manuel de Philologie Classique*，i 21 注释 11）。

Latinis（1862—1880）为已有辞书增订了不少于 2 000 个单词。他在 1858 年的法文拉丁文辞典，长达 1 600 页，每页三栏，已经出到第 26 版。这三部辞书耗费了他生平的 30 年时光。在这个学术领域中他还有一部代表作，即其所编订的拉丁辞书学家及语法学家诺尼乌斯著作（1872 年）。在此后的七年中，他着手准备《拉丁语诗家宝库》的新版本，前言中他哀悼了拉丁韵言之兴味在法兰西的衰落。他的次要著作，皆与法文及拉丁文之诗学有关，其中有些显示出他在音乐方面的独特才华。1879 年，他刊布了一部文集，收文 30 篇，题为《语文学丛录》*Mélanges de Philologie*。对于理茨尔及其学派所主张的拉丁文正字法中的某些变革，他持有怀疑态度，但他也并不盲从于那些习常之俗见。在他本人的著作中，总是坚持回溯至原初的权威文本。尽管他主要以拉丁辞书学家及拉丁经典校勘家名世，却应该补充说明的是，他还编订过琉善的某些对话、德摩斯提尼的《议金冠》、索福克勒斯的《埃阿斯》以及荷马《伊利亚特》[1]。

亚历山大　　有一部杰出的希腊文—法文辞书，是同时代的查理·亚历山大 Charles Alexandre（1797—1870 年）完成的，此人还因编订西比尔神谕而闻名（1841—1856 年，1869 年第二版）[2]。那位杰出的法国辞书学家，马利特雷　克西米利安·保罗·埃米尔·利特雷 Maximilien Paul Émile Littré（1801—1881 年），其辉煌而又多变的事业是从一名医药学者开始的。1839 年他被选为铭文与美文学院的成员。同年开始编订并翻译他那著名的希波克拉底著作集，至 1861 年完成，凡十卷，由此奠定了对该著作家的近代

1　Emil Chatelain 在《传记年刊》，1884，128-133。
2　Guigniaut，《铭文与美文学院论集》，xxix。

校勘成果之基础。

古典文献的普及事业，以德西雷·让·马里·拿破仑·尼扎尔 Désiré Jean Marie Napoléon Nisard（1806—1888 年）为代表，他是法兰西广学院拉丁文演说术教授，其研究论著涉及没落期拉丁诗家（包括了斐德卢斯、塞内加、珀息乌斯、斯塔提乌斯、马提阿尔、玉万纳尔与卢坎）[1]，拉丁历史四大家[2]，还有关于左伊卢斯的一篇妙论[3]。虽然个人兴趣在古代文献，却未曾奢望成为学者，他不足为一名历史家，差可做个文本考据家。在他的《生涯散记》*Souvenirs et Notes Biographiques* 中，曾坦白地承认自己并无什么渊博学识，并疑心那种学问是源自日耳曼的舶来品。他在高师的公开演说中，甚至告诫听者警惕这种形式的学问，尽管该校的主任，吉尼奥 Guigniaut，其声誉便缘于本人所详尽编订的克罗伊策《象征论》。德西雷·尼扎尔编订了一系列受欢迎的拉丁经典法文译本，他有位兄弟查理·马里·尼扎尔 Charles Marie Nisard（1808—1889 年），也为这套丛书贡献了一部诉歌体诗作的全译本，包括了奥维德（《女杰书简》除外）、马提阿尔、瓦勒理乌斯·弗拉库斯以及弗图纳图[4]，还翻译了部分李维与西塞罗，以及独立成卷的西塞罗书信集注释[5]。他著作中最早的一部，看似与学术史有关，乃是对利普修斯、斯卡利杰尔及卡索邦之事业的研究，见于他的《16 世纪文界三魁》（1852 年）。前言中他曾说自己

德西雷·
尼扎尔

253

查理·
尼扎尔

1　两卷本，1834，等。

2　1874.

3　1880.

4　他关于此位诗人的论文，在身后由 M. Boysse 重刊，并在 pp. 193-200 处附有一篇传记。

5　有篇严厉的书评，见《柏林语文学周刊》，1883，1156.

有一部完整的拉丁经典中人名地名索引手稿，存放于杜伊勒里宫的办公室中，竟在 1848 年 2 月毁于火灾，而这部《16 世纪文界三魁》幸运地逃过此劫。这部著作绝不可视作学术史的一个章节，主要是对文学手法的研究，围绕那几位学者的生平与争斗，记录了许多奇妙的掌故细节。可疑的是，该作者在领会斯卡利杰尔的史事系年研究时是否怀有严肃态度，毕竟有关这方面的数页论述都蹈袭了哈勒姆的著作[1]。不过，他还是值得尊敬的，因为他将所关注的几位人物在读者面前描绘得活灵活现，而且假如对各家之著作说得太少，肯定是他熟知其中的各种瑕疵[2]。另一部同类型的著作，冠有妙不可言的题目，作《15—17 世纪文学共和国的斗士》 *Les gladiateurs de la république des lettres au XV–XVII siècles*（1860 年），包含了对于菲勒尔佛、博乔、瓦拉、斯基奥庇乌斯，以及老斯卡利杰尔的研究，还涉及了弗朗索瓦·加拉瑟 François Garasse（1585—1631 年）神父，这是一位昂古莱姆 Angoulême 的耶稣会士，曾猛烈地抨击过卡索邦和艾蒂安·帕斯魁耶[3]等几位加尔文教派分子。这部书再次重复了《16 世纪文界三魁》的表现，尼扎尔沉湎于对论战的小册子进行分析。尽管他本身是个极为平和的人，却对他人的学术争端怀有一种可算是热切的兴致。1876 年，他当选为铭文学院的成员，接替狄多的位置【译按，指 Ambroise Firmin Didot，于是年去世】，这激励他生机焕发地投入工作中，直至 80 岁之龄。当选后第二年，他刊布了凯吕斯伯爵、修道院院长巴忒勒密以及

1　《欧洲文学导论》，i 530[4]。

2　Bernays，《约瑟夫·尤斯图·斯卡利杰尔》，19，称此著作从学术观点来看不值一提，且误导了一位有才华的评论者轻信斯卡利杰尔乃是一位"彻头彻尾的恶棍"【译按，引语原系法文】。

3　参看《回忆加拉瑟》*Mémoires de Garasse*，*Ch. Nisard* 编订（1860）。

P. 马利耶特和那位提埃蒂教会 Theatine 牧师帕里奥蒂 Pariaudi（约 1757—1765 年）的往来书信集，其中证明帕里奥蒂在凯吕斯《古物汇编》后五卷的编订工作中占有很重要的地位[1]。

尼扎尔兄弟宗旨在于普及经典，与之相对照的是贝尼涅·埃马纽埃尔·克莱芒·米勒 Bénigne Emmanuel Clément Miller（1812—1886 年），一位不知疲倦地研究钞本的学者，他觉得给希腊文的《宝库》填补新词，具有更大的欢乐，胜过去阐述古代世界诸多杰作的价值。1834 年，米勒进入巴黎图书馆的手稿部，在混迹于该部门近 30 年的哈瑟 K. B. Hase 影响下，不仅满怀热情地查询新词，而且对探索晚期的希腊文学也充满了浓厚兴趣。通过自己的研究，他成为欧洲最杰出的古文书学专家之一。1835 年被派往意大利查看阿里斯托芬的集注。1839 年他刊布了一部希腊地理学诸小家集的编订本，包括了马西安努斯 Marcianus、阿耳忒密多儒，以及喀剌刻斯的伊息多耳 Isidore of Charax，1841 年他又编订了一部新的希腊文版《伊索寓言》。有五年（1840—1845 年）的时间，他将主要精力投入那份短寿的《文献分析学杂志》*Revue de Bibliographie Analytique* 中。1843 年他被维耶曼 Villemain 派去考察西班牙各家图书馆；他为厄斯库列尔的希腊钞本所作类目问世于 1848 年，给 Iriarte 的马德里钞本类目所作增补刊布于 1884 年。在 1840 年由"穆纳斯"Mynas 从阿陀斯山带回的钞本中，米勒幸运地鉴定出奥利金《哲理篇》*Philosophumena*【译按，早期护教著作，又题作《斥一切异端》*Refutatio Omnium Haeresium*，现在一般认为作者是 Hippolytus of Rome】的部分篇章，并为克拉伦登出版社编订此书（1851

---

[1] 尼扎尔就此主题还有论述，见《法兰西评论》*Revue de France*。参看 Stark，147–149，尤见 S. Reinach，在《传记年刊》，1889，153–158。

年）。此时他业已离开黎塞留路的图书馆，调任"国民议会"的那家，在那里担任馆长，从 1849 至 1880 年。在 1855—1857 年，他刊布了拜占庭诗人曼纽尔·菲勒斯的 25 000 行诗句。在考察了俄罗斯的各家图书馆后，他在君士坦丁堡之后宫所藏的钞本中找到了拜占庭历史家安布洛斯的克里托布鲁斯的著作。在随后检看阿陀斯山的 6 000 多种钞本期间，他曾访问过塔索斯，这促成了某些与希腊碑铭、雕塑相关的重要发现[1]。分别于 1868 及 1875 年，他完成了《希腊文学杂录》以及《语文学与金石学杂录》*Mélanges de philologie et d'épigraphie*。在前一部所刊著作中，收有许多未被编订过的文本，其中包括《佛罗伦萨本语源学》与《小词源学》，以及拜占庭的阿里斯托芬与亚历山大里亚的狄都慕斯两人的某些作品。他还出版过忒奥都儒斯·普罗德洛姆的历史题材诗作（1873 年），记述十字军的希腊史家著作（1875—1881 年），以及塞浦路斯的编年史（1882 年）。他喜爱寻访拜占庭文学的 *avia loca*【荒僻之境】，胜过流连于黄金时代的经典；或许自利奥·阿拉修斯及杜康日的时代起，就无人再比埃马纽埃尔·米勒更熟稔中古希腊文了[2]。

在 1867 年，米勒与伯莱 Beulé 及布吕内·德普雷斯勒 Brunet de Presle 联手，创办了促进希腊研究的学会。创办者中还有一位古斯塔夫·戴希塔尔 Gustave d'Eichthal（1804—1886 年），是一个圣西门主义者，他关注的是哲学及语文学，就苏格拉底之学说及近代希腊文的研究有所著述。1833 年起，他在雅典逗留了将近两个春秋，此后 30 年间一直在倡导将近代希腊的一种经过提炼的形式作为一门通用语。1874 年，他撰文支持

戴希塔尔

255

---

1 参看 Michaelis，《19 世纪的考古学发现》，88。
2 Salomon Reinach 在《传记年刊》，1886，14—23。

勒舍瓦利耶 Lechevalier 的观点，认为特洛伊旧址当位于布拿拔舍之上的群山间（1785 年），而不是谢里曼的希萨里克丘陵那里，篇末还吁请在特洛伊平原建立卫生设施及重造"普里阿穆之宫"[1]。他关于苏格拉底宗教学说的论文（1880 年）曾被瓦勒塔斯 Valettas 译成近代希腊文。对居住在或途经巴黎的希腊人来说，他是希腊民族的两位长久的 *proxeni*【异邦保护人】之一。另一位则是埃米尔·厄戈尔 Émile Egger[2]。

　　厄戈尔（1813—1885 年）具有奥地利血统，刚满 20 岁不久，便已凭关于塔伦廷的阿尔吉塔及关于罗马教育的两篇论文成为一名文学博士。他的学术事业始于对"朗吉努斯"《论崇高》及瓦拉《论拉丁语言》的编订（1837 年）。此后还整理了费斯多与维琉斯·弗拉库斯的残篇（1839 年），完成了一篇关于奥古斯都在位时期诸史家的得奖论文（1844 年），并编订了亚里士多德的《诗学》[3]。最后这一种起初附在他关于"希腊人的批评史"之宏论（1850 年）后面，直到作者去世后才单独重刊。他的"比较语法学初论"（1852 年），是欧洲最早的此类著作；又以"阿波罗尼乌斯·狄斯古卢斯"为题（1854 年），发表了一篇关于古代语法学理论史的文章。他关于希腊纸草、碑铭文献以及希腊罗马语言、历史与文学的撰述甚多。许多文章都收录于他关于古代文学、古代历史及语文学的《丛录》*Mémoires* 中（1862—1863 年）。与学术史相关，他论述过"游记作家"珀勒蒙，以及那位克勒蒙－东奈尔大公 Duc de Clermont-

厄戈尔

1　《法兰西希腊研究促进会年刊》，1874，1-58。

2　Salomon Reinach 在《传记年刊》，1886，24-29；Queux Saint-Hilaire，在戴希塔尔所辑录的《载记备闻》*Mémoires et Notices*（1864—1884），1887。

3　1849；第二版，1874。

Tonnerre，然而（除了关于批评史的那部可敬之论说外）他最为重要、传播最广的著作，乃是《希腊文化在法国的历史》（1869 年）。他本人是法国最早吸收日耳曼学术中严谨、科学之方法的人士之一，并最先以自己同胞清通典雅的文风特色对这一收获进行表述。在他生平最后三年间，他双目已盲，不得不借助于一位秘书的效劳。但他在其他方面依然具有良好的机能，甚至在高寿之龄还能保持活力与生气[1]。

256

马丁　　有一位多能博闻的学者，托马斯·亨利·马丁 Thomas Henri Martin（1813—1884 年），曾在高师研修自然科学以及古典文学，当时还听过维克多·库赞的讲座。他作为学者的生涯始于对亚里士多德诗学论著的批评分析[2]。40 多年来，他一直是雷恩大学文学系的一位活跃分子。

正是在雷恩，他完成了关于柏拉图《蒂迈欧篇》的两卷本论著（1841 年），包括了文本与阐释性的译文，以及分析、评注和一组涉及古代音乐、天文、宇宙学、物理学、几何学与解剖学广泛知识的论文。这部著作得到了法兰西学院的表彰，连同他所编订的士麦那的忒翁的天文学著作（1849 年），俱使他名声远播于海外。

在他研究《蒂迈欧篇》期间，产生了一个计划，要完成一部全面叙述古代天文学与自然科学的史书。这激发了他第二部巨著的问世，即两卷本的《关于自然的精神哲学》 *Philosophie Spiritualiste de la Nature*（1849 年），这是古代物理科学史的一部导论。这项关于希腊人之自然科学的研究取得了令人钦佩的成就，内容截止于西元 529 年（见其第二卷），使他当选为柏林科学院的通讯会员。此后他还完成了涉及与此书主题相关之特

1　Salomon Reinach 在《传记年刊》，1885，108–111。
2　卡昂，1836。

别部分的许多重要专著，例如对亚历山大里亚的希戎名下各著作的论述，对宇宙学及天文学的论述。此后他出版的著作几乎都属于自然科学的专著，如同古人所研究的范围，极少与希腊文献相关，后者乃是他公共讲学的主要论题。不过，这些讲座令人想到他所撰写的关于希腊语送气音（1860 年）及普罗米修斯三联剧的论文[1]。在他另外的一些著作中展示出作为基督教哲学家的理想。他讨论基督教未来生活之教义的著作（1855 年），已再版三次[2]。——在下一世代，希腊科学史的杰出研究者是保罗·塔内里 Paul Tannery（1843—1904 年），此人编订过狄奥凡图斯的著作[3]。

257
塔内里

有一部医学史问世于 1872 年，作者是查理·维克多·达朗贝 Charles Victor Daremberg（1817—1872 年），此人还翻译过奥理巴修斯 Oribasius（1851—1876 年），以及希波克拉底与盖伦的著作选（1854—1856 年），并（与萨里奥 Saglio 一起）编订了那部著名的古物学辞典【译按，系指卷帙繁多、图文并茂的《希腊与罗马古物学辞典》Dictionnaire des antiquités grecques et romaines】。

达朗贝

那位富有才华的亚里士多德信徒，查理·蒂罗 Charles Thurot（1823—1882 年），其父是译过希伦某部史著的亚历山大·蒂罗 Alexandre Thurot（1786—1847 年）。在高师毕业后，他相继在波城、兰斯和波尔多出任教授，最终在 1849 年执教于贝桑松，在那里与著名的希腊文研究者亨利·威尔 Henri Weil 结下终生的友谊。自 1854 至 1861 年，他在克勒蒙－菲朗担任古代史教授；自 1861 至 1871 年，在高师担任语法学的"讲座

蒂罗

---

1 《铭文与美文学院论集》，xxviii（2），1875。
2 《传记年刊》，1884，119—128。
3 同上，1906，46—48。

教授"Maître de Conférences【译按，职位低于大学教授，相当于具有终身教职资格的副教授】；余生的 11 年间则接替了加斯东·波瓦歇 Gaston Boissier 的位置，成为法国高等研究应用学院的拉丁文研究主任。他还继维耶曼之后成为铭文学院院士，也是慕尼黑科学院的一名成员。

他的学术工作主要集中于亚里士多德哲学以及语法学史。他发表过关于亚里士多德的《修辞学》《诗学》及《政治学》还有《动物志》与《气象学》的重要论文[1]。他更为显著的成就，是编订了阿弗洛底西亚的亚历山大关于亚里士多德《论感觉及其对象》的注疏[2]。他还为自己伯父[3]所译的爱比克泰德和《伦理学》第八卷贡献了一篇导论和若干注释（1874—1881 年）。

作为一名拉丁文学者，他的主要兴趣在于中世纪的教育史及语法研究史。他的博士学位论文中曾涉及中古巴黎大学的组织机构[4]，还讨论了维拉丢的亚历山大的语法学著作（1850 年）。他还出版过奥尔良大学的史料[5]，对数百种钞本仔细校验的成果，被纳入他那部重要的中世纪语法学思想史资料汇编中[6]。与普朗特尔相比，他主张"西班牙人"彼得的拉丁文本逻辑学大纲乃是原本，而普氏则认为米凯勒·普塞卢斯的希腊文本大纲才是原本。蒂罗的观点至今已得到印证[7]。他是一位视野广阔的学

258

1　主要见于《考古学评论》，1861—1870；清单见于《传记年刊》，1882，24 以下。

2　《短评与摘录》，xxv（2），1875，pp. 454。

3　François Thurot（1768-1832），乃是法兰西广学院的教授。

4　Dezobry，巴黎，1850，232 页。

5　《法国文献学院文库》*Bibliothèque de l'École des Chartes*，xxxii（1871），376-396。

6　《短评与摘录》，xxii（2），1869，592 页；参看铭文学院《会议记录》中的《资料集》，vi（1870），241-270。

7　Stapper 在《罗马建立日耳曼人之"圣地"1100 周年纪念文集》，布来施高之弗莱堡，1896，130-138；《拜占庭学刊》，vi 443。

者；为使法国多接触异域学术成果而贡献卓著；他极为推重马兹维，在他的讲座上尤其对《考据学丛札》*Adversaria Critica*之第一卷的价值给予特别的关注[1]。

索福克勒斯的文本在 1867 年由爱德华·图尼耶 Edouard Tournier图尼耶（1831—1899 年）加以成功地编校；欧里庇得斯的七部剧作（1868 年）以及德摩斯提尼的主要演说词（1873—1877 年）则由亨利·威尔（生于1818 年）完成[2]；而阿里斯托芬及亚历山大里亚诸诗家的作品得到了库阿 A. Couat（卒于 1899 年）饶具眼光的研究。

拉丁经典乃是路易·尤金·伯努瓦 Louis Eugène Benoist（1831—1887伯努瓦年）所选择的擅场，他在马赛做了 12 年教师后，自 1867 至 1871 年间就职于南锡 Nancy 的文学系；随后在艾斯 Aix 居留了几年，便接替帕坦的职位，成为巴黎的教授（1874—1887 年）。1884 年，他当选为铭文学院院士，但由于疾病的困扰，生平最后三年间未有多少成就。

他还在马赛时，就编订了普劳图斯的《箱箧》与《绳索》以及泰伦斯的《安德洛斯少女》，但他主要的精力投给了卢克莱修与维吉尔。他最初编订的维吉尔共三卷，问世于 1867—1872 年。他在巴黎的课程259开场是对前任帕坦的颂赞，而次年他的普劳图斯研究就赢得了理茨尔的一篇颂词[3]。他的扩充编订本维吉尔刊于 1876—1880 年。在朗图瓦纳

---

1 《传记年刊》，1882，23—29，见《文史评论》，241 以下；《历史学论坛》，386 以下；《语文学杂志》，171—178；《拜仁科学院会议报告》，iii 414—416（皆为 1882 年所刊）；Bailly，1886。
2 埃斯库罗斯，1884，1907[2]；《古代戏剧研究》*Études sur le drame antique*，1897—1900；参看《亨利·威尔杂录》*Mélanges Henri Weil*，1892。
3 《语文学杂志》，i 91。

Lantoine 的帮助下，他于 1884 年出版了卢克莱修第五卷的编订本，此后在 1886 年又完成了一部中学读本。与此同时，他还开始编订一部卡图卢斯，其中的法语韵体译文是 1878—1882 年完成的，出自他那位著名的弟子，尤金·罗斯唐 Eugène Rostand，但是这部编订本一直未能完工。除却有关上述作家们的若干篇文章之外，他还写过"贺拉斯在法国"[1]，但未能完成计划中的该诗人之编订本。他与自己杰出的弟子里曼合作，完成了一部李维卷 XXI—XXV 的编订本（1881—1883 年），其中里曼负责文本与注释以及考据学与语法学的附录，伯努瓦处理的是宗教、民事以及军事的制度问题。他的学术活动延续了四分之一世纪，其间他不遗余力地投身于拉丁经典的文本校勘及阐释。他完全熟稔日耳曼的拉丁学人著作，所编订之文本明显要比法国那些同领域著作出色许多。属于他这个学派的杰出拉丁学人，还有里曼、华尔兹 Waltz、于里 Uri、康斯坦 Constans、格尔策 Gölzer、普莱西 Plessis 以及科瑟雷 Causeret[2]。

里曼　　奥顿·里曼 Othon Riemann（1853—1891 年）就读雅典法国学校期间曾在意大利居留两年（1874—1875 年），核录了色诺芬与李维钞本的异文。第三年时间被他用在了伊奥尼亚诸岛上。在南锡担任教师时，他完成了有关李维的语言及语法、色诺芬的《希腊志》文本的论述，结合了他在伊奥尼亚诸岛从事的考古学调查以及对作为阿提卡方言证据的碑铭资料的第一部分研究。1881 年之后不久，他在巴黎接替了蒂罗的职位，成为高等师范的希腊文教授。至其短暂人寿的末年，他刊布了自己关于李维之杰作的增订版，以及精彩的拉丁文句法学的两个版本（1886—

1　《政治学与文学杂志》 *La Revue politique et littéraire*，viii（1875）719 以下。
2　《传记年刊》，1887，112–117。

1890 年 ）[1]。

查理·格劳 Charles Graux（1852—1882 年）在自己 30 华年的短促 格劳
人生中，取得了古文书学的最高声誉。他在家乡小镇韦尔维耶 Verviers
的学院就读时便开始了自己的研究。他所具有希腊文的坚实学识，来
自一位才德兼备的老神甫。格劳此后又在巴黎跟随图尼耶继续学习希腊
文，还师从布雷亚尔 Bréal 钻研比较语法学。21 岁时，他已经怀着科学
精神从事编辑《语文学杂志》和《文史评论》的工作了。他对希腊古 260
文书学的娴熟程度，使他不断被派去查阅海外图书馆里的钞本。1879
年，他刊布了一部哥本哈根的希腊钞本类目；在西班牙旅行期间，他翻
检了不少于 60 家图书馆的藏书，其中尤其关注厄斯库列尔的宝藏。他
在那里找到许多材料，用以完成自己关于厄斯库列尔希腊文钞本部渊源
的论文，并对西班牙的学术复兴加以概述[2]。在马德里的皇家图书馆，他
发现了普鲁塔克《名人传》的某种新见修订本。客居马德里时，他曾谒
见西班牙国王，正好抓住时机进言，争取将西班牙所藏钞本借给法国的
学者们。他为《语文学杂志》贡献了一篇重要的文章，讨论的是古代的
行测法 Stichometry【译按，指古代文献以行计数的文献描述法】[3]，他在所有的海
外考察过程中都一直在思虑这个论题。最先完成的著作中，有些讨论到
希腊作家们关于筑城工事的描述，他刊布了拜占庭的菲隆的论著，以及
一篇有关迦太基城墙的资料。他因此选择将考据学问作为自己工作之擅

---

1 后来有所增订，收入里曼与格尔策的两卷本《希腊与拉丁比较语法学》*Grammaire Comparée du Grec et du Latin*（1899—1901）。《传记年刊》，1891，133 以下。

2 《高等学院文库》*Bibliothèque de l'École des hautes études*，XLVI（1880）。

3 《语文学杂志》，1878，97–143。（Lydus，《论气象》περὶ διοσημειῶν，同上，1896，23–35。）

场而应用于古代史研究中去。1881 年初，他获得巴黎文学院的希腊史与古物学导师的新职位。在开始授课前，他游访了佛罗伦萨，并在罗马逗留了较长时间，在那里他帮助梵蒂冈的官员们为当时要编目的希腊文钞本鉴定年代。在他返回巴黎后，稍做休憩，便宣布了自己第一次讲座的内容，但在正式登台授业之前，被突如其来的疾病夺走了生命，终年 30 岁。为了纪念他，由欧洲顶级学者贡献的 78 篇论文结集出版；他的遗作收入一套纪念集中，其中有柯理丘斯某部著作的首刊版，依据马德里钞本完成的一部普鲁塔克《德摩斯提尼传》与《西塞罗传》编订本，色诺芬《齐家篇》的校订文本，以及拜占庭的菲隆所撰写的筑城工事论[1]。

261

有些拉丁经典的法文译本，看来与尼扎尔兄弟有关。西塞罗的译者是约瑟夫·维克多·勒克莱尔 Joseph Victor Le Clerc（1789—1865 年）[2]，翻译萨鲁斯特的是蒙科尔 Moncourt。在希腊文学方面，荷马的译者是吉盖 Giguet，修昔底德的译者是热沃尔 Zévort，伊索克拉底的《论财产交换》是卡特利耶 Cartelier 翻译的，德摩斯提尼则有斯第芬纳尔 Stiévenart 与达勒斯忒 Dareste 两位译者，狄奥·卡西乌斯是戈罗 Gros 译的，翻译诺恩

---

1 《希腊文本》Les Textes grecs，1886；《文献学札记及其他》Notices bibliographiques et autres articles；格劳与马丁，《瑞典藏希腊文钞本汇录》Notices sommaires des manuscrits grecs de Suède（1889），《西班牙及葡萄牙所藏希腊文钞本汇录》Notices sommaires des manuscrits grecs d'Espagne et de Portugal（1893），《西班牙藏希腊文钞本摹件》Fac-similés de manuscrits grecs d'Espagne（1891）。《传记年刊》，1882，18—21；肖像，Lavisse 所作小传，以及参考书目，见于《纪念格劳丛刊》Mélanges Graux，1884。

2 Guigniaut 所作《约瑟夫-维克多·勒克莱尔先生生平与著述历史评说》Notice historique sur la vie et les travaux de M. Joseph-Victor Le Clerc，1866。

努斯《狄奥尼索斯纪》的是那位马赛卢斯伯爵 Comte de Marcellus（1795—1861 年）（此人向卢浮宫赠送了米洛的维纳斯像[1]）。吕柯弗隆与希腊英华集都由德埃科 Dehèque（卒于 1870 年）译出，此人将厄戈尔视为自家弟子；埃斯库罗斯与亚里士多德的《形而上学》，还有马可·奥勒留与普鲁塔克，由皮埃龙 Pierron 译出，此人还写过希腊与拉丁文学的历史（卒于 1878 年）[2]。

亚里士多德著作得到了巴特莱缪·圣伊莱尔 Barthélemy Saint-Hilaire（1805—1895 年）的阐解与翻译，此人自 1838 年成为希腊与拉丁哲学教授，在他出任公职期间还是 1848 年临时政府的事务大臣。他所翻译的亚里士多德，始于 1832 年，完成于 1891 年[3]。

下文的评述出自阿克顿爵士之手笔[4]：

"他出于工作目的所掌握的希腊文算是熟练的，但作为一名学者而言还不够精熟；整体看来，他对于所拜服的亚里士多德，在查阅钞本及改进尚无定论之文本方面几无所作为"……他"在第二流的学者哲人间的确拔得头筹。但他不是一个发现者，不是一个创立者，甚至都不是通常法国人所言的那种聪明人，根本不擅于口才，辞令上既不生动也不犀利；知识充裕但不够丰赡，思想清明却不灵动；应付得了世情晦暗时的沉重事务，却不懂得引导、影响或是赞助他人；冷漠且有些孤立，但又

1　参看 Michaelis，《19 世纪的考古学发现》，45 以下。
2　又见厄戈尔的《法兰西的希腊文化》，ii 469–476。
3　主题索引共两卷（1892）。Picot，《史论集》*Notices Historiques*，i（1907）107–148。
4　《书信集》，1904，37–39（1880 年 9 月 27 日）。

巴特莱缪·圣伊莱尔

心气高慢，忠于原则、意志，甚至怀有热情，准备牺牲自身的利益、生命、名誉，贡献于公共责任或是科学真理……他最为值得称许的一点，尽管他终生研究亚里士多德，却曾告诉我他对柏拉图评价更高，而且在他为那部伦理学著作所写的导言中曾揭示了自己的研究对象在攻击柏拉图学说时的虚弱无力"。

262

在他所编订并翻译的《政治学》（1837 年）中，各卷以如下次第进行排列：I，II，III，VII，VIII，IV，VI，V。先是有一位法文译者，尼古拉·奥雷姆 Nicolas Oresme（卒于 1382 年），最早将卷 VII 和 VIII 径直置于 I，II，III 之后，而圣伊莱尔是头一位把 VI 放在 V 前面的人[1]。

查理·沃丁顿

亚里士多德的"生理学"乃是查理·沃丁顿 Charles Waddington（生于 1819 年）的一个论述主题。此人出身于 1780 年定居法国的一个英伦家庭。他在索邦讲授过逻辑学（1850—1856 年），但因为不想成为清教徒，遂退避至斯特拉斯堡。等 1864 年返回巴黎，他又开设了哲学论题的讲座。他写过一部关于刺慕斯的专著（1855 年），此后的著作讨论了皮浪学说（1877 年），中世纪亚里士多德的权威文献（1877 年），以及文艺复兴时期的哲学及其先驱（1872—1873 年）。

瓦尔肯纳尔

古代地理学的研究得到了查理·阿塔纳斯·巴龙·瓦尔肯纳尔 Charles Athanase Baron Walckenaer（1771—1852 年）的推进，他在法国大革命时期居住在苏格兰，自 1816 至 1830 年为法兰西效力。1840 年，他成

---

1 Susemihl-Hicks，《政治学》，p. 16，注释 4。

为铭文学院的书记员。他最为著名的著作，讨论的是高卢的地理[1]。他还编订过爱尔兰人蒂奎尔 Dicuil 的《大地测量论》 *De mensura orbis terrae*（1807年），并论述过贺拉斯的生平与著作[2]。在法国的古代地理学方面深有造诣的，还有德雅尔丹 A. E. E. Desjardins（1823—1886年），此人还精于拉丁铭文学；再就是那位外交家，查理·蒂索 Charles Tissot（1828—1884年），曾出版过一部关于恺撒的阿非利加战役的重要论述（1883年）。阿尔及尔的罗马碑铭集经由莱昂·雷尼耶 Léon Renier（1809—1885年）的系统编订，他写过一部论述提图斯围攻耶路撒冷史事的精彩专著，并编纂了一大套罗马军事外交资料集[3]。历史学家中，普罗斯珀·梅里美 Prosper Mérimée（1803—1873年）不仅完成了论述喀提林阴谋及同盟者战争的两大卷专著，还参与筹备由拿破仑三世（1808—1873年）在1865—1866年刊布的《恺撒史志》 *Histoire de César*；阿梅代·蒂埃里 Amédée Thierry（1797—1873年）的著作，则涉及鲁菲努斯、斯第利柯 Stilicho 与欧特罗庇乌斯[4]；还有布吕内·德普雷斯勒（1809—1875年），他是一位近代希腊语的专家，研究西西里的希腊人（1845年）以及罗马治下的希腊（1859年）[5]。

德雅尔丹

蒂索

雷尼耶

梅里美

阿梅代·蒂埃里

德普雷斯勒

263

1　三卷本，附地图，1839。

2　Naudet 的《巴龙·瓦尔肯纳尔先生生平及著述的历史评说》 *Notice historique sur la vie et les ouvrages de M. le Baron Walckenaer*，1852；Sainte-Beuve 的《月曜日文谈》 Causeries du Lundi，vi。

3　Salomon Reinach 在《传记年刊》，viii（1885）103 以下；Chatelain 在《语文学杂志》，x（1886）1 以下。

4　他还写过《高卢民族史》 *Histoire des Gaulois*，以及《高卢史》 Histoire de la Gaule；有关之评说，见 G. Lévèque，1873。

5　Queux Saint-Hilaire，在《法兰西希腊研究促进会年鉴》 *Annuaire de l'Association pour l'encouragement des études grecques en France*，1875，342。

德·库朗日 　　作为法国雅典的学院成员，福斯特尔·德·库朗日 Fustel de Coulanges（1830—1889 年）出版过一部关于开俄斯岛的专论 [1]。那部关于"维斯塔祭仪"的拉丁文论著，撰写于他返回法国的途中（1858 年），其中包含了他最为著名的《古代城邦》*La Cité Antique*（1864 年）的菁华，后者与亨利·梅因 Henry Maine 爵士的《古代法律》*Ancient Law*（1861 年）的许多观点不谋而合。1874 年，他开始刊布他的"法国制度史"，并于次年成为索邦的古代史教授，他在该校所有的讲座都强烈地坚持根据原始文献从事研究。有个计划以设立中古史新教席的方式向他致敬，却耽搁了许久，直至 1879 年甘必大 Gambetta 明确表示，《古代城邦》中关于宗教所起到的重要作用，并未真的意味着作者同情近世之"教权主义"。在高等师范担任了三年主任后，他又以生平最后六年在索邦的中古史教席上从事了富有成果的研究 [2]。他的《罗马时代的高卢》*La Gaule Romaine* 在其身后于 1890 年问世。

考古学家 　　在法兰西的古典考古学界一众杰出代表人物中，有一位奥班·路
米林 易·米林·德格朗迈松 Aubin Louis Millin de Grandmaiso 年（1759—1818 年），著作有《未刊古代纪念物集》*Monuments antiques inédits*（1802—1806 年），以及那部《神话学图录》*Galerie mythologique*（1811 年）[3]。他具有意大利血统，在斯特拉斯堡学习德文，在生平最后 25 年中，他编辑了一份杂志，为法兰西与日耳曼的考古学研究建立了重要的关联。在旅行期间，

---

1 《科学与文学事业文献集》*Archives des missions scientifiques et littéraires*，vol. V。

2 Paul Guiraud 在《传记年刊》，xii（1889）138—149。

3 图版收入他的《古代瓶画集》*Peintures de vases antiques*（1808—1810）以及《未刊浮雕集》*Pierres gravées inédits*（1817—1825），由 S. Reinach 予以重刊，1891—1895。

他完成了一部对法国南部地区的罗马遗址最为全面的描述，而对意大利的游览，也促成了对《奥瑞斯提亚》相关纪念物的首次系统检阅（1817年）[1]。他将"古代纪念物"monuments antiques 及"造像类古物"antiquité figurée 这两个术语引入古典考古学[2]。

卡特勒梅尔

卡特勒梅尔·德坎西 A. C. Quatremère de Quincy（1755—1849年），在他的插图本著作《奥林普斯的朱庇特》Le Jupiter Olympien（1814年），首度使考古学家们能够对古人的象牙镶金艺术品构成清晰的认识。直到1818年他亲眼见到帕台农神庙的雕塑，他充分地领会其重要性[3]。他最先认识到"加莱"所绘那些塑像之写生的价值[4]。

264

德克拉拉克

在古代雕塑研究领域的新纪元，以德克拉拉克伯爵让·巴普蒂斯特 Jean Baptiste Comte de Clarac（1777—1847年）为标志，此人曾在瑞士、日耳曼及荷兰生活，后返回法国，又成为那不勒斯的缪拉 Murat 国王的家庭教师。他在那里撰写了关于庞贝古城发现的一份报告（1813年）。1818年，他继维斯康蒂之后成为卢浮宫的保护官。他于1820—1830年所作的分类目录，最终成为一部古代艺术史手册（1847—1849年）。以《古今雕塑博物馆》Musée de sculpture antique et moderne 为题，他刊布了两卷本的卢浮宫塑像雕版简图（1826—1830年），随后又有两卷，涉及 2 500件"欧洲塑像"的摹绘，根据主题进行分类（1852—1857年），继而以一卷完结，包含了浮雕以及埃及、希腊与罗马的造像的其他类型。这么

1　Stark，257 以下。
2　同上，50。
3　致 Canova 诸书。
4　Stark，258；上文第二卷，第 299 页。

大宗的图绘集成，乃是后世所有古代雕塑研究著作的基础[1]。

拉乌尔·罗谢特 　　拉乌尔·罗谢特 Raoul Rochette（1783—1854 年）在他的《造像古物中的未发表纪念物集》*Monuments inédits d'antiquité figurée*（1828 年）中完成了一部与同时代人格哈德同样标题和主旨的著作。作为米林在卢浮宫的接班人，他在 25 年间发表了一大批关于考古发现的论文。他还撰写过一部希腊殖民地的考证学历史，以及一部关于克里米亚之古物的著作。他特别关注帕迦马的艺术家们，对表现希腊英雄的雕塑尤有兴趣[2]。他的观点[3]，以及翻译校订克罗伊策《象征论》的饱学之士吉尼奥（1794—1876

勒特罗纳 年）所持之论，都遭到了让·安托瓦内·勒特罗纳 Jean Antoine Letronne（1787—1848 年）的尖锐批评。后者有关于古代地理学的几部著作，包括一部对叙拉古地形学的考证之论（1812 年），对蒂奎尔《大地测量论》的研究（1814 年），以及关于"斯居拉刻斯"所撰巡航游记（1826年）与斯居姆努斯和"狄凯阿库斯"之残篇（1840 年）的著作。他还讨论过亚历山大里亚的希戎的残篇（1851 年），并撰写了关于古代天文学以及曼农塑像的精彩论文[4]。他还有更为杰出的著作，涉及希腊与罗马的钱币（1817—1825 年），又以埃及的希腊与拉丁碑铭为题（1842—1848 年）[5]。

1　Stark，367 以下。S. Reinach，《口袋本克拉拉克》*Clarac de Poche*【译按，指《古今雕塑博物馆》的简装小开本】（1897—1904）；半身像见于卢浮宫。

2　Stark，297；肖像由其女儿所绘，其女婿 Luigi Calamatta 为之制作雕版。

3　《未刊古代绘画》*Peintures antiques inédits*（1836）。

4　《埃及所见希腊与拉丁碑铭汇编》*Recueil des inscriptions grecques et latines de l'Égypte*，ii 325–410。

5　Longpérier，《评述》，1849；厄戈尔，《古代历史与语文学丛录》*Mémoires d'histoire ancienne et de Philologie*，1–14。《历史学问与考辨论丛》*Mélanges d'érudition et de critique historique*（附有瓦尔肯纳尔的《颂词》），1860；《选集》*Œuvres Choisies de A.-J. Letronne*，1881—1885。

菲利普·勒巴 Philippe Le Bas（1794—1860 年）的希腊文是从布瓦 勒巴
松纳德那里学的，他在罗马客居期间，担任了奥坦丝 Hortense 王后的家
庭教师，结识了一批意大利与日耳曼的考古学家。他在被派遣到希腊与
小亚细亚进行考察的两年时间（1843—1844 年）里，收集了 450 件古 265
代纪念物图样和 5000 件碑铭摹本。《希腊及小亚细亚的考古游记》*Voyage
archéologique en Grèce et en Asie Mineure* 中的许多篇章，发表于 1847—1848 年。
在勒巴去世后，碑铭文献的辑录在 1861—1862 年得到 W. H. 沃丁顿和
保罗·富卡尔的大规模扩充[1]，其中前者将搜辑的范围延伸到了叙利亚与
塞浦路斯。1833—1837 年特谢尔 Texier（1802—1871 年）在小亚细亚的 特谢尔
探险活动成果，至 1849 年得以出版[2]。

那位吕讷公爵（1803—1867 年）在考古学学会早期历史中起到了 吕讷公爵
重要作用[3]，曾慷慨地赞助了 1838—1839 年的两卷《新年刊》，由该学会
的法国支会在 1840—1845 年独立完成。公爵本人杰出的传世之作，包
括对梅塔彭托 Metapontum 的探险活动的研究（1836 年），东方帝国行省
总督们 Satraps 所发行的钱币（1848 年），以及塞浦路斯的钱币与碑铭
（1852 年）。他在国内外四处支持考古学事业，但在各种不同的兴趣里，
他总是返回古希腊艺术那里，以之为"美的圣地"。他挥霍自己的财富，
帮助西马尔 Simart 来修复帕台农之雅典娜的象牙镶金塑像。他之于法兰
西的意义，正如阿伦德尔伯爵之于英国，身后将自己所藏古代艺术品的
庞大宝库全部赠与巴黎图书馆的博物馆[4]。

---

1 Stark，329. 图版集由 S. Reinach 刊布（1888）。
2 参看 Michaelis，《19 世纪的考古学发现》，76，150。
3 同上，286；Michaelis，《德意志考古学学会史，1829—1879》，44，63，85，95。
4 E. Vinet，在《艺术与考古学》*L'art et l'archéologie*，468 以下；Stark，300 以下。

查理·勒诺尔芒 Charles Lenormant（1816—1881 年），是那位在 1860
年发现厄琉息斯诸神的精美浮雕之人，他编写过五卷本的《钱币学与宝
石雕刻大全》*Trésor de numismatique et de glyptique* 与三卷本的《陶器绘图古物菁
华》*Élite des monuments céramographiques*。他还完成了一部柏拉图《克拉底鲁篇》
的注疏集（1861 年）。他亡故于自己在希腊的旅途中，被葬于刻洛奴斯
的山上 [1]。他的嗣子弗朗索瓦（1837—1883 年）乃是一位在考古学、金
石学和钱币学诸多不同领域皆有所长的探险家。此人主要的出版物，有
"厄琉息斯的考古探索"（1862 年），以及关于神圣的"厄琉息斯仪轨"
的专著（1864 年）。他最早的重要著作，是关于托勒密列朝钱币的论文
（1857 年）。在他为达朗贝与萨里奥所修纂的辞典所贡献的条目中，内容
最为丰富的几条涉及字母表、酒神巴克斯以及谷神刻瑞斯。他撰述了许
多关于希腊与拉丁碑铭、古代雕塑品以及钱币学的论说。他参与筹备了
七卷本的古代艺术珍品集，主要出自那不勒斯博物馆，还参与撰写了关
于"大希腊"地区、阿普利亚和卢卡尼亚的传播极为广远的著作。在维
特男爵 Baron de Witte 的配合之下，他于 1875 年创办了《考古学通报》；

此前一年，伯莱逝世，促成他被任命为国家图书馆的考古学教授，在此
职位上以崇高的声誉度过了生平最后九年时光 [2]。

年龄介于勒诺尔芒父子之间的考古学家中，有一位阿德里
安·德·隆培里耶 Adrien de Longpérier（1816—1881 年），他写过卢浮宫
的青铜器（1869 年），还讨论过萨珊王朝的钱币（1882 年），他的考古

1　Wallon 所作《评述》，1859；以及 Laboulaye，1861；肖像见于《考古学通报》*Gazette archéo-
　logique*，1885。

2　Babelon 在《传记年刊》，1884，151-163；Rayet 的《考古学与艺术研究》*Études d'archéologie et
　d'art*，405-424。

学论文被施伦贝格尔 Schlumberger 辑录成集[1]；还有查理·埃内斯特·伯莱 伯莱 Charles Ernest Beulé（1826—1875 年），他的著作对于考古学的普及大有作用，涉及雅典的卫城（1854 年）及钱币（1858 年），伯罗奔尼撒（1855年），还有斯巴达的艺术，伯利克里前的希腊艺术，以及斐狄亚斯。他还撰述过关于奥古斯都帝（一部政治学小册子）、提比略帝及提图斯帝的著作[2]。雅典的中古地形学，在莱昂·德·拉博德 Léon de Laborde 关于15—17 世纪之雅典的著作（1854 年）中得到了精彩的展示。雅典与卫城也是埃米尔·比尔努夫 Émile Burnouf 一部著作的主题（1877 年），此人是雅典法国学校的第二任主任（1821—1907 年）[3]。

尽管吕讷公爵是罗马考古学学会最为热情的友人之一，学会的首任主席是布拉卡公爵 Duc de Blacas，还有那位博学的吉尼奥（潘诺夫卡的朋友，"法国雅典学院之父"[4]），也是学会的首批成员之一，然而罗马学会却未曾建议过设立雅典学院。法国雅典学院的萌生缘自法国的罗马科 雅典学院 学院，这个艺术家组成的学院由考尔贝建立于 1666 年[5]。雅典学院成立于1846 年；在最初存在的 60 年间历经五位主任：阿梅代·达弗吕 Amedée Daveluy（1846—1867 年）、埃米尔·比尔努夫（1867—1875 年）、阿尔贝·迪蒙 Albert Dumont（1875—1878 年）、保罗·富卡尔 Paul Foucart（1878—1890 年）以及目前在任的泰奥菲勒·奥莫勒 Théophile Homolle。该校在此五位主任治下的命运，经由乔治·拉代 Georges Radet 讲述成为

1　1882，附完整的参考书目；Rayet 的《考古学与艺术研究》，396-404。
2　Gruyer，在《美术通报》Gazette des Beaux Arts，1874；肖像见乔治·拉代的法国雅典学校史，p. 274 对面。
3　肖像见拉代，p. 153。
4　肖像见拉代，p. 108 对面。
5　奥莫勒，引自拉代，4。

一个精彩的故事[1]。这个机构的探险与挖掘活动，遍布小亚细亚、塞浦路斯、叙利亚、北非甚至西班牙，还涉足希腊、色雷斯与马其顿，以及爱琴海诸岛。最近还摘得新鲜的桂冠，在德洛斯和德尔斐的两处古代阿波罗圣地都大有收获。它对法国的学术与文学也贡献甚多。在达弗吕掌校时期注册的学生中，我们发现了查理·莱韦克 Charles Lévêque[2]、埃米尔·比尔努夫、朱尔·吉拉尔 Jules Girard、伯莱、埃德蒙·阿布 Edmond About、福斯特尔·德·库朗日、厄泽 Heuzey、乔治·佩罗 Georges Perrot、保罗·富卡尔、韦舍 Wescher、德沙姆 Decharme 与阿尔贝·迪蒙。在埃米尔·比尔努夫掌校时进校的，有拉耶 Rayet、科利尼翁 Collignon、奥莫勒以及里曼；在阿尔贝·迪蒙掌校时，有保罗·吉拉尔、朱尔·马塔 Jules Martha、贝尔纳·奥苏利耶 Bernard Haussoullier 与埃德蒙·鲍蒂埃 Edmond Pottier；在保罗·富卡尔掌校时，有奥韦特 Hauvette、萨洛芒·雷纳克、蒙索 Monceaux、皮埃尔·帕里斯 Pierre Paris、迪尔 Diehl、拉代、德尚 Deschamps[3]、富热尔 Fougères、勒沙 Lechat 与维克多·贝拉尔 Victor Bérard。这些姓名大多广为人知，无一不是 φωνάεντα συνετοῖσιν【谈吐渊雅】之辈，且传承弟子大有前途，尤其是泰奥菲勒·奥莫勒的学生们。大多数名字成为古典考古学不同门类中的代表人物，而希腊文学的研究，也以埃米尔·比尔努夫、朱尔·吉拉尔、佩罗、德沙姆及奥韦特为个中翘楚，语言学方面的古典学问，在富卡尔、里曼与 S. 雷纳克等人的金石学著作中体现为对阿提卡方言用法的谨慎讨论，在奥莫勒那里也

---

1 《法国雅典学院的历史与成就》 *L'Histoire et l'Œuvre de l'École Française d'Athènes*，1901，492 页，附 133 幅插图，包括所有主任的肖像。
2 《美的科学》 *La Science du Beau* （1861）。
3 《古今希腊》 *La Grèce d'aujourd'hui* （1892）等。

有关于德尔斐原初方言的初步论述。编订希腊文本的，有韦舍；里曼则核录过色诺芬《希腊志》的安布罗斯馆藏本，并校验了帕特摩斯修道院图书馆中的德摩斯提尼及埃斯奇纳斯的**会注**[1]。近来在希腊化世界发掘与发现的部分进展信息，还得到了 S. 雷纳克的追踪[2]，17、18 世纪法国在东方探险经历的档案史已由 H. 奥蒙 Omont 予以公布[3]。雅典法国学校最初以《科学与文学事业文献集》出版其成果，继而自 1868 年起改用《法国雅典学院公报》*Bulletin de l'école française d'Athènes* 一刊，1879 年变更为著名的《希腊研究通讯公报》*Bulletin de correspondance hellénique*。法国罗马学院是雅典学院之妹。当（根据 1871 年凡尔赛法令）罗马的考古学学会接受了柏林科学院的掌控，导致"国际化"的终止，法国罗马学院就成为必要的了，于是该校在 1873 年应运而生。它的成就，有一部分体现在《法国雅典与罗马学院丛书》*Bibliothèque des Écoles françaises d'Athènes et de Rome* 中（其中德诺亚克 De Nolhac 一卷讨论的是彼特拉克与人文主义以及富尔维奥·奥尔西尼的藏书）；它还有一份特别的刊物，即《考古学与历史研究杂志》*Mélanges d'archéologie et d'histoire*；该校当下的主任是迪歇纳 Duchesne 司铎。

金石学与钱币学的研究，以富于才干的威廉·亨利·沃丁顿 William Henry Waddington（1826—1894 年）为代表，此人系查理·沃丁顿的堂弟[4]。他出生于德勒 Dreux 的家庭别墅，在巴黎与拉格比 Rugby 受学，跻身剑桥的校级赛艇队，得过校长奖章，在 1849 年获得剑桥的古典学荣誉

威廉·亨利·沃丁顿

1　详见拉代，397，及其综合论述，379—414。
2　《东方编年史》*Chroniques d'Orient*，两卷本，1891—1896。
3　《17、18 世纪法国人在东方的考古学事业》*Missions archéologiques françaises en Orient aux XVIIe et XVIIIe siècles*，两卷四开本，xvi+1237 页（1903）。
4　上文第 262 页。

学位头等第二名。他早年在希腊与小亚细亚旅行，后来写成《钱币学视野中的小亚细亚旅行记》*Voyage en Asie Mineure au point de vue numismatique*（1853年）[1]。此后又有《钱币学与语文学丛录》*Mélanges de numismatique et de philologie*（1862—1867年），他编纂的戴克里先帝法令（1864年），以及作为勒巴《考古游记》续作的希腊与拉丁碑铭集（1868年），《叙利亚希腊与拉丁碑铭集》（1870年）与"罗马帝国时期亚细亚行省岁时记"（第二版，1872年）[2]。他在1871年被选为下议院成员，1876年进入参议院，自1876—1877成为教育部部长，在1883—1893年担任法国派驻英国的大使。作为巴黎的铭文学院成员（1865年）以及柏林科学院的成员，又是剑桥大学的名誉博士（1884年），这位考古学家将荣耀赋予了他祖先的土地以及生养他的家园。"拉格比和剑桥的规训并未使他失去对法国的男子汉般的忠诚，对公众生活的修饰从来缺不了从考古学学养中得来的卓见。"[3]不过真有可能的是，假如他在去世前22年便从公共生活中退隐，他对该学科的作用将会更大。那样他就可以在有生之年完成并出版那部令人期待已久的亚细亚钱币制度研究著作[4]，此书以其毕生研究为基础，并展示了无与伦比的收藏品，全然囊括了极为稀有或绝对独一无二的钱币[5]。他在政治上的受欢迎程度，大概在1877—1879年到达顶峰，那

1　《钱币学杂志》*Revue numismatique*，1851—1853。

2　所有这些著作（《丛录》除外）最初都属于他为勒巴著作之续书的一部分。他还写过修辞学家阿理斯泰德生平年谱（《铭文与美文学院论集》，1867），讨论过以索里亚与吕卡奥尼亚Lycaonia的铸币（《钱币学杂志》，1883）以及塔尔瑟斯的铭文（《希腊研究通讯公报》，1883）。

3　Jebb 在《希腊研究学报》，xiv p. vii。

4　目前由 Babelon 与 Theodore Reinach 来完成，列入铭文学院出版物。

5　1897年为徽章陈列馆购得（Babelon 的《沃丁顿藏品简目》*Inventaire sommaire de la collection Waddington*，1898；Waddington、Babelon、Th. Reinach，《小亚细亚钱币汇录》*Recueil de Monnaies d'Asie Mineure*，1904–1907）。

时他是外交部部长及法国派遣至柏林议会的全权大使（1878年6月）。希腊当时有望更正其疆域，正是多亏了沃丁顿。1880年初，他卸去外交事务的职责，首度访问罗马，在那里与萨洛芒·雷纳克在拉特兰博物馆会晤。沃丁顿正以希腊文化热爱者的身份而具有崇高的声誉，于是雷纳克建议他去希腊旅行。（他补充道）"他们将会在凯旋门下欢迎您。"（沃丁顿答复说）"但我恰巧不喜那凯旋之拱门。"【译按，对话内容原系法文】这位平和镇定的政治家及考古学家无疑偏爱一种更为持重的待客之道，他在所有的著作里面即便有也很少会允许自己在修辞上造成失误。主要为了在史事系年之难题上有所发明，他将金石学与钱币学仅仅视作历史研究的附庸，或者说（假若我们必须在这么一个语境下否认我们对该词的认知）就单纯视作获取历史真相的手段[1]。

269

在钱币学的重要著作中，可以提及米昂内 Mionnet（1770—1842年）米昂内所撰写的那部非常著名的《古代希腊与罗马纪念章志》*Description de médailles antiques grecques et romaines*（1806年以后），柯亨 Cohen 的执政官时代与帝国时代罗马铸币集成（第二版，1881年），以及那位东方旅行家及考古学家德索西 De Saulcy（1807—1880年）的拜占庭时代铸币（1838年）[2]。

我们对法国古典考古学家们的调查，不能不以奥利维耶·拉耶 拉耶 Olivier Rayet（1847—1887年）短暂而辉煌的事业之记录作结。在巴黎高师期间，他受到了未来岳父埃内斯特·德雅尔丹令人振奋的影响，后者关于古代历史与地理的讲座别出心裁，包括了对于诸如马利耶特及博尔盖西等著名考古学家们的生动追忆。罗马、帕埃斯图姆、赛利诺斯，成

1　参看 S. Reinach，在《传记年刊》，1897，1–8。
2　他还写过《尤里乌斯·恺撒在高卢的战争》*Les Campagnes de Jules César dans les Gaules*（1860）；参看《凯尔特研究杂志》*Revue Celtique*，1880；Froehner，1881；Schlumberger，1881（附书目）。

为 1869 年那次难忘旅行的几座里程碑，最终这次行程使拉耶去往雅典的学校。在雅典，他开始了成果丰硕的研究，成果即有关刻剌梅科斯 Cerameicus【译按，古希腊瓶画绘者】的几篇论文。他在那里也为卢浮宫和自己的收藏而得到了早期塔纳戈剌小型塑像的某些精美样品，在这类古代艺术分支的研究中，他很快便成为公认的专家。他认为这些优雅的造型毫无神话学或象征式的含义；它们被置于陵墓之中，（在他看来）仅是作为牺牲者的替代品，源于原始时代为使死者魂魄有所陪伴而献祭的习俗[1]。1872—1873 年，他参与发掘米利都剧场和迪迪马 Didyma 的神庙，与发现两处遗迹中的重要雕塑品与碑铭皆有关系[2]。1874 年初，当他回到巴黎后，他开始讲授希腊碑铭与陶像，以及雅典的地形学；此后又有进一步关于古代艺术史的讲座；在回国十年之后，他接替了 F. 勒诺尔芒在国家图书馆的考古学教授职位。1887 年 2 月，可能是米利都发掘活动期间染上的痼疾所致，经过两年的病痛困扰，他以不足 40 之龄逝世。生前完成的唯一著作，乃是他的丛论《古代艺术遗迹》*Monuments de l'art antique*（1884 年）。重要的《希腊陶器史》*Histoire de la Céramique grecque* 由科利尼翁完成（1888 年），同年又有一部有趣的论集问世，收录了他更受欢迎的一些作品[3]。

在最后患病前的十年间，他在法国考古学家中具有独一无二的地位，其格调与见识都得到了专家与艺术家们，以及古代艺术品收藏者们的尊敬。他在神话学的领域并无深刻见解，却对风格具有良好的感觉。

---

1 《考古学与艺术研究》，1888，320 以下。

2 同上，99 以下。这项工作由奥苏利耶在 1895—1896 年接续（《米利都与迪迪马历史研究》*Études sur l'histoire de Milet et du Didymeion*，1902）。

3 《考古学与艺术研究》，附肖像，以及萨洛芒·雷纳克所作的传记评述。

从奥林匹亚回来后，他撰写了两篇精彩的论文，分别以宙斯庙新见之墙饰与日耳曼发掘活动概述为题[1]。怀着热烈的爱国精神，他在别处曾表达了自己的愿望，认为巴黎不应该在古代艺术博物馆的建设上甘居柏林或伦敦之后。或许可以补充说明的是，他关于这个论题的文章都是在自己无限崇敬的甘必大建议下而写成的；这位伟人去世后，拉耶在《古代艺术遗迹》中不无动情地复制并描述了某个精美的小型塑像，是伊比鲁斯的希腊人怀着感激之心表现的那位著名政治家的形象[2]。

在19世纪的法国，古典学问的黑暗岁月，莫过于第一帝国时期了。邦－约瑟夫·达齐耶 Bon-Joseph Dacier 满心遗憾地向拿破仑一世报告："语文学啊，那可是全部优美之艺文与历史之精确所依赖的根基，如今几乎再无一人具有这等学养了。"【译按，原系法文】[3] 这位拿破仑一世因自己的目的而研究恺撒[4]，后来的拿破仑三世也步其后尘[5]。在复辟时代，拉丁文于1821年重新被视为哲学教导上的合适媒介，不过这种认识在1830年"七月革命"后便退潮了[6]。然而随后出现了学术界的反馈，其中与阿贝尔·弗朗索瓦·维耶曼 Abel François Villemain 及维克多·库赞这些高贵的姓名有关。后者曾在日耳曼研究哲学与教育管理，此外还撰写过亚里

维耶曼

1　重刊于《考古学与艺术研究》，42—85。
2　S. 雷纳克在《传记年刊》，1887，35—41，尤其见于他编订的《考古学与艺术研究》(1888)，p. i—xvi。
3　《关于古代历史与文学进步的历史报告》*Rapport historique sur les progrès de l'histoire et de la littérature ancienne*，1789—1808（巴黎，1810）。
4　《尤里乌斯·恺撒战争大纲》*Précis des guerres de Jules César*，Marchand 编订本，260 页（1830）。
5　《尤里乌斯·恺撒史》*Histoire de Jules César*（1865—1866）。
6　Gréard，《教育与教导》*Éducation et Instruction*（中等教育分册），ii c. ix、x。

士多德《形而上学》的研究著作，在 1840 年成为教育部部长[1]。维耶曼（1790—1870 年），在 1839 年任教育部长，他曾被任命为索邦的法语演说术教授，翻译过西塞罗的《书信集》与《论共和国》，出版过一部关于 15 世纪希腊人的小说[2]，以及一部关于罗马多神教的通俗论著[3]。他是古典学术在修辞层次的代表人物。如基佐及库赞一样（这两人都曾兼任教育部部长及教授），维耶曼举办过精彩的课程讲座，尽管是以教授身份发表的，却面向普通大众，几乎没有任何正规学者或学术机构组织在场[4]。

271

瓦隆　　1875 年的部长亨利·亚历山大·瓦隆 Henri Alexandre Wallon（1812—1905 年）[5]，代表着更为扎实可靠的学识类型。他长年出任铭文学院的"常任秘书"，除了一些对历史或神学文献的重要贡献外，他在早期生涯中还完成了一部博学的古代奴隶制史[6]。同时代还有一位杰出人物，

迪吕伊　让·维克多·迪吕伊 Jean Victor Duruy（1811—1894 年），著有一部罗马共和国与罗马帝国的历史地理学（1838 年）以及著名的罗马史[7]及希腊史[8]，在 1866 年创立高等研究应用学院令他作为部长的许多职责锦上添

1　上文第 251 页。

2　《剌斯喀理斯》*Lascaris*，1825。

3　《文史丛录新辑》*Nouveaux Mélanges historiques et littéraires*，1827。

4　L. Liard，《法兰西的大学》*Les Universités Françaises*（1897 年报告）。

5　肖像见于 1906 年铭文学院的《报告集》*Comptes rendus*。

6　1847；第二版，1879（Perrot 在《考古学评论》，1879，260 以下）。

7　六卷本（1876—1879）；八卷插图本（1878—1886）；Mahaffy 英文编译本，1883 以后。

8　1861；两卷本，1883；三卷插图本，1887—1889；Mahaffy 英文编译本，1892。

花。这个日期一直被视为法国古典研究之复兴的标志[1]。这也是《文史评论》创办的日期，这个杂志作为一种健全且清醒的学术之媒介，给予那些"维耶曼的拙劣摹仿者"一记致命的打击。这次学术复兴的特点，被《古典语文学手册》的作者称作是法兰西的明晰之长处、方法与其他民族学术传统的结合[2]。

在定居法国的日耳曼学者中，可提及卡尔·本尼迪克特·哈泽 Karl Benedict Hase（1780—1864 年），此人曾在耶拿与黑尔姆斯特就读，1801 年来至巴黎，曾在图书馆就职，继而又成为近世希腊语与古文书学（1816 年）以及比较语法学（1852 年）的一名教授。他给"吕底亚人"约翰《罗马职官论》的首刊版写过绪论，编订过"吕底亚人"约翰《论征兆》De ostentis 等书，还编订过尤里乌斯·奥布塞昆斯、瓦勒留·马克西姆斯以及苏维托尼乌斯。他向巴黎图书馆所藏钞本部门的《短评与摘录》刊物投过许多论文。在古文书学研究中他培养的最著名的学生是查理·格劳[3]。哈泽还参与了狄多规划的希腊文《宝库》新版第一卷工作[4]。

支持狄多经典丛书最为积极的一位，名叫约翰·弗里德里希·蒂布纳 Johann Friedrich Dübner（1802—1867 年），他曾在哥廷根就学，1832

卡尔·本尼迪克特·哈泽

蒂布纳

1　S. Reinach，《古典语文学手册》*Manuel de Philologie classique*，i 13。在 1877 年，《语文学杂志》创刊，Cobet 在当年致书 Tournier，喜悦地声称，*renata esse et tam laeta florere in Gallia severa literarum veterum studia*【令我如此高兴的是，严肃的古学研究在法国复苏且兴盛起来】（《语文学杂志》，ii 189）。

2　S. Reinach，同上。

3　上文第 259 页。

4　Guigniaut，《哈泽生平与著述的历史评述》*Notice historique sur la vie et les travaux de Charles Benoît Hase*，1867。

年受邀来到巴黎参与《宝库》新版的编写。他是狄多丛书中许多卷的编订者，独立整理了米南达与菲勒蒙、波里比乌斯、普鲁塔克《道德论集》、泰奥弗剌斯特《角色丛谈》，以及马可·奥勒留、爱比克泰德、阿里安等，还有希姆理乌斯、波弗利，以及阿里斯托芬的会注，他还与人合编斯特拉波、悲剧集残篇集、小史诗诗人集，以及提奥克里忒会注、尼坎德尔与奥庇安[1]。他完成了一部编订本希腊英华集的其中两册，以布瓦松纳德所作的预先准备工作为基础，第三册包含了古代作家征引以及碑铭文献中保存的隽语诗，由埃德姆·库尼 Edme Cougny（1818—1889 年）编订。库尼在受到厄戈尔的引领而关注古代修辞学研究，在 1863 年根据他本人在布尔日发现的一部钞本编订了四篇《修辞发蒙》*Progymnasmata*。他还刊布了布伦克的通信，其中涉及《古代希腊诗家选集》*Analecta Veterum Poetarum Graecorum* 中的有趣细节，并有对其生涯的概述[2]。在他生平最后 15 年中，他从事上述那册希腊隽语诗集的编订，还完成了一部希腊作家记述高卢地理与历史的文献辑录，这部著作很大程度上归功于厄戈尔的勉励[3]。

蒂布纳自然成了出版商与蒂布纳同胞们进行交流的中介。于是通过他，克希利开始计划编订曼涅托，并得知通常的 *honorarium*【润笔】为每册 40 印张 1 200 法郎。但这个总数有一半往往以名义上等价的狄多所刊之书籍来抵付[4]。除了一般的希腊文经典，这套丛书还有斯特拉波，由蒂布纳与卡尔·穆勒编订，后者即《希腊地理学次要著作

1　Bursian, ii 868 以下。

2　《法兰西希腊研究促进会年刊》，ix 106，viii 447，x 142。

3　S. Reinach, 在《传记年刊》，1889，149–152。

4　Böckel 的《赫尔曼·克希利：生平及其性格素写》，131。

集》及希腊史家残篇集的编订者。希腊哲学家残篇集由穆拉赫 Mullach
编订[1]。

狄多丛书得名于安布鲁瓦兹·菲尔曼·狄多 Ambroise Firmin Didot 狄多
（1790—1876 年），这一是位著名的印刷商与出版商，他的祖上自 1713
年起即从事书籍业。狄多本人也翻译过修昔底德（第二版，1875 年），
撰写过一篇关于阿纳克瑞翁的论文，以及关于穆苏鲁斯与阿尔都斯·马
努修斯的著作（1875 年），还曾讨论过希腊文《宝库》的撰者亨利·艾
蒂安（1824 年）。在丁道夫兄弟的协助下，艾蒂安这部巨著由"当代艾
蒂安"重新出版（1831—1865 年）[2]。

阿尔萨斯的科尔马是维克多·亨利 Victor Henry（1850—1907 年）的 维克多·
出生地，他是阿贝尔·贝尔盖涅 Abel Bergaigne 的一名学生，在杜埃与里 亨利
尔还有索邦担任过讲师，生平最后 12 年是索邦的比较语文学教授。他
出版关于希腊文之类推法的论著（1883 年）后，还有一部《语言形态学
概述》Esquisses Morphologiques（1882—1889 年）；他的希腊与拉丁比较语法
学[3]、英德比较语法学，都曾被译成英文。他的其他著作还讨论了语言的
心理学以及梵语文学。他是一位受过广泛及丰富教养的人，对语言的兴
趣从自己阿尔萨斯故家的方言一直延伸到连接北亚与北美的阿留申群岛
的土语[4]。

---

1 综合参看 Egger 的《法兰西的希腊文化》，ii 459-463。
2 九卷对开本；参看 Egger，同上，ii 451；关于狄多，参看《法兰西希腊研究促进会年刊》，
   1876，225。
3 1887，1893[3]；英译本，1890。
4 参看 Gubernatis，《拉丁世界各国作家辞典》，1905，以及《雅典娜圣殿》，1907 年 2 月 16 日。

我们对法国古典学术的调查，在此还可以尽量简短地提及法据时代
贝唐 瑞士的一位代表，日内瓦的一名教授，E. A. 贝唐 Bétant（1803—1871 年）。
他以法文译成的修昔底德在巴黎出版（1863 年）。他此前完成过一部法
文的修昔底德辞书（1836 年），又写了一部拉丁文的（1843—1847 年），
并且还编订了《云》与《财神》。他在 1871 年生涯终结之时，向学术界
贡献了波爱修斯《哲学的慰借》首刊版，系由拜占庭僧侣马克西姆·普
兰努德斯译成希腊文的文本[1]。

1　Cherbulioz-Bourrit,《讣告》 *Notice nécrologique sur Ami-Elice Bétant*，日内瓦，1873。

图 56 科贝特

根据 J. H. Hoffmeister 创作、Spamer 石印制版的肖像画副本复制；见下文第 282 页

第三十七章

19 世纪的尼德兰

（i）荷兰

我们在前文中已经注意到威滕巴赫在阿姆斯特丹担任了 28 年教授（1771—1799 年），在莱顿担任了 17 年教授（1799—1816 年）[1]。他在阿姆斯特丹培养的学生中有一位马内 Mahne；在莱顿有一位名叫范·伦内普的追随者；而他后期只有在莱顿的学生，其中包括了巴克 Bake 和范·霍伊斯德。

马内　　在这些他钟爱的弟子之中，最早的那位威廉·莱昂纳德斯·马内 Willem Leonardus Mahne（1772—1852 年），对自己的老师怀有一种特别的敬重。他将自己最初的学术成果题献给了威滕巴赫，那是他关于逍遥学

1　上文第二卷第 461 页。

派哲人亚里斯托克森的学位论文（1793 年）。在受任于荷兰的几家拉丁中学后，他于 1816 年成为根特的教授，在该年刊布了一部关于古典文学研究的对话录。像许多同胞一样，他由于比利时革命而失去职位，但1831 年又成为莱顿的教授，并在此定居。在就职演说中，他呼吁对希腊与拉丁文学史进行更为广泛的研究，这个学科在当时局限于与一般希腊罗马史相关的几个名字与年代的学问[1]，但是他由于健康上的问题，遂不能将自己的变革意愿诉诸实践。然而他为学术史做了一些有益的工作。他为威滕巴赫所作传记（1823—1835 年）其实并不及鲁恩肯为赫姆斯特赫斯所作的颂词出色，但他也做了一些出色的贡献，包括刊布了威滕巴赫书信集的节选（1826—1830 年），鲁恩肯与瓦尔肯纳尔及威滕巴赫的往来书信集（1832 年），以及鲁恩肯与其他学者的往来书信集（1834 年）[2]。

276

威滕巴赫在莱顿及阿姆斯特丹的一名学生，大卫·雅各布·范·伦内普 David Jacobus van Lennep（1774—1853 年），自 1799 年至去世都是阿姆斯特丹的演说术教授。他完成了两部奥维德《女杰书简》编订本；他还编订了泰伦提安·茅儒斯及赫西俄德[3]。

大卫·雅各布·范·伦内普

威滕巴赫学生中的第三号人物是菲利普·威廉·范·霍伊斯德（1778—1839 年）。此人在鹿特丹出生并成长，在阿姆斯特丹与莱顿受学，于 1804 年在乌德勒支出任教授，卒于 1839 年的瑞士旅行中。

菲利普·威廉·范·霍伊斯德

1　p. 12（L. Müller，13 注释）。

2　还有《鲁恩肯与威滕巴赫书信集增补卷，及其他学林轶事》*Supplementa ad Epistolas Davidis Ruhnkenii et Danielis Wyttenbachii, itemque alia aliorum eruditorum anecdota*（1847）。

3　由其子作传，第四版，阿姆斯特丹，1862。

威滕巴赫诸弟子都是其小格局的复制品，且拘囿于希腊哲学和西塞罗的研究，唯有范·霍伊斯德是一个异类。他的《柏拉图考辨举隅》*Specimen Criticum in Platonem*（1803 年）中体现出了范围广阔的兴趣。但是那部论著所激发的对纯粹学术领域中的进一步事业的期待[1]，却未在自己的《柏拉图哲学初论》*Initia philosophiae Platonicae* 中得到实现[2]。在此书中，以及在同时期问世的一部荷兰文苏格拉底研究著作中，他认可的是苏格拉底论理学在教育中的重要性，以及柏拉图哲学的永久价值。事实上他更关注的是哲学而非学术，他的讲座缺乏充分的语法学知识基础[3]。他的学生中，卡斯滕 Karsten 对于学术表现出更为坚决的兴趣，而他的两个儿子，以及德海尔 De Geer 与许勒曼 Hulleman，主要关心的是撰写希腊哲学或罗马文学史的专著[4]。

皮尔坎普　　同代而年纪略小的彼得鲁斯·霍夫曼－皮尔坎普 Petrus Hofman-Peerlkamp（1786—1865 年），出身于以佩尔勒尚 Perlechamp 为姓氏的法国难民家庭。他生于格罗宁根并在那里及莱顿受学。在哈勒姆等地充任学术职务，后返回莱顿，自 1822 至 1848 年任教授，退休后由科贝特接替其职位。

277

在格罗宁根，皮尔坎普曾是鲁阿尔迪 Ruardi（1746—1815 年）的

1　威滕巴赫在书信的 p. xxxiii 一处，附于《举隅》书前，预言他的学生乃是未来的 *sospitator Platonis*【柏拉图的救星】。参看巴克，《学林载记集》*Scholica Hypomnemata*，iii 20—26。

2　1827—1836；第二版，1842。

3　这一点得到了他的学生及继承人卡斯滕的强调。参看 Francken 的卡斯滕传记（L. Müller, 104）。

4　L. Müller, 103—105；N. C. Kist（莱顿，1839）；Rovers（乌得勒支，1841）。

学生，此人继承了施拉德尔在拉丁诗歌方面的品位。在鲁阿尔迪的影响下，皮尔坎普在他的荷兰名人之"传记"与"书信"两部著作（1806—1808 年）中分别摹仿了科尔奈利乌斯·奈波斯与西塞罗的风格；40 年后，他还在塔西佗《阿古利可拉传》中寻见传记写作的楷范。不过鲁阿尔迪还曾在瓦尔肯纳尔与鲁恩肯那里学习过希腊文；皮尔坎普也因此被指引着在 1806 年完成了一篇关于以弗所的色诺芬的考据学文章，继而又有 1818 年的一部编订本。这个编订本并未展示出编订者作为一名校勘家的出路。同年，布鲁塞尔科学院以一笔奖金征求对尼德兰拉丁诗人生平与著作最为出色的著述[1]，最终激发了皮尔坎普所撰《尼德兰拉丁诸诗家的生平、学说与才能》 *De vita, doctrina et facultate Nederlandorum qui carmina latina composuerunt*（1838 年[2]）的问世。与此同时，他已经开始表现出对贺拉斯的热忱。在他为奥斯特迪克 Osterdyk 的荷兰文译本《颂歌集》与《长短句集》（1819 年）所作的序言中，他声称自己在收集材料准备一个编订本，还说所有的困难都可能通过对文本的谨慎解释得到解决。至此尚无明显的迹象显示他为自己 1834 年问世的那部编订本勾勒了大致的轮廓。在莱顿，他的考据学志向已被巴克、海尔等学者以及东方学家哈梅克尔 Hamaker 所唤醒。这股影响的最初成果可见于他编订的塔西佗《阿古利可拉传》（1827—1863 年），其中包括了一些令人心折的校正意见，也是首次证明了编订者在拉丁文方面的广泛阅读。此后还有他那部著名的贺拉斯《颂歌集》编订本（1834 年），这引起了一场极为激烈的争论。

这个编订本甚至促成了一个学派的形成，其中以瑞典的永博格

1　指的是 1815—1830 年间的联合王国 Royaume des Pays-Bas，包含了比利时及荷兰。

2　参看第二版，p. 29；L. Müller 在《古典语文学年刊》，1863，176—184。

Ljungborg 与日耳曼的列尔斯及格鲁佩 Gruppe 为代表，也得到了赫尔曼与迈内克的支持。另一方面，奥雷利谈及这位贺拉斯的编订者时则说："Horatium ex Horatio ipso expulit"【他将贺拉斯从贺拉斯本人处脱离开来】；马兹维谴责了他的"pravitas et libido"【刁蛮任性】，且称他"inaniter et proterve ludens"【愈发徒劳无益，且又恬不知耻】[1]；不过门罗却指出皮尔坎普的特色在于"有真学问，自成一家，读晚期拉丁诗人甚多"，尽管"其恣肆犷野处（较乎格鲁佩）几乎也并不居于下风，由其处理贺拉斯之颂歌集与《埃涅阿斯纪》的手法察之即可知矣"。门罗又提到皮尔坎普的注释，"例如见于颂歌集第 iii 卷第 29 篇第 5—12 行者，足以令那些认为语文学家不应只埋首案头而不知人事的任何人感到羞愧。在《埃涅阿斯纪》接近开篇处，他还舍弃了一段明显遭到奥维德蹈袭的文字"[2]。

278　　　皮尔坎普编订的《颂歌集》问世九年后，又有一部维吉尔的《埃涅阿斯纪》。这两部著作使他有资格成为一名享有永久声誉的拉丁学者。另一方面，他对《诗艺》的重构则是不妥当的[3]，对《闲谈集》的推测式校勘意见也几乎无一可令人接受[4]，尽管他在拉丁诗家著作的阅读方面已经使他在文本解释方面做出了很大贡献。身后出版的编订本"诉歌王后"[5]，并未对他的声誉有所增色。在皮尔坎普那里，有一种吹毛求疵的精神，结合着无可置疑的学问与睿智，他编订的贺拉斯至少有如下功绩：

---

1 《希腊拉丁作家考证校雠集》，ii 50；参看 Boissier,《语文学杂志》，1878，L. Müller, 113-115。

2 King 与 Munro 的《贺拉斯著作集》*Q. Horatii Flacci Opera*，xviii。

3 1845；Bernhardy,《希腊文学纲要》，606[5]。

4 1863.

5 普罗珀提乌斯，iv 11。

为对该诗人的研究提供了一种新刺激[1]。

皮尔坎普关于"尼德兰地区"拉丁诗人的著作，初刊于1822年，而在1819年就有已着先鞭者，即被授予银质奖章的雅各布·亨里克·赫尤夫 Jacob Henrik Hoeufft（1756—1843年）所撰的《比利时的拉丁诗坛》*Parnasus Latino-Belgicus*[2]。在书中，他以简略的隽语诗纪念了"尼德兰地区"的拉丁诗家，诗后是严谨的生平与文献方面的详细记载。作者已经收集了范·桑滕 Van Santen 的拉丁诗歌，且刊布了他本人的《诗作习集》*Pericula Poëtica* 以及《评鉴尝试集》*Pericula Critica*。他的名字因与近世拉丁诗歌相关而至今受到纪念。他将一笔钱遗赠给阿姆斯特丹的皇家学会，如今为该城市的皇家学院所有，他建立的奖项赞助任何主题的原创拉丁文诗作，向所有民族的学者开放[3]。

亚努斯·巴克 Janus Bake（1787—1864年）在莱顿跟随威滕巴赫读书（1804—1810年），在母校先后担任过希腊与罗马文学的"特职"与"常职"教授。在1810年，他编订了波赛冬纽斯的残篇集，1815年发表了一篇关于欧里庇得斯等悲剧诗人之价值的就职演说，1817年又以第二次就职演说展示出更高程度的独创性，其中他宣称服膺鲁恩肯与瓦尔肯

赫尤夫

巴克

279

---

1 L. Müller, 110–117；石印刻版肖像，制作于1842年。
2 阿姆斯特丹与布雷达，1819（参看 L. Müller, 176 注释[2]，以及 Van der Aa，相关词条）。
3 这笔奖金是一枚价值400荷兰盾的大型金奖章；1899年的获奖者是创作了那部《父寄子书》*Pater ad Filium* 的 J. J. Hartman，此人为莱顿的拉丁文教授；银奖章授予了四位意大利竞争者，他们也得到了高度评价。这五篇成功的诗作由阿姆斯特丹的 J. Muller 刊于一册（《古典学评论》，xiii 461）。墨西拿的拉丁文教授 Giovanni Pascoli 不止一次获奖。诗作每次在1月1日前寄到阿姆斯特丹皇家科学院的《语文学与历史学阵线》*Philologisch-Historische Afdeeling* 的登记员处；其他情况在《古典学评论》，xiv 241 中有准确记述。

纳尔的考据学派[1]。

　　这番新的尝试，是缘于他对上述两位考据学家之特色有更为深入的研究，也是由于他与珀尔森学派的两名英伦信徒有所来往。这两人即多布里与盖斯佛德，都曾在1815—1816年访问过莱顿[2]。他对作为古代雅典之权威的阿提卡演说家们尤有兴趣，又关注西塞罗，将之作为风格上的行家。他本人关于演说家风格的理想如此高上，以致主张反喀提林演说词[3]，及《为阿齐亚斯而辩》[4]与《为马赛卢斯而辩》诸篇，皆配不上西塞罗的声价[5]。他还主张，西塞罗风格的秘诀在其身后已经失传，白银时代的著作家们俱不值得在他笔下得到更高评价[6]。最后，在他的演讲中，有一次还认为西塞罗风格实存有某种缺陷，因而也不是近代演说家们的最佳楷范[7]。在对西塞罗更高层次的考评上，他表现出的不满更甚于文本校勘上所见，后者见于他的《学林载记集》，以及他编订的《法律篇》（1842年），前者这方面则以他最后一部著作《论演说家》编订本（1863年）为顶峰。他的西塞罗注疏主要以穆雷图斯与埃内斯蒂为榜样。对于马兹维等考据家在区分受窜改、未受窜改及介乎两者之间的各种钞本时所信奉的手法，对他们重建原初文本以及将人文主义时代所产生的推测式校

1　《捍卫作为语法学家首要职责的古代学识与辞令》*De custodia veteris doctrinae et elegantiae, praecipuo grammatici officio*。
2　巴克，《学林载记集》，卷 ii，pp. iii–viii。
3　同上，v 1–115（主要驳斥马兹维）。
4　《论西塞罗演说词之校勘》*De emendando Ciceronis Oratore*，前言，27。
5　Bakhuizen, 21.
6　参看巴克的《论演说家》（1863），x–xiv。
7　《对西塞罗辞令之崇拜的节制》*De temperanda admiratione eloquentiae Tullianae*，见《学林载记集》，i 1–33。

勘置之不问的方式，他都表示怀疑。除了更为尊重古代钞本，减少大量的各种释文，他与 17、18 世纪的荷兰学者们并无太多分别。在他对阿提卡演说家的研究中，对于阐释阿提卡律法做出了有益的贡献。他也坚决抵制尼布尔时代以来流行的对雅典民主制不加区别的推重 [1]。他为克拉伦登出版社编订了阿蒲昔尼斯的《修辞学》与朗吉努斯（1849 年），这是他唯一一部希腊著作编订本 [2]。

林克

巴克的学生林克 Rinkes [3]，追随其师之后尘，在 1856 年提出对反喀提林演说词中第一篇（以及其他三篇）可靠性的质疑。此说在他们的时代之前也一直有人提倡，但这次声明中有些鲁莽之处，认为被反复引述的 *Quousque tandem*【"到几时"。译按，指《反喀提林》第一篇演说词开篇】，并非出自西塞罗，而是 1 世纪的某个不知名演说家所作，这在荷兰引发了一场十足的风暴。不幸的是，林克因英年早逝，阻碍他以无可置疑的才智到达全面的成熟。在巴克其他的学生中，苏林加尔 Suringar（1805—1895 年）完成了一部有益的《拉丁学术批评史》*Historia critica Scholiastarum latinorum*（1829—1835 年），且在两卷本的《西塞罗生平系年》（1854 年）中显露出所继承的对传主的兴趣。还有一位学生是格伦·范·普林斯特勒 Groen van Prinsterer，著作了那部《柏拉图学述要》*Prosopographia Platonica*。

280

雅各布·海尔 Jacob Geel（1789—1862 年），生长在阿姆斯特丹，生

---

1 L. Müller, 96, 105–109.

2 Cobet，《送别亚努斯·巴克离开科学院机构的演说》*Allocutio ad Joh. Bakium munere Academico decedentem*（1857）；Bakhuizen van den Brink，《纪念亚努斯·巴克先生演说》*Rede ter nagedachtenis van Mr. John Bake*（1865）。

3 1829—1865.

平最后 29 年是莱顿的图书馆馆员及荣誉教授。在他受任图书馆馆长前，曾编订过提奥克里忒（1820 年），撰述过《智者派批评史》*Historia Critica Sophistarum*（1823 年），这是近世相关主题下最早的一部详论。1833 年后，他还完成了一部精彩的欧里庇得斯《腓尼基妇女》编订本（1846 年），其中捍卫了瓦尔肯纳尔的观点，并显示出自己的才智与学识，以及同珀尔森之英伦信徒们的亲密关系 [1]。

希腊研究的考据派人士，在莱顿围聚在巴克与海尔周围，其中包括了哈梅克尔（1789—1835 年）[2]、黑克尔 Hecker（1820—1865 年），编纂了《希腊言情作家集》*Scriptores Erotici Graeci*（1856 年）的希尔席希 W. A. Hirschig（生于 1814 年），以及他的兄长，编订柏拉图《高尔吉亚篇》的 R. B. 希尔席希（生于 1812 年）。

罗伊文斯　　海尔的考古学同辈，加斯帕尔·雅各布·克里斯蒂安·罗伊文斯 Gaspar Jacob Christian Reuvens（1793—1835 年），其命运也是年寿不永。他在莱顿与巴黎就学，在哈尔德韦克教授了三年希腊文与拉丁文，被任命为莱顿的古典考古学特职教授，生平最后九年在那里改任全职教授。当时，古典考古学在荷兰并不是一门流行的学科，他的讲座乏人问津，不过他在古典学刊物的论文使他名声广播海外。他拥护卡特勒梅尔·德坎西的观点，将之视为帕台农神庙的真正取向，并为托尔贝克 Thorbecke 的《阿息纽·波略生平及学术研究评述》*Commentatio de C. Asinii Pollionis vita et studiis doctrinae*（1821 年）提供了一篇附录，讨论装饰波略所建之图书

1　参看 L. Müller, 97。Cobet 致 Geel 书（1840—1845），见于《科贝特自巴黎及意大利致海尔书信集》*Brieven van Cobet aan Geel uit Parijs en Italië*（莱顿，1891）。

2　Bake,《学林载记集》, i 37-48。

馆的纪念物。他在 1835 年的暑期度假中去世，此前不久才观赏了大英博物馆的希腊艺术文物。在他的《文献研究丛札》*Collectanea Litteraria* 中，刊有对于阿提乌斯 Attius、狄奥墨得斯、卢基理乌斯以及"吕底亚人"约翰的推测式校勘意见，以及一篇关于希腊语发音的短论。有些推断是精彩的，但是这部著作整体上显示出荷兰自弗朗西斯科·杜萨及 G. J. 沃修斯以来在上古拉丁语研究方面的没落[1]。在考古学方面，罗伊文斯有一位极具才干的继承人，即杰出的考古学家与金石学家，扬森 L. J. F. Janssen（1806—1869 年），他在许多古旧陵地中都是不知疲倦的探索者，曾发现了尼德兰的罗马与日耳曼遗迹，出版过莱顿博物馆中主要艺术文物的图录，还反复地敦促莱顿与海滨之间的卡特韦克 Katwyk 地方的发掘活动[2]。

一部以法文写成的八卷本希腊文明史著作，乃是皮耶特·范·林堡－布劳威尔 Pieter van Limbourg-Brouwer（1796—1847 年）的主要成就。此人是格罗宁根的哲学与医学博士，并在此出任教授。他早期有一些关于哲学论题的著作，之后则撰写了几篇关于品达、埃斯库罗斯、索福克勒斯及欧里庇得斯诗歌的论文。他在刊布那部主要著作的过程中，曾顺便批驳了福希哈摩尔关于苏格拉底定罪原因的论点[3]。他的生涯最终以一部希腊神话学之寓意阐解的论集作为收煞。

---

1 Leemans 所作的拉丁文传记，见于罗伊文斯藏书类目的前言；巴克的《学林载记集》，i 33-36；L. Müller，230。

2 Du Rieu 在荷兰的《观察者》*Spectator*，1869，366 以下，376 以下；Stark，295；关于近期发掘活动的报告，莱顿博物馆的《通讯》*Mededeelingen*，1907，23 以下。

3 上文第 227 页。

上文曾言，范·霍伊斯德缺乏齐备的学术素养[1]，其弟子及教职继承

卡斯滕人西门·卡斯滕 Simon Karsten（1802—1864 年）的就职演说中不无遗憾地提及这一点，此人生平最后 24 年间一直是乌德勒支的教授。他从前辑录了克塞诺凡尼、巴门尼德斯及恩培多克勒的残篇（1825—1838 年），并着手撰写了一部荷兰文的论著，关于"复生"Palingenesis，直到 1846 年才刊布于世。同年他还有一部论著，以索福克勒斯的三联剧为主题。他对学术事业的主要贡献，在于所编订的《阿伽门农王》（1855 年），包括了许多自创的推测式校勘意见。其中他以"富于见底与分量的语词"表述了自己的一般原则，这些话在肯尼迪的第二版编订本中受到征引及赞同[2]，这位英伦编订者将荷兰校勘家所说的那么一句话立为自己的座右铭："principium et fundamentum critices est iusta interpretatio"【合理的阐释乃是校勘的前提与基础】[3]。卡斯滕关于贺拉斯的著作（1861 年），曾被译成

282德文。他对希腊哲学的持久兴趣，体现于身后问世的辛普利奇乌斯注疏亚里士多德《论天》第四卷的编订本中。在他的学生中，有为他写传的弗兰肯，以及他的嗣子 H. T. 卡斯滕，后者著有一部关于柏拉图书信集的专论（1864 年）[4]。

弗兰肯卡斯滕的门人之一，科尔奈利乌斯·玛理努斯·弗兰肯 Cornelius Marinus Francken（1820—1900 年），是格罗宁根与乌德勒支的教授，著有《吕西亚作品评注》*Commentationes Lysiacae*（1865 年）。他作为拉丁文教授的

1　上文第 276 页注释 5。

2　1882 版，pp. xxiv–xxvi。

3　p. xxviii.

4　参看 L. Müller，104。

成果，乃是荷兰文版的《一坛金子》（1877 年）。1891 年，他辞去教授职务，9 年后复以 80 岁之龄在《记忆女神》上发表了自己的《瓦罗著作通释》*Varroniana*[1]。

博特

约翰内斯·科尔奈利乌斯·赫拉尔杜斯·博特 Johannes Cornelius Gerardus Boot（1811—1901 年），生长于阿纳姆，就学于莱顿，是吕伐登的中学校长（1839—1851 年），以及阿姆斯特丹的教授（1851—1881 年）。他发表过一篇题为《语文学的永久价值》*De perpetua philologiae dignitate* 的就职演说，主要赖以成名的著作是关于西塞罗《致阿提库斯》的精彩注疏集[2]。还有一部关于阿提库斯的杰出著作，问世 1838 年，作者是扬·赫拉德·许勒曼 Jan Gerard Hulleman（1815—1862 年）[3]。

科贝特

尼德兰最伟大的近代希腊语学者，卡罗吕斯·加布里埃尔·科贝特 Carolus Gabriel Cobet（1813—1889 年），出生于巴黎。乃是在法国公共机构供职的一位荷兰人之子，后者娶了一位法国女子，名叫玛丽·贝特拉内 Marie Bertranet。他的荷兰文传记作者中有一人不赞成大多数人的意见，认为这位法国母亲成就了科贝特卓越的智慧与凌厉的识断[4]。他在出生后仅仅六个星期的年纪便被带到荷兰了。他在海牙就学，遇到一位杰出的高等中学教师，卡派内·范·德考佩洛 Kappeyne van de Coppello，令他每每以感佩之心缅怀。进入莱顿大学时，他已经

1　xxviii（1900）281-297，395，422-435。传记出自 J. van der Vliet（阿姆斯特丹科学院，1902 年 3 月 10 日）。
2　1865—1866；第二版。
3　Cobet，《悼念许勒曼》*In memoriam Iani Gerardi Hulleman*，1862。
4　J. J. Hartman 在《传记年刊》，1889，53。

熟悉了全部范围的古代经典，但是他父亲当时认为他应当从事一份神学的职业，因而还无人知晓其学术成就，直到他的《色诺芬学说述要》*Prosopographia Xenophontea* 问世（1836 年）。这是一部获奖论著，成稿时作者年方 23 岁，但在荷兰的成名学者群体中获得了高度赞赏，人们期待该作者将会匹敌鲁恩肯或是瓦尔肯纳尔的声名。四年后，他完成了关于喜剧诗人柏拉图作品残篇的考据学调查[1]。不久以后，在海尔的倡议下，他得到了莱顿的荣誉学位[2]，并被阿姆斯特丹皇家学会派遣至意大利各家图书馆。表面上的目标是翻检辛普利奇乌斯的著作钞本，但是真实动机却在于为这位公认有前途的学者提供机会，使他可以广泛接触基本的希腊文钞本。他这段客居的时间总共长达五年[3]，最终已成为一名兼具经验与才学的古文书专家了。无意间他还与一位意气相投的英国学者巴德姆 Badham 结为朋友。

在他回国后，得到了一份莱顿的"非常职"教授席位，发表的就职演说成为他事业的里程碑之一（1846 年）[4]。正如有人所言，我从中见识到"科贝特本人——强健、阳刚的文笔，明朗、爽直的风格……句句皆有其效果，背后又总有一份道德感染力，对真理的深挚热情，那是代表着科贝特考据事业之整体的品质"[5]。他在 1848 年继承了皮尔坎普的职位

1　阿姆斯特丹，1840。

2　常规学位包括了对于罗马法的知识，这是科贝特拒绝学习的。

3　参看《科贝特自巴黎与意大利致海尔书信集》，1840 年 11 月—1845 年 7 月（莱顿，1891）。

4　《关于作为语法学家、考据学家尤其是语文学家使命之根基的诠释技艺的演说》*Oratio de arte interpretandi grammatices et critices fundamentis innixa primario philologi officio*，36 页 +123 页的注释，1847。1846 年，他为海尔编订的欧里庇得斯《腓尼基妇女》贡献了 Scholia Antiqua【古代注释集】。

5　W. G. Rutherford，在《古典学评论》，iii 472。

成为全职教授。1850—1851 年，他向皇家学会提交了三篇重要的《语文学评议》*Commentationes Philologicae*，俱不及他的许多论文那么广为人知[1]。此后他刊布了最为有名的几部著作，包括《异文释读》*Variae Lectiones*（1854年）[2]、《新异文释读》*Novae Lectiones*（1858 年），以及 20 年后以同样形式结成的其他文集，主要关注荷马与德摩斯提尼的那部《考据学杂篇集》*Miscellanea Critica*（1876 年），还有《考据学文集》*Collectanea Critica*（1878 年），以及那部对哈利卡那苏斯的第欧尼修《罗马古史》所做的考据学与古文书学调查（1877 年）。有一篇就职演说以罗马古史研究为题，吸纳了他本人对于罗马的某些记忆，发表于 1853 年，他还在 1852—1860 年间刊印了六篇专业的谈话文稿[3]。他为狄多编订的第欧根尼·拉尔修并非出于情愿，没有任何前言文字（1850 年）。他还刊布了对新见斐洛斯特拉图斯之著作《竞技志》的考据学评判（1859 年），以及一部叙珀芮德斯两篇演说词的文本（1858—1877 年），还有色诺芬《长征记》与《希腊志》（1859—1862 年）及吕西亚（1863 年）的中学版读物[4]。他长期都是古典

284

1　（1）《论对希腊语法学家所割裂希腊演说家之公共演说词的校正途径》*De emendandae ratione grammaticae Graecae discernendo orationem artificialem ab oratione populari*；（2）《论亚里士多德以后希腊著作中被严重损害的希腊语辞之全貌》*De sinceritate Graeci sermonis in Graecorum scriptis, post Aristotelem graviter depravata*；（3）《论在阐解希腊著作的古代语法学者们的著作身份与经验》*De auctoritate et usu grammaticorum veterum in explicandis scriptoribus Graecis*。1853 年刊布于阿姆斯特丹。
2　399 页；第二版，又有《增补》（399-400）及《附录》（401-681），1873。
3　《在同道友人中的致辞》*Allocutio ad commilitones*（1852、1853、1856）；《古史撷英序说》*Praefatio lectionum de Historia Vetere*（1853—1854）；《对于人文学术研究的督促》*Protrepticus ad Studia Humanitatis*（1854）以及《对于人文学术研究的劝勉》*Adhortatio ad Studia Humanitatis*（1860）。还有《关于古代文献遗存之价值评估的主持演说》*Oratio rectoralis de monumentis literarum veterum suo pretio aestimandis*（1864）。
4　他参与筹备了一部阿提卡希腊文读物（1856），以及一部希腊文《新约》的文本（1860）。他编订的唯一一位拉丁文作者，是科尔奈利乌斯·奈波斯（1893[3]）。

学期刊《记忆女神》的中流砥柱[1]，该杂志焕发新的生机，盖得益于他精力充沛的贡献，他与友人兼弟子、那位雅典的 K. S. 康托斯 Kontos 合作，编纂了三卷本的 λόγιος Ἑρμῆς【赫尔墨斯学志】，完全为希腊文，收入了科贝特对亚历山大里亚的克莱芒的校文（1866—1867 年）。

尽管科贝特允许他的同胞们一起发挥推测式考据的资质，却在其科学方法的严谨方面胜过渠辈一筹。通过科贝特，*ars grammatica*【语法学技艺】（或谓对语言及其历史发展的学识心得，在不断的阅读过程中获取）与对最善之钞本的精巧选用相结合，成为 *ars critica*【校勘学技艺】即对文本讹误的检测与校正的初步条件。依照这些原则，他在《记忆女神》的一些篇章及《异文释读》《新异文释读》中，提出了对希腊著作家们的大量勘误意见。他的方法具有的优长与缺陷在其中都昭然若揭。他对希腊文的烂熟所达到的惊人程度，他广博的阅读，在意大利"漫游时代"钞本研究中产生的才识，使他能勘察讹误之渊薮，能推敲适当之补救。另一方面，他过于信任释读过程中建立在观察基础上的规则，尚有考据的发挥余地。一旦他确定为是希腊语用法的固定规则，便义无反顾地将所有例外情况全部加以订正。但是，无可置疑的是，他以自己的指导向文本校勘的初学者提供了不少黄金定律，给进阶的学者提供了令人着迷且振奋的丰富信息[2]。在科贝特的努力下，对社会制度的研究从属于对语言的研究，而拉丁文的研究又不如希腊文的研究重要。不过他的拉丁文风格也是值得推重的，单就其流畅生动的拉丁文学养而论，若无对该门语

---

1 1852 年创办；1852—1862 年的编辑有 E. J. Kiehl（1827–1873），此人曾在代芬特尔、格罗宁根和米德尔堡任教授，还有 E. Mehler（生于 1826 年）、Naber、巴克及科贝特。新编开始于 1872 年。

2 Urlichs, 112[2]；参看 L. Müller, 78, 117–122。

285

言长期辛苦的研习便无法实现[1]。他是能够以精妙道地的拉丁语进行即席演说的极少数学者之一。1875 年莱顿的 300 周年庆典上，科贝特与马兹维当面对话，欧洲各所大学的代表们怀着惊惧之心，在一旁期待这两朵雷暴阴云发生冲突。他们却很快发现自己崇敬的都是那位希腊文学者的灵动机敏，捕捉住前面多位演说者所用的某些辞藻；他以宽厚且又高昂的语言向马兹维表示：*pugnabimus tecum, contendemus tecum, eoque vehementius contendemus, quo te vehementius admiramur*【我们向您挑战，要与您竞逐，与您竞逐得越烈，我们对您的推重也就越强烈】；此后，那位拉丁语言大师的答复也有一个镇定的开场白：*post Cobetum Latine loqui vereor*【我担虑自己要在科贝特之后讲拉丁语了】[2]。1884 年，70 之龄的科贝特成为 *emeritus*【名誉教授】，在大学的围屏上安置的标语，至少有一位路过的旅人将之念诵出来：*Carolus Gabriel Cobet, propter aetatem immunis, commilitonum studia quantum poterit adjuvabit*【卡罗吕斯·加布里埃尔·科贝特，不论年寿几何，依然沾惠学林甚多。译按，此处旅人当指桑兹自己】。科贝特去世时，本书作者受命运安排，寄往莱顿一封非官方吊唁函，由 70 多位剑桥学者联合署名[3]，且因此而收到了友善的回复，这成为尼德兰与英国之间悠久的学术共荣传统里的新纽带。

286

　　科贝特有时受到指摘，谓其忽视甚或不懂得前人的成果[4]，1878 年就

1　他的拉丁文学识在一封号称来自鲁恩肯的书信中（*Ex Orco, Datum Saturnalibus*）【自冥神呈与农神】遭到了批评，这由科贝特发表于《记忆女神》，1877，113-128，附有他本人的回复。

2　这段回忆，我受惠于 Mayor 教授的赐教。参看《古典学评论》，i 124。

3　重刊于《古典学评论》，iii 474。

4　参看 L. Müller，117 以下。

遭到了贡珀茨的驳斥[1]。在下一期的《记忆女神》中[2]，他以一篇关于菲洛德慕斯的论文作答，称颂了贡珀茨完成的编订本，且补充了他自己对于某些一直晦暗不清的问题的理解，结尾处得体地引了一段米南达：

ἥδιον οἰδὲν οὐδὲ μουσικώτερον
ἔστ' ἤ δύνασθαι λοιδορούμενον φέρειν.

【遭恶语而不受其扰，恬然自适者莫过于此。译按，普鲁塔克《道德论集》"青年学诗之法"一篇引此二句，谓出自菲勒蒙。】

同年，他受到普鲁塔克《道德论集》希腊籍编订者格雷高利乌斯·贝纳达奇斯 Gregorius Bernardakis 的攻讦，后者指控他盗用了科剌厄斯早已发明的观点。他在辩护文章中，表示对本人名誉并不像对指控者的声望那样关切[3]。他对斯泰因 Stein 关于希罗多德钞本之评估的讨论，乃是友善和蔼之批评的一个令人心悦的例证，其中他将经过检阅的钞本娓娓道来，仿佛每一部手稿都被赋予了鲜活的个性[4]。在当时的日耳曼人中，赖斯克得到科贝特的赞赏是最高的。他对丁道夫兄弟、贝克、迈内克和列尔斯，以及瑙克著作中的最出色的见解，都是称道有加。他还曾急于坦承自己受到过"三位伟大的理查"之恩惠，即本特利、道斯、珀尔森，也从珀尔森派学人的晚期代表埃尔姆斯利及多布里处获益。英伦学界在他的老

---

1 《希腊悲剧家残篇与科贝特的新式考据手法》*Die Bruchstücke der griechischen Tragiker und Cobets neueste kritische Manier*。

2 vi（1878）373–381，等等。

3 《记忆女神》，1878，49–54。

4 同上，1882，400–413，附有斯泰因在 Bursian 之《年刊》，xxx 186 的答复。

师一辈中产生影响，他本人自意大利归来之际便摆脱了日耳曼学术传统的羁绊。英人治学之传统方法，在英国有被遗忘的危险，却在荷兰成为主流，至今传布更为广泛。若将科贝特与斯卡利杰尔或本特利之外的其他任何学人相比较，都会是一个难题。他本人视斯卡利杰尔为"近乎完美的考据家"[1]，不过就其"专断而不容置喙的考证"及"权力意识"而言，他与本特利更为接近[2]。

287

与科贝特的和蔼豁达相对照，他的同侪威廉·格奥尔格·普吕格尔斯 William Georg Pluygers（1812—1880 年）表现出了更为平淡且矜持的性格类型。此人在 1862 年继许勒曼的职位成为拉丁文教授。在他的就职演说中，以得体的言辞称道其前任，并赞美了巴克与科贝特。他中年时对于荷马的亚历山大里亚时期编订本产生兴趣（1847 年），随后又致力于西塞罗与塔西佗的文本校勘。他在莱顿一向靠以贺拉斯与卢克莱修为主题的博学且富有创意的讲座而知名[3]。

普吕格尔斯

萨姆埃尔·阿德里安努斯·纳贝尔 Samuel Adrianus Naber（生于 1828 年），在莱顿就学，成为阿姆斯特丹的希腊文教授，直至 1898 年。他主要因编订了佛提乌斯辞书而闻名（1864—1865 年）。纳贝尔曾参加过科贝特在 1846 年那次著名的就职演说，直到 60 年后尚且在世，在《记忆女神》发表了关于自己这位导师著作几乎完整的目录。

纳贝尔

---

1 《关于作为语法学家、考据学家尤其是语文学家使命之根基的诠释技艺的演说》，25。

2 W. G. Rutherford，在《古典学评论》，iii 470–474。综合参看 J. J. Hartman 在《传记年刊》，1889，53–66；J. J. Cornelissen，《怀念科贝特》*ad Cobeti memoriam*，1889；H. C. Muller，《缅怀》*in memoriam*（英语），阿姆斯特丹，《希腊》*Ελλάς*，II i 49–54；S. A. Naber 的参考书目，见《记忆女神》，xxxiv（1906）430–443，xxxv 440。

3 关于最后这一点，参看 K. Kuiper 在《传记年刊》，1903，p. 98。

哈尔伯茨马　　　　在科贝特的其他学生中，我们还可以提到加林·哈尔伯茨马 Tjalling Halbertsma（1829—1894 年），他在莱顿跟随巴克、海尔及科贝特受学，在法国、西班牙与意大利检阅多部钞本后，于 1864 年出任哈勒姆的中学校长，1877 年出任格罗宁根的希腊文教授。他绝非有意做一个高产的著作家，只是为《记忆女神》贡献了一些关于希腊文与拉丁文考据学的论文，并出版了一部《吕西亚研究选录》*Lectiones Lysiacae*（1868 年）。在他逝世后，他的《考据学丛录》*Adversaria Critica* 由赫尔沃登 Herwerden 编订出版[1]。

杜里厄　　　　他的同代人，威廉·尼古拉斯·杜里厄 Willem Nicolaas du Rieu（1829—1896 年），也是巴克与科贝特的学生，曾在法国与意大利研究钞本。他长期供职于莱顿图书馆，1881 年被提升为首席图书馆馆员。他是以照相版完整复制重要的希腊文与拉丁文钞本之计划的发起人，该计划在他的继任者德弗里斯 E. S. G. de Vries 的赞助下得以实现[2]。

288

科内利森　　　　在科内利森 J. J. Cornelissen（1839—1891 年）看来，只有科贝特这位学问宗匠值得他付出耿耿忠心。他是代芬特尔的希腊及拉丁文教授，在阿纳姆做过校长，生平最后 12 年接任普吕格尔斯在莱顿的拉丁文教席。科贝特的影响体现在他对于亚历山大里亚时期文学的严苛评估上，这是他在代芬特尔就职谈话的主题（1865 年），但是他主要的研究工作是拉丁文领域。其中包含了一篇驳斥恺撒《内战记》之可靠性的文章（1864 年），关于玉万纳尔生平（1868 年）及维勒育斯·帕忒库卢斯著作文本的专论（1887 年），一册《考据学论集》*Collectanea Critica*，有对于西塞罗

1　《传记年刊》，1897，82-87；肖像见《考据学丛录》。
2　同上，1899，31-53；Naber 在《记忆女神》，xxvi 277-286。

与恺撒的 250 处推测（1870 年），最后，他还编订了塔西佗的《阿古利可拉传》以及密努齐乌斯·费理克斯的《奥科塔维》*Octavius*（1881—1882 年）。在代芬特尔积累了四年阅历后，他刊布了一份关于自己教育原则的荷兰文声明，其中竭力主张古典学问在荷兰日渐遭遇冷落的局面应该通过鼓励研究历史、地理学、神话学、考古学以及文学史而得到缓解（如在日耳曼地区那样），这些科目（如他所称）与语法学及文本校勘学比较而言一直都是被过度疏忽的[1]。十年之后，在他的莱顿就职讲座上，他以令人赞叹的拉丁文形容了 J. F. 格罗诺维乌斯与 N. 海因修斯 *par nobile amicorum*【彼此间崇高友谊】的价值，并将当代那些伟大学人研习拉丁文的方式，拿来与荷兰第一次古典学术热情高涨的时期相比照，还描述了近世拉丁文遭遇的境况，指出这在如今已不是所有受教育者的共同财富了。"但是"（他又说道），"我们的拉丁文研究在广度上有所缺失，那么它要在深度上得到补偿。钞本证据受到更为精审的估衡；在比较语文学的影响下，语法学也步入更为科学的路径；我们的知识因不可胜计的碑铭资料之复原而不断得以充实；对于经典著作一切内容不加分别的推崇膜拜之态度，业已在历史学与文学之考辨功夫的协助下得到矫正。古典学问的不同分支，如今得到更为细致的研究，但存在着一个危险，令人担心的就是，在对于细枝末节问题的投入变得过于谨小慎微之后，我们将会失去我们伟大祖先们的那种勃勃生机和活力。拉丁语如今业已脱离公共生活的范围，成为一种遁世的语言；那曾经是鲜活的、有呼吸的拉丁语，被现代人看成是僵化而近乎死亡的。假如那些伟大的祖先有哪位得以重生，我们不免要担心的是，他将会用格罗诺维乌斯对格

---

1 《古典古代研究》*De studie der classieke oudheid*（收入《时代镜鉴》*Tijdspiegel*，1869）。

莱维乌斯所采用的话语来告诫和指责我们："nae tu, qui varia et multiplici doctrina eruditum te iactas, Grammatice, non Latine, scis【看吧，纵然你满嘴五花八门的渊博学识，其实是个文法家，不是个拉丁人】。"[1]

我们介绍过了莱顿的一位拉丁文教授，最后再提一位乌德勒支的拉丁文教授。那位多才的学者，范德·弗列特 J. van der Vliet（1847—1902年），在莱顿师从普吕格尔斯学习拉丁文学，又跟随科贝特学习希腊古文书学；后者的影响清晰地显现于他关于哈利卡那苏斯的第欧尼修的《考证研究》Studia Critica（1874年）中。他在哈勒姆担任中学教师时，有充足的闲暇来修习爪哇语和梵文。后来他接替了弗兰肯在乌德勒支的教席（1891年），随即专注于拉丁文，尤其是白银时代的作品。他的拉丁文研究，从塞内加与塔西佗直到阿普勒乌斯，从阿普勒乌斯又延伸到德尔图良与苏耳庇修·塞维尔儒斯，兴趣确实不太受时代的限制。他熟知意大利人文主义者们的诗文[2]；讨论过荷兰政治家康斯坦丁·惠更斯 Konstantyn Huygens（1596—1687年）拉丁诗作中展示的文艺复兴之后果[3]；他在1892年为大学的新楼落成写了一首中古形式的合唱歌，甚至还在一首题为《万物皆空》Vanitas Vanitatum 的附注讽刺诗中摹仿过珀息乌斯的风格。他在拉丁语用法问题上的统计陈述，所有的细节上从未损失对于文学形

---

1 《皮耶特·布尔曼为已逝的最杰出之人物格莱维乌斯所撰葬礼演说》Petri Burmanni Oratio funebris in obitum viri clarissimi Joannis Georgii Graevii，p. 91（Cornelissen，《就职演说集》Oratio Inauguralis，24）；上引《演说》里的这节文字只是原文的简略概述；参看 Van Leeuwen，在《传记年刊》，1892，52–63。

2 《拉丁三英》Trifolium Latinum（Beyers，乌德勒支，1893），尤其是《彼特拉克的拉丁著作研究》Petrarcae Studia Latina。

3 《乌德勒支省艺术与科学学会会议论文集》Verhandelingen van het Provinciaal Utrechtsch Genootschap van Kunsten en Wetenschappen，1894。

式之重要性的良好感觉。他为了评论某部德文小册子而撰写了一篇旁征
博引的文章，其中提到："我极为明白，（作为一名评议者）理想的学人
应当有鸵鸟般的消化能力，可以将最为干硬的物质在最短时间内同化吸
收，但是不可忘记的是，这评议者到底也是个人类，并且对于一位作者
来说，假如他为读者考虑，要让自己的著作增添几分的文体魅力，那么
他就不会去损害学术的事业。"[1] 对作为一名拉丁文教授，范德·弗列特
完成了塔西佗《历史》的校勘编订本[2]，还校勘了阿普勒乌斯（1）《变形
记》，以及（2）《申辩篇》、《菁华集》Florida 及《论苏格拉底之神祇》[3]。对
塔西佗，他主要依赖于迈泽尔的异文核录；而对于阿普勒乌斯，他在两
度游访意大利时曾详尽地检查过那些钞本，不过尽管他在记录检查结果
时多加小心，仍总是信奉从科贝特那里学来的律条：*Codicibus manuscriptis
plane nihil fidendum est*【钞本手卷，从不可信】[4]。

我们对 19 世纪的调查到目前为止仅限于北尼德兰地区。始于威滕
巴赫的弟子，终于科贝特的诸门生。在整个世纪之中，每所大学里的古
典学教授席位一直是稀少的；那些教授除了负责拉丁文与希腊文的基
础和进阶课程，还不得不对希腊与罗马的历史与古物方面贡献或多或少
的普及性指导。对古代艺术的兴趣，在大学里面几乎没有代表人物，唯
有罗伊文斯与扬森是例外，还有杜里厄，他在数次访问罗马期间研究古
典考古学（以及古文书学）。在这些教授的已刊著作中，与其口头教学

290

---

1 对于 Stangl 的《西塞罗研究丛论》*Tulliana* 的评论，见 1900 年的《莱茵博物馆》。

2 格罗宁根，1900。

3 莱比锡（Teubner），1897 及 1900。

4 K. Kuiper 在《传记年刊》，1903，97–115。

的表现相反，主要的兴趣在于文本校勘方面。

作为一名**拉丁文**的学者，以及作为泰伦斯与贺拉斯的编订者，本特利对荷兰的学术影响微乎其微。拉丁经典的编订，以布尔曼的工作为楷范，长期以来盛行的是夹杂着冗长混乱的各家注释的集成。荷兰的贪婪本性，似乎乐于不断填补积累堆垛的渊博注脚。不过所幸在最近的荷兰版西塞罗《致阿提库斯书信集》中[1]，注释不再是将不必要的细节材料过分罗列了，而是一以贯之的精简清楚，有一部近来的阿里斯托芬编订本也是如此[2]。本特利作为**希腊文**研究者的影响，通过赫姆斯特赫斯有效地传至法尔克纳和鲁恩肯，最终又经由鲁恩肯至于威滕巴赫。但那些学者的注意力并未集中于黄金时代的希腊作家。琉善，而不是阿里斯托芬，得到赫姆斯特赫斯的更多研究，他在以弗所的色诺芬身上耗费的光阴，本可以用在雅典的色诺芬身上；而法尔克纳钻研亚历山大里亚时期与希腊化时期的著作家，下的功夫也不比在希罗多德上面少；鲁恩肯的研究涵盖了文学的广泛领域，从荷马风颂歌到朗吉努斯，从早期希腊演说诸家到晚期的希腊辞书学家[3]；威滕巴赫只编订了柏拉图的一部对话录，把生平的大部分精力都投入在普鲁塔克上面了。赫姆斯特赫斯及其后继者们就这样将时间滥用于"Graeculi"【小希腊佬】上，关注琉善这样的后世作家以及其他那些竭力摹仿真正阿提卡风作家们的人。科贝特对此再三

1　Boot 编订本，阿姆斯特丹，1865 以后。

2　Van Leeuwen 编订本，莱顿，1896 以后。

3　"(Ruhnkenius) ecquem sprevit ac fastidivit eorum qui diu post exstinctam Graeciam balbutire Graece rectius quam dicere ac scribere dicantur"【（鲁恩肯）虽然心有反感厌恶之意，却终日钻研那些腐朽的希腊文，那是以希腊文胡言乱语，而不是言谈与著述】（科贝特，《语文学评议》，1853，ii 6）。

表示痛惜之意[1]，他确立自己的主要志业，是去研究那些伟大的原初文献本身，探寻并落实阿提卡用语颠扑不破的标准。像 N. 海因修斯及布鲁胡修斯这样的拉丁学者，早已提供了热衷于将经典文本简化至平顺统一之僵化水平的范例[2]，他们曾试图把卡图卢斯或普罗珀提乌斯鲜活多变的风格整合得如同奥维德那样单调一致。对于一致性的同样热情，在阿提卡风的希腊语文方面，也（正如我们所见）体现在科贝特及其嫡系后继者们身上。这种趋势甚或可被视作头脑清醒、讲求系统的学者们所具有的一种民族性，这些人都生活于直行的运河地区，不见曲折的河流，平原的乡土只因沙丘地带而有所变化，而靠堤坝免于灾害，也就隔绝了自由奔流的海水。但是，当我们回顾自北尼德兰第一所大学成立以来的 333年，我们会想起正是因为"沉默者"威廉下令破除那些堤坝，才得以解救被围困的莱顿城，而该城居民们的英雄气概也恰好因这所声名远播的学府之建立而得到了纪念[3]。

总体来说，莱顿成为北尼德兰地区后来各所大学的楷模。弗兰纳克 *荷兰的大学* 大学于 1585 年在弗里斯兰省成立；格罗宁根大学在同名的北方省份于 1614 年建成；乌德勒支大学是 1636 年成立的；还有哈尔德韦克大学，是 1648 年在须德海的东南岸创建的。17 世纪还有代芬特尔与阿姆斯特丹所建立的雅典院【译按，Athenaeum 是尼德兰地区类似大学预科教育学校的机构，特别重视古典语言的学习】。1811 年，拿破仑一世取缔了弗兰纳克与哈尔德韦克这两所大学，所幸的是他废除乌德勒支大学的企图未能得逞。阿姆斯特丹的雅典院在 1877 年改为大学。今天，莱顿大学的学生人数

---

1 例如前揭之《语文学评议》。
2 上文第二卷第 325、330 页。
3 上文第二卷第 300 页。

超过了 1300 名，乌德勒支大学有 1100 名学生，阿姆斯特丹有 1000 名学生，然而格罗宁根的学生还不足 500 人。莱顿与乌德勒支长久以来都是古典学问的重镇。

（ⅱ）比利时

与此同时，在南尼德兰，成立于 1426 年的鲁汶大学择址于布拉班特，那里满是草野和葡萄园，被创建者誉为气候宜人、景色佳美[1]。在成立后的 20 年间，该校即开始仿效英国大学的考试竞逐制度，并采用学院体系[2]。最为著名的学院，即研究拉丁文、希腊和希伯来文的三语学院，1517 年由布斯莱顿创建，头十年中得到伊拉斯谟的培育[3]。这个学院乃是尼德兰学术复兴时期的第一批成果之一，该大学则反对宗教改革的原则，在 16 世纪及以后都是天主教运动的中流砥柱。

16 世纪鲁汶的学术代表人物，有些已在上文简略提及[4]。利普修斯兼属于莱顿[5]以及鲁汶，后者是他青春时期及暮年所在的大学，被他自豪地称作"比利时的雅典"[6]。在他生平之中，北尼德兰反抗西班牙的统治，开始于 1568 年的一场暴动直到"联合省"的独立最终得到威斯特伐利亚和约正式承认才结束（1648 年）。南方诸省继续臣服于西班牙，直到

1　Baron de Reiffenberg 的《回忆录》，1829，p. 19 注。

2　Hamilton 的《哲学、文学、教育与大学改革论集》*Discussions on Philosophy and Literature, Education and University Reform*，406 以下，645–650；Rashdall，II i 259–263。

3　上文第二卷第 212 页。

4　上文第二卷第 215 页以下。

5　上文第二卷第 301 页。

6　《鲁汶志》，Lib. iii, cap. 1, Salvete Athenae nostrae, Athenae Belgicae【为我们的雅典，比利时的雅典，致敬】。

1714 年被奥地利政权所接手。80 年后，仅仅独立了一年（1790 年），它们就又在法国统治下生存了 20 年（1794—1814 年）。鲁汶大学在奥地利皇帝约瑟夫二世治下一度遭到关闭，1797 年又被法国下令废止。1815 年，维也纳会议导致南北尼德兰联合王国的成立，国王威廉一世在 1816—1817 年创建了根特和列日两所新大学，同年还在鲁汶设置了一家"哲学学院"，规定凡是主教辖区内的神学院人士，将来都有义务参与该学院的课程。如此而在神职人员中引发的愤怒情绪，促成了 1830 年的革命，这场运动分解了南北间的联盟，并奠定了比利时独立王国的基础。各所大学从危难中存留下来，无不受到重创。1830 年末，列日失去了它的哲学系；根特只保住了法学和医学的科系；鲁汶的自然科学和法学科系都消失了，不过法学系不久之后得到了部分复原。各方产生了同一个目标，即建立一所单独的中央大学，有人认为应当置于鲁汶。1834 年，这个中央大学的计划因五票的反对意见而落空；于是根特和列日的大学得以保留和重组，而鲁汶的大学遭到了查禁。1834 年 11 月，布鲁塞尔成立了一所"自由"大学。同月，比利时的主教们又在马林 Malines 建设了一所天主教大学，次年即迁往鲁汶[1]。

293

　　布鲁塞尔有一所科学与美文学院，问世于奥地利统治时期，1772 年由玛利亚·特雷莎 Maria Theresa 女王赞助成立。这所学院在 1794 年法国人占领时期被废除，1816 年又得以重建，1832 年开始了新生。稍后我们还会提到几位 19 世纪中较为杰出的古代学问代表人物，几乎全在这所布鲁塞尔科学院的成员范围中。只有德维特男爵 Baron de Witte 是例外，

1　综合参看，A. Le Roy 教授的《成立以来的列日大学》L'Université de Liége depuis sa fondation（1867）"导言"，xxxi, xliii–xlvii。

我们将要提到的所有人物都是比利时某所大学的教授。

尽管文本校勘乃是荷兰学术的主要特色，比利时人最值得推重的领域却在古典考古学以及古代制度研究。足迹遍布世界的考古学家，德维特让·德维特 Jean de Witte 男爵（1808—1889 年），出生于安特卫普。他 13 岁时被带至巴黎，不久后即立誓称自己平生志趣在于艺术与考古学。他294广泛地游历欧洲与东方世界（1838—1842 年）。在此期间，他成为罗马国际考古学会的正式会员；等他回到巴黎之后，在那里度过了余生，被选为碑铭学院的通讯会员，1864 年成为该组织的外籍成员，1887 年又成为法兰西古物学会的荣誉外籍会员。而自 1851 年起，他就已经是其祖国皇家科学院的一名正式成员了。作为一名考古学家，他深受潘诺夫卡的影响，后者在编辑考古学会《年鉴》的巴黎分卷时得到了他的帮助（1832—1834 年）。他还刊布了许多种考古学收藏品的类目，并不断向顶尖的考古学期刊供稿。多年以来，他都是《考古学通报》与《古泉学刊》*Revue Numismatique* 的编辑成员之一。他在前一刊物上的同侪，是弗朗索瓦·勒诺尔芒 François Lenormant，此人的父亲即查理·勒诺尔芒，曾是德维特访问希腊、士麦那和君士坦丁堡时的同伴之一，并在德维特协助下完成了自己最为重要的著作。这部著作即大名鼎鼎的《陶器绘图古物菁华》，以四卷四开本印成，又附有四大卷不少于 445 幅的图版（1844—1861 年），乃是对古代世界社会与宗教生活进行完整表现的仅存的物质证据。德维特还就 3 世纪时统御高卢的罗马诸帝情况，发表了详尽的图示研究（1868 年）[1]。

---

1 《传记年刊》，1892，118 以下；A. Michaelis，《德意志考古学学会史》，44，57 以下，62；Stark，296，367；《科学院文库》*Bibliographie Académique*，15 页（布鲁塞尔，1886）。

在将近 40 年的时间里，德维特的通信人中一直都有那位比利时古典考古学的杰出代表，J. E. G. 鲁莱 Roulez（1806—1878 年）。此人生于布拉班特，在鲁汶跟随克罗伊策的弟子 G. J. 贝刻耳读书，此后在根特以一篇关于卡内德斯的文章获得奖金，在鲁汶又靠自己研究的本都库斯人赫拉克利特获得奖金，他在柏林师从柏克，在哥廷根追随过迪森与 K. O. 穆勒。他在神话学方面的兴趣来自克罗伊策；在返回祖国一年之后，他将对忒米斯修的文本校勘著作题献给了克罗伊策，此书是他在鲁汶的博士学位论文。1832 年，他成为根特雅典院的一名希腊史与古代地理学教授，在 1834 年，他在莱比锡刊布了托勒密·赫法斯提翁的《新史》。当根特的大学处于半停顿状况时，他成为了"哲文自由学院"*Faculte libre de philosophie et lettres* 的一名积极分子。1835 年大学全面恢复正常，他得到了一个教授职位，直到 1863 年都一直在讲授希腊与罗马文学，讲授艺术与考古学，讲授古代与现代法律。他每次交卸校长的职务，都伴随着显著的成就，而在接下来的十年生涯中，他担任了该大学的官方督导[1]，最后还将自己的珍贵藏书全部捐给了大学。在涉及比利时原始聚居民问题的论争中，他一直是脾气温和、受人尊敬的；他还探讨过罗马的公路及该国其他古迹。他提及布鲁塞尔科学院的重要文章，被收录在七卷本的《语文学史学及古物学论丛》*Mélanges de philologie, d'histoire et d'antiquités*（1838—1854 年）中。他的杰作是一部关于莱顿博物馆陶瓶的选录，出版于根特，附有 20 幅彩图（1854 年）。他的考古学研究在 1839 年游访意大利时取得丰富的成果；他继而在佛罗伦萨多次刊布了皮札蒂 Pizzati 藏品中后来散布四处之瓶器上的图画；他时常给罗马的考古学会所办《年鉴》

根特: 鲁莱

1　Administrateur-inspecteur.

第三十七章　19 世纪的尼德兰

和法国的《考古学通报》供稿。作为一名考古学家，他在海外的名声甚至高于国内。1877 年，当那位在古典音乐领域声名显赫的比利时权威人物，赫法尔特 M. Gevaert，在罗马请菲奥雷利解释卡庇托博物馆中一幅大伽卢 Archigallus【译按，Gallus 指小亚细亚地区弗里吉亚人的库柏勒女神高级祭司】浅浮雕像中的乐器[1]，菲奥雷利的回答充满了那不勒斯的那种活泼劲儿："等您回到比利时，问下鲁莱吧，对于那类古物，他知道的可比欧洲任何人都多。"[2]

296

冈特赖勒

鲁莱在根特的同时代人，约瑟夫·冈特赖勒 Joseph Gantrelle（1809—1893 年），家乡在厄施特尔那赫，他的教育是在卢森堡的那所雅典院完成的。他在根特师从马内（威滕巴赫的传记作者），当比利时与荷兰分离后不久便去往莱顿大学。在布鲁塞尔与阿塞尔特取得学术职务后，冈特赖勒于 1837 年接受了根特的教授席位，并于 1851—1854 年出任拉丁文修辞学教授，1854—1864 年他成为中等教育督学，1864—1892 年则再度担任教授。他在 1839 年就加入了比利时国籍，同年出版了一部珍贵的研究报告，讨论南部尼德兰地区与英国的早期历史关系[3]，还出版了一部拉丁语法学，那标志着比利时学院中的一个新篇章[4]，受到了日耳曼的埃克施泰因 Eckstein 和法国的伯努瓦与蒂罗的高度评价。他出版的古典学著作，主要与塔西佗有关。他在巴黎发表过关于该史家之"语法与

1　Millin，《神话学造像集》*Mythologische Gallerie*，lxxxii 15*。

2　尤其参见 De Witte 在《布鲁塞尔皇家科学与美文学院年鉴》*Annuaire de l'Académie royale des sciences et belles-lettres de Bruxelles*，1879，167-203，附有肖像与文献书目；又见 Wagener 在《比利时境内公共教育评论》，根特，xxi（1878）140 以下；以及《传记年刊》，1878，4 以下；Stark，296。

3　《历史学新文献》*Nouvelles Archives historiques*，1839。

4　多次修订和增补；第 12 版，1889。

风格"的研究论著[1]，还涉足对塔西佗著作的校勘与阐释[2]，并有极受赞誉的《阿古利可拉传》（1874 年）、《日耳曼尼亚志》（1877 年）及《历史》（1881 年）的编校本。他以为《阿古利可拉传》的特点在于"史家颂赞"【译按，原文系法语】[3]，而他本人为维罗纳与列日的主教刺忒理乌斯所作的"赞美性质的传记"也是如此[4]。他给布鲁塞尔科学院的刊物提供过三篇论文，主题分别是：（1）拉丁文句的词序；（2）斯凯尔特河 Scheldt 两岸的斯瓦比亚人；（3）校勘学的规则与方法，这与前一篇论文引起的争论有关[5]。他沉稳持重地抵抗着针对古典教育的攻讦；连同瓦格纳一起，在 1874 年创建了"语文学与史学研究促进会"，晚年他又以匿名方式向布鲁塞尔科学院捐赠了 45 000 法郎，用以创立一项两年一发的奖金来激励"古典语文学"的研究。在他私人的交游圈子里，尽管他对友人都很忠诚热情，却并未受到普遍的欢迎；他无疑是个博学之士，却有着阴晴不定的脾性；主要的性格是一种激昂不屈的精神；*labor improbus*【不懈的工作。译按，出自维吉尔《农事诗》，ⅰ145—146】实则便是他生活的法则[6]。

　　《比利时境内公共教育评论》令冈特赖勒与同侪瓦格纳在编刊物方面大展拳脚。奥古斯特·瓦格纳 Auguste Wagener（1829—1896 年），出生并成长于林堡省的鲁尔蒙德，在今天比利时边境以东。他在波恩跟随拉森、韦尔克及理茨尔学习，又在列日读了一年；还在巴黎游学六个月，结识了利特雷、厄戈尔、达朗贝以及勒南，此后开始在根特讲授道

1　1874，1882[2].

2　1875；部分内容译成了德文。

3　《比利时境内公共教育评论》，1878；以及《新年刊》，1881。

4　《历史学新文献》，1837，此文意外地忽略了 Ballerini 兄弟的大作（维罗纳，1765）。

5　《皇家科学院公报》*Bulletins de l'Académie Royale*，sér. 3，ⅵ 611，ⅺ 190，ⅹⅲ 344。

6　A. Wagener，在《布鲁塞尔皇家科学与美文学院年鉴》，1896，45—114，附有肖像与参考书目。

德哲学（1851 年）。主教很快察觉并公开谴责了此人讲学中的"五个危险的谬误"，讲课人用温和自尊的态度予以回应，不过此后不久，他就幸运地被遣往希腊与小亚细亚执行一项考古学的任务，回程中又被安排去讲授关于拉丁语言与古代文学这种安全课题（1854 年）。他在 1862 年成为全职教授，1864 年鲁莱退休后，他开始讲罗马古物，随后又教法制史。他在根特担任了 13 年的公共教育主管，1878 年，自由党执政时期，他成为大学里面的总督学，后来被校长以那句英文习语称誉为"合适位置上的合适人物"。1882—1886 年，他成为根特议会议员，司掌公共教育预算。当他恢复教授职务后，开始讲希腊碑铭学以及罗马法制史，至1895 年退休，次年逝世。

瓦格纳与冈特赖勒，尽管性格迥异，却在献身古典研究方面达成一致。他们在编校塔西佗著作以及主持那本比利时《评论》刊物时互相协作。不过，冈特赖勒感兴趣的是古典著作的语法学方面，瓦格纳则在考古学和史学方面有明显偏好。作为学者，瓦格纳将自己归于柏克及 K. O. 穆勒的旗下。他从未以不断查检抄工之谬讹为目的来读那些经典，所提出的少数勘校意见，都建立在具有绝对必要性的可靠证据之上。在他的公职生涯中，他显示出自己是一个天生的演说家，一个令人尊崇的讲授者；他吸收了法、德学术典范中所有最好的内容，且又始终保持着本国最好的传统。去世前不久，他的友人及从前的弟子们曾会聚一堂，向他过去的工作致敬，他用 *novissima verba*【最后的言辞】描述了自己的性格。他说"在格言 γνῶθι σεαυτόν【认识你自己】中，他寻觅到平生的行为准则；他明白自己的局限；一直是个不起眼的人，一直在收获一些小的发现，并未在整个古典学问领域开创新局面；在公共和社会生活的世界里，他从未开拓任何新路，也不会被人记住是一位议会演说者；那天朋友和学生们表达的友善之同情，可能缘于他总是走相同的路，那条尽职的路"。他主要研究的古代作家，有安提丰[1]与普鲁塔克[2]，西塞罗[3]与塔西佗。他写过一篇雄文，关于《论演说家对话录》的文本校勘[4]；完成了部《编年史》卷一的精彩编订本（巴黎，1878年），大概是驳斥奥沙尔将《编年史》与《历史》自相矛盾地归于博乔名下[5]。理茨尔对他的影响，体现于他在波恩关于加图《起源》的学位论文中（1849年），拉森的影响则见于他关于印度及希腊道德故事的研究报告[6]。他对小亚细亚的访问，促成他对弗里吉亚西北地区度量衡纪念物的发现与阐述[7]，以及另外15篇碑铭的公布[8]，此后又发表一篇铭文，涉及工匠社团问题，是他在希拉波利斯Hierapolis亲自复制的摹本[9]。他的成就虽然并未被布鲁塞尔科学院所忽视，但他在本地获得同等的名望之前（1871年），先已被罗马的考古学中心选为通讯会员（1863年）。在他当选为正式会员之后，他讲授了一次普鲁塔克与塔西佗的政治观点[10]，还有一次讲学的题目是雅典的良知自由[11]。他

1　《比利时境内公共教育评论》，xii 149-157，xiii 88-113。

2　《德尔斐的 EI》*De EI in Delphis*，同上，xi 162 以下，xxxii 171 以下。

3　特别是他不断修订其父的《为米洛而辩》，附有阿斯科尼乌斯的注疏，其中在 c. 29, luco（取代 lecto）Libitinae【利比蒂娜圣林】应归于瓦格纳名下。

4　《比利时境内公共教育评论》，xx 257-284。

5　同上，xxxiii 141 以下，xxxviii 149 以下。

6　布鲁塞尔科学院的《桂冠论集及外国专家论集》*Mémoires couronnés et mémoires des savants étrangers*，4°，xxv（1853）。

7　（在 Ouchak，即乌沙克），《论集》，xxvii，1855。

8　同上，xxx，1859。

9　《比利时境内公共教育评论》，xi（1869）1-14。

10　《皇家科学院公报》，sér. 2，1876，xli 1109。

11　同上，sér. 3，1884，vii 574。

第三十七章　19 世纪的尼德兰　　　　　　　　　　　　　　　　417

还是音乐方面的专家。"和声"在古代音乐中是否为人所知，这一直是文艺复兴以降被不断提出的问题；此前刚刚由费第 Fr. Fétis 给出了否定的答案，而樊尚 J. H. Vincent 则持有肯定的意见。瓦格纳在一篇研究报告中站在肯定派一边[1]，这启发了迫切想要扩充这方面学识的弗朗索瓦·奥古斯特·赫法尔特 François Auguste Gevaert。当赫法尔特着手他那部关于"古代音乐历史与理论"的传世著作时[2]，在有关古代文本的校订与阐释方面都得到了瓦格纳的协作。瓦格纳则在赫法尔特与沃尔格拉夫 Vollgraff 的帮助下，完成了亚里士多德《音乐学问题集》的编订，此书的两编由瓦格纳在世的家人于 1900 年和 1901 年出版。赫法尔特生于 1828 年，早年教育在根特完成，是一位非常高水准的音乐演奏家和作曲家，也是才学渊深的著名古代音乐史学者。自 1871 年之后，他一直担任布鲁塞尔皇家音乐艺术学院的院长[3]。

列日：勒尔施

　　冈特赖勒与瓦格纳之前，《比利时境内公共教育评论》的编辑是路易·克莱蒂安·勒尔施 Louis Chrétien Roersch（1831—1891 年）。此人生于荷兰林堡省的省会城市马斯特里赫特，起先在当地的雅典院就读，此后在鲁汶求学。由于 1850 年出台的法令创立了大量的新职位，他很快获得了布鲁日的雅典院一份教职。那时他才 20 岁，看起来那么年轻，在学校年度颁奖日，街上的孩童们看到他空手走下市政厅台阶，便大喊道："看

1　《论古代的和声》*Sur la symphonie des anciens*，在《桂冠论集及外国专家论集》，xxxi，1861。

2　Henzel，巴黎，1875-1881；参看 Bursian 之《年刊》，xliv 15-19；又见《拉丁教会唱诗中所见古代旋律》*La mélopée antique dans le chant de l'église latine*（1895），同上，lxxxiv 285，514。

3　关于赫法尔特，参看 Grove 的《音乐与音乐家辞典》*Dictionary of Music and Musicians*，1906 年版；有关瓦格纳，见布鲁塞尔科学院的《年鉴》，1898，155-204。

呐，那个笨蛋！他一项奖也没拿到！"他在布鲁日居住了 15 年。在此同时，1855 年，他向《教育学评论》*Revue Pédagogique* 提供了一篇 J. L. 比尔努夫所撰希腊语法的详尽评介。这份期刊 1852 年创办于蒙斯 Mons；1858 年转移至布鲁日，在那里更换刊名为《公共教育评论》，由勒尔施及其同事，也是他的妻兄费斯 Feys 担任编辑。当冈特赖勒与瓦格纳担任编辑时，这个刊物又搬到了根特，不过勒尔施的名字还保留着，甚至在他 1868 年由于在列日所任新职务的压力而被迫辞去了直接的管理职务也依然如此。1865 年，他受任高师的重要讲席，至 1872 年又兼任大学的古典学教授。他深信，对古老的经典世界之研究，乃是走向现代文明进程中必不可少的途径[1]；不过他对该学科持有一种宽泛而非专业化的解释。在鲁汶，他将古典学与梵文研究联系起来，而在列日时，他又显示出对日耳曼语（以及尤其是佛兰芒语），甚至于闪米特语之语文学的兴趣。他乐于以原本的希伯来文来研究《旧约》，还求助于阿拉伯语教授，焚膏继晷地阅读《古兰经》，又在刑法教授的陪同下读荷马、维吉尔或是但丁。他晚年在大学担任校长，在异常艰难的转折期里用了三年时间完成自己的职责，取得了完满的成功。1891 年 10 月退休时，他发表了关于雅典早期政制的谈话，与刚刚重见天日的亚里士多德论著相呼应；12 天后，他听了《安德若米达》的古典清唱剧，只不过又过了三日，便与世长辞。

作为一位古典学者，勒尔施对科尔奈利乌斯·奈波斯的拉丁文风怀有特别的兴趣[2]。对于其人著作的文本，他核录过四部钞本，特别是出自

1　1889 年的《校长讲话录》*Discours Rectoral*，以及 Van Bemmel 的《比利时祖国》*Patria Belgica*，iii 432（参看 P. Willems，《评述》*Notice*，526 以下）。
2　《比利时境内公共教育评论》，1858，1861 以后。

帕克附近修道院的那部鲁汶钞本。1861 年，他完成了一部精彩的中学版读本（第二版，1884 年），随后又刊布了恺撒《高卢战记》（1864 年）、西塞罗《为阿齐亚斯而辩及为德约塔卢斯王辩》的同类编订本（1867 年）。1885 年，他连同根特的保罗·托马斯出版了一册精彩的希腊语法书，这得到了比利时学界的热烈欢迎。为了范·本梅尔 Van Bemmel 的那部本国百科全书《比利时祖国》[1]，他以 26 页的篇幅浓缩出一部"比利时语文学史"，这被其传记作者称为"包含了漫长且辛劳之研究的一项艰难任务"，且"无疑是他最重要的著述"[2]。在他生平最后十年间，他给《比利时国家传记大典》*Biographie nationale de Belgique* 提供了 20 多篇生于南尼德兰的近代拉丁文诗人或学者的评述，其中最精彩的是葛鲁忒、丹尼尔·赫因修斯以及利普修斯部分。1888 年，他联合未来为他作传的皮埃尔·威廉斯 Pierre Willems，去朝觐了利普修斯出生的房间，却只发现这位伟大学者的藏书与家具，在安妥保存了三个世纪后，已在近期不幸被拍卖行售出了。早在 30 年前，他曾公布过柯斯特尔写给本特利和赫姆斯特赫斯的两封信件，是在法国国立图书馆中找到的[3]。他的研究和所发表的文章，涉及广泛的领域，而他的行政职务使他少有闲暇从事任何大部头的著述。不过他完全有能力完成更大范围的著作，无论任何一部都可以使他在该国学术史上获得恒久的地位[4]。

301

1　iii（1875），407–432.

2　P. Willems 在布鲁塞尔科学院《年鉴》，1893，附有 pp. 532–536 的总结。

3　《比利时境内公共教育评论》，1858，318 以下，368（包含了给 Bignon 的一封信）。

4　P. Willems，在《年鉴》，1893，515–542，附肖像以及所论希腊与拉丁作家们的概述段落，543 以下；另有 A. Roersch 所撰写的完整书目，同上，545–565.

我们在此可以简略提及比利时大学中早期的一两位日耳曼教授。1817年，荷兰与比利时联合王国政府意识到有必要邀请属德意志民族的学者来充任鲁汶、根特与列日那些新建大学中的教席。其中有富斯 J. D. Fuss（1782—1860年），他是在莱茵普鲁士的家乡城市迪伦 Düren 跟随耶稣会士受的教育。后来在维尔茨堡师从谢林，在海雷师从 F. A. 沃尔夫；他也与 W. 冯·施勒格尔及斯塔尔夫人相熟，在后者的建议下他去巴黎治学数年。他在那里将"吕底亚人"约翰关于罗马职官的论著译成拉丁文，列于哈泽所整理的首刊版中（1812年）。1815年他被普鲁士政府任命为科隆人文中学的古典学教师；两年后受到召请，成为列日的古代文学及罗马古物研究教授。他最出色的著作是一部拉丁文的罗马古物手册（1820年），第三版于1840年在牛津被译成英文。他在耶稣会所受的教育使他在拉丁诗歌方面成为颇有造诣的作家。有一首以列日大学之成立为题材的精彩的拉丁文颂歌，在其中提及了鲁汶、列日及根特：

Priscum en refulget Lovanii decus,

Binaeque Belgis, astra velut nova,

Surgunt sorores: en Camoenae

Auspiciis rediere laetis.

【且看那古老鲁汶闪耀着容光，

比利时的双轨，如姊妹新星

升起：看吧，文艺女神

又恢复了喜乐之兆。】[1]

1　重印于 Le Roy 的《成立以来的列日大学》，56 以下。

他在写作中古文体以重读为节奏的拉丁诗歌方面也很内行。其中的典范例证，就是对席勒《大钟歌》*Lied von der Glocke* 的翻译[1]，收在包括了创作与译文的《拉丁歌谣集》*Carmina Latina* 中[2]。1830 年，荷兰的教授们纷纷从比利时的大学中被驱逐出境，富斯也面临被开除的威胁，抗议说自己并非荷兰人，而是一个日耳曼人；这番申诉得到了认可，但他很快发现自己所属的院系遭到了政府的废黜。他丝毫不气馁，继续以自由科系成员的身份教书，五年之后方复职，但只保留了罗马古物研究的教授席位。他对拉丁文的掌握胜过其他任何语言，他为了慰借自己不再担任拉丁文学教授的事实，便著作了数卷拉丁诗歌，还扩充了私人阅读的范围。他在1844—1845 年担任大学校长，后来辞职的时候，发表了关于近代拉丁文恒久重要性的讲话。他晚年钻研但丁，不过对于《神曲》中的中古经院主义哲学毫无兴趣[3]。

犹如富斯在列日的情形，鲁汶则有一位贝刻耳 G. J. Bekker（1792—1837）。他是克罗伊策在海德堡的学生，博士论文写的是斐洛斯特拉图斯的阿波罗尼乌斯传，出版于 1818 年。在此之前一年，他已经被鲁汶大学招聘为古代文学教授。一年之中，他出色地掌握了精湛的佛兰芒语及法语知识；而作为鲁汶的使节，参加莱顿的第五个 50 年大庆纪念会，他还展示了自己荷兰语的精通程度。他对那些伟大的荷兰学人，尤其是威滕巴赫，怀有真挚的推崇之情。在 1834 年鲁汶大学受打压期间，他前往列日，在此后一学年中担任了校长，之后不久便逝世了。在鲁汶，他只完成了《奥德赛》以及伊索克拉底《致蒂摩尼库斯》的编订本，但

---

1 摘录，同上，323。
2 1822；第二版，1845—1846。
3 生平及书目，见 Le Roy 的《成立以来的列日大学》，314-331。

他是一个重要人物，并且在自己学生如巴盖与鲁莱等身上收获了反馈而来的声望[1]。

这两位学生中，弗朗索瓦·巴盖 François Baguet（1801—1867 年），出身于布拉班特南部一个彻头彻尾的天主教家庭。16 岁离开中学时，他面对的是刚草创成形的根特与列日两所大学，以及正在重建过程中的鲁汶大学。因此，他不得不等了一年，才得以进入鲁汶，在那里跟随 G. J. 贝刻耳学习希腊文与拉丁文。1822 年，他出版了一卷四开本接近 400 页的著作，那是一篇详论克律西波的获奖文章，后来，他依靠"金嘴"狄奥著作第八卷的编订本获得了博士学位（1823 年）。当鲁汶大学新成立的哲学学院邀他去讲授希腊文及拉丁文时，他拒绝了，但梅赫伦建立了一所天主教大学后，他马上就被聘为古典学教授及该校秘书，在调回鲁汶时保留了这些职位。尽管他熟谙佛兰芒语及荷兰语（还有法语），却从未下功夫学习德语，因此最终处于身为古典学学者的种种不利形势之下。他涉及中等教育问题的论文（1842—1862 年），发表于《天主教评论》及布鲁塞尔科学院的《公报》上，其中还有科学院 1849 年的《论集》单发他的一部成果，是关于耶稣会士及卡索邦的通信人安德里亚·绍特生平与著述的评述。在巴盖身上，男子气概甚而比学者精神还更可贵。他为人所称道之处，包括了他的认真，他对职责的奉献，以及

巴盖

303

1　De Reiffenberg 男爵，在《年鉴》，1838；Le Roy 的《成立以来的列日大学》，70-77；肖像见《尼德兰王国各大学教授肖像图集》*Iconographie des professeurs des universités du royaume des Pays-Bas*。他的传记作者，是那位极为渊博多才的 De Reiffenberg 男爵（1795—1850），出版过老普林尼的摘要（1820），一篇关于利普修斯的论文，收于布鲁塞尔科学院《桂冠论集》，iii（1821）中，还刊布过《语文学文献集》*Archives philologiques*（1825—1826），以及五篇关于鲁汶大学早期历史的论述（1824—1834）。参看《年鉴》，1852，以及 Le Roy 的《成立以来的列日大学》，170-198。

他一如既往的自谦态度。他的人生格言是 *ama nesciri*【甘于无闻】[1]。接下来我们要提到一位伟大得多的人物。

内夫　　　费利克斯·内夫 Félix Nève（1816—1893 年），生于埃诺省的阿特 Ath，从故乡越境至里尔受学，在那里他显示出自己早年在以拉丁文及法文写诗方面的才赋。与比利时后来的历史学家纳梅什 Namèche 一样，他也是在 1835 年鲁汶作为天主教大学重建后第一批注册入学的。除了自己平常的古典学课程，他还在大学里听了阿伦特 Arendt 关于东方文学的讲座，学了一点梵文后，在波恩跟随拉森、在慕尼黑跟随温迪斯曼 Windischmann、在巴黎跟随欧仁·比尔努夫继续进行古典学研究，他在巴黎还学习了希伯来文、叙利亚文和波斯文。1841 年，内夫被聘为鲁汶的古代文学与东方语言教授，12 年后成为全职教授。他连续用了 10 年时间讲授古代哲学，而从教的 36 年中一直都在教希腊及拉丁文学，尽管他主要的兴趣在东方学方面。他时而还会开设梵文课程；座中听课之人中的名声显赫者，不亚于勒尔施及威廉斯之辈。内夫刊布的著作，最为精妙的部分都与东方语言有关，尤其是梵文、亚美尼亚语及叙利亚语。但在 1846—1855 年，他对这些语言的兴趣顺便使他写作了一组关于比利时东方学家们的评述；这些内容反过来形成了他关于鲁汶三语学院之重要论述的前奏[2]。对该学院在 1517—1797 年间的历史，他调查了 16、17、18 世纪里鲁汶在这三门渊深之语言方面的研究。这部著作的价值，得到布鲁塞尔科学院的认可，为此而授予金勋章的奖励。34 年后，在漫长人

304

1　Roulez，在布鲁塞尔科学《年鉴》，1870，103-123，附参考书目。
2　1856；参看上文第二卷，第 212 页注释 2。

生的夜晚，作者回到相同的论题，完成了一部范围更广阔、形式更完备的著作[1]。

　　在此书中，内夫收集、校订并增补了他对南尼德兰地区次要人文主义者的所有散论。但这并非全部内容。他写了一篇富有启发意义的导言，主张文艺复兴运动仅有偶尔几处与宗教改革发生关联，此后用了上百页令人崇敬的篇幅论述伊拉斯谟，特别涉及其人在鲁汶的生涯。此后又详述了杰罗姆·布斯莱顿及托马斯·莫尔爵士，还有神学家马丁·多皮乌斯 Martin Dorpius（1485—1525 年），即那位人文主义学术的捍卫者，曾讲授普劳图斯，并为《一坛金子》及《吹牛军士》的演出写了精彩的序文；该书还论及阿德里安·巴兰都斯 Adrien Barlandus（1487—1539 年），是泰伦斯的注疏家（1530 年）；还有编纂了一部希腊文与拉丁文辞典并题献给伊拉斯谟的雅克·塞拉蒂努斯·德奥尔恩 Jacques Ceratinus de Horn（卒于 1530 年）；希腊文研究者及地方法官，弗朗索瓦·德克莱内瓦尔特 François de Craneveldt（卒于 1564 年），是伊拉斯谟及莫尔的朋友，翻译了普洛柯比乌斯关于查士丁尼帝朝建筑的著作；最后还有居伊·马利庸 Guy Morillon（卒于 1548 年），他是李维和苏维托尼乌斯的勤奋研究者，是查理五世的御用文书。在此未曾提及 16 世纪诸如比维斯与利普修斯这等声名显赫的学者，但有对克勒纳都斯的综合论述[2]。17 世纪的代表人物，有让·巴普蒂斯特·格拉马耶 Jean Baptiste Grammaye（1579—1635

1　《比利时古典学问的复兴与发达》*La Renaissance et l'essor de l'érudition ancienne en Belgique*，共 439 页，鲁汶，1890。

2　pp. 224–274. 参看 Chauvin 及 Roersch 在布鲁塞尔科学院《桂冠论集》，LX（1900 以后），no. 5，共 203 页，以及上文第二卷，第 158 页。

年），此人写过一部 16 种最著名语言的字母表的著作[1]；彼得·卡斯特拉努斯 Petrus Castellanus（1585—1632 年），是鲁汶的希腊文教授，写过著名医家列传，还写过一篇论希腊节庆的论著，还有关于古代世界之食物的论述，后来被吸收进格罗诺维乌斯的《希腊古物学宝库》中[2]。最后两章论及安德里亚·卡图卢斯 Andreas Catullus（1586—1667 年），此人写过一部关于诸学科起源的拉丁文戏剧，题为《普罗米修斯》*Prometheus*（1613 年），还有瓦勒理乌斯·安德里亚 Valerius Andreas，他编纂了一部比利时的地理与传记辞典（1623 年），还写过最早的鲁汶大学史（1635 年）[3]。

正如费利克斯·内夫是一位偶尔对南尼德兰学术产生兴趣的东方学家，我们还可以提到让·约瑟夫·特尼森 Jean Joseph Thonissen（1816—1891 年），他是一位著名的法学家及政治家，在其历史学与法学的众多著作中，有一部关于原初希腊及雅典之刑法的辉煌著作。他生于林堡省的省会哈瑟尔特【译按，此处是比利时之林堡省，与上文的荷兰之林堡省不同】，在家乡及洛杜克 Rolduc 受教育，在列日及巴黎（为时两年）从事学术研究。他在鲁汶担任了 36 年的刑法教授，为哈瑟尔特做了 27 年议员，1873 年被他的选民们树立了一座大理石像，7 年后他的友朋及学生们又贡献了一座。1884—1887 年，任内政大臣及公共教育部长。1888 年有关他去世的谣言产生了那部早产的出版物，热情地赞颂他作为自由

---

1 《寰宇文言例说》*Specimen litterarum et linguarum universi Orbis*，Ath（1622）。

2 ix 351-404.

3 关于内夫的生平，参看 T. J. Lamy 在布鲁塞尔科学院《年鉴》，1894，凡 90 页，附肖像及书目。

主义天主教徒、政治家以及对比利时宪法所做令人高度钦佩之阐释方面的杰出贡献。他对近世社会主义的研究问世前，曾考察过克里特、斯巴达及罗马的法律，还论述过毕达哥拉斯的学说体系以及柏拉图的《理想国》[1]。他写过关于印度、埃及与犹太刑法的论文[2]，又有两大卷同主题著作（1869 年），此后还著有传说时代之希腊及民主制下之雅典的刑法，其中前者的证据材料直接取自荷马与赫西俄德。关于雅典律法，他依赖的是阿提卡演说家及其他古代文本。

他在开篇对现有资料之来源略加评述。第二卷则讨论了不同情况的罚金；第三卷区分了针对政体及针对个人的侵害，等等；第四卷中，在提出了一些综合意见后，他考察了柏拉图及亚里士多德的刑罚观念。最后，他反思了雅典罚金刑体系的整体特点及其价值与不足[3]。

在那四卷本的利奥波德一世治下之比利时史（1855—1858 年）第二卷问世之前，特尼森的价值就已受到布鲁塞尔皇家科学院的重视，他为该院所做最为恒久的贡献，乃是以数百页篇幅对其最初一个世纪里的文科诸部（以铭文学、语言学、古代与中古文学等命名）的系统分析[4]。

相对于雅典刑法作为特尼森关注的诸多论题之一，罗马的政治制度

---

1 尤见于《自古代至 1852 年 1 月 14 日法国宪法的社会主义思想》 *Le socialisme depuis l'antiquité jusqu' à la Constitution française du 14 janvier 1852*，两卷本（鲁汶，1852）。
2 结集于其《历史学法学政治经济学论丛》 *Mélanges d'histoire, de droit, et d'économie politique*，1873。
3 《雅典城邦刑法，前附希腊传说时代刑法之研究》 *Le Droit pénal de la République athénienne, précédé d'une étude sur le droit criminel de la Grèce légendaire*，凡 490 页，1875。
4 《人文组成就的世纪报告（1772—1872）》 *Rapport Séculaire sur les travaux de la Classe des lettres, 1772–1872*，凡 304 页。参看 T. J. Lamy 在 1892 年《年鉴》，凡 106 页，附肖像及书目。

则是皮埃尔·威廉斯（1840—1898 年）终生事业的首要题旨。他出生并成长于马斯特里赫特，受学于鲁汶，曾获得政府嘉奖，这使他得以在外国大学从事两年研究（1862—1863 年）。在巴黎，他跟随奥伯特 Oppert 研究东方语言，在厄戈尔与帕坦的指导下分别钻研了希腊文学和拉丁文学[1]。他还在柏林继续学习了东方语言，在访问乌德勒支大学以及在莱顿跟随科贝特研究希腊文之后，他完成了自己的"漫游时代"。在他羁旅海外期间，几乎没关注过罗马政制的任何论题，也从未在鲁汶出席过这方面的任何讲座。回国后他得到了一个教授席位，在此度过了生命中剩下的 33 年时光。其中最后 25 年间，他还出任该大学的书记员。

威廉斯关于古罗马政治制度的权威著作最受世人瞩目。1870 年，他出版了关于"罗马古代史"的综论[2]，后来此书的改订本一律更名为《共和国时期罗马法律》 *Le droit public romain*[3]。作者旨在结合 W. A. 贝克尔的宣教手法与 L. 朗格的历史学方法，并避免两者的不足之处。他展示出对于原始文献以及近世相关论著的精通，而且，他一贯坚持对事实与假说加以严格区分。对多少有些枯燥的命题，他的论述别具一种极为清晰的风格。这是以法文写成的第一部完整的此类型著作。一共历经六版，后来还在俄罗斯公共教育部的要求下被译成了俄语。

更大的成功出现在他关于罗马共和国时期的元老院一书中[4]。其基本

---

1 《比利时评论》 *Revue Belge*，xv（1863）492。

2 《由政制角度所见之罗马古史》 *Les antiquités romaines envisagées au point de vue des institutions politiques*，凡 332 页（鲁汶，1870）。

3 《至于君士坦丁时代》，见 1872、1874 年版；《至于查士丁尼时代》，见 1880、1883、1888 年版（接近 700 页）。

4 《罗马共和国的元老院》 *Le sénat de la république romaine*；i（构成），ii（元老院的权能），iii（纪录汇编），1878—1885；分别为 638（724[2]）+784+115 页。

观点是，元老院直到西元前 400 年左右还是一个专断的贵族机构。以此为基调，他展开了对元老院之构成（及其职能）的描述，截止于 *plebiscitum Ovinium*【奥维尼亚平民法】（约西元前 338—前 312 年），此法令要求监察官在为元老院甄选合格之最佳人选时不再对贵族与平民加以差别对待。最后，他将这个论题一直演述至罗马共和国末期。这部著作得到了审慎的研讨[1]，并在日耳曼等地区受到了细致的评论[2]。在第一卷第二版（1885 年）的前言中，提到了有 27 篇之多的书评；蒙森向来不在引述其他研究者之著作上浪费篇幅，却于威廉斯是例外对待[3]。作者的唯一宗旨乃是追求历史之真相。他有一个观点，即认为研究要穷尽一切原始文献，并且只有在形成自家观念之后才去查阅近世著作家。这部著作最为惊人的特点之一，就是对西元前 179 及前 55 年时元老院成员详尽的生平记录汇编。作者后来着手写一部帝国时代骑士阶层及元老院制度的著作，所作的西元 65 年元老院载记汇编已由其子予以出版[4]。威廉斯的著作在法、英、意等国都受到了高度推崇，一点也不比在德国得到的重视逊色，但他从未到访过罗马，事实上也没去过意大利其他任何地方。在他的次要著作中，人们最感兴趣的是一篇公众场合的演讲录，其中他对庞贝的市政选举进行了细致而生动的描述[5]。然而这种不太起眼的成果是

1　L. Lange，《奥维尼亚平民法及阿提尼亚平民法辩证》*De plebiscitis Ovinio et Atinio disputatio*，莱比锡，1878，凡 52 页。

2　例如 Hermann Schiller 所作书评，见 Bursian 之《年刊》，xix（1879）411—427。

3　《罗马公法》，III ii（1888）之前言，p. vi。显然，在第一卷第三版中，蒙森倾向于持不同的观点，而在威廉斯学说的启发下他开始修正了某些意见。

4　凡 140 页，鲁汶，1902（摘要见《比利时博物馆》，卷 iv—vi）。

5　《庞贝的市政选举》*Les élections municipales à Pompéi*，附图表及注解，凡 142 页（1886），摘要见布鲁塞尔科学院《公报》，sér. 3, xii（1886）51 以下。

极为个别的；他往往更喜欢专注于一个 *opus magnum*【伟词巨构】，比如关于元老院以及共和国罗马的法律这样的著作[1]，甚至那些小型的出版物，也通常与他更大的成果之间存在某些关联。1874 年在鲁汶，威廉斯在他课堂成员中建了一个 *Societas Philologa*【语文学学会】，这是比利时的第一个该类型组织；最早的成员中，有一位查理·米歇尔 Charles Michel，如今是列日的教授，编订了那部简洁而又全面的《希腊碑铭集成》*Recueil d'Inscriptions Grecques*（1900 年）。威廉斯还是那份名为《比利时博物馆》*Le Musée Belge*（1897 年）的古典学季刊的创办人与最早的组织者。在他本人著作中，整体显示出亲近日耳曼与荷兰古典学术，比与法式古典学问的关系更深[2]。相对于从经典之伟词中进行分析，他更关注追求实际的情况。他讲学的课程涉及范围颇广的各种古典作家以及拉丁文碑铭。这其中也包含了整个"古典语文学"领域的综合概况，他将之定义为"希腊与罗马文明之学科"[3]。他深感在中等教育及高等教育阶段坚持古典研究的重要性。他也对这些学问的早先之命运及后来之发展怀有兴趣，对缺乏一部鲁汶人文主义者的全史而感到遗憾，于是他致力于对内夫与勒尔施等人物的怀念，这些人都在那部暂付阙如的历史中起过重要作用。就威廉斯本人学术成就的宽广、雄厚及精密程度而论，他显然怀有那种持之以恒而从不枯竭的天赋[4]。三个世纪之前，那位南尼德兰地区最伟大的拉丁学

1　他还为写一部佛兰芒方言的综合著作收集了大批资料。

2　*In medio virtus*【德取其中】乃是他自己的格言，见《比利时评论》，xv（1863）508 以下。

3　《圣教文献》*Lettres chrétiennes*，巴黎（1882），453。

4　"天才者无他，便是天性中怀有一份极大程度的耐心"（Buffon）【译按，"La génie n'est qu'une grande aptitude à la patience"，生物学家布丰之名言】；Carlyle 的《腓特烈大帝》*Frederick the Great*，i 415，1870 年版。

者尤斯图·利普修斯曾占据的宝座，由于威廉斯的缘故而增添了新的荣光。相较而言，这位前贤具有更为灿烂的文学才能，但是就性格上的矢志不移而言则略逊一筹[1]。

1　关于皮埃尔·威廉斯的生平及著作，尤其参看 Victor Brants 在布鲁塞尔科学院《年鉴》，1899，凡 60 页，附有肖像及书目；又见 Lamy 在布鲁塞尔科学院《公告》（1898），297，以及 Waltzing 在《比利时博物馆》，1898。

图 57　马兹维

出自《学术杂著集》*Opuscula Academica*（1887 年版）中重制的　幅照片，又见于《北欧语文学刊》*Nordisk Tidskrift for Filologt*，编 II，卷 viii；下文第 319 页

第三十八章

斯堪的纳维亚

丹麦、挪威及瑞典，是古代斯堪的纳维亚的三大组成部分，在
1397—1523 年间曾组成了一个独立的王国，自北方的塞弥剌米斯【译按，
Semiramis 是古希腊经典中所载亚述女王】即玛格丽特女王登基起，直至古斯
塔夫·瓦萨 Gustavus Vasa 宣布成为瑞典国王为止。哥本哈根在 1443 年起
就成为丹麦的首都，1479 年，克里斯蒂安一世经由教皇西斯都四世之许
可（1475 年），在此地建立了一所大学。依隆德 Lund 的大主教的法令，
它应仿照科隆的程式。瑞典（如上文所示）自 1523 年成为独立之王国；
自 1523 至 1560 年，古斯塔夫·瓦萨做了瑞典国王，腓特烈一世及克里
斯蒂安三世相继做了丹麦与挪威的国王，而至 1527—1536 年，这三个
国家都成立了新教。1539 年，由于国内动荡及宗教纷争而一度瓦解了的
哥本哈根大学，在克里斯蒂安三世治下得以重建，改而效法维滕贝格的
新教大学。该校在 1728 年毁于一场大火，1732 年在克里斯蒂安六世治

下得到重新组建，此王还赞助了1742年创办的"科学学会"[1]。这所大学在1788年经历了最后一次重组[2]。大约比这所大学创建早三个世纪之时，有那位隆德大主教的拉丁文书，哈姆雷特悲剧故事的最早作者，被世人称为"语法学家"萨克索 Saxo Grammaticus[3]，而我们将在后文中还要见证拉丁语法教科书的筹备，这是丹麦学人事业中的首要任务，自耶尔辛与邦、安凯松与巴登起，直至马兹维止，无不如此。

这批学者以托马斯·邦 Thomas Bang（1600—1661年）起首，此人在海外求学三载，在弗拉纳克与维滕贝格研习拉丁文、希伯来文及神学，此后成为哥本哈根大学的图书馆馆员以及神学教授。他是道地的东方学家，于拉丁文是外行，却坚信在丹麦提倡这门语言具有无上的重要意义。在拉丁文学术方面，他最著名的工作是应敕修订耶尔辛 J. D. Jersin 的拉丁语法学（1623年），后者是索勒的中学校长，后来做过里伯 Ribe 的主教。邦在1636—1640年完成了 *praecepta minora* 及 *majora*【大小"规则"。译按，指《耶尔辛氏拉丁小语法规则勘正》*Jani Dionysii Jersini Grammaticae Latinae praecepta minora jussu regio revisa, mutata et interpolata* 及《耶尔辛氏拉丁大语法规则勘正增补》*Jani Dionysii Jersini Grammaticae Latinae Praecepta majora jussu regio revisa, mutata et adaucta* 两书】之后，次年又贡献了一部重要的语法学著作，《语文学评议集》*Observationes Philologicae*，凡两卷，每卷篇幅均超过700页。他还出版了一部拉丁文初级识字课本，起了一个引人注目的标题，名曰《拉丁

---

1 "丹麦皇家科学院" Det Kongelige Danske Videnskabernes Selskab。参看下文第314页。

2 参看 Matzen 的《哥本哈根大学法制史》*Kjøbenhavns universitets retshistorie, 1479—1879*（1879）；Rashdall, ii 291 以下；以及《密涅瓦》, II。

3 他有一部辉煌巨著《丹麦诸王与群雄史》*Danorum Regum Heroumque Historia*（约1200），首度由丹麦学者 C. Pedersen 出版（巴黎，1514）。

学问之晨曦》*Aurora Latinitatis*（1638 年）。东方语言是他另外两部著作的
主题，即《东方与古代世界的神明》*Coelum orientis et prisci mundi*（1657 年），
与《古文言修习》*Exercitationes litterariae antiquitatis*（1638—1648 年）[1]。在后一
书中，他以普林尼的 aeternus litterarum usus【文字之用亘古不移】一语作
为开场白[2]，继而详尽地讨论了"以诺书"与天使的语言。依照当时的普
遍信仰，他主张一切语言（以及一切字母表）的源头都在希伯来文之中[3]。

与邦同时代的人物，约翰·劳伦贝格 Johan Lauremberg（约 1588—劳伦贝格
1658），是罗斯托克的拉丁文诗歌教授，1623 年自日耳曼去往丹麦，生
平最后 22 年在索勒担任数学教师。他编订了普洛刻卢斯的《论天体》
（1611 年），以拉丁文写就一部《古书学究》*Antiquarius*，是一本关于古代
字词与短语的字汇（1624 年），他还收集过一些关于古代希腊的地图[4]，
如今，相对于他在丹麦语和拉丁语讽刺诗方面的文学影响，这些成就很 313
少被人道及[5]。

同一个世纪中，奥卢夫·博克 Oluf Borch，或作奥劳斯·博里齐乌斯 奥卢夫·
Olaus Borrichius（1629—1690 年），曾在哥本哈根研习药学，在荷兰、英 博克

1　重印于克拉科夫，《语文学—哲学修习，专论文字之衍生与发展》*Exercitationes philologicophilo-sophicae quibus materia de ortu et progressu litterarum*，1691。

2　vii 193.

3　M. C. Gertz 教授，在 Bricka 的《丹麦传记辞典》*Dansk Biografisk Lexikon*（1887—1904）。Gertz 教授的笔墨还涉及下文所提及的大多数学人；所有这些条目都得到了审慎的检阅。

4　Pufendorf 编订本，1660。

5　Lappenberg 编订，斯图加特，1861（Bursian, i 320）；参看 L. Daae，《论人文主义者及讽刺诗人约翰·劳伦贝格》*Om Humanisten og Satirikeren, Johan Lauremberg*，克里斯蒂安尼亚【译按，奥斯陆之旧称】，1884。他的讽刺诗影响了那位丹麦的莫里哀，才华洋溢的 Holberg【译按，民国时期译作贺尔伯（1940 年有一部五幕剧《诡辩家》被译成中文），今日或称作霍尔贝格】（1684—1754），此人在自己的喜剧作品中受惠于普劳图斯很多。其中有一部喜剧，《尼尔斯·克里姆地下旅行记》*Nicolai Klimii iter subterraneum*，完全以拉丁语写成（1741）。

第三十八章　斯堪的纳维亚 435

国、法国与意大利旅行，1666 年回国后，成为大学的教授，并担任御用医师。他跻身于那些最有才华的人物之中。讲学涉及语文学以及药学、植物学和化学，另外还（在晚年）担任图书馆馆员。在语文学方面，他最早的著作，是一部拉丁文诗律概览，别出心裁地题作《果壳中的帕纳索斯山》 *Parnassus in nuce*（1654 年）。他的 *dissertatio*【专题论文】《论拉丁语及希腊语之字书》 *De lexicis Latinis et Graecis*（1660 年）问世后，他刊布了一部同领域的重要著作:《关于历代拉丁语言之思考》 *Cogitationes de variis linguae Latinae aetatibus*（1675 年）。此书的补订部分，见于他的《拉丁语言思想录选粹》 *Analecta ad Cogitationes de lingua latina*，以及专论《醇正精妙之拉丁文言研究》 *De studio purae Latinitatis et elegantioris*。其学术在史学方面的代表性著作，有《拉丁语言杰出著作家概述》 *Conspectus praestantiorum scriptorum Latinae linguae*，还有关于希腊及拉丁诸诗人、罗马之地貌以及古人之神谕的多种"学术性专论"[1]。语言学科的成绩，体现在他的《语言歧异成因论》 *Dissertatio de causis diversitatis linguarum*（1675 年）。

在他看来，语言原本是上帝赠与人的，太初之言词之间具有极为密切的一致性，正如万物之象与万物本身的贴合。人还得到过一样礼物，即发明新词汇的禀赋，在这方面，常规的习俗传递着某种意义，由此实现语言的进一步发展。巴别塔修建之后，出现了口舌上的混淆。原初之语言唯完整保存于希伯来人中，其他民族则只是得到了一部分而已。于是一切语言中都有些词汇与希伯来文有关，但这些语言却在不同方向上发生歧异。这要归结于许多不同的因素，诸如天气及生活方式的分别，

1　1676—1687；第二版，1714—1715。

这影响了讲话的器官。在此提出的语言之概念上，摹声法具有重要作用。在博克的见解中，还有些内容显得过于含混不清，而且整体上看这些说法都已过时了；不过，它们并非全无意义，起码看起来就以引人注目的形式出尽风头[1]。

在此后这个世纪的上半叶里，汉斯·格拉姆 Hans Gram（1685—1748年）被任命为哥本哈根的希腊文教授（1714年），他也是该校的历史编纂家、图书馆馆长以及档案管理人（1730之后）。我们还找得到那篇校长演说词，其中他详述了该校创立之前丹麦与挪威的学术史[2]。就在他主政时期，哥本哈根大学得以重建并重新开放，在他影响下，"科学院"在1742年成立。他的兴趣主要在希腊科学及希腊史。他写过"几何学的埃及渊源"，发表过对阿尔吉塔及阿剌图斯的研究报告。他仔细钻研了色诺芬的著作以及修昔底德的集注，编订了泰奥弗剌斯特的《角色丛谈》。他还刊布过一部希腊文学简史，又是一部拉丁—丹麦语及丹麦—拉丁语辞典的名誉著者，这部辞书叫作《拉丁语菁华》*Nucleus Latinitatis*，过去一向被使用着，直到被雅各布·巴登的著作所超越。格拉姆从未离开过家乡，但他将法布理齐乌斯、哈弗坎普及迪克尔列入自己的海外通信人之列。一度盛言此公为"丹麦最伟大人物"，不过他从未制造过任何的 *magnum opus*【巨著】。他将自己的广博学识埋于大量苦心孤诣的琐碎成果之中，多少也有些太热衷于在细枝末节上游离忘返。尽管如此，就学术活动的组织以及对古代历史的考据方面而论，他对自己的

---

1 Gertz 在 Bricka《辞典》。

2 1745；《丹麦学林古今谈》*Altes und Neues von gelehrten Sachen aus Dännemark*，i（1768）439–518。

祖国还是大有贡献的[1]。

格拉姆的同代人，克里斯蒂安·法尔斯特 Christian Falster（1690—1752年），其兴趣在于希腊与罗马文学及校勘学。他在弗伦斯堡完成了拉丁辞书的增补篇（1717年），还写了一篇拉丁文学研究的精深导言，题为《罗马疑义集》*Quaestiones Romanae*（1718年）。在里伯，他开始准备写葛琉斯的注释集[2]。这部注疏本完成之时，计算其篇幅，将要占满三大册对开本。这是不可能找得到一家出版商的，作者因此将其手稿以及其他书籍赠给了哥本哈根大学图书馆。在此期间，他的朋友汉斯·格拉姆，"听闻此《里伯之夜》注定亘古暗昧"[3]，便说服作者答允将这些《里伯之夜》一书的某些小部分拿出来见见天光[4]。他的《淡忘集》*Memoriae Obscurae*，大多取材于葛琉斯，于1722年在汉堡刊布，实际上属于那位汉堡的伟大学人法布理齐乌斯《拉丁群书治要》的补缀。在他的《语文学随想录》*Cogitationes Variae Philologicae*（1715年）中，他将古典文学视为神学的侍女，反对那种认为基督教学者应该回避"异教徒的"经典的观念。书中提出，当时古典学之 *desiderata*【亟待实现的目标】，乃是一部希腊文学史，他为此提出了一部将来之著作的大概轮廓。他还讨论了理想编订本的实质要点，时而贬斥一下堆积大量"不同释读意见"的荷兰风气[5]。

他在一部起初被他自己称为《布道书》*Sermones* 的著作中提到了这一相同的话题，他的荷兰出版商则敏锐地将更引人注意的标题赋予此书，

---

1 参看 Harless，《当代著名语文学家列传》，iii 146-156；《新传记丛刊》，相关词条；尤见 Gertz 在 Bricka《辞典》。

2 《里伯之夜的"初更人"注葛琉斯》*Vigilia prima noctium Ripensium in Aul. Gellium*（1721）。

3 《语文学娱心录》*Amoenitates Philologicae*，iii 214。

4 已刊部分见于前揭之书的卷 ii、iii 之结尾。

5 P. II, cogit. iii, v.

《语文学娱心录》[1]。此书具有格外可读的风味，却显得并不十分精粹。其中有一章节描述作者与一位青年的对谈，那人前途远大，热衷于阅读伟大学者的传记，遂生出追随其脚步的志向[2]。另一篇谈话则涉及学者的宗教，作者在结尾处称自己是一位"基督教哲学家"："studeo, non tam ut doctior quam ut melior evadam"【我试图不要显得那么博学，过于杰出的表现也非我所愿】。[3] 此书是他最著名的作品，不过尽管标题如此，大部分内容却与"语文学"无关。这个作者也以丹麦文讽刺诗人而著名，还注释过玉万纳尔第 14 首讽刺诗，完成了一部丹麦文的奥维德《哀歌》[4]。

此世纪后期，雅各布·巴登 Jacob Baden（1735—1804 年）登场，他起初在哥本哈根就学，继而在哥廷根及莱比锡深造，在阿尔托那与赫尔辛格（埃尔西诺）从事学术职务，生平最后的 24 年在哥本哈根担任"演说术"教授。他的肖像由拉赫德 Lahde 完成蚀刻[5]，半身像则是托瓦尔森 Thorwaldsen 制模而成的。1751 年有一部简明拉丁语法学问世，作者是丹麦的中学教师，瑟伦·安凯松 Sören Ancherson（1698—1781 年）。此书成为丹麦及挪威所有中学都在使用的权威教材，保持其地位直至 30 年后作者逝世。就在次年，巴登的语法书超越了它，正如巴登此书在 1846 年被马兹维的著作彻底淘汰那样。巴登还编写了标准版拉丁—丹麦语及

1　iii 7，阿姆斯特丹，1729—1732，三卷本，附有花饰。在卷 i 的那篇献词中，汉斯·格拉姆被作为拟想之对象呼告为 *amplissime* 及 *nobilissime Gram*【最为广博、最为显赫的格拉姆】。

2　i 11 以下。

3　i 43 以下。

4　参看 Thaarup，在《克里斯蒂安·法尔斯特的讽刺诗》*Christian Falsters Satirer*（1840）；Bursian，i 367-369；以及 Gertz 在 Bricka《辞典》。

5　Lahde og Nyerup，《丹麦名人像传集》*Samling af fortjente danske Mænds Portraiter med biographiske efterretninger*，iii（1806）。

第三十八章　斯堪的纳维亚　　　　　　　　　　　　　　　　　　　439

丹麦—拉丁语辞典（1786—1788 年），前者以格斯纳尔的著作为基础。他完成过斐德卢斯、维吉尔与贺拉斯著作的可靠编订本，翻译过色诺芬《居鲁士的教育》以及贺拉斯、苏维托尼乌斯、塔西佗与昆体良（x、xi）的著作。他的希腊语法学及名家文选则不太成功。

托克尔·
巴登　　其子托克尔·巴登 Torkil Baden【译按，多写作 Torkel】（1765—1849 年），曾在哥廷根就学，于游访意大利期间对艺术发生兴趣。他在霍尔斯泰因州的基尔（当时属于丹麦）以及（1804—1823 年年间）在哥本哈根担任教授。他发表的著作（诸如关于斐洛斯特拉图斯的专论）都多少受其对古代艺术的兴趣之影响。此人"几乎读遍希腊语及拉丁语经典"，但这番博览的结果却在他编订的塞内加《悲剧集》中体现得并不出色 [1]。他给他祖父整理的《丹麦语之罗马影响》Roma Danica，使他卷入与其他学人的纷争中。在为其父所编订的新修订之辞书（1815—1831 年）中，倒是幸免于非难。

尼鲁布

317　　在上述这两位巴登之间的时代里，出现了拉斯穆斯·尼鲁布 Rasmus Nyerup（1756—1829 年），这是博学的哥本哈根图书馆馆长，他除了写过不少斯堪的纳维亚文学研究的著作，还率先刊布了八种《古代拉丁语—俗语字汇表》Glossaria antiqua Latino-Theotisca 的内容 [2]。其中第五表基本上出自于一部 8 世纪的莱顿钞本，保存的是重要的拉丁语及盎格鲁－撒克逊语字汇，这份手稿从前属于伊萨克·沃修斯，可能一度藏在圣高尔 [3]。

1　莱比锡，1819—1821。

2　（尼鲁布），《古代条顿文献资料集》Symbolae ad literaturam Teutonicam antiquiorem，Hauniae【译按，哥本哈根的拉丁文名】，1787，pp. 174–410。

3　《莱顿藏拉丁语盎格鲁－撒克逊语字汇》The Leiden Latin-Anglo-Saxon Glossary，J. H. Hessels 编订，剑桥大学出版社，1906，pp. xiii–xvi。

同时代中有一位不似尼鲁布那样高产的人物，尼尔斯·伊韦尔森·绍 Niels Iversen Schow（1754—1830 年），是哥本哈根的教授，在罗马和威尼斯研究过钞本，编订了本都库斯人赫拉克利德斯的荷马体寓言诗集（1782 年）以及"吕底亚人"约翰的《岁时记》De Mensibus（1794 年）。他还着手编订斯托拜乌斯及佛提乌斯著作，可惜未能完成。先前他曾在哥廷根师从海涅；因此而对考古学产生兴趣，并完成了一部该主题的手册，但早年的誓愿却一直没有实现。声名显赫得多的，是那位才华洋溢的考古学家及历史学家，弗里德里希·明特尔 Friedrich Münter　明特尔（1761—1830 年）。此人也曾跟随海涅治学，后来成为西兰岛主教。同代更年轻的伯厄·索尔拉修斯 Birgerus（Børge）Thorlacius（1775—1829 年），　索尔拉修斯生平最后 26 年中出任哥本哈根的教授，编订了赫西俄德的《农作与时日》、莱克格斯反对列奥刻拉忒的演说词，以及科尔奈利乌斯·奈波斯的著作，此外还讨论了西塞罗的《论共和国》，并完成了一大套《学术序言及杂著集》Prolusiones et opuscula academica（1806—1822 年）。他编订的希腊语文本，不过是外国学人们整理本的重刊而已。他学识广阔却肤浅，是个平庸无能的拉丁文教授，跻身于希腊文《新约》的丹麦语译本之校订家中，算是一项有意义的贡献。在此极简略地提及布洛克 S. N. J.　布洛克Bloch（1772—1862 年）一笔就足够了，此人是罗斯基勒 Roeskilde 的中学校长，编纂初级课本，并编订了西塞罗的演说词选。他鼓吹希腊语发音的改良，由此与日耳曼地区的马提埃、丹麦的亨里克森发生了一场争论　318（1826 年）。尼尔斯·彼高姆·克拉鲁布 Niels Bygom Krarup（1792—1842　克拉鲁布年）是克里斯钦港 Christianshavn 的一名教师，曾写过一篇拉丁文命令式的论文，聪普特从中取得了"未来命令式"之名称。在冰岛人中，可以提及格维兹门迪尔·马格努松 Gudmundur Magnússon（1741—1798 年），　马格努松

奥德内森　他编订过泰伦斯（1780 年），还有保罗·奥德内森 Paul Arnesen（1776—1851 年），此人曾在赫尔辛格受学，在克里斯蒂安尼亚担任中学校长，最终在哥本哈根教授希腊语与拉丁语。他的希腊语—丹麦语辞典，是丹麦境内的第一部此类著作（1830 年），此后又有一部新的拉丁语辞典（1845—1848 年）。

索伊加　　　在此时期的考古学代表人物，是约翰·格奥尔·索伊加 Johann Georg Zoëga（1755—1809 年），他在哥廷根受学，在 1780 年及其后的时间里多次访问意大利。1783 年他加入了罗马教会，1809 年在罗马去世。最早的著作，讨论埃及的皇家铸币，此后有一部重要的对开本，"论方尖碑的起源与用途"（1797 年），以及"博吉亚博物馆的科普特语钞本"和"古代罗马的浅浮雕作品"[1]。他的朋友托瓦尔森为了纪念他，制作了一个圆形像章。另一位丹麦考古学家，彼得·奥卢夫·布伦斯泰兹 Peter Oluf
布伦斯泰兹　Brøndsted（1780—1842 年），在哥本哈根完成学业之后，去巴黎和意大利参加考古学工作，在 1810—1814 年，与哈勒尔 Haller、施塔尔贝格、科克雷尔 Cockerell 及福斯特 Foster 一起游览希腊。布伦斯泰兹本人将这次成果丰硕之旅程的部分收获写入两卷本的游记中（1820—1830 年）。此外，等他 1814 年回到哥本哈根后，又于 1820 年发起了在伊奥尼亚诸岛及意大利的一次旅行[2]。他在 1824 及 1831 年访问了英国，生平最后十年中担任语文学及考古学教授。他关于"泛雅典娜节瓶具"的论文，由皇家文学学会出版（1832 年），他的"西里斯 Siris 铜像研究"，则由"一知半解

1　《论文集》*Abhandlungen*（1817），《索伊加传》，等等，Welcker（1819）；Stark，245-249；Michaelis，《19 世纪的考古学发现》，13 以下。
2　Stark，260-262.

协会" Dilettanti Society 刊布（1836 年）。1842 年接替他教授席位的，是彼得森 F. C. Petersen（1786—1859 年），此人在余生最后 17 年间担当此任。他的《考古学入门》（1825 年），包含了对于温克尔曼的完整论述，曾被译成德文[1]。他还出版了一本希腊文学手册，理班纽斯的注疏集，以及一篇关于埃菲特审判之法权的精妙论述（1854 年）。在亨里克森、埃尔伯林 Elberling 及马兹维求学时期，彼得森是这所大学古典学方面唯一一位富有才干的讲课人。由于其他讲学者的能力不足，这三名学生（联合两位伙伴）组成了一个自己的语文学学会，这对他们的早期事业产生了重要影响[2]。第四位丹麦的考古学家，奥劳斯·谢勒曼 Olaus Kellermann（1805—1837 年），自 1831 年始定居罗马，在拉丁碑铭学方面的成绩得到高度赞誉[3]。最后，1902—1904 年丹麦人在罗德斯岛的挖掘活动所发现的碑铭，被用以判定雕塑家波爱图斯 Boëthus 生于希腊化时代之卡尔其顿 Chalcedon，还证明了拉奥孔群像大约是奥古斯都在位初期的作品[4]。

丹麦学术最杰出的代表人物，则是约翰·尼柯莱·马兹维 Johan Nicolai Madvig（1804—1886 年）。他父亲是丹麦伯恩霍尔姆岛的一名下层司法官员，此地临近瑞典海岸线，其曾祖时从彼国移民至丹麦境内。他的名字，出自瑞典南部地方一个渔村，那里曾经属于丹麦。马兹维 11

---

1 1829，共 353 页（有 12 页论及古代艺术研究史，继而是关于温克尔曼的 62 页）；"一部至今无可替代的书"【译按，原系德文】（Stark，52，58）。
2 Gertz 在 Bricka《辞典》中论及彼得森及亨里克森。
3 《罗马官职表校理》*Vigilum Romanorum latercula*（1835）；O. Jahn，《碑铭学举要，纪念奥劳斯·谢勒曼》*Specimen epigraphicum in memoriam Olai Kellermanni*，1841，pp. v-xv；Jörgensen 在 Bricka《辞典》。
4 Michaelis，《19 世纪的考古学发现》，168 以下；前文第 28 页注释 1。

岁时就开始为父亲抄录司法文书，从此一直对法律怀有浓厚兴趣。父亲去世后，他在北西兰岛的菲特烈堡 Frederiksborg 跟随本特森 Bendtsen 就学，1831 年，为了纪念这位老师，他发表了一篇公开悼词。不过，他主要还是靠自学成才的。在哥本哈根学业（1820—1825 年）结束后，他被聘任为拉丁文教授（1829 年），在此职位上工作了半个多世纪。1848 年及其后的时间里，他成为丹麦议员、丹麦所有中学的监察官，还担任过三年教育部部长。1856—1863 年，他出任国会主席，此后也一直参与政治活动，直至 70 岁之高龄。在哥本哈根大学第四届百年庆典（出于政治理由，这个纪念活动仅限于斯堪的纳维亚民族参加）上，他以极为令人尊敬的方式解除了自己的校长职务。在他 80 多年的漫长生涯中，从未生过重病，而他的心智至临终前都一直保持着强健之力。

　　他最好的著作，致力于拉丁语言的研究和西塞罗及李维著作的文本校勘。1825 年，与哥本哈根四名青年学者联手，他编订了一册加拉托尼的西塞罗演说词注疏集。他的学位论文，包括了对西塞罗《法律篇》及《论学园派》的勘误（1826 年），此后又有一篇关于阿斯科尼乌斯的论文（1827 年），一部关于后两次反维勒斯演说的《考据学书札》*Epistola Critica*（1828 年），以及《演说词选》（1830 年）以及《论老年》与《论友谊》（1835 年）的校勘本。他任教授时的工作，包括筹备了大学的拉丁文研究计划，后来刊布于他的《学术杂著集》（1834—1842 年）[1]。在这套《杂著集》的第一册中，有一篇初发表于 1829 年的论文，证明了"阿普勒乌斯"的几部所谓正字法研究残篇著作，过去蒙骗了马伊和奥珊，

320

1　第二版，1887。

乃是15世纪的伪作[1]。他因技艺高超地编订了西塞罗的《论至善与至恶》（1839年）而享誉欧洲[2]，此书属于那些权威著作，不仅依靠所传授的知识，也通过其传授知识的方法，指点并激励了这位学者[3]。他的《拉丁语法学》（1841年）问世后，又有一卷"评论集"（1844年），都被译成了欧洲各种语言。"此书的伟大之处在于论述明晰，题旨通达且有所节制，擅长分析，精晓古典用词之法。"[4]此外，他对希腊语及拉丁语古典著作之文本进行了更为广泛的研究，成果收于他的《希腊拉丁作家考证校雠集》中。1846年，他完成了《希腊文句法学》[5]，同年的德国之旅使他有机会结识了施耐德温及柏克，与之建立了亲密的关系。他对哈尔姆说过些友善的言辞，而在拜特尔与凯泽的西塞罗著作集第六卷中，拜特尔将以下献词赠与马兹维: *Tullianorum criticorum principi*【西塞罗校勘之王】。

1851年，他结束教育部部长的工作、恢复教授职务之时，对罗马法制史的研究使他将主要精力放在对李维的关注上。他在1860年完成了著名的《李维著作校勘记》*Emendationes Livianae*一书[6]，还在1861—1866年与乌辛 Ussing 合作编订了文本[7]。在这部李维完工之后，他赴瑞士、意大利与法国漫游一番，至1869年时还在意大利流连不归。1871—1873年，他刊布了《考证校雠集》两卷，附有一篇精彩的导言，讨论文本校勘的

321

1　Nettleship, ii 5–7.

2　第三版, 1876.

3　Bursian, ii 946；参看 Nettleship, ii 7–10。

4　Nettleship, ii 10 以下。

5　继而有《关于希腊语句法学几个问题的评述》*Bemerkungen über einige Punkte der griechischen Wortfügungslehre*，刊于《语文学家》，增刊，1848。

6　扩充版, 1877。

7　参看 Nettleship, ii 11–14。

第三十八章　斯堪的纳维亚 445

一般法则，并以具体例证说明。在完成了一部德文版的语文学次要著作集（1875 年）后，他开始遭受日益加重的视力损伤，却并未辞退教授职责，直至五年之后。在此期间，发布了自己著作的新版，包括了多卷本的李维、《希腊文句法学》的德文译本、西塞罗《演说词选》，还几乎完成了一个新版的《学术杂著集》（1887 年）。他一度又返回到对西塞罗文本的研究上，在 1884 年完成了《考证校雠集》的一个附录，还有一部关于罗马国家之法制与行政的两卷本重要著作（1881—1882 年）[1]。最后，这位老将的目力开始逐渐模糊黯淡，他口述了自己的回忆录，自童年时光直至 1884 年。

自其学者生涯之初始，他专擅的胜场便是字句的校勘学问。一种评估手稿之价值并运用评估结果的理性方法，业已流行成风气；钞本手稿不再被关注了，只有在需要比较原始之形态时才加以考量。这个方法由马兹维予以扩展，被他用高度的明晰和精确贯彻下来[2]。在《论至善与至恶》的前言中，有一个独特的段落，他将文本校勘家比作一名法官，其职责在于从证据冲突中抽绎出真相[3]。

322 　　他对推测式校勘怀有一种超卓的偏好。在西塞罗的《为凯琉斯辩》中，他有六个以上的纠正意见，后来被原藏于圣维克多修院的钞本予以证实[4]。但他的推想并非全都具有同等价值；在柏拉图文本方面，他就不似在西塞罗文本上那么成功了；他本人引以为憾的是，自己未能进一步熟悉希腊悲剧诗家的文体。*Quam vellem poëtas Graecos et praesertim Atticos non*

1　参看 Nettleship, ii 16–19。
2　参看他给西塞罗 12 篇演说词集所作的前言，重刊于他的《杂著集》。
3　译文收入 Nettleship, ii 8。
4　A. C. Clark,《牛津遗献辑刊》，X, xxxi 以下。

attigisset【我想指出的是，看来此人不懂希腊尤其是阿提卡诗家】，这是科贝特对马兹维的评价；门罗更要将这个评价延伸至罗马诗家[1]；理茨尔也在一处场合中批评他弄错了韵体，将奥维德一段文字中的 *mūtasse* 改成了 *nătasse*【译按，将长音节改成了短音节】[2]。

然而，字句之勘校，在他看来，乃是实现一个目标之手段，而那个目标则在于对希腊与罗马之文明的生动认知及完满体现，无论在文学方面，抑或是在公众或私人之生活方面。1881 年的一场讲座，显露出他在语言研究上的广泛兴趣[3]，不过他关心的不是比较语文学的细枝末节问题。拉丁经典著作的主题宏旨，在他已刊著作中并不似专业讲座中那样频繁被提及。在他关于阿斯科尼乌斯的论文中，他追随尼布尔之说，主张其注疏有一部分为不可信。他关于罗马碑铭的论文中，最早关注的是 *Equites*【骑士阶层】、殖民地，以及 *tribuni aerarii*【财务护民官】[4]。

"他对前古典时期及后古典时期的拉丁文的熟稔，与他对西塞罗及李维之文风的精晓不能相提并论。他也未曾展现出对习语用法的敏锐感觉，如 J. F. 格罗诺维乌斯、鲁恩肯、海因多夫、科贝特等人的研究那样因此富有启发意义。怀着坚固可靠的常识，憎恶思想和措辞上不合情理之处，对文本语境之所需具有明确的认知，严密地恪守 *ductus litterarum*【文章腔调】"，（梅耶教授说道）"在我看来，这就是他作为一名考据家的

---

1 《语文学杂志》, vi 78。
2 《变形记》, iv 46；《语文学杂著集》(参看 Nettleship, ii 15)。
3 《何谓语言学》*Was ist Sprachwissenschaft?*
4 皆重刊于《杂著集》中。

伟大价值所在了”[1]。

"尽管在他的著作中存在可查见的种种谬误"，（纳特勒史普教授说）"却总是体现出一种健全的人文气质。这是一个完整的人：心智没有残缺，也并非发育不成熟，而是活泼泼地呈现在我们面前"。他具有"一种质朴的情怀，矫健的独立精神"，并且"不受任何语文学传统的既成之规所左右"[2]。"明晰、通达并富有主见的识断，总是依据第一手研究说话，这是马兹维最重要的品格之一。"[3]"他从未丢弃古典语文学的现实地位与价值……他看重其中的教育价值，并不在于希腊与拉丁诸作家所提供的文学之欢愉，也与掌握语法后对头脑进行的技巧训练无关；而是要归为这样的事实，即古典著作提供了必要且唯一的途径，使我们直接认识希腊—罗马的世界，并由此而认识欧洲文明的过去。"[4]"他总向学生们强调说，他们治学问的最终也是最高宗旨，在于获取对历史有把握的深刻见解，获取有关希腊与罗马世界的一种明确而又生动的生活理想。"[5]

近代丹麦的古典研究学人，在马兹维作为拉丁文教授半个世纪的终身职位期间，全都蒙受了他的亲炙。他的主要性格是厌憎空谈与浮夸，怀有强烈的正义感以及自强不息的情操。他的谈吐带有一种非凡的优雅与安闲[6]。不过，他所信奉的立身格言既然是"说诚实话，持以爱心"【译按，出自《新约·以弗所书》，4：15，此处据和合本译文而调整语序，以配合行文需

---

1 《古典学评论》，i 124。
2 Nettleship 的《文集》，ii 4 以下。
3 同上，19。
4 《语文学》*Kleine philologische Schriften*，285 以下（Nettleship，20）。
5 Gertz，前揭，21 以下。
6 《古典学评论》，i 124。

要】，却时常强调了格言的前半部分而忽略后半部分。他曾用于那位史学之父【译按，指希罗多德，见《考证校雠集》，卷 i，第 302 页】的辞令，被一学生恰当地还诸其身：

quem ob argumenti amplitudinem ingeniique candorem et suavitatem veneramur et diligimus.

【吾人敬慕并爱戴此公持论时的博闻高才、清朗雅驯】[1]。

1876 年，几个从前的学生将一部从业 50 年纪念版《语文学论丛》*Opuscula philologica ad Joannem Nicolaum Madvigium* 献给马兹维，收入了希腊史与考古研究者克里斯滕森 R. Christensen（1843—1876 年）的论文[2]，乌辛关于亚里士多德《修辞学》《诗学》的考据[3]，克里斯蒂安尼亚的索弗斯·布格 Sophus Bugge 对普劳图斯的修订[4]，还有翻译泰伦斯的维特 Whitte 对其他拉丁作家的修订[5]，克里斯滕森·施密特 C. P. Christensen Schmidt 自赫西俄德的译文[6]，最后还有两位作者目前还是哥本哈根的教授，列入目录的分别是耶茨 M. Cl. Gertz 对昆体良的修订，以及汤姆森 V. Thomsen 关于早期中古拉丁文的评述。

324

1　J. L. Heiberg，在《传记年刊》，1886，202–221；参看 M. C. Gertz 在《柏林语文学周刊》，1887 年 2 月 5 日及 12 日，尤其见于 Bricka 的《丹麦传记辞典》; John Mayor 在《古典学评论》，i 123 以下; Nettleship 的《文集》，ii 1–23。
2　生平见《北欧语文学杂志》，第 II 编，iii 279。
3　下文第 325 页。
4　下文第 331 页。
5　下文第 328 页。
6　下文第 328 页。

在丹麦出版的西塞罗编订本，因马兹维的贡献而具有优势，其中有
亨里克森　吕多尔夫·亨里克森 Rudolf Henrichsen 的《论演说家》（1830 年）、特雷哲
P. H. Tregder 的《图斯库兰辩论集》（1841 年）以及伦 G. F. W. Lund 的《论
义务》（1848 年）。其中第一位人物，亨里克森（1800—1871 年），是
协助马兹维及埃尔伯林二人合编加拉托尼的几位学者之一 [1]。他后来在索
勒及欧登塞担任中学教师，尤对《帕拉廷文苑英华集》以及拜占庭时期
和近代希腊语感兴趣；不过他主要的著作在于上述之《论演说家》，其
埃尔伯林　中也得到了埃尔伯林的进一步帮助。卡尔·威廉·埃尔伯林 Carl Wilhelm
Elberling（1800—1870 年），在哥本哈根任过中学校长，完成了一部有
用的柏拉图《申辩篇》及《克里托篇》编订本；他还研究过希腊语诸辞
博耶森　书学家，促成了伦敦版的亨利·艾蒂安之希腊语《宝库》问世。博耶森
E. F. C. Bojesen（1803—1864 年），他在哥本哈根的学位论文涉及希腊音
乐，还讨论了亚里士多德的《问题集》，这使他在日耳曼地区赢得了些
许名声，后来出任索勒的校长。他编订过萨鲁斯特；编有一部罗马古物
手册（1839 年），主要以马兹维的讲义为基础，还有一部希腊古物的类
似著作 [2]，曾被译成德文及其他语言。他后来有篇关于亚里士多德《政治
韦森贝格　学》的论文 [3]，还译过《伦理学》的卷 viii 及 ix [4]，皆受到广泛的欢迎。韦森
贝格 A. S. Wesenberg（1804—1876 年）在维堡 Viborg 读书及执教，他的声
望得自对西塞罗《书信集》所作的校勘编订本 [5]，该文本的"修订本"问

1　上文第 320 页。
2　英译本，1848。
3　索勒项目，1844 以后，1851 以后。
4　1858.
5　托伊布纳本，莱比锡，1872—1873。

世后便超越并取代了此书。他还刊布了《李维著作校勘记》*Emendationes Livianae*，在一定程度上摹仿了马兹维的《校勘记》。编订《图斯库兰辩论集》的特累哲 Tredger（1815—1887年），做过奥尔堡的校长，写过一部丹麦文的希腊艺术史，一部希腊与拉丁文学的手册（两度被译成德文），一部希腊神话学手册，还有一部特别值得称颂的希腊文语法书（1844年）。最后还有伦德（1820—1891年），他的学术事业起始于克里斯钦港及哥本哈根，终止于奥尔堡及奥尔胡斯 Aarhus，当他为尼克宾 Nykjöbing 的天主教中学"帮忙打杂"时，他正在编订西塞罗的《论老年》《论友谊》及《论义务》，还在编订德摩斯提尼的《反腓力》及《议金冠》。

特累哲

325

伦德

协助马兹维编订李维文本的学者，是约翰·路易·乌辛 Johan Louis Ussing（1820—1905年）。当他还在哥本哈根读书时，未被布伦斯泰兹说动来研究古典考古学，因为这位老师正在讲授古典语文学。对他影响更大的老师是马兹维，曾用尖刻的批评脾性来激励他，但他没有沿承在罗马制度和拉丁文句法学两个领域的兴趣。事实上，马兹维建议乌辛致力于考古学，并将他介绍给艺术品鉴家赫因 Høyen，此人则敦促乌辛去研究希腊陶瓶，遂使他写出了那篇题为《希腊瓶器题名》*De nominibus vasorum Graecorum* 的专论（1844年）。

乌辛

在意大利与希腊游览两年之后[1]，他开设了关于雅典地形学及遗迹的讲座，并在1847年被任命为语文学及考古学的讲师，此时他还刊布了一些希腊文的碑铭。马兹维在公众服务工作方面的缺席，造成乌辛投入

1　参看《南国揽胜》*Rejsebilleder fra Syden*、1847；"塞萨利之旅"及关于帕台农神庙的论文，收在《希腊观光与研究》*Griechische Reisen und Studien*、1857。他后来写的回忆录，分别题为《旅记》*Fra en Rejse*（1873）、《希腊及小亚细亚印象》*Fra Hellas og Lilleasien*（1883）以及《下埃及》*Nedre-Ægypten*（1889）。

更多精力在语文学讲座上，他在三年之后成为全职教授。当他协助马兹维编订李维时，他本人的杰作则是普劳图斯的编订注释本（1875—1887年）。在那部著作中，他作为文本校勘家的清醒节制风度，令人们想到了马兹维的影响。他就亚里士多德《修辞学》与《诗学》发表了自己的考据学意见[1]；还有泰奥弗拉斯特《角色丛谈》和菲洛德慕斯《论恶习》*De Vitiis* 的注疏（1868 年）。他对希腊和罗马教育的简略描述[2]，以及关于诗律的指南（1893 年）[3]，都被译成德语。论文中还有一篇提出了维特鲁威的新年代判定，被译成英语[4]。他是哥本哈根古典时期考古学博物馆的创建人，将自己的考古学藏书都捐赠给了该馆。即便在高龄之年，他也属于那种以极饱满之心智与热情从事工作的人，有篇悼念文章的作者声称，哥本哈根大学所藏的肖像上明显露有倦意，这与他的实际性格是不相符的[5]。

努茨霍恩　　　　马兹维的学生中，最有才干且最受器重的人物之一，是努茨霍恩 H. F. F. Nutzhorn（1834—1866 年）。在他的短暂事业之初，发表了关于希腊神话学、希腊文学史以及特洛伊小史诗系列之佚作的几篇珍贵论文[6]。成

326

1　《语文学论丛：纪念马兹维》，221 以下。

2　1863—1865；德文译本，1874，1885[2]。

3　新版，1895。

4　遭到 Krohn 的驳斥，见《柏林语文学周刊》，1897，773；参看 Schanz，§355，p. 350；以及 M. H. Morgan，在《哈佛古典语文学研究》，xvii（1906）9；又见 Degering，在《莱茵博物馆》，1902，以及《柏林语文学周刊》，1907，nos. 43-49。1894 年，乌辛讨论了"希腊柱式的发展"，在 1897 年又涉及"帕迦马的历史及纪念性古迹"（德文译本，1899）。

5　J. L. Heiberg，《丹麦皇家科学院》*Danske Videnskabernes Selskab*（哥本哈根），1905 年 11 月 3 日，71-75；参看 E. Trojel 在《北欧语文学杂志》，第 III 编，xiii 92-96，附有肖像及参考书目；又见 Sam Wide 在《柏林语文学周刊》，1898，878 以下；以及 Drachmann 所作简传与书目，见《传记年刊》，1907，125-151，部分内容参照了乌辛的自传（1906）。

6　《北欧语文学杂志》，第 I 编，ii vii。

为博士学位候选人后，他探讨了荷马体诗作的起源，1863年，他的论文即以此为题，以丹麦文刊布。他很快凭借在阿里斯托芬研究方面的显赫成就开始讲学；随后为了使学问进一步发展，他两次赴意大利游览，分别在1863年后期及1865年。在第二次旅行期间，他核录了威尼斯所藏的阿里斯托芬钞本异文，又意图访问希腊，为的是研究其近代语言和文学，那时他以31岁之韶华而染上伤寒，逝世于1866年2月[1]。他在世时，对论荷马体诗歌之文曾一直加以思虑，去世三年后有一个德语译本终于大功告成，出版时马兹维为之作序[2]。马兹维在他关于希腊文学的课程中曾对沃尔夫的观点加以批评，而就是这些讲义推动他的这位学生开始钻研相关问题。尽管马兹维认同沃尔夫那部著名《荷马史诗绪论》的重要意义，视为以摧毁"极荒陋之成见"而确立地位的一部令人鼓舞的著作，却又声称此书不够晓畅，存在逻辑不清、要领不明的问题，并且将荷马之考据学引入歧途[3]。

努茨霍恩将荷马之考据学随后的状况比作"一片人烟罕至的旷野，其中那颗'指路明星'，或许实在不过就是一簇鬼火而已"[4]。他本人的著作分成两部分，即"史料证据"与"内在标准"，对于前者，他分四个标题进行讨论：（1）文本的证据；（2）有关庇西特拉图之掌故；（3）荷马

1　参看 Gertz 在 Bricka《辞典》。

2　《荷马体诗歌的起源，对于解决荷马考证问题之合法性的探讨》*Die Entstehungsweise der Homerischen Gedichte; Untersuchungen über die Berechtigung der auflösenden Homerkritik*（托伊布纳，莱比锡，1869，共268页）。

3　p. vii.

4　p. 4；参看 Blass，《〈奥德赛〉之窜文》*Interpolationen in der Odyssee*，1，"一片泥沼，暗影摇曳"【译按，原文系德语】。

之嫡系 Homeridae；（4）先前之 ἀοιδοί【歌手】与晚出之 ῥαψῳδοί【诵人】的对比。他提出如下看法：（1）目前已知的释读之异文，并不代表存在不止一部的古人编订本。（2）涉及庇西特拉图的资料是后出的，存在矛盾分歧的，整体看来也是不可靠的，而沃尔夫据此得出推论，认为在庇西特拉图时代之前《伊利亚特》与《奥德赛》并不完整，可他的这个看法存在很多反证，包括早期诗人如赫西俄德、阿洛库斯、阿耳刻曼及希珀纳刻斯作品中的"荷马记忆"，还有居普塞勒斯 Cypselus 王的箱柜上所绘《伊利亚特》之情景。（3）（他着重强调）近世考据学有一误区，在于将荷马嫡系的开俄斯一族视为诵人；此章内容相比这部著作其他部分而言有些不妥之处。（4）更古老时代里悠闲的吟游歌手，在族酋的庙堂中演唱长篇史诗的连续之部分，而后来的诵人则是在人头攒动的节庆时刻仓促地背诵一些选段来取悦大众，这样的对照暗示着前者是史诗体起初所追求的吟诵模式，还说明无论从形式或题旨而言，荷马史诗都是史前时代的产物。诵人则属于"不相宜甚至是毁灭性的因素"，他们所造成的损害却被消除掉了，一是靠梭伦这样的政治家[1]，另一方面则缘于希腊人对书写越来越广泛的使用。

在第二部分，努茨霍恩批评了那些打算将《伊利亚特》分解成短篇叙事诗的各种尝试，还声称现代考据家们拿着印刷纸页的材料才看得出来的微小龃龉之处，在原本的受众那里将会被视而不见，这不足以证明存在不同的作者。他还讨论了格罗特的《阿基琉斯纪》【译按，应该是指格罗特《希腊史》第 1 编第 21 章中的相关论述】，指出《伊利亚特》的长篇段落未必属于《阿基琉斯纪》，可看作是最早史诗特有的插曲，功能在于帮

328

1　上文第一卷第 19 页。

助原本的听众感受到阿基琉斯长时间缺席于沙场的事实。

作者在对北日耳曼地区当时流行的观点进行谩骂时，或许是过于粗暴了，而丹麦与普鲁士的政治分歧看来也是给他好争吵的脾性起了火上浇油的作用。不过这部著作的恒久意义，却并不能被爱国情怀所削减，这种情怀（我们有鉴于此而认为）形成了丹麦学术的一种特色成就[1]。

我们现在可以从古典学人转而论及丹麦翻译古典作品的四位人物：翻译家（1）博学的女士，比吉特·托特 Birgitte Thott（1610—1662 年），她翻译了塞内加（1658 年），以及爱比克泰德与刻柏斯（1661 年）；（2）丹麦诗人维尔斯特 C. F. E. Wilster（1797—1840 年），他译出了荷马及欧里庇得斯的八部戏剧，列于该国经典；（3）中学教师 H. K. 维特（1810—1894 年），他将泰伦斯译成丹麦语诗体；（4）C. P. C. 施密特（1832—1895 年），他接手维尔斯特的欧里庇得斯译业，还刊布了赫西俄德[2]、赫列都儒斯及罗德斯的阿波罗尼乌斯作品的精彩译本[3]。另一方面，在冰岛，斯文比约登·埃吉尔松 Sveinbjörn Egilsson（1791—1852 年）先后以韵体及散文体完成了荷马全部作品的恢宏译本，在他为《奥德赛》贡献的生动译诗中，独特地表露出一种精妙的体会，即认为古老希腊史诗元气淋漓的风格与北方的萨迦存在亲缘关系[4]。他对北欧古语之诗歌资源的掌握，

---

1 尤其参看 D. B. Monro 在《学园：文学、学术、科学与艺术每月报道》*Academy: A Monthly Record of Literature, Learning, Science and Art*，i 26 以下有见地的评述。

2 《语文学论丛：纪念马兹维》（1876），279—293。

3 传记见《北欧语文学杂志》，第 III 编，iv 94；关于希腊文句法学的论文，同上，第 II 编（1874—1893）。

4 1854 年版；散文体的《伊利亚特》，雷克雅末克，1855；《说书人》*Ljódmaeli*，同前，1856（拉丁文诗，在 pp. 247–292；希腊文，293）。

也充分体现于那部意义重大的《古代北方语言诗歌辞典》*Lexicon poëticum antique linguae Septentrionalis*（1860 年）中 [1]。

在结束时，我们必须简略提及两位比较语文学家，拉斯穆斯·克里斯蒂安·拉斯科 Rasmus Kristian Rask（1787—1832 年）及卡尔·阿道夫·维尔纳 Karl Adolf Verner（1846—1896 年）。1807 年，拉斯科在哥本哈根研究冰岛语，随后又访问冰岛。他的"古代北方或冰岛语言起源之调查"完成于 1814 年，但这部著作直到四年后才出版。在此期间，他获准至海外访学六年（1816—1822 年），以扩充其欧洲及亚洲各门语言知识。这段时间的三分之一是在斯德哥尔摩度过的，第二阶段在芬兰、俄罗斯及波斯，第三阶段在印度。正在这段难忘的旅程中，他成为欧洲学者中首位获得"仁德"【译按，Zend，古波斯语】之语法知识的人。1825 年，他成为哥本哈根的亚洲文学史教授，后来又实现了自己的志向，成为东方语言教授。但是他此时健康状况不济，于 45 岁之英年即溘然长逝 [2]。

拉斯科的兴趣所在，使他在一定程度上预见了雅各布·格林制定的规则。在关于冰岛语及其他语言的著作中，拉斯科显示出已多少发现了哥特语、斯堪的纳维亚语及德语中的哑音、辅音之间存在关联的规律。这部著作（刊于 1818 年），在《德语语法学》*Deutsche Grammatik* 第一版（1819 年）问世前夕，才为格林所知 [3]；格林立即意识到拉斯科此书的重

1　前 1 世纪后期，冰岛有一部泰伦斯编订本（1780），出自 Gudmundur Magnússon（1741—1798）；上文第 318 页。

2　N. M. Petersen 所作传记，收入氏编拉斯科的《未刊论文选》*Samlede tildels forhen utrykte afhandlinger*；又见 V. Thomsen 在 Bricka《辞典》；参看 Max Müller 的《讲演录》，i 185, 231 [5]。

3　前言，p. xviii（引自 R. von Raumer, 508）。

要性，这个体会在第二版中是有迹可循的（1822年）[1]。在第二版《德语语法学》中，格林确切并系统地阐明了这个法则，即在（1）梵文、希腊及拉丁文，（2）高地德语，以及（3）低地德语（包括英语）之间存在的辅音方面的关系，这在英国一向被称作"格林定律"[2]。但是这个定律存在着例外情况。这些例外情况的发现，归功于维尔纳的研究所呈现的印度—日耳曼语言的原始重音。他父亲是撒克逊人，母亲是丹麦人，他在丹麦出生和成长，只离开了祖国6年时间，担任哈雷的图书馆馆员，1883年回国后，开始了余生16年的讲学生涯，并最终成为他所在的哥本哈根大学的斯拉夫语"特职"教授[3]。他并非古典学的专家，著述从来只涉及比较语文学、语音学以及俄国文学，除了入学考试，再未通过一次古典学测试。甚至在他比较语文学的擅场中，也只是发表了三篇论文，但"维尔纳定律"发明者的名号可能会永存于语言学历史之中[4]。"格林定律"的发现被一位丹麦人预测出一部分；而另一位丹麦人又幸运地阐释了该定律显然存在的例外情况。

维尔纳

330

1　R. von Raumer 的《日耳曼语文学史》*Geschichte der germanischen Philologie*（1870），470–486，507–515；H. Paul 的《日耳曼语文学概述》（1901年版），80–83；参看 Giles 的《古典学专业学生用比较语文学小手册》，§39。

2　Giles，§99.

3　M. Vibæk 所作传记（附三幅肖像）收入维尔纳的《文章与书信集》*Afhandlinger og Breve*（1893）。参看 V. Thomsen，在 Bricka《辞典》。

4　最早宣布这个定律是在 Kuhn 的《比较语言学杂志》，xxiii（1877）97–130，《第一次子音推移的一个例外情况》*Eine Ausnahme der ersten Laulverschiebung*（重刊于《文章与书信集》，并收有其他两篇论文，以及书评和书信，还有音强测试调查）。参看 H. Paul 的《日耳曼语文学概述》（1901）126 以下，369，386–506；King 与 Cookson 的《希腊文与拉丁文比较语法学入门》*An Introduction to the Comparative Grammar of Greek and Latin*（1890）83 以下；以及 Giles，§§42，104。

只要挪威与丹麦和睦相处，哥本哈根就是两国学者频繁光顾的大学，此外他们还时常奔赴异国的学术重镇[1]。挪威人想拥有一所属于他们自己大学的愿望，首次是 1661 年公开表达的，直到 1811 年才得到满足，克里斯蒂安尼亚大学由腓特烈六世创办[2]。三年后，挪威脱离丹麦，与瑞典结盟，成为 1815 年维也纳会议认可的联合国家，至 1905 年和平分解，那时挪威王位由丹麦一名王子接掌。

1814 年挪威从丹麦独立，对独立的挪威文学产生一股新的推动力，但挪威文学一向较乎其学术更具独立性。如我们在接下来的内容中所见，克里斯蒂安尼亚的古典学与比较语文学方面最杰出的代表人物就得益于他在哥本哈根及柏林所受的训练。不过从很多方面看来，他的著作具有鲜明的独立性。

"维尔纳定律"，（如前述）乃丹麦人所定[3]，得到了挪威人士的进一步研究。研究者就是索弗斯·布格（1833—1907 年）。在 17 岁时，他还在克里斯蒂安尼亚就学，便完成了一篇关于挪威方言中辅音变化的论文[4]；他开始给库恩的《比较语言学杂志》供稿时，也仅有 20 岁[5]。他在语言科学方面的广阔前程得到肯定，得到皇家允准，可以在哥本哈根和柏林的大学深造两年（1858—1860 年）。在哥本哈根，他跟随马兹维研究拉丁文，跟随韦斯特高 Westergaard 研究梵文；在柏林，则梵文师从韦伯

---

1 例如科隆、布拉格与罗斯托克（参看 L. Daae，《北欧学人赴外国大学登记簿》*Matrikler over Nordiske Studerende ved fremmede Universiteter*，克里斯蒂安尼亚，1875，1885）。

2 《密涅瓦》，II。

3 上文第 330 页。

4 Gubernatis，《当代著作家国际辞典》*Dictionnaire international des ecrivains du jour*，1888，相关词条。

5 ii 382 387（论奥斯坎语）。

与波普，日耳曼语文学师从豪普特。1864 年，瑞典的隆德大学设立了一个古北欧语言的教授席位，这使他迅速被聘任为克里斯蒂安尼亚的比较语文学教授，他在这个职位上工作了 40 多年，直至去世。他获得了若干名声，包括乌普萨拉第四个百年庆典（1877 年）和爱丁堡第三个百年庆典（1884 年）分别颁发的荣誉学位。他的名誉，主要仰赖的是他对斯堪的纳维亚语言、文学及神话学的研究，关于古代意大利方言的著作，还有对普劳图斯文本富有力度的（尽管或许过于大胆的）校勘[1]。1873 年，他编订了《凶宅》[2]，两年后，这部戏剧为庆祝克里斯蒂安尼亚某位教授从业 50 周年而被搬上舞台[3]。他以德文发表的论文，包括为科耳修斯的《希腊文与拉丁文语法学研究》*Studien zur griechischen und lateinischen Grammatik* 提供的字源学研究文稿[4]，以及关于"维尔纳定律"的研究[5]，关于古意大利方言的研究[6]；他还帮助惠特尼·斯托克斯 Whitley Stokes 写作那部《古布列塔尼语字汇》。他的"古北欧神与英雄传说起源研究"引起激烈论争，因为其中主张斯堪的纳维亚的神话体系部分源自希腊、拉丁、犹太及基督教文化，他进而还表示这些异族文化因素早在维京人时

1　《北欧语文学杂志》，I vi（1865—1866）1-20, vii 1-58；《语文学家》，xxx 636, xxxi 247-262；《新年刊》，cvii（1873）401-419；《语文学论丛：纪念马兹维》，153-192。

2　书评见 Lorenz 在《语文学通报》，vii 215-219（关于 Lorenz，参看乌辛的《各得其所》*Suum cuique*，刊于《北欧语文学杂志》，I viii〔1868 以后〕204-212）。

3　L. C. M. Aubert（生于 1807），拉丁文教授；他的著作论及泰伦斯，还讨论过拉丁文的词形变化（1875）。

4　iv（1871）203 以下，325-354。

5　Paul 与 Braune 的《德意志语言与文学史论丛》*Beiträge zur Geschichte der deutschen Sprache und Literatur*（哈雷），xii（1887）399-430；xiii（1888）167-186, 311-332。

6　克里斯蒂安尼亚，1878；以及 Kuhn 的《比较语言学杂志》，xxii 385-466。

代就由造访英伦诸岛的北欧人输入进来了[1]。从斯堪的纳维亚神话学，他迅疾地转向鲁尼字铭文研究，转向对伊特鲁里亚语的调查[2]，对这门语言之起源问题，他努力想要从勒穆诺斯的两篇铭文来解决[3]。通过对以上诸多重要领域之学问兴致勃勃的干预，他显然可算是斯堪的纳维亚学林最有才华的一个代表[4]。

瑞典：罗格

在文艺复兴时期，佩鲁贾的法律学校曾帮助瑞典的一些学者与意大利人文主义者进行联络。康剌德·罗格 Conrad Rogge，是一位威斯特伐利亚裔的瑞典人，他于 1449 年毕业于莱比锡，又至佩鲁贾深造了五年（1455—1460 年）[5]。他在那里为自己抄写了德摩斯提尼的一篇演说词和多部西塞罗著作，此外还有意大利人文主义者埃涅阿斯·席尔维乌斯·皮科洛米尼【译按，即庇护二世】才发表的两篇演说词。在他客居意大利期间，他买到一部"基督徒的西塞罗"拉柯坦提乌斯著作的精美钞本，卷末的空白页上保存了他本人在 1460 年发表的拉丁语讲稿，简短且无价值，为获得博士学位而作。在瑞典本土人士写作的大批拉丁文演

333

---

1 克里斯蒂安尼亚，1881；德文译本，慕尼黑，1881—1882；遭到的批评，来自 G. Stephens（伦敦，1883）及其他人；参看《美国语文学杂志》，iii 80，以及进一步的文献，在 Halvorsen 的《挪威作者辞典》*Norsk Forfatter-Lexicon*（1885—1901），i 513 以下。

2 Deecke 的《伊特鲁里亚语考察与研究》*Etruskische Forschungen und Studien*，iv（1883）；Bezzenberger 的《印度—日耳曼语系论丛》*Beiträge zur Kunde der indogermanischen Sprachen*，xi（1886）；《伊特鲁里亚语与亚美尼亚语比较研究》*Etruskisch und Armenisch, sprachvergleichende Forschungen*，克里斯蒂安尼亚，1890。

3 克里斯蒂安尼亚，1886（Bursian 之《年刊》，lxxxvii 112）。

4 书目见 Halvorsen 的《挪威作者辞典》，以及《乌普萨拉大学第 400 年校庆纪念》*Uppsala-Universitets fyrahundraårs jubelfest*，1877，p. 353。

5 同样，Birgerus Magni，未来的韦斯特罗斯主教，也是毕业于莱比锡（1438）及佩鲁贾（1448）；Annerstedt，《乌普萨拉大学史》*Upsala Universitets Historia*，i（1877）21。

说词中，这是第一篇，因而具有特别之意义；它显然效法了古典作家的榜样，修辞丰赡，但是别无意义可言[1]。在回到瑞典之前，罗格访问了佛罗伦萨，在锡耶纳逗留了两个月，埃涅阿斯·席尔维乌斯当时正居于此地。自 1479 年至 1501 年去世，罗格担任斯特兰奈斯 Strengnäs 的主教，他那部拉柯坦提乌斯的钞本如今还藏在这里[2]。他堪称是瑞典最早的人文主义者[3]。

更能代表学术复兴之精神的，是约翰内斯与奥劳斯·芒努斯兄弟【译按，原文将拉丁文名的 Magnus 取复数形式，写作 Magni，而实际上是蒙松 Månsson 这一瑞典姓氏的转写】。兄长约翰内斯·芒努斯 Johannes Magnus（1488—1544 年），曾在鲁汶和科隆的天主教大学就学；显然是在他 32 岁时，声望正式确立之后，作为瑞典公使前往罗马，并在佩鲁贾得到神学学位[4]。尽管如此，意大利人文主义的影响，却清楚地体现在他对自己拉丁文知识的矫正和追求名气的无比热情上。1523 年，他作为教皇使节被阿德里安六世（他在鲁汶时的导师）遣往瑞典。很快，他就被选为乌普萨拉的大主教，但至 1526 年遭到流放，起初居于但泽，最后定居罗

芒努斯兄弟

---

1 刊于 Benzelius，《古瑞典—哥特教会史料集》*Monumenta Historica Vetere Ecclesiae Sveogothica*（1709）106；参看 Henrik Schück 在 Schück 与 Warburg 的《插图本瑞典文学史》*Illustrerad Svensk Litteraturhistoria*，i（1896）167。

2 Aminson，《斯特兰奈斯天主教会寺院藏书类目》*Catalogus Bibliothecae Templi Cathedralis Strengnesensis*，前言，iv 及增补。

3 《瑞典传记辞典》*Svenskt Biografiskt Lexikon*（乌普萨拉，1835 以后），《瑞典传记辞典新编》*Svenskt Biografiskt Lexikon*，Ny Följd（1883），相关词条。本章所提及的所有瑞典本土人士之传记，参看上述的 33 卷《辞典》，以及 Linder 的《北欧族谱集成》*Nordisk Familjebok*，18 卷，斯德哥尔摩，1876—1894。

4 奥卢斯·芒努斯为之作传，收入《中古瑞典作家丛书》*Scriptores Rerum Suecicarum Medii Aevi*，iii（2），1876，p. 74，accepto in theologia magisterio【获得神学教权】，是他居于 gymnasium Perusinum【佩鲁贾之学校】期间的事情。

马。作为瑞典的最后一位天主教大主教，他写了一部涉及所有前任的拉丁文史书，还写了一部"哥特及瑞典诸王"史。这后一部著作，提到了数不清的传说中之王者，更类如一场缺乏考辨的闹剧，比不上其弟"奥劳斯·芒努斯"Olaus Magnus（1490—1557 年）用心撰述、精巧构思的"北欧民族史"，此书在 1555 年刊于罗马[1]。

乌普萨拉
大学 与此同时，在芒努斯兄弟出生前不久，乌普萨拉大学建成。根据大主教乌尔夫松 Ulfsson 的一道神圣教令，这所大学由这位瑞典神职人员在 1477 年正式创办起来。在那一年，西斯都四世批准在瑞典建立一所 *studium generale*【综合学府。译按，中古时期对大学的称呼】，以博洛尼亚为范本；实际上采用的榜样可能是科隆或罗斯托克的大学，而大主教和摄政王则意图将巴黎大学所具有的那种皇家特权赋予这个新的学术中心[2]。在此之前，瑞典人主要受教育的地方是巴黎、布拉格、埃尔富特、莱比锡、罗斯托克或格赖夫斯瓦尔德[3]。即便是在 1477 年之后，他们依然常去最后这三所大学[4]，下个世纪之初，则喜欢光顾维滕贝格的新教大学或是科隆的天主教大学[5]。乌普萨拉大学，是斯滕·斯图尔Sten Sture摄政时期（1470—1503 年）建立的，得到了古斯塔夫·阿道夫国王（1611—1632 年）慷慨的资助，此王在 1630 年征服利沃尼亚 Livonia 后，多帕特与
奥博建立了多帕特大学【译按，今日之 Dorpat，改称 Tartu，属爱沙尼亚。该大学称为塔尔图大学 Universitas Tartuensis】。十年后，他的女儿克里斯蒂娜还未成

1　Schück, 167–169.

2　Annerstedt, i 23 以下; Rashdall, ii 290 以下.

3　Annerstedt, i 5–14.

4　Stiernhielm（下文第 338 页）毕业于格赖夫斯瓦尔德，此处后来在 1648—1815 年间归属于瑞典。

5　Annerstedt, i 15, 44.

年之时，即为芬兰在奥博 Åbo【译按，即芬兰南部城市图尔库 Turku 的瑞典名称】建立了一所大学，直到 1827 年的大火将此城烧毁，该大学才转移至赫尔辛基。

希腊语在瑞典：特罗勒

第一位真正学习希腊文的瑞典人，是那位暴戾的大主教，古斯塔夫·特罗勒 Gustaf Trolle（约 1485—1535 年）。他 1512 年在科隆读书，学的是赫律索洛拉斯的《教学问答集》。他本人抄写过那部 1507 年问世的希腊语法问答课本，连同小本瑟琉斯的藏书一并收入林雪平 Linköping 的图书馆。在前言旁边的空白页上，特罗勒写下了拉丁文的赫律索洛拉斯小传，在这之前还有如下所引的记录：最先是他本人的名字，以新近所学语言的大写字母写出，继而是他导师的姓名，再接下来是他开始学习希腊文的日期。

335

ΤΡΟΛΛΕ

Peculiaris ista Grece Litterature institutio a Johanne Cesario Juliacensi1 in Coloniensi Achademia pridie Kalend. Majas Anni duodecimi supra <dicto> seculo prospero Hercule feliciter auspicata[2].

【特罗勒。这门特别的希腊文学课程，为于利希的约翰·策扎尔所授，在科隆之学园，时 5 月朔日之前日（译按，即 4 月月底），岁在（我称之为）赫拉克勒斯降福人间之世纪的第 12 年。】

---

1 来自于利希 Juliers【译按，法文称呼】或是 Jülich，此地毗邻科隆（1460—1551）。参看 Jöcher，相关词条。

2 E. M. Fant，《瑞典的希腊文学之历史》*Historiola Litteraturae Graecae in Suecia*（至 1700），此书分 14 编，共两卷及增补，乌普萨拉，1775—1786，i 9。

同时代的劳伦提乌斯·安德里亚 Laurentius Andreae，或作拉尔斯·安
德松 Lars Andersson（1482—1552 年），是乌普萨拉的助祭长、古斯塔
夫·瓦萨国王的大臣，在他的瑞典文版《新约》中展示了自己对于希腊
文本的独到认识，此经以路德译本为基础，于 1526 年在斯德哥尔摩出
版[1]。1541 年刊布的瑞典文《圣经》至今通用，在 1543—1549 年经过部

奥劳斯与劳
伦提乌斯·
彼得里

劳伦提乌
斯·彼得
里·戈图斯

分修订，修订者是奥劳斯与劳伦提乌斯·彼得里兄弟，或作奥洛夫 Olof
与拉尔斯·彼得松 Lars Petersson，两人都在维滕贝格师从梅兰顿学习希腊
文[2]。劳伦提乌斯·彼得里 Laurentius Petri（1499—1573 年）自 1531 年至
1573 年去世担任乌普萨拉的大主教。其女婿，劳伦提乌斯·彼得里·戈
图斯 Laurentius Petri Gothus（1529—1579 年），同样是在维滕贝格学习了
希腊文，在他 1559 年所作的拉丁文诉歌体诗篇前面添了一首自己创作
的希腊文隽语诗[3]。1566 年，他被国王埃里克十四派去大学（该校方经历
过一段衰落期）教授希腊文，1573—1579 年，他接任岳父的乌普萨拉大
主教职位。

1580 年，乌普萨拉大学在天主教国王约翰三世治下关闭，教授们
纷纷下狱。但是，此王对于希腊文并非毫无兴趣，因为他曾敕令奥博主
教埃里克将瑞典的祷告文译成希腊文，为的是将之赠与君士坦丁堡宗主
教[4]。1584 年，有一部庆祝维堡的克里斯蒂安·巴托尔德 Christian Barthold

从罗斯托克的希腊文教授约翰·波塞尔 Johann Possel（1528—1591 年）
处获得学位的歌集，其中第一篇，是一组 24 首的希腊文六音步诗，作

1　Fant，i 13；Colophon 在 Schück，177。

2　Fant，i 15 以下。

3　同上，i 19。

4　同上，i 20。

者乃是乌普萨拉的大主教奥劳斯·马丁尼 Olaus Martini，——这是在瑞典创作的第一批希腊文诗歌之一[1]。同年，雅各布·埃里克 Jacob Erik，乌普萨拉的希腊文教授，出版了伊索克拉底《致蒂摩尼库斯》的编订本[2]。

在 1604—1613 年间，数学与希伯来文的教授席位，由后来做了韦斯特罗斯主教的约翰·鲁德贝克 Johan Rudbeck（1581—1646 年）占据。此人在维滕贝格学习希腊文，要求自己的弟子始终讲拉丁语和希腊语[3]。在 1627 年由他在列巴尔 Reval【译按，今爱沙尼亚首都塔林之旧称】召开的一次宗教会议中，当他的文书们以希腊语同韦斯特罗斯的加布里埃尔·霍尔斯滕 Gabriel Holsten（1598—1649 年）进行讨论时，那些不学无术的神职人员听得目瞪口呆。霍尔斯滕与鲁德贝克一样，也是在维滕贝格学的希腊文[4]。1621 年，古斯塔夫·阿道夫在乌普萨拉创建了一个希腊文教授席位，1622 年劳伦提乌斯·马提埃 Laurentius Matthiae 获此职位，自1624—1640 年由约翰内斯·斯托勒努斯 Johannes Stalenus 接手[5]，他以希腊语进行答辩，并用该语言写了 15 组诗歌[6]。

1626 年的"章程"要求这位教授传授克勒纳都斯或是格瓦尔珀理乌

1　引自 Fant, i 21–25，引者在注释中开列了其他瑞典人所作的 50 组希腊诗歌目录，在其著作其他多处未曾提及，在 pp. 117 以下也有 50 多例。

2　Fant, i 25 以下。

3　Fant, i 41；Annerstedt, i 116 以下，122 以下；肖像在 Schück, 193。

4　Fant, i 53.

5　Annerstedt, i 194, 248.

6　Fant, i 64, ii 107.

奥劳斯·
马丁尼

雅各布·
埃里克

鲁德贝克

斯托勒努斯

斯 Gvalperius 的语法学[1]，还要他在早晨 7 点钟开始，以"苏格拉底"的方式，从希腊文《新约》及教父作家们，及荷马、欧里庇得斯、品达、提奥克里忒、索福克勒斯以及纳西昂的格雷高利著作中阐解这门语法。下午 3 点钟，诗歌教授将要指导作诗之技艺，须合乎亚里士多德或其他任何被认可之作家的规矩，使用的范例出自希腊诸诗家以及维吉尔、贺拉斯、布坎南、奥维德等[2]。在 1625 年由著名政治家约翰·斯屈特 Johan Skytte 在斯德哥尔摩创办的国王学院 Collegium Regium 中，规定了拉丁语和希腊语的学习，*quia ut Latina sine Graeca recte non intelligitur, sic ne Graeca sine Latina explicari quidem et tradi potest*【不识希腊文则不解拉丁文，不学拉丁文亦无由使希腊文进步并得以表达】[3]。学希腊语，不仅要掌握语法，还要学些 *libellus succi plenus*【多汁之书】。特别提到的作家，是德摩斯提尼、伊索克拉底及荷马[4]。

斯托勒努斯的一名学生，名作亨里克斯·奥修斯 Henricus Ausius（1603—1659 年），使希腊语研究提升至一个更高的水平。他在当日享有甚高之名望，（据闻）没有一位外国人参观乌普萨拉时不去拜访他的。他在 1641—1646 年担任希腊语教授，就职演说《论希腊文学之要》*De Graecarum litterarum necessitate* 使他被认可为瑞典希腊语研究方面的 *stator*【支撑者】，或谓真正的奠基人。他用那门语言发表过五篇答辩，还有 15 首隽

页边：337

页边：奥修斯

---

1 维滕贝格的 "Otto Gualtperius"（1546-1624）。

2 Lundstedt，《瑞典中学教育之希腊语知识资料集，自最初至现今》*Bidrag till kännedomen om Grekiska Språkets Studium vid de Svenska Läroverken från äldsta till närvarande tid*（斯德哥尔摩，1875，共 84 页），18，还有中学希腊语教育的其他若干细节。

3 Lundstedt，27 以下。

4 同上，28。

语诗[1]。他多才多艺，在法律和自然科学方面也是专家。

在瑞典，1527 年的改革之后，出现了对意大利文艺复兴的微弱反响。即使在遥远的北方，人们也萌生出对古代拉丁诸家所具有不可企及之完美的钦佩之意，并想要努力实现奥古斯都时代的文学网络关系。每个小王子都渴望成为奥古斯都或是麦锡拿斯，而且寻求一位新的维吉尔来给他唱赞歌。有需求，很快就有供应。在 1571 和 1611 年的政令要求下，公共学校最高年级的男童们都得每周写作一组拉丁语诗歌。诗歌的榜样就是维吉尔，正如西塞罗自然是散文的榜样；甚至在成年的蹩脚诗人那里，完全以维吉尔式的措辞集缀起的韵语也总是被奉为上乘佳作。这等矫揉造作之文笔体式，是一个日耳曼人文主义者引入的，他叫亨里克斯·莫勒鲁斯·赫苏斯 Henricus Mollerus Hessus（活跃于 1557—1559 年），他被古斯塔夫·瓦萨召至瑞典，去歌颂该国的古代列王[2]。第一位享有拉丁诗人尊号的瑞典人是劳伦提乌斯·彼得里·戈图斯，此后又有艾瑞克·雅各布 Ericus Jacobi，以及那位多产的席尔维斯特·约翰尼斯·弗律吉乌斯 Sylvester Johannis Phrygius，还有劳伦提乌斯·佛涅琉斯 Laurentius Fornelius（1606—1673 年），他编纂了一部关于诗歌技艺的书，《三重诗学》 Poëtica Tripartita（1643 年），此人自家诗（我们可断定）跟维吉尔之作难以分别，原因很简单，它们尽是以 phrasibus Virgilianis【维吉尔之吐属】写成的[3]。这等"诗歌"唯一的价值，就在于它首次教瑞典人领略到

拉丁语诗歌

劳伦提乌斯·彼得里·戈图斯

佛涅琉斯

338

1　Fant, i 78–81, ii 108, Annerstedt, i 408 以下。

2　他是古斯塔夫·瓦萨诸孺子导师之一；参看 Gestrin,《瑞典国事文献史论》 *Dissertatio historica de Statu Rei litterariæ in Suecia*, i（1785）9（转见于 Fant, ii 2）；以及 Schück, 219。

3　L. O. Wallius 致 Joh. Skytte 书, 1632（Fant, i 66 注释 v）。

了形式的重要性，不仅体现于拉丁语中，也存在于他们自己的语言中[1]。

布莱乌斯与谢恩耶尔姆 那位皇家图书馆馆长，也是古斯塔夫·阿道夫的导师，布莱乌斯 Buraeus（1568—1652 年），以瑞典语写作了几首六音步体诗[2]。布莱乌斯也是"瑞典诗歌之父"谢恩耶尔姆 Stiernhielm（1598—1672 年）的导师。谢恩耶尔姆最伟大的诗作，是关于赫尔克勒斯之选择【译按，普罗第库所撰寓言】的讽喻诗，将古典六音步体变成了瑞典民族韵格的一种形式[3]。谢恩耶尔姆同时是诗人、几何学家、哲学家和语文学家。作为一名语文学家，他怀着爱国赤忱，认为几乎所有语言皆源自古代北欧语[4]。

洛肯 同时代的约翰·洛肯 Johannes Loccenius（1598—1677 年），则代表了对古典著作更为理智和科学的研究。此人家乡在霍尔斯泰因，是古斯塔夫·阿道夫在位期间在乌普萨拉占据教授席位的三名外国人之一。洛肯在 1625 年得到历史教席；此后又成为政治哲学的特派教授，以及法学教授（克里斯蒂娜女王在位期间）、图书馆馆长、校史编修员。他是乌普萨拉的第一任图书馆馆长，创立并刊印了一部分类目录，他也是第一位在瑞典获得永久居留权的外籍学人。他的库尔提乌斯出过 20 个版本，不过其中只有一版是在北方印成的[5]。他的其他著作涉及所入籍之国家的历史、地理、法律和古物[6]。

---

1 Schück，219 以下。

2 同上，248 以下（肖像在 256 对面）。

3 同上，248，258 以下，321-330（肖像在 322 对面）。

4 《他国语言之词源几尽出瑞典古语论》*Origines vocabulorum in linguis paene omnibus ex lingua Svetica veteri*，乌普萨拉，年代不详。

5 斯德哥尔摩，1637；奈波斯，同上，1638。

6 Schück，261 以下（附肖像）；以及 Annerstedt, i 209 以下，336；更多细节见瑞典的传记辞书。

克里斯蒂娜女王（1626—1689 年）是古斯塔夫·阿道夫之女及继承人，与学术史结缘，在于她广泛而多样的学识造诣，也在于在位 10 年（1644—1654 年）及流放 35 年（1654—1689 年）期间对学问的赞助。她 10 岁时写了一封拉丁文的信函给导师，郑重许诺 *posthac velle loqui Latine cum nostro Praeceptore*【从此想与吾师以拉丁语交谈】[1]。她喜爱的拉丁文作家是塔西佗。14 岁时，她知晓了教师们能够传授的所有语言和所有学科及技艺[2]。18 岁时，她能读希腊语的修昔底德和波里比乌斯了；1649 年，她提醒笛卡尔，他有多么受益于柏拉图[3]；1652 年，诺代致信伽桑狄 Gassendi，道：她无所不见，她无所不读，她无所不知【译按，原文系法语】[4]。她的教育令她比自己在课程中所学的走得超前，遂兴致勃勃地打算"将外国学问嫁接至斯堪的纳维亚的主干上"[5]。为了追求这个目标，她求助于尼德兰和法国，求助于北日耳曼，还求助于斯特拉斯堡那样的帝国自由城市，这里由于其中立立场，当日耳曼大部分地区遭受三十年战争（1618—1648 年）之灾祸时，能够一直作为学术重镇不受干扰地存在着。威斯特伐利亚的和平，主要归功于她本人的努力，这使她有空暇来实现自己的计划。格劳秀斯是她派往法国的使者，被召回时曾觐见其王庭，不过他很快就离开了，死在回乡路上（1645 年）[6]。伊萨克·沃修斯则在 1649 年遵从她的召唤，不仅代表女王去巴黎接收

1　J. Arckenholtz，《女王奇史》*Historische Merkwürdigkeiten*，iv 264。

2　J. Arckenholtz，《关于瑞典女王克里斯蒂娜的回忆录》*Mémoires concernant Christine*, Reine de Suede，法文版，iii 53。

3　Arckenholtz，《关于瑞典女王克里斯蒂娜的回忆录》，i 344 以下；参看 Fant，i 89 以下。

4　Arckenholtz，ii 附录 39。

5　Pattison，i 247.

6　参看 Arckenholtz，i 77–81；上文第二卷，第 317 页。

了亚历山大·彼塔维乌斯的藏书[1]，还将自己父亲的藏书也卖给了她，给自己保留了监管权，此后又侵吞了其中的一部分[2]。尼克拉斯·海因修斯则是一位具有更高尚情操的人物，他在同年来到瑞典，1651年被派往意大利代表女王购买书籍和钞本[3]，在她退位之后，还两度作为本国使节返回瑞典。来自法国的两位显赫人物，当时客居于尼德兰不久，其中笛卡尔在女王宫廷中"寻见一方弥足珍贵的收容所，并在此过早辞世"[4]。撒耳马修斯在晚年才离开莱顿，只在克里斯蒂娜的眷顾下生活了一年，女王认识到他的迂阔，也欣赏他的学识，曾将他称为 *omnium fatuorum doctissimum*【所有愚汉中最博学者】[5]。由于女王在弥尔顿与撒马尔修斯发生激烈辩争时对前者存在想当然的偏心，赢得"为英国人民再声辩"的那位作者一番精妙的赞辞，开头是这么说的: *Te vero magnanimam, Augusta, te tutam undique divina plane virtute ac sapientia munitam*【女王，您真是宽怀雅量，又总是守护着圣洁之美德与智慧】[6]。马可·麦博姆 Marcus Meibom（1630—1710年），写过一部关于古代音乐的论著，来自丹麦；还有加布里埃尔·诺代 Gabriel Naudé（1600—1653年），一位法国人，他长期居住于罗马，后来至北方成为她的图书馆馆长。他曾论述过舞蹈艺术，而为了取悦女王，当她的法国医师强迫诺代为麦博姆的歌声伴舞时，随即发生的一幕导致那位研究古代音乐的学者被逐出王庭【译按，指麦博姆唱的

左栏边注：
尼克拉斯·海因修斯
笛卡尔
撒耳马修斯
340
麦博姆
诺代

1 Arckenholtz, i 268, 270.
2 海因修斯及沃修斯，在 Burman 的《著名作家书札总集》，iii 333, 683；Arckenholtz, i 272。
3 同上，i 278–288，以及海因修斯致克里斯蒂娜信，在 Burman 的《著名作家书札总集》，v 734–774。钞本包括了狄奥斯柯理德和波鲁克斯的著作。
4 Hallam, ii 461[4]；Arckenholtz, i 223–231.
5 Arckenholtz, i 236.
6 弥尔顿的《散文著作集》，iv 281, Mitford。

古希腊谣曲引起哄堂大笑，麦博姆认为是医师（即 Pierre Bourdelot）故意教唆，羞恼之下猛捆其面，因此被驱逐出境】[1]。萨米埃尔·博沙尔 Samuel Bochart，是来自卡昂的地理学与东方学专家，随同他来的还有年轻的于埃，后者在皇家图书馆中下功夫誊录了一部奥利金的钞本，很快便返回了诺曼底[2]。赫尔曼·康林，此人曾充满斗志地驳斥了教宗诏书对《威斯特伐利亚和约》的谴责，他得到了作为瑞典议员的一笔津贴，之后回到赫尔姆施塔特的学术工作上去，其间仍以其辩才维护瑞典针对波兰的战争事业[3]，因此而获得日耳曼地区第一位法学史家的崇高声誉[4]。夸美纽斯在 1631 年刊布了他的《敞开的语言之门》*Janua linguarum reserata*，1638 年受邀去改革瑞典的学校，不过他以受邀改革英国学校在先表示谢绝，此后在 1642 年访问瑞典，并未产生持久的效果[5]。斯特拉斯堡的罗马史学派兴盛一时，被派到女王宫廷去的代表人物不下三位。第一位是编订过弗罗鲁斯和库尔提乌斯的弗莱恩海姆，他因写给古斯塔夫·阿道夫的拉丁文赞词（1632 年）而在十年之后受邀来到瑞典，在那里做了九年的图书馆馆长和档案主管，发表了至少 23 篇拉丁语演说词[6]，以散文体称颂克里斯蒂娜，又在诗歌中以顿呼法，称她作 *unicum septem columen trionum*【非凡的北斗七柱】[7]，而最终还是返回更温和的气候区，才完成了对李维亡佚

博沙尔

于埃

康林

夸美纽斯

弗莱恩海姆

1　Arckenholtz, i 241.

2　Huet，《自家经历评述》*Commentarius de rebus ad eum pertinentibus*, 107；Arckenholtz, i 251 以下；参看上文第二卷，第 292 页。

3　Arckenholtz, i 297, 375.

4　O. Stobbe, 柏林，1870 年；参看上文第二卷，第 368 页。

5　Arckenholtz, i 291 以下。

6　1655 年版。

7　Arckenholtz, i 290.

贝克勒 之"十年史"部分的复原工作[1]。弗莱恩海姆的学生，贝克勒，1649 年担任乌普萨拉的演说术教授，次年任国史编修，但是女王的恩宠造成他在瑞典教授们中间不受欢迎，同学生们相处也并不成功。1650 年时有一回在课堂上讲塔西佗，他不幸地发话说，"假如那些瑞典人中的 *plumbea capita*【头脑人物】能够领会，他就会想多谈一些"，于是他被讲堂外面的学生结结实实地殴打了一顿，被迫返回故国，不过倒也不是没有来自克里斯蒂娜的珍贵慰借，还有那瑞典国史编修的永久头衔，他以撰写瑞典与丹麦的战争史证明了自己的尽责[2]。与贝克勒同行的也有他的学生，舍费尔（1621—1679 年），当仅有候鸟留下来的时候，他将瑞典作为自己永久的居所。在生平最后的 31 年中，他先是担任演说术及政治哲学教授，继而成为乌普萨拉的图书馆馆长和国际法教授。他出版过关于拉丁文体以及罗马古物的论著，还编订了斐德卢斯和阿甫托尼乌斯以及两位战略家的著作（阿里安和摩理斯），其中展示了文本校勘方面的资质，尽管乌普萨拉的图书馆没有向他提供多少研究古代钞本的条件。他自己藏有的希腊文钞本最终被该图书馆收购[3]。从更高的意义上说，舍费尔，要比霍尔斯泰因的洛肯（他娶了此公之女）或是自己的同胞弗莱恩海姆，更算得上瑞典古典语文学的真正奠基人。他在瑞典的工作，其实就是克里斯蒂娜赞助北方学术最重要的永久成就[4]。

341

舍费尔

克里斯蒂娜长期以来想要脱离路德教派，为此她不得不在 1654 年

1　上文第二卷，第 267 页。
2　Arckenholtz, i 295 以下。
3　O. Celsius,《乌普萨拉大学图书馆史》*Bibliothecae Upsaliensis Historia*（1745）49。
4　参看 Arckenholtz, i 294 ; Fant, i 123—133 ; Schück, 262 以下（附肖像，264）；以及上文第二卷，第 368 页。

宣布退位。这位欧洲新教事业大赢家的女儿，在因斯布鲁克加入了罗马教会，身着阿玛宗人的装扮策马进入罗马城，她接受了亚历山大七世的认证典礼，并为了赞美教皇以及宣布自己所喜爱的英雄，她更名为克里斯蒂娜·亚历山大德拉。她余生主要在罗马度过，时而拜会一下巴黎，她出席了一次那里的科学院会议，美纳日曾因向这位没耐心的阿玛宗人引介过多的"要人"而惹烦了她[1]。在罗马，她定居于法尔内塞官，不过这并非她唯一的寝宫。像在北方一样，她身边为仆役所环绕。她有的是机会来收集钞本和艺术品[2]。在她允准之下，施潘海姆在关于钱币学的著作中复制了她收藏的钱币和徽章，并将此书题献给她，感念她的援助和启发[3]。还有许多钱币由哈弗坎普发表[4]，而宝石藏品则由巴尔托利绘图制版[5]。早在 1656 年，她就组建了一个学会，其成员每周在她寝官碰面一次[6]。学会曾在 1680 年前不久提出的文学风格第一原则，乃是力除矫饰之体，并效仿奥古斯都及利奥十世时代所遵循的那些典范[7]。她还被视为那个古雅的阿卡狄亚人学会【译按，Accademia dell' Arcadia】的真正缔造者[8]。1668 年，她一度想要接受波兰的王位，但这位自我放逐的瑞典女国主从未有像她呼吸罗马之空气时那样真实的快乐。在退位 35 年之后，她离

施潘海姆

342

---

1 《美纳日谈丛》，iv 24[3]；Arckenholtz，i 555。
2 Catteau-Calleville，ii 291 以下；Grauert，ii 323 以下。
3 "Conscriptus hic liber non solum tuo nutu sed gazae tuae opibus instructus"【此书之撰成，不仅合您心意，也得了您珍藏品的援助】。
4 《克里斯蒂娜女王的钱币收藏》*Numophylacium Christinae Reginae*（1742）；Arckenholtz，ii 83，324 以下。
5 《奥代斯卡尔基博物馆》*Museum Odescalcum*，罗马，1747—1751。
6 Arckenholtz，i 501 以下，1656 年 1 月。
7 Arckenholtz，iv 28（德文版，p. 41），§ 28。
8 Arckenholtz，ii 137 以下。

开人世，被葬于圣彼得大教堂。她的那些钞本，在 1690 年得到蒙特法贡进行分目 [1]，由亚历山大八世为梵蒂冈购入。作为对此事件的纪念，亚历山大八世被授予了一枚特制的勋章 [2]。她所藏的珍宝、纹章、塑像以及图画，由英诺森十一之侄堂李维奥·奥德斯卡尔齐 Don Livio Odescalchi 所购得。许多的雕塑品被运往西班牙，其中之一就是大名鼎鼎的"圣伊尔德丰索组像"【译按，指曾经藏于此城的卡斯托耳与波鲁克斯为主的大理石组像，为西元 1 世纪作品】[3]。刻有"爱姊者"托勒密与雅希娜肖像的维也纳浮雕宝石，还有今日存于英国国家美术馆的柯雷乔所绘"墨丘利在维纳斯前教丘比特阅读"这幅画，都曾属于这位童贞女王克里斯蒂娜，而斯德哥尔摩皇家图书馆现在还保存了属于她的 17 尊古代名人大理石半身像，包括了荷马、德摩斯提尼和芝诺 [4]。

克里斯蒂娜的继任者卡尔十世看重武功，其子卡尔十一幼年登基

---

1 2111 部钞本，在《书目文献类目》，14–97；大约有 1900 部，被运至梵蒂冈；参看 Dudikii Iter Romanum（维也纳，1855），《瑞典女王及教皇庇护二世所藏希腊文钞本手稿》*Codices manuscripti Graeci Reginae Svecorum et Pii Pp. II*，H. Stevenson Senior 编订，包括有普鲁塔克《道德论集》，斯特拉波以及其他的某些古典著作钞本（1888），又见 Mantheyer 在《考古学与历史杂录》，xvii–xix，还有 Narducci 的《钞本类目：罗马所存教皇亚历山大七世藏书室的非东方部分》*Catalogus codicum manuscriptorum: praeter orientales qui in Bibliotheca Alexandrina Romae adservantur*（1877）。

2 复制本见于 Arckenholtz，ii 322。

3 Hübner，《马德里的古代雕像》，12 以下，73–79；Friederichs-Wolters，《古代雕塑石膏模型，依照公认之历史序列》*Die Gipsabgüsse antiker Bildwerke in historischer Folge erklärt*，no. 1665。

4 Fant，i 96. 综合参看 J. Arckenholtz，《关于瑞典女王克里斯蒂娜的回忆录》，四卷四开本（阿姆斯特丹及莱比锡，1751—1770），系该作者《女王奇史》（1751—1760）的法文版；Catteau-Calleville 的《瑞典女王克里斯蒂娜本纪》*Histoire de Christine Reine de Suède*，两卷本（巴黎，1815）；Ranke 的《罗马教皇史》，Book viii § 9；Grauert 的《克里斯蒂娜及其宫廷》*Christina und ihr Hof*（波恩，1837—1842）；Pattison 的《文集》，i 246–255；F. W. Bain 的《瑞典女王克里斯蒂娜》*Christina, Queen Of Sweden*（1890），以及这些著作大多所征引的相关文献。

后，发生过两件与学术史有关的代表性事件。其一是在瑞典南部至 1658 隆德大学
年才不再属于丹麦的领土斯堪尼亚地区，创建了隆德大学（1668 年）[1]，
其二是 *Collegium Antiquitatum*【古学研究院】的建立，涉及瑞典的语言、民 古学研究院
间故事、法律、教会史以及古物的研究（1667 年）。其创办者是马格努
斯·加布里厄尔·德拉雅迪 Magnus Gabriel de la Gardie 伯爵；谢恩耶尔姆
是首位主席，最早成员中的古典学家，包括了上文提及的洛肯与舍费
尔，还有即将要提到的维勒琉斯和诺尔曼。在他们亲笔书写的个人职责
清单上（1670 年）[2]，谢恩耶尔姆计划要从事有关语言之起源与亲缘关系
的撰述[3]，而洛肯则声称自己已着手一部瑞典律法的拉丁文译本。1684 年，
该院迁至斯德哥尔摩，并在 1692 年被并入到一个国家部门。

在克里斯蒂娜在北方四处招募学者的时代，在多帕特和乌普萨拉有
一位杰出的拉丁文学者，奥洛夫·维勒琉斯 Olof Verelius（1618—1682 维勒琉斯
年），正旅居国外，在巴黎发表拉丁语演说，庆贺克里斯蒂娜的加冕，
又在莱顿演讲来称颂《威斯特伐利亚和约》。他后来成为历史和瑞典古
物研究的教授。他的拉丁文《杂著集》，在 1730 年出版，值得一读[4]。卡
尔十一的教师们，有一位埃德蒙·费格勒琉斯 Edmund Figrelius（1622— 费格勒琉斯
1675 年），是历史教授，后来成为这位皇家弟子的图书主管和大臣。费
格勒琉斯擅长写拉丁散文，他的著作《论罗马名人塑像》*De statuis illustrium*
Romanorum（1666 年）使他成为一个特例，因为从规律上看，克里斯蒂
娜所赞助的日耳曼学者的瑞典继承人，往往主要局限于尝试写作西塞

1　Weibull 及 Tegnér，《隆德大学史》*Lunds Universitets Historia*，1868。

2　摹本见 Schück，p. 284 之对面。

3　上文第 338 页注释 5。

4　肖像见 Schück，265。

罗体的散文或维吉尔体的诗歌[1]。在这些典型的瑞典人文主义者中，有约
翰·科伦布 Johan Columbus（1640—1684 年），他娶了舍费尔的一个女儿。
科伦布是乌普萨拉的拉丁诗歌教授。他与 N. 海因修斯的通信[2]，论及瓦勒
理乌斯·弗拉库斯的著作文本，他也是瑞典最好的拉丁语诗人之一[3]。他
对希腊文的兴趣，见于所翻译并注释的"某位身份不明的希腊作家"所
写的荷马体寓言集，以尤利西斯的漫游为题（1678 年）[4]。另外，他还写

作瑞典语诗歌，对近代语言具有广泛的知识[5]。在彼得·拉格勒夫 Petrus
Lagerlöf（1648—1699 年）那里，也兼有对拉丁语和瑞典语之文学的兴
趣，此人在 20 岁时，即成为一位著名的拉丁语诗人及演说家，游览欧陆
及英伦之后，先后做了乌普萨拉的逻辑学、诗歌和演说术教授，最终成
为瑞典的国史修纂者。他以拉丁文撰写了"瑞典诗歌导论"，其中反对
谢恩耶尔姆将拉丁语六音步体用作俗语诗歌的韵格[6]。他的拉丁语"演说
词、公告文以及诗歌"，刊于 1780 年，距离他去世将近一个世纪。这

个时期的拉丁文演说家，还有约翰·乌普马克 Johan Upmark 和拉尔斯·诺
尔曼 Lars Norrman。乌普马克（1664—1743 年）的擅场是一种庄严的学
院派拉丁文风，他最典雅郑重的演说词中并不缺乏生机勃勃的谐智光

1　Schück，306；受封为贵族后名作 Gripenhielm。
2　Burman 的《著名作家书札总集》，v 163–187。
3　"Omnium ... suavissimus"【所有人中最代表瑞典的】，Ihre 如是说，见其《瑞典拉丁诗家
　　文史综论》*Dissertatio historico-literaria, de poëtis in Svio-Gothia Latinis*，p. 27。他的同时代人，A.
　　Nordenhielm（1633–1694），为乌普萨拉的演说术教授（1672），是拉丁文体的行家。
4　后更为波弗利所撰《尤利西斯之过》*De erroribus Ulixis*，在 1745 年重刊于莱顿【译按，原文
　　此处仅有 "L. B." 之略写，即 Lugduno-Batava，乃莱顿西部一罗马废墟之拉丁名；是故莱顿大
　　学拉丁名亦作 Academia Lugduno-Batava】，其实是尼柯弗儒斯·格雷高剌斯所著（Creuzer，
　　《德语著作集》，V ii 162）。此书早已由康拉德·格斯纳尔在 1542 年刊印过了。
5　参看 Fant，ii 13–16。
6　参看 Schück，334 以下。

彩[1]，受封贵族后更名为罗斯纳德勒 Rosenadler，去世时是荣誉国务大臣。诺尔曼（1651—1703 年）在隆德担任过东方语言和希腊语教授（1682年），在乌普萨拉则是希腊语教授（1686 年），后来则是乌普萨拉的大主教，以及哥特堡的主教。在他第三次海外旅行途中，他校阅了莱顿所藏沃修斯和斯卡利杰尔的所有钞本，收集了一大批书籍，回程中被指派为乌普萨拉的图书馆馆长。有一部大约是 1350 年的钞本，由那位外交使臣罗兰布 K. B. Rålamb 在 1658 年从君士坦丁堡带回，诺尔曼据此刊布了阿理斯泰德的两篇演说词[2]（1687—1688 年），以及"宗师"托马斯对纳西昂的格雷高利之颂词的首刊版，附有其他四篇讲话和八封书信（1693年）。这同一部钞本中还收录了 154 封理班纽斯的书信[3]，原本由列卡佩努

斯 Lecapenus【译按，原文拼写有误，此人系色萨利之僧侣，大约活跃于 14 世纪中期】辑录，后来由 J. C. 沃尔夫主要根据其他钞本进行编订[4]。诺尔曼撰写过希腊文及拉丁文的诗歌，完成了不少于 72 篇的学术专论。著名的解剖学家、植物学家以及古物学家，"狂热的爱国分子"，较为年长的那位奥劳斯·鲁德贝克（1630—1702 年），把瑞典视为"北风未及之民族"的名副其实之故乡【译按，Hyperboreans，见希罗多德卷 iv 第 32 节以下】，并

1　Lundvall 在 Linder 著作的相关条目。

2　演说词第 50 篇，《论智者们的愚蠢》De ineptiis Sophistarum（1687）；演说词第 52 篇，《致阿基琉斯》Ad Achillem，附有阿尔都斯版《修辞学技艺》Ars Rhetorica（1687）。诺尔曼起初并未察觉演说词第 52 篇已经被 Camerarius（1535）编订过了，还早已连同其他演说词都有了Canter 所作的译本（1566）。

3　参看 R. Förster，《论理班纽斯著作的乌普萨拉藏本和林雪平藏本》De Libanii libris MSS Upsaliensibus et Lincopiensibus，罗斯托克，1877。

4　阿姆斯特丹，1738（前言）；参看 O. Celsius，《乌普萨拉大学图书馆史》（1745）123–132，以及《佚名作者在乌普萨拉图书馆史，乌普萨拉皇家学院刊印 1745 缩略本》Anonymi in bibliothecae Upsaliensis historian, regiae academiae Upsal. impensis 1745 editam Stricturae（1746，此无名氏为 A. Norrelius），48–60。

认为柏拉图的亚特兰蒂斯之真正原型也在这里[1]。此人对诺尔曼的散文极为推崇，声称假如需要的话，他准备这样谈论诺尔曼：*Ciceronem vidimus, audivimus, amisimus*【我们看到了西塞罗，我们倾听他，我们又失去了他】，然而实情却是诺尔曼比这位同时代的长者多活了恰好一年。很多诺尔曼的藏书为乌普萨拉图书馆所收购[2]。他的《颂赞演说词、孝亲纪念发言及公告文章集》*Orationes panegyricae, parentales, et programmata*，是1738年辑录起来的，而他所撰亨利·艾蒂安之希腊语《宝库》的补遗，至1830年由施罗德 J. H. Schröder 刊布。他为学术所做的贡献，被方特 Fant 以庞大的篇幅进行记述，被其称为 *multiplici eruditione celebrem*【博学而望重】以及 *Graecae litteraturae in Suecia peritissimum*【希腊文献的瑞典执牛耳者】[3]。

诺尔曼无疑是一位具有宽广造诣的学者，不过，他同辈人中亦有比他更为多面手者，他自己的主要趣味还是在对古代文体典范的摹仿。正如那些早期的意大利人文主义者，他们面对往昔的古典世界，并不是首先视之为辽阔的学术帝国，每个部分都要置于历史研究体系之下，他们更多是将之看作一个优美的领域，满是各色令人心醉的财富，到处是艺术与文学的完美典范，值得被人们满怀虔诚之心地予以重造[4]。

在编订古典作家著作方面，瑞典的学者们受阻于钞本的匮乏。古斯塔夫·阿道夫曾以掠夺维尔茨堡的方式充实了乌普萨拉图书馆的库藏，在他去世后，克里斯蒂娜又收罗了奥尔米茨【译按，今捷克之 Olomouc】和布拉格的那些手稿。最后这部分钞本中有那部《银字册子》*Codex*

---

1 《亚特兰蒂斯志》*Atlantica*（1679）；Gibbon, i 217, Bury 本；Schück, 268–282（附肖像）。
2 Celsius, 48.
3 《瑞典的希腊文学之历史》，ii 53–76。
4 参看 Schück, 306 以下。

Argenteus，即乌尔斐拉 Ulphilas 关于希腊文福音书的哥特语译本，从前藏在科隆附近的威尔登 Werden 修院。科尼斯马克 Königsmark 将这部钞本寄给了克里斯蒂娜，又传至伊萨克·沃修斯手中之后，为马格努斯·德拉加迪伯爵收购，将之赠与乌普萨拉图书馆[1]。在伯爵 1669 年送给该馆的 66 部钞本中[2]，这是唯一一部顶级重要的文献。随着克里斯蒂娜藏品的迁移，北方的学者们丧失了在他们本国商讨或编订古典钞本的最佳时机[3]。在 1705 年由伟大的旅行家及外交家约翰·加布里厄尔·斯帕温福德 Johan Gabriel Sparwenfeldt（1655—1727 年）送给乌普萨拉的上百种同 斯帕温福德类手稿中，有为数不多的希腊文或拉丁文钞本，那些古代经典是完全独一无二的[4]。此人用了五年时间，访问欧洲所有的大图书馆（包括梵蒂冈的图书馆），勤奋地记录了他的考察经历，并誊录钞本。作为外交家，他后来在俄罗斯及亚洲临近地区学习了斯拉夫及其他语言；此后又被派遣至海外客居第二个五年，为的是在南欧及北非搜寻"哥特人与汪达尔人"的一切残迹，这列于瑞典君主的议题项目之中[5]，甚至直到今天仍

1　Arckenholtz, i 307 以下。

2　Celsius,《乌普萨拉大学图书馆史》，76—115。

3　关于乌普萨拉所藏钞本，参看 P. F. Aurivillius,《钞本札记》*Notitia Codicum Manuscriptorum*（拉丁文），1806—1813；（希腊文），1806；Graux,《瑞典希腊文钞本简记》*Notices sommaires des manuscrits grecs de Suède*, A. Martin 编订，巴黎，1889；李维著作钞本，J. H. Schröder，乌普萨拉，1831—1832，以及 A. T. Bromann，前揭，1855；提布卢斯著作钞本，J. Bergman，前揭，1889；理班纽斯著作钞本，Förster，罗斯托克，1877。又见 Annerstedt，在《乌普萨拉致敬纪念册》*Upsala Festskrift*，1894，ii 41—66 各处，以及在《现代图书馆学》*Bibliographe moderne*，1898，407—436。

4　（E. Benzelius),《百种图书类目》*Catalogus Centuriae Librorum*（乌普萨拉，1706）；参看 Celsius,《乌普萨拉大学图书馆史》，50—57。

5　由于中古作家们以条顿的汪达尔人之名称呼斯拉夫的温兹人，遂造成了混淆（Bury 在 Gibbon, iv 296）。

是如此。斯帕温福德作为古代丹麦国王的后裔，生得仪容庄严[1]，晚年成为瑞典宫廷的典礼官。他能用 14 种语言谈话和写作，暮年退居祖上旧居后，还与欧洲的顶尖学者们保持广泛的书信往来。不过，在他的辉煌事业里，自始至终，主要兴趣不在于古典，而是东方和斯拉夫语文献。

1721 年，他倒是要准备出版一部瑞典语的爱比克泰德，而在次年他赠给乌普萨拉图书馆更为珍稀的著作中，还有他以俄罗斯语译成的爱比克泰德和刻柏斯[2]。

以上提到的所有学者，自谢恩耶尔姆始，至斯帕温福德止，都属于 17 世纪，其间瑞典成为欧洲诸强之一。下一时代里，学林代表非小厄里克·本瑟琉斯 Erik Benzelius（1675—1743 年）莫属，此人如斯帕温福德（比他年长 20 岁）一般，在海外生活了三年，收集钞本，结识名流（1697—1700 年）。他将一批精良的希腊文与拉丁文钞本带回乌普萨拉，立即被任命为图书馆馆长。在 1726 年以后，他做了哥特堡和林雪平的主教；晚年则是乌普萨拉的大主教[3]。

本瑟琉斯

1708 年，他完成了泰奥弗拉斯特的《角色丛谈》编订本，其中的独创之处仅在于索引部分随处提出的校勘意见[4]。在饱蠹楼所藏的某部塞尔登钞本中，他找到了斐洛"论特殊法"的第四卷；他后来辑录了很多资料，准备编订该作者的书，又将这些资料全部转给了达勒姆的托马斯·曼基 Thomas Mangey，后者的编订本在 1742 年问世，是对开本的两巨卷，附有一篇极为不妥的致谢词，谈及他从本瑟琉斯处得到的慷慨支

1　肖像见 Schück, 293。

2　Fant, "增补", 14。

3　Schück 及 Warburg, ii（1897）21，附肖像。

4　J. F. Fischer, 1763 年版, "前言"（Fant, ii 96 以下）。

持[1]。与这个成果相对照，我们注意到编订理班纽斯书信集的 J. C. 沃尔夫（1738 年），因为从本瑟琉斯所藏的两部钞本中获益而致以热烈的感念。不久以后，林雪平的人文中学从其旧藏购得 15 部钞本。这两部文献皆在其中[2]。

在 1710 年这个兵燹与瘟疫恣肆的灾难之年，本瑟琉斯创办了斯堪的纳维亚的第一个学术团体。该团体被称作 *Collegium Curiosorum*【奇趣学会】。在 1716 年，该团体完成了第一部出版物，起了一个空幻的题目，作《极北地区的代达罗斯》*Daedalus Hyperboreus*；1728 年（学会发起人已经是主教了），这个团体被明确地划归皇家赞助之下，以考古学和语言学作为其领域，最终（在发起人升任乌普萨拉大主教那年）获得恒久的称号，更为 *Societas Regia Scientiarum Upsaliensis*【乌普萨拉皇家学会】[3]。本瑟琉斯是瑞典科学院的首批院士之一，该院是林奈等人于 1739 年在斯德哥尔摩建立的。

1736 年，维滕贝格出版了一部瑞典早期希腊研究史的简略考察著作，题为《极地之希腊》*Hellas sub Arcto*[4]。其作者，奥劳斯·普拉廷 Olaus Plantin，当时居住在日耳曼地区，1701 年出生于海讷桑德的一个小岛上，后来他在那里主持一所当地中学。那位博学的瑞典历史家和考古学者方特 E. M. Fant（1754—1817 年）于 1786 年完成的《瑞典的希腊文学之历

348

奥劳斯·
普拉廷

1　前言，p. xvii。本瑟琉斯的发现，在卷 ii 第 335 页遭到了忽略。

2　Fant，ii 98-104。

3　《密涅瓦》，II。

4　*Seu Vindemiola Litteraria, qua merita Svecorum in linguam Graecam brevissime et modeste exponuntur*【或作"文学园地"，对于瑞典人在希腊语方面之贡献的最简略且公允的考察】，共 84 页。

史》，是普拉廷此书同主题下更为详尽的一部[1]，其中开列了一长串瑞典的希腊语研究者，普拉廷为殿军。这批学人中好以希腊文进行创作者不在少数，要么是散文体，要么是诉歌体或六音步体的诗歌，但他们却很少编订任何希腊作家，而即便是偶然整理的几部，也缺乏特别的重要意义。前文简略选述的，只是几位最杰出的学者，不过他们都值得赞颂，在那样的北方气候中坚持照料和栽培希腊学问的异国植被，使之一度在克里斯蒂娜女王的阿多尼斯花园中盛开。

方特并未声称要将这笔希腊研究之财富追踪至 1700 年之后。对比他为此年代之前出现的 13 位希腊语教授的详赡记述，他只提到了此后

承担这个教席的 6 个人的姓名，第一位是奥劳斯·凯勒修斯 Olaus Celsius（1703 年），最后一位是约翰内斯·弗洛德鲁斯 Johannes Flodērus（1762 年），就是在后者的赞助之下方特才着手写这部著作的。在此值得一提的是，那位 *polyhistor*【饱学之士】，老奥劳斯·凯勒修斯（1670—1756 年），执掌希腊语教席的时间只有 12 年左右，这个身份给他带来的名声，远不及他作为《圣经植物志》*Hierobotanicon* 之著者及林奈最早赞助人的知名度高。那位弗洛德鲁斯（1721—1789 年），还是一位才气过人的拉丁语演说家，他在不少于 108 次拉丁语辩论场中占据上风，身后还留下了为数庞大的《演说词与诗歌杂著集》*Opuscula oratoria et poëtica*，刊布于 1791 年。

上述诸教授俱属于乌普萨拉大学。在隆德，希腊语及东方语言的教席，在 1780 年由那位叙利亚语及拉丁语学者努尔贝里 M. Norberg（1747—1826 年）担当，1789 年的拉丁语教授是那位优秀的拉丁诗人，伦德布

左侧页边：努尔贝里　伦德布拉德

1　上文第 335 页注释 2。作者最为著名的事迹，是编订《中古瑞典作家丛书》，它们是在他去世后的 1818 年开始出版的。

拉德 J. Lundblad（1753—1820 年）。同一个席位，在 1826 年由他的学生
林德福什 A. O. Lindfors（1781—1841 年）占据，此人写了一部成功的罗
马古物学手册，以及一部瑞典语—拉丁语辞典。

　　隆德大学还出过一位堪称通才的希腊语教授，其人在瑞典文学史方
面比他在古典学术方面的名声更大。埃萨亚斯·泰格奈尔 Esaias Tegnér 泰格奈尔
（1782—1841 年），是一名牧师之子，祖上则是农民，于 1802 年毕业于
隆德，1810 年成为希腊语讲师，自 1812 至 1824 年为教授，最后担任了
22 年韦克舍的主教，直至去世。世人知道他，是因为他是最受爱戴的瑞
典诗人——不仅写过《弗里肖夫萨迦》*Frithiofsaga* 的现代版，还撰作了酒
神颂体的战歌，后者使他在 1808 年成为瑞典的推尔塔尤斯。他早期的
诗作，多是在隆德的斗室中完成的，这位希腊语教授的研究当时也在这
里进行，至今仍是瑞典文学崇拜者们的朝圣之地[1]。在此还可以指出的是，
他有两封书信表露出自己对拉丁诗歌写作作为古典教育不可分割之部分
的强烈支持[2]。

　　希腊学术方面还有更为独特的代表人物，即卡尔·威廉·林德 Karl 350
Vilhelm Linder（1825—1882 年），他是隆德的教授（1859—1869 年），完 林德
成过一部叙珀芮德斯《为攸森尼波斯而辩》*Pro Euxenippo* 的校勘编订本
（1856 年），一部关于安提丰及安都奇德斯布置命题的论著（1859 年）。
他刊布了普塞卢斯论柏拉图灵魂起源观的注疏[3]，还有一部乌普萨拉钞本

1　Schück 及 Warburg, ii 674-719, 附有多幅肖像及其他。
2　《著作集》*Efterlemnade Skrifter*, i（书信编）362, 376, 信件写给那位造诣高明的外交家 Von
　　Brinkman（1764-1847），讨论了他那令人敬重的《致特拉纳之诉歌》*Elegia ad Tranerum*。
　　泰格奈尔视 Tranér 在诗才之想象力上胜过 Lundblad 一筹，但对于拉丁语言的运用上则有所
　　不及。
3　乌普萨拉，1854；由 Vincent 刊于《短评与摘录》，xvi（1847），2, 316 以下。

的摘要，内容是柏拉图的相论[1]。他和瓦尔贝里 K. A. Walberg 合作，完成了一部瑞典语—希腊语辞书（1862 年）。他发表的论文，还涉及希腊剧场、希腊语同义词以及梭伦诉歌诗作中最长的那篇[2]。此外，他还有一部拉丁语诗歌创作集。其中最后一首，是诉歌体韵格的《世纪颂》*Carmen Saeculare*【译按，贺拉斯所创】，为纪念隆德大学的第二届百年庆典而作（1868 年）[3]。他作为韦斯特罗斯及林雪平的天主教会之司铎，将余生都致力于神学研究。他的教授席位继任者是他在辞书学方面的同侪，瓦尔

贝里[4]。瓦尔贝里之后，在 1875 年由克里斯蒂娜·卡瓦林 Christian Cavallin（1831—1890 年）接替，此人编订过《菲罗克忒忒斯》和《在陶里斯的伊菲革涅亚》，并完成了一部希腊语句法学以及一部拉丁语—瑞典语和瑞典语—拉丁语辞典（1871—1876 年）。

　　与此同时，在乌普萨拉，执掌希腊语教席的有斯庞贝里 J. Spongberg（1800—1888 年），他在 1853—1874 年任希腊语教授，完成了一部《艾阿斯》的瑞典语译本，还有拉尔斯·阿克塞尔·奥林 Lars Axel Aulin（1820—1869 年），是乌普萨拉的希腊语讲师，并在斯德哥尔摩担任中学教师，他不仅出版了一部克吕格尔的希腊语法书译本，以及关于荷马、希罗多德和色诺芬的多种教科书，而且还撰写了关于卡利马库斯之文体

的论著（1856 年）。埃纳尔·勒夫斯泰特 Einar Löfstedt（1831—1889 年），在 1869 年就学于日耳曼，1874 年接替斯庞贝里的教职，1876—1877 年

---

1 《语文学》，1860，523 以下。

2 《语文学》，1858。他已经将之译成了拉丁文诗体。

3 《隆德大学第二届百年庆》*Lunds Universitets andra Secularfest*，26-30；参考书目，见《乌普萨拉大学第 400 年校庆纪念》（1877），303。

4 1827—1874，Cavallin，在《北欧语文学杂志》，第 II 编，ii 73。

在意大利、希腊和小亚细亚从事考古工作。他出版的著作，有一部极为成功的希腊语法学[1]，还有一部希腊"语文学考据学"的讲课大纲（1871年）。他是一位值得敬佩的教师，常得到从前的学生们满怀感激的怀念，其中四人目前都是该大学的教授[2]。比他年轻的同代人，克内斯 O. V. Knös（1838—1907年），在1872及1880年被任命为希腊语讲师，他最著名的成果是关于 *digamma*【译按，指古希腊语中被废弃的腓尼基字母 F】的几篇论文（1872—1878年）。

351

克内斯

在同一个世纪早先时期里的乌普萨拉，小奥洛夫·科尔莫丁 Olof Kolmodin（1766—1838年），作为政治哲学的教授，将罗马史列入其治学领域，刊布了李维和塔西佗大部分著作的译本[3]。直至科尔莫丁辞世，占据拉丁语教席的是阿道夫·特尔纳罗斯 Adolf Törneros（1794—1839年），是一位西塞罗派的学者，其事业以增补通行之希腊语辞书起家，去世后留下了编纂一部瑞典语—拉丁语辞典的资料，由永贝里 Ljungberg 在1843年编成。此后的拉丁语教授们，我们可以提及那位演说家及诗人彼得松 P. J. Petersson（1816—1874年），他将斯唐内琉斯 Stagnelius 的"弗拉基米尔大帝"译成拉丁文六音步体（1840—1842年），又将提布卢斯译成瑞典语诗歌（1860年）。他在1859—1874年间出任教授。1875—1879年的继任者，是黑格斯特伦 F. W. Häggström（1827—1893年），他先后在日耳曼、法国及意大利就学，完成了一部成功的恺撒《高卢战记》编订本。他的同代人，安德斯·弗里格尔 Anders Frigell（1802—1898年），是

科尔莫丁

特尔纳罗斯

彼得松

弗里格尔

1　1868；1885[3].

2　O. A. Danielsson, P. Persson, K. J. Johansson, S. Wide.

3　其同代人 J. V. Tranér（1770–1835），是1815年的拉丁语挂名教授，具有拉丁诗人的长才，并译过奥维德、荷马、萨福以及阿纳克里翁。

拉丁语的"非凡"之教授，他除了编订恺撒著作，以及贺拉斯的《颂歌集》，还特别留心于李维著作的文本校勘[1]，坚持对梅第奇藏本之外其他钞本之释文做核录的重要意义。他还翻译并阐说刘柏斯的《生命图版释义》（1878 年）。没过多少年，拉格尔格伦 J. P. Lagergren（生于 1842 年），在 1889 年出任延雪平 Jönköping 的中学校长，完成了一部关于小普林尼生平及文体的渊博论著（1872 年），担任拉丁语讲师（1872 年）的桑德斯特伦 C. E. Sandström（1845—1888 年），出版了一部关于塞内加《悲剧集》的专论，此后还校订了普罗珀提乌斯、卢坎和瓦勒理乌斯·弗拉库斯的著作，还有关于斯塔提乌斯的考据学研究（1878 年）[2]。

拉格尔格伦

桑德斯特伦

352

上一位国王奥斯卡二世在位期间，乌普萨拉大学的繁盛景象，已然在 1897 年那部内容丰富的《纪念册》中展露无遗了。那部册子庆祝的是这位陛下头 25 年之仁政的圆满完结，其中收入了一部关于该大学历史的重要专著，并附有对各科系的详尽描述，关于古典学研讨班的记录，还有一篇出版物全目。

以上对斯堪的纳维亚学人生涯的考察无意间表明，大多数的佼佼者通过在海外大学接受教育，以及旅行（或居住）于意大利及希腊，从而获益匪浅。正是最后所提的那些土地，给她的考古学家们理所当然地提供了最好的训练，从索伊加的时代至今，皆是如此。还需指出，对于斯堪的纳维亚诸语言的精熟，一向是拉斯科、维尔纳及索弗斯·布格等

---

1 《李维钞本及最古之编订本核录》*Collatio codicum Livianorum atque editionum antiquissimarum*，lib. i–iii（1878）；《李维著作卷一及二十一之定论》*Epilegomena ad lib. i et xxi*（1881）；《李维著作卷二十二及二十三之绪论》*Prolegomena ad lib. xxii-xxiii*（1883—1885）。Bursian 之《年刊》，80，149–152。

2 关于上述晚近学人的某些细节内容，我受益于 Sam Wide 教授；其他方面则多取自瑞典的各种传记辞典，以及 Aksel Andersson 在 1897 年《乌普萨拉大学纪念册》卷 iii 中的"传记及书目"。

人的始发点，他们从中获得了在欧洲比较语文学界的显赫地位；最后，在古代罗马的语言及制度研究领域，任何国家都应该为有一位像马兹维这样的拉丁语学者而感到自豪。

　　挪威如今不再与丹麦或是瑞典在政治上联合了；但是，尽管古代斯堪的纳维亚业已分裂为三个独立王国，学术界却保持着友好的关系，有一个三国共用的古典学期刊[1]，有保持着运作常规的语文学会议[2]，还有对希腊、拉丁语言及古典考古学所怀的共同兴趣。在这三国的学者中，以上的三个结盟因素组成了"不致骤然崩坏"的"三绺绳索"。

1　《北欧语文学杂志》*Nordisk Tidsskrift for Filologi*，创始于 1863 年，延续至今，刊名稍有变动。
　　【译按，此刊在第一阶段（1874 之前）称为《语文学教育学杂志》*Tidskrift for philologi og paedagogik*；第二阶段（1874—1892）称为《北欧语文学教育学杂志》*Nordisk tidskrift for filologi og paedagogik*；第三阶段（1892—1911）才称为《北欧语文学杂志》，上文注释中，皆用缩写，其后所谓"第 I 编"者即第一阶段，故译出时仅用接近本书之时代的刊名。】
2　"北欧语文学会议"*Nordiska filologmöten*，哥本哈根，1876，第 92 届；克里斯蒂安尼亚，1881，98 届；斯德哥尔摩，1886；以及乌普萨拉，1902。

第三十九章

希腊与俄罗斯

希腊　　无论欧洲从学术复兴时期意大利那里所受的恩惠有多大，意大利亏欠希腊的都更多。大而言之，在意大利获得重生的那些学问，根本上抑或直接就来源于希腊。在复兴时代，意大利继承了对希腊经典重新振奋起来的兴趣，那是在 1150 年前后由尤斯塔修斯、1300 年前后由普兰努德斯和莫斯考普卢斯在君士坦丁堡提出来的；甚而在东部帝国向土耳其暴君俯首称臣之前，古代希腊学问就已传入一片已经做好准备、有些迫不及待想要接纳它的土地，由此而重获新生。

我们前文已经提及在君士坦丁堡陷落之前或之后而遁走意大利的那些希腊学人的姓名，并记载了他们最著名的一些功绩[1]。留在东部世界的那些学人，少有人知晓其情况；人们熟悉的是那些离开了东部的人。其

---

1 上文第二卷，第 59—80 页。

中有不少人来自未受土耳其之奴役的地方，特别是克里特岛和伊奥尼亚克里特岛
诸岛。克里特岛在四个半世纪里属于威尼斯（1204—1650年），成为希
腊文化的大本营之一[1]，威尼斯遂也自然成为离乡背井奔赴西方的学者们
的第一目标。在较早的克里特岛移民中，有"特拉布宗人"乔治[2]；稍后
则有马可·穆苏鲁斯、扎喀理亚斯·卡列尔支[3]，以及尼古劳斯·布拉斯
托斯 Nicolaos Blastos。1499年的《广词源学》，第一卷问世于威尼斯，出
自卡列尔支之手，由穆苏鲁斯指导，而刊印费用则来自怀着爱国热忱的
布拉斯托斯，他被穆苏鲁斯称为"充满希腊文化情怀"。卡列尔支的希
腊文印刷所，其实就是一家克里特岛的作坊；克里特人铸造字型，克里
特人打印并校对样张，出版商也是克里特人[4]。甚至当印刷所在1515—
1517年搬到罗马时，在刺斯喀理斯的激励下，它仍全心致力于希腊学
术，刊印了品达和提奥克里忒的会注本，还有"宗师"托马斯和弗里
尼库斯的牧歌集[5]。同样是克里特人，德米特理乌斯·都卡斯 Demetrius
Dukas，曾帮助阿尔都斯编订《希腊修辞学家著作》，普鲁塔克的《道德
论集》；还有一位克里特人，阿尔赛尼奥斯 Arsenios，出版了欧里庇得斯
的会注本[6];这个岛屿还提供了西方世界最著名的书法家[7]。克里特岛还是弗
朗切斯科·波尔图（1511—1581年）的家乡，此人在威尼斯等地做过希

1 Thereianos，《阿扎曼蒂奥斯·科剌厄斯》*Adamantios Koraēs*（1890），i 18；Bikelas，《演说词
　　与回忆录》*Dialexeis kai Anamniseis*（1893），104以下。
2 上文第二卷，第63页。
3 上文第二卷，第79页以下。
4 穆苏鲁斯在《广词源学》；参看 Didot，《阿尔都斯·马努修斯与威尼斯的希腊文化》，550。
5 Didot，544-578.
6 1544；同上，443。
7 同上，579-586。

腊语教授，是一位希腊文经典著作勤奋的注疏家[1]。一个世纪之后，另一位克里特人，弗朗切斯科·斯居福斯 Franciscus Scuphus，是威尼斯的教师，在维埃纳出版过自己的《修辞学》（1681 年）[2]。亚历山大里亚和君士坦丁堡的宗主教，居理尔·卢卡尔 Cyril Lucar[3]，曾在意大利及尼德兰和英国就学，据言也是克里特人。正是此人，在 1627 年得到了凯法利尼亚岛的尼克德摩斯·密塔科萨斯 Nicodemus Metaxas 从伦敦带到君士坦丁堡的第一部印刷机[4]，次年赠送给英王查理一世那部希腊文《圣经》的亚历山大里亚钞本。萨塔斯 Sathas 所列述的 1500—1700 年间的 350 位学者[5]，来自克里特岛或是伊奥尼亚诸岛的占了五分之二。

伊奥尼亚诸岛在四个世纪里（1386—1797 年）都从属于威尼斯。15 世纪时，科孚岛诞生了尼古劳斯·索菲安诺斯 Nicólaos Sophianós，他在罗马的希腊中学读书，在那里他编订了《伊利亚特》和索福克勒斯的古代会注本（1517—1518 年）。他最先完成了一部近代希腊语的语法书（1534 年）[6]，并第一个将普鲁塔克论教育的著作译成当时的普通希腊语，此本具有一种纯净的形式，被他自己视为近世希腊最好的文学

1　Nicolai，《近代希腊文学史》*Geschichte der neugriechischen Literatur*（1876），41 以下；Legrand，《希腊书志》，ii, pp. vii-xx。在下一世代中，克里特岛的 Emmannuel Margunius（约 1549—1602），在帕多瓦，在克里特岛的一家修道院被收容了五年，至 1584 年被尊奉为君士坦丁堡主教。在帕多瓦，他完成了一部亚里士多德《论颜色》的优良编订本（1575）；他的《阿纳克瑞翁体颂歌集》*Hymni Anacreontici* 在奥格斯堡出版（1601），当他在威尼斯去世前，尚打算参与 Henry Savile 爵士的《金嘴约翰集》（viii 114 以下）。参看 Legrand，ii pp. xxiii-lxxxii。

2　Thereianos，i 28.

3　1572—1638.

4　Nicolai，49 以下。

5　《近世希腊之语文学》*Νεοελληνική Φιλολογία*（1453—1821），1868。

6　由 Legrand 重刊，1874。

与教育之媒介[1]。对于品达的近代会注本，由科孚的亚历山大罗斯·佛尔提乌斯 Aléxandros Phórtios 撰成[2]，而列奥纳尔德斯·佛尔提乌斯 Leonárdos Phórtios 写了一篇关于戎马生涯的押韵诗歌（威尼斯，1531 年）。1537 年，科孚的另一位当地人，安东尼奥斯·厄帕尔科斯 Antónios Éparchos，流亡至威尼斯，以教授希腊语为生。尽管他因贫穷所困，不得不变卖掉所有的钞本，却慷慨地赠给了弗朗索瓦一世达 30 种之多。他是希腊学问的忠诚拥护者，在雷根斯堡会谈时为希腊教会进行辩护，还写过一首著名的诉歌体诗，歌咏希腊的不幸命运[3]。科孚岛人尼坎德罗·努基厄斯 Níkandros Nukios，在亨利八世时代访问过英国，以阿里安的文体记述了这次旅程[4]。此外，弗兰吉尼斯 Phlangínes 倾其所有，用以在威尼斯建立了一所希腊语学校[5]，而威尼斯在 17 世纪也将意大利语列作伊奥尼亚诸岛的官方语言。不过教士及民人还幸可保持自己的母语[6]。在此之前的世纪里，赞特岛 Zante 养育了尼古劳斯·卢坎诺斯 Nicolaos Lucanos[7]，他译述的《伊利亚特》是被译成近代希腊语的第一部著作[8]，这里还有德米特里乌斯·芝诺斯 Demetrios Zênos，将《蛙鼠战纪》译成了押韵诗体流行读物[9]。

1　Nicolai，40，49；Thereianos，i 22 以下。

2　Sakkelion，在《潘多拉》*Pandora*，xv 354。

3　威尼斯，1544（Legrand，《希腊研究书目，15、16 世纪希腊人以希腊文所撰著作述略》*Bibliographie Hellénique ou description raisonnée des ouvrages publiés en Grec par des Grecs aux XVᵉ et XVI siècles*，i 259）；Nicolai，86；Thereianos，i 23–27。

4　Book ii，J. A. Cramer 编订本（康登学会 Camden Society），1841。

5　1664。

6　Bikelas，106。

7　又名作 Lucanis，参看 Legrand，前揭，i 188 以下。

8　威尼斯，1526。

9　约 1539，时有再版（Legrand，《希腊研究书目，15、16 世纪希腊人以希腊文所撰著作述略》，i 179 以下；Constantinides，《新希腊语研究》*Neohellenica*［1892］176–185）。

我们在下文还将见证伊奥尼亚诸岛（以及克里特岛）成为普及版希腊文学的家园[1]。

开俄斯　　　开俄斯在两个世纪的时间里是归属于热那亚的（1346—1566 年）。直到被土耳其人占据的 20 年之后，那里才诞生了当地最杰出的学者，利奥·阿拉提乌斯 Leo Allatius（1586—1669 年）。此人在卡拉布里亚及罗马就学，在开俄斯居住了一段情况不详的时间后，又返回罗马研究医学。1622 年，他成为教皇特派员，负责运送海德堡的钞本至梵蒂冈图书馆，生平最后八年主管此处。由于他支持拉丁教会，在希腊备感疏离，他在家乡建立了一所学校，只是为了天主教徒居民的利益。他最为人知的事迹，是对拜占庭文学的重要研究，以及那篇表达爱国情怀的文章，《荷马的祖国》*De patria Homeri*（1640 年）。事实上，他在 17 世纪中叶的希腊学人中享有崇高地位[2]。因为写过颂赞诗，他得到其他名声略小的开俄斯人的遵从，其中包括安东尼奥斯·科剌厄斯 Antōnios Koraës，此人在意大利游历，将一首品达体的颂歌题赠给一位法国大臣，还有康斯坦丁诺斯·罗多卡纳凯斯 Cōnstantinos Rhodokanákēs，在牛津受学，因一首写给查理二世的希腊文颂赞词而受人瞩目[3]。在同一世纪里，访问英伦的人物还有另外两位希腊代表，一位是伯罗奔尼撒人克里斯托佛罗斯·安哲罗斯 Christóphoros Angelos，他于 1608—1617 年居住于剑桥及牛津，在前一所大学刊布了关于希腊现状的通俗论述（1619 年）[4]，另一位是雅典的列奥

1　上文第 375 页。

2　Legrand，《希腊研究书目，17 世纪希腊人以希腊文所撰著作述略》*Bibliographie Hellénique ou description raisonnée des ouvrages publiés par des grecs au XVII e siècle*，iii 435–471；Nicolai，64 以下。

3　牛津，1660，Legrand，前揭，ii 126 以下；Nicolai，93。

4　A. Gennadios，在《潘多拉》（1851），815；Legrand，前揭，i 111 以下。

纳尔德斯·斐拉剌斯 Leonárdos Philarâs，弥尔顿曾在 1652—1654 年给他写了两封拉丁文书信。其中第一封信里有句话仿佛就是"激发希腊民族独立运动的警句"[1]：

Quid enim vel fortissimi olim viri vel eloquentissimi gloriosius aut se dignius esse duxerunt quam vel suadendo vel fortiter faciendo ἐλευθέρους καὶ αὐτονόμους ποιεῖσθαι τοὺς Ἕλληνας?[2]

【古人那些最骁勇或最善辩者，他们会将什么视为更为荣光或是使自己更有价值的事业呢？难道不是通过激励人心的言词或是英勇的行动去实现希腊的自由与独立吗？】

恢复希腊独立的第一步，便是希腊语言的学术再生。难以确定古典希腊语的知识在 16、17 与 18 世纪的常人中还能存留多少。不过我们得知，1575 年的君士坦丁堡，神职人员喜欢以"旧希腊语"（即拜占庭希腊语）讲道，尽管这门语言在他们的圣会里只有两三人理解[3]。1672 年，除了三位神学、哲学和语言的公共教师外，很少有人看得懂从前的希腊文献[4]。1700 年，有个法国旅人访问克里特岛后（也许有些仓促地）记道，"在整个土耳其领土上，还能熟练地掌握古希腊发音知识的，已经不到 12 人了"[5]。在 1801 年的帕特摩斯，E. D. 克拉克宣称，无论是修道

---

1 Drakoules，《新希腊语言与文学》*Neohellenic Language and Literature*（牛津，1897），43。

2 参看［德摩斯提尼］，7 § 30；《弥尔顿私人书信集》*Miltoni Epistolae Familiares*，1674，34 以下、39 以下；Legrand，前揭，iii 407-416。

3 Martin Crusius, 197.

4 Babin 神父，《雅典城市现状纪闻》*Relation de l'état présent de la ville d'Athènes*（1674），54 以下。

5 Tournefort，《地中海东部地区旅行纪闻》*Relation d'un voyage du Levant*，i 104（英译本，1741）。

院院长还是司库（其人充任图书馆馆长之职），皆不能读古文了[1]。即便是在希腊学术的重镇，有时受欢迎的是拜占庭的作家，而非希腊文学黄金时代的那些人物。1813 年，君士坦丁堡宗主教居理尔七世，不能理解有人对修昔底德和德摩斯提尼的兴趣会超过叙涅修斯及纳西昂的格雷高利这样的"文质彬彬之作家"，他认为武奥都儒斯·普罗德洛姆的短长格诗行要比欧里庇得斯所作更富有音乐性[2]。然而，芬莱 Finlay 认为[3]，在革命运动前的几个世纪里，那些教区牧师一直保有旧希腊语的足够知识，而且每个有读写能力的希腊人都多少知道一些古希腊文学的内容。高水平的学问，当然展现于世俗人群中，希腊人以古典或通行的这门语言形式刊布了为数众多的著作。这些著作在欧洲许多地方得到刊印[4]。特别是威尼斯，长久以来就是刊布近代希腊文学的一个重要阵地[5]。1791 年，一家希腊文印刷所在维也纳成立，创办人是赞特的高尔吉奥·本多忒斯 Georgios Bendotes，他编写了一部意义重大的希腊语、意大利语与近代希腊语辞典，还译出了巴忒勒密的《青年阿纳卡西斯希腊游记》。1795 年他逝世之后，该印刷所繁荣依旧，在此出现了一份重要的期刊，题为《辩术家赫尔墨斯》*Lógios Hermês*，创办于1811 年[6]。维也纳的希腊侨民区与*Philómūsos Hetairía*【译按，指爱好文艺或学术的团体，ἑταιρείαι 在古希腊亦有

358

1　《欧亚非三洲游记》，vi 41，1818 年版。

2　Thereianos，i 41.

3　v 283.

4　见 Bretós（1854–1857）、Sathas（1868）的书目著作，以及 Legrand，《希腊研究书目，15、16 世纪希腊人以希腊文所撰著作述略》（1885—1906），《希腊研究书目，17 世纪希腊人以腊文所撰著作述略》（1894—1903）。

5　经营历史悠久的 Glykys 之书社的分类目录（1821），见于 Carl Iken 的《琉柯忒娅》*Leukothea*（1825），ii 139 以下。

6　Nicolai，99.

政党性质】相关，后者是 1812 年成立于雅典的文学俱乐部，他们使未来的革命事业中的有些领导者有机会获得欧洲的教育[1]。

在君士坦丁堡的东正教会学校里，传承更多的是拜占庭的传统而非古典文化。宗主教根纳迪奥斯（1400—1468 年）在土耳其人占领后的五年之中担当神职，是一位热情的法律、神学与哲学的研究者，还翻译了亚里士多德主义的教会作家托马斯·阿奎那的某些著作，他也是一位异教信仰的迫害者，还反对戈弥斯图斯·柏勒图的柏拉图主义[2]。在那所因根纳迪奥斯的影响重建起来的老东正教会学校旁边，有 1661 年建立的著名的法那尔学校，以及于 1803 年在伊斯坦布尔海峡岸边创办的库鲁-泽兹姆 Kuru-Tschesme 学校[3]。1581 年，宗主教的首席文书，齐戈马拉斯 Zygomalâs，对希腊的整体描述是学校匮乏，虽然说当地民人具有一种通过教育而获益的天赋，"但是一场旷日持久的灾难所蒙蔽的阴云，让怀着福祉的太阳不能发光，学问事业也不能繁荣昌盛"[4]。在摩里亚半岛划归威尼斯的 30 余年的时间里（1684—1718 年），特里波利学院的天主教神父使得教育兴旺起来[5]。在那个短时期开始阶段，帕台农神庙于 1687 年威尼斯人围城战争中被毁坏，但到临近尾声，1715 年土耳其人收复科林斯后不久，雅典成立了一所希腊语学校。大约在此时，上个世

各地的学校：君士坦丁堡

特里波利学院

359

1　Finlay，vi 98.

2　《驳柏勒图关于亚里士多德的认知缺失》Κατὰ τῶν Πλήθωνος ἀποριῶν ἐπ' Ἀριστοτέλει，Mēnâs 编订本（巴黎，1858）；上文第二卷第 61 页。参看 Gibbon，vii 175 以下，Bury 本；Finlay，iii 502，v 137；Krumbacher，《拜占庭文学史》，119 以下；Nicolai，25 以下。Gentile Bellini 的"根纳狄阿斯与穆罕默德二世"，在 Legrand，《希腊研究书目，15、16 世纪希腊人以希腊文所撰著作述略》，iii，扉页（1903）。

3　Nicolai，24，109.

4　Martin Crusius，《突厥希腊志》Turcograecia（1584），94。

5　Finlay，v 212.

纪里所建的几所学校开始在马其顿和色萨利兴盛起来。1723 年，约安尼纳 约安尼纳 Ioannina 三大学校中的第三所，在这个伊比鲁斯的首府落成[1]。见证这些希腊语学校之盛况的文献，出自 1714 年亚历山大·赫拉丢斯 Alexander Helladius 的著述，此人曾访问过伦敦和牛津，在日耳曼地区也居停数年[2]。

1758 年，标志着阿陀斯山一所曾辉煌一时的研究院的解体，同时也标志着位于墨索隆尼 Mesolonghi 的另一家研究院的创办[3]。1764 年，博学的阿伽庇俄斯 Agapios 恢复了迪米查纳 Dimitzana 的阿卡狄亚小镇上的那所古代学校[4]。同在这个世纪，尤其是达涅尔·刻剌缪斯 Daniel Kerameus 当政期间[5]，帕特摩斯岛上有一所硕果累累的学校，向开俄斯和士麦那提供教师[6]。在该世纪下半叶，"士麦那的福音学校"出了几位著名学生（包括后来重新缔造了希腊语言的柯剌厄斯），同城的"语文学高中"，1809—1818 年在教授希腊经典方面饶有成效[7]。特拉比宗 Trebizond 和辛诺珀都有希腊语学校；而在多瑙河联合公国【译按，在摩尔多瓦及罗马尼亚一带】，布加勒斯特的希腊文化学校早在 1698 年就具有了一种研究院的地位，而

阿陀斯山
墨索隆尼
迪米查纳

帕特摩斯岛
士麦那

特拉比宗
辛诺珀
布加勒斯特

---

1 1742 年又得到了 Marutzi 兄弟的捐赠。参看 Nicolai, 54 以下；以及 A. R. Rangabé，《近代希腊文学史纲》*Precis d'une histoire de la litterature néohellénique*（1877）【译按，此书同年的法文版另有一题，作《近代希腊文学史》*Histoire littéraire de la grèce modern*】，i 54。

2 《东方教会现况》*Status praesens eccl. orientalis*，题献给彼得大帝（纽伦堡，1714），60，"in gymnasiis quae iam Dei gratia in omnibus Graeciae civitibus mediocriter florent"【蒙上帝恩典，希腊所有城市都兴办学校了】；Nicolai, 55 以下。

3 Nicolai, 110 以下。

4 参看 Kastorches，《迪米查纳的学校》*περì τῆς ἐν Δημητσάνη σχολῆς*（雅典，1847）。

5 Thereianos, i 80.

6 Nicolai, 110, n. 125.

7 Nicolai, 114.

雅西 Iassi 的中心学校，在 1755 年已经颇具声名了 [1]。上述这些学校都有古希腊语言与文学的研究，尤其是在多瑙河联合公国的那几所，是引发 1821 年大革命的因素之一。在此世纪之初的希腊本土上，"古典时期的历史得到了研究，古典作家的名号得以复生；雅典的自有事业成为人们谈话时的主题；斯巴达的德行被妇女们挂在嘴上；人们怀着热情，将文学植入心中，迈向革命" [2]。

360

希腊语的教育深受君士坦丁堡法那尔或谓希腊区希腊裔居民的影响，特别是那些在土耳其行政部门里的地位显赫者。帕纳乔塔克斯·尼柯西俄斯 Panagiotakes Nicosios 推进了希腊人的权益，他在 1630 年取得了在"庄严门"Sublime Porte【译按，奥斯曼帝国苏丹的对外宫廷，相当于外交部】作为首席译员的外交职位 [3]。这同一职务后来由亚历山德罗·马孚罗柯尔达托斯 Alexandros Mavrocordatos（1637—1709 年）担任，他出身于一个极有影响力的家族，父亲是开俄斯的丝绸商贾。他在意大利研究医学，在博洛尼亚完成了一篇关于血液循环的拉丁语论文（1664 年），后成为苏丹的御用医师，在 1665—1672 年间执掌君士坦丁堡的宗族学校。他心怀鄙夷地看待自己乡党们的通俗语言，在古希腊经典方面形成了自己的风格——却未能吸收其中的价值。他的希腊语句法教科书，缺乏方法，也不够明晰，无法超越通行的伽扎与剌斯喀理斯之手册 [4]。在受任"庄严门"首席译员后，他获准在君士坦丁堡和约安尼纳以及帕特摩斯岛创办

马孚罗柯尔达托斯

1　Nicolai，117 以下。关于 1453—1821 年间的希腊语教育，参看 C. P. Oikonomos，《柯剌伊斯的教育观》*Die pädagogischen Anschauungen des Adamantios Korais* 的前 32 页，此书凡 116 页（莱比锡，1908），以及其中引及的更早文献。

2　Finlay，vi 17.

3　Rangabé，i 45–48.

4　Thereianos，i 49.

学校，并为那些学校输送了欧洲印制的古典学问的课本[1]。其子尼克拉斯 Nicolas 继承了其父风范，成为土耳其帝国首位升迁至瓦拉吉亚地方长官这等高位的希腊臣民，故有"以其枷锁铸成权杖"之说[2]。这些官吏的确鼓舞了那些渴求公职的人去接受教育，但是，"在希腊人看来，幸运的是，当时其他的因素都趋向于从一个更为纯粹的出发点来传播教育"[3]。在这时的近代希腊文学，经由君士坦丁堡的教士、教区和形形色色的上层人士之影响，获得了更高程度的完善[4]。

361

18 世纪下半叶，学校进一步增多，出现了对欧洲科学、历史、小说和哲学著作的翻译。这些译本，对书面语言迈向古典希腊语形态的发展具有重要意义。

在那些运用古代希腊语来赋予近代希腊人的语言以文学特色的学者中，最先要提及的名字，是科孚的欧根尼奥·布尔嘉里斯 Eugenios Bulgaris（1716—1806 年）。他受学于约安尼纳，在意大利等地学习近世语言和拉丁文，在约安尼纳、阿陀斯山和君士坦丁堡等地学校担任主管，成为传统的教会形式希腊语教育的第一个改革者。他随后在莱比锡居留十年，以古代及近代希腊语进行撰述（1765—1775 年），又在圣彼得堡执掌一所为青年俄国贵族办的学校，他逝世于斯，此前还临时担任过斯拉夫尼亚 Sclavonia 和赫尔松 Kherson 的主教。他以古希腊语完成的杰作，包括荷马风诗体的《农事诗》和《埃涅阿斯纪》译文；还有他所有严谨的哲学

欧根尼奥·
布尔嘉里斯

1　Rizo（Iakobakes Rizos Nerulos，瓦拉吉亚与摩尔达维亚的首相），《近代希腊文学讲义》*Cours de Littérature Grecque Moderne*（日内瓦，1827），28；Nicolai，74；Finlay，v 242。

2　Rangabé，i 52.

3　Finlay，v 245.

4　Rizo，29.

著作，也是用这种语言，而近代希腊语则被用于较为通俗的著作[1]。

经过阿扎曼蒂奥斯·科刺厄斯 Adamantios Koraës（1748—1833 年） 科刺厄斯
的深远影响，近代希腊语得以进一步更高效地被熔铸成一种文学形式。
此人乡籍系士麦那地方，早年学业得到荷兰领事馆派驻牧师的帮助，他
在阿姆斯特丹六年，充当父亲的商贸代理人（1772—1778 年），归乡四
年后，获得其父的允准，丢开生意而进入蒙彼利埃的医学院，成为一名
杰出的医学家（1782—1788 年）。他在 1788 年去往巴黎，将余生 45 年
时光全心致力于文学研究。

362

爱国精神与向学之热情，乃是他整个生涯的两条主导原则。他最
早的著作中有一部（《希波克拉底校正》）在 1792 年刊于牛津[2]。他为希
波克拉底著作《论空气、水和地方》 *De aere aquis et locis* 制作了精良的编订
本（1800 年），稍早还有忒奥弗剌斯特的《角色丛谈》，此后又有朗戈斯
和赫列都儒斯。他最为重要的撰述成果，是那部"希腊文学丛书"，即
由直接的爱国动机激发而成。在希腊爆发革命很久之前，索西马德斯
Zosimades 豪族的四个兄弟就向科刺厄斯请教，如何推动希腊业已开始之
革新才是上策。科刺厄斯建议出版古希腊经典，附以古语的注释，并用

1　James Clyde，《今古希腊语比较》 *Romaic and Modern Greek compared with one another and with ancient Greek*（爱丁堡，1855），45-49；Finlay，《希腊史》，v 284 Tozer；Iken，ii 7，105 以下；Rizo，34-37；Nicolai，123；Goudas，《希腊文艺复兴时期名人对比列传》 *Βίοι Παράλληλοι των επί της αναγεννήσεως της Ελλάδος διαπρεψάντων ανδρών*，ii（1874）1-40，附肖像；Rangabé，i 63；尤参看 Thereianos，《阿扎曼蒂奥斯·科刺厄斯》 *Adamantios Koraës*（1889 以后）i 63-76。有个和他同时代的 Neophytos Kausokalybites，勤勉好辩，1761 年在布加勒斯特完成了一部长达 1400 页的忒奥都儒斯·伽扎著作第四卷的注疏集（前揭，79 以下）。

2　《牛津博物馆文献选录二编》 *Musei Oxoniensis litterarii speciminum fasciculus secundus*。

近代希腊语撰写引言。这就是著名的"希腊丛书"之缘起，全编共 17
卷，是科剌厄斯在 1805—1826 年间编订完成的。在一卷 *prodromos*【试刊
册】（包括了埃利安《史林杂俎》、本都库斯人赫拉克利特以及大马士革
的尼古劳斯）之后，接着有伊索克拉底的两卷，普鲁塔克《名人传》六
卷，斯特拉波四卷，亚里士多德的《政治学》《伦理学》，色诺芬的《回
忆苏格拉底》以及柏拉图的《高尔吉亚篇》，最后是阿提卡演说家莱克
格斯的《反列奥刻拉忒》。所有这些俱由狄多予以刊行，用的是专为该
丛书设计的一套精美雅洁的字型，出版所需的全部花费由索西马德斯兄
弟慷慨赞助，很多印本无偿地在希腊境内够资格的专业研究者中散播。
此外，科剌厄斯还完成了九卷本的"补遗"系列，包括了波里耶努斯、
伊索、克塞诺克拉底[1]，以及盖伦《论水产之营养》*De Alimento ex Aquatilibus*、
马克·奥勒留的《沉思录》、"奥涅桑德"的《兵法》[2]，还有普鲁塔克的五
篇政治学论文、刻柏斯与克理安忒斯以及爱比克泰德的《便览》，再就
是阿里安的两卷本爱比克泰德谈话录（1809—1827 年）。荷马早已有了
专以近代希腊语编订的本子[3]，但科剌厄斯又完成了一个《伊利亚特》卷
i–iv 的编订本（1811—1820 年）。他还编订了希耶罗克勒斯。他把希罗
多德译成了近代希腊语；拉尔舍刊印了其关于希罗多德的注解，修昔底
德的注解见于莱维克的刊本，而关于阿特纳奥斯的部分，收入施维格豪
瑟尔的编订本中；而他注释的赫许基乌斯是身后才问世的（1889 年）。
整体来看，他的注释，尤其是"希腊丛书"里的那些，受到后世一部分

1　已经被他在那不勒斯刊布出版（1794）。

2　Ὀνάσανδρος（Christ，§665）。附带了一首推尔塔尤斯的诗，被科剌厄斯译成近代希腊语，
　　被狄多译成法语。

3　编订者是 Spyridon Blantes（1765–1830），威尼斯，附有 Didymus 的注（Thereianos，ii 82）。

编订家的认可[1]。他的五卷本《杂札》*Atakta*（1828—1835 年）多涉及希腊语辞书学。他的著作的总体宗旨在于使文学的语言与近代希腊的口语同化，即便在他最学术性的那些著述中，都显示出对民人生活习语的兴趣，而另外一些人，如科德理卡斯 Kodrikas 及都卡斯，皆舍弃了这一居间调和的立场，而选择了一个极端，即忽视活的语言，追求对建立在古希腊语法和文学基础上的一种矫揉造作之文体的运用[2]。他的自传（1829 年）被译成了拉丁文和法文。法文版置于其书信集之前，该集收有许多关于《希腊文苑英华集》的勘误[3]。

他同荷兰的学者保持了友好的关系[4]。1805 年，威滕巴赫致信拉尔舍，称科剌厄斯"不仅是个希腊学家，还是一个真正的希腊人"，1807 年，科剌厄斯编订的伊索克拉底使他赢得"希腊语文学之宗主教"的称号[5]。他在英国的通信人，有后来做了索尔兹伯里主教的托马斯·伯吉斯 Thomas Burgess，以及"七十子译本"的编订者霍尔姆斯 Holmes。他对美利坚合众国满怀热烈的崇敬之情[6]。在他居住的国家，他得到戈瑟兰 Gosselin 与拉波特－杜泰伊 La Porte-du-Theil 的协助（稍后的助手还有勒特罗纳 Letronne），贡献了一部斯特拉波的法文译本（1805—1819 年），此

---

1 Thereianos 书中各处。

2 Krumbacher 的《演说集，论近代希腊语言之问题》*Festrede, Das Problem der neugriechischen Schriftsprache*（1903），44 以下，以及科剌厄斯的《希腊语法》*Gk Grammar*（身后在雅典出版，1888）；Sathas（1870），以及 Beaudouin（1883），见引于 Krumbacher，前揭，195；又见 Hatzidakis，《近代希腊书写语言的问题》*La Question de la Langue Écrite Neo-Grecque*（1907），106 处的批评。

3 《未刊书信集》*Lettres inédites*，1874—1877（Bursian 之《年刊》，xi 87 以下）。

4 Thereianos，i 103, 105. 参看 J. Gennadios，《批评与沉思》*κρίσεις καὶ σκέψεις*，54–72。

5 Clyde，50.

6 Thereianos，iii 61，*τῶν Ἀγγλαμερικανῶν διάπυρος θαυμαστής*【一个"盎格鲁－亚美利加"国的热心崇拜者】。

书最初是在拿破仑的慷慨赞助下开始翻译的。他在巴黎的重要友人，包括艾蒂安·克拉维耶、老蒂罗以及沙尔东·德拉罗谢特；他与维卢瓦松并未那么熟稔[1]，而作为学者，他得到了布瓦松纳德的高度评价[2]。他为祖国事业的奉献，是他终生的重要情怀。在弥留之际，他于病榻前谈及父母之乡，目力衰退的双眼停在一幅德摩斯提尼的肖像上，他嚷着："那是一个男人。"[3]他自撰的碑铭，述及对客居之国和桑梓故乡的热爱[4]，他的性格，被英国的近代希腊史家如此概括：

"科剌厄斯……乃是受人爱戴的希腊教育体制的伟大改革者，是宗教宽容和民族自由最杰出的信奉者……他不关心财富，诚恳而慎独，是一位真挚的爱国者，一位渊博的学人……他终生清贫自立，为的是可以把全部时间和精力毫无浪费地投入对希腊人民的道德与政治环境的改善上面。他的努力绝不是白费的。他将自己同胞们的文学语言变得有条理，使他们的心灵上接受了真正自由和纯粹道德的法则。"[5]

就科剌厄斯在为近代希腊塑造文学语言时所占据的地位而言，最

---

1 Thereianos, i 179 以下。

2 同上，i 405 以下。

3 Ἐκεῖνος ἦτο ἄνθρωπος，同上，iii 152 以下。

4 同上，iii 155。

5 Finlay，《希腊史》，v 285，Tozer 本；参看 Gervinus，转引自 Thereianos, iii 155。《科剌厄斯自传》Βίος Ἀδαμαντίου Κοραῆ συγγραφείς παρά του ιδίου（巴黎，1829）；法文译本，1833；拉丁文译本，1834—1849；德文译本，Sinner-Ott（苏黎世，1837）；Boissonade 在 Michaud 的《古今传记通载》*Biographie universelle, ancienne et moderne*；I. Bywater，在《希腊研究学报》，i 305-307；Nicolai，103 以下；Rangabé，i 81-90；Constantinides，332-362；尤见 D. Thereianos，《阿扎曼蒂奥斯·科剌厄斯》*Adamantios Koraës*，三卷本（的理雅斯特，1889—1890）。在法国，他采用 Coray 这个名字；Villoison 认为 Coraï（s）一名更为准确（同上，i179）。肖像收入 Goudas，ii 73-108。身后著作收为七卷（雅典，1881—1889），包括了一部法语希腊语辞书的资料辑录（1881），近代希腊语语法（1888），赫许基乌斯的注释和校勘（1889），以及三卷本的书信集（1885—1887）。关于他的书信，参看 J. Gennadios，（转下页）

为犀利且不可和解的对手，是潘纳齐奥塔克斯·科德里喀斯 Panagiotakes 科德里喀斯

Kodrikas（1750—1827）。他是一位出身显赫的雅典人，具有超常的禀赋、广博的知识和尊贵的社会身份。他所拥护的那种偏激的希腊文体，自拜占庭时代传承下来，由君士坦丁堡的宗主教和其他官方人员用于文书之中，保存至今。1802 年之前，他是瓦拉几亚 Wallachia 总督的大臣；此后则是巴黎的希腊语教授，并担任外交部译员。他与科剌厄斯的争论，始于一封写给《学者赫尔墨斯》*Hermes o Logios* 杂志编辑部的信（1816 年），要他们抵制科剌厄斯提倡的改革。由于这一建议未被采纳，他匿名刊布了一篇《为比萨的希腊民人申辩书》（1817 年），遭到所提及的那些希腊民人的激烈反对。他对这场争论最后贡献的是那部《共通希腊语方言研究》*Μελέτη της Κοινής Ελληνικής Διαλέκτου*，在 1818 年题献给俄罗斯沙皇亚历山大一世[1]。在这场酷烈的争论中，自始至终唯一有益于学术事业的，就是科剌厄斯化名斯第潘努斯·潘塔泽斯 Stephanos Pantazes 而发表的一篇令人推崇的论文了[2]。

　　科剌厄斯的观点，整体上得到了那位才华洋溢、造诣精深的学者康斯坦提努斯·库马斯 Konstantinos Kumas（1777—1836 年）的支持。此 库马斯

（接上页）《批评与沉思》（的理雅斯特，1903），关于他对希腊教育的贡献，参看 C. P. Oikonomos，《阿扎曼蒂奥斯·科剌厄斯的教育学观念及其在希腊学校制度和政治生活中的影响》*Die pädagogischen Anschauungen des Adamantios Korais und ihr Einfluß auf das Schulwesen und das politische Leben Griechenlands*（莱比锡，1908）。

1　题献的副本现存于 J. Gennadios 先生处。

2　讨论的是古代学说 *νόμω καλὸν, νόμω κακόν*【良法、恶法】（莱比锡，1819），Thereianos，ii 348 以下，并重印于 iii（附录 v）。关于科德里喀斯，总体参看同上，ii 283–352；Nicolai，130；Rangabé，i 90 以下；Hatzidákis，70 以下。他的论敌，Daniel Philippides，将通用型的希腊语视为文学的真正媒介（参看 Rangabé，i 92 以下），在 Athanasios Psalidas 那里也是如此，此人在 1797—1820 年间担任约安尼纳的宗主教学校校长（Nicolai，141 注释）。

人是拉里萨 Larissa 地方人氏，就学于维也纳，在 1813 年出任库鲁柴思美 Kuru-Tschesme 的校长，1820 年联合斯第潘努斯·俄科诺莫斯 Stephanos Oekonomos，在士麦那创建了"语文学人文中学"，此后在的理雅斯特度过了生平最后的 15 年。他有为数众多的译著，出自法、德的文学与科学作品，其独具特色的希腊语风格，类似科刺厄斯。他的著述多达 45 卷。有一部希腊语德语辞典，以里默尔 Riemer 为蓝本（1826 年），还有一部希腊语语法（1833 年），但他最伟大的成就是一部通史，共 12 卷，包含了他本人的自传。他以学识和爱国情怀而享有崇高声誉，在组建学校方面所获的显著成功也使他受到尊重[1]。

如果说欧根尼奥·布尔嘉里斯是老派学者里贡献卓著的代表人物，那么新时代则由一位将心智上的才具与道义感召力和爱国热情紧密结合的人物引领。这不是别人，正是来自约安尼纳的兰普罗斯·佛提阿德斯 Lampros Photiades（1750—1805 年），他余生最后 13 年在布加勒斯特主持那里的希腊语学校。他喜好摹仿阿纳克里翁、萨福和品达，但预见到当时的学术教育需要一场改革，并深知希腊更需要的是进步的爱国人士，而不是长于仿古的语法学家。他没有把时间耗费在字词的专门阐解上，而是用古希腊作家的崇高思想所唤起的景仰之情来启发他的学生们。据称他曾准备翻译希罗多德、修昔底德、色诺芬、普鲁塔克和琉善[2]，但是却未曾以个人名义出版过一部。他关于韵律理论的著作[3]，以

佛提阿德斯

1　Iken, i 300 以下；Goudas, ii 263–288（附肖像）；Nicolai, 125；参看 Hatzidakis, 73, 106 以下。

2　《学者赫尔墨斯》，1811。

3　Zenobios Pop 编订（维也纳，1803）。

及对叙涅修斯和阿提卡演说诸家文本的注解[1]，这两部书皆由他的弟子们刊布[2]。在他晚年，曾拥护科剌厄斯提出的改革，尽管他不如那位伟大学人那么优秀，但也是对祖国做出了卓著贡献的。对于后世最主要的影响，是他成功地培养了希腊革命中的诸多领袖学者。其中最受瞩目的366是尼奥费托·都卡斯 Neophytos Dukas 和高尔吉奥·根纳迪奥斯 Georgios Gennadios，他们在对共同之导师的爱戴方面表现得团结一致，但在他们发表的著作里却极为奇怪地有着对立冲突。

佛提阿德斯去世后不久，一场发生在土耳其与俄罗斯之间的战争，使得布加勒斯特的学校不得不在 1806—1810 年关闭。尼奥费托·都卡斯（1760—1845 年），是伊比鲁斯人，是佛提阿德斯的一名勤奋学生，他在那时之前已经离开，去往维也纳。在维也纳，他着手自己的希腊语法书，将之题献给了从前的导师（1804 年）；他还（在 1803—1815 年间）编订了一大批希腊作家，包括修昔底德、阿里安、"金嘴"狄翁、马克西姆·提留斯、阿波罗多儒斯的《群书集成》、叙涅修斯，以及阿提卡诸演说家、希洛狄安和"苏格拉底派"埃斯奇纳斯。这些整理本大多包含了翻译。1815 年，他成为布加勒斯特那所学校的校长。在战争之后，他在埃伊纳岛建立了一家印刷所，并继续花费一切资源来生产他编订的经典著作。在 1834—1845 年间，他主要致力于编订这几位诗人的著作：荷马、欧里庇得斯和索福克勒斯（1834—1835 年），埃斯库罗斯和提奥克里忒（1839 年），品达和阿里斯托芬（1842—1845 年）。在关于近代希腊采用什么样的文学语言最为合适的争论中，他偏

都卡斯

1　Dukas 编订（同上，1812）。

2　整体参看 Nicolai, 117；Rangabé, i 78 以下；Thereianos, i 82；Constantinides, 330 以下；以及 Goudas, ii 254—262（附有肖像；原件属于 J. Gennadios 先生）。

向于从前的古典文体，而不是科剌厄斯所提倡的 *via media*【折中路线】[1]，无论是作为一名学者还是作为希腊文本的编订家，后者显然都比他出色很多。然而，都卡斯值得赞颂之处，在于他的勤奋，为当时的学术图书增添了 70 多卷希腊作家的文本。他编订的修昔底德多达 10 卷，足以显示其考据学的才华，但这些声望也无疑是受益于他的老师佛提阿德斯的。他后来一直在雅典教书，直至去世，身后被哀悼为"有恩于国家者"[2]。

巴尔达拉
科斯

康斯坦丁·巴尔达拉科斯 Constantine Bardalachos（1775—1830 年），是佛提阿德斯的一位助手，后来曾执掌布加勒斯特、开俄斯和敖德萨的几所学校，最著名的成就是以伦内普、科剌厄斯和布特曼著作为基础完成的一部希腊语语法学（1832 年）[3]。他的往昔追忆文字，珍藏于一部《居鲁士的教育》编订本的引言中，那是他在敖德萨的同侪高尔吉奥·根纳迪奥斯所出版的书。

367

高尔吉奥·
根纳迪奥斯

高尔吉奥·根纳迪奥斯（1786—1854 年），属于同姓氏那位宗主教的家族[4]，生于塞林布里亚 Selymbria，是佛提阿德斯的爱徒。1809 年开始在莱比锡学医，1814 年回到布加勒斯特后，即协助都卡斯管理学校。1817 年，他成为敖德萨新建希腊语学校的校长（在那里开始编写一系列的中学课本）。三年后，他回到布加勒斯特，在原来那所学校任校长。自那时起，他就一直展现出作为一名教师的天赋；而在那个多变故的时代里，他还是一位热情的爱国者。德摩斯提尼和普鲁塔克的研究，激发

---

1 Thereianos, ii 271–283.

2 参看 Nicolai, 132 以下；Rangabé, i 162。

3 Nicolai, 101.

4 上文第 358 页。

了他对自由的追求，在他诚挚的教导下，布加勒斯特的学生们都被感染了爱国主义的精神。

那些学生中，有一位成为杰出的学者、诗人、考古学家、政治家和外交家，就是亚历山德罗斯·里索斯·兰嘉维斯 Alexandros Rizos Rangabes。他曾向我们讲述，有一天他的老师正解说某部古代经典，大概是伊索克拉底的《颂词》或是普鲁塔克的《伯利克里传》，为这段有关雅典古代荣耀之朗诵所深深感染，根纳迪奥斯要学生们关上门，随即讲了一番热情洋溢的话，形容希腊尚在教化各民族的黄金时代，在听众心中激起对解放事业的高亢热情[1]。那些学生中有不少人跻身"神圣战队"的 500 豪杰之列，该队在 1821 年 6 月 19 日的首次对敌战斗中就折损大半[2]。根纳迪奥斯一度退居敖德萨，此后很快又去莱比锡和哥廷根研究神学。他生平又一件大事，就是在纳夫普里亚 Nauplia 的悬铃木下发表的爱国演说，这使他被称为"民族救星"[3]。他在卡里斯托斯 Karystos 战役中表现突出，1828 年战争结束后他拒绝了将军的官衔。1830 年初，他在埃伊纳岛的学校开学时讲了一堂精彩的课，介绍"赫拉克勒斯的选择"，当时有卡波迪斯特里亚 Capodistria 在场，此公"极力表现出一副振兴教育的样子来，但后来却禁止阅读柏拉图的《高尔吉亚篇》"[4]。东方世界第一座名副其实的图书馆，是根纳迪奥斯在埃伊纳岛建成的；此馆后来搬迁至雅

---

1 《回忆录》等，转引自 Xenophon Anastasiades，《高尔吉奥·根纳迪奥斯》，18。

2 Finley, vi 124, 133.

3 1826；同上，387；Anastasiades, 33, 37, 56；J. Gennadios，《根纳迪奥斯在纳夫普里亚》 *Georgios Gennadios ἐν Ναυπλίῳ*（1905—1906）.

4 Anastasiades, 45 以下（参看 Finlay, vii 48 以下, 62）。

典，也一直在他的关照之下，直至 1848 年；当那所"中心学校"转移到雅典时，他也继续打理，直到去世那天。1837 年建成大学之时，他拒绝受任为首批教授之一——那一年，他还参与组建了考古学会。他受到那位伟大的同辈人物科剌厄斯的启发，两人具有着相同的志趣。科剌厄斯一直在海外客居，满怀爱国精神地编订希腊经典，通过他新编订的《战斗号角》*σάλπισμα πολεμιστήριον*，兴起同胞们的斗志；而根纳迪奥斯则是真正上了战场的。如果说科剌厄斯是一位伟大的著作家，那么根纳迪奥斯就是一位伟大的教师，在这方面他是佛提阿德斯真正的继承人。正是从 1832 年他的希腊语法书中，近代希腊人才学到他们自己的古代语言，延续至今已经三个世代了。他成为莱比锡的荣誉博士时，被称作 *vir de litteris in Graecia instaurandis bene meritus*【在希腊文化重建事业上成就卓著之士】。他在雅典的陵墓装饰着古代和近代希腊语写成的诉歌，但是要怀念他，采用萨拉科斯塔 Zalacostas 诉歌里的一行诗句就是再简扼不过的了 [1]，《希腊的短诗与田园诗》*Greek Lays and Idylls*【译按，指 E. M. Edmonds 编译的一部诗集，题目稍有不同】里译作：

　　光的使徒与学问之父长眠于斯。[2]

---

[1] *ᾧδε κοιμᾶται πατὴρ διδασκάλων, ἀπόστολος φώτων.*

[2] Anastasiades, 107。参看 Goudas, ii 311–338；Xenophon Anastasiades，《高尔吉奥·根纳迪奥斯》（附肖像），共 111 页，伦敦，1901；J. Gennadios，《根纳迪奥斯在纳夫普里亚》，1905–1906；Constantinides，420–432；以及 L. Sergeant，《19 世纪之希腊》*Greece in the xixth century*（1897），355，370。他的几个儿子中最年长者（Anastasios）是一位希腊语学者，现在还生活在雅典，对《雅典政制》的校勘意见在我本人的编订本序言中有所提及，次子在 1886—1891 年担任希腊驻伦敦公使（参看《希腊研究年鉴》*Hellenic Annual*，1880，243–252）。

"学问之父"是"教师之父"的自由译法。在他的众多弟子中，最杰出的是 A. R. 兰嘉维斯。再诸如芬提阿德斯 Phyntiades 与攸斯特拉提亚德 Eustratiades，积极参与考古学会的工作；余者还有帕帕斯利奥德 Papasliotes（1820—1877 年）及马布罗福里德 Mavrophrydes（1828—1866 年），这两位都是纯粹的学者和教师的典范。后者的著作涉及诉歌体诗和琐善，还整理出版过中古文本，并着手一部希腊语言史（1871 年）[1]。

伊奥尼亚诸岛: 科学大学

雅典有大学之前，先有了科孚岛的大学。由于法国大革命的影响，1802 年在该岛上成立了一个文学及政治的 *Hetairia*【俱乐部】；此后就有了 1808 年的"伊奥尼亚学会"；最终，1824 年，著名的"希腊迷"，第五位吉尔福德伯爵，弗雷德里克·诺思 Frederick North（1766—1827 年），自 1791 年加入希腊教会并担任伊奥尼亚诸岛的总督，此时创建了"伊奥尼亚学院"，这是近代希腊的第一所大学，该校一直维持至 1864 年英国占领期结束。

369

亚索皮厄斯

科孚岛第一位希腊语教授，是康斯坦提努斯·亚索皮厄斯 Konstantinos Asopios（约 1790—1872 年），他在约安尼纳跟随萨利达斯 Psalidas 读书，又（得到吉尔福德爵士的资助）在哥廷根、柏林、巴黎和伦敦深造。1817 年起，他在的理雅斯特教书，在 1824—1843 年间担任科孚的教授，继而受邀去往雅典。他最重要的成果，是一部未完成的希腊文学史，前言是一篇希腊语文学史（1850 年）。他的《希腊语句法引论》，长达 1000 页（1841 年）[2]。

1　Rangabé，《近代希腊文学史纲》，i 168，175。
2　Goudas，ii 225–242（附肖像）; Nicolai，141 以下; Rangabé，i 171 ; Thereianos，《语文学观察》*Φιλολογικαὶ ὑποτυπώσεις*（1885），116–125。

第一位拉丁文教授则是吉尔福德爵士的另一位被保护人，克里斯托佛罗·菲勒塔斯 Christophoros Philetas [1]，写过一部拉丁语法学（1827 年）。而第一位哲学教授是 N. S. 皮柯罗斯 Pikkolos（1792—1865 年），此人后来在巴黎和布加勒斯特执教，编纂了《希腊文苑英华集》的一部增补卷（巴黎，1853 年），还编订了亚里士多德的《动物志》（同上，1863 年）[2]，以及朗戈斯的著作（1866 年）[3]。

慕斯托克
绪德斯

生长于科孚岛的安德里亚·慕斯托克绪德斯 Andreas Mustoxydes（1785—1860 年），在他的著作里叙述了岛上接连出现的"学院"以及同时存在的学校 [4]，大学建成时他接近 40 岁。他在 1804 年刊布了用意大利文写成的科孚岛史，并成为伊奥尼亚诸岛的历史编修员，直至 1819 年，此外他在法国、德国和意大利享有学术声誉。1820 年，俄国外交大臣科佩尔 Capodistria 请他出任外交职务（即俄罗斯驻土耳其使团文书），九年之后，此公成为希腊总统，又任命他为教育主管。这位恩主在 1831 年遭到暗杀之后，他回到故乡的岛上，度过余生时光，在那里创办了一份语文学与历史学刊物，题为《希腊语传统》Hellenomnemon [5]。他被恢复了历史编修员的职位，并且受命出任教育部部长，直至逝世。在他职业生涯早期（1812 年），他曾将新整理的 80 页篇幅伊索克拉底《论交易》题献给科剌厄斯，这是他在安布罗斯和洛伦佐图书馆中发现的。1816—1817 年，他与君士坦丁堡的德米特里乌斯·斯基纳斯 Demetrios Schinas 合作，出版

370

1　Thereianos，258 以下。

2　Nicolai, 142.

3　Thereianos，《阿扎曼蒂奥斯·科剌厄斯》，i 378 以下，iii 7。

4　《潘多拉》，Z'，288-298。

5　雅典，1843—1853。

了五卷小开本的安布罗斯馆藏《遗献集》，其中收入对伊索克拉底七篇演说词的"提要"，还有奥林匹奥多儒的柏拉图会注，最后，他为一部希腊史家著作的意大利语译丛贡献了希罗多德部分的精彩译文（1822年），还为波里耶努斯的著作作了些注解。

"伊奥尼亚学院"最有学问的成员之一，是亚索皮厄斯的爱徒，俄柯诺米德斯 J. N. Oeconomides（1812—1884年）。他出身于塞浦路斯一个富裕的家庭，1821年脱离土耳其辖区，去往的里雅斯特，两年后转至科孚岛，在那里完成了学业。他在当地的人文中学教授希腊语和拉丁语，当宝云爵士【译按，即后来做了香港总督的 Sir George Bowen，他当时是伊奥尼亚诸岛的行政长官】发愿要给这类课程引入一部英语教科书的译本时，俄柯诺米德斯指出原书里的错误，并赢得了这位行政长官的好感。1857年末，他成为管辖教育工作的书记，次年之初就任伊奥尼亚学院教授，1860年继慕斯托克绪德斯出任教育部部长。他临终前回到了的里雅斯特，在卑微困顿的处境中死去，这距离他从塞浦路斯逃亡至那座城市的时间已有64年了。

他的著作，后来成为自己最有才干的弟子之一所撰写的一部全面而有趣的专著的主题，其中对老师有关克理安忒斯的论文进行了一番透彻的分析[1]，并涉及其关于修昔底德及其他希腊文经典里某些片段的学术阐释，此外还详尽地讨论了他在句法、同义词和比较语文学方面的研究。俄柯诺米德斯为慕斯托克绪德斯的科孚岛史贡献了一部长篇大著，以当地碑铭为论题，包括一盏银灯上的铭文，那件文物属于伊奥尼

俄柯诺米德斯

1　约1845；Thereianos，《语文学观察》，132–171。

亚诸岛的财务主管[1]。在这同一部集录里，他苦心孤诣地阐释了两篇洛克瑞亚碑铭：（1）俄安提亚 Oeanthia 与卡累翁 Chaleion 两方关于科林斯地峡的盟约[2]；（2）东部洛克瑞亚人 Opuntian Locrians 制定的与他们在纳夫帕克托斯 Naupactus 的殖民者相处之关系的律法[3]。他还写了一部精妙的专著，讨论的是雅典人在 Chalcis 的定居点所造碑铭中的 $ἐπιμελόσθων$ 【译按，指 $-όσθων$ 这部分作为古老的阿提卡方言里的命令式拼写方式】这一组词形式[4]。

忒雷亚诺斯　在考察古典学问之历史、分析古典学家们的已刊著作方面，狄奥尼修·忒雷亚诺斯 Dionysios Thereianos（约 1833—1897 年）展现出了独特的才干。他是赞特岛人，受学于科孚，师从俄柯诺米德斯。他对老师生平与著作的精彩论述，占据了《语文学观察》一书最后的 269 页。此书是 1885 年在的里雅斯特出版的，作者曾在那里长年担任《克丽奥》*Kleio*【译按，一份近代希腊语报纸】的编辑[5]。《语文学观察》这部著作收入了一篇有关古希腊人政治与文学之发展进程的短论，还有一篇就"希腊主义"问题展开的富有文笔和史才的专论。他将科剌厄斯生平的诸多方面加以详尽陈述，构成一部三卷本著作，其中的第一章，乃是从赫律索拉斯到佛提阿德斯之希腊近代学术史的出色回顾。这位传主的某些次要作品，还

1　James Woodhouse；同上，259 以下；Curt Wachsmuth 在《莱茵博物馆》，xviii（1863）537–583。

2　*Λοκρικὴ ἐπιγραφή*【洛克瑞亚人碑铭】，科孚，1850；Hicks, no. 31；Thereianos, 273–277。

3　*Ἐποίκια Λοκρῶν γράμματα*【洛克瑞亚人乡野条例文书】；Hicks, no. 63；Thereianos, 277–287。

4　Hicks, no. 28；Thereianos, 287–296.

5　"一个文学与政治情报的宝藏，就目前所见的近代希腊语写作而言，具有极佳的风格"（L. Sergeant,《19 世纪之希腊》，375）。

被重刊于附录之中¹。这部具有极高学术价值的著作，以近代希腊语散文非常明晰的体式写成。作者的文采和见识得到了康斯坦提尼德斯的公允评论²。

我们离开亚得里亚海滨，再次返回雅典。1837 年，这里的大学开办之初，阿里斯托芬的《阿卡奈人》是希腊语教授路德维希·罗斯 Ludwig Ross 第一堂课的主题³。拉丁语第一位教授是乌尔里希 H. N. Ulrich，他此前在埃伊纳岛和雅典的"中心学校"教过这门语言，还写过希腊语的语法学和读本。他的拉丁语与希腊语辞典，刊于 1843 年，那年的大革命"终结了异族人的统治局面"⁴，甚至把外国人驱离公共服务部门。出于明显的理由，拉丁文的学习在希腊极受冷落⁵，但拉丁学术却有类如卡斯托尔刻斯 Kastorches、库玛努德斯 Kumanudes 与巴塞斯 Bases 这样的杰出代表人物。在希腊文学这种更相宜的研究领域里，有一部综合全面的荷马辞典，由潘塔兹德斯 I. Pantazides 完成。荷马问题得到了米斯特里奥忒 G. Mistriotes（后来成为在雅典的希腊语教授）的深入讨论，他主张《伊利亚特》与《奥德赛》的一致性，并将荷马视为两书的作者⁶，还有一部论述《伊利亚特》之地形学和兵法战略的法文著作，同年在巴黎出版，作者是克里特岛的学者尼柯莱德斯 M. G. Nicolaides，而荷马笔

---

1 Demetrio Economo，的里雅斯特，1889。他此后还出版了一部《斯多葛派哲学纲要》*Διάγραμμα Στωικῆς Φιλοσοφίας*，1892。

2 《新希腊语研究》，337.

3 《希腊回忆及通讯》*Erinnerungen und Mittheilungen aus Griechenland*（柏林，1863）ix 及 x。

4 Finlay，vii 178.

5 《柏林语文学周刊》，1884，961 以下。

6 莱比锡，1867。同样的论题曾被 Thereianos、N. Balettas 和 A. Blachos 讨论过。

下的私人生活则得到 K. R. 兰嘉维斯的精妙探讨（1883 年）[1]。对于希腊

戏剧诸家的校勘，以塞米特洛斯 Semitelos（1828—1898 年）的《安提戈涅》为代表[2]，此人后来又发表了欧里庇得斯文本里的很多校改意见[3]。帕帕多普洛斯 - 刻剌缪斯 A. Papadopulos-Kerameus 细致描述过欧里庇得斯的耶路撒冷重写本（1891 年），他还给耶路撒冷的宗主教图书室所藏众多钞本的大部分以及士麦那"福音学校"的全部钞本和艺术品作了编目（1877 年）。有一部对洛伦佐馆藏本索福克勒斯里的会注进行整理的杰出编订本，是帖撒隆尼卡的帕帕高尔吉奥 P. N. Papageorgios 的主要著作（1888 年）。帕罗斯岛的屈普里安诺斯 A. Kyprianos（1830—1869 年）完成了关于伊索克拉底之演说词和色诺芬《席腊志》的论著。还有一部

普鲁塔克《道德论丛》的校勘文本[4]，出自柏耳纳达刻斯 G. N. Bernardakes（1834—1907 年）之手。他是莱斯博斯岛人，受学于德国，在雅典出任教授，暮年居于出生地。

373　　　　　他多次与荷兰、德国以及自己祖国的学者发生争论。他对米斯特里奥忒《高尔吉亚篇》编订本（1872 年）的评论，导致了双方的一场笔战[5]。他攻击科贝特将科剌厄斯的校订意见"据为己有"，受到对方和蔼且

1　N. Balettas 不仅写过荷马的生平与著作，还在 Kyprianos 的协助下翻译了 Müller 与 Donaldson 的《古希腊文学史》。

2　雅典，1887；参看《柏林语文学周刊》，1888，p. 1077 以下。

3　Bursian, lxxi 239.

4　Teubner, 1888–1896，七卷本，附 Epilogus【结语】；又收《论德尔斐的 EI 一语》De EI in Delphis，1894。

5　Bursian, xvii 243 以下。

郑重的回应[1]。他本人对维拉莫维茨批评意见的回应[2]，可见于他的普鲁塔克第二、四卷前言以及"结语"中。最后，他与雅典的希腊语教授康斯坦提努斯·康托斯 Konstantinos Kontos 的争论[3]，在后者一位名作卡里托尼德斯 Charitonides 的学生所刊著作里留下了不少线索[4]。

克里特岛的德米特里乌斯·柏耳纳达刻斯 Demetrios Bernardakes，先前做过雅典的历史学教授，他遵奉库玛努德斯为典范[5]，将文学风尚与学术爱好结合起来。他是一位戏剧家和讽刺作家，又是一部杰出的希腊语法书的作者[6]。另一位雅典的历史学教授，君士坦丁堡的康斯坦提努斯·帕帕耳里戈普洛斯 Constantinos Paparrigopulos，撰作了一部重要的五卷本希腊史，涵盖古典时期、拜占庭时期和近代。此书有一种法文缩写本，印成单卷。其主旨是认为希腊文明自最初始时期至于今日具有着连贯的生命[7]。在近期的参考书籍里，最重要的著作之一，是一部古今希腊语辞典，最末一卷是 1907 年出版的，由阿奈斯忒·康斯坦提尼德斯 Aneste Constantinides 编纂。

许多希腊经典著作被译成了近代希腊语，但随着书面语言逐渐接近古典水平，这些译本相对而言越来越变得没有必要了[8]。其中或可提一下

> 德米特里乌斯·柏耳纳达刻斯
>
> 帕帕耳里戈普洛斯
>
> 康斯坦提尼德斯
>
> 翻译

1　上文第 286 页。
2　哥廷根 1889 年项目；《赫尔墨斯》，xxv（1892）199 以下；《哥廷根学术通报》（1896），104。
3　写 συμμικτά κριτικά【批评杂札】的作者，见于《希腊研究通讯公报》，i-iii 等处。
4　《语文学文丛》Ποικίλα Φιλολογικά，共 907 页（雅典，1904）。
5　下文第 383 页。
6　Rangabé, i 164, ii 118.
7　Rangabé, i 184 以下；有一幅圆徽肖像，见于 L. Sergeant 的《19 世纪之希腊》，在 p. 375 之对面。
8　Nicolai, 201 以下；Rangabé, i 164 以下。

A. R. 兰嘉维斯译的普鲁塔克《名人传》，他还尝试将《奥德赛》第一卷译成依据重音节奏的六音步体[1]。擅长摹仿古希腊诗律的，是腓力珀波利斯 Philippopolis 的琉奇亚斯 A. G. Levkias，他写过 2 200 行的六音步体，咏诵奥托国王加冕[2]。色萨利的腓力珀斯·约安努 Philippos Ioannu，是雅典的哲学教授，他将塔西佗的《日耳曼尼亚志》、维吉尔《牧歌集》以及卡图卢斯的两篇长诗（lxiv 与 lxvi），还有奥维德《变形记》的前五卷，都译成了古希腊文，此外还以古希腊文体写了一些原创的诗作[3]。这同一部书中，还有他将一首绿林【译按，κλέφτης 原意系"盗贼"，指 15 世纪希腊啸聚山林的反政府武装】诗转化为荷马体六音步的著名译文：

> μῆτερ ἐμὴ τριφίλητ᾽, ὠμόφροσιν οὐκέτι Τούρκοις
> δουλεύειν δύναμαι· τέτρυταί μοι κέαρ ἔνδον.
> 【我至爱的母亲，我不能效力于土耳其人
> 给他们做奴隶——那损害了我的心灵。】[4]

他写给布莱托斯 Bretos 的信，涉及近代希腊人的最佳书面语言问题的争论，是对该论题的一篇精彩介绍[5]。

希腊民族屈从于罗马人、拜占庭人和土耳其人已经长达 19 个世纪

1　Rangabé, ii 72 ; Constantinides, 113.

2　Rangabé, ii 198–206.

3　《学余集》Φιλολογικὰ πάρεργα（1865）；前揭，207 以下。

4　Constantinides, 390.

5　1860 ; Constantinides, 1–16.

以上了；长久以来，希腊语言曾保持着延绵不绝的生命，不过分化成两个歧异的形式。第一个形式，是高级文学的语言；第二个则是建立在流行用语的基础之上的日常生活和通俗文学的语言。在古典时期的终末（大约西元前 300 年），唯独阿提卡方言保存下来，成为散文的常规语体，并且是一种通用的书面语的基础[1]。最早的重要代表人物是波里比乌斯。自他以后，常规书面语言的自然发展可以被人为地分成先后三个阶段：

（1）西元纪年的最初四个世纪，阿提卡希腊语得到了哈利卡那苏斯的第欧尼修以及同道们的陶冶培养；（2）拜占庭帝国的最后四个世纪，对古典希腊语的兴趣出现了显著的复苏景象；（3）在 19 世纪，近代希腊散文体文学中的纯粹论者取得了主导地位[2]。

日常生活所用的口头语言，体现在亚历山大里亚时代非文学性的纸草文书里，甚而也可见于"七十子"难以读解之译笔所采用的某些埃及—亚历山大里亚方言中[3]。它还表现为希腊文《新约》的更大部分的内容[4]；另外在约翰·玛拉拉（6 世纪）、忒奥芬尼（9 世纪）各自撰写的编年史中，在君士坦丁·波弗洛根尼图斯（10 世纪）的著作里，也存有线

375

1　参看 Thumb，《希腊化时代的希腊语言》*Die griechische Sprache im Zeitalter des Hellenismus*（1901）。

2　Krumbacher，《演说集，论近代希腊语言之问题》（1903），18—21。

3　Deissmann 的《圣经研究》*Bible Studies*（英译本，1901），66 以下，以及 Giessen 之《讲录》，1898 年。

4　J. H. Moulton 的 Winer【译按，指前者编订的后者原著之《新约》希腊语语法书】，1906，Deissmann 在《神学评论》*Theologische Rundschau*（1902），58 以下；Thumb，前揭，85 以下；以及 Milligan 论《帖撒罗尼迦书》（1907），121 以下；又见 Deissmann 的《圣经希腊语研究讲录》*Lectures on Biblical Greek*（1908）。

索¹。明显属于民间通俗文学的重要早期代表作品，就是第根尼斯·阿克里塔斯 Digenis Akritas 所撰伟大的民族史诗（最早的一些要素属于 11 世纪）[2]。这类民间文学在 16、17 世纪兴盛于克里特岛，最主要的成绩是宾肯索·柯耳纳罗 Vincenzo Cornaro 的《厄罗托克里图》*Erotokritos* 及高尔吉奥·科耳塔泽斯 Georgios Chortatzes 的《厄罗菲丽》*Erophile*[3]。我们还可以在 16 世纪和 19 世纪初期的伊奥尼亚诸岛寻见一些代表。在 19 世纪初，最显赫的名字是赞特的索洛摩斯 Solomos，之后承继其地位的是莱夫卡斯 Leukas 的巴拉奥里忒 Balaorites (Valaorites)，后来还有玻里拉斯 I. Polylas（卒于 1896 年）以及卡洛斯古罗斯 G. Kalosguros（卒于 1902 年），这二位分别翻译了《伊利亚特》与《普罗米修斯》[4]。

　　争论主要集中的问题是，书面语言应以人民的语言为基础[5]，还是以纯粹论者的语言为基础。大多数的纯粹论者遵奉的一般原则，是在口头语言和经典希腊语之间折中协调，这是科剌厄斯所倡导的[6]，不过也有一

1　Krumbacher，26 以下，33 以下。

2　同上，35。

3　同上，39。

4　同上，53 以下，以及《拜占庭文学史》，787–801 以下。关于 5—16 世纪的较早期部分通俗语言的例证，见 E. A. Sophocles，《罗马及拜占庭时期希腊语辞典》*Greek Lexicon of the Roman and Byzantine Periods*，52–56，而关于整个时期的情况，则参看 M. Constantinides，《新希腊语研究》（1892），60–80，142 以下，173 以下。

5　J. Polylas，《我们的书面语言》*Ή Φιλολογική μας Γλῶσσα*（雅典，1892）；Psycharis，《玫瑰与苹果》*Ρόδα καὶ Μῆλα*（雅典，1902），Krumbacher，《演说集，论近代希腊语言之问题》（慕尼黑，1903）及其引用文献。

6　G. H. Hatzidakis，《新希腊语书写语言探讨》*La Question de la langue écrite néo-grecque*（雅典，1907），以及较早的其他著作。这个属于中间阶段之风格的许多例证，始于希腊文《新约》，截止于 1759 年，俱见引于前揭，133–159。

些人一向呼吁回归至更为严格意义上的古典标准[1]。这番看起来似乎无休止的争议，创见迭出，必然要靠希腊人他们自己来解决。他们总是想要警告外国学者，一个路人无须介入到争斗中来，但此事对古典学术史的每个研究者都具有意义，不管此人属于什么国度。有些有意义的问题，被近代希腊的一位显赫代表人以平和冷静的语言陈述出来，他在这个论题上的意见值得聆听：

"希腊人民受实践和情势的需要所引导，来推动他们的语言向前发376展。在过去这个世纪里，运动发生得如此迅疾，迈进的步伐又如此巨大，都不是学究书生或者政治空想家所成就的；这也并非谁以欺瞒或是威胁的手段所致；并无成规可以遵循。它是这个国家的教育推广和逐渐再造文明的结果。不可忽视的事实就是，它领先于政治上的解放自立。希腊语言文化以及希腊文学研究，作为最直接的成绩，无疑在何时何地都一直具有并且至今仍然具有个体尊严和国族自由意识的觉悟。但希腊语研究作为人文教育的一个必不可少的附属部分，能在全世界得到倡导，以上只是其主要原因之一而已。"[2]

另一重要的争论，涉及希腊语的发音，在此必须稍加提及。这个争 希腊语的论的最初阶段，是由布拉斯全面阐明的[3]。"伊拉斯谟"读音法，自 1528 发音

1　S. D. Byzantios（辞书学家，1835）、P. Sutsos（诗人，著有《新学》*Νέα Σχολή*）以及 G. Chrysoberges，他们都曾遭到温和纯粹论者 Asopios、D. Bernardakes、Kontos 以及 Hatzidakis（《探讨》，75 以下）的反对。关于近代希腊语现存形式的关系表，参看 Jannaris，《简明英语近代希腊语辞典》*A Concise Dictionary of the English and Modern Greek Languages*（1895），p. xiii。这位学者还写过一部"给近代希腊人的古希腊语辞典"，一部"历史希腊语语法学"（1897）。

2　J. Gennadios，为 Kolokotrones 所作序言，Edmonds 夫人编订本，1892，p. vii。

3　《古希腊语的发音》*Pronunciation of Ancient Greek*（英译本，1890），2–6。

年起便以各种形式流行于欧洲，甚至连俄罗斯也接受了[1]。这种方法遭到了忒奥多罗·德米特剌柯普洛斯 Theodoros Demetrakopulos 的批评[2]，此外还有别的批评声音[3]。近代希腊人通常认为他们自己的发音自从古典时期的希腊一路延续下来，是毫无断裂的传统。然而这个看法已遭到他们本国现今最重要的学者哈兹达基斯 G. N. Hatzidakis 的驳斥，此公主张无论"伊拉斯谟"法还是近代希腊语读音都不能等同于该语言的任何古代发音，尽管他承认，在许多方面，尤其是涉及元音之处，"伊拉斯谟"读音法在理论上更为接近真实情况[4]。

希腊文钞本：

君士坦丁堡

　　东方对其古代经典钞本的保存一向是相对稀少的。在文艺复兴时期，尤其是 1408—1427 年间，学者如瓜理诺、奥理斯帕和菲勒尔佛等人将数量可观的重要钞本从君士坦丁堡转移到西方更安全的地区[5]。至君士坦丁堡陷落之日，大量的希腊文钞本据说被土耳其人卖掉了[6]，但没有理由相信任何手稿遭到蓄意地毁坏，尽管它们或许容易因缺乏妥当的看护而受损或丢失。1574 年，马丁·克鲁休斯致信日耳曼使团的专职牧师史蒂芬·格拉赫 Stephan Gerlach，问询亚里士多德《政制》、泰奥弗拉斯特著作的钞本，被告知希腊人中较有知识者都把阅读的范围限定于教

377

1　《希腊语发音的伊拉斯谟法辩难》*Βάσανος τῶν περὶ τῆς Ἑλληνικῆς προφορᾶς ἐρασμικῶν ἀποδείξεων*。
2　《希腊语发音的伊拉斯谟法辩难》。
3　参看 J. Gennadios 在《19 世纪》，1895 年 10 月和 1896 年 1 月，以及在《当代评论》，1897 年 3 月；又见 Constantinides，304 以下。
4　《诵读探究》*Ἀκαδημεικὰ ἀναγνώσματα*（1904），284 以下（Krumbacher，91）。
5　上文第二卷，第 36 页以下。
6　上文第一卷，第 437 页以下。

父诸家，对古代诗人和哲学家均无了解，尚得保存的经典著作钞本自然全都被意大利或法国的人员收购走了[1]。当米迦勒·坎塔库泽努斯 Michael Cantacuzenus（他遭到苏丹的冷遇）的藏书被出售时，格拉赫买到了一些希腊文钞本[2]，最终寄回了德国[3]。1543年，苏莱曼大帝送给查理五世的使臣迭戈·德·门多萨 Diego de Mendoza 一小批收藏[4]。1562年以后，仍是上面这位苏丹在位之时，另一位使节布斯贝克 Busbecq（1522—1592年），寄到维也纳约240种钞本，其中有那部著名的插图本狄奥斯柯理德著作（5世纪），这是他从一个犹太人手里买来的，那人的父亲是苏丹的医师[5]。在1565—1575年君士坦丁堡和赖德斯托 Rhaedestos【译按，今土耳其之泰基尔达 Tekirdağ】的私人藏书目录里[6]，有厄福儒斯、忒欧庞普斯、菲勒蒙和米南达的作品，但这些著录情况的真实性还非常可疑[7]。苏丹们的古代寝宫 Seraglio 所收藏的钞本，据猜测包含了帕莱奥罗古斯王朝从前的部分藏书，长久以来都蒙着一层有些神秘的面纱。在1687年革命期间，巴黎图书馆从苏丹藏书里获得了15部11—15世纪的希腊文钞本，包括一部希罗多德（11世纪）和一部普鲁塔克（13世纪）[8]。在同一个时候，还有200种其他的希腊文钞本被散布出去，法国代表通报巴黎的图书馆馆长，没有希腊文钞本遗留下来了。在1869和1877年，属于马梯厄·柯维努

1　《突厥希腊编》Turco-Graecia，419，487。

2　同上，509。

3　Krumbacher，《拜占庭文学史》，506[2]。

4　Graux，《厄斯库列尔希腊文秘藏书籍之来源》，172–182。

5　《书信集》，iv（1562）结尾；《生平与书信集》（Forster 与 Daniell 编订，1881），i 417。

6　R. Foerster（罗斯托克，1877）。

7　Krumbacher，509[2].

8　Delisle，《皇家图书馆的钞本手稿室》，i（1868）296以下；清单见 Nicolai，58以下。

斯藏书的一些堪称绝世仅有的拉丁文钞本，被归还到布达佩斯[1]。19世纪里有很多学者获准接触那些钞本，包括 J. D. 卡莱尔（1800年）、韦森伯恩 Weissenborn（1857年）[2]，以及 E. 米勒（1864年）[3]。其中从最后这位那里，我们获得了希腊文钞本的清单，布拉斯在他1887年的访问记述里将之重新录入一遍[4]。这份清单包括了《伊利亚特》（13世纪）和波里比乌斯著作第1—5卷（15世纪）的木浆纸【译按，paper 指源于中国的造纸术所生产的纸页，不同于羊皮纸或莎草纸】制钞本。在另外六部只有布拉斯注意到的钞本里，还有一卷塔西佗（15世纪）。有一两种基督教著作的钞本，或许属于帕莱奥罗古斯王朝的藏书。米勒提到过一种李维，布拉斯未见。有一部"吕底亚人"约翰（10世纪），是舒瓦瑟尔－古斐耶 Choiseul-Gouffier 在1785年鉴定出来的，属于私家藏书；那部"十二使徒遗训"的孤本，本来存在于耶路撒冷希腊区修道院的古代图书馆里，是布吕恩涅斯 Bryennios 在1873年发现的（编订于1883年）[5]。

塞浦路斯 　有一部摘录波里比乌斯等史家著作的君士坦丁御制选本的重要钞本，1631年由尼古拉斯·佩瑞斯刻 Nicolas Peiresc 的代理人发现于塞浦路斯[6]。

耶路撒冷 　1650年，耶路撒冷的宗主教图书馆里有"一辈子无法读完的钞

1　Blass 在《赫尔墨斯》，xxiii（1888），228。

2　《新年刊》，lxxvi（1857），201以下。

3　《希腊文献丛札》*Mélanges de littérature grecque*，p. iv。

4　《赫尔墨斯》，xxiii 219以下，622以下。

5　为 Syllogos【译按，指 Ο Εν Κωνσταντινουπόλει Ελληνικός Φιλολογικός Σύλλογος，君士坦丁堡希腊语文学学会】的藏书进行编目的是 A. Papadopulos Kerameus（1892），此人还给耶路撒冷、士麦那、莱斯博斯等地的钞本进行编目（Krumbacher，510[2]以下）。

6　上文第一卷，第405页。

本"[1]，而如今已很少有古典学术的趣味存留，除了一部欧里庇得斯部分作品的重写本[2]，些许喜剧诗人们的残篇，以及"阿波罗多儒斯"《群书集成》的残篇[3]，还有尤里安皇帝的部分书信。

1088 年建于帕特摩斯岛的圣约翰修道院所藏的钞本，被著录于三个书目里，分别编写于 1201[4]、1355[5]、1382 年。最早的书目著录的钞本已有 330 种。当维卢瓦松 1785 年拜访这里时，僧侣们向他承认，20 年前他们烧了两三千部书![6] 1801 年，图书馆处于"几近荒废的状态"，这时克拉克 E. D. Clarke 前来鉴定并购走了那些重要的钞本，如今以饱蠹楼藏本柏拉图而闻名[7]。第二年，僧侣们认识到自家财产的价值之后，图书馆大门上随即安置了一块铭文，以无韵的六音步体写成：

帕特摩斯岛

379

这里摆放着的钞本都是知名文物：对智者而言，它们比金子还珍贵。因此，请比对待你生命更警觉地保护它们吧；由于它们的存在，本院如今也举世瞩目了。[8]

该图书馆如今是"一间宽敞通风的厅堂，书籍被摆放在沿着四壁排

---

1 Nicolai, 62.

2 上文第 372 页。

3 《莱茵博物馆》，xlvi（1891），161 以下。

4 Diehl 在《拜占庭学刊》，i 488 以下。

5 Mai，《新教父文库》*Patrum nova bibliotheca*，vi（2）537 以下。

6 E. D. Clarke，《三洲列国游记汇编》*Travels in various countries of Europe, Asia and Africa*，vi 44 注释。

7 同上，47；参看 Sakkelion 在《基督教考古学会通报》*Δελτίον της Χριστιανικής Αρχαιολογικής Εταιρίας*，ii 427。

8 Walpole，同上，44 注释。

列的柜子里"[1]。它有735部钞本，其中包括一部不是非常重要的狄奥多鲁斯（11世纪），已有萨刻利翁 I. Sakkelion 为之编目[2]，此人还发现了修昔底德的某家会注[3]，以及德摩斯提尼和埃斯奇纳斯的会注本[4]；还有关于品达的评注，记于首刊版的两个副本中。最后这些内容由塞米特洛斯发表；《皮提亚颂》的那些评注（与布雷斯劳钞本上的会注一致），业已判定出自特理刻林纽斯之手[5]。

麦迦斯佩 莱翁 　毗邻科林斯的麦迦斯佩莱翁 Megaspelaion，有一个修道院图书馆，我们只需提及的是，它所藏的许多钞本，有些是从1600年的火灾中幸存下来的，1840年被索邦的图书馆获得[6]。在希腊王国各处发现的钞本，现

雅典 今保存在雅典，但只有1856年得到的14种钞本与古典希腊有关[7]。

阿陀斯山 　对阿陀斯山几处藏书的成功寻访，分别由代表为梅第奇的洛伦佐的雅努斯·刺斯喀理斯[8]，以及代表查理五世使臣门多萨的尼古劳斯·索斐亚诺 Nicolaos Sophianos 完成[9]。荷马、赫西俄德和希腊戏剧诸家、演说诸家的钞本，被18世纪和19世纪头三分之一阶段里的旅行家们提及[10]。1820

1　Tozer，《爱琴海诸岛》*Islands of the Aegean*，190。

2　雅典，1890；参看 Krumbacher，510[2]。

3　《语文学杂志》，i 182 以下。

4　《希腊研究通讯公报》，i 1-16, 137-155（Bursian, ix 253）。

5　Bursian 之《年刊》，v 107。

6　Th. Zographos，《七山》*Heptalóphos*（雅典，1861），243 以下。

7　Nos. 1055-1068，在 Sakkelion，《希腊国家图书馆藏钞本类目》*Κατάλογος τῶν Χειρογράφων τῆς Ἐθνικῆς Βιβλιοθήκης τῆς Ἑλλάδος*，1892。

8　上文第二卷，第37页。

9　上文第377页。

10　J. D. Carlyle 在 Walpole 的《欧亚突厥及东方诸国相关载记汇编》*Memoirs relating to European and Asiatic Turkey, and other countries of the East*，196，以及 Hunt，同上，202, 209；E. D. Clarke, viii 19（1818年版）；以及 R. Curzon 的《海东诸寺游访录》*Visits to monasteries in the Levant*，309, 318（第五版）。

年以后便有许多遭到了毁坏。托勒密《地理学》的阿陀斯山钞本册子，此卷册之前的部分是斯特拉波的著作（12世纪），已被制成影印版刊布[1]。1880年，斯皮里东·兰普罗斯 Spyridon P. Lampros 花费四个月时间给这些钞本编目，他的著作最终由剑桥大学出版社刊布[2]。其中著录了非常稀少的古典著作钞本，只有索福克勒斯、欧里庇得斯和阿里斯托芬的几部戏剧，德摩斯提尼的零散几篇演说词，以及柏拉图、亚里士多德的部分著作。此外还有伊索寓言、巴布理乌斯寓言部分内容的多个钞本。

380

　　巴布理乌斯是米诺伊德·梅纳斯 Minoïdes Menas 特别关注的作家。此人或被称作"穆纳斯"（1790—1860年），先前在马其顿的塞雷 Serrae 担任哲学和修辞学教授，1821年希腊革命爆发后逃往法国。1840年，受维耶曼委派，在东方搜寻钞本。在阿陀斯山的圣劳拉修道院藏书里，他发现了一部含有122篇巴布理乌斯寓言的钞本，为此制作了一部相当精准的誊录本。这个誊录本立即由布瓦松纳德进行编订（1844年），此后又得到拉赫曼及其友人们更准确的编订[3]。在此后的旅程里，他获得了那部底本，是一种羊皮纸钞本（10或11世纪），1857年由大英博物馆购走。在这部钞本中，第123篇寓言，仅有单独一行诗句留存，而梅纳斯在他的誊录本上却添补了自己不合格的六行粗劣创作[4]。这番小投机的成功，使他又生造了95篇寓言，他的复写本被大英博物馆于同年收购，

米诺伊德·梅纳斯

1　巴黎，1867，有 V. Langlois 的导论和书目。
2　1895、1900年刊行的两大卷四开本。他此后编写了关于中古和近代希腊抄工及钞本藏家的著作（雅典，1902—1903）。
3　上文第129页。
4　Rutherford 的编订本，p. lxvii 以下；综合参看 O. Crusius 编订本的"绪论"（1896）。

并在 1859 年由刘易斯 G. C. Lewis 编订，整理者全然感到文本不尽完美，但仍视之为真品[1]。不过，这第二个藏品的疑点，很快还是被蒂布纳[2]和科贝特察觉并揭露出来[3]。根据梅纳斯发现的一部真品钞本，布瓦松纳德在 1848 年完成了一部希耶罗克勒斯和斐拉格里乌斯 Philagrius 所著笑话集的新编订本。梅纳斯还从阿陀斯山带回一部 10 世纪钞本，其中有一种新的 *Poliorcetica*【攻城韬略】集，还有一位此前无人知晓不过也无关紧要的史家阿里斯托德幕斯 Aristodemus 著作的部分内容，这一度被认为是赝品[4]，但今天被认可为真本[5]。最后，他还发现了一部重要钞本，E. 米勒判定为"斥一切异端"亡佚了的第四至十卷，有时（依据第一卷标题）称为《哲理篇》，是希波吕托斯的作品[6]。

381

康斯坦丁·
西门尼德斯

也是在阿陀斯山，1851 年或更早时候，康斯坦丁·西门尼德斯 Constantine Simonides（1824—1867 年）发现了那部亡佚的"赫尔马斯《牧者书》"。这位发现者制作了一个共六页的复本，拿去三页别的内容，将整个文本呈献给莱比锡的几位学者，立刻被葛斯多夫 Gersdorf 鉴定出作

1　这后来也是 Bergk 和 Bernhardy 的看法。
2　《比利时公共教育杂志》*Revue de l'instruction publique en Belgique*（1860），84。
3　《记忆女神》，ix（1860）278 以下，参看 viii（1859）339 以下。又见 Ficus 在 Rossbach，《希腊戏剧家与抒情诗人的格律》[3]【译按，指 1889 年该书第三卷第二分部的第三版，此时改题为《希腊人的音乐艺术理论》】，808 以下。
4　C. Wachsmuth，在《莱茵博物馆》，xxiii 303 以下。
5　参看 Schwartz 在《鲍礼古典学百科全书》。
6　上文第 254 页【译按，该处尚言系奥利金著作】。米诺伊德·梅纳斯写过希腊语发音法的著作（1824），编订了盖伦的"论辩法"（1844），并将亚里士多德《修辞学》（1837）以及斐洛斯特拉图斯的《体育学》*De Gymnastica*（1852）译成法文。他最先在 1858 年刊印宗主教 Gennadios 反对柏勒图之柏拉图主义思想的论著。他曾几次被人错误地与 Constantine Simonides 混淆为一人（比如 Christ 的《希腊文学史》，pp. 652、922[3]）。

者，由丁道夫予以刊印（1856 年）[1]。发现者自称是伊兹拉岛 Hydra 人氏，曾受学于埃伊纳岛，还在其母家乡、罗德斯岛西北方的锡米岛 Syme 读过书。除了这些书页，还可记述一下他壮游经历以及独特的奇遇[2]。简单说来，他三度访问阿陀斯山，分别在 1839 年以后、1848 年以及 1851 年以后。在其中的第一次旅程里，他声称发现了一个秘密的钞本储存处，里面有一部阿纳克里翁、一部赫西俄德和一部荷马，均属于极为久远的古代。1848 年，这些钞本在雅典接受了检验，人们没有达成任何一致的意见，此后就在英国被托马斯·菲利普斯爵士买走[3]。西门尼德斯假称已经（在多部其他钞本里）发现了玛葛涅息亚人德米特理乌斯的佚作，"论同名作者"，且装作不知道该作家生活在西元前 1 世纪[4]，反复将之作为更晚时期的事件证据加以征引，比如涉及 5 世纪的诺恩努斯或是 4 世纪的乌拉纽斯 Uranius 之生平，后者的"埃及史"便是西门尼德斯所造最为恶名昭著的赝鼎之一。1862 年，他甚至宣称自己早在 1840 年就记述过阿陀斯山，那部最古老的希腊文圣经钞本，即 1844—1859 年由蒂申多夫 Tischendorf 在西奈山发现的西奈古册本 *Codex Sinaiticus*，（够奇怪地）在结尾接续了"赫尔马斯《牧者书》"开篇的章节[5]。距此多年以前，希腊人自己

1　关于这六页，见 Lampros 在《阿陀斯山希腊文钞本目录》*Catalogue of the Greek manuscripts on Mount Athos*，no. 643，以及 Armitage Robinson 博士的赫尔马斯重写本（剑桥，1888）；又见 Lake 教授为影印版所作前言（牛津，1907）。

2　参看 Stewart，《康斯坦丁·西门尼德斯传记资料》*A Biographical Memoir of Constantine Simonides*，共 78 页，1859；J. A. Farrer 的《文学赝品录》*Literary Forgeries*（1907），39–66。

3　《雅典娜圣殿》，1857 年 2 月 4 日。

4　上文第一卷，第 161 页。

5　关于这番宣称，参看 Prothero 的《亨利·布拉德肖传》*Life of Henry Bradshaw*，92–99；又见《圣书文学与载纪杂志》*Journal of Sacred Literature and Biblical Record*，1862 年 10 月（248–253）以及 1863 年 7 月（478–498），还有（关于乌拉纽斯）1856 年 4 月（234–239）。

就已经发现西门尼德斯是一个骗子。库玛努德斯在 1848 年就批驳过他；兰嘉维斯在 1851 年将他所有的钞本都斥为伪造[1]，而在 1849 年，慕斯托克绪德斯从他那里获赠一份"梅勒提奥斯 Meletios 的《锡米岛志》*Symais*"的复本，在一封堪称礼仪典范的书信中对这份礼物表示答谢，同时全不掩饰地指出他已经察知这是骗局[2]。他作为一个声名狼借的骗子，如今几乎总是和他的名号挂钩了。不过，还是要公允地说，他的有些钞本确系真品，有些陈述也并非虚造。事实上，真与假总是奇怪地混杂在一起，或许，用他以欺诈手段号称发现了"最古老"之钞本里那位诗人的言辞来形容他，倒是完全真实的：

ἴδμεν ψεύδεα πολλὰ λέγειν ἐτύμοισιν ὁμοῖα,

ἴδμεν δ᾽, εὖτ᾽ ἐθέλωμεν, ἀληθέα μυθήσασθαι.

【我们能把许多谎言说得如真相，

要是乐意，我们也能述说真实。(译按，参考吴雅凌译文)】[3]

尽管古代希腊经典（由科刺厄斯等人进行编订）在近代希腊自然是得到了满怀热情的研究，但考古学的研究也占据了重要地位。居里亚柯·皮塔基斯 Kyriakos Pittakes（约 1806—1863）在 1836 年继路德维希·罗斯之后成为雅典的古迹保护官，曾在 1835 年出版过一部值得称颂的著作，题为《古代的雅典，或雅典古迹及其环境描述》*L'ancienne Athènes, ou la description des antiquités d'Athènes et de ses environs*。他主要的精力用于编订碑铭文

皮塔基斯

1　《潘多拉》，1851 以后，以及《近代希腊文学史纲》，i 188–191。

2　《潘多拉》，i（1851）263；Constantinides，376–380。

3　赫西俄德，《神谱》，27–28。

字[1]。考古学的兴趣，在 1837 年展现出来，当时有希腊考古学学会的成立，还有《考古学杂志》*ἐφημερὶς ἀρχαιολογική* 的创办，这是靠亚历山大罗斯·里索斯·兰嘉维斯 Alexandros Risos Rangabes（1810—1892 年）一手予以复兴起来的。他出生于君士坦丁堡，早年受学于敖德萨，在慕尼黑深造学业。在雅典，他先后出任教育部部长（1832 年）、考古学教授（1845—1856 年）以及外交部部长（1856—1859 年）。后来还做过驻华盛顿、巴黎和柏林的希腊大使。作为教授，他出版了自己的《希腊古迹》*Antiquités helléniques*（1842—1855 年）以及《希腊志》*Hellenica*（1853年）【译按，后者为希腊文著作，系 Jacobos Risos Rangabes（1779—1855 年）所著，桑兹将两个学者混为一人了】。他挖掘了阿尔戈斯的一部分赫拉神庙（1855年）[2]，翻译普鲁塔克《名人传》为近代希腊语（1864—1866 年），写了一部近代希腊文学史（1877 年），还刊布了不少于 14 卷的语文学《丛札》*Ἄτακτα*（1874—1876 年）[3]。

考古学学会是 1837 年 4 月在帕台农神庙废墟中成立的，它存在的头 30 年里，主要关注于金石碑铭[4]。1871 年，斯第潘努斯·库玛努德斯 Stephanos Kumanudes（1818—1899 年）刊布了一部重要的希腊文墓志集[5]。此书收集了 2 800 个以上的条目，是作者 26 年劳作的结晶，并由他自费

兰嘉维斯

383

库玛努德斯

---

1 参看 Michaelis，《19 世纪的考古学发现》，49；Rangabé，i 179；Edmond About 与 S. Reinach，见引于 Th. Reinach，《希腊文化》*L'Hellénisme*，1907 年 7 月 1 日。

2 Michaelis，121.

3 参看《近代希腊文学史纲》，ii 48–104；肖像见《希腊研究年鉴》Hellenic Annual（伦敦，1880）240。

4 Kastorches，《历史学公报》*Ἱστορικὴ ἔκθεσις*（1837—1879），雅典，1879；Kabbadias，《考古学学会史》*Ἱστορία τῆς Ἀρχαιολογικῆς Ἑταιρείας*，1900；以及 Th. Reinach，《希腊人重新发现之希腊》*La Grèce retrouvée par les Grecs*，收入《希腊文化》，1907 年 7 月 1 日至 8 月 1 日。

5 上文第 373 页。

刊印。他是腓力珀波利斯人氏，是一位理想的学者，也是一位典范的教师。他在 1845 年出任拉丁文教授，以诗人的身份出名（1851 年），又由于他的高尚气质和多方面的学识，在他第一次进入希腊境内之后就被指派担任年轻国王的导师。在此期间，学会还继续了狄奥尼索斯剧场的挖掘，在施特拉克的主持下开展得富有生机[1]。康斯坦提努斯·卡剌帕诺斯 Konstantinos Karapanos 在多多那的成功（1875 年以后），推动学会进行区域勘探，包括在卫城南部的药神庙（1876 年），在奥洛波斯的安菲亚莪斯堂（1884—1887 年），厄留息斯（1882—1891 年）以及厄庇都儒斯（1881—1883 年）的几处圣地[2]，还有萨摩斯的赫拉神庙（1902 年）[3]。卫城平台的挖掘，开始于 1884 年，由斯塔马塔基斯 Stamatakes 主持，完成于他的继任者卡巴蒂亚斯 Kabbadias[4]，后者也是厄庇都儒斯的勘察者。

一个希腊语文学学会在君士坦丁堡成立，得到了莫尔特曼 Mordtmann 等德国人士、德提耶 Dethier 等法国人士、亚历山大·范·米林根 Alexander van Millingen 等英国人士的支持[5]。士麦那数世纪以来一向是古物收藏家的游览胜地，因钱币学家博雷尔 Borrell 而终结，变成了一个著名的希腊文化中心[6]。

有一系列的中古希腊语文本，由康斯坦提努斯·萨塔斯 Konstantinos

---

1 Michaelis, 204. 这场挖掘延续了超过 20 年（1858—1878）。

2 同上，113-120。

3 同上，158。

4 同上，206。

5 *Ο Εν Κωνσταντινουπόλει Ελληνικός Φιλολογικός Σύλλογος*【君士坦丁堡希腊语文学学会。译按，成立于 1861 年，解散于 1923 年。其会刊题为 *Σύγγραμμα Περιοδικόν*】，1860 年以后。

6 综合参看 Stark, 342。

限。克伦巴赫对这样一个历史研究领域做过一番有趣的概述，并附有该主题相关文献的总结，这位学者是最够资格填补这一**空白**的了[2]。

在俄罗斯，古典语言的系统学习可追溯至 17 世纪。在成立于 1620 俄罗斯年的基辅教会"科学院"中，自 1631 年直至该世纪末，一直需要学习拉丁文；事实上，这也几乎是唯一的传道之媒介，即便用世俗语言的只字单词也是要遭到严厉惩罚的[3]。学者中有人翻译了修昔底德，还有普林尼的《颂词》。

古典学问的研究从基辅传至莫斯科。拉丁语法学方面用的是阿尔瓦雷斯的书[4]。1679 年在莫斯科建成的印刷学校，是最早涉及希腊文研究的机构，这得到了政府的资助。在整个 18 世纪，斯拉夫—希腊—拉丁科学院（成立于 1685 年）是古典学问的主要源头。最早一批知名的教师，是具有希腊血统的利克胡德斯 Likhhdes 兄弟两人，他们的家乡是凯法利尼亚岛。他们曾在帕多瓦获得博士学位；在他们的指导下，学生们掌握了拉丁文的高超技艺[5]。科学院在彼得大帝在位期间，受到了高度重视（1689—1725 年）。

---

1 《中古丛刊》*Μεσαιωνική βιβλιοθήκη*, i–vi（威尼斯，1872；巴黎，1874—1877）；《希腊史家丛编》*Μνημεῖα Ἑλληνικῆς ἱστορίας*, i ii（巴黎，1880—1881【译按，这套丛书至 1890 年共出了九卷】）；《成边歌集》*Διγενῆς Ἀκρίτας*（Sathas 和 E. S. Legrand 编订，1875）；《普塞卢斯之历史》*The History of Psellus*（伦敦，1899）。综合参看 Bursian, ii 1244-1248。

2 《演说集，论近代希腊语言之问题》，186 以下。

3 Boulgakov,《基辅科学院史》*Histoire de l'Académie de Kiev*（基辅，1873）13, 175 以下。

4 上文第二卷，第 163 页。

5 Sramenski,《1808 年改革前的俄罗斯教会学校》*Les écoles ecclésiastiques en Russie avant le réforme de 1808*（喀山，1873），740。

在整 18 世纪，以及 19 世纪早期，古典学出版物局限于翻译作品。主要的希腊文与拉丁文作家被马尔狄诺夫 Martynov（1771—1883 年）译成 26 卷篇幅。在 19 世纪的头 25 年中，出现了关于黑海北岸考古学的最早一批著作[1]。

385
莫斯科
季姆科夫
斯基

在莫斯科大学（成立于 1755 年），季姆科夫斯基 R. T. Timkovski（1785—1820 年），曾在哥廷根满心崇敬地聆听了海涅的课程，完成了一部斐德卢斯的编订本，还用拉丁文写过一部关于酒神颂的论文（1806年），其中显示出明晰的拉丁文风造诣。

克留科夫

克留科夫 D. L. Kriukov（1809—1845 年），在多帕特听摩根斯坦 Morgenstern、弗朗科 Francke 和诺伊讲学，在柏林参与了柏克的课堂，发表过关于昆图斯·科耳修斯之年龄的论文，还曾在著述中涉及塔西佗著作中的悲剧因素，并有一部《阿格里古拉传》的编订本，还有一部著作，关于罗马贵族及平民之间原本在宗

戈茨

教上的差别[2]。戈茨 K. K. Goerz（1820—1883 年），是俄罗斯最早的考古学教授之一，笔下涉及塔曼半岛、意大利与西西里，以及谢里曼的诸多发

伊万诺夫

现。那位令人尊敬的拉丁学者，伊万诺夫 G. A. Ivanov（1826—1901 年），不仅以高超的水平译出了拉丁文学的许多杰作，还写过西塞罗及其同时代人的论著（1878 年），并翻译了普鲁塔克的《论月面》 *De facie in orbe*

1　Mouraviev-Apostol，《1820 年陶里斯旅行记》*Le voyage en Tauride en 1820*（圣彼得堡，1823；德文译本，1825—1826；意大利文译本，1833）。J. Stempovski，《黑海古希腊殖民地遗址考察记》*Recherches sur la situation des anciennes colonies grecques du Pont-Euxin*，圣彼得堡，1826）。这两位学者出版过一些以俄文及法文写成的其他著作。——关于俄罗斯出版的希腊与拉丁学术重要著作，参看 Paul Prozorov，《分类引得》Index Systématique，共 xvi+374 页，圣彼得堡，1898；以及 Naghouievski 的《俄国拉丁文献史书目，1709—1889》*Bibliographie de l'histoire de la littérature latine en Russie 1709-1889*，共 48 页（喀山，1889）。

2　身后以 Pellegrino 之化名出版（莱比锡，1849）。

lunae，以及将作者算在欧几里得名下的"调和分析引论"。列昂季耶夫 列昂季耶夫
Leontiev，他的课程讨论了罗马古物及希腊神话学，出版过古希腊宙斯崇
拜的著作，在 1850 年创办了一份期刊，题为《门庭》*Propylaea*，收入了
卡特科夫 Katkov（关于希腊哲学）、库德里亚夫采夫 Kudriavtsev（关于希
腊文以及关于塔西佗）、克留科夫（关于罗马文学及古物）所写的古典
学主题论文。

维尔纽斯大学，建立于 1803 年【译按，此时名为 Imperatoria Universitas
Vilnensis，今日该大学之校史多上溯至 16 世纪耶稣会所建之学院（Alma Academia et
Universitas Vilnensis Societatis Iesu）】，在 1833 年被基辅大学所取代，此校直 基辅
到 1863—1884 年才到达与其他大学相当的水平。

在圣彼得堡大学（建于 1819 年【译按，有关此校前身之历史也存在不同 圣彼得堡
意见】），布拉戈维申斯基 N. M. Blagoviestschenski（1821—1891 年）曾听过 布拉戈维
很多人物讲学，包括在莱比锡的赫尔曼、W. A. 贝克尔和豪普特，在海 申斯基
德堡的克罗伊策和施洛瑟 Schlosser，他是俄国土生土长的第一位名教授。 386
他的杰作，以贺拉斯及其时代为题[1]。还完成了珀息乌斯的一部详注译
本，写过多篇论文，涉及维吉尔的《当垆女》*Copa*、尼布尔的古罗马叙
事谣曲与该城市早期历史之关系的观点，还有佩特洛尼乌斯的 *Matrona
Ephesia*【"以弗所寡妇"。译按，此故事母题在东西方流传极广，如《警世通言》之
《庄子休鼓盆成大道》（启发伏尔泰写作《查第格》），又见于拉封丹寓言诗、格林兄弟
童话等】与彼尔姆 Perm 地区某个民间故事的巧合。卡尔·约阿希姆·卢 卢格维尔
格维尔 Karl Joachim Lugebil（1830—1888 年）是日耳曼血统，在圣彼得
堡就学，在那里他以一篇精彩的学位论文《孕育女神，科利亚斯的维纳

1　1864；第二版，1878。

斯》*De Venere Coliade Genetyllide*（1859 年），题献给格雷非作为纪念。在妻子陪同下，他在日耳曼、意大利和希腊旅行了一遭。最著名的著作都与雅典有关：（1）关于放逐法，（2）关于雅典政制史[1]。他的科尔奈利乌斯·奈波斯先后出了若干版。为古典学刊物提供的稿件里，可以提一下他认为亚历山大里亚重读系统不可信的论文[2]。他品性纯良，是一位值得尊重的教师[3]。耶恩施泰德 V. K. Iernstedt（1854—1902 年），是俄罗斯最出色的希腊研究专家，编订了一部精妙的安提丰（1880 年）[4]，此前还有关于阿提卡二流演说家们的研究。他还出版了那部"波弗利主教所得阿提卡喜剧残篇集"（1891 年），在蒂申多夫辨读过的这些残篇之外增补了很大分量的内容[5]，并提供了关于古文书学方面和解经学方面的许多重要校勘意见。1867 年，圣彼得堡成立了历史学—语文学学会，为的是培养历史、文学和古典语言方面的中小学教师。

在喀山大学（建立于 1804 年），别利亚耶夫 D. T. Bieliaev（1846—1901 年）最早的著作主要关注的是"《奥德赛》中的脱文"，以及欧里庇得斯的政治与宗教观念（1876 年）。他最为人知的著作是《拜占庭志》*Byzantina*，包含了对于君士坦丁·波弗洛根尼图斯帝宫廷的详尽论述[6]。

在敖德萨大学（建立于 1865 年），弗沃特斯基 L. F. Voevodski（1846—1901 年）研究荷马以及原初之希腊神话学。在他最早的著作"论希腊神话体系里的食人现象"中，他认为神话不是靠创造性的想象力激发出

耶恩施泰德

喀山

别利亚耶夫

387

敖德萨

弗沃特斯基

---

1 《古典语文学年刊》，增补卷 iv–v（1861—1871）。

2 《莱茵博物馆》，1888。

3 《传记年刊》，1888，26–32。

4 Cobet，在《记忆女神》，v 269 以下。

5 Cobet 编订本，1876。

6 参看《拜占庭学刊》，i 345，iii 184。

来的，而是源自对自然界日常现象的观察（1874 年）。他的"《奥德赛》神话学导论"（1881 年），主要论及"太阳—神教"。

最后，在哈尔科夫大学（建立于 1804 年），克龙贝格 I. I. Kroneberg（1788—1838 年）是 19 世纪早期俄罗斯最杰出的古典学术代表人物。他有日耳曼血统，但掌握了精熟的俄语。他的拉丁语—俄语辞典，经历了六个版本（1819—1860 年）。他还出版了一部罗马古物便览，编订了贺拉斯的《致奥古斯都书札》、西塞罗的《拥护曼尼琉斯法案演说》*Pro lege Manilia*，还有萨鲁斯特，写过一篇关于珀息乌斯的文学批评的论文。他有大量的文章涉及古典学，以及一般文学与艺术，常发表的期刊杂志包括了《阿玛尔忒娅》、《小册子》*Brochures* 以及《密涅瓦》*Minerve*，最后这个刊物【译按，为克龙贝格所创办】在哈尔科夫的地位，相当于列昂季耶夫在莫斯科创办的《门庭》。克龙贝格以他的格言警句而著称，例如：

> "每一部书籍都应有放眼四海的襟怀，然而，有些书籍所思仅以故家街巷为限。""人如某书，书如某人。真正的读书就是一场斗争。有时我们对一个人，先是爱恋，继而与之争吵。对于书籍，也是如此。"【译按，原文系法语】[1]

以上的考察主要限于俄罗斯本土出生的学者们，其中只有卢格维尔和克龙贝格有日耳曼血统。多帕特大学，1632 年由古斯塔夫·阿道夫国王在利沃尼亚创办，1802 年由亚历山大一世重组。四年前，日耳曼大学

哈尔科夫大学

克龙贝格

多帕特

1　几乎以上所有关于俄罗斯本国学术的论述，都节略自一部该主题的考察报告，作者是圣彼得堡的 A. Maleyn 教授，他应 Zielinski 教授的委托，友好地用法语为我写成。

里的全部俄罗斯国民俱被召回，唯有多帕特依然保有 1802 至 1895 年间日耳曼之影响的中心地位[1]；此后，单纯的俄语被许可在讲堂中使用了。

赫尔辛弗什　　　1640 年由瑞典人在奥博建立的芬兰大学，1827 年被俄国人转移至赫尔辛弗什【译按，即赫尔辛基的瑞典语名称】。该大学里的拉丁文教授，古斯塔夫松 F. W. Gustafsson（生于1825 年），出版过西塞罗《论至善与至恶》以及阿波利纳理斯·西多尼乌斯著作文本的校勘意见。在赫尔辛弗什东方的波尔沃 Borgo，1837 年的古典学教授席位被授予了瑞典诗人鲁内贝里 Runeberg（1804—1877 年），他对希腊拉丁诗人了解得如数家珍。

俄罗斯的日
耳曼学者　　　以生平大多数时光都居住在俄罗斯的日耳曼学者，最早一位是克里斯蒂安·弗里德里希·马特伊 Christian Friedrich Matthaei（1744—1811 年）。

克里斯蒂
安·弗里
德里希·
马特伊　他曾是埃内斯蒂在德累斯顿的一名学生，又在莱比锡深造；他在莫斯科大学担任过校长和教授（1772—1785 年），在迈森做了 4 年中学校长后，又在维滕贝格做了 16 年希腊语教授，他回到莫斯科度过余生的最后 6 年。他最为人知的事迹，是 1780 年在莫斯科发现了一部荷马风颂歌集的钞本，其中有《德墨忒耳颂歌》（最先由鲁恩肯刊布[2]），还有《狄奥尼索斯颂歌》的十二行诗[3]。他本人的著作几乎都与拜占庭文学有关。

格雷非　　　赫尔曼学生中有一位克里斯蒂安·弗里德里希·格雷非 Christian

1　以下这份长长的德国人名单，都是在多帕特教过古典学或相类课程的，自 K. Morgenstern（1802）开始，还有 C. L. Struve（1805）、J. V. Francke（1821）、W. F. Clossius（1824）、F. K. H. Kruse（1828）、C. F. Neue（1831）、L. Preller（1838），以及 E. Osenbrüggen（1843）。最后则是 L. Mendelssohn（1876）。

2　上文第二卷，第 460 页。

3　Bursian，ii 551 以下。马特伊把莫斯科所藏的某些希腊语钞本割裂开来，将他掠取到的部分运回日耳曼。早在 1789 年他就因此被指控为盗贼，这项指控此后就成定谳（Oscar von Gebhardt，在《图书馆学文摘》Centralblatt für Bibliothekswesen，1898）。

Friedrich Graefe（1780—1851 年），他在圣彼得堡担任教授、图书馆馆长以及古物保管员，研究过墨勒阿革洛斯及牧歌体诸诗家，还编订了诺恩努斯（1819—1820 年）。他向友人乌法罗夫 Uvarov 伯爵（1785—1855 年）传授希腊语，后者是俄国教育大臣，以法文写论厄留息斯秘仪的著作，以德文写诺恩努斯诗歌和前荷马时代的著作。在论诺恩努斯的著作里采用德语，是因为"古典学术的复兴属于日耳曼人"[1]。他身上体现出了日耳曼地区以外的新人文主义的影响[2]。

弗里德里希·法特 Friedrich Vater，是 J. S. 法特之子，受学于柏林，后亡故亦在此地（1810—1866 年）。他早期的著作，最为人知的是《瑞索斯》编订本（1837 年）。他关于安都奇德斯的系列论文，始于柏林，续作于喀山，他还在莫斯科刊布了一个《在奥利斯的伊菲革涅亚》编订本（1845 年）。在 19 世纪 40 年代，俄罗斯的古典学研究深受日耳曼学术之影响，一方面的代表是柏克和 K. O. 穆勒，另一方面的代表是理茨尔。瑙克（1822—1892 年）生平最后 33 年，还有卢奇安·穆勒（1836—1898 年）生平最后 28 年，分别是在彼得堡教授希腊语和拉丁语中度过的[3]。

弗里德里希·法特

瑙克

卢奇安·穆勒

---

1 重刊于他的《语文学及校勘学研究》*Études de philologie et de critique*。参看 Georg Schmid，《论俄国学术史》*Zur russischen Gelehrtengeschichte*，99。乌法罗夫伯爵的德语文章，在 1817 年曾题献给歌德，后者称他为"一位富有才华与天赋的睿智之士"【译按，原文系德语】（见《德意志文学瞭望》*Ferneres über deutsche Litteratur*，xxvii 150，Cotta 版，见引于 Schmid，前揭，载《俄罗斯评论》*Russische Revue*，xxv 77–108，156–167）。

2 有十年的时间（1836–1846），格雷非的同侪中有那位拉丁语教授，T. F. Freytag（1800–1858）。有关俄罗斯古典学家们的概略简报，被 Creuzer 刊印于《论古典语文学史》（1854），166–172，1846 年由 Freytag 加以补充，此人除了那些众所周知的名字之外，提到了 Groddeck（1762–1824），这位是维尔纳 Vilna【译按，即今立陶宛首都维尔纽斯】的教授，还有莫斯科的教授 Karl Hofmann，此人在 1840—1843 年编订了修昔底德。

3 见上文第 149 页以下以及 189 页以下。

雅克布·特奥多尔·斯特鲁韦 Jacob Theodor Struve（1816—1886 年），曾在多帕特及柯尼斯堡受学，在喀山大学教了 20 年书，担任敖德萨的希腊语教授（1865—1870 年），最后在圣彼得堡做了 8 年的人文中学主任。他最知名的成果是关于士麦那的昆图斯的校勘[1]，是他叔父卡尔·路德维希·斯特鲁韦 Carl Ludwig Struve 引导他研究那位诗人的，叔父的《著作选集》是他编订的。在敖德萨，他钻研当地的希腊文碑铭，将成果刊布于他的《黑海书信集》*Pontische Briefe*（1817 年）[2]。

俄罗斯的古典考古学研究，可追溯至彼得大帝在位时代（卒于 1725 年）。成立于 1725 年的科学院中，有一位来自柯尼斯堡的特奥菲尔·齐格弗里德·拜尔 Theophil Siegfried Bayer（1694—1738 年），将精准的钱币学知识运用于自己关于希腊编年史、阿该亚联盟、希腊在亚细亚之统治等问题的著作，此外还写成一部论"尼德斯爱神像"的专著，那与彼得大帝在 1718 年从罗马购得的一尊塑像有关。

1783 年入侵克里米亚，1792 年占据黑海北岸，导致那些往昔的希腊文明遗址由俄罗斯发起勘察，其组织的中心设立于圣彼得堡。在亚历山大一世治下（1801—1825 年），古典语文学与考古学得到科学院的明确支持，院长即乌法罗夫伯爵，对在俄国南部地区开展考古勘探表现出极高的热情。在该地区的诸多发现，成为海涅的一个学生写给科学院信函的主题，此人名作海因里希·克勒 Heinrich K. E. Köhler（1765—1838 年），平生致力于古代玉器研究。他有关考古学话题的论文结集，分成

---

1 圣彼得堡，1843；喀山，1860。
2 《传记年刊》，1886，11–13。

六卷，由鲁道夫·斯特凡尼 Ludolf Stephani 为科学院编订而成（1850—1853 年）。冯·施塔克尔贝格 Von Stackelberg（1787—1834 年），曾受学于哥廷根，多年来在德累斯顿、在希腊和意大利从事考古学研究[1]，直至晚年才回到俄国。此时，他的德国同辈，赫尔曼的学生，格雷非[2]，在1820 年当选为俄国科学院院士，在南部海滨整理希腊文碑铭，而哈雷的摩根斯坦在多帕特振兴起来对希腊艺术的兴趣。克勒开启的考古学工作此后得到了精明强干的斯特凡尼（1816—1887 年）的延续，后者受学于莱比锡，做过多帕特的教授（1846—1850 年），生平后 37 年间在圣彼得堡担任寺院古迹的保管员。他写过许多重要的专著，讨论南俄罗斯的考古发现[3]。

冯·施塔克尔贝格

斯特凡尼

匈牙利在"鸦族"马加什（卒于 1490 年）在位时期成为人文主义的家园之一。在 1526 年土耳其人攻破其国首都之际，此王的藏书散落四方[4]。

匈牙利

拉丁文长期以来在匈牙利都被用作一门活语言[5]；直到 1825 年，议会上还以拉丁语进行辩论[6]；但到 19 世纪中期之前，人们对古典文学都少有兴趣，此后发生了一场学术复兴，出现大量经典著作的译本，并

391

1　上文第 218 页。
2　上文第 388 页。
3　上文第 223 页。
4　上文第二卷，第 275 页，及第三卷，第 377 页。
5　关于匈牙利拉丁文学的语言，参看 Bartal，《中古近代匈牙利王国拉丁语字汇》*Glossarium mediae et infimae Latinitatis regni Hungariae*（莱比锡，1901）。
6　在匈牙利、克罗地亚和特兰西瓦尼亚，"人们最晚听闻拉丁语的对话是在 1848 年，然后就只有从克罗地亚人口中才听得到了"（《古典学评论》，xxi 227）。

有古典学课本的问世。在那些想要著作传世的的人物中，伊万·泰尔菲 Ivan Télfy（1816—1898年），是布达佩斯的希腊语教授，他写过希腊语发音的研究专著（1853年），之后又有《阿提卡律法集成》*Corpus Juris Attici*（1868年），以及埃斯库罗斯剧作编订本（1876年）。等他1886年退休后，继其任者为耶诺·阿拜尔 Eugen Abel（1858—1889年），此人的英语和德语知识来自母亲（系英国人），法语是在中学学的，意大利语是在大学学的。在布达佩斯，他受到匈牙利复兴古典学问的埃米勒·忒楼科·德鲍瑢 Emil Thewrewk de Ponor 的注意[1]。1877年，他奠定了古文书学和匈牙利人文主义史的基础，开始研究国王柯维努斯藏书里由土耳其人归还的那些钞本。他此后开始探查欧洲的各家图书馆，寻求希腊史诗诸家和匈牙利人文主义者的各种钞本。待他回国后，继泰尔菲担任希腊语教授，但他仅工作了三年，就在君士坦丁堡要翻检古代钞本的前夕辞世了。

在希腊语史诗方面，他完成的校勘编订本有柯鲁图斯 Kolluthos（1880年），俄耳甫斯的《石雅》*Lithika* 以及《俄耳甫斯集》*Orphica*（1881—1885年），《荷马风颂歌及隽语诗集》，以及《蛙鼠战纪》（1886年）。他在他的《荷马风颂歌集》里引入了戴伽马字符；他的匈牙利文《奥德赛》注疏集问世之前，1881年就出版了一部荷马著作语法学，这比蒙罗的那本还要早一年。他还编订了两卷品达会注（1884—1891年），刊布了古代和中古时代的泰伦斯传记（1887年）。在他涉及匈牙利人文主义史的已刊成果里，有涉及匈牙利人文主义诸家及"多瑙河学术协会"的

1　生于1838年；布达佩斯语文学学会的创办人，自1871年后成为该学会机关刊物的共同主编。

《匈牙利文艺复兴史相关文献汇辑》*Analecta ad historiam renascentium in Hungaria litterarum spectantia*（1880 年），有关于中世纪匈牙利大学的文章（1881 年），还有他编订的维罗纳的伊索塔·诺嘉罗拉 Isotta Nogarola 遗著集（1886 年）。他在这个领域的著作，对处在国王柯维努斯登基（1464 年）到莫哈奇战役（1526 年）之间的这个时代而言，具有特殊的重要意义[1]。

匈牙利科学院的出版物，是以马扎尔语刊印的，这种语言也用于主要的语文学刊物[2]，而学者们与欧洲进行交流的媒介，依靠的还是《匈牙利文学报道》*Literarische Berichte aus Ungarn* 以及《匈牙利评论》*Ungarische Revue*[3]。

---

1 《传记年刊》，1890，47–52；参看 Bursian 之《年刊》，xv（1878）130 以下。
2 《普遍语文学杂志》*Egyetemes philologiai közlöny*，187 以下。
3 Bursian, ii 1243.

第四十章

19 世纪的英国

去世于 1825 年的巴尔博士曾在日记中写下这样的话：

在托勒密帝治下，希腊以她的诗坛七曜而自豪；我们今天的英国，也可以夸耀自己的十大文杰，即萨缪·巴特勒博士、爱德华·莫尔特比博士、布鲁姆菲尔德主教、芒克助祭、E. H. 巴克尔先生、基德先生、伯吉斯先生、多布里教授、盖斯佛德教授以及埃尔姆斯利博士。他们都是职业的批评家，而在学问和鉴识上，牛津的劳思博士不比任何人逊色。[1]

劳思　　　　上述诸子的最后一位，马丁·约瑟夫·劳思 Martin Joseph Routh

---

1 《回忆录：生平、著作与观点》*Memoirs of the Life, Writings, and Opinions*，i 752 注释。

（1755—1854 年），在百岁之年去世，曾担任了 63 年莫德林学院的院长。1784 年，他编订了柏拉图的《欧绪德谟篇》与《高尔吉亚篇》，生时把他的《圣教遗书》*Relliquiae Sacrae* 一直出到第五卷，出版日期是 1848 年，92 岁高龄，他将自己漫长的生涯以这样的格言概括道出："阁下，我觉得……你会发现：**总是核查你的参考文献**，是一个非常好的习惯。"[1] 爱德华·莫尔特比 Edward Maltby（1770—1859 年），在温彻斯特公学和剑桥的彭布罗克学院受学，先后做过奇切斯特及达勒姆的主教，写过一部很有用的《希腊语诗律辞典》*Lexicon Graecoprosodiacum*（1815 年）[2]。托马斯·基德 Thomas Kidd（1770—1850 年），出身于剑桥的三一学院，做过林恩、维蒙德姆 Wymondham 和诺里奇的校长，他编订了鲁恩肯的语文学与校勘学著作，珀尔森的"短文集"，还有道斯的"校勘学杂著集"。"真是神奇啊，"莫尔特比说，"看到基德与珀尔森相处；他在珀尔森面前鞠躬，带着崇敬之心，这是某种高尚的气质使然。"[3]

莫尔特比

基德

珀尔森的传统一度从剑桥延伸至牛津，体现在出身于温彻斯特公学和基督堂学院的彼得·埃尔姆斯利 Peter Elmsley（1773—1825 年）身上。他在爱丁堡度过数年之后，自 1807 至 1816 年居于肯特，其间首次游访意大利。余生时间，他主要事业都在牛津。1818 年冬天，他在佛罗伦萨，研究索福克勒斯的洛伦佐钞本。他在 1820 年对这个钞本做了核录，在他编订的《在刻洛奴斯的俄狄浦斯》前言里，可以看到对此钞本之优势

394

埃尔姆斯利

1　Burgon 的《十二佳士传》*Lives of Twelve Good Men*，i 73。

2　在 Morell 的《希腊诗学宝库》*Thesaurus graecae poeseos*（1762）基础上完成。在增补该著作过程中，作为 Parr 门生、Porson 好友的莫尔特比得到了两位人物珍贵的协助。

3　Rogers，《燕谈录，作为珀尔森语录的增补》*Recollections of the table-talk of Samuel Rogers, to which is added Porsoniana*，325。

的最早认知[1]。1819 年，他协助汉弗莱·戴维爵士翻检那不勒斯博物馆里的赫库兰尼姆城的纸草文书。在他生平最末的两年里，出任圣奥尔班堂学院【译按，St Alban Hall 即墨顿学院之前身】的院长，以及牛津的卡姆登古代史教授。

在爱丁堡，他编订了修昔底德的文本，附拉丁语译文（1804 年），还给《爱丁堡评论》提供了多篇学术文章，涉及海涅的《伊利亚特》、施维格豪泽的阿特纳奥斯、布鲁姆菲尔德的《被缚的普罗米修斯》，以及珀尔森的《赫卡柏》[2]。他最重要的著作，是所编订的希腊戏剧，都在牛津出版，有阿里斯托芬的《阿卡奈人》、索福克勒斯的《俄狄浦斯王》和《在刻洛奴斯的俄狄浦斯》，还有欧里庇得斯的《赫拉克勒斯的儿女》《美狄亚》与《酒神伴侣》【译按，近年有人在大英图书馆找到了埃尔姆斯利编订的全部索福克勒斯传世戏剧抄件，见 P. J. Finglass, "A Newly-Discovered Edition of Sophocles by Peter Elmsley", in *Greek, Roman, and Byzantine Studies*, 47 (2007)，101–116】。他编订的《赫拉克勒斯的儿女》《美狄亚》由鲍顿予以重刊，附于埃尔姆斯利的论文集之后。后一部还是 1826 年牛津版索福克勒斯里刊印的洛伦佐钞本释读的来源。

作为一名学者，其编订古书的工作几乎完全限定在希腊戏剧的范

1　1823；Jebb，在《影印版索福克勒斯洛伦佐钞本》*Facsimile of the Laurentian Manuscript of Sophocles*，20，注释 5，以及在《索福克勒斯七种剧作文本》*Sophocles; the text of the seven plays* 的导言（1897）。

2　分别见于第 4、5、35、37 期。他在《书评季刊》Quarterly Review 上评价了 Markland 整理的三部剧作；在《古典学杂志》*The Classical Journal* 上评论了赫尔曼整理的《乞援人》和《赫拉克勒斯的疯狂》；并发表了他自己对《埃阿斯》的注解，见《校勘学丛刊》*Museum Criticum*，i 351 以下，469 以下。

围，埃尔姆斯利与珀尔森过从密切，后者颇为敬重他，直至发现此人窃用其校勘意见而不提姓名。珀尔森的著作权从此遭到埃尔姆斯利的侵犯，这见于他给施维格豪泽的阿特纳奥斯所作书评里[1]，也见于他编订的《阿卡奈人》[2]。埃尔姆斯利试图终止后一著作的刊布，但令他沮丧的是，他发现此书已经在莱比锡重印了[3]。在他的《美狄亚》中，称编订家的职责有二：校正作家的文本，以及解释其意涵。前一职责业已遭到珀尔森的指控，而后者又无甚作为。在埃尔姆斯利编订的所有希腊语戏剧作品中，他主要能做的是揭示文本的意图，以及阐明阿提卡习俗律法[4]。

他在近代史方面具有广博的知识。他是"一位精确的评论家，一位深刻而又风雅的学人"，具有非凡的"谈吐魅力"，以及"细腻而良善的内心"[5]。他脾性平和、见地公允，在对消闲读物的喜爱这一点上与珀尔森颇为相似[6]。在阐释性的注解里，他充分展现出自己的生动特色，那是布劳戴乌斯、巴恩斯、希思以及马斯格雷夫等前辈学人早就做过的工作了[7]。另有一处，他说起卡索邦的阿特耐奥斯，"我们大概再也找不出一个著作，可以像本特利的《关于法剌芮斯和欧里庇得斯书札的学术论文集》那样，将如此浩繁的切要信息呈现给读者了"[8]。他作为学者的价值

---

1 《爱丁堡评论》，no. 5，1803 年 10 月；参看《书评季刊》，v 207。
2 《英伦教会评论季刊》*The Church of England Quarterly Review*，v 413 以下。
3 Watson 的《珀尔森传》，310 以下。
4 他对《赫拉克勒斯的儿女》《美狄亚》和《酒神伴侣》的很多注解，"ad scenicorum linguam usumque quantum attinet"【对戏剧语言大有用处。译按，此系 Gretton 一书的副标题】，被重印于 Gretton 的《埃尔姆斯利校勘学碎金录》*Elmsleiana Critica*，1833。
5 《英伦批评家》*British Critic*，1827 年 4 月，281。
6 《绅士杂志》，1825 年 4 月，374–376（Luard 认为出自当时任奥里尔学院教务长的 Edward Copleston 之手）。Luard 的合订本《埃尔姆斯利校勘学碎金录》，是 Mayor 教授借给我的。
7 《赫拉克勒斯的儿女》之"序"。
8 《爱丁堡评论》，1803 年 10 月，183。

图 58　托马斯·盖斯佛德

（经 Ryman 氏诸公许可）复制自 T. L Atkinson 的铜版印本（1848），原作为皇家艺术学会的 H. W. Pickersgill 所绘肖像，藏于牛津基督堂

得到了赫尔曼的高度评价 [1]，后者编订的《酒神伴侣》刊布时仅被当成了埃尔姆斯利自家编订本的一个增补，*cuius viri et doctrinam admiror et animi ingenuitatem maximi facio*【我佩服他的人品以及学养，我认为他的内心极富智慧。译按，这是赫尔曼在自己编订的《酒神伴侣》前言里说埃尔姆斯利的话】。

在埃尔姆斯利的贡献里，索福克勒斯的洛伦佐钞本方面的价值获

1　《著作集》，vi 95。

得了高度的认可。他在那本钞本里对会注部分的精心编订，是由托马斯·盖斯佛德（1779—1855 年）予以公布的。盖斯佛德仅比埃尔姆斯利晚出生 6 年，但比他多活了 30 年。他是威尔特郡的伊尔福德 Ilford 人氏，1812 年被任命为牛津大学钦定希腊语教授，生平最后 24 年里还出任基督堂座堂神父。为了纪念他，人们设立了关于希腊语诗歌与散文的盖斯佛德奖。

在职业生涯之初，他完成了《阿尔刻提斯》《厄勒克特拉》与《安德洛玛刻》的中学读本，并且目睹了马斯格雷夫的《赫卡柏》《俄瑞斯忒斯》和《腓尼基妇女》，马克兰的《乞援人》以及两部《伊菲革涅亚》的付梓。1809 年他出版了罗德斯岛的安德洛尼库斯《尼各马可伦理学》的改写本，次年又编订了赫法斯提翁，此书使得赫尔曼将编者称为 *dignus qui multa cum laude commemoraretur*【值得大书特书为之颂扬】[1]。1812 年希腊语教授席位空出，依照当时的基督堂座堂神父西里尔·杰克逊 Cyril Jackson 的明智建议，盖斯佛德将自己的《赫法斯提翁》的一部精美的合订本（附有一封信，由神父致辞），寄给了掌管这个职位任命的大臣，格伦威尔 Grenville 爵士；不久之后，他就如期上任了，此后在这个职位上工作得有声有色，度过了余生 43 年时光[2]。

1812 年，他刊布了多维尔与 E. D. 克拉克的希腊语钞本目录，此后又在他的《饱蠹楼藏皮纸柏拉图释文》*Lectiones Platonicae e membranis Bodleianis*

---

1 1810 年版（连同 Proclus，《诸家集》*Chrestomathia*，莱比锡，1822）；1856 年版（连同泰伦提安·茅儒斯）。

2 H. L. Thompson 的《利德尔传》，139；参看《古典与圣教语文学学刊》，ii 343 以下，iii 123；W. Tuckwell 的《牛津往事录》，129–134。

（1820 年）中发表了饱蠹楼藏本柏拉图著作的释读。在接下来的一年里，他完成了一部亚里士多德《修辞学》的汇注本，把校勘记和会注完整地收入温特顿的《希腊二流诗家集》*Poetae Minores Graeci* 中。他还编订了斯托拜乌斯的《隽语诗丛》和《牧歌诗丛》，以及希罗多德、索福克勒斯和苏伊达斯（1834—1837 年），还有《广词源学》（1848 年），皮尔逊的《赫叙基乌斯丛札》*Adversaria Hesychiana*，此外还编订了希腊谚语集，拉丁作家论格律汇录，又有"豢猪人"乔治的著作，优西庇乌斯和忒奥多尔的多部著作，以及七十子译圣书。对于他的《苏伊达斯辞典》和《广词源学》，未来有一位辞书学家，罗伯特·斯科特，在他的荷马风诗作里，称盖斯佛德为 δύω δολιχόσκια πάλλων | λεξικὰ δυσβάστακτα【使两部难以卒读的辞书从沉闷的暗影里焕发生气】[1]。

为了他的希腊诸诗家以及斯托拜乌斯和苏伊达斯的编订工作，他用了四个月时间，在莱顿研究那里图书馆的钞本，并参考了法尔克纳的《丛札》。他的来访得到老伙伴巴克后来满心欢喜的追述[2]。在此期间，莱顿的教授中有人犯了一些诗歌韵律上的讹误，盖斯佛德对此以拉丁语滔滔不绝地援引赫法斯提翁等著作家的学问，直到那位荷兰教授举起双手惊呼道：*O vir magnae profecto sapientiae, si tam in rebus quam in verbis incaluisses*【哎呀，若您行事与谈吐都这般激昂，可真是一位睿智的伟人了】[3]。他在希腊诸诗家上耗费的学问与精力，得到了赫尔曼的赞许[4]，后者在接受一位英伦学人的访问时，曾以生动的语言表达了对斯科菲尔德的某种轻蔑意见，而

1　W. Tuckwell, 266.
2　《学林载记集》，卷 II v–vii。
3　H. L. Thompson 的《利德尔传》，25。
4　1831,《著作集》，vi 98。

随即恭敬地补上一句："但盖斯佛德我是崇拜的。"[1]乔治·盖斯佛德曾随同其父去莱比锡拜访丁道夫，后来说起，犹记当时"开门的是一相貌可鄙的男子，他们当他为仆役，然而一听闻盖斯佛德的名号，便冲过来拥抱并亲吻他"[2]。

从珀尔森那种校勘学传统之下开始的某种转向，体现于编订过埃斯库罗斯的萨缪尔·巴特勒 Samuel Butler（1774—1839 年）身上。此人受学于拉格比公学，本打算进入基督堂跟随西里尔·杰克逊，但巴尔博士被他所作的拉丁诗歌所感动，就说服他成为剑桥圣约翰学院的一员。在剑桥，他赢得了希腊语与拉丁语颂歌的金质徽章，成为克雷文奖学金以及校长奖章得主。在他取得文科硕士学位的前一年，该学院推选他为什鲁斯伯里公学的校长，这个职位使他在该学院和公学占尽先机，从 1798 年一直工作至 1836 年，这时他受命出任利奇菲尔德的主教，在那里度过了余生最后三年。

剑桥出版社的长官们邀请珀尔森借由斯坦利的文本来编订埃斯库罗斯。珀尔森拒绝了这个邀请，而巴特勒接受下来，他的编订本是长达四大卷的四开本（1809—1815 年），收入希腊文的会注，还有斯坦利及诸前贤的所有注解，还选取了后来几位编订家的一些注解，并作了一篇关

---

1 这位英伦学人即 George Butler，哈罗公学的校长。这桩掌故，我是从他哲嗣、那位三一学院的院长那里听来的。在《著作集》，vi 97，赫尔曼提到斯科菲尔德的《埃斯库罗斯》（1828）缺乏原创性，而把《希腊二流诗家集》的编订者称为"勤奋博学的盖斯佛德"【译按，原文系德语】（同上，98）。

2 W. Tuckwell, 131.

于"不同之释读"的概述。

C. J. 布鲁姆菲尔德对此书做了精彩评论[1]，此公不赞成"将斯坦利编订本里的论文逐字重刊"，也反对"严重缺乏从埃斯库罗斯及同辈悲剧家们那里找来的阐解例证"，以及对赫叙基乌斯、苏伊达斯和《广词源学》之"权威"的"盲目捍卫"。他还怅叹特内布斯、穆雷图斯和贝洛阿尔多，以及"他们那位不名一文的效颦者，许茨"的苦心钻研，充塞全篇，要是采用荷兰学派的赫姆斯特赫斯、法尔克纳、皮尔森、库恩和鲁恩肯等校勘学家"更有益且准确的"注释，"将会愈发出色"；这部书是往昔"专以埃斯库罗斯为主题"之著述的"一锅不加鉴别的杂烩"。巴特勒在他的回应文章里，声称"可能无人在孤立无援的条件下承担过一部这种性质的著作"。从古代作家那里"搜罗来的数千页篇幅内容"，"没有任何博学通览的朋友的指点，每一页是我个人的工作"。他恳切地承认了某些失误，但"不时流露出巴尔那个圈子中的人对珀尔森门徒所怀抱的嫉恨之意"[2]。多年之后，布鲁姆菲尔德主教说起巴特勒，谓"他是个真正渊博并且和蔼的人，但他的擅场并不在于文词校勘"[3]。他的"拉丁语介词的实际用法"（1823 年），维持 25 年的地位不被动摇，此后方由较不重要的一些书籍取代。在此还可提及他另外的著作，只有《古今地理学描述》（1813 年），共出了十版，以及《古地理学地图集》（1822 年及其后）[4]。在他的《古代地理学》中，他"借助历史、系年以及诗歌，努

---

1 《爱丁堡评论》，1809 年 10 月，以及 1810 年 1 月、1812 年 2 月（全文摘要见于 J. E. B. Mayor 编订的 Baker 之《圣约翰学院史》，ii 908-921）；参看《萨缪尔·巴特勒博士生平及书信集》（1896），i 22 以下，53-62。

2 《致布鲁姆菲尔德牧师书》，1810（J. E. B. Mayor, 911-915）。

3 同上，917。

4 Dent 予以重刊，无出版日期，1907。

力地使枯燥无味的名录变得有趣并有用"，尤其是引述了最杰出的古典诗家的选段[1]。他对经典行旅的兴趣，在他给巴尔的某封信函里得到了很好的印证：

"我足迹所至，尽管劳顿且历经险阻，却十分圆满。我访问了和罗马史里最有意义之部分相关的每一处地点——包括圣山、提布尔、图斯库兰以及阿尔巴，当然还有阿庇安大道。我从西塞罗的图斯库兰庄园俯瞰他邻居加图的宅邸……我参观阿尔巴的图密善帝别墅……还有阿尔巴湖的密道，那是卡密卢斯所建……在厄革里亚的洞穴里，我踩着一块大理石残片，饮用从它天然之 *tophus*【岩石】间一再涌出的泉流……"[2]

珀尔森一派的学术，在牛津以埃尔姆斯利为代表，在剑桥则由多布里、蒙克和 C. J. 布鲁姆菲尔德维持。这几位之首，彼得·保罗·多布里（1782—1825 年），生于根西岛 Guernsey，受惠于桑梓之便而精晓法语，从而在 1815 年访问莱顿时大受欢迎[3]。与此同时，他被选为三一学院的研究员，并在 1810 年参与创办瓦尔比 Valpy 的《古典学学刊》，还为伯尼 Burney 的《每月评论》频繁供稿。他（添加了许多自己的意见，尤其是本人对《财神》的注疏）编订了珀尔森的《阿里斯托芬丛考》（1820年）[4]，随后还有珀尔森对佛提乌斯之辞书的誊录本（1822年）。当蒙克辞去钦定希腊语教授职位时，多布里当选并在这个席位上度过了余生最后两年时光。他关于希腊诗家、史家与演说家的《丛札》，在身后由学生斯

多布里

1　Mayor，前揭，936。
2　Parr 的《著作集》，vii 372（1822）。
3　Bake 的《学林载记集》，II, ii–v。
4　参看 Hermann，《著作集》，vi 96。

科菲尔德刊布，凡四卷（1831—1833年）[1]。他誊写的《剑桥修辞学辞典》 *Lexicon rhetoricum Cantabrigiense*，刊行于 1834 年，其《金石杂诠》一书则是次年出版的。

　　尽管多布里在阿里斯托芬的文本校勘上是一位珀尔森信徒，但他又开拓了阿提卡演说诸家之考据的新天地，尤其是对德摩斯提尼和吕西亚斯的整理。在申请珀尔森曾出任过的一个教授席位时，作为候选人的多布里借由讲座详论珀尔森的意义，并在为珀尔森主要局限于对诗人的关注而感到遗憾之后，他本人谈论起被归于吕西亚斯之手笔的丧葬演说，结尾摆出了支持法尔克纳观点的理由，认定这是一部伪作。以多布里为代表，英伦与尼德兰的学术旧盟，获得了新的认可，这叫人回想起本特利和赫姆斯特赫斯的时代。

蒙克　　詹姆斯·亨利·蒙克（1784—1856年），受学于查特豪斯公学，成为三一学院的研究员，自 1809 至 1823 年出任希腊语教授，在 1822 年被指派为彼得伯勒座堂主任牧师。他在 1830 年受封为格洛斯特主教，自 1836 年直至 20 年后去世这段时间里，兼任格洛斯特和布里斯托的主教。他跟随珀尔森与埃尔姆斯利的脚步[2]，编订了欧里庇得斯的四部戏剧，《希波吕托斯》和《阿尔刻提斯》是他任教授期间完成的，整理那两部《伊菲革涅亚》时已经是主教了。四部戏剧都刊布于 1858 年。和 E. V. 布鲁姆菲尔德合作，他编订了两卷《考证丛珍》（1814、1826 年），此刊后来更名为《语文学丛珍》 *Philological Museum*（1832—1833 年）。他在受封主教之年，还出版了那部令人崇敬的《本特利传》。

1　Wagner 编订本，分成两卷，1874，附有 1820 年的那部《阿里斯托芬评议集》 *Observationes Aristophaneae*。

2　参看 Hermann，《著作集》，vi 96。

与蒙克在 1812 年共同编订珀尔森之《丛札》的，是查理·詹姆斯·布鲁姆菲尔德（1786—1857 年）。他在伯利圣埃德蒙兹就学，后成为三一学院的研究员。他编订过《普罗米修斯》《七雄攻忒拜》《波斯人》《阿伽门农王》和《奠酒人》，附有注释和字汇（1810—1824 年），或可由此确信，要是在 1824 年没有接受切斯特的主教职务，他也会编订《报仇神》的。四年之后，他被调派至伦敦教区，在那里任主教凡 19 年，直至去世。除了上述的埃斯库罗斯戏剧，他还编订了卡利马库斯（1815 年），并向《考证丛珍》（1814—1826 年）提供了萨福[1]、阿尔凯乌斯、斯忒西考儒和索甫隆残篇的编订本。他编订的埃斯库罗斯，以字汇部分最有特色[2]。他是当时的古典学刊物上一位积极活跃的供稿人[3]。

布鲁姆菲尔德

401

他的胞弟，爱德华·瓦伦丁·布鲁姆菲尔德 Edward Valentine Blomfield（1788—1816 年），出身于凯斯学院，是伊曼纽尔学院的研究员，所作希腊语诗歌令人钦佩，还翻译了马提埃的语法学，并开始着手一部新的希腊语辞典。前者是在他身后由其兄长刊布的[4]。

爱德华·瓦伦丁·布鲁姆菲尔德

E. V. 布鲁姆菲尔德的同代人，埃德蒙·亨利·巴克尔 Edmund Henry Barker（1788—1839 年），来自剑桥的三一学院，写过针对 C. J. 布鲁姆菲尔德的论争著作（1812 年），此后还有《阿里斯塔库斯斥布鲁姆菲尔德》

埃德蒙·亨利·巴克尔

1　参看 Hermann，《著作集》，vi 100。布鲁姆菲尔德对萨福、阿尔凯乌斯及斯忒西考儒的校订，收入盖斯佛德《希腊二流诗家集》的莱比锡版第 iii 卷（1823）。

2　Hermann，前揭，96.

3　Luard 所作《回忆录》，见《剑桥古典与圣教语文学学刊》，iv（1858），96-200；又见 A. Blomfield 所作，1864 年，第 i、ii 章。

4　《回忆录》见《考证丛珍》，ii 520-528。

Aristarchus Anti-Blomfieldianus（1820 年）[1]。在后一部书问世那年，他由一部巴黎钞本整理出了阿卡狄乌斯《论和声》*Περὶ τόνων* 的首刊版。除了撰著有关珀尔森和巴尔的回忆文字，编教科书，他在 A. J. 瓦尔比编订的斯第潘努斯之希腊语《宝库》（1816—1825 年）中负责重要工作。

S. T. 布鲁姆菲尔德
　　出身于剑桥悉尼·萨塞克斯学院的 S. T. 布鲁姆菲尔德博士，其主要著作有一部希腊语《新约》的非常成功的编订本，以及一部精彩的修昔底德译注本（1829 年）。

　　理查德·瓦尔比（1754—1836 年），来自牛津的彭布罗克学院，是雷丁 Reading 办学有成的校长（1781—1830 年），在 1809—1816 年间推出了许多古典学课本，包括了众所周知的希腊文《选读》*Delectus*（1816 年及以后）。其弟名爱德华（1764—1832 年），出身于剑桥的三一学院，是诺里奇的校长，编订过希腊语《新约》；其子二人，一是亚伯拉罕·约翰（1787—1854 年），是牛津彭布罗克学院的研究员，发行了一本古典学刊物，并在 1807—1837 年间参与编订了若干部古典学文本，其中有一些是"海豚经典"的重印本，时在 1819—1830 年；另一是弗朗西斯·爱德华·杰克逊（1797—1882 年），毕业自剑桥的三一学院，完成了希腊文《选读》的"第二""第三"编，以及一部拉丁字源学辞书。

402
伯吉斯
　　C. J. 布鲁姆菲尔德在瓦尔比的《古典学学刊》上[2]，遭到了乔治·伯吉斯 George Burges（1786？—1864 年）的攻讦，此人从前就读查特豪斯公学，当时是三一学院的研究员，在剑桥做过多年的私人教师。布鲁姆菲尔德被指控抄袭了珀尔森未刊论文里的某些勘校意见，他在《考证丛

1　这是一篇回应文章，针对的是 C. J. Blomfield 关于斯蒂芬《希腊语文宝库》的精彩论说，见《书评季刊》，1820 年 1 月；参看 C. J. Blomfield 的《回忆录》，20 以下。

2　xxii（1820）204–218；参看 xxiv（1821）402–424。

珍》中对此做出了有力的回击[1]。伯吉斯编订过多种希腊戏剧[2]，以及几篇柏拉图次要对话录。其作为文本校勘家的草率，乃是鲍珀的修昔底德中占去数页篇幅的话题[3]，但那位荷兰学者巴克给予其一个较为温和的评判，这是他在莱顿相识较久的故人[4]。

在 1825 年，一位布鲁姆菲尔德与伯吉斯的同辈，三一学院研究员詹姆斯·斯科菲尔德 James Scholefield（1789—1853 年），在朱利叶斯·查理·黑尔及休·詹姆斯·罗斯 Hugh James Rose 的深思熟虑后，接替了蒙克之继承人多布里所空缺下来的教授席位。他在这个职位上为纪念前任诸公做出不少贡献，刊布了珀尔森的欧里庇得斯三个版本（1826、1829、1850 年），两卷本的多布里《丛札》（1831—1833 年），还有《剑桥修辞学辞典》和《金石杂诠》*Miscellaneous Notes on Inscriptions*。他在希腊语《新约》上的终生兴趣，部分体现于其"修订译本之建言"（1832 年）一书中。1828 年，他重印了米德尔顿主教的《希腊语冠词论》；同年他完成了埃斯库罗斯的编订本，这是英语世界最先尝试在单独一卷的篇幅里体现对该诗人的现代校勘成果。第二版（1830 年）在 1832 年的《语文学博物馆》得了了约翰·华兹华斯 John Wordsworth 的评论，这位书评人大体称之为维劳尔那部极端保守文本的复制品。斯科菲尔德并不具备本特利抑或珀尔森的敏锐感觉，但他对这种才华倾慕之至，乐于将前贤在文本校勘上所做的杰出贡献接纳下来。在《报仇神》的一个单行编订

斯科菲尔德

---

1 No. vii, 1821 年 11 月，卷 ii 496–509；参看 C. J. Blomfield 的《回忆录》，20。
2 欧里庇得斯《特洛伊妇女》《腓尼基妇女》，埃斯库罗斯《乞援人》《奠酒人》《被缚的普罗米修斯》，索福克勒斯《菲罗克忒忒斯》。参看 Hermann，《著作集》，vi 97。关于他在《酒神伴侣》的增补，见本书作者编订本的"附录"（1885 及其后诸版）。
3 Pars III，卷 iv（1838），pp. iv–vii。
4 《学林载记集》，II, pp. viii–xii。

本（1843 年）中，他认为 K. O. 穆勒"超越了纯粹的文词考订学派"[1]，因而不受穆勒之对手赫尔曼的尊重[2]。皮尔 T. W. Peile 博士，充满感激地承认自己受益于斯科菲尔德，因"其最先能引人领会埃斯库罗斯的雄壮心怀"[3]，称其学术"或许是精准胜过典雅，但一向是信实可靠，并且切要有益"[4]；而肯尼迪博士则"惯于视之为一位强悍、健全的希腊学人，饶有校

403

勘家的敏感，但并不具有过人的想象力及细腻的赏鉴力，这都是学者的 *vis divinior*【神圣力量】"[5]。

本杰明·哈尔·肯尼迪

萨缪尔·巴特勒在什鲁斯伯里的那些得意弟子中，有一位本杰明·哈尔·肯尼迪 Benjamin Hall Kennedy（1804—1889 年），他在 1823 年进入剑桥的圣约翰学院就读，三度以希腊语短长格诗作获得珀尔森奖金，最终以"古典学最优生"Senior Classic 的辉煌学士学历于 1827 年毕业。在剑桥做了两年的讲师，又至哈罗公学担任了六年教师，1836 年，他受其学院任命，继巴特勒之后出任什鲁斯伯里的校长，在这个职位上工作了 30 年，获得至高的声望与成就。余生 22 年间，他成为剑桥大学的钦定希腊语教授（1867—1889 年）。他被推选为圣约翰学院的荣誉研究员，乌利斯 Ouless 为之所作的肖像如今还可以在学院大厅里见到，而这位伟大教师的大理石像被光荣地安放在学院图书馆中。石像上有以下这节铭文，出自耶博教授之手：

1　W. Selwyn 的"斯科菲尔德教授讲录与编订工作之评述"，在其遗孀所作《回忆录》（1855，pp. 323–339），337。
2　Scholefiedium nihil moror【我没留意过斯科菲尔德】，这是他的一句原话；又见上文第 397 页。
3　同上，328。
4　同上，359。
5　《回忆录》，358。

Παλλάδι καὶ Φοίβῳ πεφιλημένος ἔξοχον ηὗρου,

κοῦρος ἐών, Κάμου πὰρ δονάκεσσι κλέος·

εἰς δ' ἄνδρας τελέοντά σ' ἔϋρρος εἶδε Σαβρίνη

μᾶλλον ἀεὶ σοφίας ἄνθεα δρεπτόμενον.

γηραλέον δὲ πάλιν θρέπτειρά σ' ἐδέξατο Γράντη,

στέμμα καλὸν πολιᾶς θεῖσά σοι ἀμφὶ κόμας.

【你在雅典娜与阿波罗处见到了贤者，

还未衰老，声望被康河畔芦丛传言；

那位人物总是采撷了极智慧的花卉

并将它们延绵不绝地洒满了塞文川。

古老的格兰塔，再度成为你的傅母，

给你灰白头发上安放了鲜美的花环。

（译按，康河之旧名为 Granta）】

他最著名的著作，是《拉丁语初阶》[1]，以及那部《公立学校拉丁语法》[2]。他还刊布了埃斯库罗斯的《阿伽门农王》、索福克勒斯的《俄狄浦斯王》、阿里斯托芬的《鸟》，以及柏拉图的《泰阿泰德篇》，附有译文和注释。他完成了中学读本维吉尔[3]，又完成了一个该文本的编订本。有一大系列希腊与拉丁文诗歌的杰出译本都与他有关，因为他是那部《河仙小集》*Sabrinae Corolla*【译按，塞布丽娜即塞文河（Severn）之仙名，这个河神亦

1　1866（以其 1843 年的著作为基础）；修订版，1888。参看他的《丹瑙逊博士拉丁语法全书之考订》*A Critical Examination of Dr. Donaldson's Complete Latin Grammar*（1852）。

2　1871.

3　1876；第三版，1881。

见于约翰·弥尔顿诗剧《科马斯》中】的主要供稿人，还有一部题为《暇咏集》Between Whiles 的诗集[1]。通过一事可以说明他作为拉丁诗人的超常本领：他能够在一觉醒来之后立刻写成一首拉丁文的十二行隽语诗[2]。他任校长时获得"极高成就"之法门，被从前的一位学生揭示如下：

> 此公所获成就的主要原因，即在于其自身。对他而言，古代之文学并不是死掉的文字，而是活生生的语音；这激发并促使他调动了其活泼天性中的所有情绪；他的热情，就像一切真挚的热情一样，四处蔓延，自身的热忱之火与进入其影响范围的一切可燃之物发生交流。这不在于他教习得如何精彩，而在于他如何传授。看起来，他对所讨论的一切话题都倾注了灵魂。他的方法中，没有任何死气，没有任何呆滞，也没有任何套路；这是他饶有生机之脾性的反映——富有追求的、才华洋溢的、意气勃发的、百折不挠的；他的学生们离开他时，人人怀有知识的真钥，对于知识自身怀有一份真挚又鲜活的爱。[3]

另一位学生则生动地描述了他对德摩斯提尼栩栩如生且富有戏剧效果的译笔：

> 他不仅是翻译了德摩斯提尼，他**就是**用英语**即兴**发言的德摩斯提尼。腔调被调整为一种最具表达力的风格——描述、质询、犹疑、谩

1　1877；第二版，1882。

2　《暇咏集》，161。

3　（T. E. Page），在《泰晤士报》，1889 年 4 月 9 日。

骂、讥嘲，所有这一切都被最为合适的口气译出来了。[1]

作为希腊语教授，他保持了不少任校长时的习惯，就对索福克勒斯的某些段落的准确解释而言，他对自己长期以来所持的观点极为固执。他的两编《索福克勒斯研究》*Studia Sophoclea*（1874—1884年），笔墨着落在对刘易斯·坎贝尔教授和耶博教授诸观点的批评上。涉及这些论争之处，前一位教授的评价颇为得体，他说，在阿提卡悲剧的领域，"缪斯们的圣地……紧挨着阿凯洛乌斯 Acheloüs 的庙坛，因而你若太过临近，偶而会被奔流卷走。本特利博士的英雄祠，也是靠近不得的"[2]。耶博教授对这位前任的典雅颂词，已见引于前页中[3]。

肯尼迪博士之弟，查理·兰恩·肯尼迪 Charles Rann Kennedy（1808—1867年），是1831年的"古典学最优生"，获得律师资格，最著名的成就是翻译德摩斯提尼。在两位肯尼迪之间，还有托马斯·威廉森·皮尔 Thomas Williamson Peile（1806—1882年），赖普顿学校的校长。他是萨缪尔·巴特勒的弟子，曾满怀感念之情地将对老师的回忆收入辛勤编订的《阿伽门农》与《奠酒人》（1839年）[4]。克里斯托弗·华兹华斯 Christopher Wordsworth（1807—1885年），是那位大诗人之侄，那位三一学院院长之子，1832年的"古典学最优生"，游历希腊期间发现了多多纳的遗址[5]；他后来做过哈罗公学的校长，西敏寺的领班神父，以及林肯郡的主教。

405

---

1 W. E. Heitland，在《鹰》*The Eagle*【译按，圣约翰学院的年刊】，xv 455。又见 J. E. B. Mayor 在《古典学评论》，iii 226–227、278–281。

2 《语文学杂志》，V 1。

3 肯尼迪对耶博所怀的真挚之赞赏，见于《暇咏集》，pp. viii、337。

4 肖像见于赖普顿学校图书馆中。

5 《希腊：画志、游记与史说》*Greece, Pictorial, Descriptive, and Historical*，p. 247，1839年版。

作为古典学学者，他的代表作是《雅典与阿提卡》*Athens and Attica*（1836
年），还有那部关于希腊的"画志、游记与史说"（1839年及其后），
以及编订的提奥克里忒[1]。与小肯尼迪同辈的的，还有一位约瑟夫·威
廉·布莱斯利 Joseph William Blakesley（1808—1885年），三一学院的研究
员以及导师，韦尔 Ware 的教区牧师，林肯的主任牧师。广泛的史地研究
兴趣，不为琐细之学，乃是他那部精妙的希罗多德编订本（1852—1854
年）的主要特征。他就是丁尼生最早写作的诗歌中有一首提到的"头脑
清楚的朋友"[2]，诗人还在以散文记述其人："他应该可以做大法官，因为
他是一个细腻而强悍的理智人士，并且诚实"[3]。

1832年的剑桥古典学拔尖考试中，第一名被授予曾在查特豪斯和
三一读书的埃德蒙·劳·勒辛顿 Edmund Law Lushington（1811—1893年）。
很久以后，当时的主考之一，肯尼迪博士，称此人的"试卷于所有论
题"，皆是"完备之至，毫无瑕疵"，为前所未见[4]。他在格拉斯哥出任多
年的希腊语教授，具有极高声誉[5]，他最杰出的学生中，有一位曾缅怀老

1 1844 及 1877 年。在这两个版本的前一部中，他至少提出了两个值得纪念的校订意见。在提
   奥克里忒，xiv 16，他将 βολβός τις κοχλίας【鸟蛤之球壳】改作 βολβός, κτείς, κοχλίας（"风
   信子、扇贝、鸟蛤"），而在圣克莱芒的书信集，c. 6 一处，他熟练地将 γυναῖκες Δαναΐδες
   καὶ Δίρκαι【达那俄斯诸女与狄尔刻一般的女仆（译按，指遭受不幸待遇的年轻女性）】调整
   为 γυναῖκες, νεανίδες, παιδίσκαι【稚嫩年幼的婢女】。参看他的《古代作家片段理校及其他》
   Conjectural Emendations of Passages in Ancient Authors, and other Papers（1883），11, 19，以及他的《访
   问多多纳》Address on Dodona，同上，33-41。
2 Brookfield 太太的《剑桥"使徒"列传》*The Cambridge "Apostles"*，1906，附有布莱斯利的肖像，
   在 p. 84 之对面。
3 《回忆录》，i（1907）38。
4 《语文学杂志》，vii 164。
5 1838—1875；就职谈话，为《论希腊语研究》*On the Study of Greek*（1839）。

师"待人的坦率"以及"笃实可靠的仪表"[1]。在《悼念集》的结尾，丁尼生谈到他"满身所披挂者，莫不是如花轻逸的学问"；诗人晚年又称他以希腊文翻译的《过沙洲而作》乃是所读过的最佳译文之一[2]。

同上那次考试的第二名，授予了出身于赖普顿、什鲁斯伯里和三一的理查·希莱托 Richard Shilleto（1809—1876 年）。他不久之后就成了古典学科目著名的私人导师。40 多年间，在古典学拔尖考试中获得最高荣誉的，有一大批是他教出来的。他是一位希腊成语的大师，而他在拉丁文方面的才能如在希腊文方面一般深湛，存于《河仙小集》、《康河芦笛》*Arundines Cami* 以及他本人专门编订的一卷译文集（1901 年）中的众多作品皆是证据。他原创诗歌的才能，体现于以阿里斯托芬或提奥克里忒之风格写成的即兴诗作小册子中。他编订德摩斯提尼《论伪使》，是该类著述里的上乘之作，从书写、印刷到出版，奇迹般地仅用了五个月的短暂时间（1844 年）。他那部令人翘首期待了很久的修昔底德，在壮年时期就已着手，是可以顺利完成的。尽管如此，却只刊布了两卷（1872—1880 年）。他的希腊语手写书体之优美，乃是与理查·珀尔森共有的特点。在他弥留之际，感念肯尼迪博士花园里摘的葡萄，以三行希腊语诗句志之，"字迹如常，清晰漂亮，尽管由于长久卧病显得有些颤抖"：

希莱托

---

1 Lewis Campbell，在《古典学评论》，vii 476，同上，425-428。在他的其他学生中，还有 W. Y. Sellar（参看《古典学评论》，iv 429，以及 Sellar 夫人的《流年碎影》*Recollections and Impressions*，49）与 D. B. Munro，后者受老师启发，遂对荷马产生长达一生的兴趣。在学术方面，他主要推崇的是赫尔曼与柏克（《古典学评论》，vii 427）。

2 见引于《回忆录》，ii 367 注释。

νικᾶν ἅπασι τοῖς κριταῖς λέγω σ᾽ ὅτι

δισσὼ φίλω δέδωκας ἕλικε βοτρύων,

ᾧ φιτυποιμὴν σοῦ κελεύοντος δρέπει.

【因我称您胜过所有学者

　您寄来两串可人的葡萄，

　号召咱俩园丁加速采摘。】[1]

407

汤普森希莱托有位杰出的同辈，威廉·赫普沃思·汤普森 William Hepworth Thompson（1810—1886 年），在 1853—1867 年间担任钦定希腊语教授，生平最后 20 年间出任三一学院的院长。作为讲解欧里庇得斯[2]、柏拉图[3]、亚里士多德的教授级讲师，他给人以极深的印象，可不幸的是他在这些方面刊布的著述很少，只有亚切尔·巴特勒 Archer Butler《希腊哲学史讲录》（1855 年）的编订本，以及对柏拉图《斐德若篇》和《高尔吉亚篇》令人钦佩的注疏集（1868—1871 年）。他的次要著作里，最重要的是一篇"论柏拉图《智者篇》之真实性及其部分哲学意涵"的论文[4]，其中揭示出埃利亚派逻辑学在希腊哲学发展过程中的作用。欧里庇得斯、阿里斯托芬以及柏拉图，是他另外那些论文的主题[5]。通过他刊布的论著，以

---

1 《语文学杂志》，vii 163–168。

2 他的导读讲录（1857），刊于《语文学杂志》，xi 243 以下。

3 参看关于《斐莱布篇》的导论（1855），同上，xi 1 以下。

4 《剑桥哲学学会学刊》*Transactions of the Cambridge Philosophical Society*，x（1858）146 以下，重刊于《语文学杂志》，viii（1879），290 以下。

5 《柏拉图以及伊索克拉底研究丛札》*Platonica-Isocratea*，在《古典与圣教语文学学刊》，iv；《阿里斯托芬研究丛札》*Aristophanica* 及《柏拉图研究丛札》*Platonica*，在《语文学杂志》，iv；《斐莱布篇导论》*Introductory Remarks on the Philebus*，以及《欧里庇得斯》*Euripides*，同上，xi；《论阿里斯托芬之"云"》*On the Nubes of Aristophanes* 及《巴布理乌斯丛札》*Babriana*，同上，xii。

及个人的影响，他对剑桥古典研究范围的开拓大有作为，竭力避免使之过度地拘囿于字句之学术。"他谈吐间的冷幽默多令人难忘，但情感上的敏锐和温和显然比我等凡俗之辈所感受的要精彩多了……他的庄严宝相，如今留存于赫克摩尔 Herkomer 所绘肖像中，可在其学院的大堂中见到。"[1]

汤普森非常赞赏的极具独到之见解的学者，就是那位查理·巴德姆 Charles Badham（1813—1884 年）。此人的父亲译过玉万纳尔，是格拉斯哥的一位医学教授，收藏罗马玉器，其母是诗人托马斯·坎贝尔的一位表亲。巴德姆早年曾跟随裴斯塔洛齐 Pestalozzi 读书，后来进伊顿受学，在牛津的瓦德汉学院获得学位，又用了七年时间在日耳曼、法兰西和意大利旅行之后，他显示出对剑桥学术风度的倾心，成为彼得豪斯学院的一员。他被允准并获得了神学博士学位，相继出任南安普顿、劳斯和艾德斯巴顿的校长，不过他那不安分的脾性几乎无法适应这样的职位。1863 年，他成为伦敦大学的古典学课程主考官，自 1867 至 1884 年，他在悉尼大学担任古典学与逻辑学教授，为澳大利亚教育所做的贡献使他获得了莫大的赞誉。

巴德姆

408

他编订过欧里庇得斯的《在陶里斯的伊菲革涅亚》《海伦》以及《伊翁》，柏拉图的《斐德若篇》《斐莱布篇》《欧绪德谟篇》《拉凯斯篇》以及《会饮篇》。他还著书讨论过柏拉图的《书信集》，论文刊发于《莱

1　J. E. Sandys, 在《英伦社会》, vi 304 ; C. Merivale 在《语文学杂志》, xv 306–308 ; H. Jackson, 在《传记年刊》, 1886, 221–223 ; J. W. Clark,《剑桥诸地怀人集》 *Old Friends at Cambridge and Elsewhere*, 302–313（《星期六评论》, 1886 年 10 月 9 日）;《亨利·西季威克传》 *Life of H. Sidgwick*, 458。

茵博物馆》与《记忆女神》。此外，他在悉尼发表的就职演说，标题为
《劝勉悉尼大学诸生》*Adhortatio ad discipulos academiae Sydneiensis*。

在学术上，他尤其深受珀尔森与科贝特之学派的影响。1860 年他
在莱顿获得荣誉学位，在那里首次遇到科贝特；1865 年他将自己编订的
《欧绪德谟篇》与《拉凯斯篇》（附有一封前沿性质的写给莱顿大学校务
会的信函）题赠给科贝特；临终前口述的最后一封信，也是写给这位伟
大的荷兰学者的。他对阿里斯托芬文本的校订，赢得了汤普森的高度赞
赏，后者是他在 1857 年于伊利会见的，他的《会饮篇》所附的那封序
言性质的信函，是写给汤普森的（1866 年）。他的朋友，还有莫里斯
F. D. Maurice 和特奥多尔·马丁爵士 [1]。

科普 就 1867 年从汤普森那里空缺出来的希腊语教授职位而言，最重要
的候选人之一，是爱德华·梅雷迪思·科普 Edward Meredith Cope（1818—
1869 年）。他在什鲁斯伯里跟随肯尼迪读书，最著名的成果是一部亚里
士多德《修辞学》的详赡导读（1867 年），这是一部全面广泛的编订本
的前身，后者问世于作者身后（1877 年）。他翻译的《高尔吉亚篇》刊
布于 1864 年;《斐多篇》的译本也是身后才出版。他在《剑桥古典与圣
教语文学学刊》上发表了一系列文章，批评格罗特关于智者派的意见，
但是他那部《修辞学》导读著作题献的对象也正是格罗特 [2]。

丹瑙逊 在汤普森同辈中最杰出的人物，有约翰·威廉·丹瑙逊 John William
409 Donaldson（1811—1861 年），是三一学院的研究员，贝里圣埃德蒙兹中

---

1 Lewis Campbell，在《传记年刊》，1884，92–98。
2 小传由 Munro 所撰，置于科普的《修辞学》书前（Sandys 编订）。

学的校长（1841—1855 年）。在他的《新克拉底鲁篇》*New Cratylus* 中 [1]，对为英国比较语文学研究提供了巨大的推动力；在《瓦罗研究论丛》*Varronianus* 中 [2]，他提出了伊特鲁里亚人的哥特亲缘理论。他还是《希腊人的剧场》一书的主要作者；编订过品达（1841 年）、索福克勒斯的《安提戈涅》（1848 年）以及一部修昔底德的文本（1859 年）；还完成了 K. O. 穆勒的《希腊文学史》（1858 年），并撰写过一部兼具趣味性和启发性的著作，题为《古典学术与古典学问》（1856 年）。他的《学生用拉丁语法全书》*A Complete Latin Grammar for the Use of Students* [3]，在 1860 年得到扩充；其《学生用希腊语法全书》在 1862 年推出了第三版。还有一部著作，其中有他在 1854 年据理力争的观点，即认为亡佚的雅煞珥书组成了"圣书的宗教精髓"，这在神学界引发轩然大波，最终导致作者在贝里辞去职位，从此献身于剑桥的古典学工作。

比丹瑙逊略年轻的同辈，出身于什鲁斯伯里和圣约翰的弗雷德里克·阿普索普·佩利 Frederick Apthorp Paley（1816—1888 年），代表了广博多元的研究趣味。他是一位孜孜不倦的植物学家，并热衷于研究教会建筑，还是剑桥"坎登学会"【译按，Camden Society，神学研究会，以 16 世纪历史学家威廉·坎登命名】的活跃分子；他 1846 年皈依罗马教会，1860 至 1874 年回到剑桥担任私人导师，后成为肯辛顿一所天主教学院的教授（1874—1877 年），生平最后 11 年间居住于伯恩茅斯。

佩利

他最早的成名作是一部附有拉丁文注释的埃斯库罗斯编订本

1　1839；第三版，1859。
2　1844；第三版，1860。
3　受到 B. H. Kennedy 的批评（1852）。

（1844—1851 年），此后又有一部英文版（1855 年之后），这被公认是他的最佳著作。他还编订过欧里庇得斯、赫西俄德、提奥克里忒的著作，以及《伊利亚特》，还有索福克勒斯的多部剧作，以及奥维德的《岁时记》和普罗珀提乌斯的著作。他在本书作者协助下还编订了一部《德摩斯提尼私人演说词选集》（1874 年）。他有为数众多的英译，其文体风格上的特质却不似拉丁散文中那么鲜明。因偶尔对丹瑙逊所论士麦那的昆图斯与《伊利亚特》之某种相似性有所评说，使他产生了一组论文，主张今日所见其形式的荷马之诗歌，俱不会早于亚历山大时代，并认为这两部作品主要是以口头文学的传统到达修昔底德之时代的[1]。他并不通晓德语，所具有的广阔而丰富的学问都是自家读书所得。在他所撰的种种前言序文中，可见到其最出色的那些著作。在他的"欧里庇得斯"前言中，他反对纯粹的文本性注文，那是珀尔森学派的特点。他自家编注本里所写的注释就"旨在引导学生们更要留意作者的心思和感情，而不是语言和风格"[2]。

410

托马斯·
桑德斯·
埃文斯

　　什鲁斯伯里与圣约翰所出的人物还有一位佩利的同辈，托马斯·桑德斯·埃文斯 Thomas Saunders Evans（1816—1889 年），他在拉格比执教

1　"关于今日《伊利亚特》与《奥德赛》的最晚完成时期与写作特点"（1868）；"荷马字汇中的伪古用词与词形变化，及其与荷马歌诗之古代文化的关系"（《语文学杂志》，vi 114 以下，1876）；"士麦那的昆图斯与悲剧诗人们的荷马"（1876）；"Homerus Periclis aetate quinam habitus sit quaeritur"【对伯利克里时代的荷马之质疑】（1877）；"Homeri quae nunc exstant an reliqui cycli carminibus antiquiora jure habita sint"【现存古代诗歌系统遗篇中所见之荷马】（1878）；"有关荷马之真相"（1887）。
2　卷 i, pp. liv–lviii, 1872 年版。——《泰晤士报》，1888 年 12 月 10 日；S. S. Lewis 在《传记年刊》，1889，15–17。

多年。他在古典语言写作方面的过人之才华，体现于 1893 年出版的那部《拉丁与希腊语韵文集》，"聊以纪念一位富于创造力和极高天赋的人，这个评价来自他所擅长之学术领域中的许多杰出人物"。

同一所公学还向剑桥输入了另外一位学养深厚的学者，威廉·乔治·克拉克 William George Clark（1821—1878 年），他在 1857—1869 年出色地担任校方公共发言人。他曾游访过西班牙、意大利和希腊，游记著作中有一部《伯罗奔尼撒》，是他与汤普森一同游览希腊的成果。1860 年所构想的莎士比亚校勘本，在 1866 年由克拉克和阿尔迪斯·怀特 Aldis Wright 成功完成。他还曾设想撰述一部阿里斯托芬校勘本。 威廉·乔治·克拉克

阿里斯托芬的文本，在剑桥早已得到那位博学多闻的托马斯·米切尔 Thomas Mitchell（1783—1845 年）予以阐发。此公是锡德尼学院的研究员，他的译本问世于 1820—1822 年，多部剧作的编订本出版于 1835—1839 年。还有五部阿里斯托芬剧作，有冈维尔与凯斯学院的约翰·胡卡姆·弗雷尔 John Hookham Frere（1769—1846 年）的精妙译文，是 1830—1840 年间在马耳他产生的[1]。 米切尔
弗雷尔

克拉克在 1867 年下了一些功夫用来检查拉文纳和威尼斯的钞本，并着手撰写《阿卡奈人》的注疏[2]，健康状况的恶化迫使他无法完成这个工作。与他相交近 40 年的朋友门罗，认为"其思想之精审博洽，为前所未见"；其著作的特点具有"惊人的老辣与敏锐"，以及"完美的优 411

1　《生平与著作集》，第二版，1874。
2　关于《阿卡奈人》第 1—578 行的注文，刊于《语文学杂志》，viii 177 以下，ix 1 以下，23 以下。

雅与浑成"[1]。他生平最后34年里，是三一学院的研究员，临终将自己的财产留给了学院，该院设立了"克拉克英国文学讲席"，用以纪念他的名字。

丘吉尔·
巴宾顿

与克拉克同时代的丘吉尔·巴宾顿 Churchill Babington（1821—1889年），是圣约翰的研究员，1865—1880年间担任迪斯尼考古学教授。他在1851—1858年完成了叙珀芮德斯演说词中四篇的首刊版，自"驳德摩斯提尼"始，至"葬礼演说词"终[2]。比克拉克与巴宾顿晚生一岁的休

休伯特·
阿什顿·
霍尔登

伯特·阿什顿·霍尔登 Hubert Ashton Holden（1822—1896年），是三一学院的研究员，自1858至1883年任伊普斯维奇学校校长。他编订过阿里斯托芬的文本，附有一篇特别名谓表，还完成了多部详赡的注疏，包括修昔底德第七卷，色诺芬《居鲁士的教育》《希伦篇》与《齐家篇》，普鲁塔克的8篇传记，还有西塞罗的《为普兰齐乌斯》《为塞斯提乌斯而辩》与《论义务》。他在《华林集》Foliorum Silvula 刊布了一组从英诗中采撷的段落，译成希腊语和拉丁语，此后又在《群英集》Folia Silvula 中发表了不同学者所贡献的同类型译本。

霍尔姆斯

为《群英集》供稿的古典学家中最为杰出的是亚瑟·霍尔姆斯 Arthur Holmes（1837—1875年），出身于什鲁斯伯里与圣约翰，曾编订过德摩斯提尼的《斥梅第亚斯》和《议金冠》，并出版过一部关于"品达著尼米亚颂"之讲录（1867年）[3]。

---

1 《语文学杂志》，viii 173-175。其"白银般的谈话"，被记录在《亨利·西季威克传》，171。

2 J. E. Sandys 在《古典学评论》，iii 135，《传记年刊》，1889，26以下；以及 C. C. Babington 在《鹰》，xv 362-366。

3 E. W. Bowling 在《鹰》，ix 329以下；他为提布卢斯，iv 2（苏尔皮西娅）【译按，此处系旧版本编号，新版编号为卷三第八篇，乃疑似之伪作】所作的华丽译文，见引于该刊，p. 334，重印于 Postgate 的《提布卢斯集》，p. xl.。

图 59　理查·克拉弗豪斯·耶博

（经许可）重制自伦敦 Window 及 Grove 诸公提供的一张相片

理查·克拉弗豪斯·耶博 Richard Claverhouse Jebb（1841—1905 年），出身于查特豪斯，是剑桥三一学院的研究员，在赢得珀尔森奖以及珀尔森与克莱文奖学金资助后，于 1862 年以古典学最优生身份获得学位。1869 年他被选为剑桥的公共发言人，自 1875 至 1889 年任格拉斯哥的希腊语教授，自 1889 年至逝世一直担任剑桥的希腊语教授。在他生平的最后 14 年中，他是代表大学的下议院议员，获得了许多学术机构授予的荣誉学位，1900 年受封为骑士，1905 年夏取得"功绩勋章"的无上荣耀。在该年秋天，他作为这个教育部门之首脑的致辞[1]，成为南非不列颠学会之会议中最令人印象深刻的事件；而在是年终了之前，他与世长辞。

他将被长久怀念的工作，是编订了索福克勒斯（1883—1896 年）与巴居理德斯（1905 年），著作了那部《阿提卡演说诸家》[2]。他另外的著作，还有一部特奥弗剌斯特的翻译，一部《荷马导读》，以及关于近代希腊、希腊诗歌还有教育中的人文主义的讲演录[3]，再就是关于伊拉斯谟和本特利的专著，一篇珀尔森的简传[4]，与一篇关于麦考莱的评鉴文字。他为《大不列颠百科全书》和剑桥版《希腊研究手册》提供了希腊文学的文章，向希腊学会的机关报刊贡献了有关德洛斯和品达的论文，他在生平最后 16 年间是该学会的荣誉主席。1883 年，他在不列颠雅典学校的成立中起到了领导作用[5]。他代表着"人文主义者"这个概念里最高层

---

1 《大学教育与国家生活》*University Education and National Life*，在《随笔与演说集》（1907），624–648。

2 1876；第二版，1893。

3 重印于《随笔与演说集》，506–544。

4 《不列颠传记辞典》。

5 此项目最先由他本人提出，见《当代评论》，1878 年 11 月，继而又发表于《双周评论》*Fortnightly Review*，1883 年 5 月。又见耶博女士所撰传记，211 以下，244 以下。

次的含义，"不仅通晓古典文学的形式"，而且"吸收其精神，将之运用于现代生活的理解与批评中去"。他的《阿提卡演说诸家》，向文学界昭示了这一事实：他这样一个"英语散文写作的艺术家"，是属于"当世第一等希腊学者"之列的[1]。在该书中，他出色地讨论了早期演说家们的生平、风格和言辞，结尾一章论及浑然圆熟的平民辞令，以德摩斯提尼作品中所见为例。在他的"索福克勒斯"中，更进一步展现其校勘学家的实力，同时也显露出人文主义者的修养和英语表达上高超的驾驭才能，耶博并未假装是比较语文学或者考古学的专家，唯长于以一种完美的文学形式在那些领域中取得最新研究所达到的成果。此书已被公允地评价为"就文学阐解方面而言，是当时甚或从以往至今所产生出的最精巧、综合及珍贵的著作之一"[2]。同样的品质，也呈现于他的"巴居理德斯"中，其中的钞本瑕疵得到进一步修复，使之合乎一位希腊诗家的真实面目。他作为希腊抒情体诗歌的创作者，其才能已从三首品达体颂歌中见得一斑：（1）他译的勃朗宁《阿布特·沃格勒》[3]，得到了原作者的推崇[4]；（2）译自兰恩·肯尼迪的《韶华颂》*Reign of Youth*，译作被称为一部"融合了非凡之才赋、学养和格调的优美作品"[5]；（3）他写给博洛尼亚大学第八届百年庆典的颂歌（1888 年）[6]。丁尼生在将古典主义诗作《得墨忒耳》题献给耶博时，曾用过这第三首颂歌的典故：

414

1　《评论季刊》，1881。

2　Verrall 在《传记年刊》，1906，77。

3　《希腊与拉丁诗体译作集》*Translations into Greek and Latin Verse*，1873；新版，1907。

4　Browning 的《阿伽门农》前言。

5　Kennedy 的《暇咏集》，339，352–377。

6　以上品达体颂歌，俱刊于新版《译作集》，1907。

美好的事物都在慢慢消逝，

大熊星看着你，而昨日从

品达的幽灵中翻涌出来

走进你这个奥林波斯的神。

他那部《译作集》，包括了颇多以拉丁语和希腊语之诗体写成的优美译文，而他所通晓的拉丁语散文的一种极为精妙的体式，呈现于他担任校方公共发言人的终身职务时所发表的致辞中[1]。英语写作里相当于这些文词的，是他在 1904 年彼得豪斯学院大堂为祝贺海外各科学院成员而发表的精彩讲话。有句话说得好，称他为"这个时代最为华妙的学人之一，最具学养的文家之一——伟大的人文主义者，以通过融合渊博的学识、高超的校勘才能及典雅的品格，他在同辈中罕见与其匹敌者，或许无人可凌驾其上"[2]；还有一句妙语，说他在那部关于本特利的专著中无意间描绘了自己的才赋，那位伟大学人认为，对一个古典作家的现代校勘家而言，一切希腊与拉丁之古代文化的广泛阅览和渊博知识都是不够的，而耶博如此解读：

应当尽可能通晓一切学问……而除此之外，还需要迅捷的识断，需要长远的见识与活泛的心思，需要某种神机妙算的才智和灵感，如阿里斯塔库斯所言——才华并非出自持久的勤奋和漫长的生涯，而全在于天

---

1 例如《剑桥大学报道》，1874 年 6 月 12 日，481–486。
2 《泰晤士报》，1905 年 12 月 11 日，p. 6。

性赐予、福星高照。[1]

1885 年，有一部《吕西亚斯演说词 16 篇》的修订版，被题献给了耶博教授。编者是伊夫林·雪利·沙克伯勒 Evelyn Shirley Shuckburgh （1843—1906 年），伊曼纽尔学院的图书馆馆长及后来的研究员。此人完成了大量的经典著作的注释本，其中有一部苏维托尼乌斯《奥古斯都帝传》的史学注疏，后来还出版了他本人为该帝所作的传记。他还有两种罗马史，两种希腊史，以及若干种翻译。其中最杰出的是他广受好评的波里比乌斯，还有那部脍炙人口的西塞罗书信集的译著。对于后者，他在自己的前言中极富个性地声称："我为了与罗马最伟大的思想者神交感通而付出日日夜夜，没有哪个批评家可以对之加以贬损。"他当得起"真正的文学热爱者"这个称号[2]。他将所译的西塞罗关于老年与友谊的论著献给了两位最长久的朋友：*senescentibus senescens, amicis amicus*【老者赠与老者们，友人赠与友人们】。尽管他并未谈得上所谓"实现老年之幸福"，但在很大程度上拥有了"友情之恩赐"，以及显示出长久青春活力的天资[3]。

1901 年 6 月，理查·耶博爵士在希腊学会以会长身份发言，哀悼了几位逝者。其中有"乔治·查理·温特·沃尔 George Charles Winter Warr

沙克伯勒

沃尔

416

1 《泰晤士报》，如前所及；参看 S. H. Butcher 在《古典学评论》，1906 年 2 月，71 以下；A. W. Verrall 在《传记年刊》，1906，76-79，以及在耶博女士的《理查·克拉弗豪斯·耶博爵士生平与书信集》的附录（427-487），此书无肖像，1907。那部辑录起来的《随笔与演说集》（1907）的主题涉及索福克勒斯和品达、伯利克里时代、修昔底德的演说词，还有古代的公共舆论机构、德洛斯的发掘，以及恺撒、琉善、伊拉斯谟和萨缪·约翰逊，"教育活动中的人文主义精神"与其他各类话题。
2 H. J. 在《剑桥评论》，1906 年 10 月 18 日，8。
3 J. Adam，同上，6-7。

（1845—1901 年）教授，他在古典文学研究上有许多重要贡献[1]，去世前正计划将阿提卡戏剧里的杰作翻译得能让英国读者更容易充分领会；还
尼尔　有剑桥彭布罗克学院的研究员兼导师，罗伯特·亚历山大·尼尔 Robert Alexander Neil（1852—1901 年）先生，他也是梵文专业的大学讲师，是一位身怀绝学、心思敏锐的古典学家"。在另一处，耶博又谈及尼尔："古代的经典对他而言一直是伟大的文学作品，一种良好的文学感觉一再引领他去探讨他们。"[2]展现尼尔精准及多样之学术的唯一纪念品，是其身后出版的阿里斯托芬《骑士》的编订本。朋友们作序，对他有个准确的评论："他熟稔学界已有的成果，无论当下还是过去，涉及古典世界的生活、思想和语言的方方面面。""他在古典世界的生活和思想的任何领域都进行过阐述和解释，试图在整个文学领域进行比较、举证和评议。"[3]

詹姆斯·　尼尔有一个过从甚密的忠实朋友，詹姆斯·亚当 James Adam（1860—
亚当　1907 年），同他自己一样，都是阿伯丁大学和剑桥大学的忠贞子弟。亚当同那位苏格兰人文主义者亚瑟·约翰斯顿一样，生长于阿伯丁郡的同一地区。本书作者记得分明，亚当曾怀着爱国豪情，向他谈起那位诗人描绘拜纳希山下、乌莱河畔家园的华丽诗篇：

---

1 《俄瑞斯忒斯故事》*The Story of Orestes*（1886）;《希腊的回声》*Echoes of Hellas*（1888）;《希腊史诗》*The Greek Epic*（1895）; Teuffel 的《罗马文学史》英译本（1900）。参看《雅典娜圣殿》，1901 年 3 月 2 日。他在伦敦国王学院担任了 25 年的古典文学教授。他在利物浦圣救世主教堂的墓志铭，结尾处说："一位热情的学者，具有无限的耐心，乐于奉献一切来做一名最卑微的学人。他的欢乐寄托于美好；他的艰辛致力于匡谬。他敢于按照至上者赐予的启示而生，并爱别人胜过自己，由此得到大爱。"

2 《剑桥评论》，1901 年 10 月，22，38。

3 又见友人 J. Adam 对他颇值得尊重的怀念文字，在《剑桥评论》，1901 年 10 月，21 以下，37 以下。

Mille per ambages nitidis argenteus undis

Hic trepidat lætos Vrius inter agros.

Explicat hic seras ingens Bennachius umbras.

【微波闪耀，无数涟漪

　快乐摇颤着乌莱河岸。

　拜纳希高山投下巨大暗影。】 [1]

在阿伯丁，亚当受到了格迪斯 Geddes 教授的启发影响。这位前辈是《斐多篇》的编订者，"早年间他那高亢的热忱和勇气"，后来被学生称为自己全部柏拉图之研究的最终源泉 [2]。在剑桥，亚当成为冈维尔与凯斯学院的一名学者，他取得学位时获得了纯学术上的声誉，在哲学与比较语文学方面皆树立了名号，而成为伊曼纽尔学院的研究员后，他又在希腊抒情诗诸家、柏拉图及亚里士多德、后亚里士多德哲学诸家方面，凭借自己热情洋溢、令人鼓舞的讲座赢得了广泛赞赏。1904 年，在阿伯丁也是如此，他关于《希腊的宗教教师》*The Religious Teachers of Greece* 一题的吉福德 Gifford 讲座也引起了人们最为强烈的兴趣，据说 1906 年的剑桥讲座《克理安忒斯的颂歌作品》*Hymn of Cleanthes* 可能也是如此。他为剑桥大学出版社完成了柏拉图《申辩篇》《克里托篇》和《欧绪弗洛篇》的精彩编订本。在那部《普罗泰戈拉篇》中，他得到了妻子的协助，后者对柏拉图的研究之热情毫不逊色于他。他还准备了一部《理想国》的文本（1897 年），并且最终发展成一部详注本（1902 年）。最后这部是他

417

1　上文第二卷，第 249 页。
2　柏拉图，《理想国》，前言，x。

作为古典校勘家的杰作，为此他不得不阅读并摘录"大量考据与诠解文献"，在其为柏拉图之阐发所做的贡献中，多有确系出自原始文献的发明。在对这部著作所做初步研究的过程中，他写了论著《柏拉图的婚育数字》 *The Nuptial Number of Plato*（1891 年）[1]，有位亚述学家，费城的希普莱希特 Hilprecht 教授，近日指出亚当的解释与巴比伦的"完美数字"相合，希氏自己发现当是（$3 \times 4 \times 5$）的四次方，即 12 960 000[2]。在亚当的柏拉图讲座里，他倾向于表现为一个严苛的批评者，针对的是那些在他看来对钞本进行不正当变革的学者。他寻常之言行中有更可感的性情，好反讽，好悖论，思维轻盈，举止俏皮，脾气里有一种独特的勃勃生机，结合了对往昔古典世界宗教信仰的严肃兴趣。在 1906 年 1 月评议会大楼所发表的讲演中，他将品达的一个残篇视为一篇富于雄辩、令人难忘之谈话的文本，涉及古代灵魂不朽之学说[3]。在他并不长寿的生命晚期，开始对斯多葛派与基督教义之关联的研究产生兴趣。在新兴的趣旨里，他把《理想国》的翻译以及导论之专卷都弃置一旁了，那是他曾经在期待的，那时他在完整的注疏本之起始页上题写了这么一段哀婉的献词："我满怀感激和敬爱之意，以此书作为对罗伯特·亚历山大·尼尔的纪念——εἰς ἐκεῖνον τὸν βίον, ὅταν αὖθις γενόμενοι τοῖς τοιούτοις

斯特拉坎 ἐντύχωμεν λόγοις【他们重生之日，这会对其研讨有所帮助】。"[4] 约翰·斯特拉

1　又见他在 p. 545 处的评注（ii 201 以下，264–312）。

2　W. R. Ramsay 爵士，在《阿伯丁自由评论》 *Aberdeen Free Press*，1907 年 8 月 31 日。

3　《剑桥讲辞集》，27–67（关于品达，残篇 131），Wilamowitz 的评论，见《古典学评论》，xx 445。

4　《理想国》，498 C。参看《泰晤士报》9 月 3 日的讣告；《雅典娜圣殿》，9 月 7 日；P. Giles 在《剑桥评论》，1907 年 10 月 17 日，并见《伊曼纽尔学院杂志》 *Emmanuel College Magazine*，1908；又见亚当夫人所作《回忆录》，附于那本《吉福德讲座》之前，1908。

坎 John Strachan（1862—1907 年）也给尼尔写过献词，此人比亚当晚一
年进阿伯丁大学，他题献的著作是两卷本的《古爱尔兰语宝库》*Thesaurus*
Palaeohibernicus（1901—1903 年）。在剑桥被选为彭布罗克学院的研究员时，
他的大学名声几乎就等同于亚当所得到的，但他主要的才力倾注于比较
语文学。他在哥廷根和剑桥研究梵文，在耶拿则致力于研究凯尔特语。
1889 年当选为曼彻斯特的希腊语教授，他编订希罗多德的第六卷，附有
对伊奥尼亚方言的精彩总结，而在他短暂的生命末期，还有对中古威尔
士语的诸多发现，并在筹备研究希腊语言的大量工作[1]。吉尔伯特·诺伍
德 Gilbert Norwood 先生关于"《酒神伴侣》之谜题"的著作，题献给了这
位"坚诚之学人"作为纪念。

　　在埃尔姆斯利与盖斯佛德之后的世代里，希腊学术在牛津的代表，
当推查特豪斯公学出身、担任基督堂座堂神父的亨利·乔治·利德尔利德尔与
Henry George Liddell（1811—1898 年），还有出身于什鲁斯伯里公学、担任斯科特
贝列尔学院的院长以及罗彻斯特座堂本堂神父的罗伯特·斯科特 Robert
Scott（1811—1887 年），两人合作完成了那部权威的希腊语英语辞典。
此书初版问世于 1843 年，部分内容以帕索的辞典为基础；至 1897 年出
版至第八版。此书标志着多纳根 Donnegan、邓巴及贾尔斯诸家辞书之后
的巨大进步；它致使丁道夫放弃了编纂同类著作的计划；至今看来，此
书在英国依然无可匹敌[2]。

　　斯科特作为贝列尔的院长，在 1870 年由本杰明·周厄提 Benjamin周厄提

1　《泰晤士报》,10 月 2 日;《雅典娜圣殿》,10 月 5 日; P. Giles 在《剑桥评论》,1907 年 10 月 17 日。
2　H. L. Thompson 的《利德尔传》*Life of H. G. Liddell*（附肖像）, 65—82。

Jowett（1817—1893 年）接替职务，后者在 1855 年继盖斯佛德成为希腊语教授。为他作传记的诸多才士之一[1]，已在"关于学究世界的流行偏见"里明确地置以"谬误的添补"，称周厄提尽管是一个希腊语教授，但从严格意义上去追究，他实在算不得一位学者。周厄提随后带着嘲讽之意欣然应道："我经常乐于认为，既然我毫无价值，那就不得不和世上最伟大的文学打交道。"据说在他早期的专业生涯中，"每夜读荷马之书，早餐时间研习布特曼的《辞解》，很多次通检品达及抒情诗诸家，坐火车旅行也会随身带着希罗多德。他一向喜爱的是埃斯库罗斯和索福克勒斯……后来总是随手携带有些著作家的书，——例如琉善和普鲁塔克——超出他直接相关研究的范围"。在古典研究领域，他的若干计划中最杰出的是牛津版柏拉图主要对话集。《斐莱布篇》在 1860 年由爱德华·波斯特 Edward Poste（1821—1902 年）编订，《泰阿泰德篇》（1861年）及《智者篇》与《政治家篇》（1867 年）的编订者是刘易斯·坎贝尔教授，而里德尔 Riddell 编订了《申辩篇》（1867 年）[2]。周厄提自己在这个项目中的工作，是一部旷日持久的《理想国》编订本，包括了文本、注释和论文，其中得到了坎贝尔教授的协助（1894 年）。与此同时，他已经酝酿了柏拉图著作全译本的计划，这在 1871 年即大功告成。此后他还翻译了修昔底德（1881 年）以及亚里士多德的《政治学》，这两部都配有注疏部分。所有这三种伟大著作，都堪称英语世界的杰作，尤其是他译的柏拉图，以及书前写得极为精彩的引言，对在英国及其他地区普及传播柏拉图贡献良多。事实上，这部译本"将柏拉图造成一部英语

1　Lewis Campbell，在《古典学评论》，vii 473–476。

2　下文第 422 页。

经典"[1]。若有人向他指出其中的某些瑕疵，他会查看后答复说："这不是我不懂这些基本的问题；但要将英语变得谐和融洽，须下大功夫，乃至思路不自觉地脱离了希腊语的细节。"[2]他对碑铭学、考古学以及推测式校勘的价值都存有怀疑态度。

关于推测式校勘，周厄提书中说："我们对大学者们因偏爱而入其彀中的这类蠢事考虑得越多，我们能为之安排的范围就越狭小。"[3]

他对研究碑铭学之意义的怀疑几乎可以得到原谅，因为有这么几句妙语，其中那些怀疑意见是最后才总结出来的："在希腊语的土壤上勤奋不辍，得碧天之光照，仰古代之荣耀，或阅读碑铭玉版，或采集片石碎金，别有一种魅力，不同于在古代诸家语言中之所得。然而即便是真能领会这些遗物中的价值，还是要实现对希腊与希腊人之思想精神的更高层次的研究，我们必须回到这个层次上，在释读尘封于废墟的希腊儿女们手写文字的过程（就像在看亲笔书写一样）中找到某些微小的快乐。"[4]   420

周厄提的同辈，马克·帕提逊 Mark Patison（1813—1884 年），是林   帕提逊
肯的校长，在学术史方面深加研读，特别是熟稔法国的文艺复兴，这从
他所作的《卡索邦传》[5]，及《斯卡利杰尔论》上可见一斑[6]。

---

1 耶博的《随笔与演说集》(1907)，534，615。
2 《古典学评论》，vii 475。
3 柏拉图《理想国》，卷 II，p. xiii。
4 《修昔底德》，卷 I，p. cii，1900 年版。参看 Campbell 与 Abbott 所撰传记（附肖像），1897。
5 1875；第二版，1892。
6 重刊于其《文集》，1889。——参看截止于 1860 年的《回忆录》，口述于 1883 年；《传记年刊》，1884，47 以下；以及《亨利·西季威克传》，404。

年纪在帕提逊与周厄提之间的乔治·罗林逊 George Rawlinson（1815—1902 年），是埃克塞特的研究员，古代史的坎登教授，以及坎特伯雷的座堂教士，他在 1858 年完成了一部希罗多德的权威译本，附有注释和论文，协助其完成部分内容的，有译者的兄长、亚述学家亨利·罗林逊爵士，还有埃及学家加德纳·威尔金森 Gardner Wilkinson 爵士。乔治·罗林逊在 1862—1871 年间还出版了"东方世界五大王朝"的系列著作，此后在 1873—1876 年又刊出了第六、七两大王朝。他的肖像存放在三一学院大堂，表现他正在为了纪念那位杰出的兄长而转写文字[1]。

与乔治·罗林森同时代的，有那位博学的医学家，威廉·亚历山大·格林希尔 William Alexander Greenhill（1814—1894 年），他来自拉格比和牛津的三一学院，曾为史密斯的《希腊与罗马传记辞典》提供了一系列古代医学作家的重要条目文章。

牛津的比较语文学当以弗里德里希·马克斯·穆勒（1823—1900 年）为代表，他在柏林师从波普和谢林，在巴黎则跟随尤金·比尔努夫读书。他在英国受到了本森的欢迎，并受东印度公司邀约，编订《梨俱吠陀》（1849—1873 年）。1860 年，他候选竞争牛津的梵文教席未果，遂在皇家科学院开设了两门令人尊敬的"语言科学讲座"课程（1861—1864 年），这在整体上产生了如下结果：英国人熟悉了比较语文学的研究，并使得他在 1868 年被指派为牛津大学这一科目的教授。"尽管他的工作与方法或许大多早已过时，但其著述在许多领域都体现出一种非常令人鼓舞的影响力。"[2] 比较语文学也是爱德华·拜尔斯·科威尔 Edward

---

1 《泰晤士报》，1902 年 10 月 7 日讣闻。

2 《不列颠传记辞典》；参看《传记年刊》，1902，7-39。

Byles Cowell（1826—1903 年）所研究之宽广领域中的一个，他出身于牛津莫德林学院（1854 年），曾主持加尔各答的梵文学院，此后在剑桥担任了 36 年的梵文教授，直至去世。他的已刊著作包括了梵文作品的多种编订本和译本。他对植物学以及威尔士语、西班牙语和意大利语文学也有特别的兴趣。他是首位向菲茨杰拉德介绍奥玛开阳和奥索尼乌斯的《摩泽尔河》的人[1]。他自己写过的英语诗歌中，有一首作于暮年的，讲述"在他十几岁最初之年，'那心灵中沉睡的学者'是如何被唤醒的，他从此快乐地拥有了一部多卷本的李维和新近出版的《拉丁语诗家集》"【译按，指 William Sidney Walker 编纂的 *Corpus Poetarum Latinorum* 一书】[2]。

亨利·威廉·钱德勒 Henry William Chandler（1828—1889 年），牛津彭布罗克学院的研究员，1862 年完成了一部关于"希腊语重音"的权威著作。作为伦理学教授，他关于亚里士多德的讲座大获成功；他对《伦理学》的文献书目学具有非同寻常的了解，身后留有亚里士多德文献的一大批藏书，现今在他从前工作的学院里永久保存。

有一部《伦理学》的精彩编订本，附有英语的注疏和多篇解说文章（1857，1884 年第四版），乃是亚历山大·格兰特 Alexander Grant 爵士（1826—1884 年）已刊古典学著作中最重要的一部。他是贝列尔学院出身，在奥里尔学院任研究员，曾在印度生活了 8 年，在马德拉斯和孟买的教育机构担任要职，此后成为爱丁堡大学任期长达 16 年的著名校长，"他在那里以其心智才力，对人的了解，还有他的尊严雅致，成

钱德勒

格兰特

---

1 上文第一卷，第 223 页[2]。
2 "C. W. M." 在《语文学杂志》，xxix 119–125 中可喜之描述，见 p. 120。参看 G. Cowell 所作《传记》（附录一部英国梵文研究史纲目，为本书作者在《英伦社会》，vi 316 中关于英国学术的文章而拟）。

为引人注目的焦点"[1]。在他完成"校志"与 300 周年庆典那年，他与世长辞。"古典经典英文读本"丛书，由于他的色诺芬和亚里士多德两部著作而愈加丰厚了。

威廉·爱德华·杰尔夫   1856 年，基督堂的威廉·爱德华·杰尔夫 William Edward Jelf（1811—1875 年）也出版了一部《伦理学》编订本。此人以翻译屈纳的希腊语法学最为人所知（1842—1845 年及其后）。

伊顿与康格里夫   1855 年有两部《政治学》的编注本同时在牛津问世，一部出自默顿学院研究员 J. R. T. 伊顿之手，而另一部的作者是理查·康格里夫 Richard Congreve（1818—1899 年），他是瓦德汉学院研究员，同年他还在伦敦创建了那个实证主义者团体。他的注疏本未经修订即再版之时（1874 年），他已经放弃了古典学研究转而行医。他的编订本希腊语索引远比伊顿本要充实得多，周厄提译本有"许多精妙的英语表述"借自康格里夫的注文。以上两位编订者在 W. L. 纽曼（1887—1902 年）先生的综合性著作中都反复被提及。

吉福德   柏拉图《欧绪德谟篇》编订本，是埃德温·汉密尔顿·吉福德 Edwin Hamilton Gifford（1820—1905 年）在漫长人生末期在牛津完成的最后一部著作。他出身于什鲁斯伯里公学与剑桥圣约翰学院，最著名的成果是优西庇乌斯《福音初阶》的博学编订本（1903 年）。柏拉图的《申辩篇》

里德尔   的精彩编订本，附有令人尊敬的"柏拉图习语摘录"，出自詹姆斯·里德尔 James Riddell（1823—1866 年）之手。他出身于什鲁斯伯里和贝列尔，曾着手编订《奥德赛》，这项工作由梅里博士接手，由蒙罗完成。

林伍德   牛津学者中专门致力于希腊诗家研究的，有基督堂的威廉·林伍

1 Sellar 夫人的《流年碎影》，119；73，311。

德 William Linwood（1817—1878 年），他的成名作是埃斯库罗斯辞典，还有一部索福克勒斯的编订本，附有简短的拉丁语注释（1846 年）。约翰·柯宁顿 John Conington（1825—1869 年）在生涯早期编订了埃斯库罗斯的《阿伽门农》（1848 年）和《奠酒人》（1857 年），后来又完成了那部斯宾塞风格的《伊利亚特》译文，这是初始于译过《奥德赛》（1861年）的沃斯利 P. S. Worsley（1835—1866 年）的工作。最成功的荷马诗歌译本中，有那位德比伯爵（1799—1869 年）1864 年出版的素体诗译本《伊利亚特》。政治反对党中富有辩才的领袖，威廉·尤尔特·格拉斯顿 William Ewart Gladstone（1809—1898 年），曾称荷马研究为一座"魔法宫殿"，并将魔法咒语比为一种"特效灵药，通过与真理和自然力的交感而重振理性精神，将会提高防止险诈的警觉心，增强个人责任执行的活力与决心"[1]。荷马诗篇也是大卫·宾宁·蒙罗 David Binning Monro（1836—1905 年）终身勤奋的中心主题。他就学于格拉斯哥[2]，又在布雷齐诺斯和贝列尔深造，生平最后 23 年出任奥里尔学院的院长。他最早出版的著作，是一部关于阿尔戈英雄纪之旅的拉丁语获奖论文（1852 年），而他学术生涯最后的纪念物，是《奥德赛》后半部的编订本（1901 年）。这部珍贵的编订本的附录，长达 200 多页，讨论了《奥德赛》的写作，《奥德赛》与《伊利亚特》的关系，荷马与小史诗系诗家，荷马诗歌的历史发展，以及荷马史诗中的住宅。在此 19 年前，他已经将自己的《荷马方言语法》Grammar of the Homeric Dialect（1882 年）这座坚实的学术丰碑题献给詹姆斯·里德尔作为纪念。荷马问题是蒙罗在《书评季刊》（1868

柯宁顿

423

沃斯利

德比伯爵

格拉斯顿

蒙罗

1　《荷马与荷马时代研究》Studies in Homer and the Homeric Age（三卷本，1858），iii 616 ;《人类的童年》Juventus Mundi（1869）;《荷马》（在"文学初阶"丛书中，1878）。
2　上文第 406 页，注释 3。

年）和《大不列颠百科全书》（1880 年及其后）所刊文章的主题。他的《古希腊音乐的调式》*Modes of ancient Greek Music*（1894 年）中对一个难题的解决做出了重要的贡献。有人精彩地称蒙罗为：

424

　　"一位性情极为内向的人，他不喜与人来往，真正从不做任何夸耀的事。在通常的聚会中，他少言而切要……他识断高明，隐含谐趣，吐属隽拔，这使他受人爱戴，正如那时少数几个人物在同辈中所获得的那样。他的学养中还包括了精密科学的训练……他是一位出色的语言学家，在他任副校长期间，他能够面对法国、意大利、德国和现代希腊的听众致辞。"[1]

　　对荷马诗篇的精确研究有实质性提升的，包括盖伊·勒辛顿·普伦德加斯特 Guy Lushington Prendergast 筹备的《伊利亚特》用字通检（1875 年），亨利·邓巴 Henry Dunbar 博士为《奥德赛》与荷马风颂歌集所作的用字通检（1880 年），后者原本来自盖尔湖岬 Gareloch Head（卒于 1883 年），还编写过一部完整的阿里斯托芬用字通检（1883 年）。这三部著作都是牛津出版社刊行的，普伦德加斯特的名字也被剑桥奉为希腊学术的根基而得到纪念。

亨利·马斯
格雷夫·威
尔金斯

　　默顿学院的研究员，亨利·马斯格雷夫·威尔金斯 Henry Musgrave Wilkins（1823—1887 年）刊布了为数甚多的教科书，我们可以提及其中的修昔底德演说词译本（1870 年），以及中学读本德摩斯提尼《奥林提亚三讲》。

---

1 《泰晤士报》，1905 年 8 月 23 日。尤其参看 J. Cook Wilson 在《传记年刊》，1906，30–40；英译本（附肖像），牛津，1907。

有一部"德摩斯提尼与埃斯奇纳斯《议金冠》演说集"的合编本，是 1872 年由一对出色的兄弟完成的，即乔治·奥古斯都·西姆考克斯（1841—1905 年）与威廉·亨利·西姆考克斯（1842/1843—1889 年）两人。他们都是牛津王后学院的研究人员。兄长还写过一部引人入胜的《拉丁文学史》（1883 年）。他翻译的《普罗米修斯》一直被认为可能是"其最有影响之著作"[1]。

希腊戏剧是亚瑟·伊兰·黑格 Arthur Elam Haigh（1855—1905 年）两部已刊著作的主题。此人是圣体学院的研究员与导师，他的《阿提卡剧场》 *Attic Theatre*（1889 年）[2]，和《希腊人的悲剧文学》 *Tragic Drama of the Greeks*（1896 年），被认为具有"研究谨慎、学识高明且识断独到"诸特征[3]。

希腊学术方面有一位非常出色且满身活力的代表人物，即威廉·古尼翁·卢瑟福 William Gunion Rutherford（1853—1907 年）。他是牧师之子，受学于格拉斯哥的中学，在圣安德鲁斯大学师从刘易斯·坎贝尔，又在贝列尔学院跟随周厄提读书。他曾为选择医生、建筑师还是士兵的职业而大伤脑筋，在古典学测试中考得第一等、自然科学考试得第二等成绩后，他意识到自己的天职就是周厄提替他决定的，这位老师预言，他是"能够真正地思考语言问题的少数人之一"。这个决定使他在 1877 年成为圣保罗学校的一名教师。他在那所学校过了 6 年后，受到 F. W. 沃克尔先生的启发，接下来做了 18 年的西敏公学校长，而在生平最后 6 年

西姆考克斯

黑格

卢瑟福

425

---

1 《泰晤士报》，1905 年 9 月 26 日。

2 第三版，1907。

3 A. Sidgwick，在《传记年刊》，1906，80；《泰晤士报》，1905 年 11 月 23 日。

的时间里，他有时担任伦敦大学的希腊语主考官。

他最早的著作是一部《阿提卡希腊语基础词形变化》*Elementary Accidence of Attic Greek*（1878 年），简略地体现了其研究的某些成果，此后被纳入 1891 年那部极为明晰易懂的《希腊语法初阶：词形变化与句法学》*First Greek Grammar: Accidence and Syntax* 中。他主要的成名之作是那部《新弗里尼库斯》*New Phrynichus*（1881 年），此书假托为 2 世纪一位阿提卡派作家的语法学规则作注疏，实际上是一部关于阿提卡希腊语的历史与主要特征的综论 [1]。这是一部科贝特忠实而又独立的追随者的著作。这部《新弗里尼库斯》之后，他很快又完成了一部详赡的巴布理乌斯编订本（1883 年），附有关于希腊寓言史的一篇专论，涉及韵体及其他若干问题。他的修昔底德著作第四卷（1889 年），体现出的理论是，该作者的文本早已由于大量"字母后写"adscripts【译按，指钞本手写固定的字母组合中，某字母附着在前一字母笔画上的形式，释读时容易被忽略】而产生讹误；但当所有这类"字母后写"都被消除后，剩余内容整体变得简易起来，以至于很难理解为何哈利卡纳苏斯的狄奥尼修认为修昔底德让人读得吃力了。他对赫洛达斯的修订（1892 年），多少算是一个不成熟的产品；他的《法与王》*Lex Rex*，是希腊语、拉丁语及英语的同源词集（标题是从 17 世纪一位卢瑟福处借来的），显示出对比较语文学的兴趣；而他的《罗马书》新译本，引起了长期以来默默遵从权威定本之人们的注意。两卷本的《阿里斯托芬著作会注》*Scholia Aristophanica*（1896 年），其中他"整理、校勘并翻译了"拉文纳钞本的那些注解，此后还有第三卷，收入注疏和校勘

1　重刊"评论"共 42 页（Macmillan, 1881）。

意见，以"注释史上的一章"为题（1905 年）。这最后一卷，就是他最后的学术著作遗产，充满了学者们感兴趣的话题，**尤其**是在专业教师的课堂中提出 *scholia*【评注】的*产生*；他们与文本的戏剧性朗读的关联，与文本在显示某种修辞格的表单中之用途的关联；评注家们对文本校勘的无知与他们对该主题的兴趣之间的对照，可以从盖伦对古代希腊经典通行本的评论上显示出来；最后谈及答问式教学之古法的意义。作者有理由向我们暗示，他的著作"对当下时期某些重要疑难问题产生了作用"；此书包含了许多近代教育主题论文的资料，或许正可以在一部具有更通俗形式的著作里迎合更广泛之受众的需要 [1]。

在苏格兰，希腊研究被弗朗西斯·亚当斯 Francis Adams（1796—1861 年）拿来与医学研究相结合，他是迪河畔班科里 Banchory 的医生及古典学家，翻译并编订了希腊医学著作家埃伊纳的保罗 Paulus Aegineta（1844—1847 年）、希波克拉底（1849 年）与阿勒泰乌斯（1856 年）的著作，并在这些著作的价值得到公认后，于上述最后一个年份获得阿伯丁大学的荣誉医学博士学位。他写过一部关于希腊植物与动物名称的字汇释义，作为附录提供给乔治·邓巴 George Dunbar（1774—1851 年）在 1831 年编纂的辞书【译按，指 *Greek and English and English and Greek Lexicon* 一书】。这位邓巴是爱丁堡的希腊语教授（1807—1851 年），他编订过希罗多德（1806—1807 年），还曾经偶然试图从梵文里找出希腊语的起源【译按，*DNB* 中为其作小传的 Lloyd Charles Sanders 以 very foolish 形容此书】（1827 年）。

426

邓巴

1　参考《古典学评论》，iv 110 以下，xx 115 以下，以及讣闻，前揭，xxi 190 以下;《泰晤士报》，7 月 20 日；以及《雅典娜圣殿》，1907 年 7 月 27 日；肖像由 Seymour Lucas 绘制。

他的希腊语教席接替的是安德鲁·达尔泽尔 Andrew Dalzel（1750—1806
年），后者编订过《小希腊语文选》*Analecta Graeca Minora* 与《大希腊语文选》
Collectanea Graeca Majora，其弟子科伯恩爵士[1]，称他是"一位全心热爱学问的
人"[2]。邓巴的同辈有一位年龄稍小的丹尼尔·凯特·桑福德 Daniel Keyte
Sandford（1798—1838 年），是爱丁堡主教之子，这个时期在格拉斯哥任
希腊语教授。他在 1830 年被册封骑士，表彰他为政治改革所做令人信
服的倡言，同年他还出版了蒂尔施希腊语法的译本。直至临终前，他还
给《布莱克伍德杂志》*Blackwood's Magazine* 多次供稿[3]，涉及古典学论题，有
些希腊诗家的翻译；他对希腊文学的概述被收入波特著《希腊古物学》
Archaeologia Graeca 的新版；他的《希腊著作家摘录》，后有威廉·维奇的新
编订本[4]。

桑福德

427

维奇

威廉·维奇 William Veitch（1794—1885 年），在其本邦之首府杰德
堡受学，后来参加过邓巴在爱丁堡的课程，终生担任私人导师职务。他

1　Henry Cockburn 的《时代纪念录》*Memorials of his Time*（1856），19 以下。

2　在师从达尔泽尔学习希腊语的人物中，有一位瓦尔特·司各特爵士英年早逝的朋友，约
翰·莱顿 John Leyden（1775—1811），他翻译过推尔塔尤斯的战争诗，克里特岛的希布理亚
Hybrias 的战歌，还有亚里士多德的美德颂。他到东方世界行医，为的是调查和学习印度的语
言。他在阿拉伯语、波斯语、梵语及其他东方语言方面都颇有天资。"我或许会被人暗算而死"
（他写信给朋友说），"但我死时要是没有超越威廉·琼斯爵士的东方学问 100 倍，我就死得毫
不足惜，掉一滴眼泪都玷污了苏格兰人的眼"。他在怀着渴盼之心去勘察一座藏有印度钞本的
通风条件不佳的图书馆时，染上了热病，因此逝世于爪哇岛。他短暂的东方学研究生涯，颇似
Rask【译按，当指丹麦东方学家 Rasmus Kristian Rask】。莱顿留下许多论著手稿，以及从梵语
、波斯语和阿拉伯语译出的译文。《群岛之主》*The Lord of the Isles* 有一节（iv 2）即哀悼莱顿的去
世，司各特在《追忆录》*Biographical Memoir* 中还曾精彩地描述过他的生平，附于这位朋友的
《诗谣集》*Poems and Ballads* 书前（1858 年版）。

3　见 xi 678，涉及他致埃尔姆斯利的书信（牛津，1822）。

4　关于希腊语在邓巴与桑福德（以及圣安德鲁的 A. Alexander）时代的落后状况，参看《西敏
评论》，xvi（1832）90–110，《希腊文学在苏格兰》。关于桑福德杰出的继任者，勒辛顿，见上
文第 405 页。

有众所周知的严谨准确，这使他受邀审读邓巴辞典的校稿，并在 80 岁
高龄还为利德尔和斯科特的那部辞书做同样的服务。1841 年，爱丁堡
科学院的名家之一卡迈克尔 A. N. Carmichael 完成的希腊语动词综论[1]，在
1848 年被维奇更充实完备的著作所超越，后者题为《希腊语动词，不规
则变化词与不完全变化词》*Greek Verbs, Irregular and Defective*，此后由克拉伦登
出版社重印过三次。此书包含了"希腊作家们的所有时态用法，附有所
见之片段的出处"。有一点遗憾的是，尽管在后来的版本中增补了新的
出处，却从未引入碑铭里的证据。不过，此书至今仍是该类型著作里最
好的一部[2]。

　　与上文所提及的那位寡言少语、深居简出的学者形成鲜明对照的
代表，是声名卓著得多的约翰·斯图亚特·布莱奇 John Stuart Blackie 布莱奇
（1809—1895 年），他在阿伯丁与爱丁堡、哥廷根与柏林接受教育，在
阿伯丁做了 11 年的拉丁语教授，又在爱丁堡担任了 30 年希腊语教授
（1852—1882 年）。他主要感兴趣的是希腊语诗歌诸家。将"埃斯库罗
斯的抒情体戏剧"译成英语诗，并完成了不止一版的《古希腊歌谣与传
说》。1866 年，他将自己重要的古典学著作题献给韦尔克、芬利和 W. G.
克拉克，此书包含了两卷生动流畅的《伊利亚特》译本，以十四音节的
歌谣方法写成，还有一卷"语文学的与考古学的"札记，前面还有其他
的一些"专论"【译按，书题作 *Homer and the Iliad*】。他从中得出结论，认为 428
"在沃尔夫理论中存有真理之灵魂，但方式是要在荷马使用过和融汇过

1　《希腊语动词：它们的主要构词形式、不完全变化和无规则变化，借由丰富且专门的古典作
　　家文献出处加以查证及阐明》*Greek Verbs: their leading formations, defects, and irregularities, ascertained
　　and illustrated by copious and special reference to the Classical Authurs*。
2　W. G. Rutherford，在《传记年刊》，1885，136-139。

的原始材料中，而不是在庇西特拉图收集整理出完成品的合乎条理的残片里得到认知"[1]。这些专论很值得加以细读。他在教希腊语的过程中，坚决要求认准希腊语正确的重读语调[2]，并且为便于习得这门语言，他出版了一小册《希腊语与英语对话录》*Greek and English Dialogues*（1871年）。他很少关心纯粹文词上的学术细节问题，倒是对希腊诗歌文学的永久价值持有宏大的人文视野[3]。

格迪斯　　　　布莱奇所阐论高明的荷马问题，得到威廉·杜吉德·格迪斯 William Duguid Geddes（1828—1900年）更为精细的研究。他是一位北不列颠地区令人崇敬的希腊语学者，在1856—1885年间在阿伯丁担任希腊语教授，此后成为校长，1892年又进而得到骑士封号。他编订了一部希腊与拉丁语诗集，尽是该大学之成员的作品，还完成了一部《斐多篇》的重要编订本（1863年）[4]。

在他的《荷马诗篇疑义》*The Problem of the Homeric Poems*（1878年）一书中，他接受了格罗特对《阿基琉斯纪》原本的界定，认为包含了《伊利亚特》卷 i、viii、xi—xxii，并主张剩余部分是后来一位诗人所作，即《奥德赛》的作者，这位诗人"把自家华丽、鲜活的树苗嫁接在一部更为古老的诗作《阿基琉斯纪》上，将之转换并扩充为一部《伊利亚特》，但

1　i 259.

2　《关于希腊语发音、重读及音量的谈话》*Discourse on Greek Pronunciation, Accent, and Quantity*（1852），以及《语言中重读的音位与强度》*The Place and Power of Accent in Language*（爱丁堡皇家学会，1870）。

3　《泰晤士报》，1895年3月4日；A. M. Stodart 所作传记（附肖像；新版，1906）；尤其是第 iii 章（哥廷根）及第 xiv 章（荷马）。

4　参看 R. A. Neil，在《学府北光集》*Aurora Borealis Academica*，32。

这是一部嫁接手术并未彻底完整的《伊利亚特》，尚可见其中的'缝合处'"。"要认知《奥德赛》与《伊利亚特》中'非《阿基琉斯纪》'各卷的亲缘关系，尤见于以下几个方面：（1）表现奥底修斯、赫克托尔、海伦及其他人物的手法；（2）涉及诸神及其祭仪处；（3）伦理学宗旨；（4）内容来源的本土标识，——伊奥尼亚来源之线索，常见于《奥德赛》以及《伊利亚特》中的非《阿基琉斯》各卷，且只有这些内容中才有。"这部著作"对荷马问题将会一直是杰出而富有创见的贡献"[1]。

429

在苏格兰的拉丁语学者方面，可提及詹姆斯·皮兰斯 James Pillans（1778—1864年），他是爱丁堡的高等学校校长，是大学里的人文学教授（1820—1863年）。他编订了塔西佗、科耳修斯和李维的选集。还有 A. R. 卡尔森 Carson（1780—1850年），皮兰斯校长职位的继任者，编订了塔西佗、斐德卢斯以及西塞罗的《为克伦提乌斯辩》。普劳图斯的《凶宅》有一个出色的编订本，出自威廉·兰塞 William Ramsay（1806—1865年）之手，此人在格拉斯哥任人文学教授达34年，直至去世。他写过一部精彩的《罗马古物学手册》（1851年），还在威廉·史密斯博士的几部《辞典》中撰写了重要的条目（1842—1843年）[2]。

与此同时，在英格兰，剑桥锡德尼·萨克塞斯学院的詹姆斯·塔特 James Tate（1771—1843年），在1790—1833年间出任里士满学校教师，其著作《重订本贺拉斯》*Horatius Restitutus* 体现了本特利的持久影响，书中以本特利的观点为依据，将诗篇按照年序排定次第。

---

1 Jebb 之《荷马》，125 以下。
2 例如关于"农业""西塞罗""玉万纳尔""卢基琉斯""卢克莱修"各条。

在本特利暮年时，维吉尔的《农事诗》在 1741 年得到了约翰·马丁 John Martyn（1699—1768 年）的编订。此人在剑桥担任过 36 年的植物学教授，直至去世。《农事诗》之后，他在 1749 年又完成了《田园诗》的编订，两书在此后一个世代里仍被多次重印。插图中表现了诗人提及的植物，这别有一番趣味。大约一个世纪之后，1846—1848 年间又出

凯特利 版了《农事诗》与《田园诗》的注释本，撰者是托马斯·凯特利 Thomas Keightley（1789—1872 年），他写过多部脍炙人口的希腊与罗马历史著作。

基 托马斯·休伊特·基 Thomas Hewitt Key（1799—1875 年），出身于剑桥的圣约翰和三一学院，在伦敦学医，在弗吉尼亚教授的完全是数学，但他更为人所知的身份，是伦敦的大学学院拉丁语教授（1828—1842 年）及比较语法学教授（1842—1875 年）。他关于泰伦斯诗歌韵体等论题的文章，在 1844 年结集出版，他的《语文学文集》问世于 1868 年，他关于语言之"起源与发展"的著作刊于 1874 年。他的拉丁语法学在 1846 年即已完成，但他的拉丁语辞典是在身后刊布的，由剑桥

430 于 1888 年根据其未完成之手稿出版。1828—1875 年间，他是大学学院

马尔登 学校的校长。1833—1845 年里，他这所机构有位同事，亨利·马尔登 Henry Malden（1800—1876 年），是剑桥三一学院的研究员，自 1831 年直至去世期间都是大学学院的希腊语教授。这是一位出色的教师，但很少有著述刊布，除了一部《导论讲录》（1831 年），一小册"论大学与学位之起源"（1835 年），以及一篇"关于《报仇神》中合歌队人数"的论文（1872 年）。

朗 他们的同辈，乔治·朗 George Long（1800—1879 年），是剑桥三一学院的研究员。他作为一名克雷文奖学者，被宣称是和麦考莱与马尔登并驾齐驱的，1828—1831 年间先于马尔登任希腊语教授，1842—1846

年间继基之后任拉丁语教授[1]。1827年，他出版了"关于罗马法的两部专论"，此后又编订了西塞罗的《演说词集》，收入"古典学书库"*Bibliotheca Classica*[2]，还完成了一部恺撒《高卢战记》的中学读本，译作有普鲁塔克《名人传》中与罗马内战相关的13篇（1844—1846年）、马可·奥勒留的《沉思录》（1862年）以及爱比克泰德的《道德手册》（1877年）。他作为史家的著作稍后再提[3]。威廉·史密斯所组织的那套伟大的辞典系列中，基提供了若干篇关于罗马法及其他主题的条目文章。威廉·史密斯 William Smith（1813—1893年）受学于大学学院，在伦敦获得教授席位后，成为大学的古典学主考官（1853年）。在史密斯的希腊与罗马古物辞典（1842年及其后）[4]，传记与神话学辞典（1843年及其后）以及地理学辞典（1857年），之后，还有圣书辞典、基督教古物学辞典以及基督教传记辞典。头两部辞典的缩写本，是古典学的学生们非常熟悉的[5]。1855年刊布并在此后再版的拉丁语英语辞典，是以福尔切利尼和弗洛因德为基础的，它的姊妹篇是1870年问世的英语拉丁语辞典，协助编纂的是伦

---

1 与基一样，朗也是先从弗吉尼亚任（古代语言）教授开始他的事业生涯的。

2 1851—1858年间，在组织和监督这套丛书时，朗得到了 A. J. Macleane（此人编订了贺拉斯、玉万纳尔与珀息乌斯）的协助。丛书收入 Paley 编订的埃斯库罗斯、欧里庇得斯、荷马《伊利亚特》和赫西俄德；Blakesley 的希罗多德，R. Whiston 的德摩斯提尼，P. Frost 的塔西佗《编年史》，Thompson 的《斐德若篇》和《高尔吉亚篇》，Blaydes 与 Paley 的索福克勒斯，还有 Conington 的维吉尔。

3 下文第439页。

4 第三版在1890年得到修订及扩充，编者为 W. Wayte（编订过柏拉图的《普罗泰戈拉篇》、德摩斯提尼的《驳安德罗提翁》与《驳提摩克拉底》*Timocrates*），还有 G. E. Marindin，后来是剑桥国王学院的研究员。

5 这部"古典学辞典"早已超越了 John Lempriere 博士的那部辞书（1788及其后），后者是泽西人氏，受学于西敏公学和牛津彭布罗克学院，做过波尔顿 Bolton、阿宾顿和埃克塞特等学校的校长（1765?—1824）。

敦大学学院的研究员提奥斐卢斯·霍尔 Theophilus D. Hall 及其他学者。史密斯的拉丁与希腊语教科书系列，包括了一部中学用希腊史（1854 年及其后）。他编订的塔西佗和柏拉图部分作品的注文明确声称借自德国文献。各种辞书里的许多条目，是他的弟弟菲利普·史密斯 Philip Smith 牧师（1817—1885 年）撰写的。此人最扎实的著作是一部三卷本的古代史（1868 年）。威廉·史密斯在生平最后 26 年间还是《评论季刊》的编辑，他在 1892 年受封骑士，是一位值得纪念的学术著述活动的伟大组织者。当他在牛津获得荣誉学位时，被索尔兹伯里爵士称为 *vir in litterarum republica potentissimus*【文邦至伟之士】。

里奇 　　还有一部"罗马与希腊古物学辞典，附有近 2000 幅版画插图，以展示希腊人与罗马人的制造艺术和社会生活"，乃是安东尼·里奇 Anthony Rich（1821—1891 年）最有名的著作。他是冈维尔与凯斯学院的荣誉研究员[1]，还出版过一部贺拉斯《闲谈集》的插图编订本【译按，插图出自上述那部辞书】（1879 年）。他的辞典至 1873 年出到第三版，与此同时还被译成了法语、意大利语和德语。

　　1836—1839 年出版了普劳图斯的《墨涅赫穆斯兄弟》与《一坛金子》的编订本，附有拉丁文注释和字汇，出自基督学院研究员詹姆斯·希尔德亚德 James Hildyard（1809—1887 年）之手。

希尔德亚德

门罗 　　1869 年问世了贺拉斯的一部修订文本，所附插图出自博学的考古学家金 C. W. King 所选的古代玉器[2]，校勘者是休·安德鲁·约翰斯通·门罗 Hugh Andrew Johnstone Munro（1819—1885 年），受学于什鲁斯伯里公学，

1　参看 Venn 的《冈维尔与凯斯学院传史》，ii 183（1898）。
2　1818—1888，剑桥三一学院研究员，在 1860—1872 年间写过六部关于玉器的著作。

图 60　休·安德鲁·约翰斯通·门罗

出自 William Davidson Niven 爵士的一幅照相

是三一学院的研究员，剑桥大学的第一位校级拉丁语教授。他保持这个
席位只有三年时间（1869—1872年），但就在那几年里，他率先推动了
拉丁语英国发音的一次改革[1]。

这场改革得到的独立支持，来自 H. J. 罗比 Roby 先生的《拉丁语法》
（1871年），A. J. 埃利斯 Ellis 的《拉丁语发音音长的实践点滴谈》*Practical
Hints on the Quantitative Pronunciation of Latin*（1874年），进而得到剑桥语文学
学会在一部题为《奥古斯都时期的拉丁语发音》*Pronunciation of Latin in the
Augustan Period*（1886年）的小册子中的宣扬，还有 E. V. 阿诺德教授和 R.
S. 康维 Conway 教授的《希腊与拉丁语发音复原》*The Restored Pronunciation of
Greek and Latin* 也是推动者[2]。这个拉丁语问题，特别得到苏格兰古典学会的
关注（1904年），英格兰和威尔士也予以重视（1905年）；牛津和剑桥
的语文学学会都批准了发音研究项目，各种主导与辅助研究人员召开的
会议上对之进行研讨；学校董事会予以资助（1906年），剑桥的古典学
专门委员会全体一致表示采纳（1907年）[3]。

1864年，门罗将多年艰辛研究的成果结晶为那部杰出的卢克莱修编
订本，附有校勘注释和全面丰富的阐释性笺注，以及用英语散文所作的

1　小册子【译按，题作 *A few remarks on the pronunciation of Latin*】，1871；Palmer 与门罗的《拉
丁语发音纲要》*Syllabus of Latin Pronunciation*，1872。
2　1895；第三版，1907。
3　参看《英格兰与威尔士古典学学会通报》*Proceedings of Classical Association of England and Wales*，
1905年1月，7–18；1906年10月，44–62；以及《泰晤士报》1907年4月2日（S. E. Winbolt）；
4月3日（J. E. Sandys）；4月6日（G. G. Ramsay）；还有 J. P. Postgate 的小册子，《拉丁语如
何发音》*How to pronounce Latin*，1907年的附录B与C（p. 29）。

生动译文。有人就编订者给予了公正的评价，认为对拉赫曼与理茨尔，门罗"虽然怀有严肃的崇敬之情，但他并不是盲从的效尤者；毋宁说他是一位独立的发现者，勘察了前贤们通过努力而便于其他探索者进入的地区"[1]。他别的著作还有一部不知名诗家所作《埃特纳火山》*Aetna* 的编订本，以及"卡图卢斯勘校与笺释"[2]，和卢基琉斯残篇的校正[3]。门罗作为希腊文考据家的本事也毫不逊色。1855 年，他最先提出亚里士多德《伦理学》第五卷的优苔谟来源[4]；晚年他还特别关注欧里庇得斯的文本[5]。他的《拉丁与希腊语译英诗集》*Translations into Latin and Greek Verse*[6]，恰如其分地获得好评。尽管如肯尼迪一样，这不算是"一个原创的拉丁语诗人"[7]，但是他展示了拉丁诗才中的"阳刚气概"，那是他自身所有的。他因格雷"诉歌"之译文而获得这门技艺的另一位大师的推重: *qui stant quasi marmore versus | et similes solido structis adamante columnis*【诗行之凝矗仿佛坚石，构思之稳固又如铁栅】[8]。当门罗在罗马去世时享年 65 岁，那时他显然还在享受着健康的活力[9]。

西塞罗《论演说家》的一部权威编订本，是 1879—1892 年间由奥古斯都·萨缪尔·威尔金斯 Augustus Samuel Wilkins（1843—1905 年）为克

434

奥古斯都·萨缪尔·威尔金斯

---

1 W. H. Thompson 在《语文学杂志》，xiv 107 以下。

2 1878；新版，1906。

3 《语文学杂志》，vii 292 以下，viii 201 以下。

4 《剑桥古典与圣教语文学杂志》，ii 58–81。

5 《语文学杂志》，x 233 以下；xi 267 以下。

6 私人印制，1884；公开出版（附肖像），1906。

7 Thompson,《语文学杂志》，xiv 109。

8 T. S. Evans,《拉丁与希腊语诗集》*Latin and Greek Verse*，25。

9 W. H. Thompson,《语文学杂志》，xiv 107–110；J. D. Duff 在《传记年刊》，1885, 111–117，又见于门罗《拉丁与希腊语译英诗集》1906 年版所作序言，及 1908 年为重印卢克莱修译本所作序言。

拉伦登出版社整理的。他出身于剑桥的圣约翰学院，在曼彻斯特的欧文学院【译按，即今日曼彻斯特大学】担任了34年的拉丁语教授，他还编订了西塞罗的《驳喀提林》与贺拉斯的《书简集》，向《大不列颠百科全书》的第九版提供了关于希腊与拉丁语言的几个长篇重要条目文章，又与 E. B. 英格兰合作翻译了 G. 科耳修斯的《希腊词源学原理》，两人还翻译了这位科耳修斯的《希腊语动词》。他的精妙学术与广博的文学知识使他的古典文本编订工作具有了真正的意义，他在向英国读者引介德国研究成果方面也大有贡献。他最早的出版物，是一篇获奖论文，题为《希腊的民族教育》*National Education in Greece*。教育话题也是他向剑桥版《希腊研究手册》（1905年）供稿的项目；还有一部概览性的《罗马的教育》，乃是他最后一部著作（1905年）[1]。

柯宁顿　　牛津第一位校级拉丁语教授，约翰·柯宁顿（1825—1869年），受学于拉格比公学，出任这一教席达15年，直至去世。他因编订维吉尔（1863—1871年）和珀息乌斯（1872年）而广为人知。除了将这两位诗

435　人译成英语散文，他还将全部的贺拉斯以及《埃涅阿斯纪》译成英语诗歌。他的贺拉斯译文，被门罗认为是"英语世界目前整体看来可能最出色、最成功的经典作品译本"，而同样在这位学者评判下，他编订的维吉尔"展示了细节的华丽，且具有优美的品位，细密的辨识，还有对辞令的精熟，这要求对鉴赏力有长久的研习"[2]。他作为希腊语学者的著作前

塞勒　文已经提及[3]。威廉·扬·塞勒 William Young Sellar（1825—1890年），他

1　J. E. Sandys，在《鹰》，xxvii 69–84，以及在《传记年刊》，1906，41–45。

2　《语文学杂志》，ii 334–336。参看 H. J. S. Smith 的回忆录，附于柯宁顿的《杂著集》（1872）之前。

3　上文第 422 页。

在爱丁堡学院和格拉斯哥大学接受教育，在贝列尔深造后，成为奥里尔的研究员，生平最后 27 年担任爱丁堡的人文学教授[1]。就在他就职前夕（1863 年），他完成了那部《共和国时期的罗马诗家》，这是一部文学批评的杰作，此后又适时地刊布了关于维吉尔的同类型著作（1877 年），以及那部《贺拉斯与诉歌体诸诗家》（1892 年）[2]。1884 年，塔西佗的《编年史》在牛津出版了一部精彩的编订本，著者是圣体学院的研究员亨利·弗诺 Henry Furneaux（1829—1900 年）。

弗诺

柯宁顿关于珀息乌斯的著作，得到了他拉丁语教授席位继任者的编订，后者即出身于查特豪斯和牛津基督圣体学院的亨利·纳特勒史普 Henry Nettleship（1839—1893 年）。此人参加过豪普特在柏林的讲座，曾生动地描述这位老师的方法[3]。在哈罗公学做了五年教师，又在牛津做了五年多的讲师后，他在 1878 年被选为拉丁语教授。作为柯宁顿的继任者，他将前任编订的《埃涅阿斯纪》后半部整理完成。1875 年，他计划编写一部大规模的拉丁语辞典，只刊布了计划著作的十分之一内容，冠以《拉丁语辞书学论稿》的标题（1889 年）[4]。他熟稔古代拉丁语法学诸家，尤其是接替出现的各种维琉斯·弗拉库斯著作摘录本。他生平最后的工作之一是修订诺尼乌斯的编订本，这是他从前的学生 J. H. 奥尼恩斯

纳特勒史普

436

---

1 他此前是 W. Ramsay 教授在格拉斯哥的助手（1851—1853），在圣安德鲁斯担任过希腊语助理教授和教授（1853—1863）；还为《牛津文存》*Oxford Essays* 提供了精彩的论文，涉及卢克莱修（1855），还有一篇《修昔底德的特色》*The Characteristics of Thucydides*（1857）。

2 附有他外甥也是学生，Andrew Lang 所作回忆录。论文《普罗珀提乌斯生地考》，见《古典学评论》，iv（1890）393 以下，及 Lewis Campbell 所作讣闻，同上，428 以下。又见 Sellar 夫人的《流年碎影》（1907）。

3 《文集》，i 1—22。

4 那部英文版的 Seyffert 的《古典古物学辞典》，始于纳特勒史普，由本书作者完成，后者主持了该书的后半部分，并选取了全书可用之插图（1891）。

Onions（1852—1889 年）遗留下来的未完成作品 [1]。他有多篇极有价值的论文，收入两卷本《文集》中（1885—1895 年）[2]。

为数众多的散文作家编订本，由以历史学为主业的学者们完成。比如西塞罗的《演说词集》和恺撒的《高卢战记》，是朗编订的 [3]，梅里维尔 Merivale 编订了萨鲁斯特，西利 Seeley 编订了李维第一卷。

在爱尔兰的拉丁语学者中，我们要提到的是以下几位。詹姆斯·亨利 James Henry（1796—1876 年），是都柏林大学三一学院的金奖章获得者，他在 1845 年之前都在行医，此时出版了一部《埃涅阿斯纪》卷一、二部分的诗体译本。经历一番海外游历后，他在 1853 年完成了《〈埃涅阿斯纪〉前六卷之 12 年发现之旅札记》。他对维吉尔全部善本和编订本的个人知识，体现为四卷本的更大部头著作，即《埃涅阿斯纪研究》*Aeneidea*（1873—1889 年），这包括了对解释文本有益的若干创见。西塞罗的很多哲学作品，1836—1856 年间在都柏林得到了出色的整理，编订者亨利·埃利斯·艾伦 Henry Ellis Allen（1808—1874 年）署以拉丁化的名号，Henricus Alanus [4]。文本校勘乃是亚瑟·帕尔默 Arthur Palmer（1841—1897 年）的擅场，他是生于加拿大的学者，在切尔滕纳姆和都柏林的三一学院就学，后被选为该学院的研究员（1867 年）、拉丁语教授（1880 年）以及校方公共发言人（1888 年）。他特别感兴趣的是对拉丁语诉歌体诗家以

艾伦

帕尔默

437

---

1 《传记年刊》，1889，67 以下。

2 卷 ii 附有回忆录（及肖像）；参看 Haverfield 在《传记年刊》，1897，79—81。

3 上文第 430 页，以及下文第 439 页。

4 《论神性》《论占卜》《论命运》《论义务》《论老年》《论友谊》《论至善与至恶》；他还有关于李维、萨鲁斯特及恺撒的笺注。有人赞颂了他的创见，见《英伦教会评论季刊》*Church of England Quarterly Review*（1838—1839），iv 101 以下，v 420。所藏精美的普罗珀提乌斯钞本如今为其子所有。

及普劳图斯的校勘。他编订了普劳图斯《安菲特律昂》、贺拉斯的《闲谈集》以及奥维德《女杰书简》。许多校书意见最初都刊于《赫尔墨斯与雅典娜》中。他为希腊诸诗家勘误的才能，最出色地体现在巴居理德斯和阿里斯托芬的文本上，这两位在希腊文学史上的地位，是他在 1884 年 10 月《评论季刊》所发表文章的主题。有一位熟悉他的人士说得好，其"已刊著作，纵然足以成为一名学者或文士获得崇高声誉的资本，但尚未充分显示他的才智"[1]。

我们从希腊与拉丁语经典著作的编订者们转向那些历史学家。康诺普·瑟尔沃尔 Connop Thirlwall（1797—1875 年）"三岁习拉丁语，四岁能畅读希腊文"[2]。在查特豪斯，他与乔治·格罗特还有朱利叶斯·查理·黑尔都是同学。在剑桥时他第一年就得到了克雷文奖。他当选三一学院研究员后，游览了罗马，在那里他常常碰见本森，但显然与尼布尔未能谋面，后者的"罗马史"后来由瑟尔沃尔与黑尔译出。这两位朋友还是《语文学博物馆》（1831 年）的创办人和编辑，该刊收有瑟尔沃尔《索福克勒斯的反讽》*On the Irony of Sophocles* 那篇著名文章。在三一学院任讲师时，他所讲述的内容比古典学课程的范围还宽阔一些，但他的学院生涯戛然中断，原因是那封《就宗教异见人员入学问题致学位委员会书》【译按，信中主张剑桥大学不是宗教结构，不应以信仰问题影响注册入学资格】，这导致了院长华兹华斯博士要求他辞职（1834 年）。在墨尔本爵士的提名下，他成为约克郡克比·安德戴尔 Kirby Underdale 的校长（1834—1840 年），圣戴维斯的主教（1840—1874 年）。瑟尔沃尔在 1835 年完成了他

历史学家：
瑟尔沃尔

1　Tyrrell 在《赫尔墨斯与雅典娜》，x 115–121。
2　出自其父为《雏声集》*Primitiae*（1809）所作序。

的第一卷《希腊史》，1844 年写完最后一卷。他作为一名历史学家的著作，以学术之高明和风格之典雅而著称，且怀有公正之心以及良好的均衡感。其墓碑镌刻着这样的文词: *cor sapiens et intelligens ad discernendum judicium*【一颗智慧聪颖的心，用以分辨与识断】。

438
格罗特　　他的中学同学，乔治·格罗特 George Grote（1794—1871 年），早在 1823 年就着手著作那部史书，但直到 1846 年才出版了第一卷，最后一卷的问世又在此十年之后[1]。尽管瑟尔沃尔和格罗特过从甚密，但前者对他这位中学同学的计划毫无所知，以至于他是听人说起，"格罗特是写希腊史的不二人选"；当格罗特著作问世后，他怀着大度的热情表示欢迎[2]。他后来就葬于西敏寺格罗特墓旁边。作为历史家，格罗特对雅典民主制，甚至对雅典政治煽动家都表达了最深切的同情；但他在阐释希腊古史诸家上富于才智，关于雅典政治经济状况富有创见的看法之所以具有分量，皆因其自作为银行家和国会议员的经验。其"鸿篇巨著，乃是宏业之士的工作，可能比本世纪其他任何一部书籍都更吃功夫，旨在面向比学院范围更开阔的世界，从而令其主题具有鲜活且近乎现代的意义"[3]。

　　他对雅典政制史的再现，受到了舍曼的严格审验[4]，在某些问题上，如今必须借助于亚里士多德《雅典政制》进行修订。他关于"荷马问题"的看法也有其独特的意义；他将荷马视为"属于叙事史诗发展第二

1　第六版分十卷，1888。

2　J. W. Clark，《剑桥诸地怀人集》，131。

3　Jebb 的《随笔与演说集》，533 以下。

4　1854；B. Bosanquet 英译本，1878。

图 61　乔治·格罗特

出自 Stewartson 所绘肖像（1824）的复制品，该像现为 John Murray 先生所有

阶段而非最初阶段的人物，——作为长篇史诗的作者，而非原初短篇谣曲的游吟诗人"；不过他主张荷马原创的《阿基琉斯纪》被后来某个或某几个诗人曲改为今天的《伊利亚特》[1]。《希腊史》最富创见的几个部分里，关于智者派的那章著名论述乃其一也[2]。

他关于柏拉图的巨著，是对这位哲人思想研究的坚实贡献[3]。他本打算继而研究的亚里士多德，只有两卷问世[4]。他的朋友，约翰·斯图亚特·密尔，对他宽广的研究兴趣钦佩不已，曾说："此公心中无一角落不被学术所充满。"[5]

在《希腊史》中，格罗特与科耳修斯相比，有一个明显的不足，这缘于他从未游览过所著史书描绘的那个国度。威廉·缪尔 William Mure（1799—1860 年）便无此遗憾。此人受学于爱丁堡与波恩，1838 年在希腊旅行，担任过九年国会议员。他对色诺芬充分且具有同情理解的论述，为其五卷本《古希腊文学的批评性历史》的部分内容增添了一份独特的价值（1850—1857 年）。希腊与罗马史研究者们同样都会感念亨利·费纳·克灵顿 Henry Fynes Clinton（1781—1852 年）的编年史研究。他出身于西敏公学和牛津的基督堂，是奥尔德伯勒 Aldborough 的议

439

缪尔

克灵顿

1　参看 Jebb 的《荷马》，122–125，以及 Friedländer，《从沃尔夫到格罗特的荷马史诗考证》（1853），28。

2　第 67 章；参看《评论季刊》，no. 175，以及 Cope 在《剑桥古典与圣教语文学杂志》，nos. 2、5、7、9；又见 H. Jackson 在《大不列颠百科全书》，Sophists 条目。

3　1865 年三卷本。

4　1872.

5　Gomperz，《随笔与追忆录》，186。参看格罗特夫人所作传记（附肖像），以及《次要著作集》（附有 Bain 所撰简传），1873；Lehrs，《古代研究通俗论文集》，1875；Gomperz，《随笔与追忆录》，1905，184–196。

员（1806—1826 年），是《希腊年代记》*Fasti Hellenici*（1824—1832 年）阿诺德

与《罗马年代记》*Fasti Romani*（1845—1850 年）的博学撰者[1]。托马斯·阿

诺德 Thomas Arnold（1795—1842 年），是拉格比公学校长及牛津的历史

教授，致力于从历史与地理方面阐明修昔底德（1830—1835 年），身后

留下一部《罗马史》的精彩残卷（1838—1843 年），止于第二次布匿战

争的尾声[2]。阿诺德的史书写作深受尼布尔的影响。12 年后，有一部《早

期罗马史考信录》问世[3]，出自乔治·康沃尔·刘易斯 George Cornewall Lewis乔治·康沃

（1806—1863 年）之手，他出身于伊顿公学和牛津基督堂，曾译柏克尔·刘易斯

《雅典的城邦经济》，编订过巴布理乌斯，写过一部《古代人的天文学》。

《罗马共和国衰落史》（1864—1874 年），是乔治·朗完成的最后一部著朗

作，包含了古代文献出处证据的专门参考书目[4]。《帝国时期之罗马史》，

作于 1850—1862 年，著者查理·梅里维尔 Charles Merivale（1808—1894梅里维尔

年）当时在劳福德过着学院生活。此人出身于哈罗公学和剑桥的圣约翰440

学院，生平最后 25 年是伊利的座堂神父。他还写过一部简短的《罗马共

和国史》，发表过波伊尔 Boyle 讲座，题目是"罗马帝国的改宗问题"。作

为拉丁诗歌作家的才华，展现于为济慈《海伯利安》所作的精彩译文，

刊布于史著完成之时。7 年后，他还以英语歌谣的韵格完成了一部《伊

利亚特》译本[5]。

　　从事古代制度比较研究有成的，是亨利·詹姆斯·萨姆纳·梅恩梅恩

1　自传等文献见于《遗作集》*Literary Remains*（1854）。

2　A. P. Stanley 所作传记。

3　格罗特修订，见《次要著作集》，207–236。

4　上文第 430 页。

5　《自传与书信集》（1898）；J. E. Sandys 在《鹰》，xviii 183–196。

Henry James Sumner Maine（1822—1888 年），出身于剑桥的彭布罗克学院，在大学担任了 7 年民法教授，又用了 7 年时间在印度最高政府担任法律顾问，1869—1878 年年间在牛津担任法学教授，生平最后 11 年里成为剑桥三一学堂的院长。1887 年，他当选为国际法教授。他最著名的著作是《古代法律》（1861 年）、《村庄共同体》（1871 年）、《早期法制史讲录》（1875 年）以及《早期法律与习俗专论》（1883 年）。据说，在法律思想研究上，《梅恩所产生的推动力》，"在英美世界如何说都不算是高估了……稍加出手，这位大师便熔铸成法律、历史与人类学之间建立了新鲜而又恒久的联系"[1]。

弗里曼　　1872 年，爱德华·奥古斯都·弗里曼 Edward Augustus Freeman（1823—1892 年）在剑桥里德讲座上，发表以"历史一体性"为主题的令人难忘的演讲。此人出身于牛津三一学院，在牛津做过八年钦定近代史教授，直至去世。上述演讲包含了一段专门反对文艺复兴的抗议，理由是"它使得人们集中全部精力，专注在以两种语言完成的著作上，绝大多数情况下还是某个任选时段里的那两种语言"，该演进热切盼望"比较的方法出现于语文学、神话学"，以及"政治学和历史研究中"，441　将之视作"人类思想发展的一个阶段，其伟大和可贵之处不逊于希腊与拉丁学识的复兴"[2]。

在那以后，弗里曼几乎用了 9 年时间研究波里比乌斯，取得丰硕成果，见于他那卷"在亚该亚联盟中追踪"西元前 281—前 146 年间"合乎联邦原则之行动"的著作。1878 年他游览了西西里，1886—1890

1　F. Pollock 爵士，《牛津讲学录及其他谈话集》*Oxford Lectures and Other Discourses*，1890，158。
2　《历史一体性》*The Unity of Histories*（1872），4，9。

年间又在该岛长期居留过三次[1]，所酝酿的成果就是《民族史》中单独的西西里一卷（1892 年），以及四卷本的《西西里自古以来史》*History of Sicily from the earliest times*（1891—1894 年），截止于西元前 289 年阿加托克利斯 Agathocles 去世，——这数卷著作依据的是对品达、修昔底德及其他古代文献的深入研究。作者关于"荷马与荷马时代""雅典的民主制度""阿提卡历史诸家""古希腊与中古意大利"以及"蒙森的罗马史"等主题的论文，都被重刊于那套《史学论集》（1873—1879 年）的第二、三编中[2]。

阿伯特

伊夫林·阿伯特 Evelyn Abbott（1843—1901 年）在 1888—1900 年间刊布的三卷本"希腊史"，终结于西元前 403 年。著者是贝列尔的研究员及导师，写过一部关于伯利克里的通俗著作（1891 年），编纂《希腊志》（1880 年），与人合著《周厄提传》[3]。牛津的罗马史教学，受亨利·佩勒佩勒姆姆 Henry Pelham（1846—1907 年）的启发性影响而大有进展。此人出身于哈罗公学和牛津三一学院，曾是埃塞斯特学院的研究员及导师，他在 1889 年成为布利奇诺斯学院的古代史教授，在 1897 年担任三一学院院长。他有一小卷《罗马史纲》（1890 年），一直被称为"已刊同主题概述性著作中最有益、最精彩者"。已发表关于相同主题的文章和讲录也都别有价值，然而他未能来得及刊布自己的《罗马帝国史》就与世长辞了。在他的公开教学中，超越了"较为狭隘的那种教育宗旨"；"作为伟人蒙森的追随者与密友，他从更为宏阔、更为严谨的意义上对古代世442界之研究提出构想"。他是希腊研究学会和不列颠雅典学校的忠实朋友，

1　W. R. W. Stephens，《弗里曼生平与书信集》*Life and Letters of E. A. Freeman*（1895），ii 146，297。
2　同上，i 178-185。
3　《泰晤士报》，1901 年 9 月 6 日。

还参与了不列颠罗马学校的创立（1901 年），并且是不列颠学院的第一批院士之一（1902 年）[1]。

利克　　威廉·马丁·利克 William Martin Leake（1777—1860 年）是 19 世纪最著名的希腊地形学家之一，他在西印度的军团服役期满后，又在君士坦丁堡操练土耳其部队，1800 年在小亚细亚地区旅行，曾考察过埃及（1801—1802 年）以及欧洲版图部分的土耳其和希腊（1804—1807 年），1808—1810 年间再一次住在希腊。自 1815 年他从现役退休之后，便全心致力于古典学术事业。他在 1804 年从外交部接受委任，其中有一项具有重要意义的工作是与希腊地形学有关的。他被要求在那里"为不列颠政府和国家取得比以往有关这个重要国度更为精准的认识"。他作为游客的非凡活动力，伟大的观察力，以及密切结合地形学与历史的富有生气的见识，都确保他完满地执行这项任务。他因此而成为"希腊地理科学的奠基人"[2]。作为一名渊博且具有科学精神的地形学家，其名声倚仗于他的《希腊考察记》（1814 年）、《雅典及阿提卡各居民点地形志》（1821 年）、《小亚细亚旅行记》（1824 年）、《北希腊游记》（1835—1841 年）、《摩里亚志》（1830 年）以及《伯罗奔尼撒志》（1846 年）。他有关"雅典地形志"的著作由拜特尔和邵佩译成德文，"阿提卡各居民点地形志"的部分是韦斯特曼译的。这部关于雅典的著作，在 1841 年出了第二版，乃是最早借助于希腊文学、碑铭和艺术品所提供的一切证据而完成的对这座古城的科学性重构。科耳修斯已将之公允地视作具有永恒价值的一部著作；实际上这也是所有同主题后续研究的基础。他收藏的希

1　F. Haverfield 与"M."，在《雅典娜圣殿》，1907 年 2 月 16 日，197。
2　Michaelis，《19 世纪的考古学发现》，29。

腊大理石像，在 1839 年由他本人捐赠给大英博物馆了，而他的藏书和他在《希腊古泉志》（1859 年）中所记述过的大量钱币藏品，由剑桥大学购得，学校在菲茨威廉博物馆的门厅中设立了他的半身像[1]。

在古典地理学方面，约翰·安东尼·克莱默 John Antony Cramer（1793—1848 年）在他的古意大利"史地载记"（1826 年）、古希腊"史地载记"（1828 年）和小亚细亚"史地载记"（1832 年）中，做了较少独创特色却十分有用的工作。他是牛津纽因学堂 New Inn Hall 的院长，是钦定校级近代史教授。他别的著作中，依据牛津（1834—1837 年）和巴黎（1839—1841 年）所藏钞本完成的《希腊遗献集》*Anecdota Graeca*，对学者来说是最具吸引力的。

克莱默

他关于汉尼拔跨越阿尔卑斯山之通道的匿名专论（1820 年），得到了《爱丁堡评论》的好评，被称为"一流水准的学术著作"。此书为小圣伯纳山而辩护，这个观点的持有者还有尼布尔和阿诺德，以及牛津基督堂（在 1855—1866 年）的拉奥 W. J. Law（1787—1869 年）和蒙森。对立方主张小塞尼山，这得到了罗伯特·埃利斯 Robert Ellis 的有力支持，此人是剑桥圣约翰的研究员（卒于 1885 年）[2]。

拉奥
罗伯特·埃
利斯

查理·费洛斯 Charles Fellows（1799—1860 年），在 1838 和 1840 年

1　J. H. Marsden 的《已故中校威廉·马丁·利克之生平与著述的简略回忆录》*A Brief Memoir of the Life and Writings of the Late Lieutenant-Colonel William Martin Leake*（1864）；参看 E. Curtius，《古今集》，ii 305-322。

2　《汉尼拔跨越阿尔卑斯山通道论》*A Treatise on Hannibal's Passage of the Alps*（1853）；《剑桥古典与圣教语文学杂志》，1855—1856；《意大利高卢古代交通考》*An Enquiry Into the ancient Routes between Italy and Gaul*（1867）。

穿越吕基亚，他是克桑托斯石碑 Xanthian Marbles 的发现者[1]。此后穿越吕

斯普拉特 基亚的还有 1842 年的斯普拉特 T. A. B. Spratt（1811—1888 年）和爱德
华·福布斯 Edward Forbes（1815—1854 年）。斯普拉特在 1851—1853 年
间游览了克里特岛，在 1865 年出版了他的《旅行考察记》。居勒尼是
1860—1861 年由默多克·史密斯 R. Murdoch Smith 和波切尔 E. A. Porcher 勘

丹尼斯 察的;《伊特鲁里亚的城市与墓地》的作者，乔治·丹尼斯 George Dennis，
则探索了居勒尼的周遭环境[2];罗德斯岛的卡梅罗斯 Cameiros 之古代墓地，
是 1858 和 1865 年由萨尔茨曼 Salzmann 与比略蒂 Biliotti 发掘的。最后，
尼尼微的发掘是 1845 年启动的，主持者是那位显赫的公职人员，奥斯

莱亚德 丁·亨利·莱亚德 Austen Henry Layard 爵士（1817—1894 年）。

纽顿 莱亚德有位干练的同辈，查理·托马斯·纽顿 Charles Thomas Newton
（1816—1894 年），受学于什鲁斯伯里和牛津基督堂，他在牛津时给拉斯
金留下的印象是 “已经以观察事物的热情与好奇心而备受瞩目”[3]。他在大

444 英博物馆的工作始于 1840 年，最终在希腊与罗马文物部担任了 24 年的
常任监管员职务（1861—1885 年）。

在 1846 年，在博物馆工作的他受到某些圣约翰骑士团城堡浮雕残
片的吸引，这些文物来自古代哈利卡那苏斯的博德鲁姆。他猜想这些浮
雕一定曾经属于为摩苏拉斯 Mausolus 而建立的大型纪念碑。1852 年，他
受任密提勒尼的副领事，并携有一项考察任务，探索邻近地区的古代遗

1　Michaelis,《19 世纪的考古学发现》，77-81。

2　1848；第三版，1883。

3　《过去》*Praeterita*，i § 225；参看 ii § 155 以下，1899 年版。

迹。从莱斯博斯岛出发，他访问了开俄斯、科斯以及罗德斯，在最后一处地方他是 1853—1854 年的领事，并在克里米亚战争的喧嚣骚乱中悄悄地主持了卡林诺斯岛 Calymnos 的挖掘活动。1855 年 11 月，他在君士坦丁堡的赛马场进行某些挖掘工作，就此将地面清理干净，露出来被三条青铜蟒蛇盘绕的巨柱之基座，此柱曾在德尔斐支撑着普拉提亚大捷的纪念碑[1]。1856 年，他勘察了摩苏拉斯陵墓的遗址，复原出一大宗装饰坟墓的著名雕像群。从米利都附近的迪迪马，他寄回家乡大批古希腊早期坐像，这些像是成排在布兰库斯宗族 Branchidae【译按，自称是阿波罗所宠爱的少年（一说是阿波罗之子）Branchus 之后裔】的阿波罗神庙附近找到的。从尼多斯 Cnidos 他带走了狮子巨像，那可能是刻农为纪念自己在西元前 394 年战胜斯巴达舰队而建的，还带走了著名的得墨忒耳坐像，以及一座珀耳塞福涅的精致小型雕像。这些采获记录，俱载入他以官方身份出版的《哈利卡那苏斯、尼多斯及迪迪马获宝记》*A History of Discoveries at Halicarnassus, Cnidus, and Branchidae*（1862 年），以及他受大众喜爱的《黎凡特地区观览记》*Travels and Discoveries in the Levant*（1865 年）。

就在此时，他被指派为驻罗马领事，之后又过了两年，才被召回，出任大英博物馆希腊与罗马文物部监管员，这个任命标志着英国人对古典考古学真正产生兴趣的开端。在 1864—1874 年间，他获得了超过 10 万英镑的巨额专款，以为他的部门进行采购，从而获得了一些法尔尼斯的雕像藏品，还有卡斯泰兰尼 Castellani、布尔达斯 Pourtalès 和布拉卡收

1 　其铭文后来由 Frick 释写出来，见《剑桥古典与圣教文学杂志》，iii（1859）554；此后又经 Dethier 与 Mordtmann 辨读，维也纳科学院，1864，330。

藏品中的宝物。他还鼓励并支持了罗德斯、塞浦路斯、居勒尼、普里埃内 Priene 和以弗所等地的挖掘活动 [1]。1877 年，他参观了谢里曼在迈锡尼（以及厄内斯特·科耳修斯在奥林匹亚）的开掘工作，而令他满意的是迈锡尼的发现真正属于史前时代。1880 年，他将自己发表于 1850—1879 年的论文结为单独一卷，题为《艺术与考古学论集》*Essays in Art and Archaeology*，收入了那篇关于希腊碑铭的精彩文章。甚至当他在 1885 年从监管员职位退休后，还又编撰了伟大的《大英博物馆希腊碑铭集》一书。他获得过骑士头衔，还拥有牛津与剑桥的荣誉学位。从 1880 至 1888 年，他是伦敦的大学学院第一位考古学教授，然而他的讲座却因为过于通俗而缺乏实质性的指导意义。有才华的学生，甚至是专家，则会从其日常谈话里获益良多。"他是一个完人"【译按，原文系德语】，这是德国考古学家最杰出人物中的一位形容他的话。他敏锐而典雅的形象，可能最完满地体现于塞弗恩 Severn 在罗马为其所绘的肖像中了，这一小幅作品曾被他赠与本书作者。他的大理石半身像被置于那座著名的殿堂里，那里由他安排摆放着从哈利卡那苏斯的摩苏拉斯陵墓发现的雕塑作品。剑桥和牛津的古典考古学博物馆落成，他都是最先受邀的人士之一。在 1884 年剑桥考古学博物馆的开幕庆典上，看到他在尼多斯发现的珀耳塞福涅小像之摹件，这使他想起"她从黑帝斯之幽暗至天界的 ἄνοδος【提升】"，他愉快地称当下之场合就是"被埋没于英格兰如此之久的考古学的 ἄνοδος【提升】"[2]。

---

1 参看 Stanley Lane Poole，在《国家评论》*National Review*，1894，622 以下。

2 Percy Gardner，在《传记年刊》，1896，132–142；以及 Ernest Gardner，在《英国雅典学校年刊》*Annual of British School at Athens*，i 67–77。又见 Richard Jebb 爵士在《希腊研究学刊》，xxiv，p. li。

在希腊建筑研究方面，弗朗西斯·克兰默·彭罗斯 Francis Cranmer 彭罗斯
Penrose（1817—1903 年）具有显赫的地位。他出身于西敏公学和剑桥
的莫得林学院，曾连续三年跻身大学赛艇队，此后三年成为"大学游
学士"（1842—1845 年）。作为"游学士"，他在罗马和雅典研究建筑，
受到佩恩斯隆 Pennethorne 的理论引导，去测算帕台农神庙柱石之卷杀
entasis【译按，"卷杀"是汉籍古语，指建筑上为视觉美观而使柱石在一定位置以上直
径收缩而产生的构件侧面曲线设计，或称为圆柱收分曲线】的双曲线。此后他得   446
到了"一知半解协会"的资助继续从事测量工作，成果刊布于《雅典建
筑原理调查》*An Investigation of the Principles of Athenian Architecture* 中 [1]。他是位于雅
典的英国考古学院的名誉缔造者及首位主任，彭罗斯纪念图书馆就是以
他的名字命名的 [2]。他还是一位天文学专家，曾煞费苦心地考察了希腊庙
宇的朝向。他用了多年时间调查圣保罗大教堂的构造，希腊政府多次向
他咨询有关雅典各处庙宇的情况。曾站在奥林波斯之宙斯庙石柱群的最
高点，又曾立于圣保罗大教堂穹顶的，他可能是唯一一人。1898 年，他
获得了牛津与剑桥的荣誉学位，在漫长的生涯即将结束之际，他还在阅
读一篇有关希腊建筑中涡形花样之演进的论文 [3]。

纽顿在大英博物馆的继任者，亚历山大·斯图阿特·默里 Alexander 亚历山大·
Stuart Murray（1841—1904 年），曾就学于格拉斯哥和柏林，最为人知的 默里
著作是《希腊雕塑史》（1880—1883 年）、《希腊考古学手册》（1892 年），

---

1 1851，扩充版，1888。
2 《英国雅典学校年刊》，x 232-242。Richard Jebb 爵士的碑铭与捐助人名单印在一起。
3 F. G. P. 所撰讣闻，亦见于《雅典娜圣殿》，2 月 1 日，《建造者》*Builder*，2 月 21 日以及（J. D.
  Crace 所撰）在《英国建筑学皇家学院杂志》*Journal of the Royal Institute of British Architects*，1903
  年 5 月 9 日（附有 Sargent 所绘肖像的复制品）。

以及关于希腊青铜器的讲录（1898 年），关于帕台农神庙之塑像的讲录（1903 年）[1]。

伯恩　　在罗马考古学的领域，出身于什鲁斯伯里和剑桥三一学院的罗伯特·伯恩 Robert Burn（1829—1904 年），完成了一部综论著作《罗马与坎帕尼亚地区》*Rome and the Campagna*（1871 年）。此书问世之初，就成为"该主题最好的英语书籍"，通过对古典著作家和近代地形学文献的审慎研究，具有了丰富的论述依据[2]。他还出版了一部上述著作的摘要，题为《古旱之罗马》*Old Rome*（1880 年），还有一卷文集，《与罗马艺术相关的罗马之文献》*Roman Literature in relation to Roman Art*（1888 年）。有人准确

447　　地描述他为"具有喜人之性格的男士——单纯、慷慨、真诚，怀着高度责任感，以及一颗善良的心"[3]。《罗马与坎帕尼亚地区》后被那位牛津书

帕克尔　商约翰·亨利·帕克尔 John Henry Parker（1806—1884 年）的著作所取代，此人的《罗马考古学》*Archaeology of Rome* 问世于 1874—1876 年。关于"1885 年的古罗马"和"1888 年的古罗马"的著作，作者是牛津埃克赛特学院的约翰·亨利·米德尔顿 John Henry Middleton（1846—1896年），他是剑桥菲茨威廉博物馆的司雷德席位教授，那两部书后来被修订和大幅度扩充，成为两卷本的《古代罗马遗迹》*Remains of Ancient Rome*（1892 年）。

古典考古学　　英国的古典考古学研究得以成长不息，得益于希腊研究促进会的成

1　见 A. H. Smith 的回忆录和书目，在《传记年刊》，1907，100-103。

2　T. Ashby，见引于 Postgate 博士，《传记年刊》，1905，143。

3　Postgate 博士，同上。参看《剑桥评论》，xxv 274。

立（1879 年）[1]，以及在雅典（1883 年起）和在罗马（1901 年）设立英国考古学院。希腊研究学会参与推动对小亚细亚、瑙刻拉提斯、萨摩斯和塔索斯、塞浦路斯和克里特的考察探索。塞浦路斯与克里特，以及米洛斯与米加洛波利斯 Megalopolis、斯巴达，都一直是在雅典的考古学院开展挖掘工作的所在，而在罗马，除了着手对罗马本城的调查外，也在对坎帕尼亚地区的古典地形学进行着细致考察。19 世纪之初，珀尔森学派的纯粹之学术还处于优势上风。四分之一个世纪过去后，一位未能成功预见将来情势的作者所想象的是，英国学术的"最后光芒"，"将要消磨于多布里的垂死病榻之上"[2]。但自那时以后，关于希腊与拉丁文献的精确研究成果丰硕；古典典籍一直通过杰出名作的近代出色译文得以广泛传播；希腊的戏剧被复活过来；新的期刊杂志创办起来，用以发展和记录古典研究的进展。在 1903 年底，我们业已见证了古典学会的诞生，其宗旨在于"推动古典研究的发展，维持其良性运作"，而在古典学上的新兴趣，也通过古典考古学的巨大进步而培养起来了。

448

从考古学的探索转向文献的发现，我们会记得 1752 年在赫库兰尼姆找到的众多希腊纸草文书被烧焦的卷轴，包括了伊壁鸠鲁和菲洛德慕斯，不仅是在 1793 年及其后在那不勒斯出版，也在 1824 和 1891 年刊布于牛津[3]。私家或公共机构从此之后在埃及的沙土中复原出种类繁多的纸草文献来。第一批重见天日的文学性纸草文献，是 1821 年 W. J. 班克

文献上的发现

---

1 《希腊研究学会简史》*A Outline of the History of the Hellenic Society 1879-1904*，作者是荣誉秘书，G. A. Macmillan；《希腊研究学报》，始于 1880—1881 年。《古典学评论》自初始（1887）就将考古学纳入其中；与希腊、拉丁和希伯来学术相关的论文，刊于《语文学杂志》（始于 1868 年）。

2 《英国教会评论季刊》，v（1839）145。

3 Walter Scott，《赫库兰尼姆残篇集》*Fragmenta Herculanensia*，Nicholson 编订，1891。

斯 Bankes 得到的《伊利亚特》末卷。后来还发现了荷马诗章另外的许多部分残篇，那些诗篇的广受欢迎是一个有趣的现象，这是由于在所有发现中，荷马被视为是"必不可少的"。亡佚典籍的恢复唤醒了更为热烈的兴致。1847 年由雅登 Arden 和哈里斯分别取得的一个大卷子本的两个部分，包含了叙珀芮德斯的演说词，斯托巴特 Stobart 在 1856 年发现的《葬礼演说词》，也是此演说家的作品。1890 年前后，大英博物馆接收了一批数目可观的文学性纸草文献，包括了叙珀芮德斯的一部分《反腓力演说》，还有亚里士多德的《雅典政制》、海罗达思的拟曲集，随即在 1896—1897 年还有巴居理德斯的《颂歌集》[1]。学者们开始体会到那种欣喜若狂的感觉，类同于文艺复兴时代里的某位彼特拉克、萨卢塔蒂或是博乔·布拉乔利尼因获得或重见亡佚之典籍而兴奋的感觉。他们意识到自己活在一个"首刊版"的新时代。在奥绪临库斯遗址成果丰硕的挖掘活动进入第五季以来，人们发现了诸多"底比斯残篇"，是品达日神颂歌的形式[2]。对赫库兰尼姆的重新探察，或将使得艺术而非文学获益更多，我们或许也要在尼罗河两岸，而不是那不勒斯湾区，更容易实现那位诗人的想象：

> 曾耐心探察赫库兰尼姆
>
> 的学海之沉船的你，哦，
>
> 多令人欣喜！一旦你弄清

---

1 综合参看 F. G. Kenyon 的《希腊纸草古文书学》*The Palaeography of Greek Papyri*，1899，3–7，56–111。

2 Grenfell 与 Hunt，在《埃及探察基金报告》（1905—1906）10 以下，又见《奥绪临库斯纸草书》，v（1908），11–110。

某些底比斯残篇，或揭开
一个珍贵、温雅且纯然全
属于西门尼德斯的卷轴。[1]

1　华兹华斯:《感想与反思》第 27 首 *Poems of Sentiment and Reflection xxvii*（1819 年 9 月）。日期
　具有重要意义。在那年头的两个月里，Humphry Davy 爵士花费了很多时间，力图将那不勒
　斯博物馆的赫库兰尼姆纸草卷子展开。此举备受赞誉，但收效甚微；而在 1819 年 2 月，"那位
　渴望推动古代文献进步的彼得·埃尔姆斯利牧师来到那不勒斯，为的是在刚要对被展开卷子
　之残篇进行检验的工作中尽一份力，对他提供的帮助，立即就受到了明显的猜忌"（Humphry
　Davy 爵士向皇家学会的报告，见《伦敦皇家学会哲学学刊》*Philosophical Transactions of the Royal
　Society of London*，1821 年 3 月 15 日，pp. 191–208 中的 p. 204）。

第四十一章

美利坚合众国

　　美洲被发现后不到半个世纪，意大利诗人马坎托尼奥·弗剌米尼奥 Marcantonio Flaminio 就预言说，即便是在新世界，意大利的那些拉丁诗人也会受到西方各民族的研究，"曙光照射到他们时，意大利的天空还被黑暗席卷着"，——

　　　　因为说来奇怪，即便在遥远的海滨

　　　　如今也流传着对拉丁学问的热爱。[1]

但在弗剌米尼奥的诗行中，关于西半球这股对拉丁语的热爱，我们并未

1　"Nam (mirabile dictu) in iis quoque oris | Nunc linguae studium viget Latinae"（《诗集》，123，1743 年版）；作于 1550 年之前；上文第二卷第 120 页。

查得那么多事实上的陈述——作为对未来事件的睿智预言。其实，我们不得不再等四分之三个世纪，才找得出大西洋彼岸拉丁文之教化的蛛丝马迹。

恰巧的是，新世界里第一部可观的著作（尽管不是在那里出版），正是与拉丁语经典之研究相关的。在 1623 年，弗吉尼亚的殖民地局势还未稳定下来，弗吉尼亚公司的司库，乔治·桑兹 George Sandys（1577—1643 年），那位大主教年纪最幼的儿子，在从事以诗体翻译奥维德《变形记》的工作 [1]。1626 年全译本在伦敦付梓，在写给查理一世的献词中，译者称此书"自古代罗马人的主干上长出，但孕育于新世界，不得不沾染了那其中的粗蛮之气，特别表现了战争与骚乱，而冷落了缪斯女神们的影响"。但是"粗蛮之气"本应不会基于这样一首诗歌而存在，它得到过蒲伯的推崇，德莱顿也称这部译作是"前一个时代里的最佳诗篇"[2]。

乔治·桑兹

451

自第一首拉丁语诗歌在美洲刊布，至今有一个世纪了。此诗为 "*Muscipula*：捕鼠器，或作威尔士人斗鼠战纪：爱德华·霍尔兹沃思的诗作，R. 刘易斯译为英语，安纳波利斯，1728 年"。译者自豪地称之为"马里兰州所刊第一部以英语为着装的**拉丁诗歌**"。这部拉丁语作品，希腊语别名作 *Καμβρομυομαχία*，旨在纪念威尔士人的上古事迹，证明捕鼠器是威尔士人的发明，而不是希腊人的。"美洲所刊希腊或拉丁经典的

初期

1　Stith 的《弗吉尼亚史》（1747），303；Hooper 为 George Sandys 的《诗歌著作集》所作"引言"，xxvii–xlii。
2　德莱顿《古今寓言集》，前言。

第一译"[1]，是爱比克泰德的译本："爱比克泰德的道德格言集，原系希腊语口述，由阿里安记之，第二版，费城，由 S. 凯默尔刊于 1729 年。"这个出版者曾是本杰明·富兰克林的雇主，就在同年，富兰克林开始了自己的事业。"加图的道德对句诗，英语对句体译出"（译者是首席法官詹姆斯·洛根 James Logan[2]），由 B. 富兰克林刊布并销售，问世于 1735 年的费城，假如"加图"可被视为一部古籍【译按，或可能是古代晚期的托名之作】，那么这就是"第一部由在不列颠殖民地完成并刊布的古典著作之译本"了[3]。然而若要以一部真正的典籍作为考量的话，更合适的说法是："西塞罗的《大加图》，或作论老年：附以阐解性注释；由 B. 富兰克林刊布并出售，费城，1744 年。"[4]译注者是詹姆斯·洛根，富兰克林称之为"此**西方世界**典籍之初译"。40 年之后，又有了"贺拉斯抒情作品集，译为英语诗歌……出自美洲人士"，费城，E. 奥斯瓦尔德，1786 年。译者是约翰·帕克 John Parke（1754—1789 年），他是华盛顿将军部队里的中尉，将此书题献给了将军[5]。这可能是土生土长的美国人所发表的最早的译作之一了[6]。

---

1 C. H. Hildeburn，《宾夕法尼亚州出版志，1685—1784》*The Issues of the Press in Pennsylvania 1685–1784*；Brinley 的书目，no. 3396（哈特福德，1878—1897）。

2 参看 J. G. Wilson 与 J. Fiske，《阿普尔顿美国传记大百科全书》*Appleton's Cyclopaedia of American Biography*（1886—1889），相关词条。

3 Brinley 的书目，no. 3279。

4 同上，nos. 3281—3284。

5 Brinley 的书目，no. 6910。

6 在此段落中的书目文献学资料（我将之重新排定并以编年时序安排），是 Wilfred P. Mustard 教授友情提供的，他当时供职于宾夕法尼亚州的哈维福德学院，现执教于巴尔的摩的约翰·霍普金斯大学。

新世界最早的古典学术中心，是成立于 1636 年的哈佛学院，此校得名于出身于伊曼纽尔学院的约翰·哈佛 John Harvard（1607—1638 年）。1637 年 11 月 15 日，学院决定在纽敦镇的一小片新教徒殖民地建校，他捐赠了一半的财产，以及全部的藏书，——荷马、普鲁塔克、泰伦斯与贺拉斯。1638 年 5 月 2 日，约翰·哈佛去世四个月之后，纽敦更名为剑桥，为的是纪念与许多殖民者都有渊源的那所大学。

从时间顺序看，接下来就是"康乃狄格州的大学学校"，它成立于 1701 年的塞布鲁克，1716 年迁至纽黑文，1718 年更名为"耶鲁学院"，取自其捐助人伊利胡·耶鲁 Elihu Yale。普林斯顿大学是 1746 年在别处建成的，1757 年才搬到今天的所在。在费城，经本杰明·富兰克林建议，1751 年成立了一所科学院，40 年后，并入"宾夕法尼亚大学"。1754 年，乔治二世在纽约设立一家机构，被称为国王学院，直至 1787 年改名为哥伦比亚学院，至 1890 年重组为一所大学。以上是美利坚合众国境内最早的五个学术中心。第五所之后，很快就有在罗得岛州普罗维登斯成立的布朗大学了（1764 年）。

在 19 世纪成立的大学中，还可以提到的是夏洛茨维尔的弗吉尼亚大学（1819 年）、安阿伯的密歇根大学（1837 年）、麦迪逊的威斯康星大学（1849 年）、伊萨卡的康奈尔大学（1865 年）、伯克利的加州大学（1868 年）、巴尔的摩的约翰·霍普金斯大学（1876 年）、帕洛阿尔托的利兰·斯坦福大学（1891 年），最后还有芝加哥大学（1892 年）[1]。此外还有为数在 400 到 500 之间的大学或学院，其重要程度各不相同。在以上所有这些机构里，逐渐出现了"有限几个学术研究的真正家园"，这

1　参看《密涅瓦》各处。

"在一定程度上合乎那个严格定义，即'一个在覆盖所有精神生活重要部门的一系列学科里都安排了一位通晓当时最完整、最准确知识的人士从事教学的场所'"[1]。旧学院的楷范，主要是取法于英国，而近代大学则主要是学习德国。

453

我们现在可以提到几位比较重要的古典学者，对他们目前为止在本书范围之内的已刊著作稍加评述。

罗宾逊　　1836 年，在波士顿，一部《新约希腊语与英语辞典》，由一位高超的学者爱德华·罗宾逊 Edward Robinson（1794—1863 年）完成。他毕业于汉密尔顿学院，教授希腊语和数学，在 1821 年 12 月去往安多弗 Andover 完成了一部"《伊利亚特》起初数卷"编订本的出版，附有拉丁文注释，主要来自海涅。他的辞典多次再版，还有一部关于巴勒斯坦地理的著作，题为"圣书探究"，也取得同等程度的成功。在 1826—1830 年，他在哈雷和柏林学习，余生 26 年间成为纽约的一名圣书文学教授[2]。

蒂克纳　　在此世纪之初，有一位被誉为具有崇高修养的波士顿人，乔治·蒂克纳 George Ticknor（1791—1871 年），完成了"一部欧里庇得斯副本，有在新英格兰任何一家书店都无法买到的原文"[3]。1815 年，他被派往哥廷根，出于对该校自己希腊语导师的敬重，他针对自己的同胞宣称："我们还不懂什么是一名希腊语学者。"[4]在哥廷根，他一直逗留至 1816 年底，还"亲睹迪森和日耳曼语文学家里的领袖人物沃尔夫之风采"，后者当

1　Bryce，《美利坚联邦》*American Commonwealth*，chap. cv（ii 667, 1895 年版）; Papillon，在《莫斯利教育委员会报告》*Reports of the Mosely Educational Commission*（1904），254。

2　肖像见《阿普尔顿美国传记大百科全书》，共六卷（1887—1889）。

3　Ticknor 的《普莱斯考特传》*Life of Prescott*，p. 13，1904 年版。

4　G. S. Hillard 等人，《蒂克纳传》*Life of Ticknor*，i 73 注。

622　　　　　　　　　　　　　　　　　　　　　西方古典学术史（第三卷）

时对该校正有一次访问[1]。在他旅行过程中，后来又在莱比锡遇到了谢弗，在哈雷遇到了许茨[2]，在魏玛会晤了蒂尔施（以及歌德），在卡塞尔见到韦尔克，在海德堡见到沃斯和克罗伊策，在法兰克福见到 F. 施莱格尔，在巴黎见到 A. W. 施莱格尔和洪堡，在威尼斯见到拜伦，在那不勒斯见到威廉·盖尔 William Gell 爵士，在罗马见到本森和尼布尔，在剑桥见到蒙克与多布里[3]。在德、法、意、西四年学业结束之后，他作为法语与西班牙语教授，在哈佛发表了一场就职演说，被称为"美国当时引以为豪的学问最老到的表现"[4]。

454

蒂克纳在哥廷根的同学中，有一位终生好友，爱德华·埃弗雷特 Edward Everett（1794—1865 年）。此人青年时代就已前途远大，在 1815 年受任哈佛的希腊语艾略特讲座教授，条件是他在接受教席之前花些时间在欧洲学习。他在哥廷根逗留了两年。库赞和他在德国相识，称他是所见过的最出色的希腊语学者之一[5]。他在欧洲的四年间，曾在希腊旅行，在当地独立战争爆发前，曾与科刺厄斯结交，得到后者极大的尊重[6]。1819 年，他就任教授[7]；以此身份完成了一部布特曼的《希腊语法》译本（1822 年），和一部新版的雅各布《希腊语读本》。他在 1826 年为了政治事业辞掉了教授工作，在 1841—1845 年间成为美利坚合众国驻伦敦代表，1852 年成为国务卿。他的名望主要依赖其演说的庄严雄辩。就

埃弗雷特

---

1 G. S. Hillard 等人，《蒂克纳传》，i 105-107。
2 同上，i 108, 112。
3 同上书之各处。
4 Hillard 等人，i 320。肖像见 Appleton 前揭书中。
5 Hayward，在《评论季刊》，1840 年 12 月。
6 Thereianos，《阿扎曼蒂奥斯·科刺厄斯》，iii 23。
7 "他怀着阿贝拉尔再世的热情讲授希腊文学"（Appleton 前揭）。

其记力之强固，以及善用大量史事排比的独特手法而言，都与麦考莱相似。1819 年，他在欧洲的四年生涯结束后，他宣称就大学形式而论，美国当时"在英国那里无可学的，但要事事照搬自德国"。英语学者已然视若无睹，"在所说及的那个时代，的确完全就是如此"[1]。但埃弗雷特后来在 1842—1843 年间从牛津、剑桥和都柏林获得了荣誉学位；他在剑桥的演说，结尾处怀着敬意欢呼 *Salve, magna parens*【祝好，伟大的父母】[2]；而他"实实在在地认识到"1819 年以来的一个变化，在 40 年后将自己的儿子送到剑桥读书[3]。此子后来所作系列演讲《论康河》*On the Cam*，除了 1864 年在波士顿那次之外，向许多人描绘了在该大学学院生活的一幅生动画面。

455

班克罗夫特　　哥廷根也是另一位哈佛毕业生乔治·班克罗夫特 George Bancroft（1800—1891 年）的目标。他师从希伦，并在 1824 年翻译了老师的《古希腊政治学反思》，后来获得哈佛的希腊语导师职位。此后他代表其祖国驻使于英德两国（1867—1874 年）；最重要的著作是那部合美利坚众国国史（1840—1874 年）[4]。

费尔顿　　哈佛的希腊语教授中，科尼利厄斯·康维·费尔顿 Cornelius Conway Felton（1807—1862 年）任职时间在 1834—1860 年，生平最后两年中

1　T. W. Higginson，在《哈佛研究生杂志》*Harvard Graduates' Magazine*，1897 年 9 月。

2　埃弗雷特《演说集》，ii 431（1842）。

3　T. W. Higginson，在《大西洋月刊》*Atlantic Monthly*，vol. 93（1904）8 以下。后来的事实遭到（倒也合乎人情）忌讳，见于 Hohlfeld 教授的芝加哥"祝词"（《德意志大学对美国的影响》*Der Einfluss deutscher Universitäten auf Amerika*），1904，p. 6，其中对那段 1819 年最早的评论给予了充分强调。关于埃弗雷特，参看《哈佛大学逢五周年纪念分目：1635—1905》*Quinquennial Catalogue of Harvard University, 1636–1905* 中的生平记述，1811 之下；《大英百科全书》等资料；肖像见 Appleton 前揭书。

4　牛津民法学博士，1849；《哈佛大学逢五周年纪念分目》，1817 之下；肖像见 Appleton 前揭书。

出任哈佛校长。他做过沃尔夫本《伊利亚特》的注释，采用了弗拉克斯曼的插图（1833 年及其后），还编订了阿里斯托芬的《云》《鸟》，埃斯库罗斯的《阿伽门农》以及伊索克拉底的《颂词》。在西尔斯 B. Sears 和爱德华兹 B. B. Edwards 两位教授的合作下，他在 1849 年完成了一部"古典学研究"，包括了许多荷兰学者通信的选段。在他首次拜访欧洲期间（1853—1854 年），他在希腊逗留了五个月，在 1856 年出版了《近代希腊语作家选集》。他广受欢迎的"古今希腊论"讲录，体现出对古代希腊的强烈热情。他在希腊与现代戏剧的比较研究方面的兴趣，鲜明地呈现于早先对伍尔西编订本《阿尔刻提斯》（1836 年）的评论中。他熟稔德语文学，也了解日耳曼学人，但参考海涅、米切利希 Mitscherlich 和沃尔夫的时候并不比参考赫尔曼来得多[1]。他作为希腊语教授的职务，在 1860 年由 W. W. 古德温 Goodwin（生于 1831 年）接手，这是那部《希腊动词情态与时态的句法学》的著名作者[2]，他的教授职位延续至 1901 年。

456

与费尔顿完全同龄的伊万杰利努斯·阿波斯托利德·索福克勒斯 Evangelinus Apostolides Sophocles（1807—1883 年），出生于珀利翁山麓，早岁居于阿基琉斯故园附近，成年后曾住在开罗和西奈山上，1828 年移民至新世界。他在耶鲁教授希腊语（1837 年之后），又在哈佛执教多年（1840—1883 年），1860 年被任命为古代、拜占庭及近代希腊语教授。在他的出版物中，最成功的是那部《希腊语法》（1838 年及其后），

伊万杰利努斯·阿波斯托利德·索福克勒斯

1　E. Sihler（纽约大学的教授），《美利坚合众国的古典学研究和古典学论著》*Klassische Studien und klassischer Unterricht in den Vereinigten Staaten*，三篇文章，载于《新年刊》（1902）508 以下。关于费尔顿，参看《哈佛大学逢五周年纪念分目》，1827 之下；《美国教育杂志》*American Journal of Education*，1861 年 3 月，x 265-296；《马萨诸塞州历史学会会刊，1869》*Proceedings of the Massachusetts Historical Society 1869*，x 352-368。肖像见 Appleton 前揭书。
2　1859 及其后；重写并扩充于 1889 年。

最重要的则是《罗马与拜占庭时期希腊语辞典》*Greek Lexicon of the Roman and Byzantine Periods*[1]。他将自己的学术藏书和全部私人财产都捐赠给了哈佛[2]。

　　哈佛的拉丁语教授席位在 1832—1851 年间由卡尔·贝克 Carl Beck（1798—1866 年）执掌，他生平开头的 26 年间生活于德国。如利伯和佛伦 Follen 一般，他也是一位"受过高等教育的德国人……在 1825 年前后因政治骚乱而被逐出祖国"[3]。1846 年，在一次出访欧洲前夜，那位"杰出的佩特洛尼乌斯研究者"[4]，声称"他此前从未有一学生拉丁语书写

莱恩　如莱恩般出色"。语涉的学生就是乔治·马丁·莱恩 George Martin Lane（1823—1897 年），仅以一个学期就"大获全胜"地取得教授席位。在 1847 年，如蒂克纳、埃弗雷特及班克罗夫特那样，他去往德国求学四年，在哥廷根听过施耐德温和 K. F. 赫尔曼的讲座[5]，在波恩听了理茨尔

457　的讲座，还有柏林和海德堡的一些课程。1905 年，本书作者访问他的儿子、波士顿的加德纳·马丁·莱恩先生，在其藏书中见到他有关理茨尔讲座的笔记，还有一幅该教授的素写绘画。他在 1853 年对一部普劳图斯编订本的评论，在其传记作者看来，"可能是"在美国所见"有关理茨尔研究之成果的最早认识"[6]。他在 1851—1894 年间出任拉丁语教授。"作为一名教师"，他"具备了英语学校所特有的全部的良好文学

1　1870 及 1887。

2　参看《哈佛大学逢五周年纪念分目》，荣誉学位，1847；《传记年刊》，1883，p. 98。他长期都是《国家》杂志的重要撰稿人（xi 46）。参看 Allibone，相关条目；以及 Seymour，在《雅典古典研究学校通报》*Bulletin of the School of Classical Studies at Athens*，v（1902），8 以下；肖像在哈佛。

3　T. W. Higginson，如前述；图宾根哲学博士，1823；哈佛荣誉法学博士，1865。

4　"佩特洛尼乌斯钞本……经著录及核录的内容"，1863。

5　哲学博士，1851。

6　Morris H. Morgan，在《哈佛古典语文学研究》，ix 9。

鉴赏力，然而又结合以德国人的细腻而精准的知识"。在他为人所知的性格中，包括了从不气馁的温厚，思想极具独创力，记忆力惊人，熟稔极多不同形式的文学作品[1]。"他的教学总是清楚而深刻"[2]；其"智慧光芒足以烛照黑暗之角落，即便是在那些最艰深的学问上也是如此，他能够使最枯燥的论题变得趣味盎然，依靠的是充满才情和独创精神的表述方式"[3]。他生平的主要著作，有那部精彩的《拉丁语法》，完成并刊布于1898年，出版者是他从前的学生，莫里斯·摩根教授；他大方地配合完成了刘易斯与肖特的《拉丁语辞典》；主要由于1871年他那部小册子，拉丁语的改良式读音方法得以在美利坚合众国的所有院校被采用起来[4]。

在莱恩年长的朋友中，约翰·林肯 John L. Lincoln（1817—1891年），　　　林肯
是同莱恩一样在德国学习多年的；他是布朗大学的拉丁语教授（1844年
及其后），完成了贺拉斯的编订本和李维的选本[5]。还有阿尔伯特·哈克尼　　哈克尼斯
斯 Albert Harkness（1822—1907年），布朗的希腊语教授，其《拉丁语法》
刊布于1864年[6]。他自雅典的美国古典研究学院的管理委员会成立以来，

1　Morris H. Morgan，在《哈佛古典语文学研究》，7。
2　Eliot，同上，8。
3　Goodwin，同上，8。
4　同上，9。对这套发音法则的疑虑，已在 Bennett 和 Bristol 的《拉丁语及希腊语教学》 *Teaching of Latin and Greek*（1901），66-80 中见到。Morris H. Morgan 的《回忆录》（附肖像），在《哈佛古典语文学研究》，ix 1-12；身后论文，同上，13-26；他17位学生的论文，前揭，vii；参看《哈佛大学逢五周年纪念分目》，1846 以下；《美国语文学杂志》，xviii 247、371 以下；《国家》，lxv，1897年7月8日，28。
5　《美国传记大百科全书》（纽约，1882— ），viii 30。
6　是一部广受欢迎的著作，修订于1874、1881年；哈克尼斯还编订过恺撒和萨鲁斯特等人（1870—1878）。

就是该会的成员，直至去世[1]。还有一位布朗的毕业生，亨利·西门·弗里兹 Henry Simmons Frieze（1817—1889 年），为人所知的是编订了维吉尔以及昆体良第 x、xii 卷。他在密歇根大学担任了 35 年的拉丁语教授，直至去世，他为自己的教学工作赋予了"一种高贵的现实主义气息"，原因是他"更想要学生们做**罗马人**而不是做**拉丁文人**"[2]。

莱恩在哈佛有一个较为年轻的同辈，约瑟夫·亨利·塞耶 Joseph Henry Thayer（1828—1891 年），成功地编纂了一部《新约》希腊语语法学（1873 年），一部《新约》希腊语辞典（1886 年），原本是维纳 Winer 和维尔克 Wilke 及格林分别所撰著[3]。

莱恩的拉丁语教授同事，有詹姆斯·布拉德斯屈·格里诺 James Bradstreet Greenough（1833—1901 年），他是哈佛的学生，在密歇根做过九年法学教授之后，受邀回到哈佛成为拉丁语导师。这份职位使他在 1873 年成了助理教授，并使他在两个拉丁语教授席位之一上工作了近 20 年（1883—1901 年）。

在他执教初期，曾热情地致力于比较语文学的研究，于是很快精晓梵文。他受到古德温《希腊动词情态与时态的句法学》的感发，也攻击拉丁语的相应问题，最初的成果就是他私人刊印的《拉丁语虚拟态分析》*Analysis of the Latin Subjunctive*（1870 年），其中主张适用于一切虚拟语态

---

1 《布朗校友录月刊》*Brown Alumni Monthly*，viii（1907）31，肖像见于 no. 1 之外页；《古典学评论》，xxi 189。
2 《古典学评论》，iv 131 以下。
3 《哈佛大学逢五周年纪念分目》，1850 年以下。

场合的唯一意义就是**将来**的意思。在此《拉丁语虚拟态分析》中，他预言的方法，在第二年得到德尔布吕克的采纳，运用于那部成为语法经典著作的《虚拟语态与祈请语态》*Conjunctiv und Optativ* 中。《拉丁语虚拟态分析》的结果体现于 J. H. 艾伦与 J. B. 格里诺的《基于比较语法学的拉丁语法》*Latin Grammar founded on Comparative Grammar*（1872 年）之中。德尔布吕克的著作乃是格里诺赞赏而又重加考量的课题，其中这位复查者不肯接受**情愿**与**愿望**作为虚拟语态和祈请语态的分别[1]，此后德尔布吕克承认，两者原本的意图终究是在**将来**的概念而非**情愿**。

格里诺是第一个在哈佛开设梵文和比较语文学讲座的人（1872—1880 年），他在推动那些研究方面所做的贡献，"美国学术史家不会将之忽视"[2]。在那几部以（J. H.）"艾伦与格里诺拉丁语系列"为名的教科书中，他自己的主要研究成果和发现都体现在所提供的文稿中了。其中有他独立编订的贺拉斯《闲谈集》和《书简集》，还有李维的第一、二卷[3]。

他热衷于字源学的研究，为许多卷《哈佛古典语文学研究》都提供过有关该主题的博学而又睿智的札记。他在语言学形式分析方面具有的独创性，体现在那篇关于拉丁语词干构成的论文中，见于《哈佛古典语文学研究》第 10 卷，这部刊物也是由他创办并担任了部分编辑工作的。他所作英语及拉丁语诗歌具有独特的灵动感和华丽气息，友人们确信他就是一个天才人物[4]。

459

1　《北美评论》，vol. 113（1871），415-427。

2　《哈佛古典语文学研究》，xiv 10。

3　在其他编订本里，他的合作者包括了 J. H. Allen 先生以及 F. D. Allen 教授、Tracy Peck 教授以及 Kittredge 教授。

4　G. L. Kittredge，在《哈佛古典语文学研究》，xiv（1903），1-16，附有书目和肖像；《哈佛大学逢五周年纪念分目》，1856 以下。

约瑟夫·亨
利·艾伦

在那套"拉丁语系列"中成为格里诺原初之合作者的，有诺斯伯勒的约瑟夫·艾伦牧师的两个儿子。兄长为神学博士约瑟夫·亨利·艾伦 Joseph Henry Allen 牧师（1820—1898年），除了完成有关拉丁语的基础教育著作外，他还是"艾伦与格里诺"的前述1872年之《拉丁语法》的合作著者。他还刊布了一部《拉丁语法便览》Manual Latin Grammar（1868

威廉·弗朗
西斯·艾伦

年），以及一部《拉丁语读本》Latin Reader，合作者是他的弟弟，威廉·弗朗西斯·艾伦 William Francis Allen（1830—1889年），后者毕业于哈佛，在1867年成为麦迪逊的威斯康星大学古代语言与历史教授。

W. F. 艾伦早先曾在哥廷根与柏林就学，还游览了意大利和希腊。他在语言学上的兴趣较少，更关注的是古典学问的历史层面；曾为"艾伦与格里诺拉丁语系列"提供了"令人敬佩的历史学与考古学评注"；他还独立完成了塔西佗《日耳曼尼亚志》《阿古利可拉传》及《编年史》的编订本。他的卓然不凡，体现在具有超常的工作能力，独特的同情之宽怀，以及对自由事业的强烈兴趣[1]。

弗雷德里
克·德福雷
斯特·艾伦

460

哈佛的第一位古典语文学教授，是弗雷德里克·德福雷斯特·艾伦 Frederic de Forest Allen（1844—1897年）。他毕业于奥伯林，在诺克斯维尔做过两年希腊语与拉丁语教授，1868—1870年间在莱比锡师从格奥尔格·科耳修斯，积极参与语法学会的活动，并以关于洛克里斯人方

1　C. L. Smith，在《古典学评论》，iv 426-428；参看《美国传记国家大百科全书》The National Cyclopaedia of American Biography，vi 160；《威斯康星科学艺术与文学院学刊》Transactions of the Wisconsin Academy of Sciences, Arts, and Letters，viii 439；《文集与专著》Essays and Monographs（附《回忆录》，1-21，以及《传记》，351-382），波士顿，1890。

言的一篇假说取得学位[1]。关于"阿提卡方言第二变格"的论文，1871 年在纽黑文令他备受瞩目[2]，这促成他在1873年受聘为哈佛的一名导师。在1874—1879 年，他出任辛辛那提的古代语言教授，此后经过耶鲁忙碌的一年，成为哈佛教授，在此职位上度过了生平最后的 17 年。在 1885—1886 年，他主持美国雅典学校；1891—1892 年，他研究了牛津和巴黎所藏柏拉图会注本，为的是做出一个编订本，在他去世前未能完成。

他最早的著作之一，是一部精彩的《美狄亚》编订本（1876 年）；在他比较重要的论文中，包括的主题有：荷马诗章的起源[3]，莱顿大学的古典研究[4]，巴勒斯坦希腊、拉丁语铭文[5]，碑铭文字中的希腊诗韵[6]，以及德尔斐的阿波罗颂歌[7]。他在辛辛那提时期，写成了那部简练而丰富的手册《早期拉丁语遗篇》（1880 年），此书的价值已在英国和德国得到认可。

在他所选择的研究领域中，他主要是一个"观察者"。"他对单纯作为一门技艺、一种文人自娱之修饰的古典学并无兴趣。对他来说，古典学识是一门真正的科学，是人类学的一大宗分支，只要门径得当，就可以深入察见古人的思维方式和心智及道德之发展。"[8]1894 年，他为哈佛演出《福尔弥昂》而创作了音乐，据说西摩尔教授认为"可能没有别的

1　Curtius，《希腊与拉丁语法学研究》*Studien zur griechischen und lateinischen Grammatik*，iii 205–279（1870）。

2　《美国语文学学会学刊》，ii 18–34（1871）。

3　Kuhn 的《比较语文学杂志》，xxiv 556–592（1879）。

4　《美国语文学学会学刊》，XIII（1882）xviii 以下。

5　《美国语文学杂志》，vi 190–216。

6　《雅典古典研究学校通报》，iv 37–204。

7　《哈佛古典语文学研究》，ix 55–60。

8　同上，ix 30 以下。

美国学人像他这般具备对古希腊音乐的了解"。同一作者还说:"未有思想开放者如他那样从光同尘……他和蔼的耐心,追求精确的态度,清明透彻的头脑,以及阐述判然干净的风格,使他成为一名杰出的教师和伟大的学者。"[1]

　　哈佛的拉丁语学术,因为明顿·沃伦 Minton Warren(1850—1907 年)的过世而元气大伤。此人是耶鲁的梵文与古典学研究生,在美利坚合众国出任各种学术职位凡三年,至 1876—1879 年间得以在莱比锡、波恩和斯特拉斯堡进一步研修比较语文学等学科,从他此后全部生涯中的趣尚而言,显然是受到理茨尔学派的影响。自 1879 至 1899 年,他在约翰·霍普金斯大学主持拉丁语的高年级与研究生教学;在 1896—1897 年,他是美国罗马学院的主任;1899 年,受任哈佛拉丁语教授,——他在该教职工作了八年直至去世,获得了极高声誉。他第一部出版物是"论早期拉丁语中的附属后接词 *Ne*"[2],此后是《圣高尔字汇》的首刊版[3],书中篇末一文讨论了最早的拉丁语碑铭,——那件"古罗马广场之石碑"【译按,指 *Lapis Niger*("黑石"碑),为 19 世纪末考古学家重新发现】[4]。从他在德国的学院生涯直到逝世,他一直忙碌的事项主要是为泰伦斯编订本收集资料,这项工作后来得到了维也纳的豪勒 Hauler 教授和考尔 Kauer 教授的协助。关于他在哈佛的执教生涯,其同事赖特教授曾说:"没有哪个美国

1　Seymour 在《美国语文学杂志》,xviii 375。参看 J. B. Greenough 的《回忆录》,在《哈佛古典语文学研究》,ix 27-36,附书目及肖像,并刊载了论文之遗篇,同上,37-60。参看《美国语文学杂志》,xviii 247, 372-375;《国家》,lxv,1897 年 8 月 19 日,144。

2　斯特拉斯堡,1879;《美国语文学杂志》,1881。

3　剑桥,美国,1885。

4　《美国语文学杂志》,1907,nos. 111-112。

的拉丁语学者可以在自家研究领域恩惠到为数庞大的学者，假如算不得列入其'学派'之门墙，至少很多人从他那里获得灵感和方法。"[1] "积极主动，好户外生活，有活力；性情开朗，处事平和，心智聪颖；善于品鉴，通情达理……他为朋友效劳，同辈鲜有人能做到"[2]。

略晚一个世代的最杰出学者中，有一位赫曼·沃兹沃思·黑利 Herman Wadsworth Hayley（1867—1899 年）。他在阿默斯特学院毕业，后在哈佛完成学业并留校担任导师，此后获得了位于康乃狄格州米德尔敦的卫斯理学院的一个职务。他完成了一部《阿尔刻提斯》的编订本（1898 年），以及一部关于"泰伦斯之诗章"的小册子，此外还为莱恩的"语法"书贡献了关于诗体的一章。他的论文中有五篇发表于《哈佛古典语文学研究》[3]。

黑利

462

哈佛在近代对阿提卡戏剧的复原方面占据了主导地位。早在 1881 年 5 月，经过长达七个月的准备，《俄狄浦斯王》被出色地以原初之希腊语搬上舞台。艺术与考古学，连同学术研究，联合起来使演出每一处细节都变得完美无瑕[4]。从那时起，我们有了牛津大学师生排演的值得纪念的《阿伽门农》，剑桥也有令人印象深刻并且饶有趣味的希腊语戏剧系列，且别开生面地再现了布拉德菲尔德的田园背景；而在哈佛，他们自

1　参看《美国语文学杂志》，1907 年 12 月，489 ;《哈佛杂志》，1908 年 1 月；Lindsay 教授在《古典学评论》，xxii 25 以下。

2　《哈佛大学公报》，1908 年 1 月 10 日。

3　"阿里斯托芬之妇女的社会与家庭地位"（卷 i）;《佩特洛尼乌斯问题集》*Quaestiones Petronianae*（ii）;《掷盏赌赛》*κότταβος κατακτός*（卷 v）;《丛考》Varia Critica（vii）;《佛尔弥昂》札记（xi）。

4　Henry Norman 的《哈佛希腊戏剧》*Harvard Greek Play*（1882）；参看 Jebb 的《俄狄浦斯王》引言，p.1 以下。

己的《俄狄浦斯王》演出于 1881 年，此后则是 1906 年才出现的《阿伽门农》。

在耶鲁，古典学界具有前驱地位的教授们，包括了詹姆斯·卢斯·金斯利 James Luce Kingsley（1778—1852 年），他编订了塔西佗和西塞罗《论演说家》，是一位拉丁语文体大师[1]。他在 1831—1851 年间担任拉丁语教授，此后为托马斯·撒切尔 Thomas A. Thacher（1815—1886 年）所接任。后者编订了西塞罗的《论义务》[2]。撒切尔的同辈，威廉·西摩尔·泰勒 William Seymour Tyler（1810—1897 年），编订过荷马、德摩斯提尼和塔西佗的选本，还是阿默斯特学院教授里的佼佼者之一[3]。

1830 年耶鲁举行的"人文学科大会"，标志着美利坚合众国大学教育史上的新纪元。大会宣称的宗旨是建成一所真正意义的大学。当时，乔治·班克罗夫特发表了一封长篇而又睿智的书信，使人文研究切实受到了保护，而在那些参与到辩论中的人物还有柏林和波士顿的弗朗西斯·利伯 Francis Lieber，此人曾在希腊作战，在罗马寄宿于尼布尔处，再就是伍尔西，他刚结束了在欧洲的三年旅居生活回国[4]。

耶鲁的希腊语教授职位，在 1831—1846 年间的执掌者是西奥多·德怀特·伍尔西 Theodore Dwight Woolsey（1801—1889 年）。他毕业于耶鲁[5]，在法、德两国进修三年，曾分别在波恩、莱比锡和柏林听过韦尔克、赫尔曼与柏克讲课。在他就任教授期间，编订了索福克勒斯的《安提戈

金斯利

撒切尔

泰勒

463

伍尔西

1　Woolsey 在 Allibone 和 Appleton 前揭出版物中。

2　《美国传记国家大百科全书》，xi 260，附肖像。

3　同上，x 347；Appleton, vi 201；神学博士，哈佛，1857 年。

4　Sihler 在《晚间邮报》*Evening Post*，纽约，1907 年 9 月 7 日。

5　1847 年哈佛授予其神学博士荣誉学位。

涅》《厄勒克特拉》，以及《阿尔刻提斯》《普罗米修斯》和《高尔吉亚篇》。他对自己学生在希腊语方面具有重要影响，而在中年成为耶鲁校长及国际法教授后更是声名广播[1]。在希腊教授席位上，他有一位出色的继任者詹姆斯·哈德利 James Hadley（1821—1872年），此人还有数学方面的天赋，因讲授罗马法而获得成功。最为人知的著作是他的《希腊语法》[2]，他的《语文学与校勘学论集》（1873年）是在他去世后编订的，这归功于他那位杰出的同事，威廉·德怀特·惠特尼 William Dwight Whitney，后者不吝辞费地将他称为"美国最优秀、最高明的语文学家"[3]。

哈德利

哈德利的职位之后由刘易斯·理查·帕卡德 Lewis Richard Packard（1836—1884年）接任，此人受学于柏林，曾游览希腊（1857—1858年），并在1863—1884年间在耶鲁出任希腊语教授，死于一场在雅典所感染的疾病，时任美国学校的主任。在与哈佛的 J. W. 怀特教授合作之下，他筹划了"希腊著作家学院丛书"，后来由怀特、西摩尔两位教授主编。他翻译了博尼茨的讲录《论荷马诗篇之源》，还着手编订《奥德赛》，一直未能付梓，此外还完成了大量涉及许多主题的文章和讲录，身后结集题为"希腊思想研究"。他在1881年发表谈话，讨论"希腊人的道德观和宗教"，被评价为"表达了经过深思熟虑而生成的观念，这出自一位人生同时也是书本的研究者，其涉及广泛的人类利益，预示了这位进步的语文学家真正的最终宗旨，是对人的认知，以及找到裁判行

帕卡德

464

---

1 Sihler，509 以下；Timothy Dwight，《纪念伍尔西，向耶鲁毕业诸生致辞》*Theodore Dwight Woolsey, Memorial Address Before the Graduates of Yale University*，纽黑文，1890 年 7 月 24 日。

2 1860 及其后；得到 F. D. Allen 的修订及大幅度重写（1884）。

3 Sihler，511；Noah Porter，《回忆录》，附书目，纽黑文，1873 年。惠特尼之素描肖像，藏于"耶鲁学院"（1879）；美国国家科学院，《生平汇编》*Biographical Memoirs*，1905，v 249-254，附肖像。

为、理解历史的方法"[1]。

W. D. 惠特尼（1827—1894 年），出身于一个"学术造诣深厚、成就斐然的"家庭，他 18 岁毕业于威廉姆斯学院，在其事业初期曾热衷于自然科学。他的兄长去德国学习矿学和地质学，但偶然参加了柏林大学的一次梵文课程；在兄长的藏书中，W. D. 惠特尼找到了使他开始学习梵文的读物。1849 年末，他进入耶鲁大学，继续跟随爱德华·E. 索尔兹伯里 Edward E. Salisbury 研究梵文，这位老师是 1841 年受任阿拉伯语与梵语教授的。惠特尼与哈德利是索尔兹伯里最早的（也是最后的）梵文学生，他们或许会令老师感到非常自豪。1850 年，惠特尼去往德国，在柏林跟随韦伯、波普和利普修斯学习了三个冬季学期，在图宾根用了两个夏季学期师从罗思。索尔兹伯里的预见与大度，使惠特尼成为耶鲁的梵语教授（1854 年）及比较语文学教授。经过一段时间，在 1870 年后不久成立了一家语文学研究所，培养出美利坚合众国未来多位杰出的教授。惠特尼重建了美国东方学会，并在 1869 年主持了第一次语文学学会的会议。

他第一个伟大工作，是刊布了《阿闼婆吠陀集经》的第一卷（1855—1856 年），该书第二卷是身后刊布的，由从前的学生兰曼 Lanman 教授予以整理。另外有两个梵语文本刊布于 1862—1871 年；他工作的意义受到认可，1870 年获得波普奖，此后又被加封普鲁士功绩勋章；但据闻他认为自己热爱学问仅出于学问本身之目的，而不是为了名誉的回

465

---

1 J. W. White 在美国学校之《通报》, ii（1885）7–9 ；参看 Seymour 在《传记年刊》, 1884,
  68–70。

报。与此同时，他完成了自己重要的梵文语法著作[1]，还是圣彼得堡大辞典的四位主要合作者之一。在他最为人知的著作里，有关于"语言与语言研究"（1867 年）、"东方学与语言学研究"（1872—1874 年）的讲录，还有关于"语言之生命与成长"的专著（1875 年），此书被译成了五种欧洲语言。他还属于最早一批关注**类推法**作为语言成长之动力的，以及最先拒斥所谓亚洲乃印欧种族之原乡之俗见的人物[2]。

耶鲁是马丁·凯洛格 Martin Kellogg（1828—1903 年）所就读的大学，凯洛格他在 1859—1893 年担任拉丁语教授，就职于起初还是学院、后来新成立的加州大学，于 1893—1899 年间出任校长。他最具代表性的著作是西塞罗《布鲁图斯》的一部杰出编订本[3]。他还完成了一部关于拉丁语发音的小册子（1864 年），在他最受欢迎的论文中，可以提及《高尔吉亚在加州》与《古代文献中的艺术》[4]。

耶鲁的希腊语教育有 27 年时间由托马斯·戴·西摩尔 Thomas Day西摩尔Seymour（1848—1907 年）主持。他在西储大学毕业后，到莱比锡和柏林的大学度过两年，继而游览了意大利与希腊。回国后在西储执教八年希腊语，自 1880 年获得耶鲁的希腊语教授职位，直至去世。除了一部有用的《品达颂歌选》（1882 年），他主要的发表著作都与荷马有关。尤其要提到，他制作了两种《伊利亚特》卷 i—vi 的编订本，以及（在去世前

---

1 莱比锡，1879；第二版，1889；增订本，1885。
2 Seymour，在《美国语文学杂志》，xv 271-298；以及 Lanman 在《阿闼婆吠陀集经》的导言；《国家》，1894 年 6 月 14 日；《美国东方学会杂志》，xix（1897）1。
3 1889；J. E. Sandys 在《古典学评论》，iii 354 以下。
4 《大陆月刊》*Overland Monthly*，1868 年 12 月，1885 年 6 月。完整的书目，我得益于加州大学校长秘书。

数月）完成了那部博学而全面的论及"荷马时代的生活"的著作，——
这是 35 年荷马研究的丰硕成果。他较早辞世，乃是过度劳累所致——

为了这部著作，还为了筹备美国考古学研究所的一次重要会议。他为该
研究所贡献最巨，还是美国雅典学院头 25 年的历史记录者[1]。尽管他从未
任由自己成为某个单一方向的专家，却能够在许多方面与专家们并驾齐
驱。作为"最友善、最好相处的人士之一"[2]，他身上具有着独特的魅力，
曾在耶鲁承蒙他友好接待的人们（如本书作者一样），还有见证过这位
荷马学者的研究室与课堂之高瞻远瞩、εὐδμήτου ἀπὸ πύργου【精心构造
之塔；译按，见《伊利亚特》，xvi 700】特色的人们，都会一直保有感念之心。
他在耶鲁的教学将会一直伴随着那座崇高的塔。我们在此与他作别，

> "与他作别——他依然崇高地生着、死去，
>
> 　超越了世俗的猜忌。"【译按，勃朗宁《语法学家的葬礼》诗句】

安东　　在哥伦比亚学院有查理·安东 Charles Anthon（1797—1867 年），一
位英国军医之子[3]，1835 年成为全职的语言教授。他是当时重要的古典学
书籍出版家；他为哈珀公司筹划的卷册达 50 种左右，包括了一大部贺拉
斯的编订本（1830 年），主要以德林编订本为基础，还有一部古典学辞
典（1841 年），根据对伦普里尔 Lempriere 的若干修订而成。他还完成了

---

1 《雅典古典研究学校通报》，v（1902）。

2 《耶鲁校友录周报》*Yale Alumni Weekly*，1908 年 1 月 8 日，362，364 以下（附西摩尔教授从
　事研究时的肖像）；Goodwin 教授在《国家》，J. W. White 教授的致辞；参看《古典语文学》，
　iii（1908）no. 2。

3 起初是一位德国外科大夫，在英军部队中服役，直至 1788 年，娶了一位法国太太，定居于
　纽约。其子最初是学院附属语法学校的校长。

地理学、古物学、神话学和文学的各种手册，以及多部希腊、拉丁语常见作家的编订本。这些编订本中有些书籍提供了丰富有益之内容，也使得这位学者无暇顾及自己的著述。在他生平最后 30 年间，据说每年都完成一部书籍。

安东没有建立学派，但他的学生中最为出色的一位为他撰写了传记[1]。这位传记作者是亨利·德里斯勒 Henry Drisler（1818—1897 年），他在哥伦比亚学院执掌教授席位达 50 多年，在他的著述工作中，几乎全然专注致力于希腊语辞书学，筹备了利德尔与斯科特的美国版（1851—1852 年）以及扬 Yonge 所撰英语希腊语辞典的美国版（1858 年）。他所收获的尊荣，体现在近 20 位最杰出弟子题献给他的那部"古典学研究"论集中[2]。他在 1857 年与霍华德·克罗斯比 Howard Crosby（1826—1891 年）合办的希腊语俱乐部，不是为古典学的写作而设，而是为了阅读这些典籍，他在 40 年后方寿终正寝。德里斯勒被该俱乐部一位前成员称为"平和泰然，对古典文词中的美学与历史内容抱有一种看起来很奇怪的无动于衷状"；而克罗斯比则是"热情的鼓噪者，活跃而又诚挚"。这个俱乐部的成果之一，就是贺拉斯·怀特先生"令人崇敬的阿庇安译本"[3]。

泰勒·刘易斯 Tayler Lewis（1802—1877 年），出身于奥尔巴尼的联合学院，是纽约大学的希腊语教授（1838—1849 年），此后回到联合学

德里斯勒

467

泰勒·刘易斯

---

1 《纪念查理·安东教授的讲话》*Discourse commemorative of Professor Charles Anthon*，纽约，1868，40 页。
2 《纪念亨利·德里斯勒的古典学研究论集》*Classical Studies in honour of Henry Drisler*（麦克米兰，纽约，1894）。参看阿普尔顿《大百科全书》，ii 232。
3 Sihler 在《晚间邮报》，纽约，1907 年 9 月 7 日。

院，教授 28 年的希伯来语和古典学，直至去世。在古典学方面，他主要的工作是柏拉图《法律篇》第十卷的一部细致的编订本，其中尤其关注该主题下哲学与宗教方面的意义 [1]。

查尔顿·
托马斯·
刘易斯

查尔顿·托马斯·刘易斯 Charlton Thomas Lewis（1834—1904 年），毕业于耶鲁，曾在奥尔巴尼附近的特洛伊出任希腊语教授数年，在 1879 年完成了一部新的拉丁语辞典，是 E. A. 安德鲁斯博士（1787—1858 年）那部（1850 年）的修订版。安德鲁斯也毕业于耶鲁，他的著作以威廉·弗洛因德的福尔切利尼缩编本（1834 年及其后）为基础。收入全部开头字母为 A 的那部分内容（共 216 页），是查理·兰开斯特·肖特 Charles Lancaster Short（1821—1886 年）所撰，这位是纽约哥伦比亚学院的拉丁语教授（1868 年以后）[2]。"刘易斯与肖特的著作"[3]，被纳特勒史普视为"超越所有此前之拉丁语英语辞典的真正进步"，不过未能体现"近代研究的多数成果"[4]。这部大有益处的辞书，完全可以减轻任何讹误与瑕疵，应该记得这主要出自纽约市一位忙碌的律师之手笔，他只能利用早间的晨光来完成这项繁重的任务 [5]。

哥伦比亚学院的希腊考古学与碑铭学教授席位，在 1889—1894 年间由奥古斯都·查普曼·梅里安 Augustus Chapman Merriam（1843—1895 年）

468

梅里安

1　1845；Sihler, 510；E. N. Potter，《纪念泰勒·刘易斯教授的谈话》*Discourses Commemorative of Professor Tayler Lewis*，奥尔巴尼，1878；肖像见阿普尔顿大百科全书。

2　《哈佛逢五周年纪念分目》，1846 之下；《回忆录》，1892，共 39 页；《美国传记国家大百科全书》，vii 7。

3　"哈珀拉丁语辞典"（1879）；又经克拉伦登出版社出版，牛津（1880）。

4　《学园杂志》*The Academy*，xvii 199；参看《剑桥大学报道》，1879 年 10 月 28 日；以及 Georges，在 Bursian 之《年刊》，xxiii 393–398。

5　参看《美国传记国家大百科全书》，xi 62，附有肖像。

执掌，他的职业生涯的时长接近 27 年。他编订了"《奥德赛》中的费埃克斯人插曲"，附有注释和插图（1880 年），并在 1887—1888 年成为美国雅典学院的主任。这位主任的事业，主要在于成功考察了伊卡利亚岛的古代聚落，那里是忒斯庇斯与最早之阿提卡戏剧的故乡。他是美国第一位全身投入在古典考古学的学者。就在 1895 年初，他的"安息年"【译按，指"休假年"】期间，他于雅典辞世长逝[1]。

纽约是莫蒂默·拉姆森·厄尔 Mortimer Lamson Earle（1864—1905 年） 厄尔
学者生涯最后 6 年的舞台。此人是巴纳德学院和布林茅尔的希腊语讲师，在 1899—1905 年间成为哥伦比亚的古典语文学教授。他编订了《阿尔刻提斯》与《美狄亚》（1894、1904 年），还有《俄狄浦斯王》（1901 年），最后的著作是对修昔底德第一卷作文法的细致研究[2]。他在美国雅典学院待了一年（1887—1888 年），在达马提亚、希腊本岛和克里特度过一个夏季之后，他死于西西里感染的发烧[3]。

在美国的古典学研究机构中，可以提及"美国语文学学会"，它成 古典学期刊
立于 1868 年的纽约，在那里出版了《学刊暨会议报告》。《美国语文学杂志》，创办于 1880 年的巴尔的摩，自那时直到今天，格德斯利夫 Gildersleeve 教授（生于 1839 年）作为主编一直办得很成功。他写过《语文学研究的谐振与章动》这篇论著，乃是学术史中的重要一章[4]。《哈佛 469 古典语文学研究》，自 1890 年以来每年出版一期，类似的出版物时而会

---

1 Seymour，在《雅典古典研究学校通报》，v 39；又见 1893—1894 年的《报告》，p. 15 以下。
2 《美国语文学杂志》，1905，441 以下。
3 E. D. Perry，在《美国语文学杂志》，1905，454–456。
4 《约翰·霍普金斯大学通报》*Johns Hopkins University Circulars*，no. 150，1901 年 3 月，共 13 页。
参看《美国语文学杂志》，xxviii（1907）113。

出现，它们与康奈尔和哥伦比亚有关，与宾夕法尼亚大学有关。还有两个新的期刊，《古典学杂志》和《古典语文学》，俱在 1906 年始创于芝加哥。

第一位在希腊实地进行研究的美国人（1851 年起），是亨利·贝尔德 Henry M. Baird，他是《近代希腊》的作者（1856 年）。费尔顿等人都是短期访问，此后在 1860 年出现了卫斯理大学的范班夏登 J. C. van Benschoten（卒于 1902 年）的一次长期居留，他是第一个讲授波桑尼阿斯的美国人。美国考古学研究所（1879 年）[1]，在雅典（1881 年）和罗马（1895 年）成立了美国古典学研究学院，《论集》由两院发表[2]。雅典学院的主要挖掘工作，在阿尔戈斯赫拉神庙和科林斯展开；该院还发掘了托理科斯 Thoricus、锡西安和埃雷特里亚 Eretria 的古代剧场；一直在发表阿索斯、特拉莱斯 Tralleis 及小亚细亚其他地区的碑铭；最后，他们还考察了伊卡利亚岛的阿提卡聚落以及瓦里的岩穴，普尼克斯山的遗迹和狄奥尼索斯剧场，厄瑞克透斯神庙和雅典奥林波斯宙斯神庙，帕台农神庙的檐柱间壁和吕西克拉底的歌队纪念亭，以及普拉提亚和萨拉米斯等战地的历史现场[3]。该校第一位主任是古德温教授，他在《学院论集》第一卷里发表了 1882—1883 年撰述的一篇关于萨拉米斯战争的重要论文[4]，过了接近四分之一个世纪后，他"再一次地"，在《哈佛古典语文学研究》的最后一卷中"打"起了这场战争（1906 年）。

雅典和罗马的学院

---

1 1879—1889 年的出版物索引，由 W. S. Merrill 完成（1891）。自 1885 年后，其机关刊物为《美国考古学杂志》。
2 《雅典古典研究学校通报》，v，最后三页的概述。
3 见 Seymour 关于该校之"头 20 年"的论述，见《学校通报》，v（1902）7-49，附有"赫拉之首"，和"锡西安剧场"；J. W. White 也回顾过头 12 年的情况，在《学校通报》，iv。
4 又见《学校通报》，i（1883）中的《报告》。

熟知美利坚合众国晚近历史的人们业已看到，拉丁语作为中等教育之必要因素的重要性日益提高。19 世纪最后十年的统计数据显示，"拉丁语和希腊语的研究，正在飞跃式地取得进步"。1898 年，中等学校里的就学者有半数在学习拉丁语，人数是 1890 年的三倍多，而学习希腊语的人数则接近 1890 年的两倍[1]。在美国的大学里，希腊语作为一门"选修"或"任选"课程的地位，得到了某些显赫权威人士的认可[2]，而另外一些要人则表示遗憾[3]。同时，凡是对雅典学院的原初存在和持续繁荣有所贡献的美国教育机构，其人员一向都受到雅典学院所产生的最有益的影响[4]。此外，雅典学院的深远影响不容小觑，这使得古老希腊的艺术与考古学、历史与文学，在近代希腊人中不再"喑哑无声"，还觅得回响——

在更遥远的西方

超出了它们"祖先拥有的'福乐诸岛'"。

美国雅典学院徽章上的泛雅典娜节庆陶瓶，标志着我们对 2 500 年的考察宣告结束，这段历史正是从梭伦时代泛雅典娜节日上对荷马诗章

1　数据引自 G. G. Ramsay 的演说《教育之效率》*Efficiency in Education*，格拉斯哥（1902，第二版），17 以下。参看《美国语文学学会会刊》（1899），p. cxvii。

2　艾略特与古德温，在 Birkbeck Hill 的《一个牛津人眼中的哈佛学院》*Harvard College by an Oxonian*，227 以下，244。

3　例如西摩尔教授，他致信 L. Dyer 就持此见，刊于《剑桥评论》，1905 年 2 月 23 日，216 以下。参看 H. B. Gray 在《莫斯利教育委员会报告》，伦敦，1904，170；又见 Sihler 在《晚间邮报》，纽约，1907 年 9 月 7 日。

4　J. W. White，在《雅典古典研究学校通报》，iv 8 以下；以及 Seymour，在《学校通报》，v 22 以下。

的诵读开始的。在这番考察中，我们简略地回顾了早期对史诗、抒情诗

雅典时代和戏剧诗的研究，还有修辞学的兴起，语法学和字源学在雅典时代的开端。从雅典，我们转向亚历山大里亚，去关注那些博学的图书馆馆员，

亚历山大以及这里对荷马等古代诗家的学术考辨活动。从亚历山大里亚，我们来

里亚时代到帕迦马，记述了斯多葛派的语法学，以及帕迦马对罗马的藏书馆和学

罗马时代术研究的影响。在罗马时代，我们从拉丁文学中寻找到希腊典籍和希腊考据学家、语法学家们的影响。而在希腊语的文学里，我们考察了帝国第一个世纪中的文学批评和文字考证学问，这个世纪之末的文学复兴，第二个世纪的语法学和辞书学，第二、三世纪里的修辞学，还有新柏拉图主义的兴起。在第四个世纪的头四分之一部分结束时，我们看到君士坦丁堡逐渐成为希腊学问的新中心，同样在这个世纪里，安条克的学校在研习德摩斯提尼，士麦那的诗人在摹仿荷马。我们还见证了西元529年罗马时代的终结，——那是令人难忘的年头，在东方查士丁尼关闭了雅典的学校，在西方圣本尼迪克特建立卡西诺山的修道院。

中古时代　　此后我们跨越了中古时代的八个世纪。从东方世界开始，我们详细记述了拜占庭的学人们在悉心保存、潜心阐释希腊经典方面所做出的重要贡献。再看西方世界，我们在爱尔兰的僧侣间寻见希腊语言的庇护人，还有柏比约和圣高尔诸寺的建设者们。我们观察了查理大帝时代的

472古学复兴，在9世纪中期，费理耶尔的修道院长塞尔瓦图斯·卢普斯展示出对拉丁语经典著作的强烈兴趣，在该世纪末，我们还迎来了"吾国第一位译家"，阿尔弗雷德国王本尊。在10世纪，学术在古都亚琛焕发新机，我们在一代杰出学人奥理雅刻的葛伯特那里也见到了别开生面之处。我们把10和11世纪视作圣高尔的黄金时代。12世纪开始了唯实论和唯名论旷日持久的论战，巴黎的学校以阿贝拉尔为代表，沙特尔的学

图 62 美国雅典古典研究学院的徽章（1881）

泛雅典娜节庆陶瓶，点缀以橄榄树枝与铭文，$\pi\alpha\rho\theta\acute{\varepsilon}\nu o\upsilon \ \phi\iota\lambda\alpha\varsigma \ \phi\iota\lambda o\iota$【为敬爱的童贞女神所爱】，埃斯库罗斯，《报仇神》，第 1000 行

校则有索利兹伯瑞的约翰的指导。13 世纪出现了（我们或许记得）"新亚里士多德"，还有那伟大的经院哲人，大阿尔伯特和托马斯·阿奎那，以及麦耳比克的威廉这样的翻译家，还有罗杰·培根、"苏格兰人"邓斯、奥卡姆的威廉，最后还出现了但丁，他的伟大诗篇问世，即在这个世纪之末，而他辞世之时或许就可以视为中世纪的终结。最后我们还追踪了中古拉丁语经典的存世情况，即以 529 年的罗马时代之结束为起点，以 1321 年但丁去世为止点。

我们的第二卷从学术复兴开始说起。在开篇我们就在彼特拉克身上看到了"首位现代人"，他也是西塞罗《致阿提卡书》的发现者；薄伽丘

学术复兴

古典学的意

大利时代

是第一位希腊语学者，赫律索洛拉斯是第一位在西欧讲授该语言的公职教授。我们注意到博乔和他的同时代人对拉丁语经典的恢复，而希腊语经典的重见天日，则归功于东方世界的意大利旅行家和那些早在君士坦丁堡陷落之前就开始逃亡避难至意大利的希腊人。我们记录了古典考古学研究的兴起，佛罗伦萨、那不勒斯、罗马和威尼斯诸多学会的组建，以及阿尔都斯·马努修斯关于希腊拉丁经典之首刊版的出版事业，以及意大利其他的学术类出版商。此后迎来了利奥十世的"黄金时代"，但在另一位梅第奇家族的教皇治下经历了1527年的罗马之劫，这个事件标志着意大利学术复兴的结束。

473

伊拉斯谟
16世纪
意大利
西班牙
葡萄牙

　　意大利的学术复兴及其在欧洲的播散之间存有一个重要的关联，这就是那位心怀天下的学者伊拉斯谟所造成的广远之影响。16世纪的意大利，出现了维克托里乌斯、罗博特利、昔郭纽斯和穆雷图斯；对亚里士多德《诗学》的独特兴趣、以及古典考古学的研究热情，均得到记录。意大利与西班牙的接触，经由莱夫利哈的安东尼奥、萨拉戈萨的阿戈斯蒂诺而实现，葡萄牙方面则有阿喀勒斯·斯塔提乌斯。希腊学术，如我们所见，则是通过格雷戈理奥·蒂费尔纳斯、雅努斯·剌斯喀理斯

法兰西
法兰西时代

和吉罗拉莫·阿莱安德罗从意大利传递至法兰西的。古典学问的法兰西时代，具有多方面的博学特点，始于布戴乌斯，他号召成立了法兰西广学院。布戴乌斯之后，马上出现了出版商兼学者的罗贝·艾蒂安和亨利·艾蒂安，他们是伟大的拉丁语与希腊语之《宝库》的作者。从意大利移居而来的老斯卡利杰尔之后，有兰比努斯，有年轻却更伟大的小斯卡利杰尔，还有卡索邦。

尼德兰

　　在尼德兰地区，伊拉斯谟的影响突出显现在他在鲁汶三语学校的培育之功上。在1400—1575年莱顿大学成立之间的时代，教育之意义得

到比维斯的出色展现，而希腊学术的代表人物是 1575 年去世的冈忒，拉丁学术的代表人物是利普修斯，此人在 1606 年之前尚在世。在英格兰 英格兰15 世纪有博乔和埃涅阿斯·席尔维乌斯，还出现了早期的文艺复兴，其源头是费拉拉的瓜理诺的拉丁语教学。同在这个世纪里，本笃会僧侣塞林的威廉开始学习希腊语，承其续者还有他的外甥利纳克尔，以及格洛琴，再就是 16 世纪里的约翰·齐克爵士及其同时代人。在苏格兰，也是这个世纪，学界最显赫的人物乃是布坎南。德意志地区的学术传播，依 474赖于阿古利可拉和罗伊希林，此后则是那批精干而勤奋的教师，诸如梅兰顿、卡摩剌理乌斯及斯图尔姆，以及克叙兰德、叙尔贝格等博学的古籍编订家。

在意大利，17 世纪已主要是考古学家和拉丁诗歌摹仿者的时代。在 意大利法国，出现了撒耳马修斯、杜康日与马必雍这几位伟大人物。在尼德 法国兰，利普修斯的莱顿教席于 1593 年由斯卡利杰尔接替，此校也成为撒耳马修斯之奋斗的主要阵地。在 1575—1700 年间，尼德兰本土所生的 尼德兰学人，有杰拉德·沃修斯和墨尔修斯，还有大小海因修斯、格罗诺维乌斯、格莱维乌斯和佩里佐纽斯。在 17 世纪的英格兰，我们遇到了萨维尔、伽塔克尔和塞尔登，还有剑桥的柏拉图派学人，以及那些学究诗人，弥尔顿、寇利和德莱顿。在此世纪将尽时，道德维尔与巴恩斯诸明星在本特利如日中天的光芒下黯淡失色。同是这个世纪，德意志因葛鲁忒而与英格兰和尼德兰建立联系，马赫夫的《硕学之士》堪为博学多识的楷模。斯特拉斯堡盛行的是罗马史学派。策拉留斯带来了改进的教科书，我们还通过施潘海姆与欧洲的许多国家建立了联络。

18 世纪的意大利，在拉丁语辞书学方面有伟大的福尔切利尼；希 18 世纪腊编年史有科尔西尼，意大利史方面则有穆剌托理。法兰西则有蒙特法 意大利贡以及一大队博学的考古学家，古希腊世界的知识经由巴忒勒密得以普及。阿尔萨斯是布伦克和施维格豪瑟尔等杰出学人的家园。世纪末有维卢瓦松，他出版的《伊利亚特》威尼斯会注本，造成了荷马问题之论战新时代的开始。在英格兰，18 世纪上半叶，最伟大的名字是本特利，下半叶属于珀尔森。这是历史学、文学以及字句之考辨的时代。

尼德兰地区是博学的拉丁语学者布尔曼和德拉肯鲍赫的故乡，在此地，经由本特利的影响，赫姆斯特赫斯成为精通希腊语的学者。赫姆斯特赫斯将此传统下传至法尔克纳和鲁恩肯，此后由威滕巴赫承接其余续。这个时期英国与荷兰学界的友好关系，使得 18 世纪被视为学术史的英荷时代。

与此同时，德意志地区的代表人物是博学的法布理齐乌斯，辞书学家格斯纳尔、舍勒和 J. G. 施奈德，拉丁语学者埃内斯蒂，以及自学而成的希腊语学者赖斯克。唤起古代艺术之历史和批评的研究兴趣的，是温克尔曼和莱辛；赫尔德成为新人文主义的先驱；而海涅在哥廷根开启了古典学术的一个新时代。

18 世纪晚期，荷马问题论战由 F. A. 沃尔夫再次发起，并在整个 19 世纪里机运多变地延续下来。

整个 19 世纪都属于德意志，其特点是"古代学"*Alterthumswissenschaft* 这个概念所体现的系统化或谓百科全书式的古典学识。

此世纪之初的时代，属于沃尔夫的同辈人物，有沃斯、雅各布斯、洪堡和施莱格尔兄弟；还有希伦和尼布尔，施莱尔马赫和海因多夫，布特曼和贝刻耳。在沃尔夫去世后，两个互相竞争的古典学术派别彼此对立，即赫尔曼的语法学和考据学派，与柏克的历史学和古物学派。赫尔曼的学派与传统，以罗贝克、帕索、迈内克、拉赫曼、列尔斯、施彭格尔、理茨尔、哈尔姆、邵佩、瑙克、里贝克、布拉斯为代表。柏克的学派，此前有尼布尔，又以韦尔克作为伟大的同辈，此后的杰出代表是他的弟子，K. O. 穆勒和本哈代。与柏克学派具有某种紧密关系的独立学人中，还有几位考古学家，雅恩（先后成为赫尔曼以及柏克的学生）、布鲁恩和富特文格勒；历史学家则有科耳修斯和蒙森；地理学家有基佩特和布尔西安；神话学家如普雷勒尔；还有韦斯特法尔这样的古代音乐研究者；乌泽纳和罗德这样的古代宗教考察者。在语言科学方面，主要的人物包括了波普和本费，科尔森和 G. 科耳修斯，施莱歇和施泰因达尔，还有当今世代的那些"新语法学家"。在法国，最重要的人物包括布瓦松纳德和基什拉，厄戈尔和蒂罗，里曼与格劳，还有为数众多的地理学家、历史学家和考古学家，他们的工作由法国雅典学院而得到很大程度的启发。古典考古学一向乃是法国学术的主要擅场，也是其命脉。在荷兰最伟大的名字是科贝特，而比利时最杰出的代表是特尼森和威廉斯，斯堪的纳维亚各国有马兹维，希腊有科剌厄斯，俄罗斯有自格雷菲至耶恩施泰德的一群学者，匈牙利则有泰尔菲和阿拜尔。在英格兰，此世纪之初、之终分别以珀尔森和耶博为剑桥的代表，埃尔姆斯利和蒙罗为牛津的代表，外间世界推重的则是格罗特。在美利坚合众国，拉丁语的代表人物是在哈佛的莱恩等人，希腊语的代表是在耶鲁的西摩尔，后者最近的出版物讨论了可能是古典研究最早的主题，"荷马时代的生活"。我们这部著作，始于荷马研究，终于荷马研究。那些伟大的古典作家千秋万世仍栩栩如生，而又经过了列代学人们的阐释历久弥新。在我们的时代，有关荷马的争议已公认如荷马诗篇一样不朽，借用某位英语批评家的话，这些内容会在整个世界的诗学精神里保持着卓绝的地位：

富特文格勒
476

法国
荷兰
比利时
斯堪的纳
维亚
希腊
俄罗斯
匈牙利
英格兰
美利坚合
众国

一读荷马，你便无法再去阅读了；

从此任何书都显得这么平庸、困窘，

诗都似文章一样；但还要坚持去读，

那样荷马就会是你所需要的任何书[1]。

1　白金汉公爵 John Sheffield，《论诗》*An Essay upon Poetry*（1682），《著作集》，i 146，1723 年版。

补 录

Multum nuper amisimus【目前我们还遗漏了很多】。——昆体良，X i 90

那位希腊哲学史领域的前辈，爱德华·策勒尔 Eduard Zeller（1814—
1908 年），本是符腾堡人氏，曾受学于毛尔布隆 Maulbronn 的神学院以及
图宾根和柏林的大学。他在伯尔尼和马尔堡做过神学教授，此后其思想
的自由性格使他转向了哲学系，在海德堡的十年（1862—1872 年）、柏
林的 22 年（1872—1894 年）教授生涯都是供职于哲学系。甚至在世时，
他就享有立像之声誉，建在勃兰登堡门之外，那里相当于雅典的卫城山
门通廊。他生命最后的夜晚在斯图加特度过，那里是他所诞生之乡土
的首府。他的传世之作，是三卷本关于"希腊人之哲学"的权威名著 [1]，
还有一部同主题的纲目，缩减为单独一卷 [2]。在这部要著之前，他还写过

策勒尔

1　1844—1852；卷 i[5]，1902；ii[4]，1889；iii[4]，1902；英译本，六卷（1868—1897）。
2　1883；1905[7].

《柏拉图哲学研究》*Platonische Studien*（1839 年），随后是柏拉图《会饮篇》译注本，《演说与论文集》*Vorträge und Abhandlungen*[1]，以及一卷"罗马人的宗教与哲学"（1866 年）。为数众多的后续出版物中，有一部涉及希腊哲学史的相关问题[2]，讨论了亨利·杰克逊博士关于柏拉图早期和晚期理念论的几篇论文；杰克逊博士论文，反对了博尼茨和策勒尔的意见，他主张《斐莱布篇》晚于《理想国》，结尾处有几句话，或许可以充作对这位希腊哲学史家简短评述的一个恰当结论：

478

> 我发现，我自己自始至终怀着敌意对待两位伟大的学人，而他们受到过所有柏拉图研究者的尊重。这时看起来，在此论文的结尾理应表达崇敬感念之意，这就是我对爱德华·策勒尔和赫尔曼·博尼茨的态度[3]。

基尔霍夫　　柏林是古典学者及碑铭学专家阿道夫·基尔霍夫 Adolf Kirchhoff（1826—1908 年）他终生的家园。他在 1860 年成为科学院院士，五年后出任教授。作为一名文本校勘家，他最为人知的工作，是编订了埃斯库罗斯[4]、欧里庇得斯[5]，以及普罗提诺[6]，还有伪色诺芬论雅典政制的著作[7]。他认为《奥德赛》是三个诗人的作品：（1）"奥底修斯归来记"

1　三卷本，i 1865，1875[2]；ii 1877；iii 1884。
2　《柏林科学院会议报告》，1887，197-220（Bursian，lxvii 43）；清单见 Bursian 之《年刊》1872—1895 年的索引。
3　《语文学杂志》，x 298（1881）。
4　1881；Bursian，xxvi 5 中的校对表。
5　1855；1867—1868.
6　1856.
7　1874；1881.

的作者，（2）写英雄回到伊萨卡之后冒险经历的作者，其中此人对全诗的"古旧之修订"（在西元前 800 年之前），是第三位诗人完成的（约前 600 年），即（3）忒勒马科斯冒险记的作者¹。他结合了对赫西俄德《农作与时日》的校勘编订本，讨论了这部作品的来源²。他发表的论文，涉及希罗多德之历史的年代³，修昔底德的文本⁴，及其所引述的文献⁵，还涉及德摩斯提尼《议金冠》的修订⁶。作为一位杰出的金石学家，他得到奥弗雷希特 Aufrecht 的协助，编撰了一部关于翁布里亚碑铭文字的重要著作（1849—1851 年）；还有著作讨论 *Tabula Bantina* 【班提纳铜板】（1853 年），并编订了《希腊碑铭集》第四卷的部分内容（1859 年），以及整个《阿提卡碑铭集》第一卷（1873 年）。他的《希腊字母表研究》（1863 年），在 1887 年出到第四版了⁷。

另一位著名的碑铭学家，威廉·蒂滕伯格 Wilhelm Dittenberger（1840—1906 年），在哥廷根以学位论文《阿提卡"及冠"之青年》*De Ephebis Atticis*（1863 年）开始了他的事业。在《阿提卡碑铭集》中，他编纂的是包含罗马时代铭文的那一卷（1878—1882 年），在《希腊碑铭集》中，则整理了北方希腊的部分（1892—1897 年），而他自己还有一部摘选碑铭文

蒂滕伯格

479

---

1 《论荷马奥德赛及其创作过程》*Die homerische Odyssee und ihre Entstehung*，1859，1879（Bursian，xxvi 270–295）；《论奥德赛之构思》*Die Composition der Odyssee*，1869；Jebb 之《荷马》，129–131。

2 《赫西俄德对佩耳塞斯的劝诫诗》*Hesiodos' Mahnlieder an Perses*（1889）。

3 1868；1878.

4 《赫尔墨斯》，xii（1877）368–381。

5 柏林，1895。

6 《柏林皇家科学院论文集》*Abhandlungen der königlichen Akademie der Wissenschaften zu Berlin*（1875），59–99。

7 关于他与柏林科学院相关的工作，参看 Wilamowitz 所撰讣闻（1908）。

字的综合性《总集》（1883 年），在 1898—1901 年出了第二版，此后他的东方世界希腊语碑铭选集也很快问世了（1903—1905 年）。他在魏玛的少年时期以及在哥廷根求学时期，早已深受却佩的直接影响。他为克拉纳的恺撒《高卢战纪》注疏本筹备了不少于 11 个版次，在这个过程中他也不经意地成为这部原作的专家了，但他更为精通的是希腊语碑铭各种集成的编订工作。他认为这些研究并非以其自身为目的，而是要成为一种方法，以获取对古代希腊的历史与公共生活更为精确的知识。他特别感兴趣的亚里士多德的著作是《政治学》，以及《形而上学》和《论灵魂》，还关注亚里士多德与柏拉图之风格与语言的细节研究。他关于语言检测标准的论文，旨在探索柏拉图对话录的系年次第[1]，此后还有尚茨 M. Schanz、C. 里特尔和卢托斯拉夫斯基 W. Lutoslawski 所做的类似考察。他对被归于安提丰名下的演说词所做的检览工作，是他反对《四联篇》*Tetralogies* 的合法地位和文体学上的依据[2]。

哈特尔　　在奥地利，希腊碑铭学是威廉·冯·哈特尔 Wilhelm von Hartel（1839—1907 年）堪称杰出代表的学术之一门。此人受学于布拉格，又在维也纳深造[3]，1869 年他在后一处被任命为特职教授。他勤奋钻研荷马诗篇的作诗法，包括戴伽马字母的使用惯例与忽略之处的统计数据[4]，讨论忒欧根尼和斐德卢斯的作品文本[5]，他的巅峰之作，是在 1887—1888 年

480

1　《赫尔墨斯》，xvi（1881），321-345。

2　《赫尔墨斯》，xxxi 以下，xl（1896 起，1905）。又见 Wissowa 在《传记年刊》，1908，1-52。

3　师从博尼茨和瓦伦。

4　《维也纳科学院会议报告》，卷 68、76、78（1871—1874）。在他最早的论文里，他曾谈论过《奥德赛》的来源（《奥地利人文高中杂志》*Zeitschrift für österreichische Gymnasien*，1864—1865）。

5　《维也纳研究》，i（1879），vii（1889）。

一套重要的"研究"丛书里关于雅典宪政习俗的考察[1]。他从赖纳 Rainer 大公爵所获之藏品中发表了一份重要的希腊语纸草文献，还完成了欧特罗庇乌斯和居普理安的编订本，并成为维也纳拉丁教父丛书的总编。1890年任维也纳大学校长时，他发表了一篇内容丰富的讲话，涉及古典语文学研究的问题和目的[2]。在 1896 年，他任教授满 35 年，一部《哈特尔纪念论丛》*Serta Harteliana* 作为贺礼得以问世，附其肖像作为扉页。在其中最后五年中，他成为霍夫图书馆的主任，借助这个条件出版了《伯伊廷格地图》*Tabula Peutingeriana* 的一个摹本。他做了很多努力，为的是不仅促成日耳曼地区各科学院的联合，而且促成欧洲各科学院的联合；在他生命将尽之际，他还担任了五年的奥地利教育部部长[3]。

古典考古学因阿道夫·富特文格勒 Adolf Furtwängler（1853—1907 年）富特文格勒的过早去世而大受损失。此人曾在弗雷堡和莱比锡的大学读书，此后还去了慕尼黑（师从布鲁恩）。正是布鲁恩使他认识到古代艺术品第一手知识的顶级重要意义，于是激励他重振温克尔曼的传统。他还受惠于意大利艺术品鉴家莫雷利 Morelli 的影响良多。他在奥林匹亚的发掘活动中起到了重要作用，在波恩短期停留之后，1884 年他与柏林的博物馆来往密切，在该城市出任教授职务，直至 1891 年应召请填补布鲁恩空缺出来的教席。作为一名热情激昂的讲学之人，他吸引了文明世界每个角落里的学生。他运用自己的才智，成为瓶器、玉石和雕塑品领域的一位

---

1 《阿提卡城邦法律与档案文书研究》*Studien über attisches Staatsrecht und Urkundenwesen*；又见《德摩斯提尼宣讲集》*Demosthenische Anträge*，蒙森纪念注疏集（1877），518-536，以及《德摩斯提尼研究》，载《维也纳科学院会议报告》，1877—1878。

2 《关于古典语文学的任务和目的》*Über Aufgaben und Ziele der klassischen Philologie*。

3 特别参看 Engelbrecht 在《传记年刊》，1908，75-107，附书目。

专家；在钱币学领域也是独具创见；所编类目俱带有他个人才赋的体现。他在罗马人的复制品中发现了一些资料，可以复原某些业已亡佚了的希腊雕塑之杰作，最终他成为取得令人艳羡之成就的考古发掘者。就是在慕尼黑，他最先以"瓶画中的厄洛斯"之作者而闻名（1874 年）。与勒施克 Löschcke 合作，他完成了两部关于迈锡尼陶瓶的重要著作。他还刊布了一些高明的藏品目录，涉及柏林的瓶器，萨布罗夫 Sabouroff 和索姆吉 Somzée 收藏的古物，以及奥林匹亚的青铜器和慕尼黑的大理石像。他的《希腊雕塑之杰作》（1893 年）问世后立即被译成英语 [1]。关于古代玉器的近代认知，主要依赖于他就这个主题所撰写的三大卷巨著（1900 年）。在希腊他考察过埃伊纳岛、奥尔霍迈诺斯 Orchomenos 和阿米克赖 Amyclae。就是在阿米克赖城，他染上的疾病细菌使他英年早逝。在埃伊纳，作为 1901 年开始的挖掘活动之成果，他发现了一批碑铭，这使他确认了一处所谓的宙斯或雅典娜神庙，实际上是阿法埃娅 Aphaia 的圣坛，这是当地地位相当于阿尔忒弥斯的女神。他还发现了著名三角楣饰的一些新残片，并试图以新的方案拼凑出它们所包含的一个完整形象 [2]。他在埃伊纳岛的考察是他最后一部著作的主题，他最后一次访问该岛之后不久，在雅典圆满了自己的理想，作为奉献于古典考古学事业的一名殉道者（如 K. O. 穆勒和查理·勒诺尔芒那样），陨落在希腊的土壤上。他是一位诚挚的、甚至是热情的独排众议之士；他的伟大发现和他令人鼓舞的学说之成果留存世间，但他那好与人争斗的岁月结束了：

1　E. Sellers 编订（1895）。

2　《埃伊纳，阿法埃娅之圣迹》*Aegina, das Heiligtum der Aphaia*，1906；参看《古典学评论》，xx 327 以下。

伟大的、暴躁的阿基琉斯，不再战斗[1]。

拉丁语学术悼念弗朗茨·布彻勒 Franz Bücheler（1837—1908 年）的
陨落。此人曾在波恩就学，在弗莱堡和格赖夫斯瓦尔德执教，后来成为
母校的教授，任职 38 年。他编订了弗隆提努斯《水渠志》和那部《维
纳斯守夜歌》，之后在 1862 年又编订了他的第一个佩特洛尼乌斯的校
勘本，还校订了《荷马风得墨忒耳颂歌集》以及昆图斯·西塞罗的遗篇
（1869 年）。他关于拉丁语之变格与变位的短篇专著（1862 年），由亚维
Havet 扩充为法语版（1875 年），此后又被文德肯德 Windekende 重新编订
为德语版（1879 年）。1886 和 1893 年，他完成了雅恩之珀息乌斯、玉
万纳尔和苏尔庇齐娅的第二、三个编订本，1895 年还有一部《拉丁语隽
语诗家歌集》*Carmina Latina Epigraphica*。他还是一位古意大利方言的专家。
对伊古维姆碑铭的零散研究汇集完成于他的《翁布里亚学》*Umbrica* 一书
中（1883 年），而奥斯坎语和佩利尼亚语 Pelignian 的碑铭，他也凭天赋反
复加以阐说。尽管他主要是一位拉丁语学者，希腊语在他关于"高尔亭
法令"的要著中得到精彩的表述[2]，其中他得到了齐特尔曼的协助（1885
年），还可见证于他编订的赫洛达斯（1892 年）。对那位名声显赫的同事

---

1 《泰晤士报》，1907 年 10 月；尤其参看 Solomon Reinach，在《美术公报》*Gazette des Beaux-Arts*，10 月 19 日增刊，309 以下；又见 Bulle，在《汇报》*Allgemeine Zeitung*，慕尼黑，10 月 23 日的副刊；Percy Gardner 在《古典学评论》，xxi 251 以下；Studniezka，在《新年刊》，1908（1） 1-6，附肖像。

2 《弗兰茨·布彻勒获得博士学位金典纪念》*Franz Bücheler's Goldenes Doktorjubiläum*【译按，指 50 周年】，重刊自《波恩人报》*Bonner Zeitung*，1906 年 4 月 29 日；半身像的照相，呈递与所 有的订阅者（约 570 个）。又见 Usener 在《波恩人报》，1895 年 4 月 25 日，以及 F. Marx，在 《新年刊》，1908（1）358-364，附肖像。参看《美国语文学杂志》，xxix 247。

乌泽纳来说，他是一位忠诚的朋友，曾在 1906 年为纪念前者而发表了葬礼演说。就在同年，他的博士学位"50 年金典"庆贺会在波恩召开，当时欧洲学人为向他致意而捐赠了 8000 多马克，其中接近半数是用以树立一座铜像，剩余部分则由布彻勒本人发起，成立了一笔基金，来鼓励波恩之学子参与拉丁语《宝库》以及筹划中的希腊语之《宝库》。

路德维希·冯·施威布 Ludwig von Schwabe（1835—1908 年），他起初就学于出生地吉森，又在哥廷根读书，获得了前一所大学的教授席位，继而在多帕特大学执掌古典考古学之牛耳，此后回国在图宾根充任古典语文学的教席。他最为人知的著作是以卡图卢斯为题的，——1862 年的《卡图卢斯疑义集》*Quaestiones Catullianae*，以及 1886 年的编订本，附有一篇精彩的索引。图宾根召开的语文学会议，荣幸地得到了他的支持，他发表了一篇关于穆赛乌斯的论文，文章的结论是从韵格、作诗法、重读以及措辞法等角度来看，《茜罗与利安得尔》是一位诺恩努斯的摹仿者（1876 年）。这部诗篇，老斯卡利杰尔视之为古代雅典游吟诗人的作品，在此最终被置于希腊文学的末期产品之列。

行文风体华丽，对拉丁文学具有同情之洞见，并在罗马考古学方面怀着诚挚的兴趣，这些是加斯东·波瓦歇 Gaston Boissier（1823—1908 年）的主要特点。他出生于罗马文明遗迹林立的尼姆，1847 年成为家乡的一名古典学教授，十年后在巴黎升至法兰西广学院的拉丁文学教授的显赫位置（1865 年），后来又在 1876 年和 1886 年分别成为法兰西学院和铭文学院的院士。他早年关于阿提乌斯和瓦罗的著作（1857—1861 年），被后来论西塞罗书信集的那些著作盖住了名声，特别重要的是那部关于"西塞罗及其友人"的书（1865 年，1892 年第九版），有对演说家及其伟大的同辈们精确而又鲜活的素写。此后的著作，涉及"奥古斯都至安敦王朝的罗马宗教",以及"诸恺撒治下的反对党"(1874—1875年)。他论塔西佗的著作,附有一篇马提阿尔论(第二版,1904年),其重要性不及那部受人推崇的巨著,《异教末日》*La fin du Paganisme*(1891年)。作为古代罗马世界的一位巧妙的复原者,他在关于罗马与庞贝的那部《考古学观光记》*Promenades archéologiques*(1880年)中获得了最大的成功,此后还有关于贺拉斯与维吉尔的新观光记(1886年),以及罗马治下非洲的观光记(1895年)[1]。本书作者清楚地记着在法兰西广学院参与听讲的盛大场面,那是波瓦歇关于圣奥古斯丁书信的一次讲座,他还曾携带着那部《新观光记》,独身在蒂根提亚 Digentia 山谷间贺拉斯的萨宾农场遗址附近漫游。

希腊文学研究的杰出代表,阿梅代·奥韦特 Amédée Hauvette(1856—1908年),早年长于拉丁语诗歌的创作,1878年进入雅典学校,访问过伊奥尼亚、卡里亚、莱斯博斯岛、科斯岛,参与到德洛斯的考古学探察活动中。他是最早写论文谈及瓦尔瓦基斯学校 Varvakeion 附近发现的"童贞女神雅典娜"小型复制品的[2]。1885年,他就雅典人的 *Strategi*【将军】[3]和"国王—执政官"问题发表了几篇如同立法一般重要的论文。不过希腊文学才是他在巴黎讲座的主题。第二次访问希腊诸岛之后,他完成了那部引人入胜的著作,谈的是"作为米底战争之史家的希罗多德"。他还出版过多种博学而重要的专著,论题涉及西门尼德斯、阿基洛库斯

1　参看《法文大百科全书》*La Grande Encyclopédie*,相关词条;《雅典娜圣殿》,1908年6月13日;以及 Salomon Reinach,在《考古学评论》,5—6月号。纪念他的《纪念波瓦歇论丛》*Mélanges Boissier*(附肖像),1903年问世。
2　《希腊研究通讯公报》,v 54—63。
3　《法兰西雅典学校与罗马学校书目》*Bibliothèque des Écoles françaises d'Athènes et de Rome*,no. 41。

和卡利马库斯，对照克鲁瓦塞特兄弟所撰希腊文学之综论诸卷来读可获益不少[1]。

瓦尔特·
黑德勒姆

最后我们可以提到本国近来的损失。瓦尔特·乔治·黑德勒姆 Walter George Headlam（1866—1908 年），出身于哈罗公学和剑桥国王学院，早年曾想以写作希腊语诗歌立名。作为国王学院的研究员和讲师，他将短暂一生的不少年头用于校正和翻译埃斯库罗斯，此译本的一段雄文，被他引述于一次值得纪念的讲演之中，时在 1906 年 1 月。他还收集了大量资料，用以阐释赫洛达斯的拟曲作品。理查·耶博爵士去世后，他受任修订和完成那位学人所整理的索福克勒斯残篇集。他在校勘方面的天赋，时常从希腊各时代作家的散文或韵体文本中得到演练[2]。他尤其具有笺疏希腊抒情体诗律的特殊才能，将希腊语译成英语、将英语译成希腊语的著作，显然足以证明他作为希腊诗家的同情之解释者和巧妙之摹仿者的细腻品位[3]。在他逝世前不过九天，他愉快地与维拉莫维茨会面，后者当时在对剑桥做短期访问，谈及瓦尔特·黑德勒姆的几篇希腊语诗作，认为假如被发现写在一张埃及的莎草纸上，会立即被所有学者认定是真正的希腊诗歌[4]。他有许多极为美妙的译文，是受《希腊文苑英华集》之诗家所感发而产生的。要是他能比那位给博洛尼亚写品达体

485

1　S. Reinach 在《考古学评论》，1908，282-284；参看《国际教育杂志》*Revue internationale de l'Enseignement*，170 以下，以及《希腊研究杂志》*Revue des Études grecques*，1-12。

2　《语文学杂志》，xx 294 以下，xxi 75 以下，xxiii 260 以下，xxvi 233，xxx 290 以下；《古典学评论》，xiii 3 以下，等等；《米南达之修缮》*Restorations of Menander*（1908）。

3　《希腊语诗丛》*A Book of Greek Verse*（1907）；参看《墨勒阿革洛斯诗集 50 篇》Fifty Poems of Meleager（1900）以及为剑桥版《希腊研究手册》（1899）的供稿。

4　《泰晤士报》，1908 年 6 月 22 日；参看《雅典娜圣殿》，6 月 27 日。

颂歌的剑桥诗人更长寿 [1]，我们今天就还能聆听到古希腊音乐的某些回响了。用英华集中一家诗人的话来形容他，再恰当不过：

ἤν γὰρ ἔτι προτέρων μελέων ὀλίγη τις ἀπορρώξ,
  ἐν σαῖς σωζομένη καὶ φρεσὶ καὶ παλάμαις.
【有些许古歌谣之光传递至今，
  在你心灵和技艺中消磨留存】[2]

1　上文第 414 页。
2　《希腊语诗丛》，出自利奥提乌斯，在《帕拉廷文苑英华集》，vii（*Epigrammata Sepulcralia*）【墓葬隽语诗】571。

图录说明

续第二卷

图 41. J. A. 法布理齐乌斯。出自 Schröck《著名学者像传》（莱比锡，1766 年），i pl. 30 的一幅版画。

图 42. J. A. 埃内斯蒂。出自 J. Elias Haid 的一幅版画（奥格斯堡，1776 年），依据 Anton Graff 所作肖像。

图 43. 赖斯克。出自 Sysangin 家的 J. D. Philippin 所作之肖像，刊于《希腊演说家》（1770 年）扉页。

图 44. 海涅。出自 C. G. Geyser 的版画，依据 Tischbein 所作肖像。

图 45. F. A. 沃尔夫。出自 Wagner 的版画，依据 Jo. Wolff 所作肖像（1823 年）；刊作 Hoffmann 编订本沃尔夫《古代学阐述》（1833 年）的扉页。

图 46. 尼布尔。出自 Sichling 的版画，依据 F. Schnorr von Garosfeld 所作肖像。

图 47. 戈特弗里德·赫尔曼。出自 Weger 的版画，依据 C. Vogel 所作肖像; Köchly 的《赫尔曼百年诞辰纪念》（1874 年）之扉页。同一肖像有个更大幅的复制品，见赫尔曼的埃斯库罗斯编订本扉页（1852 年）。

图 48. 柏克。（经许可）复制自 Max Hoffmann 的《奥古斯特·柏克》（托伊布纳，莱比锡，1901 年）扉页。

图 49. 迈内克。简化自 Engelbach 根据 Oscar Begas 所绘肖像制作的石印本。

图 50. 拉赫曼。简化自 A. Teichel 根据 H. Biow 摄影所制作的版画。

图 51. 理茨尔。简化自 A. Hohneck 所绘图（1844 年）的石印本，由 Henry 与 Cohen 出版，波恩，附自传与格言, *nil tam difficilest quin quaerendo investigari possiet*【只要肯钻研，便不会太难】（泰伦斯《自责者》，675）。

图 52. 弗兰茨·波普。出自 Lefmann 所著传记之扉页（Reimer，柏林，1891 年）。

图 53. 卡尔·奥特弗里德·穆勒。根据 Wildt 所制照相版的 Ternite 绘画简省而成。

图 54. 特奥多尔·蒙森。出自 William Richmond 爵士的素描原作（1890 年），现归 Ulrich von Wilamowitz-Moellendorff 教授所有。

图 55. 布瓦松纳德。出自 David d'Angers 的徽章；简化自 W. Salomon Reinach 所藏的一件铸模。

图 56. 科贝特。根据 J. H. Hoffmeister 创作、Spamer 石印制版的肖像画之副本（借用自莱顿的 Hartman 教授）。

图 57. 马兹维。出自《学术杂著集》（1887 年版）中重制的一幅照片，又见于《北欧语文学刊》，编 II，卷 viii。

图 58. 托马斯·盖斯佛德。（经牛津的 Ryman 氏诸公许可）复制自 T. L. Atkinson 的铜版印本，原作为皇家艺术学会的 H. W. Pickersgill 所绘肖像，藏于牛津基督堂（1848 年）。

图 59. 理查·克拉弗豪斯·耶博。（经许可）重制自伦敦 Window 及 Grove 诸公提供的一张相片。

图 60. 休·安德鲁·约翰斯通·门罗。出自 William Davidson Niven 爵士摄于剑桥的一张相片。

图 61. 乔治·格罗特。出自 Stewartson 所绘肖像（1824 年）的复制品，该肖像现为 John Murray 先生所有。

图 62. 美国雅典古典研究学院的徽章（1881 年）。泛雅典娜节庆陶瓶，点缀以橄榄树枝与铭文，*παρθένου φιλας φίλοι*【为敬爱的童贞女神所爱】，埃斯库罗斯，《报仇神》，第 1000 行。复制自原始铸模，借自纽约的 J. R. Wheeler 教授，他是该学院管理委员会主席。

译名对照表（人、地部分）

阿贝尔·贝尔盖涅 Abel Bergaigne
阿贝尔·弗朗索瓦·维耶曼 Abel François Villemain
阿达尔贝特·库恩 Adalbert Kuhn
阿道夫·菲利皮 Adolf Philippi
阿道夫·富特文格勒 Adolf Furtwängler
阿道夫·霍尔姆 Adolf Holm
阿道夫·基尔霍夫 Adolf Kirchhoff
阿道夫·米夏埃利斯 Adolf Michaelis
阿道夫·特伦德伦堡 Adolf Trendelenburg
阿道夫·托尔思特里克 Adolph Torstrik
阿德里安·德·隆培里耶 Adrien de Longpérier
阿尔贝·迪蒙 Albert Dumont
阿尔伯特·阿伽通·贝纳里 Albert Agathon Benary
阿尔伯特·哈克尼斯 Albert Harkness
阿尔伯特·施维格勒尔 Albert Schwegler
阿尔迪斯·怀特 Aldis Wright
阿尔弗雷德·霍尔德 Alfred Holder
阿尔赛尼奥斯 Arsenios
阿尔斯科夫斯基 Alschefski
阿法埃娅 Aphaia
阿伽庇俄斯 Agapios
阿加托克利斯 Agathocles
阿卡狄亚人学会 Accademia dell'Arcadia
阿凯洛乌斯 Acheloüs
阿勒泰乌斯 Aretaeus
阿廖丹特·法布雷蒂 Ariodante Fabretti

阿伦特 Arendt
阿洛伊斯·瓦尼切克 Alois Vaniček
阿马里 Amari
阿梅代·奥韦特 Amédée Hauvette
阿梅代·达弗吕 Amedée Daveluy
阿梅代·蒂埃里 Amédée Thierry
阿米克赖 Amyclae
阿奈斯忒·康斯坦提尼德斯 Aneste Constantinides
阿莎芬堡 Aschaffenburg
阿提乌斯 Attius
阿希姆·马夸特 Joachim Marquardt
阿扎曼蒂奥斯·科剌厄斯 Adamantios Koraës
埃德蒙·阿布 Edmond About
埃德蒙·鲍蒂埃 Edmond Pottier
埃德蒙·费格勒琉斯 Edmund Figrelius
埃德蒙·亨利·巴克 Edmund Henry Barker
埃德蒙·亨利·巴克尔 Edmund Henry Barker
埃德蒙·劳·勒辛顿 Edmund Law Lushington
埃德姆·库尼 Edme Cougny
埃德温·汉密尔顿·吉福德 Edwin Hamilton Gifford
埃尔文·罗德 Erwin Rohde
埃雷特里亚 Eretria
埃里纳 Erinna
埃米尔·贝伦斯 Emil Baehrens

埃米尔·比尔努夫 Émile Burnouf
埃米尔·厄戈尔 Émile Egger
埃米尔·海茨 Emil Heitz
埃米勒·忒楼科·德鲍瑙 Emil Thewrewk de Ponor
埃纳尔·勒夫斯泰特 Einar Löfstedt
埃萨亚斯·泰格奈尔 Esaias Tegnér
埃森纳赫 Eisenach
艾蒂安·克拉维耶 Étienne Clavier
艾尔托纳 Altona
艾瑞克·雅各布 Ericus Jacobi
艾斯 Aix
艾斯丘 Askew
爱德华·埃弗雷特 Edward Everett
爱德华·拜尔斯·科威尔 Edward Byles Cowell
爱德华·波斯特 Edward Poste
爱德华·伯金 Eduard Böcking
爱德华·策勒尔 Eduard Zeller
爱德华·策勒尔 Eduard Zeller
爱德华·福布斯 Edward Forbes
爱德华·格哈德 Eduard Gerhard
爱德华·罗宾逊 Edward Robinson
爱德华·梅雷迪思·科普 Edward Meredith Cope
爱德华·莫尔特比 Edward Maltby
爱德华·索尔兹伯里 Edward E. Salisbury
爱德华·图尼耶 Edouard Tournier
爱德华·瓦伦丁·布鲁姆菲尔德 Edward Valentine Blomfield
爱德华·西弗斯 Eduard Sievers
爱德华·希勒 Eduard Hiller
爱德华兹 Edwards
安布罗施 Ambrosch
安德里亚·慕斯托克绪德斯 Andreas Mustoxydes
安德烈森 Andresen
安德鲁·达尔泽尔 Andrew Dalzel

安东尼·里奇 Anthony Rich
安东尼奥·博西奥 Antonio Bosio
安东尼奥斯·厄帕尔科斯 Antónios Éparchos
安东尼奥斯·科剌厄斯 Antōnios Koraës
安多弗 Andover
安斯巴格 Ansbach
昂古莱姆 Angoulême
奥班·路易·米林·德格朗迈松 Aubin Louis Millin de Grandmaison
奥贝兰 Oberlin
奥伯特 Oppert
奥顿·里曼 Othon Riemann
奥尔德伯勒 Aldborough
奥尔胡斯 Aarhus
奥尔霍迈诺斯 Orchomenos
奥斐卢斯·霍尔 Theophilus D. Hall
奥弗雷希特 Aufrecht
奥古斯都·查普曼·梅里安 Augustus Chapman Merriam
奥古斯都·萨缪尔·威尔金斯 Augustus Samuel Wilkins
奥古斯特·埃米尔·布劳恩 August Emil Braun
奥古斯特·菲克 August Fick
奥古斯特·莱斯金 August Leskien
奥古斯特·施莱歇 August Schleicher
奥古斯特·瓦格纳 Auguste Wagener
奥古斯特·威廉 August Wilhelm
奥劳斯·博里齐乌斯 Olaus Borrichius
奥劳斯·凯勒修斯 Olaus Celsius
奥劳斯·马丁尼 Olaus Martini
奥劳斯·普拉廷 Olaus Plantin
奥劳斯·谢勒曼 Olaus Kellermann
奥理巴修斯 Oribasius
奥利维耶·拉耶 Olivier Rayet
奥卢夫·博克 Oluf Borch
奥洛夫·科尔莫丁 Olof Kolmodin

奥洛夫·维勒琉斯 Olof Verelius
奥洛夫 Olof
奥蒙 Omont
奥纳尔德斯·佛尔提乌斯 Leonárdos Phó-
rtios
奥尼恩斯 Onions
奥纽斯 Paeonius
奥斯丁·亨利·莱亚德 Austen Henry Lay-
ard
奥斯特斯泰因城堡 Schloss Osterstein
奥索拉 Ossola
奥坦丝 Hortense
奥托·本多夫 Otto Benndorf
奥托·凯勒 Otto Keller
奥托·里贝克 Otto Ribbeck
奥托·吕德斯 Otto Lüders
奥韦特 Hauvette
巴尔托洛梅奥·博尔盖西 Bartolommeo
Borghesi
巴甫洛夫斯克 Pawlowsk
巴克斯特 Baxter
巴拉奥里忒 Balaorites（Valaorites）
巴塞斯 Base
巴特莱缪·圣伊莱尔 Barthélemy Saint-Hi-
laire
班科里 Banchory
邦－约瑟夫·达齐耶 Bon-Joseph Dacier
保罗·奥德内森 Paul Arnesen
保罗·丹尼尔·隆戈琉斯 Paul Daniel Lo-
ngolius
保罗·富卡尔 Paul Foucart
保罗·塔内里 Paul Tannery
保罗 Paulus Aegineta
鲍姆施塔克 Baumstark
贝岑贝格尔 Bezzenberger
贝尔格勒 Stephan Bergler
贝尔纳·奥苏利耶 Bernard Haussoullier
贝刻耳 G. J. Bekker

贝尼涅·埃马纽埃尔·克莱芒·米勒
Bénigne Emmanuel Clément Miller
贝唐 Bétant
本杰明·哈尔·肯尼迪 Benjamin Hall Ke-
nnedy
本杰明·周厄提 Benjamin Jowett
本雅明·黑德里希 Benjamin Hederich
彼得·埃尔姆斯利 Peter Elmsley
彼得·奥卢夫·布伦斯泰兹 Peter Oluf
Brøndsted
彼得·拉格勒夫 Petrus Lagerlöf
彼得·威廉·福希哈摩尔 Peter Wilhelm Fo-
rchhammer
彼得鲁斯·霍夫曼 - 皮尔坎普 Petrus Hof-
man-Peerlkamp
彼尔姆 Perm
别利亚耶夫 Bieliaev
宾肯索·柯耳纳罗 Vincenzo Cornaro
波爱图斯 Boëthus
波尔沃 Borgo
波弗利乌斯 Porfyrius
波莱 Poley
波旁博物馆 Museo Borbonico
波切尔 Porcher
波森 Posen
波斯特盖特 Postgate
玻里拉斯 I. Polylas
伯蒂歇尔 Boetticher
伯厄·索尔拉修斯 Birgerus（Børge）Tho-
rlacius
伯莱 Beulé
伯特·道贝伦兹 Albert Doberenz
柏耳纳达刻斯 Bernardakes
柏勒洛丰 Bellerophon
博尔盖西 Borghesi
博耶森 Bojesen
布尔达斯 Pourtalès

布拉戈维申斯基 Blagoviestschenski
布拉卡公爵 Duc de Blacas
布莱托斯 Bretos
布赖特科普夫 Breitkopf
布雷亚尔 Bréal
布鲁克 J. J. Brucker
布伦斯泰兹 Bröndsted
布罗福里德 Mavrophrydes
布洛克 Bloch
布吕恩涅斯 Bryennios
布热格 Brieg
布斯贝克 Busbecq
查尔顿·托马斯·刘易斯 Charlton Thomas Lewis
查理·阿塔纳斯·巴龙·瓦尔肯纳尔 Charles Athanase Baron Walckenaer
查理·安东 Charles Anthon
查理·巴德姆 Charles Badham
查理·蒂罗 Charles Thurot
查理·蒂索 Charles Tissot
查理·费洛斯 Charles Fellows
查理·格劳 Charles Graux
查理·莱韦克 Charles Lévêque
查理·兰恩·肯尼迪 Charles Rann Kennedy
查理·兰开斯特·肖特 Charles Lancaster Short
查理·勒诺尔芒 Charles Lenormant
查理·马里·尼扎尔 Charles Marie Nisard
查理·梅里维尔 Charles Merivale
查理·米歇尔 Charles Michel
查理·托马斯·纽顿 Charles Thomas Newton
查理·维克多·达朗贝 Charles Victor Daremberg
查理·沃丁顿 Charles Waddington
查理·亚历山大 Charles Alexandre
茨维考 Zwickau

达弗吕 A. Daveluy
达勒斯忒 Dareste
达涅尔·刻剌缪斯 Daniel Kerameus
大卫·宾宁·蒙罗 David Binning Monro
大卫·雅各布·范·伦内普 David Jacobus van Lennep
丹尼尔·凯特·桑福德 Daniel Keyte Sandford
德埃科 Dehèque
德尔布吕克 Delbrück
德弗里斯 de Vries
德海尔 De Geer
德克拉拉克伯爵让·巴普蒂斯特 Jean Baptiste Comte de Clarac
德勒 Dreux
德雷格尔 Dräger
德里希·马茨 Friedrich Matz
德梅尼科·孔帕雷蒂 Demenico Comparetti
德米特里厄斯·柏耳纳达刻斯 Demetrios Bernardakes
德诺亚克 De Nolhac
德普费尔德 Dörpfeld
德沙姆 Decharme
德尚 Deschamps
德索西 De Saulcy
德特勒夫森 Detlefsen
德提耶 Dethier
德维特男爵 Baron de Witte
德西雷·让·马里·拿破仑·尼扎尔 Désiré Jean Marie Napoléon Nisard
德雅尔丹 A. E. E. Desjardins
狄奥尼修·忒雷亚诺斯 Dionysios Thereianos
迪迪马 Didyma
迪尔 Diehl
迪伦 Düren
迪米查纳 Dimitzana

迪奇 Dietsch
第根尼斯·阿克里塔斯 Digenis Akritas
蒂根提亚 Digentia
蒂奎尔 Dicuil
蒂申多夫 Tischendorf
迭戈·德·门多萨 Diego de Mendoza
多梅尼科·佩齐 Domenico Pezzi
多纳根 Donnegan
俄安提亚 Oeanthia
俄柯诺米德斯 Oeconomides
厄恩斯特·(克里斯蒂安)威廉·韦伯 Er-
　　nst(Christian)Wilhelm Weber
厄恩斯特·克里斯蒂安·瓦尔茨 Ernst Ch-
　　ristian Walz
厄菲阿尔特 Ephialtes
厄里克·本瑟琉斯 Erik Benzelius
厄姆巴赫 Embach
厄泽 Heuzey
法布里 Fabri
樊尚 J. H. Vincent
范·本梅尔 Van Bemmel
范·桑滕 Van Santen
范·施塔克尔贝格 Von Stackelberg
范班夏登 van Benschoten
范德·弗列特 J. van der Vliet
方特 Fant
菲利普·科尔曼 Philipp Kohlmann
菲利普·勒巴 Philippe Le Bas
菲利普·史密斯 Philip Smith
菲利普·瓦格纳 Philipp Wagner
菲特烈堡 Frederiksborg
腓力珀波利斯 Philippopolis
腓力珀斯·约安努 Philippos Ioannu
斐拉格里乌斯 Philagrius
费迪南·舒尔茨 Ferdinand Schulz
费迪南德·格雷戈罗维乌斯 Ferdinand Gr-
　　egorovius
费第 Fr. Fétis

费利克斯·内夫 Félix Nève
费斯 Feys
费亚 Fea
芬莱 Finlay
芬提阿德斯 Phyntiades
丰克丘斯 Funccius
佛伦 Follen
弗兰茨·埃森哈特 Franz Eyssenhardt
弗兰茨·比泽 Franz Biese
弗兰茨·波普 Franz Bopp
弗兰茨·里特尔 Franz Ritter
弗兰茨·翁普芬巴赫 Franz Umpfenbach
弗兰吉尼斯 Phlangínēs
弗朗茨·布彻勒 Franz Bücheler
弗朗科 Francke
弗朗切斯科·马里亚·阿韦利诺 Frances-
　　co Maria Avellino
弗朗切斯科·斯居福斯 Franciscus Scuphus
弗朗索瓦·奥古斯特·赫法尔特 François
　　Auguste Gevaert
弗朗索瓦·巴盖 François Baguet
弗朗索瓦·加拉瑟 François Garasse
弗朗索瓦·勒诺尔芒 François Lenormant
弗朗西斯·克兰默·彭罗斯 Francis Cran-
　　mer Penrose
弗朗西斯·利伯 Francis Lieber
弗朗西斯·亚当斯 Francis Adams
弗雷德里克·阿普索普·佩利 Frederick
　　Apthorp Paley
弗雷德里克·德福雷斯特·艾伦 Frederic
　　de Forest Allen
弗雷德里克·诺思 Frederick North
弗雷德里希·尼柯莱 Friedrich Nicolai
弗雷德里希·奥托·胡尔奇 Friedrich
　　Otto Hultsch
弗里德里希·法特 Friedrich Vater
弗里德里希·弗朗科 Friedrich Franke
弗里德里希·戈特利布·韦尔克 Friedrich

Gottlieb Welcker

弗里德里希·克拉纳 Friedrich Kraner

弗里德里希·赖因霍尔德·蒂茨 Friedrich Reinhold Dietz

弗里德里希·明特尔 Friedrich Münter

弗里德里希·维泽勒 Friedrich Wieseler

弗里德里希·于贝韦格 Friedrich Ueberweg

弗里德伦德尔 Friedländer

弗里切 Fritzsche

弗罗切尔 Frotscher

弗沃特斯基 Voevodski

福尔马尔 Vollmer

福格尔 Vogel

福斯特 Foster

福斯特尔·德·库朗日 Fustel de Coulanges

复生 Palingenesis

富热尔 Fougères

富斯 J. D. Fuss

盖尔湖岬 Gareloch Head

盖伊·勒辛顿·普伦德加斯特 Guy Lushington Prendergast

甘必大 Gambetta

高尔吉奥·本多忒斯 Georgios Bendotes

高尔吉奥·科耳塔泽斯 Georgios Chortatzes

高尔亭 Gortyn

戈茨 Goerz

戈罗 Gros

戈瑟兰 Gosselin

戈申 Goschen

戈特弗里德·森佩尔 Gottfried Semper

戈特弗里德·威廉·戈斯劳 Gottfried Wilhelm Gossrau

戈特弗里德·威廉·莱布尼茨 Gottfried Wilhelm Leibnitz

戈特勒贝尔 Gottleber

戈特利布·科特 Gottlieb Kortte

格奥尔格·蒂洛 Georg Thilo

格奥尔格·科耳修斯 Georg Curtius

格德斯利夫 Gildersleeve

格迪斯 Geddes

格尔策 Gölzer

格拉赫 Gerlach

格拉齐亚狄奥·阿斯科利 Graziadio Ascoli

格劳恩·克洛斯特 Grauen Kloster

格里夫 Greef

格鲁佩 Gruppe

格伦威尔 Grenville

格吕克斯塔特 Glückstadt

格维兹门迪尔·马格努松 Gudmundur Magnússon

葛斯多夫 Gersdorf

根西岛 Guernsey

古斯塔夫·爱德华·本泽勒 Gustav Eduard Benseler

古斯塔夫·戴希塔尔 Gustave d'Eichthal

古斯塔夫·赫茨贝格 Gustav Hertzberg

古斯塔夫·吉尔伯特 Gustav Gilbert

古斯塔夫·林克尔 Gustav Linker

古斯塔夫·泰希穆勒 Gustav Teichmüller

古斯塔夫·特罗勒 Gustaf Trolle

古斯塔夫·希施菲尔德 Gustav Hirschfeld

古斯塔夫松 Gustafsson

瓜塔尼 Guattani

哈伯斯塔特 Halberstadt

哈尔滕施泰因 Hartenstein

哈勒尔 Haller

哈梅克尔 Hamaker

哈纳克 Harnack

哈瑟 Hase

哈特尔 Hartel

哈兹达基斯 Hatzidakis

海内丘斯 Heineccius

海因里希·布鲁恩 Heinrich Brunn

海因里希·基佩特 Heinrich Kiepert

海因里希·克勒 Heinrich K. E. Köhler

海因里希·克里斯蒂安·舒伯特 Heinrich

Christian Schubart

海因里希·里特尔 Heinrich Ritter

海因里希·施韦泽－西德勒 Heinrich Schweizer-Sidler

海因里希·乌尔里希斯 Heinrich Ulrichs

海因里希·谢里曼 Heinrich Schliemann

汉斯·格拉姆 Hans Gram

豪勒 Hauler

豪泽 Hauser

赫尔曼·奥斯特霍夫 Hermann Osthoff

赫尔曼·保罗 Hermann Paul

赫尔曼·彼得 Hermann Peter

赫尔曼·博尼茨 Hermann Bonitz

赫尔曼·伦施 Hermann Rönsch

赫尔松 Kherson

赫尔沃登 Herwerden

赫法尔特 M. Gevaert

赫克摩尔 Herkomer

赫曼·沃兹沃思·黑利 Herman Wadsworth Hayley

黑贝尔代 Heberdey

黑迪克 Hedicke

黑特尔 Härtel

亨里克森、埃尔伯林 Elberling

亨里克斯·奥修斯 Henricus Ausius

亨里克斯·莫勒鲁斯·赫苏斯 Henricus Mollerus Hessus

亨利·埃利斯·艾伦 Henry Ellis Allen

亨利·贝尔德 Henry M. Baird

亨利·德里斯勒 Henry Drisler

亨利·邓巴 Henry Dunbar

亨利·费纳·克灵顿 Henry Fynes Clinton

亨利·弗诺 Henry Furneaux

亨利·马尔登 Henry Malden

亨利·马斯格雷夫·威尔金斯 Henry Musgrave Wilkins

亨利·梅因 Henry Maine

亨利·纳特勒史普 Henry Nettleship

亨利·佩勒姆 Henry Pelham

亨利·乔治·利德尔 Henry George Liddell

亨利·威尔 Henri Weil

亨利·威廉·钱德勒 Henry William Chandler

亨利·西门·弗里兹 Henry Simmons Frieze

亨利·亚历山大·瓦隆 Henri Alexandre Wallon

亨利·约尔丹 Henri Jordan

亨利·约瑟夫·纪尧姆·帕坦 Henri Joseph Guillaume Patin

亨利·詹姆斯·萨姆纳·梅恩 Henry James Sumner Maine

胡戈·舒哈特 Hugo Schuchardt

华尔兹 Waltz

惠特尼·斯托克斯 Whitley Stokes

霍尔德 Holder

霍尔姆斯 Holmes

霍华德·克罗斯比 Howard Crosby

霍修斯 Hosius

基西拉 Cythera

吉厄尔巴斯科 Giölbaschi

吉尔伯特·诺伍德 Gilbert Norwood

吉福德 Gifford

吉盖 Giguet

吉尼奥 Guigniaut

吉特·托特 Birgitte Thott

吉泽布雷希特 Giesebrecht

季姆科夫斯基 Timkovski

加布里埃尔·霍尔斯滕 Gabriel Holsten

加布里埃尔·诺代 Gabriel Naudé

加德纳·威尔金森 Gardner Wilkinson

加林·哈尔伯茨马 Tjalling Halbertsma

加斯东·波瓦歇 Gaston Boissier

加斯帕尔·雅各布·克里斯蒂安·罗伊文斯 Gaspar Jacob Christian Reuvens

加斯泰因 Gastein

金 King
居里亚柯·皮塔基斯 Kyriakos Pittakes
居理尔·卢卡尔 Cyril Lucar
居普塞勒斯 Cypselus
喀布里亚斯 Chabrias
卡波迪斯特里亚 Capodistria
卡尔·奥特弗里德·穆勒 Karl Otfried Müller
卡尔·贝克 Carl Beck
卡尔·本尼迪克特·哈泽 Karl Benedict Hase
卡尔·伯蒂歇尔 Karl Boetticher
卡尔·伯纳德·施塔克 Karl Bernard Stark
卡尔·布鲁格曼 Karl Brugmann
卡尔·策尔 Karl Zell
卡尔·厄恩斯特·格奥尔格斯 Karl Ernst Georges
卡尔·范·波克 Karl von Paucker
卡尔·费利克斯·哈尔姆 Karl Felix Halm
卡尔·弗里德里希·奥古斯特·诺贝 Karl Friedrich August Nobbe
卡尔·弗里德里希·申克尔 Karl Friedrich Schinkel
卡尔·弗里德里希斯 Karl Friederichs
卡尔·戈特弗里德·雅各比茨 Karl Gottfried Jacobitz
卡尔·戈特洛布·屈恩 Karl Gottlob Kühn
卡尔·格奥尔格·伯内克 Karl Georg Böhnecke
卡尔·赫尔曼·丰克海内尔 Karl Hermann Funkhaenel
卡尔·赫克 Karl Hoeck
卡尔·黑罗伊斯 Karl Heraeus
卡尔·胡曼 Karl Humann
卡尔·霍普夫 Carl Hopf
卡尔·科尔赫纳 Karl Kirchner
卡尔·雷丹茨 Carl Rehdantz
卡尔·路德维希·范·乌尔里希 Karl Ludwig von Urlichs

卡尔·路德维希·斯特鲁韦 Carl Ludwig Struve
卡尔·威廉·埃尔伯林 Carl Wilhelm Elberling
卡尔·威廉·林德 Karl Vilhelm Linder
卡尔·约阿希姆·卢格维尔 Karl Joachim Lugebil
卡尔其顿 Chalcedon
卡尔森 Carson
卡累翁 Chaleion
卡里斯托斯 Karystos
卡里托尼德斯 Charitonides
卡林诺斯岛 Calymnos
卡罗吕斯·加布里埃尔·科贝特 Carolus Gabriel Cobet
卡洛斯古罗斯 Kalosguros
卡迈克尔 Carmichael
卡梅罗斯 Cameiros
卡纳库斯 Kanachos
卡派内·范·德考佩洛 Kappeyne van de Coppello
卡佩努斯 Lecapenus
卡塞尔 Cassel
卡斯泰兰尼 Castellani
卡斯滕 Karsten
卡斯托尔刻斯 Kastorches
卡特科夫 Katkov
卡特勒梅尔·德坎西 A. C. Quatremère de Quincy
卡特利耶 Cartelier
卡特韦克 Katwyk
卡瓦拉里 Cavallari
凯勒曼 Kellermann
凯里 Carey
康策 Conze
康剌德·罗格 Conrad Rogge
康诺普·瑟尔沃尔 Connop Thirlwall
康斯坦 Constans

康斯坦丁·巴尔达拉科斯 Constantine Bardalachos

康斯坦丁·惠更斯 Konstantyn Huygens

康斯坦丁·西门尼德斯 Constantine Simonides

康斯坦丁诺斯·罗多卡纳凯斯 Cōnstantínos Rhodokanákēs

康斯坦提努斯·卡剌帕诺斯 Konstantinos Karapanos

康斯坦提努斯·康托斯 Konstantinos Kontos

康斯坦提努斯·库马斯 Konstantinos Kumas

康斯坦提努斯·帕帕耳里戈普洛斯 Constantinos Paparrigopulos

康斯坦提努斯·萨塔斯 Konstantinos Sathas

康斯坦提努斯·亚索皮厄斯 Konstantinos Asopios

康维 Conway

考尔 Kauer

柯亨 Cohen

柯鲁图斯 Kolluthos

科德理卡斯 Kodrikas

科尔奈利乌斯·玛理努斯·弗兰肯 Cornelius Marinus Francken

科尔提乌斯 Cortius

科克雷尔 Cockerell

科利尼翁 Collignon

科林纳 Corinna

科内利森 Cornelissen

科尼利厄斯·康维·费尔顿 Cornelius Conway Felton

科尼斯马克 Königsmark

科佩尔 Capodistria

科瑟雷 Causeret

克拉夫特 Kraft

克拉克 Clarke

克赖西希 Kreyssig

克勒蒙－东奈尔大公 Duc de Clermont-Tonnerre

克里茨 Kritz

克里斯蒂安·奥古斯特·布兰迪斯 Christian August Brandis

克里斯蒂安·巴托尔德 Christian Barthold

克里斯蒂安·法尔斯特 Christian Falster

克里斯蒂安·弗里德里希·格雷非 Christian Friedrich Graefe

克里斯蒂安·弗里德里希·马特伊 Christian Friedrich Matthaei

克里斯蒂安·戈特洛布·维勒 Christian Gottlob Weller

克里斯蒂安·托比亚斯·达姆 Christian Tobias Damm

克里斯蒂娜·卡瓦林 Christian Cavallin

克里斯钦港 Christianshavn

克里斯滕森·施密特 Christensen Schmidt

克里斯托佛罗·菲勒塔斯 Christophoros Philetas

克里斯托佛罗斯·安哲罗斯 Christóphoros Angelos

克里斯托弗·奥古斯特·霍伊曼 Christoph August Heumann

克里斯托弗·华兹华斯 Christopher Wordsworth

克留科夫 Kriukov

克龙贝格 Kroneberg

克鲁维乌斯·鲁福斯 Cluvius Rufus

克罗尔 Kroll

克洛茨 Klotz

克内斯 Knös

克斯特纳 Kestner

斯法克特里亚 Sphacteria

库阿 A. Couat

库德里亚夫采夫 Kudriavtsev

库尔特·施普伦格尔 Kurt Sprengel

库尔特·瓦克斯穆特 Curt Wachsmuth

库鲁－泽兹姆 Kuru-Tschesme

库玛努德斯 Kumanudes
拉奥 Law
拉波特－杜泰伊 La Porte-du-Theil
拉德尔马赫 Radermacher
拉尔斯·阿克塞尔·奥林 Lars Axel Aulin
拉尔斯·安德松 Lars Andersson
拉尔斯·彼得松 Lars Petersson
拉尔斯·诺尔曼 Lars Norrman
拉格比 Rugby
拉赫德 Lahde
拉里萨 Larissa
拉姆绍尔 Ramsauer
拉斯穆斯·克里斯蒂安·拉斯科 Rasmus Kristian Rask
拉斯穆斯·尼鲁布 Rasmus Nyerup
拉乌尔·罗谢特 Raoul Rochette
拉耶 Rayet
刺梅科斯 Cerameicus
莱昂·德·拉博德 Léon de Laborde
莱昂·雷尼耶 Léon Renier
莱夫卡斯 Leukas
赖纳 Rainer
赖因霍尔德·利普修斯 Reinhold Lipsius
兰曼 Lanman
兰普罗斯·佛提阿德斯 Lampros Photiades
朗图瓦纳 Lantoine
劳伦提乌斯·安德里亚 Laurentius Andreae
劳伦提乌斯·彼得里·戈图斯 Laurentius Petri Gothus
劳伦提乌斯·彼得里 Laurentius Petri
劳伦提乌斯·佛涅琉斯 Laurentius Fornelius
劳伦提乌斯·马提埃 Laurentius Matthiae
勒贝尔 Loebell
勒沙 Lechat
勒施克 Löschcke
勒特罗纳 Letronne
雷丁 Reading

雷高利乌斯·贝纳达奇斯 Gregorius Bernardakis
李维奥·奥德斯卡尔齐 Don Livio Odescalchi
里伯 Ribe
里德尔 Riddell
里默尔 Riemer
理查·博恩 Richard Bohn
理查·康格里夫 Richard Congreve
理查·克拉弗豪斯·耶博 Richard Claverhouse Jebb
理查·莱普修斯 Richard Lepsius
理查·希莱托 Richard Shilleto
利奥·阿拉提乌斯 Leo Allatius
利奥·范·克伦策 Leo von Klenze
利奥·迈耶 Leo Meyer
利克胡德斯 Likhhdes
列昂季耶夫 Leontiev
列奥纳尔德斯·斐拉剌斯 Leonárdos Philarâs
列巴尔 Reval
林德福什 Lindfors
林恩、维蒙德姆 Wymondham
林克 Rinkes
林雪平 Linköping
刘易斯 Lewis
刘易斯·理查·帕卡德 Lewis Richard Packard
琉柯忒娅 Leucothea
琉奇亚斯 Levkias
卢考 Luckau
卢奇安·穆勒 Lucian Müller
卢托斯拉夫斯基 Lutoslawski
鲁阿尔迪 Ruardi
鲁柴思美 Kuru-Tschesme
鲁道夫·佩珀 Rudolf Peiper
鲁道夫·斯特凡尼 Ludolf Stephani
鲁杰罗·邦吉 Ruggero Bonghi
鲁莱 Roulez

鲁内贝里 Runeberg
鲁瓦兹·菲尔曼·狄多 Ambroise Firmin Didot
路德维希·范·施威布 Ludwig von Schwabe
路德维希·吉普 Ludwig Jeep
路德维希·朗格 Ludwig Lange
路德维希·罗斯 Ludwig Ross
路德维希·普雷勒尔 Ludwig Preller
路德维希·屈恩阿斯特 Ludwig Kühnast
路德维希·特罗贝 Ludwig Traube
路易·克莱蒂安·勒尔施 Louis Chrétien Roersch
路易·马里于斯·基什拉 Louis Marius Quicherat
路易·尤金·伯努瓦 Louis Eugène Benoist
路易吉·布鲁扎 Luigi Bruzza
路易吉·卡尼纳 Luigi Canina
伦 Lund
伦德 Lund
伦德布拉德 Lundblad
伦普里尔 Lempriere
罗伯特·伯恩 Robert Burn
罗伯特·斯科特 Robert Scott
罗伯特·亚历山大·尼尔 Robert Alexander Neil
罗兰布 Rålamb
罗思 Roth
罗斯 Hugh James Rose
罗斯基勒 Roeskilde
罗斯纳德勒 Rosenadler
罗维戈 Rovigo
洛根 James Logan
洛克瑞亚人 Opuntian Locrians
吕本 Lübben
吕多尔夫·亨里克森 Rudolf Henrichsen
吕讷公爵 Duc de Luynes
布吕内·德普雷斯勒 Brunet de Presle
吕嫩曼 Luenemann

略蒂 Biliotti
马丁·凯洛格 Martin Kellogg
马丁·约瑟夫·劳思 Martin Joseph Routh
马尔狄诺夫 Martynov
马格努斯·加布里厄尔·德拉雅迪 Magnus Gabriel de la Gardie
马焦雷湖 Lago Maggiore
马坎托尼奥·弗剌米尼奥 Marcantonio Flaminio
马可·麦博姆 Marcus Meibom
马克·帕提逊 Mark Patison
马克斯·东克尔 Max Duncker
马克西米利安·保罗·埃米尔·利特雷 Maximilien Paul Émile Littré
马林 Malines
马内 Mahne
马赛卢斯伯爵 Comte de Marcellus
马西安努斯 Marcianus
玛丽·贝特拉内 Marie Bertranet
玛利亚·特雷莎 Maria Theresa
迈霍夫 Mayhoff
麦迦斯佩莱翁 Megaspelaion
曼哈特 Mannhardt
梅勒提奥斯 Meletios
梅里维尔 Merivale
梅塔彭托 Metapontum
梅耶 Mayor
蒙科尔 Moncourt
蒙斯 Mons
蒙索 Monceaux
米昂内 Mionnet
米尔曼 Mühlmann
米加洛波利斯 Megalopolis
米迦勒·坎塔库泽努斯 Michael Cantacuzenus
米拉 Myra
米伦霍夫 Müllenhoff
米尼亚斯 Minyas

米诺伊德·梅纳斯 Minoïdes Menas
米切利希 Mitscherlich
米斯特里奥忒 G. Mistriotes
米夏埃利斯 Adolf Michaelis
明顿·沃伦 Minton Warre
缪拉 Murat
摩根斯坦 Morgenstern
摩苏拉斯 Mausolus
摩西·门德尔松 Moses Mendelssohn
莫蒂默·拉姆森·厄尔 Mortimer Lamson Earle
莫多索拉 Domodossola
莫尔特曼 Mordtmann
莫雷利 Morelli
莫里斯 Maurice
莫鲁斯 Morus
墨索隆尼 Mesolonghi
默多克·史密斯 R. Murdoch Smith
穆拉赫 Mullach
纳夫帕克托斯 Naupactus
纳夫普里亚 Nauplia
纳梅什 Namèche
南锡 Nancy
尼奥费托·都卡斯 Neophytos Dukas
尼多斯 Cnidos
尼尔斯·彼高姆·克拉鲁布 Niels Bygom Krarup
尼尔斯·伊韦尔森·绍 Niels Iversen Schow
尼古拉·奥雷姆 Nicolas Oresme
尼古拉斯·佩瑞斯刻 Nicolas Peiresc
尼古劳斯·布拉斯托斯 Nicolaos Blastos
尼古劳斯·卢坎诺斯 Nicolaos Lucanos
尼古劳斯·索菲安诺斯 Nicólaos Sophianós
尼坎德罗·努基厄斯 Níkandros Nukios
尼柯莱德斯 Nicolaides
尼克宾 Nykjöbing
尼克德摩斯·密塔科萨斯 Nicodemus Me-taxas
尼克拉斯 Nicolas
努茨霍恩 Nutzhorn
努尔贝里 Norberg
诺尔 Nohl
欧丁 Eutin
欧根尼奥·布尔嘉里斯 Eugenios Bulgaris
帕莱法图斯 Palaephatus
帕里奥蒂 Pariaudi
帕纳乔塔克斯·尼柯西俄斯 Panagiotakes Nicosios
帕帕多普洛斯－刻剌缪斯 Papadopulos-Kerameus
帕帕高尔吉奥 Papageorgios
帕帕斯利奥德 Papasliotes
帕佩 Pape
帕普斯 Pappus
潘纳齐奥塔克斯·科德里喀斯 Panagiotak-es Kodrikas
潘努斯·俄科诺莫斯 Stephanos Oekonomos
潘塔兹德斯 I. Pantazides
裴斯塔洛齐 Pestalozzi
佩恩斯隆 Pennethorne
佩尔勒尚 Perlechamp
佩利尼亚语 Pelignian
佩林 Perin
皮埃尔·帕里斯 Pierre Paris
皮埃尔·威廉斯 Pierre Willems
皮埃龙 Pierron
皮尔 Peile
皮柯罗斯 Pikkolos
皮耶特·范·林堡－布劳威尔 Pieter van Limbourg-Brouwer
皮札蒂 Pizzati
珀理乌斯 Gvalperius
普莱西 Plessis
普雷尔维茨 Prellwitz
普里埃内 Priene

普罗斯珀·梅里美 Prosper Mérimée
普特布斯 Putbus
齐戈马拉斯 Zygomalâs
乔万尼·巴蒂斯塔·德罗西 Giovanni Basttista de Rossi
乔万尼·巴蒂斯塔·甘迪诺 Giovanni Battista Gandino
乔治·班克罗夫特 George Bancroft
乔治·伯吉斯 George Burges
乔治·查理·温特·沃尔 George Charles Winter Warr
乔治·丹尼斯 George Dennis
乔治·邓巴 George Dunbar
乔治·蒂克纳 George Ticknor
乔治·格罗特 George Grote
乔治·康沃尔·刘易斯 George Cornewall Lewis
乔治·拉代 Georges Radet
乔治·朗 George Long
乔治·罗林逊 George Rawlinson
乔治·马丁·莱恩 George Martin Lane
乔治·佩罗 Georges Perrot
乔治·桑兹 George Sandys
丘吉尔·巴宾顿 Churchill Babington
屈普里安诺斯 A. Kyprianos
让·安托瓦内·勒特罗纳 Jean Antoine Le-tronne
让·巴普蒂斯特·加伊 Jean Baptiste Gail
让·德维特 Jean de Witte
让·弗朗索瓦·布瓦松纳德·德房塔拉比 Jean François Boissonade de Fontarabie
让·路易·比尔努夫 Jean Louis Burnouf
让·维克多·迪吕伊 Jean Victor Duruy
热沃尔 Zévort
萨布罗夫 Sabouroff
萨尔茨曼 Salzmann
萨刻利翁 Sakkelion
萨拉科斯塔斯 Zalacostas

萨里奥 Saglio
萨利达斯 Psalidas
萨米埃尔·博沙尔 Samuel Bochart
萨缪尔·巴特勒 Samuel Butler
萨姆埃尔·阿德里安努斯·纳贝尔 Samuel Adrianus Naber
萨塔斯 Sathas
萨维里奥·卡瓦拉里 Saverio Cavallari
塞巴斯蒂安·齐赫梅尔 Sebastian Zehetmayr
塞弗恩 Severn
塞拉迪法尔科公爵 Duca di Serradifalco
塞雷 Serrae
塞林布里亚 Selymbria
塞米特洛斯 Semitelos
赛利诺斯 Selinus
桑德斯特伦 Sandström
桑狄 Gassendi
瑟尔沃尔 Thirlwall
瑟伦·安凯松 Sören Ancherson
尚茨 Schanz
舍内 Schoene
舍瓦利耶 Lechevalier
圣加力多 San Callisto
施伦贝格尔 Schlumberger
施洛瑟 Schlosser
施洛伊辛根 Schleusingen
施塔克尔贝格 Stackelberg
石勒斯维格 Schleswig
史蒂芬·格拉赫 Stephan Gerlach
舒布林 Schubring
舒瓦瑟尔－古斐耶 Choiseul-Gouffier
斯德丁 Stettin
斯第芬纳尔 Stiévenart
斯第利柯 Stilicho
斯第潘努斯·库玛努德斯 Stephanos Kumanudes
斯蒂安·戈特利布·施瓦茨 Christian Gottlieb Schwarz

斯法克特里亚 Sphacteria
斯凯尔特河 Scheldt
斯拉夫尼亚 Sclavonia
斯庞贝里 Spongberg
斯皮里东·兰普罗斯 Spyridon P. Lampros
斯普拉特 Spratt
斯普拉特 Spratt
斯塔马塔基斯 Stamatakes
斯泰因 Stein
斯特兰奈斯 Strengnäs
斯特雷莎 Stresa
斯滕·斯图尔 Sten Sture
斯托巴特 Stobart
斯文比约登·埃吉尔松 Sveinbjörn Egilsson
苏林加尔 Suringar
索洛摩斯 Solomos
索默尔 Sommer
索姆吉 Somzée
索西马德斯 Zosimades
泰奥菲勒·奥莫勒 Théophile Homolle
泰勒·刘易斯 Tayler Lewis
泰勒蒙 Telamon
汤姆森 Thomsen
唐何塞·尼古拉斯·德阿萨拉 Don José
　　Nicolás de Azara
唐切莱斯蒂诺·卡韦多尼 Don Celestino
　　Cavedoni
忒奥多罗·德米特剌柯普洛斯 Theodoros
　　Demetrakopulos
特奥多尔·本费 Theodor Benfey
特奥多尔·比尔特 Theodor Birt
特奥多尔·拉德维希 Theodor Ladewig
特奥多尔·潘诺夫卡 Theodor Panofka
特奥多尔·魏茨 Theodor Waitz
特奥菲尔·齐格弗里德·拜尔 Theophil
　　Siegfried Bayer
特拉比宗 Trebizond
特拉尔巴赫 Trarbach

特拉莱斯 Tralleis
特雷哲 Tregder
特累哲 Tredger
特谢尔 Texier
梯林斯 Tiryns
提埃蒂教会 Theatine
托尔贝克 Thorbecke
托克尔·巴登 Torkil Baden
托理科斯 Thoricus
托马斯·阿诺德 Thomas Arnold
托马斯·伯吉斯 Thomas Burgess
托马斯·戴·西摩尔 Thomas Day Seymour
托马斯·亨利·马丁 Thomas Henri Martin
托马斯·基德 Thomas Kidd
托马斯·凯特利 Thomas Keightley
托马斯·曼基 Thomas Mangey
托马斯·米切尔 Thomas Mitchell
托马斯·撒切尔 Thomas A. Thacher
托马斯·桑德斯·埃文斯 Thomas Saund-
　　ers Evans
托马斯·威廉森·皮尔 Thomas Williams-
　　on Peile
托马斯·休伊特·基 Thomas Hewitt Key
托马索·瓦劳里 Tommaso Vallauri
托瓦尔森 Thorwaldsen
瓦尔贝里 Walberg
瓦尔比 Valpy
瓦尔特·乔治·黑德勒姆 Walter George
　　Headlam
瓦拉几亚 Wallachia
瓦勒塔斯 Valettas
瓦伦 Vahlen
威尔登 Werden
威尔曼斯 Wilmanns
威廉·爱德华·杰尔夫 William Edward Jelf
威廉·奥恩肯 Wilhelm Oncken
威廉·德怀特·惠特尼 William Dwight
　　Whitney

威廉·德鲁曼 Wilhelm Drumann
威廉·迪伦伯格 Wilhelm Dillenburger
威廉·蒂滕伯格 Wilhelm Dittenberger
威廉·杜吉德·格迪斯 William Duguid Geddes
威廉·冯·哈特尔 Wilhelm von Hartel
威廉·弗朗西斯·艾伦 William Francis Allen
威廉·盖尔 William Gell
威廉·格奥尔格·普吕格尔斯 William Georg Pluygers
威廉·古尼翁·卢瑟福 William Gunion Rutherford
威廉·赫普沃思·汤普森 William Hepworth Thompson
威廉·亨岑 Wilhelm Henzen
威廉·亨利·沃丁顿 William Henry Waddington
威廉·莱昂纳德斯·马内 Willem Leonardus Mahne
威廉·兰塞 William Ramsay
威廉·林伍德 William Linwood
威廉·马丁·利克 William Martin Leake
威廉·缪尔 William Mure
威廉·尼古拉斯·杜里厄 Willem Nicolaas du Rieu
威廉·乔治·克拉克 William George Clark
威廉·史密斯 William Smith
威廉·瓦克斯穆特 Wilhelm Wachsmuth
威廉·维奇 William Veitch
威廉·魏森博恩 Wilhelm Weissenborn
威廉·西摩尔·泰勒 William Seymour Tyler
威廉·亚历山大·格林希尔 William Alexander Greenhill
威廉·扬·塞勒 William Young Sellar
威廉·伊内 Wilhelm Ihne
威廉·尤尔特·格拉斯顿 William Ewart Gladstone
韦伯 K. F. Weber

韦尔德尔 Marienwerder
韦尔弗林 Wölfflin
韦尔维耶 Verviers
韦森贝格 Wesenberg
韦舍 Wescher
韦斯特高 Westergaard
维堡 Viborg
维尔贝格 Wilberg
维尔克 Wilke
维尔斯特 Wilster
维克多·阿马德奥·佩龙 Victor Amadeo Peyron
维克多·贝拉尔 Victor Bérard
维克多·亨利 Victor Henry
维克多·库赞 Victor Cousin
维克多 Victor Vitensis
维勒 Weller
维纳 Winer
维耶曼 Villemain
魏伊 Veii
温迪斯曼 Windischmann
温琴佐·德-维特 Vincenzo De-Vit
温特菲尔德 Winterfeld
文德肯德 Windekende
文德兰 Wendland
翁格尔 Unger
沃尔夫冈·黑尔比希 Wolfgang Helbig
沃尔格拉夫 Vollgraff
沃尼亚 Livonia
沃斯 Voss
沃斯利 Worsley
乌尔斐拉 Ulphilas
乌尔夫松 Ulfsson
乌尔里希 Ulrich
乌法罗夫 Uvarov
乌拉纽斯 Uranius
乌利斯 Ouless
乌斯·都卡斯 Demetrius Dukas

乌斯·芝诺斯 Demetrios Zênos
乌辛 Ussing
西奥多·德怀特·伍尔西 Theodore Dwight Woolsey
西尔斯 Sears
西尔维斯特雷·德·萨西 Silvestre de Sacy
西里尔·杰克逊 Cyril Jackson
西里斯 Siris
西利 Seeley
西马尔 Simart
西门·卡斯滕 Simon Karsten
西蒙·沙尔东·德拉罗谢特 Simon Chardon de la Rochette
希尔席希 Hirschig
希拉波利斯 Hierapolis
锡米岛 Syme
席尔维斯特·约翰尼斯·弗律吉乌斯 Sylvester Johannis Phrygius
谢恩耶尔姆 Stiernhielm
辛纳 Sinner
辛纽斯·卡庇托 Sinnius Capito
休·安德鲁·约翰斯通·门罗 Hugh Andrew Johnstone Munro
休伯特·阿什顿·霍尔登 Hubert Ashton Holden
许勒曼 Hulleman
雅登 Arden
雅各布·巴登 Jacob Baden
雅各布·贝尔奈斯 Jacob Bernays
雅各布·布尔夏德 Jacob Burckhard
雅各布·亨里克·赫尤夫 Jacob Henrik Hoeufft
雅克布·特奥多尔·斯特鲁韦 Jacob Theodor Struve
雅西 Iassi
亚历山大·蒂罗 Alexandre Thurot
亚历山大·范·米林根 Alexander van Millingen

亚历山大·格兰特 Alexander Grant
亚历山大·赫拉丢斯 Alexander Helladius
亚历山大·里泽 Alexander Riese
亚历山大·斯图阿特·默里 Alexander Stuart Murray
亚历山大罗斯·佛尔提乌斯 Aléxandros Phórtios
亚历山大罗斯·里索斯·兰嘉维斯 Alexandros Risos Rangabes
亚历山德罗·马孚罗柯尔达托斯 Alexandros Mavrocordatos
亚历山德罗斯·里索斯·兰嘉维斯 Alexandros Rizos Rangabes
亚努斯·巴克 Janus Bake
亚切尔·巴特勒 Archer Butler
亚瑟·霍尔姆斯 Arthur Holmes
亚瑟·帕尔默 Arthur Palmer
亚瑟·伊兰·黑格 Arthur Elam Haigh
亚维 Havet
亚沃尔 Jauer
扬·赫拉德·许勒曼 Jan Gerard Hulleman
扬 Yonge
扬森 Janssen
耶茨 Gertz
耶恩施泰德 Iernstedt
耶尔辛 J. D. Jersin
耶诺·阿拜尔 Eugen Abel
拉法埃莱·加鲁齐 Raffaele Garrucci
伊夫林·阿伯特 Evelyn Abbott
伊夫林·雪利·沙克伯勒 Evelyn Shirley Shuckburgh
伊利胡·耶鲁 Elihu Yale
伊曼纽尔·约翰·格哈德·舍勒 Immanuel Johann Gerhard Scheller
伊索塔·诺嘉罗拉 Isotta Nogarola
伊万·泰尔菲 Ivan Télfy
伊万杰利努斯·阿波斯托利德·索福克勒斯 Evangelinus Apostolides Sophocles

伊息多耳 Isidore of Charax
伊兹拉拉岛 Hydra
永博格 Ljungborg
攸克森尼珀斯 Euxenippus
攸斯特拉提亚德 Eustratiades
尤金·罗斯唐 Eugène Rostand
尤里乌斯·费尔米库斯·马特尔努斯 Julius Firmicus Maternus
尤利乌斯·路德维希·伊德勒 Julius Ludwig Ideler
尤利乌斯·威廉·索默布罗特 Julius Wilhelm Sommerbrodt
于里 Uri
约安内斯·奥韦尔贝克 Joannes Overbeck
约安尼纳 Ioannina
约翰·阿尔伯特·法布理齐乌斯 Johann Albert Fabricius
约翰·安东尼·克莱默 John Antony Cramer
约翰·奥古斯特·埃内斯蒂 Johann August Ernesti
约翰·波塞尔 Johann Possel
约翰·弗里德里希·蒂布纳 Johann Friedrich Dübner
约翰·戈特利布·海内克 Johann Gottlieb Heinecke
约翰·戈特利布·莱曼 Johann Gottlieb Lehmann
约翰·戈特洛布·施奈德 Johann Gottlob Schneider
约翰·格奥尔·索伊加 Johann Georg Zoëga
约翰·格奥尔格·瓦尔希 Johann Georg Walch
约翰·哈佛 John Harvard
约翰·海因里希·施特拉克 Johann Heinrich Strack
约翰·亨利·米德尔顿 John Henry Middleton
约翰·亨利·帕克尔 John Henry Parker

约翰·胡卡姆·弗雷尔 John Hookham Frere
约翰·华兹华斯 John Wordsworth
约翰·加布里厄尔·斯帕温福德 Johan Gabriel Sparwenfeldt
约翰·柯宁顿 John Conington
约翰·科伦布 Johan Columbus
约翰·克里斯蒂安·戈特利布·埃内斯蒂 Johann Christian Gottlieb Ernesti
约翰·劳伦贝格 Johan Lauremberg
约翰·林肯 John L. Lincoln
约翰·鲁德贝克 Johan Rudbeck
约翰·路易·乌辛 Johan Louis Ussing
约翰·洛肯 Johannes Loccenius
约翰·马蒂亚斯·格斯纳尔 Johann Matthias Gesner
约翰·马丁 John Martyn
约翰·米夏埃尔·霍伊辛格 Johann Michael Heusinger
约翰·尼柯莱·马兹维 Johan Nicolai Madvig
约翰·尼克劳斯·丰克 Johann Nicolaus Funck
约翰·帕克 John Parke
约翰·斯屈特 Johan Skytte
约翰·斯特拉坎 John Strachan
约翰·斯图亚特·布莱奇 John Stuart Blackie
约翰·特奥多尔·弗梅尔 Johann Theodor Voemel
约翰·托比亚斯·克雷布斯 Johann Tobias Krebs
约翰·威廉·丹瑙逊 John William Donaldson
约翰·乌普马克 Johan Upmark
约翰内斯·弗洛德鲁斯 Johannes Floderus
约翰内斯·科尔奈利乌斯·赫拉尔杜斯·博特 Johannes Cornelius Gerardus Boot
约翰内斯·芒努斯 Johannes Magnus

约翰内斯·斯托勒努斯 Johannes Stalenus

约克郡克比·安德戴尔 Kirby Underdale

约瑟夫·冈特赖勒 Joseph Gantrelle

约瑟夫·亨利·艾伦 Joseph Henry Allen

约瑟夫·亨利·塞耶 Joseph Henry Thayer

约瑟夫·诺代 Joseph Naudet

约瑟夫·威廉·布莱斯利 Joseph William
  Blakesley

约瑟夫·维克多·勒克莱尔 Joseph Victor
  Le Clerc

赞特岛 Zante

詹姆斯·布拉德斯屈·格里诺 James Bra-
  dstreet Greenough

詹姆斯·哈德利 James Hadley

詹姆斯·亨利 James Henry

詹姆斯·里德尔 James Riddell

詹姆斯·卢斯·金斯利 James Luce King-
  sley

詹姆斯·皮兰斯 James Pillans

詹姆斯·斯科菲尔德 James Scholefield

詹姆斯·塔特 James Tate

詹姆斯·希尔德亚德 James Hildyard

詹姆斯·亚当 James Adam

朱尔·吉拉尔 Jules Girard

朱尔·马尔塔 Jules Martha

朱塞佩·菲奥雷利 Giuseppe Fiorelli

祖瑟弥尔 Susemihl

译名对照表（著作部分）

《15—17 世纪文学共和国的斗士》 *Les gla-diateurs de la république des lettres au XV-XVII siècles*

《阿里斯塔库斯斥布鲁姆菲尔德》 *Aristarchus Anti-Blomfieldianus*

《阿里斯托芬著作会注》 *Scholia Aristophanica*

《阿那克西美尼疑义集》 *Quaestiones Anaximeneae*

《阿提卡"及冠"之青年》 *De Ephebis Atticis*

《阿提卡合同法与实体法学说汇释》 *Symbolae ad doctrinam iuris attici de syngraphis et de ousias notione*

《阿提卡剧场》 *Attic Theatre*

《阿提卡律法集成》 *Corpus Juris Attici*

《阿提卡民法史论》 *Beiträge zu einer Geschichte des attischen Bürgerrechtes*

《阿提卡希腊语基础词形变化》 *Elementary Accidence of Attic Greek*

《阿提卡雄辩术》 *Die Attische Beredsamkeit*

《阿息纽·波略生平及学术研究评述》 *Commentatio de C. Asinii Pollionis vita et studiis doctrinae*

《埃涅阿斯纪研究》 *Aeneidea*

《埃特纳火山》 *Aetna*

《安卡拉碑文》 *Monumentum Ancyranum*

《奥尔霍迈诺斯与米尼安族》 *Orchomenos und die Minyer*

《奥古斯都时期的拉丁语发音》 *Pronunciation of Latin in the Augustan Period*

《奥科塔维》 *Octavius*

《奥林普斯的朱庇特》 *Le Jupiter Olympien*

《奥斯坎语研究》 *Oskische Studien*

《奥维德考据疑义集》 *Quaestiones Ovidianae Criticae*

《柏拉图的婚育数字》 *The Nuptial Number of Plato*

《柏拉图考辨举隅》 *Specimen Criticum in Platonem*

《柏拉图哲学初论》 *Initia philosophiae Platonicae*

《柏拉图哲学研究》 *Platonische Studien*

《拜占庭志》 *Byzantina*

《饱蠹楼藏皮纸柏拉图释文》 *Lectiones Platonicae e membranis Bodleianis*

《北欧语文学刊》 *Nordisk Tidskrift for Filologi*

《被描绘的维纳斯与珀瑟庇娜》 *Vennus Proserpina illustrata*

《比利时博物馆》 *Le Musée Belge*

《比利时的拉丁诗坛》 *Parnasus Latino-Belgicus*

《比利时国家传记大典》 *Biographie nationale de Belgique*

《编年史》 *Granius Licinianus*

《编年史小家集》 *Chronica Minora*

《辩术家赫尔墨斯》 *Lógios Hermês*

《伯罗奔尼撒史地描述》 *Peloponnesos; eine historisch-geographische Beschreibung der Halbinsel*

《伯罗奔尼撒战争期间雅典城邦内部史论集》 *Beiträge zur innern Geschichte Athens im Ze-*

italter des peloponnesischen Krieges

《伯伊廷格地图》 Tabula Peutingeriana

《布莱克伍德杂志》 Blackwood's Magazine

《敞开的语言之门》 Janua linguarum reserata

《醇正精妙之拉丁文言研究》 De studio purae Latinitatis et elegantioris

《词汇索引》 Index Verborum

《丛录》 Mémoires

《丛札》 Ἄτακτα

《大地测量论》 De mensura orbis terrae

《大希腊语文选》 Collectanea Graeca Majora

《淡忘集》 Memoriae Obscurae

《当垆女》 Copa

《德意志考古学学会会刊》 Mitteilungen des Deutschen Archäologischen Instituts

《德语语法学》 Deutsche Grammatik

《地下罗马》 Roma Sotterranea

《帝国考古学委员会会议报告》 Compte-Rendu de la Commission Impériale Archéologique

《东方与古代世界的神明》 Coelum orientis et prisci mundi

《东方与西方》 Orient und Occident

《多里斯族》 Die Dorier

《俄耳甫斯集》 Orphica

《厄罗菲丽》 Erophile

《厄罗托克里图》 Erotokritos

《梵文、古波斯文、希腊文、拉丁文、立陶宛语、哥特语与德语比较语法学》 Vergleichende Grammatik des Sanskrit, Zend, Griechischen, Lateinischen, Litthauischen, Gothischen und Deutschen

《弗里肖夫萨迦》 Frithiofsaga

《浮夸者》 Alazon

《甫基理德之书》 Phocylidea

《葛琉斯研究著作集》 Opuscula Gelliana

《共和国时期罗马法律》 Le droit public romain

《共通希腊语方言研究》 Μελέτη της Κοι-

νῆς Ελληνικῆς Διαλέκτου

《古爱尔兰语宝库》 Thesaurus Palaeohibernicus

《古代北方语言诗歌词典》 Lexicon poëticum antique linguae Septentrionalis

《古代城邦》 La Cité Antique

《古代的雅典，或雅典古迹及其环境描述》 L'ancienne Athènes, ou la description des antiquités d'Athènes et de ses environs

《古代地理学教科书》 Lehrbuch der alten Geographie

《古代地图集》 Atlas Antiquus

《古代法律》 Ancient Law

《古代建筑》 L'architettura antica

《古代坤舆图览》 Formae Orbis Antiqui

《古代拉丁语—俗语字汇表》 Glossaria antiqua Latino-Theotisca

《古代罗马遗迹》 Remains of Ancient Rome

《古代史》 Geschichte des Alterthums

《古代西西里史》 Geschichte Siciliens im Alterthum

《古代希腊诗家选集》 Analecta Veterum Poetarum Graecorum

《古代希腊与罗马纪念章志》 Description de médailles antiques grecques et romaines

《古代希腊语言》 La lingua greca antica

《古代雅典城邦》 Die Stadt Athen im Alterthum

《古代艺术的历史与阐释杂志》 Zeitschrift für Geschichte und Auslegung der alten Kunst

《古代艺术纪念物》 Denkmäler der alten Kunst

《古代艺术遗迹》 Monuments de l'art antique

《古典语文学史及百科全书讲要》 Grundriss zu Vorlesungen über die Geschichte und Encyklopädie der klassischen Philologie

《古典语文学手册》 Mannuel de Philologie Classique

《古籍新辑》 Scriptorum veterum nova collection

《古今雕塑博物馆》 Musée de sculpture antique et moderne

《古罗马律法论说例释》Antiquitatum Romanarum Jurisprudentiam Illustrantium Syntagma
《古泉学刊》Revue Numismatique
《古书学究》Antiquarius
《古文言修习》Exercitationes litterariae antiquitatis
《古物学书目》Bibliotheca Antiquaria
《古希腊音乐的调式》Modes of ancient Greek Music
《古旱之罗马》Old Rome
《关于历代拉丁语言之思考》Cogitationes de variis linguae Latinae aetatibus
《关于自然的精神哲学》Philosophie Spiritualiste de la Nature
《果壳中的帕纳索斯山》Parnassus in nuce
《哈利卡那苏斯、尼多斯及迪迪马获宝记》A History of Discoveries at Halicarnassus, Cnidus, and Branchidae
《哈特尔纪念论丛》Serta Harteliana
《荷马的祖国》De patria Homeri
《荷马方言语法》Grammar of the Homeric Dialect
《荷马诗篇疑义》The Problem of the Homeric Poems
《贺拉斯诗章历史资料集》Analecta ad Carminum Horatianorum historiam
《赫叙基乌斯丛札》Adversaria Hesychiana
《华林集》Foliorum Silvula
《会刊》Bulletino
《霍尔德氏所见遗献》Anecdoton Holderi
《基于比较语法学的拉丁语法》Latin Grammar founded on Comparative Grammar
《极北地区的代达罗斯》Daedalus Hyperboreus
《极北地区与罗马的考古学研究》Hyperboreisch-römische studien für archäologie
《极地之希腊》Hellas sub Arcto
《剑桥修辞学辞典》Lexicon rhetoricum Cantabrigiense

《教父著作新辑》Patrum nova collectio
《教育学评论》Revue Pédagogique
《教育中的人文主义》Humanism in Education
《金石杂诠》Miscellaneous Notes on Inscriptions
《经典著作家集》Classici auctores
《菁华集》Florida
《警句集》Gnomologia
《卡普里岛》Die Insel Capri
《卡图卢斯疑义集》Quaestiones Catullianae
《卡图卢斯资料集》Analecta Catulliana
《恺撒史志》Histoire de César
《康河芦笛》Arundines Cami
《考古学观光记》Promenades archéologiques
《考古学论丛》Archäologische Beiträge
《考古学文编》Archäologische Aufsätze
《考古学与历史研究杂志》Mélanges d'archéologie et d'histoire
《考古学杂志》ἐφημερὶς ἀρχαιολογική
《考据学丛录》Adversaria Critica
《考据学丛札》Adversaria Critica
《考据学论集》Collectanea Critica
《考据学书札》Epistola Critica
《考据学文集》Collectanea Critica
《考据学杂篇集》Miscellanea Critica
《考证研究》Studia Critica
《科孚》Korfu
《科学宗教学绪论》Prolegomena zu einer wissenschaftlichen Mythologie
《克理安忒斯的颂歌作品》Hymn of Cleanthes
《克丽奥》Kleio
《拉丁词典补遗》Addenda Lexicis Latinis
《拉丁词典补遗》Supplementum Lexicorum Latinorum
《拉丁辞书学与语法学资料》Archiv für lateinische Lexikographie und Grammatik
《拉丁二流诗人集》Poëtae Latini Minores
《拉丁歌谣集》Carmina Latina

《拉丁群书治要：中古及近世编》*Bibliotheca Latina mediae et infimae aetatis*

《拉丁群书治要》*Bibliotheca Latina*

《拉丁诗人全集》*Corpus Poëtarum Latinorum*

《拉丁颂词集》*Panegyrici Latini*

《拉丁修辞学诸小家集》*Rhetores Latini Minores*

《拉丁学术批评史》*Historia critica Scholiastarum latinorum*

《拉丁学问之晨曦》*Aurora Latinitatis*

《拉丁与希腊语译英诗集》*Translations into Latin and Greek Verse*

《拉丁语读本》*Latin Reader*

《拉丁语发音音长的实践点滴谈》*Practical Hints on the Quantitative Pronunciation of Latin*

《拉丁语法便览》*Manual Latin Grammar*

《拉丁语法学》*Lateinische Sprachlehre*

《拉丁语法学诸家集》*Grammatici Latini*

《拉丁语菁华》*Nucleus Latinitatis*

《拉丁语隽语诗家歌集》*Carmina Latina Epigraphica*

《拉丁语诗家宝库》*Thesaurus Poëticus Linguae Latinae*

《拉丁语虚拟态分析》*Analysis of the Latin Subjunctive*

《拉丁语言的读音、发声以及重音》*Über Aussprache, Vokalismus und Betonung der lateinischen Sprache*

《拉丁语言杰出著作家概述》*Conspectus praestantiorum scriptorum Latinae linguae*

《拉丁语言史初论》*Vorarbeiten zur lateinischen Sprachgeschichte*

《拉丁语言史考究》*Historia Critica Latinae Linguae*

《拉丁语言思想录选粹》*Analecta ad Cogitationes de lingua latina*

《拉丁字汇增补》*Addenda lexicis Latinis*

《莱比锡古典语文学研究》*Leipziger Studien zur classischen Philologie*

《黎凡特地区观览记》*Travels and Discoveries in the Levant*

《李维著作校勘记》*Emendationes Livianae*

《李维资料辑录》*Analecta Liviana*

《两兄弟》*Adelphi*

《论恶习》*De Vitiis*

《论和声》Περὶ τόνων

《论康河》*On the Cam*

《论空气、水和地方》*De aere aquis et locis*

《论拉丁语及希腊语之字书》*De lexicis Latinis et Graecis*

《论罗马名人塑像》*De statuis illustrium Romanorum*

《论水产之营养》*De Alimento ex Aquatilibus*

《论文集》*Gesammelte Abhandlungen*

《论希腊文学之要》*De Graecarum litterarum necessitate*

《论月面》*De facie in orbe lunae*

《论征兆》*De ostentis*

《罗马古代研究手册》*Handbuch der römischen Alterthümer*

《罗马古代艺术》*Roms antike Bildwerke*

《罗马考古学》*Archaeology of Rome*

《罗马年代记》*Fasti Romani*

《罗马神话学》*Römische Mythologie*

《罗马诗家残篇集》*Fragmenta Poëtarum Romanorum*

《罗马时代的高卢》*La Gaule Romaine*

《罗马文学史讲要》*Grundriss zu Vorlesungen über die römische Litteraturgeschichte*

《罗马遗献拾穗集》*Spicilegium Romanum*

《罗马疑义集》*Quaestiones Romanae*

《罗马与拜占庭时期希腊语词典》*Greek Lexicon of the Roman and Byzantine Periods*

《罗马与坎帕尼亚地区》*Rome and the Campagna*

《罗马治下之希腊史》*Die Geschichte Griech-*

enlands unter der Herrschaft der Römer

《吕西亚研究选录》 Lectiones Lysiacae

《吕西亚作品评注》 Commentationes Lysiacae

《律法年鉴》 Leges Annales

《马德里的古代艺术作品》 Die antiken Bildwerke in Madrid

《马术》 De re equestri

《门庭》 Propylaea

《密涅瓦》 Minerve

《民法大全》 Corpus iuris civilis

《那不勒斯考古学公报》 Bullettino Archeologica Napolitano

《尼德兰拉丁诸诗家的生平、学说与才能》 De vita, doctrina et facultate Nederlandorum qui carmina latina composuerunt

《欧佛良》 Euphorion

《庞贝涂鸦画》 Graffiti di Pompéi

《评鉴尝试集》 Pericula Critica

《普林尼学问菁华》 Chrestomathia Pliniana

《普林尼著作考实》 Vindiciae Plinianae

《骑术》 Hipparchicus

《钱币学视野中的小亚细亚旅行记》 Voyage en Asie Mineure au point de vue numismatique

《钱币学与宝石雕刻大全》 Trésor de numismatique et de glyptique

《钱币学与语文学丛录》 Mélanges de numismatique et de philologie

《泉学书目》 Bibliotheca Nummaria

《劝勉悉尼大学诸生》 Adhortatio ad discipulos academiae Sydneiensis

《群英集》 Folia Silvula

《三重诗学》 Poëtica Tripartita

《色诺芬学说述要》 Prosopographia Xenophontea

《神话学图录》 Galerie mythologique

《神话学艺术阐释的先驱》 Prodromus mythologische Kunsterklärung

《生涯散记》 Souvenirs et Notes Biographiques

《圣教遗书》 Relliquiae Sacrae

《圣经植物志》 Hierobotanicon

《诗律论》 De re metrica

《诗作习集》 Pericula Poëtica

《石雅》 Lithika

《实学津逮》 Initia Doctrinae Solidioris

《史诗评论》 Commentationes Epicae

《史诗系列相关的希腊悲剧》 Die griechischen Tragödien mit Rücksicht auf den epischen Cyclus

《史事系年》 Opus Chronologicum

《史书杂俎》 Historia Miscella

《世纪颂》 Carmen Saeculare

《书信中的西塞罗》 Cicero in seinen Briefen

《斯托拜乌斯选读》 Lectiones Stobenses

《四联篇》 Tetralogies

《颂赞演说词、孝亲纪念发言及公告文章集》 Orationes panegyricae, parentales, et programmata

《岁时记》 De Mensibus

《索福克勒斯的反讽》 On the Irony of Sophocles

《索福克勒斯研究》 Studia Sophoclea

《塔西佗辞典》 Lexicon Taciteum

《泰奥弗拉斯特资料辑录》 Analecta Theophrastea

《陶器绘图古物菁华》 Élite des monuments céramographiques

《特洛伊》 Troja

《托勒密王朝时期的语文学》 De Philologia Saeculi Ptolemaeorum

《瓦罗研究论丛》 Varronianus

《瓦罗著作通释》 Varroniana

《万物皆空》 Vanitas Vanitatum

《为罗德岛人之释放辩》 De Rhodiorum Libertate

《为攸森尼波斯而辩》 Pro Euxenippo

《未刊古代纪念物集》 Monuments antiques inédits

《文献分析学杂志》 Revue de Bibliographie

Analytique

《文献研究丛札》 *Collectanea Litteraria*

《翁布里亚学》 *Umbrica*

《五卷书》 *Pantschatantra*

《物理小咏》 *Eclogae Physicae*

《西塞罗语辞诠要》 *Clavis Ciceroniana*

《西西里自古以来史》 *History of Sicily from the earliest times*

《希腊碑铭集成》 *Recueil d'Inscriptions Grecques*

《希腊词源学原理》 *Grundzüge der griechischen Etymologie*

《希腊的地理学》 *Geographie von Griechenland*

《希腊的短诗与田园诗》 *Greek Lays and Idylls*

《希腊的民族教育》 *National Education in Greece*

《希腊的宗教教师》 *The Religious Teachers of Greece*

《希腊地图集》 *Atlas von Hellas*

《希腊二流诗家集》 *Poetae Minores Graeci*

《希腊法律程序与希腊法律发展史论集》 *Beiträge zur entwichelungsgeschichte des griechischen Gerichtsverfahrens und des griechischen Rechtes*

《希腊古代城邦政制手册》 *Handbuch der griechischen staatsalterthümer*

《希腊古迹》 *Antiquités helléniques*

《希腊古物学》 *Archaeologia Graeca*

《希腊化史》 *Geschichte des Hellenismus*

《希腊及小亚细亚的考古游记》 *Voyage archéologique en Grèce et en Asie Mineure*

《希腊内外医科诸小家集》 *Physici et Medici Graeci minores*

《希腊年代记》 *Fasti Hellenici*

《希腊瓶器题名》 *De nominibus vasorum Graecorum*

《希腊人的悲剧文学》 *Tragic Drama of the Greeks*

《希腊神话学》 *Griechische Mythologie*

《希腊神话之学》 *Griechische Götterlehre*

《希腊神祇理念》 *Griechische Götterideale*

《希腊陶器史》 *Histoire de la Céramique grecquev*

《希腊文授读》 *Chrestomathia Graeca*

《希腊文与拉丁文语法学研究》 *Studien zur griechischen und lateinischen Grammatik*

《希腊修辞学诸家集》 *Rhetores Graeci*

《希腊言情作家集》 *Scriptores Erotici Graeci*

《希腊研究通讯公报》 *Bulletin de correspondance hellénique*

《希腊遗献集》 *Anecdota Graeca*

《希腊艺术家史》 *Geschichte der griechischen Künstler*

《希腊艺术史》 *Griechische Kunstgeschichte*

《希腊营造结构》 *Tektonik der Hellenen*

《希腊与拉丁语发音复原》 *The Restored Pronunciation of Greek and Latin*

《希腊与罗马的剧场建筑与舞台纪念物》 *Theatergebäude und Denkmäler des Bühnenwesens bei den Griechen und Römern*

《希腊与罗马雕塑纪念物》 *Denkmäler griechischer und römischer Skulptur*

《希腊语传统》 *Hellenomnemon*

《希腊语动词，不规则变化词与不完全变化词》 *Greek Verbs, Irregular and Defective*

《希腊语法初阶：词形变化与句法学》 *First Greek Grammar: Accidence and Syntax*

《希腊语诗律辞典》 *Lexicon Graecoprosodiacum*

《希腊语与英语对话录》 *Greek and English Dialogues*

《希腊造型艺术史古代资料集》 *Die Antiken Schriftquellen zur Geschichte der bildenden Künste bei den Griechen*

《希腊志》 *Hellenica*

《希腊志》 *Hellenika*

《希腊著作家》 *Scriptores Graeci*

《锡米岛志》 *Symais*

《暇咏集》 *Between*

《下意大利地区方言》 *Die unteritalischen Dia-*

lekte

《现存古代遗迹》 *Alte Denkmäler erklärt*

《小册子》 *Brochures*

《小希腊语文选》 *Analecta Graeca Minora*

《心理学与语言科学引论》 *Einleitung in die Psychologie und Sprachwissenschaft*

《新弗里尼库斯》 *New Phrynichus*

《新克拉底鲁篇》 *New Cratylus*

《新罗马语言与学识宝库》 *Novus Linguae et Eruditionis Romanae Thesaurus*

《新异文释读》 *Novae Lectiones*

《匈牙利评论》 *Ungarische Revue*

《匈牙利文学报道》 *Literarische Berichte aus Ungarn*

《匈牙利文艺复兴史相关文献汇辑》 *Analecta ad historiam renascentium in Hungaria litterarum spectantia*

《修辞发蒙》 *Progymnasmata*

《袖珍词典》 *Handwörterbuch*

《虚拟语态与祈请语态》 *Conjunctiv und Optativ*

《叙拉古考古学地理志》 *Topographia archeologica di Siracusa*

《选读》 *Delectus*

《学生用拉丁语法全书》 *A Complete Latin Grammar for the Use of Students*

《学术杂著集》 *Opuscula Academica*

《学者赫尔墨斯》 *Hermes o Logios*

《雅典城邦史》 *Die Stadtgeschichte von Athen*

《雅典法国学校公报》 *Bulletin de l'école française d'Athènes*

《雅典建筑原理调查》 *An Investigation of the Principles of Athenian Architecture*

《雅典与阿提卡》 *Athens and Attica*

《雅典与罗马法国学校丛书》 *Bibliothèque des Ecoles françaises d'Athènes et de Rome*

《亚里士多德逻辑学原理》 *Elementa logices Aristotelicae*

《亚里士多德研究索引》 *Index Aristotelicus*

《亚里士多德政治学的考据问题》 *De politicis Aristoteleis quaestionum criticarum*

《演说词与诗歌杂著集》 *Opuscula oratoria et poëtica*

《演说与论文集》 *Vorträge und Abhandlungen*

《伊比利亚语言资料丛编》 *Monumenta linguae Ibericae*

《伊壁鸠鲁文献集》 *Epicurea*

《伊塔卡、伯罗奔尼撒与特洛伊》 *Ithaka, der Peloponnesus und Troja*

《伊特鲁里亚人》 *Die Etrusker*

《艺术与考古学论集》 *Essays in Art and Archaeology*

《议克利奥尼摩斯之遗产》 *De hereditate Cleonymi*

《异教末日》 *La fin du Paganisme*

《异文释读》 *Variae Lectiones*

《意大利语与圣书拉丁语》 *Itala und Vulgata*

《银字册子》 *Codex Argenteus*

《印度—日耳曼系语言的比较语法学纲目》 *Compendium der vergleichenden grammatik der indogermanischen sprachen*

《拥护曼尼琉斯法案演说》 *Pro lege Manilia*

《与罗马艺术相关的罗马之文献》 *Roman Literature in relation to Roman Art*

《语文学》 *Le Philologue*

《语文学丛录》 *Mélanges de Philologie*

《语文学丛珍》 *Philological Museum*

《语文学的永久价值》 *De perpetua philologiae dignitate*

《语文学论丛》 *Opuscula philologica ad Joannem Nicolaum Madvigium*

《语文学评议》 *Commentationes Philologicae*

《语文学评议集》 *Observationes Philologicae*

《语文学史学及古物学论丛》 *Mélanges de philologie, d'histoire et d'antiquités*

《语文学随想录》 *Cogitationes Variae Philo-*

logicae

《语文学研究的谐振与章动》 *Oscillations and Nutations of Philological Studies*

《语文学与金石学杂录》 *Mélanges de philologie et d'épigraphie*

《语言歧异成因论》 *Dissertatio de causis diversitatis linguarum*

《语言形态学概述》 *Esquisses Morphologiques*

《孕育女神，科利亚斯的维纳斯》 *De Venere Coliade Genetyllide*

《杂录》 *Mélanges*

《杂札》 *Atakta*

《在意大利的漫游年代》 *Wanderjahre in Italien*

《造像古物中的未发表纪念物集》 *Monuments inédits d'antiquité figurée*

《战斗号角》 *σάλπισμα πολεμιστήριον*

《战神山法庭与埃菲特审判》 *Der Areopag und die Epheten*

《哲理篇》 *Philosophumena*

《哲学史纲》 *Grundriss der Geschichte der Philosophie*

《哲学史考证》 *Historia Critica Philosophiae*

《哲学史论丛》 *Historische Beiträge zur Philosophie*

《中古罗马城市史》 *Geschichte der Stadt Rom im Mittelalter*

《中学词典》 *Schulwörterbuch*

《中学希腊语法》 *Griechische Schulgrammatik*

《重订本贺拉斯》 *Horatius Restitutus*

《诸教皇陵墓记》 *Die Grabdenkmäler der Päpste*

《著名的赫尔曼先生语法学评议》 *Observations grammaticales au célèbre M. Hermann*

《著名学者像传》 *Abbildungen und Lebensbeschreibungen berühmter Gelehrten*

《专名词表》 *Onomasticon*

索 引

西方古典学术史（第三卷）

Benschoten, J. C. van, 469
Bentley, on the Homeric question, 55; Küster, 301; Herder on Bentley, 35; Reiz, 19, 90; Wolf, 60; Hermann, 91, 93; Lachmann, 130; Meineke, 118; Fleckeisen, 142; Brix, 143; Bernays, 178 n. 1; Cobet, 286 f, and Holland, 290; Jebb, 413, 415; ii 401–410
Benzelius, Erik, 347
Bérard, Victor, 267
Bergk, Theodor, 146–8; 117, 123, 142
Bergler, Stephan, 3
Berlin; Academy, 1 f, 81, 84, 85 f, 98, 117, 130, 136, 178 f; univ., 59, 68, 78 f, 85, 97, 125
Bernardakes(is), (1) Gregorios N., 372 f; 286; (2) Demetrios, 372, 375 n. 7
Bernays, Jacob, 176 f
Bernhardy, Gottfried, 121 f; 149
Bétant, É. A., 273
Beulé, Charles Ernest, 266 f
Bibliotheca Classica, 430
Bieliaev, D. T., 386
Biese, Franz, 174
Biester, Johann Erich, 85
Biographi Graeci, ed. Westermann, 163
Bion and Moschus, ed. Hermann (1849), 93, 135; Ziegler (1868); Bücheler, in *Jahrb.* 97, 106 f, *Rhein. Mus.* 30, 33 f; Ahrens (1854), Hiller; also, with Theocritus, in *Bucolici Gr.*, Gaisford, Meineke, Ahrens, Wilamowitz
Birt, Theodor, 194
Blacas, Pierre Louis Jean Casimir, Duc de, 266
Blackie, John Stuart, 427
Blackwell, Thomas (1701–57), 61 n. 2
Blagoviestschenski, N. M., 385 f
Blakesley, Joseph William, 405
Blantes, Spyridon, 362 n. 4
Blass, Friedrich, 172 f; 120, 376, 378
Blastos, Nicolaos, 353 f
Bloch, S. N. J., 317
Blomfield, (1) Charles James, 400 f; 398; (2) Edward Valentine, 401; 400
Bloomfield, S. T., 401
Blume, W. A., 164
Bobbio, 81, 241 f
Bochart, Samuel, 340
Boeckh, August, 95–101; 55, 81, 94, 200, 320, 439; pupils, 100, 121; portrait, 96
Böcking, Eduard, 194

Böhnecke, Karl Georg, 171
Boekler, Johann Heinrich, 340; ii 367
Boëthius, *Phil. Cons.*, ed. Obbarius (1844); Peiper (1871), 194; Usener on, 105; H. F. Stewart on (1891); Gk tr., 273; i 258 n.; *In Isagogen Porphyrii Commenta*, ed. Brandt (1906)
Boëthus of Chalcedon, 319
Boetticher, (1) Wilhelm (1798–1850), 200; (2) Karl (1806–89), 223
Boettiger, Karl August, 74 f; 70 f
Bohn, Richard, 223
Boissier, Gaston, 483
Boissonade, Jean François, 249 f, 58, 99, 129, 380; portrait, 248
Bojesen, E. F. C., 324
Bonghi, Ruggero, 243
Bonitz, Hermann, 174 f; 463
Bonn, 81, 109 f, 141, 147, 170, 177 f, 184, 482
Bopp, Franz, 205; 84, 420; portrait facing 205
Borch, Oluf (Olaus Borrichius), 313
Borell, 383
Borghesi, Bartolommeo, 244; 235
Bosio, Antonio, 247
Boston, 453, 455, 457
Bothe, Heinrich, 102
Bourges MS, 272
Brandis, Christian August, 173; 81, 176
Braun, August Émil, 219
Breitenbach, Ludwig, 160
Bremi, Johann Heinrich, 164; 113
Brinkman, Karl Gustaf von, 349
Brix, Julius, 143
Bröndsted, Peter Oluf, 318; 218, 325
Broukhusius, 291; ii 329 f
Brown university, 452, 457 f
Brucker, Johann Jacob, 2
Brugmann, Karl, 209 f
Brunck, 64, 91, 272; ii 395 f
Brunn, Heinrich, 221 f, 227, 480
Brussels, Academy, 293 f, 295 f, 304, 306; univ. 293
Bruzza, Luigi, 246
Bryennios, 378
Buchanan, 336; ii 243 f
Bucharest, school of, 359, 366 f
Buchholz, Eduard, 149
Bücheler, Franz, 481 f
Buenau, Count von, 22
Bugge, Sophus, 331 f; 323
Bulgaris, Eugenios, 361
Bunsen, Karl von. 81, 177, 219, 420, 437

Catullus, Andreas, 305
Cavallari, Saverio, 245; 232
Cavallin, Christian, 350
Cavedoni, Don Celestino, 245
Caylus, Comte de, 20, 26, 253
Cebes, ed. Schweighäuser (1806);
Koraës, 362; Jerram ('78); Praech-
ter ('93); Danish tr., 328; German,
Krauss ('90²); Russian, 347
Celsius, Olaus, 349
Celsus, ed. Daremberg (1859); (2)
'Julius Celsus', 115
Censorinus, Jahn (1845), 220; Hultsch
(1867)
Ceratinus de Horn (Teign), Jacques,
304
Chalcidius, ed. Fabricius (1718), 3;
Mullach in *Frag. Phil. Gr.* (1868);
Wrobel (1876)
Chandler, (1) Henry William, 421;
(2) Richard, 99
Chardon de la Rochette, Simon, 249,
363
Charisius, in Keil, *Gr. Lat.* i
Charitonides, 373
Chicago, 469
Chios, 356, 359
Choerilus, Naeke (1817), 109; Kinkel
in *Poët. Ep.* (1877)
Choeroboscus, ed. Gaisford (1842),
397; Hilgard (1889–94)
Choricius, ed. Boissonade (1846),
Graux ('77), 260; Förster ('82–'94)
Chorus in Greek Tragedy, on the,
Schiller, 71; Heeren, 77
Christ, (1) Johann Friedrich, 20; 24,
38; (2) Wilhelm von, 153 f
Christensen, R., 323
Christiania, univ., 330
Christina's patronage of learning,
339–342
Chronica Minora, ed. Mommsen, 197
Chronology, Fynes Clinton, 439
Chrysoloras, 334; ii 19 f
Chrysostom, Savile's, 334, 352
Cicero, edd., 195 f; Ernesti (1739
etc.), 12 f; Schütz (1814–21), 46;
Nobbe (1827, '69³), 195; Orelli
(1826–30) with *Schol., Bibliogr.,*
and *Onom. Tull.*; Orelli, Baiter,
Halm (1845–62), 161; Klotz
(1850–57 etc.), 125; C. F. W.
Müller; Baiter and Kayser
(1860–9)
Epp. Schütz (1809–13), 46; Tyrrell
and Purser (1879–94); Wesen-
berg (1880), 324; *ad Att.* Boot

(1886²), 282; *ad Fam.* Men-
delssohn (1893), 198; B. R.
Abeken, *Cic. in s. Briefen* (1835;
E. T. 1854); Hulleman, *Atticus*
(1838), 282; Boissier, *Cic. et ses
Amis* (1870²), 483; Engl. tr.,
Shuckburgh, 415; Fr. tr., 270;
Germ., 10, 36
Orationes; Klotz (1835–9); Clark
and Peterson (1907); *Sel.* Heu-
mann, 4; Madvig (1820), Halm
(1868), Heine (1870), Eberhard-
Hirschfelder (1874), Nohl,
Müller; *Comm.* Long, 430;
Richter-Eberhard, Koch-Lan-
graf, Halm-Laubmann; *pro
Archia*, Halm, Roersch, 300,
Reid, E. Thomas; *Balbo*,
Reid; *Caecina*, Jordan; *Caelio*,
Vollgraff; *in Cat.* Halm, Wil-
kins, 434; *pro Cluentio*, Ramsay,
429, Fausset, Peterson; *Deio-
taro*, Roersch, 300; *Flacco*, *de
lege agr.* A. W. Zumpt, Du
Mesnil; *pro lege Manilia*, Halm,
Wilkins; *Marcello*, 58; *Marcello,
Ligario, Deiotaro*, Fausset; *Mi-
lone*, Reid; *Murena*, Zumpt,
Halm, Heitland; *Phil.* King,
Phil. ii, Halm, Mayor, Peskett;
pro Plancio, Wunder, 109;
Holden, 411; *Rabirio*, Heit-
land; *post reditum*, Wolf, 58;
pro Rosc. Am. Landgraf; *Sestio*,
Holden, 411; Süpfle-Böckel,
Hertz on, 199; *Sulla*, Halm,
Reid; *In Verrem*, C. G. Zumpt,
125; *i*, Heitland-Cowie; *iv*, Hall;
iv–v, E. Thomas; *Fragm.* Mai
(1814, '17²), 241; Heinrich, 110;
Niebuhr (1820), 80; Peyron
(1824), 241; Baier (1825)
Opera Rhetorica; *Artis Rhet. libri
ii*, Weidner (1878); *De Or.,
Brutus, Orator, De Opt. Gen.
Or., Part. Orat., Topica*, A. S.
Wilkins (1901); *De Or., Brutus,
Orator*, Piderit (1859–65 etc.);
De Or. Henrichsen (1830), 324;
Ellendt (1840); Sorof, Wilkins,
434; Kingsley, 462; *Brutus*,
Ellendt (1825, '44), Peter (1839),
233, Jahn (1877⁴), 220; Kellogg
(1889), 465; Stangl (1886), Mar-
tha (1892); *Orator*, Peter-Wel-
ler, 233; Jahn (1851 etc.), 220;
Heerdegen (1884), Stangl (1885),

Furneaux, Henry, 435
Furtwängler, Adolf, 480
Fuss, Johann Daniel, 301 f
Fynes Clinton, Henry, 439; 120

Gail, Jean Baptiste, 248
Gaisford, Thomas, 395 f; 122, 279;
    portrait, 396
Gaius, ed. Niebuhr, 80; Lachmann, 129
Galen, ed. Kühn (1821 f), 187; *De
    alimento ex aquatilibus*, Koraës, 362;
    Scripta Minora in Bibl. Teubn.;
    Fr. transl., 257
Gallen, St, 81, 317, 461
Gandino, Giovanni Battista, 243
Gantrelle, Joseph, 295 f; 299
Garasse, Fr., 253
Garatoni, Gasparo, 320; ii 378
Garrucci, Raffaele, 245
Gaul, Roman, 262 n. 5, 263; Geo-
    graphy, 262, and History, 272
Gaza, Stark on, 225
Geddes, Sir William Duguid, 428;
    416
Gedike, Friedrich, 85
Geel, Jacob, 280; 283
Geer, De, 276
Gellius, ed. Hertz, 199; Falster on,
    314 f
Gemistos Plethon, 358; ii 60 f
Gems; King, 431; Furtwängler, 481
Gennadios, (1) the patriarch, 358;
    (2) Georgios, 367 f
Geographi Gr. Minores, E. Miller,
    254; C. Müller, 272; Bursian,
    226; modern geographers, 226 ff,
    399, 443; Kiepert, 227, and W.
    Christ on ancient Geography, 154
Georges, Karl Ernst, 203 f; 199
Geppert, Karl Eduard, 140, 142
Gerhard, Eduard, 218 f
Gerlach, F. D., 200
Germany, 1700-1800, 1-46; *Chrono-
    logical Table*, facing p.1; 1800-1900,
    47-240; *Chronological Table*, p. 48;
    Bursian's Hist. of Cl. Philology,
    226; German scholars in Russia,
    388-390; Hahn's Lives of, 196
Gertz, M. Clarentius, 324
Gesner, Johann Matthias, 5-9; 39 f,
    316
Gevaert, François Auguste, 299
Ghent, univ., 292 f, 294 f
Gibbon and Heyne, 43; ii 437
Gifford, Edwin Hamilton, 422
Gilbert, Gustav, 233
Gildersleeve, Basil L., 468

Girard, (1) Jules, (2) Paul, 267
Gladstone, William Ewart, 423; *Verse
    Transl.* by Lyttelton and Gladstone
    (1861)
Glasgow, univ., 406, 413
Glossaries; 'Philoxenus' and 'Cyril',
    ed. H. Stephanus (1573), Vulcanius
    (1600), Labbaeus (1679) and in
    Appendix to London ed. of the Gk
    Thesaurus of H. Stephanus (1826);
    Loewe, *Prodromus Corporis Gloss.
    Latin.* 1886; Goetz, *Corpus Gloss.
    Latin.* (1888-1901); Latin-Anglo-
    Saxon, Hessels, C. C. C. Cambridge
    (1890), Leyden (1906), 317
Gods, Usener on names of the, 184
Görres, Joseph, 66
Goerz, K. K., 385
Goethe, 69 f; 74; on Eur. *Bacch.*
    72; Homer, 8, 69; Goethe and
    Herder, 34, Lessing, 27, 29, 69,
    Voss, 69, Winckelmann, 69 f, Wolf,
    54, 57 f, 69; Gk transl. of Goethe's
    Iph. by Kock, 156
Göttingen, academy, 5; univ., 5, 7 f,
    39 f, 43, 51 f, 111
Göttling, Karl Wilhelm, 115 f
Götz, Georg, 140
Gomperz, Theodor, 151, 286
Goodwin, W. W., 456, 469
Gortyn, Laws of, 244, 482
Gossrau, Gottfried Wilhelm, 192
Gotha, 64 f, 203, 233
Goths and Vandals, 346
Graefe, Christian Friedrich, 388, 390
Gram, Hans, 314
Grammatical Studies, history of; 107,
    159, 167, 184; in the MA, 258;
    Grammatical and Critical School
    of Hermann, 89 f; Comparative
    Grammar, Bopp, 205; L. Meyer,
    207; G. Curtius, 208; Schleicher,
    209; Egger, 255; V. Henry, 273;
    'Indo-Germanic Grammars', 209;
    the New Grammarians, 209 f
Grammaye, Jean Baptiste, 305
Grant, Sir Alexander, 421
Gratius (or Grattius), ed. Haupt, 135;
    also in Postgate's *Corpus*
Graux, Charles, 259 f
Greece, *Geography*, 226-8; Bursian,
    226; Le Bas, 265; Beulé, 266;
    Leake, 442; maps, Lauremberg,
    312; S. Butler, 399; Kiepert, 228;
    History; Thirlwall, 437, Grote, 438,
    E. Curtius, 228; Duncker, 230;
    Herzberg, 231; Holm, 231 f;

Hoeufft, Jacob Henrik, 278
Holden, Hubert Ashton, 411
Holder, Alfred, 192, 194, 201
Holdsworth, Edward, 451
Holland, **1800–1900**, 275–291; *Chronological Table*, 49
Holm, Adolf, 231 f
Holmes, Arthur, 411
Homer, *Ilias, facsimile* of codex Venetus A (L. B. 1901); ill. MS, 241; *Ilias et Odyssea*, ed. Ernesti (1759–64), 13; *Homeri et Homeridarum Opera et Reliquiae, Ilias*, ed. F. A. Wolf (1794), 54; *Il. et Od. cum scholiis Didymi* (Oxon. 1780, 1816 f); *Il. et Od.* (*ib.* 1800); *Il.* Heyne (1802–22), 40–42; 57; *Il. et Od.* ed. Wolf (1804–7), 54; Dindorf and Franke (1824 f); *Il. Od. etc.* Bothe (1832–5), 103; *Homeri Carmina et Cycli Epici reliquiae*, Dindorf (Par. 1837 f, '56); *Il. et Od.* Dindorf, with Sengebusch, *Dissert.* (1855 f); Bekker ('58), 86; La Roche, *Od.* (1867), *Il.* ('73); *Il. et Od.* Nauck (1874–7), 151; *Il.* Spitzner (1832–6), 105, Trollope (1847³), Doederlein (1863–4), 113, Paley (1867), 409, Pierron, Mistriotes (1869), Leaf (1886–8, 1900–2²); *Il. et Od.* Leeuwen and Da Costa (L. B. 1897²); Ludwig, *Od.* 1889, *Il.* 1902; *Il.* Rzach (1886), Cauer; *Od.* Merry and Monro, 423; Hayman ('66–'82). German school-editions, Fäsi-Francke, Ameis-Hentze, La Roche, Düntzer; Abel on *Od.* 391; *scholia* on *Il.* 86, 146, 355; *Od.* 85, 241
Fabricius on Homer, 2; Gesner's lectures, 8; Herder, 31, 32, 34 f, 57; Wolf's lectures, 53; Lehrs on, 107; Cobet on, 284; Gladstone, 423; Pluygers on the Alexandrian editors, 287
Homeric Grammar, Abel, 391; Monro, 1882, '92²; Bieliaev on *hiatus* in *Od.* 386; Leeuwen and Da Costa, *Encheiridion dictionis epicae* (L. B. 1892); Vogrinz, *Grammatik* (1889); *Language*, Buttmann, *Lexilogus* (1865⁴), 84; Hoffmann, *Quaestiones* (1842); Knös, *De digammo* (Ups. 1872

f), 351; Classen, *Beobachtungen* (1867); Hartel, *Studien* (1871–4); Menrad, *Contractio et Synizesis* (1886); Schultze, *Quaest. Ep.* (1892); Solmsen, *Laut- und Verslehre* (1901); *Lexicons*; Damm, 65; Buttmann, 84; *Ind. Hom.* Seber (Oxon. 1780), Gehring (Lips. 1891); *Lex.* Ebeling ('85), Pantazides, 372; *Concordance*, 424; C. E. Schmidt, *Parallelhomer* (Gött. '85). *Realien*; Friedreich (1851), Buchholtz (1871–85), 149, Helbig (1887²), Reichel, *Waffen* (1894), Seymour's *Homeric Age* (1907), 465; Homer and Art, 26 f; Flaxman, 58; *Archaeology*; Overbeck, *Bildwerke* (1853), Wörmann, *Odysseelandschaften* (1876), Engelmann, *Bilderatlas* (1889); *Mythology*, 387; *Theology*, 106, 186; *Translations*, Danish, 328; Engl. prose, Butcher, Lang, Leaf and Myers; verse, Worsley and Conington ('61–8), 423; *Il.*, Cowper, Newman; Blackie, 427, Lord Derby, 423, Merivale, 440; Fr. 261; German interest in, 8, 30; transl. Damm, 9; Voss, 61–63; Goethe, 69; modern Gk, *Il.*, 355, 375; *Od.* i, 373
The Homeric Question; Wolf, 55 f (Volkmann, 184); Hermann, 93; Nitzsch, 105; Nägelsbach, Spohn 106; Lachmann, 130; Schömann, 167 n. 3; Köchly, 132 f; Nutzhorn, 326 f; Mistriotes, Nicolaides, 372; Blass, 172; Grote, 438; Paley, 409; Blackie, Geddes, 428; Jebb's *Introd.* 413; Monro, 423; Wilamowitz, *Phil. Unt.*; Gilbert Murray; Finsler. Edd. Köchly, *Iliadis Carmina xvi* (1861), Kirchhoff, *Od.* (1879²), Christ, *Il.* (1884), 154, *Od. Il.* Fick (1883–6)
Batrachomyomachia, Damm (1732–5), 9 f; Ilgen (1796), 63; Baumeister (1852); Abel (1886), 391; Ludwich (1896); Brandt in *Corp. ep. Gr.*; modern Gk, 355
Hymni Homerici; Ilgen (1796), 63; A. Matthiae (1805), 75; Hermann (1828); Franke (1828); Baumeister ('60); Gemoll ('86); Abel ('86), 391; A. Goodwin

in modern Germany, 31 f; Versi-
fication, 313; Verse-Composition,
in England, 408, 410, 434, 440;
France, 252; Germany, 94;
Netherlands, 277 f, Fuss, 302;
Sweden, 337, 343 f, 349 f, 351;
value of, 190, 349. See also
Poëtae Latini, and *Palaeography*
Lauremberg, Johan, 312
Laurium, mines of, 98
Law, (1) Ancient, 440; (2) Greek,
Thonissen on, 305; Hirzel, *Themis,
Dike, und Verwandtes* (1907); Attic
Law, 162, 166, 168, 232 f, 305 f,
391; Beauchet, *Hist. du droit privé*
(1897); Dareste, Haussoullier, Th.
Reinach, *Recueil des inscr.* (1891–
1904); (3) Roman, 237, 241, 430,
440
Law, W. J., 443
Layard, Sir Austen Henry, 443
Leake, William Martin, 442; 164,
229
Le Bas, Philippe, 264; 268
Lechevalier, Jean Baptiste, 255
Le Clerc, Joseph Victor, 261
Leges Annales, Nipperdey on the, 117,
201
Lehmann, Johann Gottlieb, 185
Lehrs, Karl, 107 f; 93, 128, 193
Leibnitz (Leibniz), Gottfried Wilhelm,
1
Leipzig, 21 (gems); 14, 89 f
Lempriere, John, 431 n. 1; 466
Lennep, David Jacobus van, 276
Lenormant, Charles and François,
265 f, 294
Lentz, August, 107
Leontiev, 385
Leskien, August, 209
Lessing, Gotthold Ephraim, 24–30;
Laokoon, 26–28; 21, 54; Lessing
and Klotz, 14, 28 f; Reiske, 17;
Herder on, 35; Goethe on, 27, 29,
69
Letronne, Jean Antoine, 264
Leutsch, Ernst Ludwig von, 121;
120
Lévêque, Charles, 266
Levkias, A. G., 374
Lewis, (1) Charlton Thomas, 467;
(2) Sir George Cornewall, 439; 5,
82, 380; (3) Tayler, 467
Lewis and Short's Latin Dictionary,
467
Lexicography, see *Greek* and *Latin*
Lexicon rhet. Cantab., 399

Lexilogus, Buttmann's, 84
Leyden univ., foundation, 291; ter-
centenary, 285; MSS, 128, 317,
344; Museum, 295; visits of
Dobree and Gaisford, 397; F. D.
Allen on, 460
Leyden, John, 426 n. 2
Libanius, *Orationes et Decl.*, ed.
Reiske (1791–97), 17; Förster
(1903 f); *Epp.* J. C. Wolf, 345,
347
Licinianus, Granius, 184
Liddell, Henry George, 418
Liddell and Scott's Greek lexicon,
418, 427, 466
Lieber, Francis, 82 n. 2, 456, 462
Liége, univ. 292 f, 299 f
Likhudes, 384
Limbourg-Brouwer, Pieter van, 281
Lincoln, John L., 457
Lindemann, Friedrich, 81, 140
Linder, Karl Vilhelm, 350
Lindfors, A. O., 347
Linwood, William, 422
Lippert's *Dactyliotheca*, 21
Lipsius, 309; C. Nisard on, 253; ii
301 f
Littré, Maximilien Paul Émile, 252
Livius Andronicus, L. Müller, 190
Livy, Verona palimpsest, 197; *fac-
simile* of Vienna MS (L. B. 1907);
edd. 201; Gesner, 5; Stroth and
Döring, 65; Bekker and Raschig,
87; Twiss (Oxon. 1840 f); Al-
schefski, 201; Hertz, 199; Mad-
vig and Ussing, 320 f, 325; Weis-
senborn, 201; Zingerle (1883)
i, Seeley (1871), 436; iii–x, xxi,
xxii, xxix, xxx, Luterbacher
(1891–4); v, Whibley; vi, Ste-
phenson; xxi, Frigell, Dimsdale;
xxi — xxx, Fügner, Wölfflin;
xxi–xxv, Riemann and Benoist;
xxiii, xxiv, Macaulay; xxiv, xxv,
H. J. Müller; xxvi–xxx, Rie-
mann and Homolle; xxvii,
Stevenson
On text, Frigell, 351; Havant
(1880); Mommsen, 197; Rie-
mann, 259; Wesenberg, 324;
Livy studied by Guy Moril-
lon, 304; Taine's *Essai* (1856);
Capes, *Introduction* (1889);
Kühnast, *Syntax* (1871); Füg-
ner, *Lex.* A—B (1897); Eng.
transl. xxi—xxiv, Church and
Brodribb; Swedish, 351; Freins-

Nicolaus Damascenus, ed. Koraës, 362
Nicosios, Panagiotakes, 360
Niebuhr, Barthold Georg, 77-82; 98, 201, 213, 236; portrait, 76
Nipperdey, Karl Ludwig, 117, 201
Nisard, Désiré and Charles, 252 f
Nitzsch, (1) Gregor Wilhelm, 105 f; 93,167; (2) Karl Wilhelm (historian), 236; 230
Nizolius, *Antibarbarus*, 1; ii 146
Nobbe, Karl Friedrich August, 195
Noehden, Georg Heinrich, 110
Nolhac, Pierre de, 267
Nonius, ed. Gerlach and Roth (1842), 200; Quicherat (1872), 252; L. Müller (1888), 190; Onions, *lib.* i-iii (1895), 436
Nonnus, *Dionysiaca*, ed. Graefe (1819-26), 388; Köchly (1858), 133; viii-xiii, Moser (1809); Fr. transl., 261
Norberg, M., 349
Norrman, Lars, 344 f
Norway, 330-2
Novellae, ed. Schöll and Kroll, 178
Nukios, Nikandros, 355
Numismatics, Spanheim on, 341; Fabricius, 2; Heyne, 42; Eckhel, 44; Rasche, 45; Mionnet, Cohen, de Saulcy, 269; Leake, 442 f; W. H. Waddington, 268; see also *Coinage*
Nutzhorn, H. F. F., 326
Nyerup, Rasmus, 317

Oberdick, Johannes, 154
Obsequens, Julius, ed. Jahn, 220
Oceanus, Voss on, 63
Odescalchi, Don Livio, 342
Oeconomides, I. N., 370
Olympia, 223, 228 f; 270
Omont, Henri, 267
Oncken, William, 182
'Onesander', ed. Koraës, 362
Onions, J. H., 436
Oppian, ed. Schneider (1776), 11; *scholia*, 272
Oratores Graeci, Reiske, 17; *Attici*, W. S. Dobson (1827); Bekker, 87, Baiter and Sauppe, 163; Blass on, 172; Jebb on, 413 f; Benseler on *hiatus* in, 168
Orchomenos, 214, 224
Orelli, (1) Johann Conrad, 161; (2) Johann Caspar, 161; 132, 277
Oresme, Nicolas, 202
Oribasius, Fr. transl., 257
Orientation of Greek temples, 446

Origen, *Philosophumena*, 254, 381
Orphica, Gesner, 5; Hermann, 93; Abel, 391; Miss J. E. Harrison, *Proleg. to...Gk Religion* (1908²), c. ix-xii and Appendix
Orsini (Ursinus), Fulvio, 267
Ortygia, Voss on, 63
Orus and Orion, Ritschl on, 139
Orville, d', Chariton, 15
Osann, Fr., ed. Lycurgus, 164
Oscan, Mommsen, 235; Bücheler, 482
Osterdyk's Dutch transl. of Horace's *Odes and Epodes*, 277
Osthoff, Hermann, 209
Ostracism, Lugebil on, 386
Overbeck, Johannes, 225
Ovid, edd. 193 f; N. Heinsius' ed. 1661, ed. Ernesti and J. F. Fischer (Leipzig, 1773); Burman's ed. 1727 (Oxon. 1820, with Bentley's notes); Merkel (1850-2), ed. Ehwald, i (1888); Riese (1871-4); Sedlmayer, Zingerle, Güthling; in Postgate's *Corpus* (1894); *Amores*, Gruppe (1839); *Carmina Amatoria*, L. Müller (1861); *Epp. ex Ponto*, O. Korn (1868); *Fasti*, Gierig (1812), Merkel (1841, '52, '72), Paley (1854, '64), 409, H. Peter (1889); *Halieutica*, Haupt (1838); *Heroides* Lennep (1812²), Terpstra (L. B. 1829); Loers (1829), Palmer (1874, '98), 437, Sedlmayer (1886), Shuckburgh (1879); Herder on, 31, Lehrs, 108; Lachmann, 129; *Met.* Gierig (1821-3³), Bach (1831-6), Baumgarten-Crusius (1834), Loers (1843), Haupt (1852 etc.), 136, Korn (1880), Zingerle (1884), Magnus (1892²); Greek transl. by Planudes, 242; Engl. G. Sandys, 450; German, Voss, 62; *Tristia*, Merkel (1837), Loers (1839), Ehwald (1884), Owen (Oxon. 1889 etc.); Danish transl., 316; *Ibis* (with *Tristia*, Merkel (1837); Ellis (Oxon. 1881); *Epicedion Drusi*, Haupt, 135
Owen, John, 38; ii 250
Oxford, Bodleian MSS, 151, 347, 397; scholars, 393-7, 418-425, 434-6

Paciaudi, Paolo Maria, 253
Packard, Lewis Richard, 463
Palaeography; Thompson; *Cl. Lat.* Châtelain; *Exx.* Steffens; see *Traube, Velsen, Wattenbach, Zangemeister*

西方古典学术史（第三卷）

文
景

Horizon

社 科 新 知　文 艺 新 潮

西方古典学术史（第三卷）

[英] 约翰·埃德温·桑兹 著　张治 译

出 品 人：姚映然
责任编辑：薛宇杰
营销编辑：胡珍珍
封扉设计：肖晋兴
美术编辑：安克晨

出　　品：北京世纪文景文化传播有限责任公司
　　　　　（北京朝阳区东土城路8号林达大厦A座4A 100013）
出版发行：上海人民出版社
印　　刷：山东临沂新华印刷物流集团有限责任公司
制　　版：北京大观世纪文化传媒有限公司

开 本：820mm×1280mm　1/32
印 张：23　字 数：493,000　插 页：4
2022年1月第1版　2022年1月第1次印刷
定 价：108.00元
ISBN：978-7-208-17005-6 / K·3063

图书在版编目（CIP）数据

西方古典学术史. 第3卷 /（英）约翰·埃德温·桑
兹（John Edwin Sandys）著；张治译. —上海：上海
人民出版社，2021
　书名原文：A History of Classical Scholarship
　ISBN 978-7-208-17005-6

Ⅰ.①西… Ⅱ.①约… ②张… Ⅲ.①学术思想 – 思
想史 – 西方国家 – 古代 Ⅳ.①B502

中国版本图书馆CIP数据核字（2021）第051596号

本书如有印装错误，请致电本社更换 010-52187586